修訂十版

民事
訴訟法 上
Civil Procedure

陳榮宗 林慶苗 著

三民書局

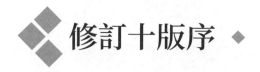

修訂十版序

　　自二〇一九年十二月本書修訂九版，迄今本法歷經二〇二一年一月二十日、同年六月十六日、同年十二月八日三次修正，及其他法規已有修正，本書為此再作修訂，以符合現行法規定。

　　法律因應社會變遷及審理實務之需求修正，事所當然，唯修法應通盤檢討審慎研議，以期周全。本法前揭修正在同一年內達三次之多，其中第二四九條修正二次，顯有未恰。

　　本法在二〇〇〇年、二〇〇三年為建構金字塔式審判體系，所作大幅修正，第一審採集中審理，作爭點整理，二審採嚴格續審制，限制提出新攻擊防禦方法，三審增設上訴許可要件限制等，實務運用二十年已臻嫻熟，美中不足為二審對限制提出新攻擊防禦方法之標準過於寬鬆，形同具文。又為促進訴訟紛爭解決，審判中事件移付調解廣泛運用，調解成立可紓解法官工作負荷，促進私權法秩序之和諧，最高法院亦採行三審調解，審判中移付調解在各級法院推行，頗有成效。

　　司法院在二〇〇〇年訂頒專家參與審判諮詢試行要點，並於二〇二一年修正名稱為法院諮詢專家要點。關於營建工程、醫療糾紛、智慧財產權爭議等事件，就專業領域知識在審理中諮詢專家意見，本法研擬中之修正草案，已增設專家參與訴訟制度，擬將上開諮詢專家要點立法化，殊值肯定。

　　本人才疏學淺，力有未逮，尚祈法學先進不吝賜教為禱。

林慶苗　　謹識

西元二〇二三年五月三十日

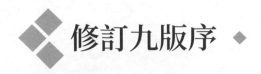

修訂九版序

　　本書在一九九六年二月初版發行，嗣因本法歷經多次修訂。在二〇一三年十月廿日修訂八版，迄今已歷時六載，本法及其他法規已多有修正，又最高法院因應法院組織法第五十七條之一規定之增訂，將同法修正施行前依法選編之判例，若無裁判全文可資查考者，應停止適用；未經宣告停止適用之判例，其效力與未經選編為判例之最高法院裁判相同，原有判例已因最高法院大法庭之設立走入歷史。

　　三民書局在今年初即敦請著作人修訂本書，以符合現行法規定。

　　新版將原上中下三冊調整，改成上、下兩冊，並將文字改成橫排陳列，以符合目前書籍編排格式，使讀者便於閱讀。

　　本人著手進行本書修訂工作中，恩師陳榮宗教授宿疾惡化，數度住院診療罔效，不幸於六月廿六日仙逝，令人悲痛逾恆，謹以本書改版付梓，完成恩師生前託付之使命。

　　本書改版過程，承蒙助理呂旻陞先生協助校稿，備極辛勞，特此致謝。

　　本人才疏學淺，尚祈法學先進不吝賜予指教為禱。

林慶苗　　謹識

西元二〇一九年十二月十三日

修訂八版序

　　民國一〇一年一月十一日家事事件法制定公布，就家事訴訟程序、家事非訟程序及家事調解程序三者合併立法。家事事件法第三編第二章、第三章及第四編第九章至第十章就民事訴訟法第九編人事訴訟程序各章之婚姻、親子關係、監護及輔助宣告、宣告死亡事件程序已有整體規範，為此必須刪除民事訴訟法有關人事訴訟程序全部條文。又因應家事事件法將監護及輔助宣告、宣告死亡、給付扶養費、贍養費及家庭生活費用等事件全部非訟化，一併修正民事訴訟法有關聲請徵收費用，簡易訴訟程序適用規範範圍、假扣押及假執行等條文。再者，為明訂司法事務官處理支付命令事件範圍、加強保障當事人訴訟權及利害關係人權益，修正對司法事務官處分所為異議之規定，並增訂審判長宜定民事訴訟事件審理計畫、訴訟和解效力所及之第三人撤銷程序等，計刪除民事訴訟法條文八十九條及修正條文十條。

　　為使本書合乎現行法之修正規定，於本書第五編特別程序將第七章人事訴訟程序改寫為家事事件程序，將家事事件法之規定程序全部內容為敘述說明，期能提供學生研讀及實務界人士辦案參考之用。出版人三民書局敦促修改本書，俾供讀者需求，特再修正為第八版。

陳榮宗　　謹識
林慶苗

西元二〇一三年十月二十日

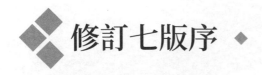 # 修訂七版序

　　本法於民國九十八年年初修正，本書針對增修條文及其他法律之異動修訂第六版。及至九十八年七月初，本法再次修正部分條文，民法物權編、親屬編、繼承編亦陸續在同年九十八年一月、四月及六月間修正，為使本書符合現行法規定，特再修正為第七版。

　　現代社會變遷快速，國民權利意識提升，法律如影隨形新增或調整，以資因應並維護人民權益，固無可厚非，但部分條文修正頻繁，有害法之安定性，究非所宜。

　　出版人三民書局再三敦促修改，期使本書更新以符讀者需求，謹申致謝意。

陳榮宗　　謹識
林慶苗

西元二○○九年九月二十三日

◆ 修訂六版序 ◆

　　民國九十六年至九十八年間，與民事訴訟法相關之若干法規先後實施，現在法院審判實務已經實際在運作。其中有法院組織法增訂第十七條之一、第十七條之二司法事務官制度，民事訴訟法之法院管轄增訂第三十一條之一起至第三十一條之三，訴訟費用計算徵收之條文修訂第七十七條之十九、第七十七條之二十二、增訂第七十七條之二十六第三項、第一七四條第二項、第一八二條之一第二項。另外於民事訴訟法之第一審程序修正第二百四十九條第一項與第七款，於抗告程序修正第四百八十六條，並於督促程序增訂第五百十五條第二項與第三項。

　　民國九十七年五月二十三日立法院通過「民法總則編部分條文」、「民法總則施行法部分條文」、「民法親屬編部分條文」及「民法親屬編施行法部分條文」修正案，將禁治產宣告制度修改為「監護宣告」及「輔助宣告」之兩級制度，本書對於人事訴訟程序有重新改寫必要，俾能配合民國九十八年十一月二十三日之實施。

　　民國九十七年七月一日智慧財產法院已正式開始運作，關於智慧財產權之爭議事件審判程序，於訴訟實務上成為重要之程序實務問題，本書必須增列專章詳細敘述。故於本書下冊第五編特別程序增列第八章智慧財產權事件程序，俾能提供實務界人士之參考。

　　出版人三民書局能多方配合本書之改版工作，以符合現行法規定，使本書之實用性增加。

陳榮宗　　謹識
林慶苗

西元二〇〇九年二月十三日

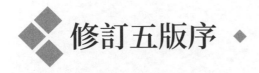 # 修訂五版序

　　本書自修訂四版迄今歷時近五載，本法於九十六年三月間僅就訴訟費用及調解小部分條文修訂，惟期間最高法院因應本法九十二年大幅增修規定，重新檢討不符現行法規定之判例及民事庭會議，決議廢止或不再援用，另非訟事件法於九十四年二月間大規模增修訂，民法物權編於九十六年三月間修訂，親屬編亦分別於九十六年五月、九十六年十二月、九十七年五月多次修訂。

　　再者，智慧財產案件審理法於九十六年三月廿八日制頒，並於九十七年七月一日施行，有關智慧財產權爭議第一、二審民事訴訟事件改由新設立之智慧財產法院審理，近五年來相關之程序法、實體法及實務見解已有變遷。

　　為使本書符合現行法規，並具有實用性，謹針對前述法規、判例之增修變動再次修正，特別於本書下冊特別程序編增列一章闡述智慧財產權事件審理程序。

　　本次修正時值盛暑，承蒙助理許智俊、林巧明協助蒐集資料及繕訂，備極辛勞，謹表謝忱。

陳榮宗　　謹識
林慶苗

西元二〇〇八年八月十八日

修訂四版序

　　民國九十二年九月最高法院出版民國十六年至九十二年最高法院判例要旨二冊，同時亦出版民國十七年至九十二年最高法院民刑事庭會議決議暨全文彙編二冊。最高法院通盤審查民、刑事判例，經民事庭會議決議通過不再援用民事判例二百二十二則，通過刪除民事判例六則，通過廢止民事判例四十二則，另外經審定選為判例之民事判例十四則。又最高法院民事庭會議通過不再參考之決議六十一則、部分不再供參考者一則，新成立或變更之決議二十九則，總共有效供參考用之民事庭民事決議五百八十二則。本書修訂三版出版時未及時參考上開最高法院新出版之文獻，致有部分判例引用及解釋內容不合現時實務情形。茲趁本書再印出書時，注意增刪相關最高法院之判例及民事決議予以訂正。

　　又於本書下冊之第四編第七章第三人撤銷訴訟程序，因該訴訟程序係我國立法者獨創之新制度，經一再深入研討結果，發現若干瑕疵問題。立於學術立場，不能不就此一訴訟制度表明著作人之個人見解，故於第三人撤銷訴訟程序之中增列第五節第三人撤銷訴訟制度立法之檢討，約增加三千多言可供讀者參考。出版人三民書局能於本書再印出書時，使著作人有機會修改部分內容，增加本書之可讀性，在此表示謝意。

陳榮宗

林慶苗

西元二〇〇四年十一月於臺北市

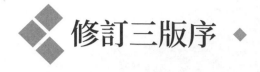

修訂三版序

民國九十二年二月民事訴訟法修正通過，前後十七年餘之修正工作，終於大功完成，是為我國進入第二十一世紀法律修正工作之一件值得重視之事。此次修正範圍遠大於民國八十八年二月與八十九年二月之修正，除第九編人事訴訟程序未修正外，其餘各編自第一編總則起至第八編公示催告程序均在修正範圍。特別值得注意者，有第五編之一第三人撤銷訴訟程序之新增訂。此一新增訂訴訟程序係我國立法者獨創之制度，不僅一般人所不知，老一輩學法者亦鮮有深知者。此一新制度之實用功能如何，有待將來觀察，最高法院勢必面對各種陸續發生之法律問題為法律解釋。此外，第一編第二章當事人、第三章訴訟標的價額之核定及訴訟費用、第四章訴訟程序之修正或增訂條文甚多，不能不注意。第二編第一審程序第一章通常訴訟程序之第四節和解及第五節判決，其修正及增訂條文亦不少。第三編上訴審程序第一章第二審程序及第二章第三審程序，亦係此次修正之重要部分，應特別注意。其餘第四編抗告程序、第五編再審程序、第六編督促程序、第七編保全程序及第八編公示催告程序，均有不少新增訂規定與條文之修正。

本書之修改工作，面對各種大規模增訂及修正之條文內容與制度，必須重新改寫大部分，另外必須刪除一部分條文用語，始能使前後相關規定一致，頗費工作心思。每日平均工作七小時，前後經八個月始能完成本書修改工作，期待能以新面貌與讀者見面。本書唯一不足而遺憾者，為未能參考德國民事訴訟法於西元二○○二年新修正之規定，俾供有心研究者之參考。惟希望將來於適當時期，有機會為補充，使本書內容能更充實。

本書主要係提供有心研究民事訴訟法人士參考之用，書內敘述及討論問題內容，對初學民事訴訟法之年輕學生而言，略嫌難解。惟一旦修讀民事訴訟法課程完畢，再閱讀本書，則不難理解。出版人三民書局不惜重資出版本書，拙特表敬意。

陳榮宗

西元二○○四年正月於臺北市敦化南路自宅

修訂二版序

　　本書自民國八十五年七月初版出書後已五年，民國八十八年二月與八十九年二月民事訴訟法各一次大修正，兩次修正條文多達全部條文四分之一以上，是為民國二十四年民事訴訟法施行以來規模最大之兩次修正。為配合現行法之實務運用及學生研讀之用，本書內容必須改寫大部分。其中民事訴訟法第二編第一審程序第四章小額訴訟程序係新增規定，必須全部撰寫外，第一章通常訴訟程序、第二章調解程序、第三章簡易訴訟程序條文修改頗多，有改寫必要。又第一編總則第四章訴訟程序、第三編上訴審程序第二章第二審程序，基於爭點整理與集中審理之要求，相關條文增減亦多，不能不增寫刪減。

　　民國八十六年至八十九年間，相關之民事法規先後大修正，例如民法各編、公司法、海商法、法院組織法、公證法、非訟事件法、仲裁法。此種民事法規之修正，與民事訴訟法之關係密切，相關之規定有增減者，本書改寫時應同時為注意。

　　民事訴訟法之修正立法工作，尚有最後一部分有待完成。著作人原擬於全部民事訴訟法修正通過後，始修訂本書，避免將來再修訂一次。惟顧及立法院立法工作緩慢，民事訴訟法最後一部分條文不知何時始能完成修正立法，且現在已修正實施部分條文較重要，於實務上有急迫需要，著作人因此決定提前修訂本書，俾能提供社會各界現時之需要。出版人三民書局多方配合此次修訂本書工作，在此表示謝意。

陳榮宗

西元二○○一年三月於臺北市敦化南路自宅

初版序

　　早期之民事訴訟法著作，大都以教條式之敘述為內容，原因在當時民事訴訟法制定不久，學者偏重民事訴訟法內容之傳述工作，且訴訟實務在初步運作階段，尚未出現大量之法律疑難，學理研究範圍未廣泛展開。德奧學者在一九○○年前後之著作，幾乎僅有民事訴訟法規定內容之釋述，少有法律問題在學理上之研討。此種現象，在日本明治與大正時代之民事訴訟法著作如此，我國早期之民事訴訟法著作亦如此。惟德奧日先進國家學者，自第二次世界大戰終結後五十年間，對民事訴訟法之研究工作迅速廣泛展開，民事訴訟法書籍之編寫內容面貌大變，不僅討論問題內容豐富，所引用文獻註解大增，且著作方式出現半論文式方法，判例與學說之研究並重。

　　我國民事訴訟法學者人數不多，自民事訴訟法公布實施以來六十多年間，學者著作稀少，研究成績有限，稍有研究進展係最近十多年之事。拙於一九六三年留學日本，又於一九六七年前往德國五年有餘，迄今為止研究民事訴訟法廿多年，目睹先進國家學者研究民事訴訟法之盛況，回顧我國學界及實務界之研究現狀，難免感慨萬千。每於教學研究之際，思及如何稍盡個人微薄之力提升此門學問之學術水準。本書開始撰寫時即注意著述方法，多方參考德奧日學者之研究論文，並設法將我國法院判例選擇引用，列為本書內容，以半論文式撰寫方法充實學說理論與實務判例內容，俾能提供有心研究者有較深入研讀之資料。經十年斷斷續續工作始成本書，時間拖延原因有二，一為先出版破產法、強制執行法兩書，民事訴訟法因分量最多必須於最後出版。另一為拙於教學研究之外，兼執行律師業務工作，無法集中全部時間撰寫本書，最後不得不與學棣林慶苗律師共同合作完成。

　　最後必須附帶一言者，本書之完成雖大部分借助德奧日三國學者之研究著作，但我國前輩學者著作必須採為基礎，尤其有關實務見解頗有參考價值，引用參考之處隨處註明文獻出處，以示敬佩之意。本書參考文獻頗多，書中註解亦多，有心研究民事訴訟法者宜注意參考，在我國對民事訴訟法學研究落後之現狀，應將其視為寶貴資料。又民事訴訟之法律問題頗多，學者之間難免有見仁見智之解釋，本書於適當範圍內亦提出個人見解供讀者參考，如有誤謬，敬請不吝指教。

陳榮宗

一九九六年二月

總　目

民事訴訟法（上）
Civil Procedure

第一編　緒　論

第一章　民事訴訟

第四章　民事訴訟法學　◆

第五章　國際民事訴訟　◆

第二編　訴訟主體

第一章　法　院　◆

📖 第三編　訴訟客體

第一章　訴與訴之種類 ◆

第 **1** 編

緒　論

第❶章

民事訴訟

■ 第一節　民事訴訟之意義與制度目的

一、民事訴訟之意義

　　民事訴訟為民事法院依當事人之請求就民事糾紛事件利用國家權力強制解決之程序。依此定義，民事訴訟之概念得說明如次：

㈠民事訴訟為解決民事糾紛之程序

　　現代法治社會，國家司法制度完備，擔任審判工作之法院，得分為民事法院、刑事法院、行政法院，由法院審判之事件，從而亦分為民事事件、刑事事件、行政事件三種。所謂民事糾紛又稱為私權糾紛，係指私人間對私法上之權利義務關係所發生之爭執糾紛。民事糾紛之發生存於私人之間，其糾紛之內容為民商事法方面之權利義務關係，對於此種糾紛之解決，國家設有解決之程序制度，此即所謂民事訴訟制度。故，民事訴訟為解決民事糾紛之程序。依實體法之分類，除民商事法之外，有規定犯罪處罰之刑事法，以及規定人民與政府機關間公法上權利義務關係之行政法。人民因犯罪發生刑事事件，由刑事法院進行審判程序，此為刑事訴訟，其目的在處罰犯罪。人民與政府機關之間因公法上權利義務發生糾紛，不服行政機關之處分，經訴願，最後由行政法院為審判，此種程序稱為行政訴訟，其目的在解決公法上之行政糾紛事件。顯見民事訴訟所解決之民事糾紛與其他兩種訴訟程序所解決者頗有差別。

(二)民事訴訟為民事法院依當事人之請求所進行之程序

民事事件發生後，國家機關原則上採取不干涉態度，任由私人之間設法自行妥協而解決。惟若私權之權利人請求民事法院進行民事訴訟之程序，為其解決民事糾紛時，民事法院有義務受理訴訟進行民事訴訟程序，此為我國憲法第十六條所規定之人民有訴訟之權之真義。又所謂訴訟必須有雙方當事人之對立，民事法院立於超然立場，依據法律規定為審判，請求進行訴訟程序之當事人稱為原告，他方當事人稱為被告。民事訴訟之概念，自民事法院與雙方當事人之間為觀察，其法律關係為公法上之審判關係。惟就原告與被告之間觀之，其法律關係同時兼有私法之法律關係及公法上之法律關係，民事訴訟之此種特性為其他兩種訴訟所無。

(三)民事訴訟為民事法院利用國家權力強制解決糾紛事件之程序

私權糾紛之解決方法，並非以民事訴訟為唯一方法，私人之間能自行妥協解決者固為上策。惟若當事人之一方不理會他方，或出於橫蠻態度，私人妥協解決無望者，私權之權利人依現在文明社會之法律制度，既然不許有自力救濟以求解決，最後唯一之解決方法為，請求民事法院利用國家權力強制解決。此種能強迫私權義務人解決私權糾紛，以保護私法權利被害人之訴訟程序，為民事訴訟之特性之一，是為其他非法院之解決糾紛方法所無。故，民事訴訟之效能，係依賴民事法院，以國家權力，強制義務人受審判為手段。

二、民事訴訟制度之目的

(一)學說對立狀況

國家制定民事訴訟制度之目的何在之問題，由於時代背景與法律思想之不同，民事訴訟法學者之間，各有不同之見解。早期之自由主義思想社會，學者強調個人權利自由之保護，因而認為，民事訴訟制度之目的在保護個人之私權，此說稱為**權利保護說**。學者有立於私法制度與民事訴訟制度兩者間之關係，作全盤觀察，認為民事訴訟制度為國家司法制度之一，國家司法制度之目的，不得僅就保護個人權利之私益目的為觀察。國家制定私法之目的在調整維持私法關係之法律秩序，

民事訴訟制度係為實際實現維持此種私法秩序之目的而制定，故，民事訴訟制度之目的在維持私法秩序，學者稱為**私法秩序維持說**。又學者有將民事訴訟制度之發展歷史為觀察，發現人類社會之法律制度最早先有解決糾紛之民事訴訟制度，經多年民事審判累積之無數裁判案例結果，人類社會始有為統一合理解決民事裁判為目的之私法制度出現，自法制史之演變事實而言，人類社會並非先有私法制度，然後再有民事訴訟制度。民事訴訟制度既然係先於私法制度而存在，則在事實上，不能謂民事訴訟制度係為維持私法秩序為其目的，應認為民事訴訟制度之存在目的，自古以來係以解決糾紛為其目的。此說之主張，學者稱為**紛爭解決說**，由日本學者兼子一所提倡❶。此說一出，遂成為第二次世界大戰後日本之通說。

　　前述紛爭解決說，由於不符合近代法治國家思想，不合依法為裁判之理念，學者有將紛爭解決說修正，主張民事訴訟之目的為「紛爭之法的解決」❷。除外，戰後日本新進學者，有主張所謂「手續保障說」者。此說認為，民事訴訟之目的應衡量雙方當事人之實質對等，基於各當事人角色分擔之規範，保障實現對待辯論之手續❸。我國學者稱其為**「程序保障說」**。另外值得注意者，日本學者近年來有面對憲法所規定之司法任務，就受裁判之權利保障為解釋，說明依法裁判之立法與司法兩者間之關係，觀察實體私法之行為規範性及其所保護之權利，從而主張權利保護說始最適合民主社會之民事訴訟目的，此說可謂係權利保護說之復辟❹。

　　日本學者面對上述各種訴訟目的論之學說，有認為民事訴訟之目的論，學者於探求自說之根據及構造，能產生其新學說之前後一貫性，對此雖有其功能，惟因所論學說太過抽象，無法直接用以直接左右具體之法律解釋問題，所以不必精細檢討目的論俾以決定其態度。此說立場主張，無待討論訴訟目的亦能論述民事訴訟法，可謂係「棄置訴訟目的論」❺。

---

❶ 見兼子一，《實體法と訴訟法》第十二頁以下。
❷ 見中野貞一郎、松浦馨、鈴木正裕編，《民事訴訟法講義》第三版第十九頁。伊藤真，《民事訴訟法》第十五頁。
❸ 見井上治典，《民事手續論》第十九頁以下。
❹ 參照竹下守夫，〈民事訴訟の目的と機能〉，載《民事訴訟法の爭點》第三版第四頁以下。同，〈民事訴訟の目的と司法の役割〉，載《民事訴訟法雜誌》第四十號第一頁以下。山木和彦，〈公的サービスとしての民事訴訟──民事訴訟目的論〉，載《民事訴訟審理構造論》第一頁以下。

㈡本書見解

　　討論民事訴訟制度之目的，必須面對現在法治國家之法律制度實情為基礎。其次討論民事訴訟制度之目的，係屬於價值論之討論問題，並非認識論之討論問題。價值論之問題討論主要係為民事訴訟制度之立法及解釋，提供合理正確之價值。故，於現在之法治國家社會，討論民事訴訟制度之目的，不能不承認，立法者先已制定私法制度之各種法律，此種事實。而民事訴訟係於私人間發生糾紛時，請求民事法院，依據私法為法律解決之強制性程序。於此觀點下，民事訴訟制度之目的，實有保護個人權利之價值存在，同時亦有維護私法秩序之價值存在。就民事訴訟制度之本質而言，此制度之原有使命，即已含有解決糾紛之目的價值存在。討論民事訴訟之目的時，必須同時兼顧上述保護個人權利、維持私法秩序、解決紛爭三種目的，由各種不同角度為觀察，始能正確。故，民事訴訟制度之目的，可謂為保護個人權利、維持私法秩序、解決紛爭三者為其目的。此說由日本新堂幸司主張之❻，我國學者近年來亦有主張類似此種見解者❼。本書認為，新堂幸司之見解之說理嚴密，符合現在法治民主國家解釋法律之實際現狀，頗值採取。

■ 第二節　民事訴訟之法律關係

　　訴訟之存在，因當事人向法院起訴而發生，此一訴訟經法院、原告、被告三方以訴訟行為進行，最後終結訴訟而不存在。對此種存在之訴訟現象，在學理上應如何為認識說明？學說方面有 Bülow 之訴訟法律關係說❽，與 Goldschmidt 之訴訟法律狀態說兩者之對立❾。茲介紹各種學說之要點，並提供本書對此問題之看法，俾能合理分析解釋各種訴訟具體現象之意義。

----

❺ 見高橋宏志，〈民事訴訟の目的〉，載《重點講義民事訴訟法》第一頁以下。
❻ 參照新堂幸司，《民事訴訟法》第二頁以下。新堂幸司於其《新民事訴訟法》第八頁加入手續保障為民事訴訟制度之目的之一。
❼ 見姚瑞光，《民事訴訟法論》（七十六年六月版）第一頁。
❽ Bülow, Die Lehre von den Prozesseinreden und die Prozessvoraussetzungen, 1868, und ZZP., 27, 244.
❾ Goldschmidt, Der Prozess als Rechtslage, 1925.

一、訴訟法律關係說與訴訟法律狀態說

㈠訴訟法律關係說

訴訟法律關係說起於早期私法關係觀念盛行之時代，當時尚無今日發達之公法之法律關係觀念。Bülow 為說明民事訴訟之現象，利用私法上權利義務之法律關係，直接用以說明解釋，認為訴訟現象係法院與當事人之間所存在之法律關係，訴訟關係為法院與當事人間之權利義務關係。民事訴訟法對於法院與當事人之間所規定者，均為權利與義務之法律關係，此種訴訟之法律關係因訴訟進展而不斷發生存在。由於此說將訴訟關係建立於私法之法律關係，視法院與當事人之間為私法上之權利義務關係，對於無法以私法性質之關係為說明之事項無法合理說明，且在訴訟上各種訴訟行為之結果，一律以權利義務為解釋，亦與民事訴訟法之規定內容不符。例如，原告向法院起訴後，法院將起訴狀繕本送達被告，此際，被告向法院為應訴與否，並非被告與法院之間或與原告之間發生私權利或義務之問題；被告因原告起訴而是否向法院為應訴，此乃成為被告應訴之負擔 (Last) 問題，不能以被告之義務與法院或原告之權利加以瞭解。依民事訴訟法之規定，被告倘不向法院為應訴，其結果，僅使法院得依原告一造審理而為裁判之不利而已，被告並無任何私法上之義務負擔可言。同理，當事人在訴訟上之主張責任、舉證責任、陳述義務等之行為義務，其實亦非屬於私法上所謂權利義務性質之義務，是為當事人之一種負擔而已，屬於不行為結果之一種不利狀態而已。主張訴訟法律關係說者，對此種事項，一律利用權利義務之概念為說明，並不正確。

㈡訴訟法律狀態說

主張訴訟法律狀態說者認為，觀察訴訟現象不得利用靜態之實體法律關係為其方法，應利用訴訟之動態觀察方法。訴訟並非靜態之法律關係，而是動態發展之法律狀態 (Rechtslage)。訴訟既然為動態之法律狀態，無法利用靜態之權利義務概念將訴訟現象為說明，僅得利用「期待」(Aussicht) 與「負擔」(Last) 之概念取代權利義務之概念將訴訟現象為說明。訴訟之動態發展，係集當事人對有利裁判之期待，設法由訴訟上之負擔獲得解放，以及實施訴訟行為以達一定狀態而形成，此即所謂訴訟法律狀態。例如，主張訴訟法律狀態者，於說明訴之主觀合併及訴

之客觀合併之現象時，認此乃訴訟狀態之多樣性，於說明訴訟繼受之現象時，認為此乃訴訟狀態之繼受，從而說明方法較主張訴訟法律關係說為圓通妥適。蓋依訴訟法律關係說之說明，訴之主觀合併及訴之客觀合併，係訴訟法律關係多數之現象，訴訟繼受為訴訟法律關係之繼受現象。

　　Goldschmidt 之訴訟法律狀態說，在日本經兼子一提倡後，遂成為日本之通說❿，但此說在德國並未發展成為通說。德國學者將訴訟法律關係說之理論缺點修正後，其說完備，現已成為通說。

㈢新訴訟法律關係說

　　訴訟法律狀態說主要缺點係立於當事人爭鬥之訴訟觀為出發點，未將訴訟視為國家利用以解決糾紛而具有監督功能之制度。而且此說忽視訴訟現象無法一律利用負擔之概念全部取代義務概念為說明之事實。再說，所謂訴訟動態之觀察方法，並非僅於說明訴訟現象情形始存在，對其他法律程序之觀察，例如公司設立程序，亦得利用為說明方法。主張新訴訟法律關係說之學者，一面將法院與當事人之間之法律關係修正視為公法上之法律關係，除去私法關係之重大缺點。另一面在訴訟法律關係說中，容納訴訟法律狀態說所謂之負擔概念，對若干無法利用權利義務為說明之訴訟現象，利用負擔概念為說明。

　　依新訴訟法律關係說之說明，訴訟得依雙重之觀察方法獲得解釋，一面視為法院行為與當事人行為共同不斷發展之程序，另一面視為法院與當事人雙方之間所發生之訴訟上法律關係。即使原則上大部分之訴訟事項對當事人言之，為發生訴訟上之負擔而非義務，但不得因此而否認訴訟主體之間有訴訟法律關係存在。於訴訟中所發生之訴訟行為，不得將其視為單純民法上之法律行為。就訴訟整體而言，法院與雙方當事人之間有公法上之訴訟法律關係存在，此種法律關係與私法上之法律關係不同。存於法院與當事人間之公法上法律關係並不成為法院裁判之客體內容，但發生於雙方當事人間之私法上法律關係卻成為裁判之客體，兩種性質不同，宜有區別。發生於雙方當事人間之私權法律關係，不必成為訴訟法律關係之內容，所以雙方當事人間之私權法律關係是否存在，就法院而言，並不重

❿ 參照兼子一，〈訴訟承繼論〉，《民事法研究》第一卷第四十一頁以下。同，《實體法と訴訟法》。三ケ月章，《民事訴訟法》（有斐閣）第一四七頁以下。齋藤秀夫，《民事訴訟法概論》第三十四頁。

要，法院基於對雙方當事人之公法上訴訟法律關係，得對雙方當事人為給付訴訟無理由之判決，或為法律關係不存在之確認判決，於此種情形之判決，顯然可見實際上並無私法上之法律關係存在。換言之，訴訟一旦存在，法院與雙方當事人間，以及雙方當事人互相之間，必然發生公法上之訴訟法律關係，但雙方當事人相互間是否有私法上之法律關係，與訴訟之存在絲毫無關。昔日舊說之訴訟法律關係說，並未分清訴訟法律關係之公法關係概念與成為訴訟客體之私法上法律關係概念，一律將訴訟關係以私法上法律關係視之，此為其理論缺失所在❶。

二、訴訟法律關係之主體

訴訟制度既然為國家制度，則觀察訴訟現象，必須立於法院及雙方當事人，均係追求正確之裁判為目的之協同關係為出發點。同時承認當事人雙方在訴訟上，有真實義務、訴訟促進義務及不濫用上訴權之義務等等。並採取訴訟法律狀態說所謂之負擔概念，於法院與雙方當事人三面之間，承認包括訴訟上之負擔與義務之訴訟法律關係存在。訴訟法律關係既然係以協同關係為必要，則應認為訴訟法律關係為法院、原告、被告之三面關係❷。至於 Kohler 所主張，訴訟法律關係僅存於原告、被告間之一面關係❸，以及 Hellwig 所主張其關係僅存於法院與原告、被告間之二面關係❹，均非確論❺。

---

❶ Vgl. Rosenberg-Schwab, ZPR. 14. Aufl. S. 7ff.

❷ Bülow, Wach 主張之，參照 Rosenberg-Schwab, ZPR. 14. Aufl. S. 9.

❸ Kohler, Der Prozeß als Rechtsverhältnis, S. 6ff.

❹ Hellwig, System des deutschen Zivilprozeßrechts, 1 Teil, §138 II.

❺ 我國學者有主張二面關係說者，見王甲乙等三人，《民事訴訟法新論》第三頁。但於八十八年二月版已刪除其見解。

第❷章

法律糾紛事件與解決途徑

　　我國現行法律制度，由實體法而言，可分為民事法、刑事法、行政法，從而解決其法律糾紛事件之法院審理制度，有民事訴訟、刑事訴訟、行政訴訟，規定此三種訴訟程序之法律分別稱為民事訴訟法、刑事訴訟法、行政訴訟法。私人之間或私人與政府機關之間，所發生之法律糾紛事件，由於上述三種制度之存在，在歸類上，即可分類為民事事件、刑事事件、行政事件。某一法律糾紛事件一旦發生，為解決該事件問題，首先必須研判該事件究竟應歸屬上述三種事件之何種。由於各種法律糾紛事件均有特性，其解決途徑各不相同，處理此種問題不能不先就識別各種法律糾紛事件之特性著手。

■ 第一節　各種法律糾紛事件之特性

一、民事事件與刑事事件之區分

　　刑法係規定犯罪行為與處罰犯罪之法律，何種行為構成犯罪並受何種處罰，依罪刑法定主義原則，刑法典有一定之明文規定。法律糾紛事件發生時，當事人之行為結果是否構成犯罪，必須視當事人之行為，於刑法有無明文處罰為斷。若當事人之行為屬於刑法明文處罰之行為，則此一事件為刑事事件，對該事件之當事人追究刑事責任之法律程序，係依刑事訴訟程序。進行刑事訴訟程序之目的在調查犯罪之有無，由法院對犯罪行為人為處罰與否之裁判。由於刑事處罰，重者死刑、無期徒刑，後果嚴重，一般人最忌發生刑事事件。

　　若當事人之行為不屬於刑法之犯罪行為，則該事件不屬刑事事件，惟該事件有可能歸屬民事事件或行政事件。當事人之行為，於刑法雖不為罪，但其行為已侵害私權，構成應負民法或商事法上私法責任之情形，則此種以私權糾紛為內容

之事件屬於民事事件。私權受害之當事人利用民事訴訟請求法院對於糾紛相對人為判決，其主要目的在強制解決私權糾紛，俾以保護私權。因發生民事事件所負之民事責任，通常為財產責任，不涉及生命刑及自由刑問題，後果不若刑事責任之嚴重，所以民事事件之解決，原則上委由當事人自行解決，國家採不干涉態度。僅於當事人之間無法自行解決情形，國家始依私權受害人之請求，由法院以裁判強行解決。

法律糾紛事件發生後，有時因具體情節特殊，同一當事人之同一行為結果，可能同時構成刑事事件及民事事件之現象。例如竊盜之竊取財物行為結果，一面犯刑法第三二〇條之竊盜罪而成為刑事事件，他面依民法第一八四條之規定應負侵權行為損害賠償責任而同時成為民事事件。於此情形，各事件須分別利用刑事訴訟程序與民事訴訟程序為解決，原則上刑事確定判決與民事確定判決所認定事實互相不影響，僅得為證據資料而已❶。為避免刑事法院與民事法院對同一法律事實作相反之認定，被害人得依刑事訴訟法第四八七條以下關於附帶民事訴訟之規定，於刑事訴訟程序請求刑事法庭同時就民事事件為審判。惟若附帶民事訴訟經移送於民事庭後，即為獨立民事訴訟，其裁判不受刑事判決認定事實之拘束❷。惟一之例外情形為，具有對世效力之民事形成判決，刑事法院應受拘束。

二、民事事件與行政事件之區分

民事事件係涉及私權糾紛之事件，行政事件卻以人民與政府機關之公法關係

---

❶ 刑事判決所為事實之認定，於為獨立民事訴訟之裁判時本不受其拘束，原審斟酌全辯論意旨及調查證據之結果，依自由心證為與刑事判決相異之認定，不得謂為違法（二九渝上字第一六四〇號判例）。刑事訴訟法第五百零四條所謂，應以刑事判決所認定之事實為據者，係指附帶民事訴訟之判決而言，如附帶民事訴訟經移送於民事庭後，即為獨立民事訴訟，其裁判不受刑事判決認定事實之拘束（四八臺上字第七一三號判例）。刑事訴訟判決所認定之事實，因非當然有拘束民事訴訟判決之效力，但民事法院調查刑事訴訟原有之證據，而斟酌其結果以判斷事實之真偽，並於判決內記明其得心證之理由，即非法所不許（四九臺上字第九二九號判例）。

❷ 附帶民事訴訟經移送民事庭後，即屬獨立民事訴訟，其移送之訴訟程序，應適用民事訴訟法，刑事訴訟所調查之證據，及刑事訴訟判決所認定之事實，並非當然有拘束民事訴訟之效力（四三臺上字第九五號判例）。刑事判決所為事實之認定，於獨立民事訴訟之裁判時本不受其拘束，上訴人所提之附帶民訴，既因裁定移送而為獨立之民事訴訟，則原審依自由心證為與刑事判決相異之認定，即無違法之可言（五〇臺上字第八七二號判例）。

所發生之權利義務糾紛為事件之內容。於民主法治之憲政，人民與政府機關所發生之關係，通常為公法上之權利義務關係。倘人民與政府機關之間，就公法上權利義務之有無發生爭執糾紛時，此種事件屬於行政事件，其解決途徑應依訴願、行政訴訟程序，最後由行政法院以判決為解決。若人民與政府機關之間所發生之法律糾紛事件，其權利義務之法律關係為純粹私法上之法律關係，非屬公法上之法律關係者，此種事件亦屬民事事件，應由普通法院之民事法院審判，不因當事人之一方為政府機關而成為行政事件。故，區分民事事件與行政事件之標準，抽象言之，係以事件內容之法律關係為私法關係抑或公法關係而定。惟所謂私法之法律關係與公法之法律關係兩者之區分，由於觀察重點之不同，於具體情形有時難於區分。

　　原則上區分私法關係與公法關係，學者之間大都採取所謂支配學說 (Subjektionstheorie)。此說認為，若雙方當事人立於平等之權利地位而成為對立之關係者，即此種法律關係屬於私法關係。反之，若當事人之一方依統治權力支配他方而命令或禁止之屈服關係情形，即屬公法關係❸。例如，政府機關向私人承租房屋使用，因租賃關係所生私權糾紛為私法關係。反之，若政府機關徵收私人土地使用，因土地徵收關係發生補償金額高低之爭執，此種法律關係為公法關係。從而前者之糾紛事件為民事事件，後者為行政事件。值得注意者，上述支配學說之抽象識別標準，於實際運用時，亦有無法明確區分私法關係與公法關係者，最高法院有若干判例足以顯示此種艱難問題。最高法院六十四年臺上字第一二六一號判例云：土地徵收乃行政處分之一種，補償亦屬徵收程序範圍，土地所有權人如對政府徵收其土地或發給補償金之時間有所爭執，固應循行政訟爭程序解決，非審理私權之法院所可審認，惟本件訴訟，被上訴人既係因核准徵收案已失其效力，請求確認土地所有權仍屬於己，並排除需用土地人即上訴人之侵害，性質上為民事訴訟，不屬行政救濟範圍（參照司法院院字第二七〇四號解釋）。同院五十六年臺上字第二一〇七號判例謂：取締違章建築係一種行政處分，政府對於拆遷按現住人口發給救濟金，非政府與人民間之買賣或贈與行為，其由此發生之爭執，人民僅得依行政救濟程序請求救濟，不得以政府拒不發給，提起民事訴訟。又同

---

❸ 參照 Jauernig, ZPR. 22. Aufl. S. 9f.; Rosenberg-Schwab, ZPR. 14. Aufl. S. 68f.; Wolf-Bachof, Verwaltungsrecht I, 9. Aufl. §22, S. 98ff.

院二十七年渝上字第四三三號判例云：處分官產之行政公署，誤認人民所有之土地為官產以之標賣與人，其不生物權效力，與私人之處分他人所有物無異，故人民以行政公署之處分無效為原因，提起確認所有權存在之訴，不得謂非屬於普通法院權限之民事事件。同院三十九年臺上字第一〇二七號判例：屠宰稅之徵收，雖係基於行政權之作用，然徵收機關以之招商承包，法律既別無規定，則無論契約之內容如何，當然為普通民事契約，其因撤包發生爭執，自難謂非民事訴訟，即應由法院受理。

於具體情形，對於判斷民事事件抑或行政事件如無法明確時，僅得綜合原告之主張與被告抗辯之陳述，就同一法律要件事實或法律關係之真正法律性質為斷定，原告或被告之法律見解不得作為判斷依據，蓋公法之真正法律關係不能因原告於形式上以私法之形式加以掩飾而變為私法之法律關係也。例如原告提起民事訴訟，依民法上不當得利之法律關係，請求稅捐稽徵機關退還超徵之稅款，此際，應同時就被告稅捐稽徵機關超收之款項判斷究竟為稅款抑或非稅款，不得僅就原告形式上主張之私法上不當得利為認定之惟一依據，而不以法院對該事件之判斷結果為依據也❹。國內學者有認為，於上例情形，對原告起訴之法律關係，應從形式上認定其為私法上不當得利之法律關係，民事法院不得認為非民事訴訟之範圍，而依民事訴訟法第二四九條第一項第一款規定以裁定駁回者❺。

拙以為，若法律有明文規定者，縱依上述支配學說之原則認為公法上之法律關係，應歸屬行政事件之情形，亦應依法律明文視為民事事件，依民事訴訟程序為審判。例如，國家賠償法第十一條及第十二條既已明定，對賠償義務機關得請求賠償之權利人得直接向民事法院提起損害賠償之訴，則國家賠償事件在性質上雖為公法關係之事件，亦不依行政事件之訴願、行政訴訟程序為解決。

對於同一法律關係，由於識別其為私法關係抑或公法關係之不同，從而發生該事件應歸民事法院或行政法院之權限衝突問題。此種權限衝突有二，於民事法院與行政法院均主張對事件有管轄權情形稱為**積極衝突**，反之，兩法院均主張對事件無管轄權情形稱為**消極衝突**。由於法院權限衝突之發生，其問題解決方法，

----

❹ 參照 Jauernig, a. a. O. S. 9f.; Rosenberg-Schwab, a. a. O. S. 68f.

❺ 見楊建華，《民事訴訟法(一)》第一頁以下。張特生等，〈民事法院與行政法院的權限衝突問題〉，《民事訴訟法之研討(二)》第三一〇頁楊建華發言。

除依上述法律明文原則及依支配學說標準外，德國學者有主張，先受理之法院優先決定之原則。簡言之，先受理事件之法院認為其有管轄權者，他法院固然不得為爭執，若認為其無管轄權而將事件移送他法院者，他法院亦不得拒絕受理而爭執❻。

　　民國九十二年本法修正時，立法者已注意到普通法院與行政法院之間，就同一事件發生審判權限之衝突問題。遂於本法新增訂第一八二條之一規定，俾解決此一法律問題。該條文規定：「普通法院就其受理訴訟之權限，如與行政法院確定裁判之見解有異時，應以裁定停止訴訟程序，聲請司法院大法官解釋。但當事人合意願由普通法院為裁判者，由普通法院裁判之。前項合意，應以文書證之。」立法者制定本條之目的，在避免普通法院與行政法院均拒絕就當事人之訴訟為審判之情況，俾以保護當事人之訴訟權利。其方法係利用法院之裁定停止訴訟及聲請司法院大法官之解釋。若雙方當事人能合意願由普通法院為裁判時，則由普通法院為裁判，無裁定停止訴訟程序之必要，亦不必聲請大法官為解釋。惟若經司法院大法官解釋之結果，認為行政法院確定裁判之見解與大法官解釋見解不合而有違背法令時，大法官之解釋自得據為再審或非常上訴之理由（司法院釋字第一八八號解釋）。從而當事人能據大法官解釋之結果，獲得其向有審判權之法院進行訴訟機會。九十八年本法修正，增訂本條第二項規定，經司法院大法官解釋普通法院無受理訴訟權限者，普通法院應將該訴訟移送至有受理訴訟權限之法院。

　　一一〇年十二月八日又配合法院組織法第七條之四第一項規定修正本條，修正後規定如下：第一項，普通法院就行政法院移送之訴訟認無審判權者，應以裁定停止訴訟程序，並請求最高法院指定有審判權之管轄法院。但有下列情形之一者，不在此限：一、移送經最高行政法院裁判確定。二、當事人合意願由普通法院裁判。第二項，前項第二款之合意，應記明筆錄或以文書證之。第三項，最高法院就第一項請求為裁定前，應使當事人有陳述意見之機會。第四項，普通法院就行政法院移送之訴訟為裁判者，上級審法院不得以其無審判權而廢棄之。修法意旨為使當事人雙方就審判權歸屬程序爭議儘早確定，以保障當事人之程序利益❼。

---

❻ 參照 Rosenberg-Schwab, ZPR. 14. Aufl. S. 72f.

❼ 參照民事訴訟法第一八二條之一一一〇年十二月八日修正理由。

　　先就前提問題之判斷而言，原則上民事法院於審理其訴訟標的之法律關係時，得獨立自行判斷行政法院權限內之法律關係或前提問題，反之亦然。例如民事法院於受理原告確認所有權存在並排除被告政府機關無權占有之事件，民事法院得審理被告政府機關有無公用徵收之行政處分存在事實，該項公用徵收是否無效之問題，倘民事法院認定該項公用徵收無效，則得為原告勝訴判決。惟對於前提問題之判斷認定範圍，限於對事實存否及行政處分是否無效之問題，至於行政處分是否可撤銷之問題，民事法院不得自行認定。蓋無效或不存在之行政處分無承認其存在之價值，任何人得主張其無效而引用之，民事法院對此得自行判斷之❽。同理，行政法院於審理原告人民請求撤銷公用徵收之事件時，得就被公用徵收土地所有權屬於何人繼承之前提問題，即民事法院權限問題，獨立為判斷認定。應注意者，若上述前提問題已繫屬於法院訴訟中者，受理事件法院應以裁定停止訴訟程序，俟繫屬法院就前提問題為判決確定後，依該確定判決結果為認定前提問題。

　　就前提問題之拘束而言，民事法院及行政法院均應受形成判決與已形成之行政處分之拘束。民事法院對於行政機關已形成之行政處分，除有行政處分無效情形外，應受該行政處分之拘束，不得另作不同之認定。又民事法院就行政法院之形成判決，亦應受其拘束，不得另為不同之認定。反之亦然，行政機關及行政法院對民事法院之形成判決，應受其拘束，不得自為相異之認定。

　　又就法院有既判力之判決效力而言，民事法院之確定判決，不僅對當事人及受既判力拘束之特定人有拘束力，同時對於行政機關及行政法院亦有拘束力。同理，行政法院之確定判決，對於民事法院有拘束力❾。同一法律關係之糾紛事件，由於對法律關係之私法與公法之認識觀點不同，始有民事法院與行政法院對同一事件之審判權限爭執問題。一旦審判權限爭執獲得解決，該事件歸於其中一法院為審判確定者，當無再允許另一法院就同一事件另行以不同觀點之法律關係為訴訟標的再為審判之理。故，就民事法院與行政法院之間對同一事件之確定判決效力而言，他法院不得將一方法院既判事件之法律關係，作為訴訟標的、前提問題或抗辯問題再次為不同之審判。民事事件與行政事件之此種關係為刑事事件所無，

----

❽ 參照 Rosenberg-Schwab, a. a. O. S. 73; Wolf-Bachof, Verwaltungsrecht I, 9. Aufl. §51 III.

❾ 參照 Rosenberg-Schwab, a. a. O. S. 74.

所以於民事事件與刑事事件，雖亦有因當事人之同一行為而發生分別進行民事訴訟與刑事訴訟問題，但不生法院權限衝突問題，從而亦不發生民事法院與刑事法院兩者之判決彼此受拘束問題。惟於民事法院與行政法院兩者之間，對同一事件之判決，不能不有既判力之積極作用，應承認後訴訟法院應受前訴訟法院確定判決之拘束。對此問題德國學者見解頗值參考❿。

　　鑑於行政訴訟法在九十六年七月四日修法將審判權錯誤改採移送制，為與其規定相配合，本法於九十八年一月六日增訂第三十一條之一至第三十一條之三規定；因我國係採行政法院與普通法院分別設置之國家，人民就訴訟事件究應向行政法院或普通法院提起，確有判斷困難，大法官會議於釋字第五四〇號解釋創設審判權發生衝突時，不同種類法院間之移送制度，由行政法院移送普通法院，受移送之法院應受移送之拘束，不得再行移送或作不同之認定；基於訴訟經濟、程序安定性等之考量，爰參酌前開解釋意旨及行政訴訟法第十二條之一、第十二條之二及第十二條之四增訂前開規定。

　　第三十一條之一第一項規定，起訴時法院有受理訴訟權限者，不因訴訟繫屬後事實及法律狀態變更而受影響。其立法理由為基於訴訟經濟及程序安定之考量，受訴法院於起訴時有審判權者，不應因訴訟繫屬後事實及法律狀態變更而變成無審判權。爰參酌行政訴訟法第十二條之一第一項規定，增訂本項規定。本條第二項規定，訴訟已繫屬於不同審判權之法院者，當事人不得就同一事件向普通法院更行起訴。其立法理由為當事人就同一事件，已經向不同審判權之法院提起訴訟時，為尊重該法院之處理情形，以及避免裁判分歧，當事人應不得再向普通法院更行起訴。爰參酌行政訴訟法第十二條之一第二項規定，於本項明定。

　　第三十一條之二第一項規定，普通法院認其有受理訴訟權限而為裁判經確定者，其他法院受該裁判之羈束。其立法理由為儘速確定審判權，如果普通法院已認定其有審判權並進而為裁判經確定者，即不容再由其他審判權法院為相異之認定，應受該裁判之羈束，爰參酌行政訴訟法第十二條之二第一項規定，於本項明定。本條第二項規定，普通法院認其無受理訴訟權限者，應依職權裁定將訴訟移送至有受理訴訟權限之管轄法院。其立法理由為不使訴訟審判權歸屬認定困難之

---

❿ 參照 Grunsky, Grundlagen des Verfahrensrechts, 2. Aufl. S. 522f.; Rosenberg-Schwab, ZPR. 14. Aufl. S. 74.

不利益由當事人負擔，如普通法院認其對訴訟無審判權，應依職權以裁定移送至有審判權法院，爰參酌司法院釋字第五四〇號解釋意旨及行政訴訟法第十二條之二第二項規定，於本項明定。為使普通法院有無審判權能儘速確定，參酌行政訴訟法第十二條之二第五項規定，於第三項規定當事人對普通法院有無審判權有爭執者，普通法院應先為裁定。如普通法院認其無審判權，自應依第二項規定為之。如普通法院認其有審判權之裁定確定，依第一項之規定，其他法院受該裁定之羈束。且為保障當事人權益，於第四項明定當事人對普通法院上開裁定，得為抗告。為保障當事人之程序上權利，以及確保法院關於審判權有無之判斷正確，於第五項規定普通法院為第二項及第三項之裁定前，應先徵詢當事人之意見。移送訴訟前如有急迫情形，普通法院應依當事人聲請或依職權為必要之處分；移送之裁定確定時，視為該訴訟自始即繫屬於受移送之法院，而法院書記官應速將裁定正本附入卷宗，送交受移送之法院，均與訴之全部或一部，法院認為無管轄權，而以裁定移送於其管轄法院之情形相同，故增訂本條第六項規定，本法第二十九條、第三十一條規定，於第二項情形準用之。

　　不同審判權法院之訴訟費用規定並不相同，當其他法院將訴訟移送至普通法院時，自應依本法定其訴訟費用之徵收。而在其他法院之訴訟程序中，可能已發生訴訟費用，此訴訟費用應列為普通法院訴訟費用之一部分，爰參酌行政訴訟法第十二條之四第一項規定，增訂第三十一條之三第一項規定，其他法院將訴訟移送至普通法院者，依本法定其訴訟費用之徵收。移送前所生之訴訟費用視為普通法院訴訟費用之一部分。並參酌行政訴訟法第十二條之四第二項規定增訂第二項規定應行徵收之訴訟費用，其他法院未加徵收、徵收不足額或溢收者，普通法院應補行徵收或通知原收款法院退還溢收部分，以明定普通法院之處理方式。

　　一一〇年十二月八日法院組織法增訂第七條之一至第七條之十一針對審判權爭議相關規定，與本法於九十八年一月六日增訂第三十一條之一、第三十一條之二、第三十一條之三等規定已屬重複，為配合法院組織法第七條之二第一項、第二項、第三項、第七條之三、第七條之七、第七條之八等條文增訂，本法原第三十一條之一、第三十一條之二、第三十一條之三等規定均予刪除。

三、民事訴訟事件與非訟事件之區分

　　民事事件，依法院處理事件之程序而分，得分為民事訴訟事件與非訟事件。

民事訴訟事件係由訴訟原告起訴而開始，經法院公開辯論審理，原則上，就訴訟標的之法律關係為判決後，終結訴訟程序之私權糾紛事件。當事人進行民事訴訟之目的，在求民事法院，就當事人間私法上權利義務糾紛為判決，俾以保護私權，並達維持私法秩序，解決糾紛。惟處理私法上權利義務有關之事項，無法僅賴當事人進行民事訴訟程序為唯一方法。民事法院為處理私法上相關之其他權利義務問題，俾以確認、形成或補充一定之私法關係起見，由有利害關係之當事人聲請民事法院，依非訟事件法程序及其他特別程序，就聲請人之請求為裁定之事件，稱為非訟事件。有關非訟事件之規定，不限於非訟事件法所規定之各項非訟事件，其於強制執行法、破產法、公證法、提存法所規定之聲請事件亦為非訟事件。又為立法上之便利起見，民事訴訟法雖以訴訟事件程序之規定為主要內容，但其規定亦有不少性質上屬非訟事件者，例如調解事件、假扣押、假處分事件、支付命令事件、公示催告事件等是。由於非訟事件之種類繁多，法律規定之體例不一，性質上有屬於民事行政者，有屬民事司法者，望文生義一概謂，民事事件之無訟爭性者為非訟事件，並不正確❶。非訟事件程序與民事訴訟程序，其目的相同，均有保護私權與解決糾紛之作用，惟兩者之區分，主要在程序進行之原則及方法不同。非訟事件之進行，不依一般訴訟程序起訴及公開辯論，亦不以判決為解決，僅依當事人之聲請而開始，法院處理方法以簡易迅速之裁定為處分。一般而言，民事訴訟事件之進行較非訟事件為嚴密，審判程序較繁多，非經較長之時間不易終結程序。依非訟事件法之規定，法院應依職權或依聲請調查事實及必要之證據，訊問關係人、證人或鑑定人不公開，對於不得抗告之裁定，法院於裁定後認為其裁定不當時，或裁定確定後而情事變更者，得自行撤銷或變更之（非訟事件法第三十二條、第三十四條、第四十條第一項、第三項）。

　　就非訟事件之內容為觀察，大體上可分為民事行政之事件與民事司法之事件，前者例如民事法院受理之法人監督維護事件、意思表示之公示送達事件、出版拍賣及證書保存事件、信託事件、法人登記、夫妻財產制契約登記（非訟事件法第五十九條、第六十六條、第六十七條、第七十五條、第八十二條、第一〇一條）。此類非訟事件，法院處理目的重在監督管理，預防私權糾紛之發生，事件性質不具訟爭性，亦無當事人對立之法律關係存在，早期之非訟事件法所規定之事件，

❶ 參照 Habscheid, Freiwillige Gerichtsbarkeit, 7. Aufl. §4, S. 18ff.

大都屬此類。後者之民事司法事件，例如民事法院受理之聲請拍賣抵押物裁定、聲請貨物拍賣事件、聲請本票強制執行裁定、聲請支付命令、聲請法院調解等事件（非訟事件法第七十二條、第六十九條、第一九四條，民事訴訟法第五〇八條、第四〇四條第一項）。此類非訟事件均具財產權利之訟爭性，且有當事人對立關係，法院所為之裁定或調解筆錄對於系爭之實體權利有確定力或執行力，其事件性質與民事訴訟事件並無區別。立法者所以將此類有訟爭性之事件列為非訟事件，以簡便迅速之裁定方法為處理者，理由在此類私權關係證據大都明確，不必利用繁雜之訴訟程序即可正確解決，或基於訴訟經濟之理由，訴訟標的金額不高者宜迅速簡便解決。第一次大戰後，德國社會變動頗大，一切私權糾紛均依訴訟程序起訴判決勢所不可能，許多私權糾紛有列為依非訟事件法程序解決之趨勢，學者稱為訴訟事件之非訟化 ⓬。

　　民國一〇一年一月十一日家事事件法制定公布，將家事訴訟程序、家事非訟程序及家事調解程序三者合併立法。該法為因應家事事件類型之訟爭性強弱程度、當事人或利害關係人對程序標的所享處分權限範圍，及需求法院職權裁量以迅速裁判程度之不同，將性質相近之事件類型依訟爭性強弱分別歸類為甲類、乙類、丙類、丁類、戊類事件五類（家事事件法第三條）。其中甲類、乙類、丙類事件因訟爭性強，依家事事件法第三十七條規定，適用同法第三編家事訴訟程序審理。至於丁類與戊類事件較無訟爭性，或雖有某種程度訟爭性，惟此類事件有賴法官職權裁量而為妥適、迅速之判斷，依同法第七十四條規定，適用第四編家事非訟程序審理，將監護及輔助宣告，宣告死亡，給付扶養費、贍養費及家庭生活費等事件全部非訟化。

　　有民事訟爭性質之非訟事件與民事訴訟事件，其事件性質既然相同而依非訟事件程序與民事訴訟程序各別審理，則同一私權事件應依非訟事件程序為之，抑或依民事訴訟程序為進行，將生疑義。又民事法院依非訟事件程序，就有爭訟性之實體權利為裁定解決後，該項裁定效力如何？當事人能否就同一事件另向法院起訴請求重行判決？受理訴訟之法院是否受該項裁定之拘束？例如本票執票人依非訟事件法第一九四條規定獲法院准許本票強制執行之裁定後，能否再以同一本票提起民事訴訟，請求法院為給付票款之判決？依非訟事件程序取得確定之支付

⓬ 三ケ月章，〈訴訟事件の非訟化とその限界〉，《實務民事訴訟法講座》第七卷第三頁以下。

命令後，能否再向法院起訴請求確認債權存在之判決？法院調解成立，獲調解筆錄之債權人，能否起訴請求法院就同一債權為判決？上述問題涉及法院事務管轄衝突，非訟事件法院與民事訴訟法院兩者之裁判能否互相拘束，法院對實體權利所為裁定有無既判力之問題，德國學者討論頗多，值得研討。

　　依德國學者 Habscheid 之見解，非訟事件之裁判，既專以裁定為之，且非訟事件之中亦有爭訟性之實體權利事件存在，為裁定之法官又同屬民事法院負有審判權之法官，自應認為非訟事件之法院就有爭訟性之實體權利所為裁定有實體上之既判力。當事人不得就同一事件另向法院提起訴訟請求重行判決，受理訴訟之法院應受非訟事件法院裁定之拘束，裁定之效力與判決兩者並無實質上之差異❸。

　　在此不得不附帶一言者，我國法界人士一向對非訟事件程序認識不足，從而不加重視，加以民國五十三年以前，非訟事件法尚未存在，此種心態及歷史事實，形成在學理上無人深入研究之狀態，在法院審判實務方面，對於有爭訟性之實體權利事件，其審理方式與其他法院行政事件同作形式審理，一律依早期司法院解釋及最高法院判例❹，拒絕對當事人提出之有爭執之實體問題同時審理，拒絕當事人以實體問題為抗告理由之合法性，從而形成於非訟事件程序對有爭訟性實體權利事件，採鋸箭法之審理方式，不僅使同一事件無法一次澈底解決，而且製造多次糾紛，形成增加當事人之訟累與法院負擔。對於司法院及最高法院早期此種對非訟事件處理之態度方法，於今日已有非訟事件法實施之現在，應設法改變，使能配合民事訴訟事件之處理，例如，於本票裁定或拍賣抵押物裁定之程序，債務人具狀主張票款或債務已清償者，法院何不趁機傳喚雙方當事人到庭，依民事訴訟之調查證據及辯論程序，就實體權利為審理？同係民事法院之法官，何須因該事件為非訟事件一端，而將其為形式上草率審理？無論就何種角度，均無在司法政策上允許此種對有爭訟性實體事件為差別待遇之理由❺。

　　民國一〇一年頒行之家事事件法第九十條第四項規定，法院在暫時處分裁定失效後，依第一項規定命返還因暫時處分所受領之給付裁定確定者，有既判力，

❸ 參照 Habscheid, Freiwillige Gerichtsbarkeit, 7. Aufl. S. 39.
❹ 司法院二十年院字第六四六號，同院三十年院字第二二三五號，最高法院四十九年臺抗字第二四四號判例，同院五十八年臺抗字第五二四號。
❺ 此種看法早已於民國六十九年提出，見陳榮宗，〈法院依法所為裁定之既判力〉，《法學叢刊》第九十七期。邱聯恭，〈訴訟法理與非訟法理之交錯適用〉，《法學叢刊》第一二六期。

已變更以往實務及學者通說認為裁定無既判力之見解，應為進步之立法，應予肯定。

■ 第二節　民事糾紛事件之各種解決途徑

一、私人和解

　　私人間之權利義務大都基於法律行為而發生，權利義務之糾紛，最簡便迅速之解決方法，亦為利用私人間之法律行為自行解決。此種雙方當事人約定互相讓步，以終止爭執或防止爭執發生之法律行為，稱為和解，是為民法第七三六條所規定之契約行為。私權糾紛一旦經雙方成立和解而獲解決，有使當事人所拋棄之權利消滅，及使當事人取得和解契約所訂明權利之效力，學者稱和解之此種效力為創設的效力❻。私權糾紛，如能由雙方當事人自行和解解決，則雙方得維持和睦關係。且出於誠意之表現，通常均能依約定內容履行和解。由於私人和解有此種長處，所以私權糾紛頗多利用和解為解決。惟私人和解於實際上亦有缺點，常有不容易達成和解之情形。若當事人有一方堅持己見，不肯接受他方和解要求，或無適當之第三人介入當事人之間為相勸，僅憑利害關係完全對立之雙方當事人自行協商，實際上難為和解。且和解成立後，倘當事人不依和解自動履行，無法僅憑和解契約請求法院施以強制力強迫履行，和解結果並無絕對保障，最後尚須利用民事訴訟方法為解決。

二、政府機關或人民團體之調解、調處

　　私人和解既然尚有缺點，將其缺點除去而出現之制度，則為政府機關或人民團體之調解、調處制度。由機關或團體為糾紛當事人所進行之和解，稱為調解或調處，以示與私人和解有所區別。有關調解或調處之機關或團體，法律規定頗多，大體言之，可分為四種，茲分述如次：

---

❻ 參照鄭玉波，《民法債編各論（下）》第八一一頁以下。

㈠職業團體所進行之調處

工人組織之工會，商人組織之商業團體，農人組織之農會，工業界者所組織之工業團體，漁民組織之漁會，均為法人團體。上述各種職業團體，對於會員間或同業間之私權糾紛，依法均應受理而進行調處（工會法第五條第二款、第八款，商業團體法第五條第四款，工業團體法第四條第十款，農會法第四條第一項第一款，漁會法第四條第一項第一款）。惟當事人之糾紛經調處成立者，其效力僅有上述私人和解之契約效力而已。倘當事人不依調處內容履行義務時，無法據以請求法院為強制執行，調處成立對當事人之強制拘束力不大，此為職業團體之調處之缺點。

㈡政府機關之調解或調處

省轄市政府及縣政府之地政機關，對於人民之間因土地登記、土地處分分割、土地公告及異議、房屋或土地之租用爭議、土地重劃結果之異議等糾紛，均應受理而為調解或調處（土地法第三十四條之一第六項、第五十九條第二項、第一〇一條、第一二二條，平均地權條例第六十條之二第三項）。惟政府機關之調解或調處成立結果，對當事人無強制之拘束力，無法請求法院對義務人為強制執行，權利人必須另向法院提起民事訴訟為解決。

㈢鄉鎮市公所調解委員會、耕地租佃委員會、勞資爭議調解委員會之調解或調處

依鄉鎮市調解條例之規定，鄉鎮市公所應設調解委員會辦理民事事件及告訴乃論之刑事事件之調解工作。鄉鎮市公所應將調解成立之調解書，送法院審核。經法院核定之民事調解，與民事確定判決有同一之效力（鄉鎮市調解條例第一條、第二十六條、第二十七條）。

依耕地三七五減租條例之規定，直轄市或縣（市）政府及鄉（鎮市區）公所，應分別設立耕地租佃委員會，辦理耕地租佃糾紛。當地鄉市區公所應就耕地租佃爭議事件為調解，調解不成立者送上級政府耕地租佃委員會為調處，不服調處者，由上級政府耕地租佃委員會移送法院為裁判，免收裁判費用。耕地租佃爭議事件，非經調解、調處，不得起訴。但爭議事件，經調解或調處成立者，當事人之一方

不履行其義務時，他造當事人得逕向法院聲請強制執行，並免收執行費用（耕地三七五減租條例第三條、第二十六條、第二十七條）。

勞資爭議處理法規定，政府機關應設勞資爭議調解委員會及勞資爭議仲裁委員會，就雇主或雇主團體與勞工團體間發生之勞資爭議事件為處理。對權利事項及調整事項之勞資爭議，由勞資爭議調解委員會依調解程序為調解。於調解不成立時，依當事人聲請或主管機關依職權交付勞資爭議仲裁委員會為仲裁。勞資爭議經調解成立者，當事人之一方負私法上給付之義務，而不履行其義務時，他方當事人得向法院聲請裁定強制執行之，於聲請強制執行時免繳執行費（勞資爭議處理法第六條、第七條、第十五條、第二十五條、第五十九條）。經上述各委員會辦理成立之調解、調處或仲裁，均有執行力，調解、調處、仲裁結果，效力與法院裁判無異，對當事人有強制之拘束力。國家為疏減法院訟源，或為實施土地政策之必要，或為解決勞資糾紛維持社會安定之必要，設立機構辦理各種糾紛事件，因此制定鼓勵當事人利用此類制度之條文。

㈣政府機關之裁決

因公害或有發生公害之虞所造成之民事糾紛稱為**公害糾紛**。公害糾紛得依公害糾紛處理法規定，申請調處及裁決。直轄市、縣（市）政府各設公害糾紛調處委員會，調處公害糾紛。公害糾紛之一造當事人，得以申請書向公害糾紛之原因或損害發生地之直轄市或縣（市）調處委員會申請調處。調處事件經雙方當事人達成協議者，調處成立。調處成立者，應製作調處書，將調處書送請管轄法院審核。調處書經法院核定後，與民事確定判決有同一之效力，當事人就該事件不得再行起訴，其調處書得為執行名義。又事業得與所在地居民或地方政府簽訂環境保護協定，防止公害之發生。此項協定經法院公證後未予遵守者，就公證書載明得為強制執行之事項，得不經調處程序，逕行取得執行名義（公害糾紛處理法第二十八條、第三十條）。惟經法院核定之調處有無效或得撤銷之原因者，當事人得向原核定法院提起宣告調處無效或撤銷調處之訴。此項訴訟，當事人應於法院核定之調處書送達後三十日內提起之（公害糾紛處理法第三十一條）。

行政院環境保護署設公害糾紛裁決委員會，裁決經調處不成立之公害糾紛損害賠償事件。調處事件經直轄市、縣（市）調處委員會調處不成立，其屬於因公害糾紛所生之損害賠償事件者，當事人得就同一事件向行政院環境保護署公害糾

紛裁決委員會申請裁決（公害糾紛處理法第九條、第三十三條）。裁決委員會應於當事人申請裁決後三個月內作成裁決書送達當事人，必要時得延長三個月。當事人於裁決書正本送達後二十日內，未就同一事件向法院提起民事訴訟，或經撤回其訴者，視為雙方當事人依裁決書達成合意。視為當事人達成合意之裁決，裁決委員會應將其裁決書送請管轄法院審核。經審核之裁決書有執行名義，得據為強制執行。但有裁決無效或得撤銷之原因者，當事人得提起宣告裁決無效或撤銷裁決之訴（公害糾紛處理法第三十六條、第三十九條）。

三、法院之調解、訴訟上和解

㈠法院之調解

　　民事法院解決民事糾紛事件之方法，雖以民事訴訟為主要，但為疏減法院訟源政策，或為簡化對輕微事件之迅速處理，或基於身分關係事件之特性要求，於第一審法院，除有簡易訴訟程序外，規定有法院調解制度，配合通常訴訟程序與人事訴訟程序。所謂法院調解，係法院依本法第四〇三條以下之調解程序，勸諭當事人互相讓步解決民事糾紛之制度，進行法院調解之民事事件分為兩類，一為**強制調解事件**，另一為**任意調解事件**。民事訴訟法明文規定，起訴前應先經法院調解而未成立，始得提起訴訟之事件，稱為**強制調解事件**。例如本法第四〇三條規定之事件，於起訴前應經法院調解；家事事件法第二十三條第一項規定，家事事件除同法第三條所定丁類事件外，於請求法院裁判前，應經法院調解。所謂**任意調解事件**係指不合於強制調解規定之事件，當事人於起訴前自動聲請法院為其進行調解之事件（本法第四〇四條）。是否聲請法院調解，當事人得自由決定，故稱為任意調解。法院調解成立者，不分強制調解或任意調解，與訴訟上和解有同一效力（本法第四一六條第一項），而訴訟上和解成立者，與確定判決有同一效力（本法第三八〇條第一項），故，法院成立之調解，其效力與法院確定判決無異，得據以對當事人為強制執行（強制執行法第四條第一項第三款），又家事事件調解成立者，與確定裁判有同一之效力（家事事件法第三十條第二項）。

　　一〇七年十二月五日公布，自一〇九年一月一日起施行之勞動事件法第十六條第一項規定：勞動事件，除有下列情形之一者外，於起訴前，應經法院行勞動調解程序：一、有民事訴訟法第四〇六條第一項第二款、第四款、第五款所定情

形之一。二、因性別工作平等法第十二條所生爭議（勞動事件法第十六條第一項）。勞動調解成立，與確定判決有同一之效力（勞動事件法第二十六條第二項）。

一〇九年一月十五日公布，自一一〇年七月一日起施行之商業事件審理法第二十條第一項規定，商業訴訟事件於起訴前，應經商業法院行調解程序。如商業事件調解成立者，與確定裁判有同一之效力（商業事件審理法第十九條準用民事訴訟法第四一六條第一項、第三八〇條第一項規定）。

㈡訴訟上和解

法院調解程序為起訴前之程序，但訴訟提起後，解決事件之方法，除裁判之外，有所謂訴訟上和解之方法。依本法第三七七條第一項規定，法院不問訴訟程度如何，得隨時試行和解。受命法官或受託法官，亦得試行和解。訴訟上和解成立者，與確定判決有同一之效力。訴訟上和解與私人之和解兩者之法律性質與效力頗有差異，前者為訴訟行為而後者為法律行為，前者為執行名義而後者僅為契約。對當事人得依訴訟上和解請求法院為強制執行，但於私人和解情形，如當事人不為履行，須俟訴訟獲判決確定後，始能強制執行。

四、仲　裁[17]

㈠仲裁之概念與特性

仲裁係當事人依其預先訂定之仲裁協議，於雙方所約定之私權發生糾紛時，選任仲裁人就糾紛事件為仲裁判斷之解決方法。仲裁制度盛行於英美法系之英國與美國，尤其於商務及海商事件使用最普遍。大陸法系國家之民事訴訟法，有將仲裁程序加以規定者，例如德國民事訴訟法第十編第一〇二五條以下，平成十年一月以前之日本民事訴訟法第八編第七八六條以下，均有仲裁程序之規定。我國民事訴訟法不規定仲裁程序，最初於民國五十年以單行法方式制定之商務仲裁條例，民國八十七年修正為仲裁法。日本及我國社會，其民事糾紛事件之解決，鮮有利用仲裁制度。究其原因有二，一為一般人對仲裁制度認識不足，不知仲裁制

---

[17] 參照 Schwab, Schiedsgerichtsbarkeit, 3. Aufl. München 1979; Stein-Jonas, ZPO. 20. Aufl. vor §1025～§1048; Rosenberg-Schwab, ZPR. 14. Aufl. S. 1145ff.

度之優點。其次，強制性之解決方法，在信念上及習慣上專門仰賴有公權力之法院，不相信法院以外之私人機構所為解決有法律保障。惟自第二次世界大戰結束以後，以美國、英國為中心之英美法系國家，挾其戰後之經濟勢力，開展世界貿易，同時將其優良之仲裁制度推廣，實際用以解決無數之國際貿易糾紛事件。一九五八年世界主要貿易國家在美國紐約，簽訂「外國仲裁判斷之承認及執行有關之條約」，又稱為紐約條約，仲裁制度遂在各國協力利用條約積極推行。

我國雖非紐約條約之簽字國，但我國有仲裁法之施行，仲裁法第七章外國仲裁判斷自第四十七條至第五十一條分別規定，在中華民國領域外作成之外國仲裁判斷，或在中華民國領域內依外國法律作成之外國仲裁判斷，其經聲請我國法院裁定承認後，得為執行名義。外國仲裁判斷之聲請承認，應向我國法院提出聲請狀，並附仲裁判斷書正本、仲裁協議原本、仲裁地之仲裁法規節本，或經我國駐外使領館或其他代表機構認證之上述文書繕本。惟若聲請法院承認之外國仲裁判斷，如有違反我國法律之強制或禁止規定、有背於我國公共秩序或善良風俗、仲裁判斷依中華民國法律不得對該項爭議事件以仲裁解決、仲裁判斷地國或判斷所適用之仲裁法規所屬國不承認我國仲裁判斷之情形，我國法院得駁回聲請。又有當事人有聲請承認外國仲裁判斷時，他造當事人得以仲裁協議因當事人依所應適用之法律係欠缺行為能力而不生效力、仲裁協議依當事人所約定之法律為無效、當事人之一方就仲裁人之選定或仲裁程序應通知事項未受適當通知足認仲裁欠缺正當程序、仲裁判斷與仲裁協議標的之爭議無關或逾越仲裁協議之範圍、仲裁庭之組織或仲裁程序違反當事人之約定、仲裁判斷對於當事人尚無拘束力或經管轄機關撤銷或停止其效力等等為理由，聲請法院駁回其聲請。又若我國法院已裁定承認而就該外國仲裁判斷為強制執行時，如當事人已於仲裁判斷地請求撤銷仲裁判斷或停止執行仲裁判斷者，我國原裁定法院得依聲請命供相當確定擔保，裁定停止執行。可知我國與外國之間在相互主義下，得互相承認及執行仲裁判斷。

仲裁制度之特性及優點有下列各項：

第一、仲裁係私人之仲裁人所進行之法定程序，仲裁人由當事人自行選任，得就當事人可信賴之公正人士選任，不分職業行業。其情形與民事法院之法官受理訴訟，不得由當事人自由選擇法官不同。此種得由當事人自由選擇裁判者之特色為民事訴訟制度所無，當事人對自己所選任之仲裁人所為之判斷結果較能心服。

第二、當事人之爭議事項多為各種專門行業之特殊問題，非一般法官之專長，

由當事人就爭議事項有關之專家人士選為仲裁人，其所為仲裁結果較能為同係該行業之當事人雙方所接受，不生外行人判斷內行人之不妥現象。仲裁制度重視專業內之實際公平，所以仲裁人之判斷結果，並非全部為法律性之判斷。例如，當事人買賣某種化學原料發生交貨品質之糾紛，雙方當事人及仲裁人均為該項化學原料之內行人，對品質、瑕疵程度、瑕疵原因、保存方法時間過程、雙方當事人可歸責程度、實際損害範圍等等專門問題，互相心裡有數，於仲裁人為審理時，雙方當事人不能隱瞞實情，仲裁人得依該行業之交易習慣為公正之判斷損害賠償問題，非全部依賴法律觀點作判斷，仲裁制度之此種審理功能為民事法院所無。一般而言，擔任仲裁人者，多數為法律專家之律師為主，但僅有律師無法發揮仲裁制度之實際功能，所以必須有各種行業有聲望公正之法學教授、專業技師擔任仲裁人，由仲裁機構造成仲裁人名冊，提供當事人選任仲裁人之用。中華民國仲裁協會為我國現在實際辦理仲裁工作之機構，可惜者，知此機構之存在而利用仲裁制度解決糾紛之工商界當事人不多。

　　第三、仲裁程序僅係一次仲裁判斷而確定終結，並無如同民事訴訟法之上訴三審制度，能迅速解決商務糾紛。同時在費用負擔方面亦較低，對於講究省時省錢省力之工商界而言，仲裁制度確比進行民事訴訟為優。此乃何以仲裁制度，特別於工商界盛行之原因，亦為我國特別制定商務仲裁條例之目的所在。但就立法政策而言，仲裁制度應不限於處理商事糾紛，得廣泛適用於一般民事糾紛始為正確，英美法系國家及部分大陸法系先進國家採之。立法者有見於此，於民國八十七年將商務仲裁條例修改為仲裁法，適用對象已不再限於工商界人士間之工商糾紛，已能為一般人之民事糾紛適用。仲裁法將能符合國際化與自由化之功能。

　　仲裁法修法後，國內仲裁機構如雨後春筍般增加，除中華民國仲裁協會外，尚有台灣仲裁協會、中華工程仲裁協會、中華不動產仲裁協會。目前當事人利用仲裁機制解決工程、商業糾紛已逐漸普遍。

㈡仲裁協議與仲裁人

1.仲裁協議

　　當事人欲利用仲裁程序解決民事糾紛，必須先有仲裁協議之訂立，事先以書面約定，關於現在或將來一定之法律關係及由該法律關係所生之爭議，由仲裁人一人或單數之數人成立仲裁庭為仲裁（仲裁法第一條），此種契約稱為仲裁協議。

當事人之間所訂立之仲裁協議,有排除民事法院就該約定爭議事件為裁判之法院管轄權。當事人之一造如不遵守仲裁協議而提起訴訟時,他造得以有仲裁協議為理由,請求法院駁回原告之訴。惟為兼顧已經提起之訴訟不成為浪費,法院應依他造聲請裁定停止訴訟程序,並命原告於一定期間內提付仲裁。但被告已為本案之言詞辯論者,不在此限。原告逾期未提付仲裁者,法院應以裁定駁回其訴。此訴訟經法院裁定停止訴訟程序後,如仲裁成立,視為於仲裁庭作成判斷時撤回起訴(仲裁法第四條)。仲裁協議約定得付仲裁之法律關係,限於民事財產權之事件,不得就親屬身分法之事件為約定。仲裁協議之訂定,於實務上通常係於雙方當事人訂定其交易契約時,同時另外利用書面訂立仲裁協議。仲裁協議僅就該項交易契約所生一定之爭議約定移付仲裁,當事人不得廣泛就當事人雙方之間所生一切法律糾紛事件為概括約定移付仲裁,違者其仲裁協議之約定無效。此一仲裁協議必須以書面訂立,雙方當事人必須在書面上簽名始受拘束。運送人或船長簽名之載貨證券,雖有仲裁協議之約定,但雙方交易當事人未於證券上為簽名,不受拘束 ❸。仲裁協議所以強制規定須用書面訂立,目的在防免當事人發生爭議事件時,於事後否認。惟當事人間之文書證券信函電傳電報或其他類似方式之通訊,足認有仲裁合意者,視為仲裁協議成立。原則上,仲裁條款應獨立為約定。依仲裁法第三條規定,當事人間之契約訂有仲裁條款者,該條款之效力應獨立認定;其契約縱不成立、無效或經撤銷、解除、終止,不影響仲裁條款之效力。

2.仲裁人

　　仲裁人僅得由自然人擔任,當事人於仲裁協議約定仲裁機構以外之法人或團體為仲裁人者,視為未約定仲裁人。具有法律或各業專門知識,眾望素孚之公正人士得為仲裁人,由商務仲裁協會負責登記仲裁人造成名冊。原則上,當事人應於仲裁協議約定選任仲裁人方法,如未約定仲裁人亦未訂明如何選定,則由當事人兩造各選一仲裁人,再由兩造選出之仲裁人共推第三人為主任仲裁人;如不能共推時,當事人得聲請法院為選定。又當事人亦得約定,由仲裁機構辦理仲裁事

---

❸ 最高法院六十四年臺抗字第二三九號判例:仲裁契約如一造當事人不遵守而另行提起訴訟時,他造得據以請求法院駁回原告之訴。惟必須先以書面依商務仲裁條例訂立仲裁契約由當事人簽名,始為相當,否則不生效力。載貨證券由運送人或船長簽名之證券,難謂係當事人雙方簽訂書面之商務仲裁契約,自無依該證券之記載而主張適用商務仲裁條例第三條之餘地。

件，此際由該仲裁機構選定仲裁人（仲裁法第九條第一項）。為防免當事人之一方故意不為選定仲裁人而阻礙仲裁之進行，已選定仲裁人之一造，得催告他造於受催告之日起十四日內選定仲裁人。受催告之人已逾規定期間不為選定仲裁人者，催告人得聲請仲裁機構或法院為選定仲裁人（仲裁法第十一條、第十二條）。仲裁協議所約定之仲裁人或當事人已選定之仲裁人，因死亡或其他原因出缺，或拒絕擔任仲裁人、延滯履行仲裁任務者，當事人得另行約定或選定其他仲裁人，或經他方催告後聲請仲裁機構或法院為選定（仲裁法第十三條）。又當事人得以仲裁人有民事訴訟法所定法官應行迴避之同一原因或不具備當事人所約定資格為理由，請求其迴避。仲裁人如為未成年人、受監護宣告之人、破產人、褫奪公權人或犯貪污、瀆職之罪判刑確定或其他之罪判刑一年以上確定之人，不得為仲裁人（仲裁法第七條）。

　　由於仲裁人之仲裁判斷或仲裁和解，於當事人間與法院之確定判決有同一效力，聲請法院為准許強制執行之裁定後得執行（仲裁法第三十七條、第四十四條），所以仲裁人之法律地位，並非與當事人間之單純委任或僱傭、承攬等民法上之法律關係。縱然仲裁人由當事人之選任而產生，但仲裁人與當事人間為公法上之訴訟法律關係，應屬基於仲裁法之公法規定而執行公務之性質。仲裁人之法律地位雖非法院組織法之法官，但於仲裁程序而言，具有準法官之法律地位，德文稱仲裁人為 Schiedsrichter，隱含法官之意義。

⑶仲裁之判斷與和解、調解

　　原則上仲裁協議得約定仲裁進行之程序，如無約定時，仲裁人對爭議事件，應於接獲被選為仲裁人之通知後，決定仲裁處所及詢問當事人之期日，將其通知兩造，請其出席接受詢問。仲裁人應就事件關係為必要調查，得詢問證人或鑑定人。仲裁人認為必要之行為，非法院不得為之者，得請求法院為之。當事人對於仲裁程序原則上不得異議，如有異議，仲裁人仍得進行程序並為仲裁。仲裁人應於六個月內作成判斷，必要時得延長三個月，仲裁人逾期間未作成判斷者，除強制仲裁事件外，當事人得逕行起訴或聲請續行訴訟。其經當事人起訴或續行訴訟者，仲裁程序視為終結（仲裁法第十八條起至第三十條）。

　　仲裁人認仲裁達於可為判斷之程度者，應宣告詢問終結，依當事人聲明之事項於十日內作成判斷書。仲裁人有數人者，互推一人為主任仲裁人，其判斷以過

半數意見定之。關於數額之評議，仲裁人之意見各不達過半數時，以最多額之意見順次算入次多額之意見，至達過半數為止。仲裁人意見不能過半數者，應將其事由通知當事人，除仲裁協議另有約定外，仲裁程序視為終結。仲裁人之判斷於當事人間，與法院之確定判決有同一之效力。仲裁人對此項判斷應以判斷書正本送達於當事人。此項判斷書，應另備正本，連同送達證書，送請仲裁地法院備查（仲裁法第三十二條起至第三十四條）。

又仲裁事件於仲裁判斷前，得為和解，和解成立者，由仲裁人作成和解書，學者稱為**仲裁和解** (Schiedsvergleich)。仲裁和解與仲裁判斷有同一效力，但須聲請法院為執行裁定後，方得執行。另外於當事人，未事先訂立仲裁協議者，仲裁機構得依當事人之聲請，經他造同意後，由雙方選定仲裁人進行調解，調解成立者，由仲裁人作成調解書。仲裁調解與仲裁和解有同一效力，但須聲請法院為執行裁定後，方得為強制執行（仲裁法第四十四條、第四十五條）。按早期之仲裁制度僅有仲裁人之判斷一種，後因和解及調解亦有可取之優點，立法者遂有增列規定仲裁和解及仲裁調解制度，但其法律效力並無差異。

有疑義者，仲裁人於仲裁判斷時，是否如同法官，應依民事實體法之規定為判斷？由於當事人於仲裁協議得自由約定仲裁程序及仲裁方法，使能達成公正之判斷，而且仲裁人得由非法律專家之工商界人士為擔任，強求仲裁人應依民事實體法之規定為判斷始合法，實際上無可能。應認為原則上不必依民事實體法規定為判斷，但對於顯然違反禁止或強行法規定，或違反公序良俗之仲裁判斷，應解釋為不得由法院准許裁定執行，當事人得提起撤銷仲裁判斷之訴[19]。仲裁法第三十一條規定，仲裁庭經當事人明示合意者，得適用衡平原則為判斷。

仲裁人得以判斷，將當事人之仲裁請求為不合法或無理由駁回之，亦得為命給付判斷或為確認判斷或形成判斷，例如宣告公司解散。仲裁判斷有實體上之既判力[20]。惟於強制執行時，必須事先持仲裁判斷聲請法院為執行裁定後，始得為執行，此為原則。但例外於，以給付金錢或其他代替物或有價證券之一定數量為標的，或以給付特定之動產為標的，經當事人雙方以書面約定，仲裁判斷無須法院裁定即得逕為強制執行者，得逕為強制執行。有關強制執行之規定，除當事人

---

[19] 參考 Schwab, Schiedsgerichtsbarkeit, 3. Aufl. S. 143f.; Jauernig, ZPR. 22. Aufl. S. 325.

[20] Vgl. Jauernig, ZPR. a. a. O.

外，對於判斷書作成後，就該仲裁判斷之法律關係，為當事人之繼受人，及為當事人或其繼受人占有請求之標的物者，亦有效力（仲裁法第三十七條）。

㈣聲請執行裁定與撤銷仲裁判斷之訴

1.聲請執行裁定

命給付為內容之仲裁判斷，雖與法院確定判決有同一效力，但不能據此仲裁判斷立即為強制執行。當事人之一方不依仲裁判斷為履行給付義務時，他方得持仲裁判斷向民事法院依非訟事件法程序聲請法院為強制執行之裁定，俟獲得執行裁定後始得請求執行法院為強制執行。法院於通常情形，對於當事人聲請為執行裁定均應准許，惟於例外有下列情形之一時，法院不得為執行裁定，應駁回其聲請：⑴仲裁判斷與仲裁協議標的之爭議無關或逾越仲裁協議之範圍者。⑵仲裁判斷書不附理由者，但經仲裁人補正後不在此限。⑶仲裁判斷係命當事人為法律上所不許之行為者（仲裁法第三十八條）。

2.撤銷仲裁判斷之訴

仲裁判斷有法院確定判決同一之效力，並無抗告或上訴方法得為救濟。惟若仲裁人所進行之仲裁程序顯然不法，有程序上之重大瑕疵，或仲裁人與當事人有刑事上應受處罰行為，其他有足以使仲裁判斷生不公正之情事存在時，不能不設撤銷此種不法、不正之仲裁判斷之救濟方法。仲裁法第四十條起至第四十三條設有救濟程序，稱為撤銷仲裁判斷之訴。其目的在消滅仲裁判斷之存在，使當事人改以利用民事訴訟程序為起訴，由法院判決解決其民事糾紛。可知私人之仲裁人為仲裁判斷時，必須仲裁程序合法無瑕且必須絕對公正始可。對於仲裁人為此種要求之監督制度，則為法院之撤銷仲裁判斷之訴及上述法院對聲請執行為裁定之制度。

撤銷仲裁判斷之訴為形成之訴，當事人得向法院提起撤銷仲裁判斷之訴，必須有下列情形之一：⑴有仲裁法第三十八條所規定法院不准許為執行裁定之三種情形之一。⑵仲裁協議不成立、無效，或於仲裁庭於詢問終結時尚未生效或已失效者。⑶仲裁庭於詢問終結前未使當事人陳述，或當事人於仲裁程序未經合法代理者。⑷仲裁庭之組成或仲裁程序，有背仲裁協議或法律規定者。⑸仲裁人違反第十五條第二項所定之告知義務而顯有偏頗或被聲請迴避而仍參與仲裁者。但迴避之聲請，經依本法駁回者，不在此限。⑹參與仲裁之仲裁人，關於仲裁違背職

務，犯刑事上之罪者。⑺當事人或其代理人，關於仲裁犯刑事上之罪者。⑻為判斷基礎之證據、通譯內容係偽造、變造或有其他虛偽情事者。⑼為仲裁基礎之民事、刑事及其他裁判或行政處分，依其後之確定裁判或行政處分已變更者。前述⑹至⑻之情形，以宣告有罪之判決已確定，或其刑事訴訟不能開始或續行非因證據不足者為限。⑷違反仲裁協議及⑸至⑼之情形，以足以影響判斷之結果為限（仲裁法第四十條）。

　　為維持仲裁判斷之安定，不能不設對當事人提起撤銷仲裁判斷之訴之限制，否則，仲裁判斷隨時有被撤銷可能，不合立法政策目的。依仲裁法第四十一條規定，提起撤銷仲裁判斷之訴，應於判斷書交付或送達之日起三十日之不變期間內為之；如有第四十條第一項第六款至第九款所列原因，並經釋明，非因當事人之過失，不能於規定期間內主張撤銷之理由者，自當事人知悉撤銷之原因時起算，但自仲裁判斷書作成日起已逾五年者不得提起之。

　　當事人依仲裁協議雖不得直接向法院起訴，應由仲裁人進行仲裁程序，但當事人為確保其權利之將來強制執行，於聲請進行仲裁程序前或程序進行中，依民事訴訟法有關保全程序規定，聲請假扣押或假處分裁定時，此項保全措施對當事人而言，不能因有仲裁協議存在而不許之理，法院應依法為假扣押或假處分之裁定。仲裁法第三十九條規定：仲裁協議當事人之一方，依民事訴訟法有關保全程序之規定，聲請假扣押或假處分者，如其尚未提付仲裁，命假扣押或假處分之法院應依相對人之聲請，命該保全程序之聲請人，於一定期間內提付仲裁。但當事人依法得提起民事訴訟時，法院亦得命其起訴。保全程序聲請人不於前項期間內提付仲裁或起訴者，法院得依相對人之聲請，撤銷假扣押或假處分之裁定。

　　當事人提起撤銷仲裁判斷之訴，並無當然停止已獲執行裁定之仲裁判斷為執行之效力，於此情形，法院得依當事人之聲請，定相當並確實之擔保，裁定停止執行（仲裁法第四十二條第一項）。法院對於撤銷仲裁判斷之訴為原告勝訴判決者，此項判決為形成判決，有撤銷仲裁判斷之效力。為配合法院對仲裁判斷之撤銷判決，如仲裁判斷已有執行裁定時，法院應於撤銷判決一併將其執行裁定為撤銷（仲裁法第四十二條第二項）。仲裁判斷經法院以判決撤銷後，除雙方當事人另重新訂有仲裁協議外，不得就同一糾紛事件利用原仲裁協議再聲請進行仲裁。此際，依仲裁法第四十三條規定，當事人得就該件爭議事項，依通常訴訟程序向民事法院提起訴訟。

㈤勞資爭議處理法之仲裁

　　我國憲法為維護社會安全，不僅規定應由國家制定保護勞工之法律，且於憲法第一五四條明定，國家應制定法律作為調解或仲裁勞資糾紛之依據。勞資爭議處理法第六條第一項規定權利事項之勞資爭議，得依本法所定之調解、仲裁或裁決程序處理之。第七條第一項規定調整事項之勞資爭議，須依本法所定之調解、仲裁程序為處理之。依勞資爭議處理法第二十五條之規定，交付勞資爭議仲裁委員仲裁之情形有四：一、勞資爭議調解不成立者，雙方當事人得共同向直轄市或縣（市）主管機關申請交付仲裁。二、勞資爭議當事人之一方為第五十四條第二項之勞工者，其調整事項之勞資爭議，任一方得向直轄市或縣（市）申請交付仲裁；其屬同條第三項事業調整事項之勞資爭議，而雙方未能約定必要服務條款者，任一方得向中央主管機關申請交付仲裁。三、勞資爭議經雙方當事人書面同意，得不經調解，逕向直轄市或縣（市）主管機關申請交付仲裁。四、調整事項之勞資爭議經調解不成立者，直轄市或縣（市）主管機關認有影響公眾生活及利益情節重大，或應目的事業主管機關之請求，得依職權交付仲裁。一般仲裁之當事人必須有仲裁協議為前提，其仲裁程序係基於仲裁協議，但勞資爭議之仲裁係基於法律規定，雙方當事人無須有仲裁協議存在。原則上，勞資爭議事項，不分權利事項之爭議或調整事項之爭議[21]，由直轄市政府或縣（市）政府，組成勞資爭議調解委員會先為調解，調解委員會置委員三人或五人，由政府主管機關指派一人或三人，當事人雙方各自選定一人組成之（勞資爭議處理法第十三條）。至於勞資爭議之仲裁，不論是權利事項或調整事項之爭議，於有上述四種須仲裁情形之一時，得依同法所定之仲裁程序處理。仲裁之方式應依申請人請求以選定獨任仲裁人，或組成勞資爭議仲裁委員會兩者中之一方式為之，但其為一方申請交付仲裁，或依職權交付仲裁者，僅得以組成勞資爭議仲裁委員會方式為之（同法第二十六條第一項）。雙方當事人合意以選定獨任仲裁人方式進行仲裁者，直轄市或縣

---

[21] 權利事項之爭議係指，勞資雙方當事人基於法令、團體協約、勞動契約之規定所為權利義務之爭議（勞資爭議處理法第五條第二款）。例如，為勞工資遣費之給付，發生爭議。調整事項之爭議指，勞資雙方當事人對於勞動條件主張繼續維持或變更之爭議。例如，為調動勞工工作地點或工作職位發生爭議。

（市）主管機關應於收到仲裁申請書後，通知勞資爭議雙方當事人於收到通知之日起五日內，於直轄市、縣（市）主管機關遴聘之仲裁人名冊中選定獨任仲裁人一人具報；屆期未選定者，由直轄市、縣（市）主管機關代為指定。以組成仲裁委員會方式進行仲裁者，主管機關應於收到仲裁申請書或依職權交付仲裁後，通知勞資爭議雙方當事人於收到通知之日起五日內，於主管機關遴聘之仲裁委員名冊中各自選定仲裁委員具報；屆期未選定者，由主管機關代為指定（同法第二十七條第一項、第二十九條第一項）。同法第三十條規定，仲裁委員會置委員三人或五人，由下列人員組成之：一、勞資爭議雙方當事人各選定一人。二、由雙方當事人所選定之仲裁委員於仲裁委員名冊中，共同選定一人或三人。前項仲裁委員會置主任仲裁委員一人，由前項第二款委員互推一人擔任，並為會議主席。仲裁委員由直轄市、縣（市）主管機關遴聘具一定資格之公正並富學識經驗者任之。直轄市、縣（市）主管機關遴聘後，應報請中央主管機關備查。依第二十五條第二項規定由中央主管機關交付仲裁者，其仲裁委員會置委員五人或七人，由勞資爭議雙方當事人各選定二人之外，再共同另選定一人或三人，並由共同選定者互推一人為主任仲裁委員，並為會議主席。前項仲裁委員名冊，由中央主管機關會商相關目的事業主管機關後遴聘之。

　　仲裁委員會由主任仲裁委員召集，其由委員三人組成者，應有全體委員出席，經出席委員過半數同意，始得作成仲裁判斷；其由委員五人或七人組成者，應有三分之二以上委員出席，經出席委員四分之三以上同意，始得作成仲裁判斷。仲裁委員連續二次不參加會議，當然解除其仲裁職務，由主管機關另行指定仲裁委員代替之（同法第三十四條規定）。仲裁委員會就權利事項之勞資爭議所作成之仲裁判斷，於當事人間，與法院之確定判決有同一效力。仲裁委員會就調整事項之勞資爭議所作成之仲裁判斷，視為爭議當事人間之契約；當事人一方為工會時，視為當事人間之團體協約。對於前二項之仲裁判斷，勞資爭議當事人得準用仲裁法第五章之規定，對於他方提起撤銷仲裁判斷之訴。調整事項經作成仲裁判斷者，勞資雙方當事人就同一爭議事件不得再為爭議行為；其依前項規定向法院提起撤銷仲裁判斷之訴者，亦同（同法第三十七條）。

五、民事訴訟審判

　　私權糾紛事件如不能以私人自治之和解、調解、調處，或半自治性之仲裁為

解決時，最後唯一之解決方法為利用民事訴訟，由原告向民事法院對被告提起訴訟，經法院於審理後為裁判。民事訴訟程序之進行，因有法律上之強制力，即使被告拒絕應訴，亦無法阻止法院就該件私權糾紛為法律解決。民事訴訟之特性為法律性、強制性之解決方法，其特點為法院審判。不服法院判決時，有上訴制度為救濟，判決確定時，對法院及雙方當事人不僅有形式上之確定力，且有實質上之確定力，稱為判決之既判力。當事人雙方就有既判力之糾紛事件，不得再行爭執，於給付判決有執行力，於確認判決及形成判決，分別發生確認效力及形成力。民事訴訟法所規定，主要即以民事訴訟之全部詳細程序為內容。由於規定內容及相關學理及實務問題繁多，一般人無法盡知，民事訴訟之法律研究，遂成為專門之法律學科。

第**3**章

民事訴訟法

■ 第一節　我國民事訴訟法之歷史沿革

　　我國有現代化之西洋法制始於清末，海禁大開以後。光緒二十八年清廷詔沈家本、伍廷芳，將當時現行律例參酌各國法律，悉心改訂。光緒三十年設立修訂法律館，光緒三十三年十月二十九日頒行各級審判廳試辦章程，將民刑事訴訟法混合規定。宣統二年十二月二十七日沈家本等提出民事訴訟律草案，是為我國有獨立之民事訴訟法之開始，惟未及公布施行，清廷已終。

　　民國成立，未幾，南方廣東軍政府與北京政府對峙。迨民國十年北京政府由修訂法律館起草民事訴訟條例公布施行，同年廣東政府將清遺民事訴訟律全部修正公布施行，稱為民事訴訟律，此時，我國始有施行之民事訴訟法獨立法典，中國北方施行民事訴訟條例，南方施行民事訴訟律，分別適用不同之民事訴訟法典。

　　民國十六年北伐成功，南北統一，民事訴訟法典亦有統一必要。國民政府司法部遂起草統一之民事訴訟法，分兩次於民國十九年及二十年公布，第一次公布第一條至第五三四條，第二次公布第五三五條至第六〇〇條，於民國二十一年五月二十日同時施行，此為最高法院判例要旨中所稱「前民事訴訟法」。此法施行不久，由於頗多不合實用之處，國民政府遂於民國二十四年二月一日另行公布民事訴訟法，同年七月一日施行，此即最高法院判例要旨所稱之「舊民事訴訟法」。此法僅於民國三十四年略加修正。民國三十四年對日本抗戰勝利，為適應淪陷區之法院復員時期特殊情況，於民國三十四年十二月十八日公布施行復員後辦理民事訴訟補充條例，與民事訴訟法相輔實施，嗣因施行期滿於民國四十三年十二月十八日失效。

　　中華民國政府由於內戰，撤至臺灣，民國四十一年立法院函請行政院將民事

訴訟法全盤檢討修正，行政院遂於民國四十三年向立法院提民事訴訟法修正草案，經立法院十多年之審查，於民國五十七年一月九日三讀通過，同年二月一日公布施行，此為現行民事訴訟法，全文計九編六百零四條，較舊民事訴訟法增加四條。我國民事訴訟法經民國五十七年之一次大修正後，先後又於民國六十年十一月、七十二年十一月、七十三年六月、七十五年四月部分修正。

我國現行民事訴訟法自民國二十四年實施之後已六十多年，為適應時代潮流之進步，司法院民事訴訟法研究修正委員會前後十多年研修工作，遂於民國八十八年二月及八十九年二月分二次由立法院修正通過實施。

民國八十八年二月及八十九年二月之二次修正係六十多年來民事訴訟法規模最大之修正。民國八十八年二月修正第二二三條、第二二八條、第四〇三條至第四一四條、第四一六條、第四一七條、第四一九條至第四二四條、第四二六條至第四二九條、第四三三條、第四三三條之二、第四三四條至第四三六條之二、第四六六條、第四七〇條、第四七一條、第五七二條、第五七四條、第五七九條、第五九六條，刪除第四一五條，增訂第四〇六條之一、第四〇六條之二、第四〇七條之一、第四〇九條之一、第四一〇條之一、第四一五條之一、第四二〇條之一、第四二七條之一、第四三四條之一、第四三六條之八至第四三六條之三十二、第五七二條之一、第五七五條之一、第五八二條之一，並增訂第二編第四章小額訴訟程序。

民國八十九年二月修正第八十三條、第八十四條、第一〇七條、第一一六條、第一九五條、第一九六條、第一九九條、第二二二條、第二四四條、第二四六條、第二四七條、第二五〇條至第二五二條、第二五四條至第二五六條、第二五八條、第二五九條、第二六二條、第二六五條至第二六八條、第二六九條至第二七七條、第二七九條、第二八〇條、第二八三條至第二八五條、第二八七條至第二九一條、第二九三條至第二九五條、第二九七條、第二九八條、第三〇一條、第三〇三條至第三〇六條、第三一一條至第三一三條、第三一六條、第三一九條至第三二三條、第三二六條至第三二八條、第三三〇條至第三三五條、第三三七條、第三四〇條、第三四二條、第三四四條至第三五四條、第三五六條、第三五八條、第三五九條、第三六三條、第三六五條至第三六七條、第三六八條、第三七〇條、第三七三條、第三七六條、第四三三條、第四四一條、第四四二條、第四四六條、第四四七條、第四六六條，新增訂第一〇九條之一、第一五三條之一、第一九九

條之一、第二六八條之一、第二六八條之二、第二七〇條之一、第二七一條之一、第二八二條之一、第二九六條之一、第三一三條之一、第三五七條之一、第五目之一、第三六七條之一、第三六七條之二、第三六七條之三、第三七五條之一、第三七六條之一、第三七六條之二、第四四四條之一、第四六六條之一至第四六六條之三，刪除第三六二條、第四三六條之十三、第四三六條之十七。

　　民事訴訟法於民國九十二年二月七日修正公布，此次修正之規模大於民國八十八年二月及八十九年二月之二次修正，且章節名稱亦有變更或新增。第一編總則原第三章訴訟費用改為第三章訴訟標的價額之核定及訴訟費用，改第一節為訴訟標的價額之核定、第二節訴訟費用之計算及徵收、第三節訴訟費用之負擔、第四節訴訟費用之擔保、第五節訴訟救助，第四章訴訟程序增訂第六節之一司法事務官之處理程序。增訂第五編之一第三人撤銷訴訟程序。

　　民國九十二年之修正，其修正要點與條文如下：一、修正管轄規定，便利當事人遂行訴訟，保障弱勢當事人權益，提高人民對裁判之信賴度（修正第一條、第二條、第十八條、第二十三條、第二十八條）。二、落實選定當事人制度，擴大訴訟制度解決紛爭之功能（修正第四十一條、第四十四條，增訂第四十四條之一至第四十四條之四）。三、明定訴訟標的對於數人必須合一確定而應共同起訴，如其中一人或數人拒絕同為原告時，法院得為必要處置，以保障其他人之訴訟權（增訂第五十六條之一）。四、擴大訴訟參加制度之功能（修正第五十八條、第六十三條，增訂第六十七條之一）。五、充實訴訟代理制度，發揮律師功能（修正第六十八條、第六十九條，增訂第七十條之一）。六、增設訴訟標的價額之核定及訴訟費用專章，以利訴訟標的價額之核定與訴訟費用之徵收（修正第九十一條、第九十四條之一、第一〇二條、第一〇四條，增訂第七十七條之一至第七十七條之二十三）。七、充實訴訟救助制度，貫徹憲法保障人民訴訟權、財產權及平等權之精神（修正第一〇九條、第一一〇條、第一一四條）。八、落實文書送達制度，確保應受送達人之權益（修正第一二七條、第一二九條、第一三〇條、第一三三條、第一三六條、第一三八條、第一四一條、第一四五條、第一四九條）。九、增訂裁定停止訴訟程序之原因，並尊重當事人之程序選擇權（修正第一八二條、第一八九條、第一九〇條、第一九一條，增訂第一八二條之一、第一八二條之二）。十、簡化裁判書類製作，減輕法官負擔（修正第二二六條、第四五四條、第五一四條，增訂第三八四條之一）。十一、尊重當事人之程序主體權，加強保障當事人之權利

（修正第二三二條、第二三三條、第三三五條、第三九二條、第三九四條、第三九六條、第三九七條、第四五一條、第四五六條、第四五八條，增訂第四五一條之一）。十二、配合法院組織法增設司法事務官，增訂司法事務官之處理程序（增訂第二四○條之一至第二四○條之四）。十三、加強保障當事人及第三人之隱私和業務秘密（修正第二四二條，增訂第一九五條之一）。十四、充實和解制度，擴大和解制度解決紛爭之功能（修正第三七七條，增訂第三七七條之一、第三七七條之二、第三八○條之一）。十五、為有效遏止濫訴情形，保障對造當事人之權益，並合理分配司法資源，增訂當事人之訴或上訴顯無理由，或其上訴僅係以延滯訴訟之終局為目的者，法院得處原告或上訴人新臺幣六萬元以下之罰鍰（增訂第二四九條第三項及第四項、第四四九條之一）。十六、發揮第三審法律審之功能，健全民事訴訟制度（修正第四七四條、第四七六條、第四七八條、第四八六條，增訂第四六六條之四）。十七、增設異議程序，健全抗告程序，加強保障受裁定人之權利（修正第四八四條至第四八六條、第四九一條、第四九二條、第三十六條、第一○○條、第一一五條、第四八七條）。十八、充實再審程序，兼顧維持確定判決安定性及保障當事人權利（修正第四九六條、第四九七條、第五○○條、第五○六條，增訂第四九八條之一、第五○五條之一）。十九、增設第三人撤銷訴訟程序，保障受判決效力所及第三人之權益（增訂第五○七條之一至第五○七條之五）。二十、充實督促程序，便利當事人行使權利（修正第四一九條、第五○八條、第五一六條、第五一九條、第五二一條）。二十一、強化保全程序，擴大假扣押、假處分制度之功能（修正第五二二條、第五二四條、第五二五條、第五二六條、第五二八條、第五三○條、第五三一條、第五三六條、第五三八條，增訂第五三七條之一至第五三七條之四、第五三八條之一至第五三八條之四）。二十二、充實公示催告程序，加強保障善意第三人權益（修正第五四二條、第五四三條、第五五○條、第五五三條、第五六二條）。

　　為配合上開條文之修正或增訂，必須刪除條文有第一四七條、第四七九條、第四八九條、第四九三條、第四九四條、第五三四條、第五三七條。為強化調解解決紛爭功能及增加和解調解得聲請退還裁判費比例，於九十六年三月修正第八十三條第一項、第八十四條第二項、第四○三條第一項第十一款及第二項、第四○六條之一第一項、第四二○條之一第三項、第四二五條、第四六三條。又於九十六年十二月二十六日修正第七十七條之二十三。於九十八年一月二十一日增訂

第三十一條之一至第三十一條之三，修正第七十七條之十九、第七十七條之二十二第三項，增訂第七十七條之二十六第三項、第一七四條第二項、第一八二條之一第二項，修正同條第三項、第二四九條第一項、第四八六條第四項，並刪除第五項、第六項，增訂第五一五條第二項、第三項。九十八年七月八日為配合民法修正將禁治產宣告更名為監護宣告，並增訂輔助宣告制度，修正第五十條、第五十六條、第六十九條、第七十七之十九條、第五七一條、第五八三條、第五八五條、第五八九條、第五八九條之一、第五九〇條、第五九六條，第三章章名、第五九七條至第六二四條，並增訂第四十五條之一、第五七一條之一、第五九〇條之一、第六〇九條之一、第六一六條之一、第六二四條之一至第六二四條之八。除第五八三條、第五八五條、第五八九條、第五八九條之一、第五九〇條、第五九〇條之一於施行之日施行外，其餘條文自九十八年十一月二十三日起施行（民事訴訟法施行法第十二條第四項）。

　　民國一〇一年一月十一日制定公布之家事事件法，就家事訴訟程序、家事非訟程序及家事調解程序合併立法，其第三編第二章、第三章及第四編第九章至第十一章就婚姻、親子關係、宣告死亡、監護及輔助宣告等事件已有整體規範，配合刪除民事訴訟法相關條文；又因應家事事件法將監護及輔助宣告、宣告死亡、給付扶養費、贍養費及家庭生活費用等事件全部非訟化，一併修正聲請徵收費用、簡易訴訟程序適用範圍、假扣押及假執行等條文；另為明定司法事務官處理支付命令事件之範圍、加強保障當事人之訴訟權及利害關係人之權益，修正對司法事務官處分所為異議之規定、訴訟上和解效力所及之第三人撤銷程序等。本法於一〇二年四月十六日，修正第十八條、第三十九條、第六十九條第二項、第七十七條之十九第六款、第七款、第二四〇條之四第一項、第三八〇條第三項、第五項、第三八九條第一項第二款、第四一六條第六項、第四二〇條之一第四項、第四二七條第二項第八款、第四三一條、第五二六條第四項，刪除第九編人事訴訟程序第五六八條至第六四〇條，並自一〇二年五月八日公布日起施行。

　　民國一〇四年七月一日修正公布第二五四條、第五一一條、第五一四條、第五二一條條文，增訂訴訟繫屬中當事人將訴訟標的移轉於第三人，當事人聲請法院發給起訴證明，得予當事人陳述意見之機會，及修正確定之支付命令只有執行力，並無確定判決同一之效力，並自公布日施行。

　　民國一〇六年六月十四日修正公布第二五四條條文，修正訴訟繫屬中訴訟標

的移轉於第三人，當事人得對第三人為訴訟告知，增訂原告得聲請法院以裁定許可訴訟繫屬事實之登記，所為聲請之釋明如有不足，法院得定相當之擔保，及當事人對裁定得抗告等規定，並自公布日施行。

　　民國一〇七年六月十三日修正公布第四十四條之二、第七十七條之二十三、第一五一條、第一五二條、第五四二條、第五四三條、第五六二條條文，關於訴訟文書送達、公告之方式以法院之電子公告取代刊登新聞紙，並自公布日後六個月施行。

　　民國一〇七年十一月二十八日修正公布第二二三條、第二二四條、第二三五條條文，修正關於判決及經言詞辯論裁定之宣示規定，並自公布日施行。

　　民國一一〇年一月二十日修正公布第七十七條之二十五、第一三三條、第一四九條、第二四九條、第二七二條、第四二七條、第四四四條、第四四九條之一，增訂第二一一條之一、第二四九條之一等條文，關於法院得以科技設備審理，及對當事人濫訴、濫行上訴之處罰等規定，並自公布日施行。

　　民國一一〇年六月十六日修正公布第二〇七條，增訂第一一四條之一，關於身障者參與辯論應用通譯及訴訟救助之兒童及少年減免訴訟費用規定，並自公布日施行。

　　民國一一〇年十二月八日修正公布第一八二條之一、第二四九條、第四六九條，刪除第三十三條之一、第三十三條之二、第三十三條之三等條文，關於法院認為無審判權應裁定停止訴訟，並請求最高法院指定有管轄權之法院，法院於審判權之有無辨別不當或違背專屬管轄之規定，惟當事人未於事實審爭執，或法律別有規定者，非屬判決違背法令，並配合法院組織法修法，刪除第三十三條之一、第三十三條之二、第三十三條之三等規定，並自一一一年一月四日施行。

■ 第二節　民事訴訟法之意義與性質

一、民事訴訟法之意義

　　規定有關民事訴訟程序之法律，稱為民事訴訟法，民國二十四年七月一日國民政府公布實施迄今之民事訴訟法，是為形式意義之我國民事訴訟法，惟民事訴訟程序之相關規定，未必全部規定於民事訴訟法之中，其有規定於其他法律者，

例如，法院組織法中，有關法院之審級及組織、法庭之開閉及秩序維持、裁判之評議等規定，均屬民事訴訟程序之規定。又例如，海商法第一〇一條有關船舶碰撞訴訟管轄法院規定，公職人員選舉罷免法第一一八條以下至第一二八條有關選舉罷免訴訟之管轄法院及訴訟程序之規定，民法第五十六條關於訴請法院撤銷總會決議之規定，公司法第一八九條關於訴請撤銷股東會決議之規定，民法親屬編第九八九條至第九九七條有關撤銷婚姻之當事人適格規定，土地法第一二二條、耕地三七五減租條例第二十六條有關耕地租佃爭議事件之起訴程序規定，均為民事訴訟程序之規定。此類規定，於歸類上得歸為民事訴訟法，故稱為實質意義之民事訴訟法，以別於前述形式意義之民事訴訟法。

　　形式意義之民事訴訟法，其條文中，亦有僅就實體法權利事項為規定，而無訴訟程序之內容者。亦有於事件之性質上，本應歸屬非訟事件法規定之範圍者，例如本法第四〇三條以下至第四二六條之調解程序、保全程序、督促程序及公示催告程序等性質均屬非訟事件。惟我國之民事訴訟法於民國二十四年公布實施時，並未同時制定非訟事件法，無法將全部民商事相關之其他程序規定為容納，不得已於便宜上附帶於民事訴訟法為規定。此類事項既已規定於民事訴訟法典之中，雖然性質未必完全符合訴訟程序內容，亦應將其視為民事訴訟法內容之一部分，不得加以忽略。

二、民事訴訟法之性質

　　法律得依其規律之對象或主體間之關係，分為公法與私法。又法律亦得依其規律之內容性質，分為實體法與程序法。民法與商事法，得歸類為私法，且為實體法，此為學者所公認，至於民事訴訟法之性質歸類，一般言之，得認為屬於公法，且為程序法。茲分別說明如次：

㈠民事訴訟法為公法

　　民事訴訟法主要係規律，國家司法機關之民事法院依當事人之請求就私權糾紛為法律解決時，應如何進行審判程序為其內容之法律。就國家司法機關運用國家裁判權，對當事人之私權糾紛為法律性之強行解決，對當事人應受訴訟結果之拘束而言，此種訴訟法上關係為，法院對於私人之上下支配關係，性質上屬於公法關係，故，民事訴訟法為公法。不得僅因法院審理所解決之權利義務內容屬於

私權關係一端，即認為民事訴訟法為私法性質。又於民事訴訟程序進行中，雙方當事人對於其得自由處分之訴訟上若干權益，得不受拘束而任意處分，但亦不得因此而否定民事訴訟法之公法性質❶。

㈡民事訴訟法為程序法

　　民法之所以稱為實體法，係因立法者於立法之際，著眼於公平將權利義務作適當合理分配於法律關係之當事人，係以私人間生活關係之權利義務為其規律之內容。但民事訴訟法所規律者為程序與技術層面之事項為其主要內容，立法者於立法之際所重視者為，如何正確公平為審判，如何迅速經濟處理訴訟程序，講究理性之技術方法俾能解決糾紛事件。學者又稱民事訴訟法為技術法者，原因在此。

　　民事訴訟法雖為公法且為程序法，但因其係配合民法實體法而運作，兩者關係密切，民事法院之法官必須依據民法實體法之規定，就私權糾紛為實體上之裁判。換言之，民法實體法提供法官為本案權利義務判斷之基準。至於民事訴訟法係提供法官，於訴訟程序進行所需技術層面之方法基準。實體法與程序法相輔相成，使抽象之權利義務關係經審判而成為得拘束當事人之具體權利義務關係，使權利人得受保護，私法秩序得以維持，同時私權糾紛獲得解決。就此關係而言，足見民事訴訟法並非民事實體法之助法❷，而且其雖為公法，但與純粹公法性質之刑法、刑事訴訟法不同，在歸類上，應屬於民事法之範圍。

■ 第三節　民事訴訟法之解釋

一、民事訴訟法規之種類

　　民法之各種區分法規方法中，對於民事訴訟法之法規分類，特別重要者為，強行法規 (Zwangende Rechtssätze) 與任意法規 (Dispositive Rechtssätze) 之分類，國內學者及日本學者稱為強行規定與任意規定。但民事訴訟法中之強行規定與任意

---

❶ 參照 Rosenberg-Schwab, ZPR. 14. Aufl. §1 IV, S. 5f.
❷ 相同見解，姚瑞光，《民事訴訟法論》第九頁。不同見解，王甲乙等三人，《民事訴訟法新論》第七頁。

規定之意義內容，以及違背時之效果，未必與民法所規定者完全相同，不能不注意，茲分別說明如次：

㈠強行規定

強行規定係法院及雙方當事人必須嚴格遵守，不得任意違背或以合意方法排除或變更其適用之規定，對於強行規定之事項，法院應依職權為調查。法院之行為違背強行規定時，並非無效，僅得依民事訴訟法規定之救濟方法由上級法院將其撤銷。於當事人違背強行規定時，其行為在訴訟程序上，亦非當然無效，法院得將其撤銷或駁回使其不存在而已。例如，無意思能力之精神病人具狀向法院提起訴訟之行為，依民法規定，其行為無效，但於民事訴訟法而言，精神病人之起訴行為，亦能發生訴訟繫屬效力，但法院得命其訴訟代理人為補正（本法第四十九條），不能補正者，駁回起訴而已。又例如上訴人已逾二十日之上訴期間所為之上訴行為，並非上訴無效，仍有發生訴訟繫屬於上訴審法院之效力，但法院得以其違背強行規定為理由，裁定駁回其上訴。顯見訴訟行為違背民事訴訟法之強行規定，其法律效果，並非如同於法律行為違背民法之強行規定而無效❸。

㈡任意規定

任意規定係允許當事人以其意思，作與法律所定不同程序之決定，從而排除法律規定之適用之規定。關於任意規定有兩種類型，一為法律明文允許當事人就某一事項在一定條件下得合意為決定，例如，本法第二十四條規定之合意管轄，本法第一八九條規定之合意停止訴訟程序是，德國學者稱為授權法規 (Ermächtigende Rechtssätze)。另一為所謂補充法規 (Ergänzende Rechtssätze)，於法院或當事人不遵守法律規定時，並不構成違法，惟受不利益之當事人不為主張或不抗辯情形，該當事人喪失一定之程序利益，程序上之瑕疵即因而不再被追究，原來違反規定之行為即成為合法狀態。例如，被告不抗辯法院無管轄權，而為本案之言詞辯論者，以其法院為有管轄權之法院（本法第二十五條）。

民事訴訟法基於禁止任意訴訟 (Kein Konventionalprozeß)❹，原則上要求當事

---

❸ Vgl. Rosenberg-Schwab, ZPR. 14. Aufl. S. 31; Stein-Jonas, ZPO. 20. Aufl. Einleitung IE, S. 72f.

❹ 禁止任意訴訟為訴訟手續之審理方法及順序，訴訟行為之方式、要件，均由法律劃一規定，不許當

人應遵守民事訴訟法所規定之程序與行為方式為之，僅於例外情形，始允許利用任意規定為補充，亦即任意規定之作用有補充規定之性質。但於民法法規之規定方式，除強行規定之事項外，基於契約自由之原則，原則上當事人間得自由以合意訂立法律行為供雙方遵守。僅於當事人間無特別約定時，始依民法之規定為補充適用，於此情形，民法之規定反而成為法律行為之補充規定。顯見民事訴訟法之規定方法與民法，其出發點頗有差異，原因無他，蓋民事訴訟之進行，要求程序經濟及安定之公益，面對無數之訴訟待處理，不能不預行定有共同遵守之程序方式、行為條件，強制所有利用訴訟之人遵守。

㈢訓示規定

　　國內學者及日本學者，多有特別就法院行為之有關任意規定者，稱為訓示規定，德國學者不作如此分類。蓋此類事項之法律規定，大都為有關法院或其職員之職權範圍內之事項規定，嚴格遵守固然有其必要，如未遵守，對法院及當事人之訴訟程序，並不構成重大不利益結果，不得於嗣後以違背規定為理由，要求撤銷已進行之程序。例如，法院未依本法第二二三條第三項規定，於辯論終結時起二星期內，依指定宣判期日為宣示判決，逾期始為宣示判決情形❺。又例如，法院書記官對於得上訴之判決，未於送達當事人之判決正本內，記載其上訴期間及提出上訴狀之法院，有違背本法第二二九條第三項規定之情形❻。此類規定之違背，並非違背強行規定，僅違背任意規定而已。又此類事項之規定係供法院及其職員遵守之職權事項，為訴訟經濟之目的而規定，違者不構成重大危害，故以法院立場，特稱此種規定為訓示規定，其實訓示規定為任意規定之一種。

....

事人於具體訴訟中，任意變更法律所未預期之手續、方法、要件。目的在使大量訴訟事件均能統一圓滑處理，若允許當事人任意破壞此原則，法院將不勝其煩而無法發揮工作效率。

❺ 最高法院四十一年臺上字第四二四號判例云：指定宣示判決之期日，自辯論終結時起，不得逾五日，雖為民事訴訟法第二百二十三條第三項所明定，第該條項僅為訓示規定，縱有違背，仍於判決之效力不受影響，不得以之為上訴理由。民國八十八年二月修正時，將五日修改為二星期。

❻ 最高法院二十九年渝抗字第九八號判例：民事訴訟法第二百二十九條第三項雖規定對於判決得上訴者，應於送達當事人之正本內記載其期間，及提出上訴狀之法院，惟此原為訓示之規定，送達當事人之判決正本縱未為此記載，亦僅法院書記官之職責有所未盡，至於上訴期間之進行，並不因此而受影響。

㈣分辨強行規定與任意規定之標準

分辨某一法規為強行規定抑或任意規定，為法律解釋之問題。民事訴訟法基於禁止任意訴訟之原則，法律解釋原則上應立於強行規定為出發點。法律明定由法院應依職權調查之事項規定，或法律明文排除當事人合意之事項規定，或法律默示僅於一定情形始允許當事人合意之事項規定，均應解釋為強行規定。倘法律規定之目的不在為公益，而僅為當事人之一方或雙方之私人利益為目的者，此種法律規定為任意規定。

二、民事訴訟法之解釋❼

民事訴訟法之規定，如同實體法之規定，需要法律解釋，以下若干基本原則，得為法律解釋之方法。

㈠法律規定本文之意義解釋

於解釋法條本文之意義時，必須注意法律用語之意義，及相關前後法條間之推理解釋關係。原則上，不同之用語應有不同之意義內容。惟應注意，有時同一用語於民法所使用之意義，與於民事訴訟法中使用時，兩者未盡相同。例如民事訴訟法第一六五條規定之回復原狀，其意義與民法第二五九條規定之回復原狀意義不同。又例如，民事訴訟法第三七七條之和解，與民法第七三六條之和解，兩者意義內容不同。民事訴訟法第四〇〇條第二項與民法第三三四條，雖然均使用抵銷一語，但兩者之意義與性質頗有差異❽。

㈡法律目的性之解釋

民事訴訟法之目的，在使能迅速正確就訴訟為裁判，民事訴訟法之法規，於解釋時，應在上述目的為前提，能使程序手續具實際使用之可能。許許多多之方式規定條文，於解釋時，必須盡可能使能符合規定方式目的。於不破壞法律安定

---

❼ 參照 Thomas-Putzo, ZPO. 15. Aufl. S. 19f.; Rosenberg-Schwab, ZPR. 14. Aufl. S. 32f.
❽ 關於民事訴訟法上之抵銷，請參考陳榮宗，〈訴訟上之抵銷〉，《民事程序法與訴訟標的理論》第二八〇頁以下。

性之前提下，應盡量避免太嚴格之形式要求之解釋。

㈢參照訴訟基本原則之解釋

於解釋具體個別條文時，必須同時注意衡量比較各種不同訴訟基本原則之引用，不得單獨引用其中某一訴訟基本原則，而忽略其他訴訟基本原則，蓋多數法律章節，與許多訴訟基本原則互相發生關係也。

㈣類推解釋 (Analogie)

於民事訴訟法之法律解釋，與民法相同，允許利用類推解釋方法，就法律無規定情形，補充解釋法律。法官應注意公平正義原則，利用判例及學說，自由為評價解釋。此際，既得使用擴張之類推解釋，亦得使用縮小之類推解釋❾。

■ 第四節　民事訴訟法之立法主義與法律政策

歐洲大陸法系國家，有現代化之民事訴訟法立法，已超過一百年。一百多年來實施民事訴訟法之經驗疊積豐富，所建立之許多立法主義，有者已成為堅立不動之基本原則，有者尚待時代考驗。由於時代環境之不同，以及各國社會情況之差異，加上民事訴訟程序本身具有階段性與變動性，人類雖已體驗過許多民事訴訟法之各種立法主義，惟尚未發現有何種立法主義為絕對完美，可無條件適用於全部民事訴訟法程序。惟一可言者，僅能視各時代環境及各國社會情況，就各種具體民事訴訟程序之需要，由立法者依一定之法律政策，選擇其最妥適之立法主義而已。在此種認識之下，各種不同立法主義之優劣，僅有相對之妥當性而已。解釋說明民事訴訟法之各種立法主義時，不能不立於現在時點，以我國社會環境為基礎，觀察檢討法律政策之問題。

---

❾ 參照 Stein-Jonas, ZPO. 20. Aufl. S. 70ff.

一、處分權主義❿

㈠處分權主義之概念內容

　　基於私法自治之大原則，當事人得自由處分其私法上之權利，發生私權糾紛時，當事人是否起訴或終結訴訟、何時或於何種內容範圍對何人起訴，原則上由當事人自由決定，不能由國家代庖。承認當事人對於民事訴訟有發動權之主義，稱為**處分權主義** (Dispositionsmaxime oder Verfügungsgrundsatz)。審判法院不得依職權自行開始進行民事訴訟，法院僅能處於被動之地位，語云：「無原告則無法官」(Wo kein Kläger, da kein Richter)，其意義在此。惟若當事人既然決定提起訴訟，則必須同時決定其起訴之內容與範圍，應標明何人為被告及何者為訴訟標的之內容，請求範圍如何，原告不得聲明由法院自由決定其請求內容範圍。又原告於訴訟程序進行中，原則上對其訴訟是否續行或終結有自由決定之權，對其起訴之請求權得自由處分。例如，當事人得於判決確定以前隨時撤回起訴或撤回上訴，或捨棄上訴權（本法第二六二條、第四五九條、第四三九條）。並得於訴訟中以訴訟上和解、為訴訟標的之捨棄或認諾而終結訴訟程序（本法第三八〇條、第三八四條）。值得注意者，學者對於處分權主義之用語，有廣義與狹義之分。廣義之處分權主義，與廣義之當事人主義之意義相同，包括所謂當事人進行主義與辯論主義之意義在內。使用處分權主義一語時，宜將當事人進行主義與辯論主義除外，避免概念上之混淆。

㈡處分權主義之限制與例外

　　處分權主義之基礎係建立在，私法自治原則與國家不干涉私益之原則上。惟若發生糾紛之民事訴訟，其所涉及者為國家社會之公益事項，則立法者為保護公益，例外明定，得由代表國家之檢察官為原告當事人對私人之被告提起民事訴訟，或以法律明文限制當事人不得自由處分其權利。例如，民法第十四條第一項、第十五條之一第一項及第六十四條分別明定，檢察官得自動聲請法院對有監護或輔助宣告原因之人進行監護或輔助宣告程序，政府主管機關或檢察官，得自動提起

❿ 參照 Jauernig, ZPR. 22. Aufl. S. 69ff.; Rosenberg-Schwab, ZPR. 14. Aufl. S. 463f.

民事訴訟，請求法院判決宣告，財團董事違反捐助章程之行為無效。又本法明定，關於捨棄及認諾效力及訴訟上自認效力之規定於家事事件法有明文規定，排除其適用，或特別規定其效力（家事事件法第四十六條第一項但書各款、第三項、第五十八條及家事事件審理細則第六十七條）。其他例如，於選舉罷免訴訟，得由選舉委員會、檢察官為原告當事人，或以選舉委員會為被告當事人進行民事訴訟，不準用關於捨棄、認諾、訴訟上自認效力之規定（公職人員選舉罷免法第一一八條至第一二八條）。足知處分權主義於公益範圍內，受職權主義 (Offizialmaxime) 之排擠而例外限制其使用，並無絕對可言❶。

二、當事人主義與職權主義❷

當事人主義係指，民事訴訟之審理所需內容資料及審理之技術程序，全部歸由當事人主導之主義。反之，審理民事訴訟所需資料內容及技術程序，全部由法院收集提出及指揮領導之主義，稱為**職權主義**。現在各國民事訴訟法，幾乎已無採取極端之當事人主義及職權主義。蓋當事人主義必然使訴訟拖延，無法迅速結束，不合訴訟經濟之要求。職權主義最大之弊端為違反私法自治之大原則，將民事訴訟與刑事訴訟同視，當事人一旦起訴，立即喪失自主權，不能自己決定處分自己之權利。

德、日及我國民事訴訟法，均採折衷性之立法主義，即訴訟審理所需內容資料之主張收集方面，概由當事人自行設法採主導角色，至於訴訟繫屬後之審理技術程序方面，全部由法院指揮領導為原則。訴訟審理所需內容資料之主張收集及提出，係訴訟程序之重要部分，此部分之主導權操在當事人手中之主義，學者稱為**辯論主義** (Verhandlungsmaxime)。反之，訴訟資料內容之收集提出，概由法院

....

❶ 學者有認為處分權主義不值特別說明者，見姚瑞光，《民事訴訟法論》第一九一頁以下。有另就處分權主義與辯論主義區分範圍為說明者，見楊建華，《民事訴訟法(一)》第一七四頁以下。同，《民事訴訟法(三)》第三二七頁以下。處分權主義為民事訴訟法最基本、最重要之概念，其他各種主義，例如辯論主義、當事人主義、當事人進行主義等概念均出自處分權主義，不得任意忽略。此乃何以德國學者於其民事訴訟法著作，可不提及其他各種主義，但處分權主義必須開宗明義一定要提之原因。日本與我國之民事訴訟法學問大都繼受德、法兩國，日本學者所論處分權主義、辯論主義問題，非其獨創，以學問立場，吾人無排斥之理由也。

❷ 學者有將職權主義與辯論主義並列說明，易生誤會。見姚瑞光，《民事訴訟法論》第一九一頁。

負責包辦之主義，稱為**職權探知主義** (Untersuchungsmaxime)。就訴訟審理之技術程序而言，其指揮領導，由當事人作主進行之主義，稱為**當事人進行主義**。反之，由法院作主領導，指揮進行訴訟程序之主義，稱為**職權進行主義**。

三、辯論主義與職權探知主義

㈠辯論主義

訴訟審理所需要之主要事實及證據資料，均由當事人負責主張及收集提出之主義，稱為辯論主義。反之，由法院負責收集提出訴訟審理所需要之主要事實及證據資料之主義，稱為職權探知主義。辯論主義與職權探知主義雖係對立之兩大基本原則，但各有其適用支配之範圍，於財產權訴訟之領域，原則上適用辯論主義，而於人事訴訟方面，卻以適用職權探知主義為原則。又於財產權訴訟，關於訴訟要件之事實資料，原則上亦依職權探知主義，由法院負責審理該件訴訟是否合法。故，嚴格言之，辯論主義之主要適用範圍，係對訴訟是否有理由相關之事實及證據而言。

辯論主義之所以成為民事訴訟法之原則，主要係由於以下內容而然：第一、法院不得就當事人未主張之事實，採用作為判決基礎之資料。第二、法院就當事人之間無爭執之事實，不必調查事實之真偽，應採為判決基礎之資料。第三、法院就當事人間有爭執之事實，以證據加以認定時，必須依當事人所聲明提出之證據始可。

辯論主義能成為民事訴訟法之程序原則，在學理基礎上如何說明？學理說明計有三說。第一、**本質說**：此說主張辯論主義之學理基礎，應求於民事訴訟之本質為說明。關於私人間財產權糾紛之民事訴訟，原本得允許當事人基於私法自治自行解決，其於訴訟程序上，亦宜以較能尊重當事人意思之判決內容為合適。惟判決內容欲使能符合當事人意思，必須於主張事實收集證據之程序階段，即提前將此種任務交由當事人自行解決。為應付此種要求，所以有辯論主義之存在 ❸。第二、**手段說**：此說主張辯論主義係，為發現真實，所利用之技術性手段方法之一。關於財產權之糾紛，最能體會利害關係者莫若當事人本身，若將提出證據資

----

❸ 見兼子一，《民事訴訟法體系》第一九七頁以下。新堂幸司，《民事訴訟法》第二八三頁。

料之責任課予當事人負責，則當事人為自己之利害關係，必然努力收集提出其有利證據，結果，不僅能期待提出客觀十足之證據資料，且費力少而容易發現真實。即使當事人因收集證據不足而遭訴訟敗訴，伊自己僅能怪自己，不致抱不公平責怪他人。另一方面，將複雜之事實關係全部責由法院收集證據資料，事實上不可能。何況，如法院收集證據資料不全，半途而廢時，反而引起當事人之不滿而認為法院不公平。辯論主義之學理基礎，實有上述符合目的性與政策上之考慮❶。

第三、**多元說**：主張此說者以為，辯論主義無法僅賴採取其中一說之解釋作為其學理說明，除上述本質說及手段說之說明以外，應加入，防止意想不到之意外事項出現，確保對裁判公平之信賴各種多元之學理解釋，蓋辯論主義係本於多元之學理基礎所產生之歷史遺物也❶。

㈡職權探知主義

　　訴訟審理所需之事實與證據，全部責由法院負責收集提出之主義，為職權探知主義。相對於辯論主義，職權探知主義之內容前提，建立在下列三事項之上。第一、法院對於當事人未主張之事實，亦得採為法院裁判之資料。第二、法院對於當事人間不爭執之事實，不論是否自認，均得調查事實之真偽，不採為裁判之資料。第三、法院於調查證據認定事實時，除當事人聲明之證據外，得依職權調查其他未聲明之證據。

　　立法者採取職權探知主義之理由，主要係認為，法院依職權自動探知事實與證據，較能發見真實。尤其判決效力可廣泛及於第三人情形之人事訴訟，訴訟及判決所涉及之法律關係，其利害關係多為公益問題，不能任由當事人，為不實之主張事實或故意掩飾事實拒絕提出證據，法院從而僅就形式上為審理，作與真實不符之判斷。法院為發見真實維護公益，有依職權自行調查探知事實真相之必要。非訟事件法第三十二條第一項規定，法院應依職權或依聲請，調查事實及必要之證據，其主要立法理由在此。民事訴訟法有關訴訟要件事實之存否問題，以及強

---

❶ 見三ケ月章，《民事訴訟法》（有斐閣）第一五七頁以下。齋藤秀夫，《民事訴訟法概論》第二一三頁。

❶ 見竹下守夫，〈辯論主義〉，小山昇、松浦、中野、竹下編，《演習民事訴訟法（上）》第三三四頁以下。

行規定事項之事實，其事實證據之資料收集提出，不採辯論主義而採職權探知主義。

惟應注意者，辯論主義與職權探知主義兩者之關係，並非絕對相排斥之對立關係。採職權探知主義為適用情形，並不排斥辯論主義方法之利用，法院應視情形，得命雙方當事人就法院收集所知之事實及證據，為陳述意見或辯論，俾以避免對當事人意想不到之訴外裁判也。

辯論主義與職權探知主義係規律，主張事實收集提出證據資料之負擔原則。在財產權訴訟，依辯論主義之原則，法院對該訴訟審理所必需事實及證據資料，均不負收集提出之責，法院僅依當事人雙方不爭執之事實作為裁判基礎之資料。若被告實際為未成年人不具訴訟能力，但被告自認為成年人，此際，法院是否必須另外依職權調查 (Von Amts wegen) 該項成年不成年之事實？學者有認為此種問題屬於辯論主義之適用問題，法院得依被告當事人自認之事實據為裁判之事實而為原告本案之勝訴判決，於此情形，無考慮職權探知主義之餘地。惟學者亦有認為，民事訴訟法於辯論主義與職權探知主義之外，另外有所謂職權調查事項之規定。對於此類職權調查事項，法院不受辯論主義之拘束，必須隨時在訴訟全部程序進行中依職權自行調查 。所謂職權調查 (Von Amts wegen) 與職權探知主義 (Untersuchungsmaxime) 兩者概念不同，宜有區別，從而主張法院得於查明被告為未成年時，為原告訴訟不合法之敗訴判決 ❶ 。至於是否有嚴格區分所謂職權調查與職權探知主義之必要而作不同之適用解釋，日本學者之間見解不一 ❶ 。

四、當事人進行主義與職權進行主義

當事人向法院起訴或上訴後，訴訟程序如何進行之決定及主宰權限，歸當事人之主義，稱為**當事人進行主義** (Parteibetrieb)。反之，進行訴訟程序之主宰領導權在法院之主義，稱為**職權進行主義** (Amtsbetrieb)。現在大陸法系之民事訴訟，固然採處分權主義及辯論主義為原則，但對於當事人起訴或上訴後之訴訟程序進行，卻以採取職權進行主義之立法較普遍，當事人進行主義為例外。原因在當事

---

❶ 參照 Jauernig, ZPR. 22. Aufl. S. 83; Rosenberg-Schwab, ZPR. 14. Aufl. S. 462f.
❶ 參照中野、松浦、鈴木，《民事訴訟法講義》第二一八頁。染野義信，〈職權調查〉，《演習民事訴訟法（上）》（青森書店新社）第五四三頁以下。

人進行主義容易拖延訴訟，成為法院及雙方當事人之訟累，不合訴訟迅速經濟之要求。德國民事訴訟法於一九〇九年以前，由於受法國民事訴訟法之影響，當時對於送達工作係採當事人進行主義，而歸由原告及被告自行負責。以後一律改由法院依職權送達，且法院期日之指定及傳喚於期日出庭之訴訟行為，亦全部改由法院為主宰決定。

　　立法者採取職權進行主義，與促進訴訟迅速問題頗有關係，且與福祉國家之法治思想關係密切。德國自一八七七年實施民事訴訟法以來，分別於一九二四年、一九三三年、一九七六年，為促進訴訟迅速而提出修正草案，終於一九七六年集其大成，大幅度採取職權進行主義之原則，制定所謂「簡化草案」(Die Vereinfachungsnovelle von 1976)，於一九七七年修正實施民事訴訟法條文多達二百條左右❶❽。德國民事訴訟法修正改革之重心，簡言之，採取所謂「集中審理主義」(Konzentrationsmaxime) 之原則。立法者於德國民事訴訟法第二七二條明定，法官為準備主要期日 (Haupttermin) 有兩途徑可選擇，一為書面之先行程序 (das schriftliche Vorverfahren)，一為提前言詞辯論之第一次期日 (der frühe erste Termin zur mündlichen Verhandlung)。

　　於書面之先行程序，依該法第二七六條規定，法官對於被告為送達起訴狀時，應催告被告如有意為防禦訴訟情形，須於受起訴狀送達後兩週之不變期間內以書面向法院將情形為通知。同時應再定最少兩週期間為被告應向法院提出答辯狀之期間，於催告之同時，法院應告知被告遲誤上述不變期間之效果及被告欲對訴訟為防禦之聲明須經由其選任之律師為聲明之意旨。依同法第二九六條及第三三一條第三項之規定，被告遲誤提出應訴之聲明或答辯狀之不變期間時，原則上，法院應將其駁回，並於主要期日，不經被告言詞辯論，對被告為缺席判決而終結訴訟程序。

　　於提前言詞辯論之第一次期日程序，依該法第二七五條規定，為準備提前言詞辯論之第一次期日，法院得定被告提出答辯狀之期間，如不定期間者，應催告

---

❶❽ 參照 Jauernig, ZPR. 22. Aufl. §28, S. 89ff. u. §77, S. 277ff.；〈德國民事訴訟法簡化草案實施十年成果〉，見 Greger, Rechtstatsächliche Erkenntnisse zu den Auswirkungen der Vereinfachungsnovelle in der Praxis, ZZP. 100, 377ff. 日本學者之介紹，見木川統一郎，《訴訟促進政策の新展開》（日本評論社一九八七年出版）。

被告，速經其選任律師，向法院以書面報告其將提出之防禦方法。所謂提前言詞辯論之第一次期日，並非僅有準備程序之作用，尤其重要者，得於期日為言詞辯論終結訴訟，或對被告為缺席判決。倘訴訟無法於提前言詞辯論之第一次期日終結時，法院應命令準備主要期日所必須之一切準備，於主要期日為言詞辯論後終結訴訟。為配合上述促進訴訟程序迅速結束之必要，雙方當事人負有一般促進訴訟義務 (Allgemeine Prozessförderungspflicht)，有廣泛以書面於所定期間內提供攻擊防禦方法，準備言詞辯論期日之義務，違者發生失權之效果 (Präklusion)。由於德國民事訴訟法於地方法院第一審之訴訟事件，係採取律師強制主義制度，雙方律師對於失權效果多能注意，集中審理制度實施結果已有成效。雙方律師在開庭期日前，以書面經充分之準備後，於主要期日，能一舉集所有攻擊防禦方法，調查證據、言詞辯論全部程序為進行而終結訴訟。惟值得附帶一提者，德國學者亦有鑑於迅速之訴訟，常有無法同時兼顧判決之正確性，此種宿命關係，因而持懷疑態度者。我國法院受理民事事件每年有增無減，法官工作負擔過重，為每月結案而辦案，尚感時間不足，我國社會有無仿效德國採用集中審理制度之實際環境，頗值檢討。

　　我國民事訴訟法於民國八十九年二月修正通過，其修正緣由及修正原則之一，主要係為貫徹直接審理主義及言詞審理主義精神，於訴訟程序使法官與當事人整理確定簡化爭點，集中調查證據，使言詞辯論集中，以促進審理集中化。為達到集中審理目的，此次修正第二六五條至第二六八條、第二五〇條、第二七一條、第二七四條、第二七六條，並增訂第二六八條之一、第二六八條之二、第二七〇條之一。除外為配合集中審理之精神，就調查證據程序有大規模之修正，並對第二審程序採嚴格限制之續審制及強制提出上訴理由制度。此一重大修正之成效如何，頗值注意。

五、言詞主義與書面主義

　　訴訟程序之進行，由當事人及法院均以言詞為進行之主義，稱為言詞主義 (Mündlichkeitsprinzip)。反之，當事人及法院之訴訟進行，均以書面為之，此種主義稱為**書面主義** (Shriftlichkeitsprinzip)。現代之民事訴訟法，特別注重法院所為調查證據程序及雙方當事人之辯論程序，均須以言詞為進行，否則不得採為法院判決之基礎。又辯論為法院判決之前提，無辯論不得為判決（本法第二二一條），從

而言詞與辯論兩者關係密切，德國學者常有將辯論，以言詞辯論 (Mündliche Verhandlung) 稱之，原因在此❶。人類之文化先有言詞後有文字，訴訟制度在初期，亦先以言詞為進行訴訟及判決之方法，以書面為訴訟進行方法係後來文化發達始有之制度。現代社會之民事訴訟法，莫不兼採言詞主義與書面主義，並無專採其中一種主義而排斥他種主義者。由於訴訟程序具有階段性，在立法政策上，僅能基於實際合目的理性之考慮，選擇若干訴訟行為以言詞為之，其他若干訴訟行為以書面為之。

　　言詞主義與書面主義，於功能上各有長短，言詞主義之長處有下列各點：雙方當事人及法院以言詞對話，當場可傳達意見，速度快，法院及對造可立刻獲得反應，掌握真意，可立刻澄清不清或矛盾之問題，又以言詞當場陳述，符合訴訟公開主義及直接主義之長處，前後連貫。惟言詞主義之缺點有四：第一、以言詞為陳述或聽取言詞，常有遺漏、遺忘之可能，所以對於有長期性保存必要之重要訴訟行為，有以書面保存之必要。例如，起訴、上訴、提起再審之訴，均要求以書面為之。第二、對於複雜之事實關係或艱深之法律理論，不容易利用言詞一舉說明清楚，為避免不清楚之困擾，使審理工作能確實，故須用準備書狀、上訴理由狀，補救言詞之缺點。第三、於同一訴訟事件開庭多次，時間隔離，當事人及證人之陳述繁多情形，法官無法憑言詞陳述為記憶，為防止遺忘保存紀錄，必須由法院製作準備程序筆錄、調查證據筆錄及言詞辯論筆錄，留供法官及當事人事後查考之用。第四、上級審法院對於下級審法院所為之程序、證據評價、判斷等事項為審查時，無法依賴言詞留下資料，故須由法院製作判決書送達當事人，利用書面方法，送上級法院供審理之用。

　　書面之利用，其意義有二，一為書面主義之表現，若干訴訟行為必須利用書面始合法，例如，上訴第二、三審之上訴行為，不得以言詞為之（本法第四四一條、第四八一條）。另一為補救言詞主義之缺點而利用書面。例如，言詞辯論應以言詞為之（本法第一九二條、第一九三條），但同時由法院書記官製作筆錄為保存，或由當事人提出辯論書狀存卷。民事訴訟之審理，在事實審法院雖以採言詞

---

❶ 此種用法常見於德國學者民事訴訟法著作，國內學者不明內情，常有咬文嚼字，指兩者意義不同者。見邱聯恭、姚瑞光發言，〈法院裁定有無既判力〉，載《民事訴訟法之研討(一)》第十六頁及第二十二頁。

審理、直接審理為大原則，惟因我國法官辦案太多，時間不足，實際上言詞審理已成為有名無實之形式，幾乎全部為書面審理所取代。事實上，法官固然專依雙方當事人提出之書狀書寫判決書，而雙方當事人之律師，亦以專門撰寫當事人書狀提出法院為重要工作。民事訴訟法上規定之言詞審理，其重要性早已不受重視，足見一國社會客觀環境與時代變化，影響訴訟制度之情況。

六、直接審理主義與間接審理主義

　　法官親自在審理中直接聽取當事人之辯論及自行調查證據之審理主義，稱為**直接審理主義**，又稱為直接主義 (Der Grundsatz der Unmittelbarkcit)。將他人審理所得結果作為法官審判之基礎，間接進行審理工作之主義，稱為**間接審理主義**。直接審理主義最大長處在，法官能親自聽聞當事人之辯論及證人證言，並直接觀察其態度表情或證據物件之實際情況，對事實真相之瞭解判斷確實。直接審理主義常與言詞主義相結合而存在，惟兩者並非必然之關係，由他人審理時，當事人為言詞陳述，法官再將此種言詞陳述結果之筆錄作為審判基礎而審理亦屬間接審理。反之法官直接受理當事人提出之書面陳述，親自閱讀書面陳述內容情形，不失為直接審理主義。簡言之，所謂直接或間接審理之意義，重在其審理之結果是否法官親自獲得，抑或假手他人取得他人審理結果而為區別。

　　民事訴訟法為使裁判結果符合實體之真實，於辯論及調查證據程序中，原則上採取直接審理主義，規定法官非參與判決基礎之辯論者不得參與判決（本法第二二一條第二項）。惟為兼顧訴訟經濟及實際上之困難，民事訴訟法於特殊情形，亦有採取間接審理主義之規定者。例如，參與言詞辯論之法官有變更時，審判長得令書記官朗讀以前筆錄代替當事人陳述以前辯論內容（本法第二一一條）。法院得囑託機關、學校、商會、交易所或其他團體為必要之調查，或囑託他法院指定法官調查證據（本法第二八九條、第二九〇條）。

　　我國法院民事訴訟實務，由於法官工作負荷太重，言詞主義成為形式，不具實際效果，從而直接審理主義能與言詞主義相結合發揮功能之機會，亦因而無法顯示其重要性。

七、公開主義與不公開主義

㈠公開主義之概念

　　公開主義之意義應注意其適用之範圍，一為一般審判之公開主義，另一為民事訴訟法所謂之公開主義，兩者之概念未必相同。所謂**一般審判之公開主義**，係指法院於審判之際，得由任何人自由進入法庭旁聽之主義。反之，不許當事人以外之第三人進入法庭旁聽之主義，稱為**不公開主義**。法院之審判，除民事審判之外，尚有刑事審判、行政訴訟審判、軍事審判。法院之審判如不公開，易生法院擅權之弊端，現在民主法治社會，雖言司法獨立不受任何干涉，但為確保法院審判之公正，不能不有公開監視。採公開主義之理由有二：⑴法院之審判公開，當事人得在眾目監視下，獲得公正之裁判。⑵法院之審判公開，能獲得一般人民對法院之信賴。採取公開主義，對刑事訴訟之審判意義特別深遠。一般人所謂之公開主義，係指所有法院審判，應對一般人公開而言，法院組織法第八十六條規定，訴訟之辯論及裁判之宣示，應公開法庭行之，但有妨害國家安全、公共秩序或善良風俗之虞時，法院得決定不公開，係指此種意義。此一規定所適用範圍，應包括刑事訴訟審判及行政訴訟審判，不限於民事訴訟審判。立法例上，有將一般審判之公開主義，於憲法上為規定者，例如，日本憲法第八十二條第一項規定，裁判之對審及判決，於法庭公開行之。德國於法院組織法第一六九條規定，法院之辯論連同判決及裁定公開之；為公開上演或公布內容之目的，不允許為電臺之錄音、電視攝影及影片之錄音錄影。

㈡當事人公開之原則

　　公開主義之另一意義為，於民事訴訟法所謂之公開主義，稱為「**當事人公開之原則**」(der Grundsatz der Parteiöffentlichkeit)[20]。此種原則係指，訴訟當事人就法院及對造於該訴訟程序所為之訴訟行為有獲知之權利，於法院訊問證人調查證據時得在場並有閱覽全部訴訟筆錄之權利。換言之，訴訟當事人於法院之調查證

---

[20] 參照 Rosenberg-Schwab, ZPR. 14. Aufl. S. 124ff.; Jauernig, ZPR. 22. Aufl. S. 88f.; 中野、松浦、鈴木，《民事訴訟法講義》第二四六頁以下。

據及辯論期日，有受合法傳喚到庭，參與訴訟程序之權利。法院雖因訴訟事件之性質，例如有妨害公共秩序之虞，審判不公開，禁止第三人在法庭旁聽，但對於訴訟當事人雙方而言，法院不能拒絕訴訟當事人在場。此為當事人公開之原則，其意義所在。我國民事訴訟法第四六九條第五款明定，判決違背言詞辯論公開之規定者，當然為違背法令，得成為上訴第三審法院之上訴理由。

惟此一公開主義之原則，除聲請程序因不開庭，僅依書面審理，實際上不公開之情形外（例如督促程序），法律亦有明文，例外採取不公開主義之原則者。例如，非訟事件法第三十四條規定，訊問關係人、證人或鑑定人不公開之，但法院認為適當時得許旁聽。又例如，家事事件之處理程序，以不公開法庭行之，但經當事人合意，並無妨礙公共秩序或善良風俗之虞，或經法律上有利害關係之第三人聲請，或法律別有規定，審判長或法官應許旁聽（家事事件法第九條第一項及但書規定）。審判長或法官認為適當時，得許就事件無妨礙之人旁聽（同條第二項規定）。

民事訴訟法立法者所以採取當事人公開之原則，其原因最初係出於歷史上之原因，蓋在德國普通法時代，盛行秘密審判，訴訟當事人無權要求於證人作證時在場。為維持裁判之公正，後來始有「當事人公開之原則」之立法。

(三)公開主義在現代社會所引發之問題

公開主義本係對於專制統治社會秘密審判制度之弊端而生，在自由主義盛行之法治社會，法院審判應採公開主義為天經地義之事，此在刑事訴訟審判及行政訴訟審判尤其有必要。法院審判之公開主義，出發點既然係在保護訴訟當事人，則涉及單純私人利益之民事訴訟，若訴訟當事人不願其私事公開於社會時，該件民事訴訟審判可否不經訴訟當事人同意，僅據公開主義之原則，無條件將其公開審判而散布於社會，此乃成為立法政策上必須檢討之問題。法院審判制度為社會公器，其著眼點為全體社會運用此項公器之公益，不能任由私人之好惡而時為公開審判，時而不公開審判。惟民事訴訟究竟與刑事訴訟性質不同，若完全忽視訴訟當事人之隱私權而無限制公開於世，亦非妥當。所以在立法政策上，必須兼顧法院審判公開之公益性，及保護私人隱私權之必要性，採折衷立法。於法院審判期日，法庭應允許第三人進入法庭旁聽，至於記者、電視臺、廣播公司在法庭錄音攝影，公然傳播於社會大眾之行為，應受禁止。此乃何以德國法院組織法第一

六九條第二項設限制之理由。我國法院審判，最近設有錄音，目的在補充書記官所作審判筆錄之缺失，係供存證之用，非為傳播，解釋上應不成問題。惟若公開攝影，則有問題也。

八、併行審理主義與繼續審理主義㉑

　　法官受理多數不同之訴訟事件，於審理方法上，併行在同一期日進行審理之主義稱為併行審理主義。此為歐洲大陸法系、德國及法國傳統之制度，我國法院採此方法，蓋法官每月收案太多，為爭取時間，必須在同一開庭期日，先後審理數件以上。法官將受理之多數不同訴訟事件，先集中時間精力繼續審理其中一件，俟該件終結後，再辦理另一件之審理方法，稱為繼續審理主義，又稱集中審理主義。繼續審理主義為英美法之制度，日本民事訴訟法於昭和二十五年將美國制度引進，制定關於民事訴訟繼續審理之最高裁判所規則，採用繼續審理主義。由於效果不彰，於昭和三十一年廢止繼續審理規則，另制定民事訴訟規則，修改審理方式，繼續審理主義自此後退。日本採取繼續審理主義失敗之原因，主要係日本社會，訴訟件數多，無美國實施繼續審理制度之環境，加以法官及律師之訴訟審理工作習慣一時無法棄舊從新。

　　併行審理主義，必須仰賴前後多次之審理紀錄，每次審理期日之隔離時間長，言詞主義長處後退，實際上，變成書面主義之裁判方式。繼續審理主義，較能於短時間內一舉連貫整理爭點，集中精神審理，容易形成心證，法官得乘印象新鮮時為正確之裁判。繼續審理主義正可發揮言詞主義及直接主義之長處，能真正顯出公開主義之真義。英美法系國家因有陪審制度，所以必須採繼續審理主義，否則發生技術問題之困難。大陸法系國家無陪審制度，不採繼續審理主義，不生審理技術難題。故，由併行審理主義，轉向繼續審理主義不易成功。德國於一九七七年實施之集中審理制度，其實係採繼續審理主義之精神，目的在設法迅速為審判，避免拖延訴訟也。

㉑ 用語及制度，參照三ケ月章，《民事訴訟法》第三五一頁以下。齋藤秀夫，《民事訴訟法概論》第二二八頁以下。

九、自由順序主義與法定順序主義

　　當事人自起訴至辯論終結為止，於此段時間內，得隨時提出訴訟之攻擊防禦方法，在時間及訴訟行為種類方面，均不受限制之立法主義，稱為**自由順序主義**，又稱為隨時提出主義 (Freiheit des Vorbringens)。反之，嚴格要求當事人，必須同時提出攻擊防禦方法，或嚴定提出攻擊防禦方法之時間前後順序階段，違者，喪失提出之權利，此種立法主義，稱為**法定順序主義**，又稱為同時提出主義 (Eventualmaxime)[22]。

　　法定順序主義最早在德國普通法時代被採用，當時規定頗為嚴屬，德國學者稱為「純粹之同時提出主義」(Die reine Eventualmaxime)。例如規定，第一階段由原告主張事實及聲明證據，第二階段由被告主張事實及聲明證據，第三階段為證據調查，雙方當事人於各階段終結後，喪失再為主張事實及再行聲明證據之權利。嚴格之法定順序主義，造成當事人因害怕失權，雙方盡量提出各種事實及證據，連同不重要者或毫無相關之事實及證據均被提出於法院，變成法院不必要之負擔。結果，不僅不能促進訴訟程序之迅速，反而造成遲延。德國立法者由於此種經驗之教訓，經修正後，現在採取所謂「弛鬆之同時提出主義」(Eventualmaxime in glockerter Form)，例如德國民事訴訟法第二八二條第二項及第二九六條第三項，即係緩和法定順序主義之修正規定。一九七七年德國民事訴訟法大修正，引進所謂集中審理主義之制度，因此德國學者有批評此舉係再走近昔日「純粹之同時提出主義」者[23]。

　　我國及日本之立法例原則上採取自由順序主義，惟為避免當事人故意利用作為拖延訴訟之手段，設有若干限制之規定。我國民事訴訟法第一九六條第一項規定，攻擊或防禦方法，除別有規定外，應依訴訟進行之程度，於言詞辯論終結前適當時期提出之，此為原則。同條第二項規定，當事人意圖延滯訴訟或重大過失，逾時始行提出攻擊或防禦方法，有礙訴訟之終結者，法院得駁回之。攻擊或防禦方法之意旨不明瞭，經命其敘明而不為必要之敘明者，亦同。此為上述原則之限制。此次修正第一九六條結果，已改採所謂「適時提出主義」。此外又於第一審準

------

[22] 參照三ケ月章，《民事訴訟法》第三四一頁以下。齋藤秀夫，《民事訴訟法概論》第二二四頁以下。
[23] 參照 Jauernig, ZPR. 22. Aufl. S. 93ff.

備程序之第二七六條為限制規定，未記載於準備程序主張之事項，於準備程序後行言詞辯論時，不得主張之。但法院應依職權調查之事項，或主張該事項不甚延滯訴訟，或經釋明非因不可歸責於當事人之事由不能在準備程序提出者，或依其他情形顯失公平者，不在此限。由上述規定可知，我國立法例，對於自由順序主義之限制規定，並不嚴格。加以我國民事訴訟之上訴制度採續審制度，於民事訴訟法第四四七條及第四四八條規定，當事人在第四四七條第一項但書規定之六款例外情形，得在第二審法院提出新攻擊或防禦方法，得追復在第一審所未陳述之事實或證據，當事人在第一審所為之訴訟行為，於第二審亦有效力。從而欲於第一審嚴格限制自由順序主義之原則，實際上無意義，蓋於第二審階段當事人依實體法律關係應受勝訴判決者，法院不能因其延滯訴訟而為敗訴判決也。此際如延滯訴訟者為被告，法院得依聲請以裁定就第一審判決宣告假執行以對付之（本法第四五六條第二項），如延滯訴訟者為原告，原告本身已蒙延滯之不利益，毋庸另為處罰之必要。

就立法政策言之，無論採自由順序主義為原則，抑或採法定順序主義為原則，兩者均有防免其弊端之規定以配合。於前者情形，以限制規定方法防免濫用，於後者情形，以例外規定方法緩和其太嚴厲，結果兩者均趨向於採折衷主義。拙以為民事訴訟制度之本質，最後係以私益為重，過分強調訴訟迅速之公益性而主張改採法定順序主義，恐非確論。

十、對席判決主義與缺席判決主義[24]

民事訴訟之當事人有受法院審問之權利，惟當事人卻無應訴義務，亦無出庭及陳述之義務，祇有訴訟法上不利益之負擔而已。倘原告或被告一方或雙方於開庭期日不出庭情形，在法律政策上如何對付，不能不考慮，立法例上，有對席判決主義與缺席判決主義之分。**對席判決主義**係指，於當事人缺席時，以法律擬制該缺席之當事人已有一定之陳述或自認之訴訟效果，從而擬制雙方有對席之辯論基礎，由法院為判決之主義，日本現行民事訴訟法第一五八條採之。**缺席判決主義**乃於當事人缺席時，法院即得據缺席之事實對缺席之當事人為全面不利益判決

---

[24] 用語與制度，參照三ケ月章，《民事訴訟法》第三四六頁以下。另外參照 Jauernig, ZPR. 22. Aufl. §66. Das Versäumnisverfahren, S. 235ff.

而終結訴訟之主義，法國、義大利、奧國採之。對席判決主義之原則，法院尚須就缺席當事人所提出之書狀資料為斟酌參考，於缺席判決主義，卻全部不考慮缺席當事人之利益，為懈怠人之敗訴判決。

　　上述兩主義之原則，在立法例上，更有以變通方式為搭配，成為各種混合類型者。例如德國民事訴訟法第三三〇條規定，原告於言詞辯論期日不到場時，得依被告聲請以缺席判決 (Versäumnisurteil)，將原告之訴駁回（實體判決）。同法第三三一條第一項前段規定，若原告聲請對缺席之被告為缺席判決時，應將原告之事實上言詞陳述視為被告之自認；同條第二項規定，若法院認為原告聲請有理由者，應對被告為實體敗訴之缺席判決，但法院認為原告之訴無理由者，應為原告之實體敗訴判決。缺席之原告及被告於受實體敗訴之缺席判決時，均得於二週內向原判決法院聲明異議 (Einspruch)，由原判決法院重新就原告之訴進行審判，不採上訴制度。惟若非缺席之原告或被告，以無理由或不合法受敗訴判決時，此種判決並非真正之缺席判決 (Unechtes Versäumnisurteil)，敗訴之原告或被告得於收受判決後一個月或判決宣示後五個月內提起上訴。由於缺席之被告受實體敗訴之缺席判決情形，被告得聲明異議由法院重新就原告訴訟為審判，原告訴訟將因此而拖延。原告為避免被告聲明異議拖延訴訟，得不聲請法院對缺席之被告為缺席判決而依同法第三三一 a 條規定，就法院卷宗資料狀態依正常程序為判決❷。

　　日本民事訴訟法第一三八條規定，原告或被告於最初言詞辯論期日不出庭或出庭而不為本案辯論時，其提出之訴狀、答辯書、其他準備書面所記載之事項，視為對之已有陳述，法院得命出庭之對造為辯論。此係日本採取對席判決主義之原則，一律不考慮搭配缺席判決主義或其他變通方式❷。我國民事訴訟法第三八五條規定，言詞辯論期日，當事人之一造不到場者，得依到場當事人之聲請，由其一造辯論而為判決，不到場之當事人，經再傳而仍不到場者，並得依職權由一造辯論而為判決。如以前已為辯論或證據調查或未到場人有準備書狀之陳述者，為前項判決時，應斟酌之，未到場人以前聲明之證據，其必要者，並應調查之。足見我國所採立法主義，與日本相同，於當事人於言詞辯論期日不到庭時，係採對席判決主義，而非採缺席判決主義。雖得僅由到庭之一造為辯論而判決，但應

❷ 參照 Jauernig, a. a. O. S. 237f.; Thomas-Putzo, ZPO. §§330, 331, 331a.
❷ 參照三ケ月章，《民事訴訟法》第三四六頁以下。

斟酌未到庭之他造已提出或聲明之事實證據資料。

奧國民事訴訟法第三九六條及第三九七條規定，原告或被告於最初開庭期日缺席時，出席之當事人關於訴訟標的所為事實上陳述，如非與證據相反者，應認為真正，並以此為基礎依出席當事人之聲請，以缺席判決 (Versäumnisurteil) 為該訴訟請求之勝訴判決。缺席之當事人已提出之書狀毋庸斟酌。缺席判決與認諾判決、捨棄判決相同，應於最初開庭期日由審判長或由於期日出庭之受命法官為宣示之。對於缺席判決缺席之當事人得提出異議，要求回復原狀。此為原則上採取缺席判決主義之立法例❷。

拙以為，就立法政策而言，我國及日本所採對席判決主義較能符合實質上判決真實之要求，較不浪費程序。德奧之缺席判決制度雖能促進訴訟迅速功能，但判決僅有形式上之真實。僅為訴訟迅速而犧牲判決之實質上真實性，是否可取頗有疑問，更何況兼採對缺席判決之聲明異議制度，重新在原判決法院開庭審判，無異增加程序，能否促進訴訟迅速亦有可疑。

十一、自由心證主義與法定證據主義

法官於審判中判斷事實真偽之方法，在立法例上有所謂自由心證主義與法定證據主義之分。法官體察審理全部出現之當事人辯論旨趣及調查證據結果，本其自由意志形成確信，以判斷事實真偽之主義稱為**自由心證主義**。自由心證主義對於證據方法及證據力，均無規定其限制，證據是否採用，證據力之有無，全部由法官自由判斷，此為其特徵。所謂**法定證據主義**係指，利用證據法則明定某一定事實必須以一定證據方法始得認定，證據之證據力亦以證據法則加以限制，法官僅能依法定之證據法則判斷事實之真偽，不許法官自由判斷事實真偽之主義。法定證據主義始於日耳曼法，盛行於中世紀義大利法及德國普通法時代。自由心證主義係近代法國民事訴訟法開始採用，成為現代法治國家之訴訟法普遍採用之立法主義。

法定證據主義之證據法則，若詳細加以觀察，其實不外乎，將法官於認定事實時通常所用之若干經驗方法，加以定型化而變為法律而已，係以限制證據種類方法及硬性規定證據力為其內容而已。於早期法官素質不高之時代，為防範法官

❷ 參照奧國 Fasching, ZPO. III, §§396 bis 402, S. 612ff.

不負責任獨斷，期求所有法官均依證據法則，利用相同之證據方法，作相同之事實認定，俾以保障裁判之均一，就此而言，有其優點。惟於社會進步，生活複雜之現代，以有限之證據法則，欲規律無數之社會事實而為判斷，事實上已不可能，反而無從判斷事實之真偽。立法者有見於此，所以現代民事訴訟法，大都對於法官之智慧為全部信賴，任由法官自由判斷而認定事實，採取自由心證主義。自由心證主義，遂成為今日民事訴訟法之重要原則之一。

自由心證主義之基本內容有二，一為法官據以判斷事實之證據方法種類不受限制，另一為法官對於證據力之強弱，得自由為評價不受限制，惟應依推理及經驗法則而已。於此值得討論者，自由心證主義與法律推定、當事人之自認、證據契約之關係，應如何解釋說明之問題。法律推定之規定是否對於自由心證主義為限制？法律推定之作用係，前提事實獲證明時，若無反證加以推翻，對推定事實不必舉證即可認定，從而直接承認其法律效果之規定。並非強制法官認定法律推定之事實，屬於決定法律要件與效果之方法問題，此問題與自由心證主義無關。於民事訴訟法上，尤其在財產權訴訟，法院就當事人自認之事實，不得作相反之認定（本法第二七九條第一項）。此種情形於理論上是否對自由心證主義為限制？當事人之自認確有拘束法官對該事實之判斷，惟此係出自辯論主義之約束限制，在辯論主義之下，當事人間無爭執之事實，自始即可不必以證據加以證明而認定，並非將當事人之自認當作法定之證據而限制法官認定事實，故，亦非對自由心證主義為限制。證據契約係對於法官之自由心證為限制，證據契約是否應為無效？例如，雙方當事人以契約約定，對於雙方無爭執之事實，應於法官開庭時為自認之行為，又例如，雙方當事人約定舉證責任全部由起訴之原告負擔。此類證據契約之合法及有效，係出於民事訴訟法之辯論主義及處分權主義，今日一般學者大都認為證據契約有效，故不生因限制自由心證而無效之問題❷❸。

十二、本人訴訟主義與律師訴訟主義

訴訟當事人本人或其法定代理人本人得於訴訟出庭自為訴訟行為之主義，稱為**本人訴訟主義**。訴訟當事人或其法定代理人必須委任律師於訴訟上代理為訴訟行為之主義，稱為**律師訴訟主義**，又稱為律師強制主義 (Anwaltzwang)，必須由律

❷❸ 參照中野、松浦、鈴木，《民事訴訟法講義》第三一二頁。

師代理進行之訴訟，稱為律師訴訟 (Anwaltsprozess)。我國及日本採本人訴訟主義，訴訟之進行，是否本人親自出庭為各種訴訟行為，抑或委任律師或非律師之他人為之，屬當事人之自由。

德國採律師訴訟主義，其民事訴訟法第七十八條規定，地方法院及其以上之上級審法院之訴訟，當事人必須就登錄該法院之律師選任為訴訟代理人。原則上，區法院之訴訟不採師強制制度，但區法院之家事事件，當事人必須選任律師始得為訴訟。倘應選任律師為訴訟而當事人未選任者，法院審判長得為當事人選任律師，選任費用由當事人負擔。依德國聯邦律師法第二十三條至第二十五條、第一六四條至第一七一條之規定，每一位律師僅得在一區法院及其上級之地方法院登錄執行業務，或僅在一高等法院或僅在聯邦最高法院登錄執行業務，惟並非任何律師均得在聯邦最高法院登錄執行業務。聯邦最高法院設有律師選拔委員會，委員會由聯邦最高法院院長、民庭庭長、聯邦律師公會理事及駐聯邦最高法院律師公會理事所組織。年滿三十五歲繼續執行律師業務滿五年之律師得被列入推薦之名單，推薦名單係由聯邦律師公會本於律師公會之推薦，以及駐聯邦最高法院律師公會之推薦而作成。選拔委員會就推薦名單，選拔得登錄聯邦最高法院之律師名額之加倍人數。經選拔委員會選出之律師，始有資格申請在聯邦最高法院登錄執行業務，律師登錄申請之許可，由聯邦司法部長為決定。能被選出在聯邦最高法院執行律師工作之律師，必須是工作學識及人品有適於聯邦最高法院辦案之優秀能力及良好操守者。由上述德國制度可知，訴訟欲上訴到聯邦最高法院，每審級必須更換辦案律師始可。又德國之訴訟費用包括律師費用在內，由敗訴當事人負擔，所以律師費用之計算均有法定標準，非由律師與當事人自由約定報酬金額。日本不將律師費用列入訴訟費用歸敗訴當事人負擔，勝訴者尚須自行負擔律師費用，是為全世界所無之特例，日本學者三ケ月章對此頗有批評[29]。民國八十九年二月我國民事訴訟法增訂第四六六條之一及第四六六條之三，規定原則上對於第二審判決上訴，上訴人應委任律師為訴訟代理人，第三審律師之酬金為訴訟費用之一部。從而我國現行法改為第一、第二審採本人訴訟主義，而第三審採律師訴訟主義之制度。

採本人訴訟主義，固然有尊重當事人之意思，自由決定是否選任法律專家進

---

[29] 見三ケ月章，《民事訴訟法》第三五八頁以下。

行訴訟之優點，惟民事訴訟之進行，非一般人所能。所涉及之問題，除當事人對訴訟勝敗之利害關係外，尚有當事人本人有無能力進行訴訟程序之考慮，是否延滯訴訟之問題。且律師可幫助法院於接案時，先過濾一部分不能或不必訴訟之事件，減輕法院不必要之訴訟審理。

　　本人訴訟主義與律師訴訟主義各有利弊，拙以為於簡易訴訟事件，由於訴訟標的少，且事件較輕微，由當事人自行訴訟，法院得用較簡便方法審理，不必採取律師訴訟主義。惟若訴訟得上訴第三審者，大都為訴訟標的鉅大或事件繁雜之情形，且常有發回第二審更審情形。對於上訴第二審及第三審之訴訟，得考慮採取律師訴訟主義，並使於上訴審敗訴之當事人負擔律師費用，俾以阻止濫行上訴之情形，至於第一審法院之訴訟，得由當事人自由決定是否委任律師。社會進步生活複雜，糾紛增多，人民權利意識提高，法院受理訴訟件數無法避免增加，律師人數有相對增加之必要。立法政策上考慮部分採用律師訴訟主義之前，應先設法增加律師人數以應需要。

十三、審問請求權 (Der Anspruch auf rechtliches Gehör)[30]

　　第二次世界大戰德國帝國 (Deutsches Reich) 戰敗，一九四九年五月二十四日通過實施基本法 (Grundgesetz) 成立德國聯邦共和國 (Bundesrepubik Deutschland)。基本法係戰後德國之憲法，依基本法第一○三條第一項規定，任何人在法院有審問請求權。基本法所規定之審問請求權，從而成為法治國家之訴訟法不可放棄之構成部分，成為最重要之訴訟基本原則，其違反成為違反憲法之理由。在德國帝國時代所實施之民事訴訟法，德國學者一向未加重視之法院審問請求權，遂在戰後由於基本法第一○三條第一項之明文規定而成為訴訟法學者重視研討之問題。日本由於第二次世界大戰戰敗，其情況與德國頗有類似之處，於昭和二十一年十一月三日將帝國憲法修改為日本憲法。日本憲法第三十二條規定，任何人受法院裁判之權利不得褫奪。同法第八十二條第一項規定，裁判之對審及判決應於公開

---

[30] 參考 Grunsky, Grundlagen des Verfahrensrechts, 2. Aufl. §25, S. 226ff.; Stein-Jonas, ZPO. 20. Aufl. vor §128; Jauernig, ZPR. 22. Aufl. §29; Rosenberg-Schwab-Gottwald, ZPR. 15. Aufl. §85; Thomas-Putzo, ZPO. 15. Aufl. S. 3ff. 審問請求權又稱為「合法聽審」(Das rechtliche Gehör)，用語參見姜世明，〈民事程序法之發展與憲法原則〉。

法庭行之。從而戰後之日本學者，亦如同戰後之德國學者，就憲法所規定之程序保障問題為研究討論，提出各種學說理論，其中所謂當事者權與程序保障之理論，則成為民事訴訟法學者所注目之問題。

我國民事訴訟法學者繼受德國日本學者之研究，有關民事訴訟法之基本原則思想始終追隨德國日本。由於我國民事訴訟法學者不多而研究成果有限，昔日大多數學者，對於戰後在德日兩國新發展之民事訴訟法基本原則未能注意。但自二十多年前開始，我國學者亦有開始將日本學者之當事者權及程序保障之理論在我國介紹及推行❸，最後終於將其學說理論實踐化，在一九九九年、二〇〇〇年及二〇〇三年之新修訂民事訴訟法中，多處規定相關條文。處於此一現狀之下，以民事訴訟法之學問立場，不能不就德國審問請求權之基本原則略為敘述。

㈠審問請求權之目的

審問請求權之基本思想在，法院於法院程序就非屬於法院之權利為裁判時，必須使權利人對裁判有所影響，法院不得未賦與權利人防禦其權利之機會而否認其權利。審問請求權係出於維護基本人權之尊嚴為其目的，是為最重要之訴訟基本原則。為闡明審問請求權之問題內容，Grunsky 將其分為兩問題加以研討，一係審問請求權歸屬於何種人？另一係審問請求權包含何種內容？至於訴訟程序係依辯論主義原則抑或依職權主義原則為進行，或訴訟當事人能否就其權利為處分，就審問請求權而言，無何種意義而不重要。

㈡有審問請求權之權利人

依基本法第一〇三條第一項之規定，任何人均有審問請求權。基本上，凡訴訟當事人於訴訟程序自己參與爭執之法律關係時，其有審問請求權。於此情形任何人均為其自己固有之利益而訴訟，所以均有審問請求權。由於判決之既判力原則上僅及於雙方當事人，判決對於第三人無利益可言，所以此乃何以不對第三人於訴訟程序賦與影響機會之理由所在。實體權利人雖自己不直接參與訴訟程序，但委任代理人於訴訟程序維護其利益之情形，其利益代理人在法院受審問時已足

---

❸ 見邱聯恭，〈程序制度機能論〉。同，〈司法之現代化與程序法〉。同，〈程序選擇權論〉。最近文獻，見姜世明，〈民事程序法之發展與憲法原則〉第五十一頁以下（合法聽審權 Das rechtliche Gehör）。

夠顯示其已有審問請求權，此種情形，有法定代理人與法定訴訟擔當人。法院於此種情形，不必對權利人本身為審問。萬一此種法定代理人或法定訴訟擔當人未盡其維護權利人之利益時，權利人僅能另選其他代理人或請求其為損害賠償。又共同訴訟之每一當事人及從參加訴訟之參加人亦均有審問請求權。

　　審問請求權發生之難題係於法院判決之效力超出雙方當事人而擴張及於第三人之情形。判決之效力及於第三人之情形，其第三人有無審問請求權應分別情形而論。此類第三人於人事訴訟事件之形成判決及公司或法人關係訴訟之形成判決最常見，原則上於此種訴訟事件之第三人有審問請求權，但亦有例外情形。若第三人之法律地位在實體上繫於一方當事人之處分權而第三人必須承受該當事人以法律行為所為之處分時，該第三人例外無審問請求權。例如，甲對乙起訴請求確認甲對某物有所有權存在，於甲獲勝訴確定後，乙將系爭物之所有權移轉於知悉有該件判決之第三人丙，此際該判決效力及於第三人丙，蓋第三人丙為被告乙之權利繼受人。第三人丙雖對甲乙訴訟之判決有法律上之利害關係，但丙與被告乙之間有上述處分權依賴之密切關係，依德國民事訴訟法第三二五條第一項規定（相當於我國民事訴訟法第四○一條第一項規定）判決效力及於丙，第三人丙無審問請求權可言。

　　有疑問者，若當事人無在法律行為上可影響第三人之法律地位時，判決效力亦及於該第三人之情形，法院有無義務對該第三人為審問？例如甲男對乙女起訴請求確認甲乙之間婚姻不存在，甲乙所生之子丙於甲乙之訴訟程序，法院有無義務對丙為審問？德國 Bayern 高等法院否定丙有審問請求權。又例如檢察官依民法第一五九五條 a 以下規定，對於婚姻存續中所生之子女提起確認非婚生之訴。聯邦憲法法院之判決認為，法院應對生母之丈夫賦與審問請求權[32]。上述兩例，由於民事訴訟法分別於第六三八條第二項與第六四○條（此二條文為已刪除之舊法規定）明文規定既判力擴張及於第三人，而使第一例之子丙與第二例之夫其法律地位處於危險中。可知若丙與夫分別能有審問請求權時，有可能防禦其實體權利，所以應承認基本法第一○三條第一項之審問請求權，不僅應賦與訴訟當事人，而且亦應賦與法律地位處於危險之第三人。

　　值得思考者，是否與判決效力有關之一切第三人均應賦與審問請求權之問題。

---

[32] 參照 Grunsky，前揭書第二二八頁。

例如，夫甲對妻乙起訴請求確認婚姻不存在，於夫甲勝訴確定時，判決既判力及於一切第三人。商人丙因妻乙以家庭主婦地位為夫甲所為日常生活必需品買賣之價金債務，勢必由於甲乙間無婚姻存在之確定判決而無法向夫甲請求清償。法院有無義務於甲乙之訴訟程序中審問丙，使丙有防禦其權利之機會❸？若對第三人丙應賦與審問請求權，審問請求權人之範圍是否太廣？對此問題，一致之見解認為，並非與判決有關之一切第三人均應受法院之審問。其問題僅在，究竟應以何種標準決定其必須限制之第三人。顯見此一問題之困難，而學者之間尚無完全可採之見解。

為解決此種實際問題，似可利用民事訴訟法之從參加訴訟制度，將訴訟通知有利害關係之第三人，使其參加訴訟而法院得對其為審問。惟此方法並未能完全解決問題，因為第三人有時根本不知有訴訟之事而無法參加訴訟。Grunsky 與 Schlosser 認為，於此種情形應類推適用行政訴訟之基本規定，由法院依職權通知第三人使其參與出庭受審問。惟另一延伸之問題係，若法院未盡其職務上義務通知第三人出庭之時，如何救濟第三人？ Schlosser 認為，第三人得採取憲法抗告 (Verfassungsbeschwerde) 之途徑加以救濟。但此種途徑有一大問題存在，憲法抗告係針對全部之民事判決而要求為撤銷判決，撤銷判決之結果連同民事判決之雙方當事人亦不受民事判決既判力之拘束。為保護第三人之審問請求權而破壞民事判決既判力，使雙方當事人及法院努力所形成之訴訟成果泡湯，此種結果有無妥當性頗有疑問。

㈢審問請求權包含之內容❸

審問請求權之內容包含以下各種權利內容：⑴受訴訟通知之權利，⑵能提出自己之事實主張及為此提供證據之權利，⑶獲知他造陳述主張及對其為表示意見之權利，⑷就法院所調查之事實或證據方法有受審問之權利。

法院有義務使知悉當事人之陳述主張，有對當事人之陳述主張加以衡量之義務，於裁判理由中就重要之陳述主張有加以處理之義務。法院應就參與人之陳述

---

❸ 此例參見 Grunsky，前揭書第二三〇頁。

❸ 參照 Rosenberg-Schwab-Gottwald, ZPR. 15. Aufl. S. 456ff.; Grunsky，上揭書第二三二頁以下； Thomas-Putzo, ZPO. 15. Aufl. S. 4ff.; Stein-Jonas, ZPO. 20. Aufl. vor §128.

主張正確加以解釋，並注意其所理解之世界及其言語表達之能力。法院有必要提起之證據應予提起。除此之外，法院亦應使關係人有陳述其法律意見之機會。法院應對當事人指出其所犯事實上及法律上之錯誤，並避免為法律上之意外裁判 (rechtliche Überraschungsentscheidungen)。

值注意者，審問請求權之基本原則，不僅適用於通常訴訟程序，於非訟事件程序亦有其適用❸。但例外不適用於假扣押及假處分程序，蓋假扣押及假處分之規定目的正係乘債務人之意外而進行其裁定程序，所以不必對假扣押及假處分之債務人為審問，債務人之程序利益於事後之本訴訟程序得受保障。惟若債務人聲明撤銷假扣押或假處分裁定時，法院應使債務人就其認為重要意見有表明機會❸。又於實施強制執行措施以前或對債權為強制執行時，法院亦不必對於債務人為審問❸。另外於私人仲裁法庭之程序中，亦不適用基本法第一〇三條第一項規定之審問請求權，但於實際上仲裁法庭同樣對當事人為審問❸。

㈣違反審問請求權之效果❸

法院若對參與人未為審問之情形，其係程序違法，但此違法之裁判並非無效，僅得以通常之上訴及抗告之方法為撤銷。第二審法院得將原裁判發回第一審法院，但第二審法院亦得對關係人為審問而自為裁判，從而將第一審法院程序之瑕疵為治癒。有爭執者，違反審問請求權是否構成第三審上訴絕對理由。德國聯邦憲法法院經常審查原裁判是否基於未審問所作成或原裁判能否基於未審問而作成，從而決定是否不採第三審上訴絕對理由。德國行政法院程序及財務法院程序對此問題明文規定，法院未為審問時構成第三審上訴絕對理由，但於民事訴訟程序卻未有明文規定。可否將上述行政法院程序及財務法院程序之規定準用於其他各種程序？Grunsky 採否定見解❹。

---

❸ 參照 Grunsky，前揭書第二二六頁及第二三二頁。

❸ 參照 Grunsky，前揭書第二三四頁。Rosenberg-Schwab-Gottwald, ZPR. 15. Aufl. S. 460; Thomas-Putzo, ZPO. 15. Aufl. S. 5.

❸ 參照 Rosenberg-Schwab-Gottwald 前揭處。Stein-Jonas, ZPO. 20. Aufl. vor §128 B II 4.

❸ 參照 Thomas-Putzo, ZPO. 15. Aufl. S. 4.

❸ 參照 Rosenberg-Schwab-Gottwald，前揭書第四五九頁以下。Grunsky，前揭書第二三四頁以下。

❹ 見 Grunsky，前揭書第二三五頁。

於上訴及抗告途徑已盡之後，得提起憲法抗告就審問請求權之違反向憲法法院聲明不服。於此情形，必須以原裁判係違反基本法第一〇三條第一項規定為理由，始為合法❹。

德國民事訴訟法於二〇〇二年修正，新增民事訴訟法第三二一條之一第一項規定，第一審法院以足以影響裁判結果之方式侵害合法聽審權情形，基於受不利判決當事人之異議，應續行第一審訴訟程序。此一新規定使第一審法院對其侵害合法聽審權事件，有依被害人之聲請而為自我更正判決之機會，並能減輕第二審上訴負擔及緩和憲法抗告事件之增加❹。此一規定頗值注意。

有關民事訴訟之程序保障，其問題之討論及各種學說理論之研究，以昭和三十四年山木戶克己〈訴訟における當事者權〉（《民商法雜誌》三九卷四、五、六號）為發端，日本學者前後就此相關問題發表頗多論文。其中值得注意者有吉村德重之〈判決效の擴張と手續權保障〉（載山木戶克己教授還曆紀念，《實體法と手續法の交錯下冊》第一一八頁以下），伊藤真之〈學說史からみた手續保障〉（載新堂幸司編著，《特別講義民事訴訟法》第五十一頁以下），井上治典之〈手續保障の第三の波〉（載新堂幸司編著，前揭書第七十六頁以下），木間靖規之〈對世的判決擴張と手續保障〉（載《民事訴訟雜誌》一九八七年第三十三號第四十六頁以下），以及近年谷口安平〈民事訴訟における憲法的保障〉（載《民事訴訟法の爭點》第三版第八頁以下）、井上治典〈民事訴訟における手續保障〉（載《民事訴訟法の爭點》第三版第六十頁），其相關論文之多不勝枚舉❹。日本民事訴訟法學者於第二次世界大戰後，對此問題之研究盛況，值我國學界及實務界特別注意。何況我國民事訴訟法最近之大修正，已在法典條文多處，將當事者權、程序保障、程序選擇權之學說理論實踐化後，更不能忽視此種問題。

---

❹ 參照 Grunsky 前揭處。Rosenberg-Schwab-Gottwald，前揭書第四五九頁。
❹ 參照姜世明，〈民事程序法之發展與憲法原則〉第九十四頁以下。
❹ 參考文獻介紹，詳細請參見谷口安平於《民事訴訟法の爭點》第三版第十一頁及井上治典於同書第六十三頁所列舉論文。

■ 第五節　我國民事訴訟法規定之各種程序

　　我國現行民事訴訟法所規定之各種程序，其編列體例，與德、日、奧三國之體例不同，且與民國十年之民事訴訟條例，民事訴訟律及民國二十一年施行之前民事訴訟法之體例不同。若干程序於上述三國民事訴訟法有規定者，我國並無規定，且章節名稱及前後位置各有不同。民事訴訟法教科書對於各種程序之歸類，宜有學理體系。茲先介紹觀察上述三國民事訴訟法所編章節大要，以及我國之民事訴訟條例與我國現行民事訴訟法之體例，其次，再說明我國現行法規定之各種程序。

一、現行德、日、奧三國之民事訴訟法編列體例與我國現行民事訴訟法之比較

　　1.德國民事訴訟法計一千一百二十條，分為十編。第一編總則，分為法院、當事人、程序三章。第二編第一審程序，分為地方法院程序、區法院程序二章。第三編上訴，分為第二審上訴、第三審上訴、抗告三章。第四編再審。第五編證書與票據訴訟。第六編家庭事件程序，分為婚姻事件程序總則、其他家庭事件程序總則、離婚及後續事件程序、撤銷及確認婚姻存在不存在程序、親子事件程序、扶養程序六章規定。第七編督促程序。第八編強制執行，分為總則、因金錢債權之執行、物之交付與行為不行為之執行、代替宣誓之擔保與管收、假扣押與假處分五章。第九編公示催告程序。第十編仲裁程序。

　　2.日本新民事訴訟法計四百零五條，分為八編。第一編總則，分為通則、裁判所、當事者、訴訟費用、訴訟手續五章。第二編第一審訴訟手續，分為訴、辯論及其準備、證據、判決、不依裁判之訴訟完結、關於大規模訴訟之特則、關於簡易裁判所訴訟手續之特則七章。第三編上訴，分為控訴、上告、抗告三章。第四編再審。第五編票據訴訟及支票訴訟有關之特則。第六編關於少額訴訟之特則。第七編督促手續。第八編執行停止。

　　3.奧國民事訴訟法計六編六百十八條，第一編總則，分為當事人、程序，言詞辯論三章。第二編第一審法院之程序，分為至判決之程序、判決與裁定二章。第三編區法院之程序。第四編上訴，分為第二審上訴、第三審上訴、抗告三章。

第五編無效之訴與再審之訴。第六編特種程序，分為督促程序、票據爭訟之程序、租賃契約爭訟之程序、仲裁程序四章。

4.我國於民國十年之民事訴訟條例計分六編七百五十五條。第一編總則，分為法院、當事人、訴訟程序三章。第二編第一審程序，分為地方審判廳訴訟程序、初級審判廳訴訟程序二章。第三編上訴審程序，分為第二審程序，第三審程序二章。第四編抗告程序。第五編再審程序。第六編特別訴訟程序，分為證書訴訟程序、督促程序、保全程序、公示催告程序、人事訴訟程序五章。

民國二十四年實施之現行民事訴訟法，在編制體例頗不相同，計九編六百三十六條。第一編總則，分為法院、當事人、訴訟費用、訴訟程序四章。第二編第一審程序，分為通常訴訟程序、簡易訴訟程序二章。第三編上訴審程序，分為第二審程序、第三審程序二章。第四編抗告程序。第五編再審程序。第六編督促程序。第七編保全程序。第八編公示催告程序。第九編人事訴訟程序，分為婚姻事件程序、親子關係事件程序、禁治產事件程序、宣告死亡事件程序四章。民國五十七年民事訴訟法大修正，條文及章節略有變動，於第二編第一審程序增列調解程序一章，由原二章變為第一章通常訴訟程序、第二章調解程序、第三章簡易訴訟程序❹。條文增為六百四十條、第三編以下至第九編體例不變。民國八十八年二月及八十九年二月民事訴訟法兩次大修正，條文增訂刪除頗多，且於第二編第一審程序增訂小額訴訟程序，由原三章變為四章，第三編以下編章不變。

民國九十二年二月民事訴訟法最後部分修正，第一編總則第三章訴訟費用，改稱為第三章訴訟標的價額之核定及訴訟費用，分為五節，第一節訴訟標的價額之核定、第二節訴訟費用之計算及徵收、第三節訴訟費用之負擔、第四節訴訟費用之擔保、第五節訴訟救助。另於第四章訴訟程序增訂第六節之一司法事務官之處理程序，最後於第五編再審程序之後，增訂第五編之一第三人撤銷訴訟程序，計五條文，至於其餘各編章節維持原有章節不變。民國九十八年七月八日配合民法修正，將第九編第三章更名為監護及輔助宣告事件程序，同時一併修改本法條文用語，並增訂輔助宣告相關程序之規定。民國一〇一年一月十一日家事事件法制定公布，將本法第九編各章之婚姻親子關係、監護及輔助宣告、宣告死亡事件適用同法之訴訟、非訟程序處理，本法因而於一〇二年四月十六日配合修正，刪

----

❹ 對此，學者有認為不合體例而指責者，見姚瑞光，《民事訴訟法論》（七十六年版）第六頁。

除第九編人事訴訟程序全部條文。又因應家事事件法將監護及輔助宣告、宣告死亡、給付扶養費、贍養費及家庭生活費用等事件全部非訟化，一併修正聲請徵收費用、簡易訴訟程序適用範圍、假扣押及假執行等條文；另為明定司法事務官處理支付命令事件之範圍、加強保障當事人之訴訟權及利害關係人之權益，修正對司法事務官處分所為異議之規定、訴訟上和解效力所及之第三人撤銷程序等。

　　民國一〇四年七月一日修正公布第二五四條、第五一一條、第五一四條、第五二一條條文，增訂訴訟繫屬中當事人將訴訟標的移轉於第三人，當事人聲請法院發給起訴證明，得予當事人陳述意見之機會，及修正確定之支付命令只有執行力，並無確定判決同一之效力。

　　民國一〇六年六月十四日修正公布第二五四條條文，修正訴訟繫屬中訴訟標的移轉於第三人，當事人得對第三人為訴訟告知，增訂原告得聲請法院以裁定許可訴訟繫屬事實之登記，所為聲請之釋明如有不足，法院得定相當之擔保，及當事人對裁定得抗告等規定。

　　民國一〇七年六月十三日修正公布第四十四條之二、第七十七條之二十三、第一五一條、第一五二條、第五四二條、第五四三條、第五六二條條文，關於訴訟文書送達、公告之方式以法院之電子公告取代刊登新聞紙。

　　民國一〇七年十一月二十八日修正公布第二二三條、第二二四條、第二三五條條文，修正關於判決及經言詞辯論裁定之宣示規定。

　　民國一一〇年一月二十日修正公布第七十七條之二十五、第一三三條、第一四九條、第二四九條、第二七二條、第四二七條、第四四四條、第四四九條之一，增訂第二一一條之一、第二四九條之一等條文，關於法院得以科技設備審理，及對當事人濫訴、濫行上訴之處罰等規定，並自公布日施行。

　　民國一一〇年六月十六日修正公布第二〇七條，增訂第一一四條之一，關於身障者參與辯論應用通譯及訴訟救助之兒童及少年減免訴訟費用規定，並自公布日施行。

　　民國一一〇年十二月八日修正公布第一八二條之一、第二四九條、第四六九條，刪除第三十三條之一、第三十三條之二、第三十三條之三等條文，關於法院認為無審判權應裁定停止訴訟，並請求最高法院指定有管轄權之法院，法院於審判權之有無辨別不當或違背專屬管轄之規定，惟當事人未於事實審爭執，或法律別有規定者，非屬判決違背法令，並配合法院組織法修法，刪除第三十三條之一、

第三十三條之二、第三十三條之三等規定，並自一一一年一月四日施行。

　　5.比較現行德、日、奧三國民事訴訟法、我國民事訴訟條例，與我國現行民事訴訟法之編列體例，可得言者，有下列各點：第一、我國現行法，自民事訴訟條例以來，均不仿德日立法，將強制執行程序列為民事訴訟法為規定，而仿奧國立法例另訂獨立之強制執行法。第二、我國現行法不採德、日、奧立法例，將證書票據訴訟與仲裁程序列入民事訴訟法之一編或一章，另以單行法訂立仲裁法。第三、奧國民事訴訟法與民事訴訟條例有特別訴訟程序之編名，我國現行法不採。第四、德、日、奧三國立法例，均將抗告程序與第二審上訴之程序並列為上訴審救濟程序之一章，唯獨我國現行法及民事訴訟條例，將抗告程序獨立以一編規定，使與第一審程序、上訴審程序並列，體例上是否合適，頗有疑問。第五、我國現行法仿德、日立法例於第一編總則第一章法院管轄為規定，唯獨奧國民事訴訟法不採此種體例。日本學者三ケ月章，特別注意德日兩國與奧國兩者此種立法例之不同，認為民事訴訟法教科書編寫體裁受影響，教學上影響學生修課興趣❹❺。第六、我國現行法採取美國及日本之立法，新訂小額訴訟程序一章於第二編第一審程序，此為德國及奧國之民事訴訟法所無。第七、我國母法之德、奧、日三國立法例，於再審程序之外，並無法國民事訴訟法之立法所謂之第三人撤銷判決之訴，民國九十二年二月我國民事訴訟法增訂第五編之一第三人撤銷訴訟程序。此一訴訟程序，我國學法律者頗為陌生，且所規定條文僅有五條文，將來在實務上及學術方面勢必引發不少法律疑難問題。

二、我國現行民事訴訟法規定之各種程序

　　民事法院處理民事事件之程序，大別之，不外乎受理當事人起訴而判決之程序，或受理當事人之聲請而裁定之程序。前者稱為起訴程序 (Klageverfahren)，後者稱為聲請程序，又稱為裁定程序 (Beschlußverfahren)❹❻。茲分別依起訴程序與聲請程序再為細分，並說明如次：

---

❹❺ 見三ケ月章，〈實體法と手續法〉，《講座民事訴訟》第七十五頁。
❹❻ 參照 Stein-Jonas, ZPO. 20. Aufl. Einleitung VI.

㈠起訴程序

1.通常訴訟程序、簡易訴訟程序與小額訴訟程序

原告起訴之事件，除有特別規定外，原則上均應依本法第一編總則及第二編第一章第二四四條至第四○二條規定程序為進行，此種訴訟程序稱為**通常訴訟程序**。向第一審法院起訴之事件，由於財產權價值不高或事件性質宜迅速處理者，宜以較簡易便捷之程序為判決，此種訴訟程序稱為**簡易訴訟程序**。本法第四二七條所規定，財產權訴訟，其標的之金額或價額在新臺幣五十萬元以下之事件，不分標的金額或價額，於同條第二項列舉之事件。例如，旅客與旅館主人或飲食店主人為住宿或飲食涉訟者，得以言詞起訴，當事人兩造得不待通知，於法院通常開庭之日自行到場，為訴訟之言詞辯論，法院得以便宜方法通知證人或鑑定人到場陳述，不必經繁雜拖延時日之送達書狀及通知、指定期日開庭多次調查證據、定期日辯論及宣判。簡易訴訟程序規定在本法第二編第一審程序第三章自第四二七條至第四三六條之七。簡易訴訟程序僅在第一審法院始有適用，其對第二審及第三審上訴程序均有特別限制之規定，與通常訴訟程序之上訴情形頗有差異。

小額訴訟程序規定在本法第二編第一審程序第四章自第四三六條之八起至第四三六條之三十二止。僅就請求給付金錢或其他代替物或有價證券之訴訟，其標的金額或價額在新臺幣十萬元以下之事件，始有小額訴訟程序之適用。立法目的，主要在使一般民眾就其日常生活中所發生之小額給付請求事件，能簡便迅速解決。其程序比簡易訴訟程序更為簡化方便，對於第一審裁判，非以其違背法令為理由，不得上訴或抗告，起訴狀與判決書得表格化，於一定情形下，得不調查證據而認定事實為判決。

德日兩國第一審法院有區法院及地方法院，其簡易訴訟事件歸區法院審理，通常訴訟事件歸地方法院，當事人得就附近利用區法院進行輕微之簡易訴訟事件。我國第一審法院僅有地方法院，目前法院實務，對簡易訴訟事件之處理方法與通常訴訟事件相同，區分兩者之實益不大。

2.上訴審程序、再審程序與第三人撤銷訴訟程序

本法第三編第一章第二審程序，第二章第三審程序，合稱**上訴審程序**，均係當事人對於原審法院判決不服，提起上訴，上級法院所進行之審判程序。本法第五編之**再審程序**，原則上係當事人對確定之判決，有再審之法定原因存在時，向

原判決法院提起再審之訴，請求法院撤銷確定判決重新審判之程序。惟再審程序，對於確定之裁定，亦有適用。當事人對於確定之裁定，有本法規定之再審原因時，得聲請再審（本法第五○七條），學者稱為準再審。本法第五編之一規定**第三人撤銷訴訟程序**，原則上係為有法律上利害關係之第三人，非因可歸責於己之事由而未參加訴訟，致不能提出足以影響判決結果之攻擊或防禦方法情形，允許其以兩造為共同被告，對於確定終局判決提起撤銷之訴，請求法院將確定判決對其不利部分為撤銷，俾以保護第三人權利之訴訟程序。第三人撤銷之訴，原告第三人之勝訴判決之效力，原則上僅撤銷原確定終局判決對該第三人不利之部分，原判決於原當事人間仍不失其效力（本法第五○七條之一、第五○七條之四）。本法稱為第三人撤銷之訴，法國民事訴訟法稱為第三人撤銷判決之訴。

3.其他訴訟事件程序

不規定在民事訴訟法，但在其他法律規定，應依民事訴訟法之通常訴訟程序或再審程序進行訴訟為判決之事件頗多。例如，選舉罷免訴訟，依公職人員選舉罷免法第一一八條至第一二八條規定，由民事法院依民事訴訟法程序進行，二審終結，不得提起再審之訴，不適用關於捨棄、認諾、訴訟上自認之規定，採職權探知主義之審判原則。此類訴訟計有，選舉無效、罷免無效、當選無效、罷免通過無效、罷免否決無效五種訴訟，其特點為，除候選人、當選人外，選舉委員會、檢察官亦得為原告被告當事人。又強制執行法規定之債務人異議之訴、第三人異議之訴、分配表異議之訴、收取訴訟（強制執行法第十四條、第十五條、第四十一條、第一二○條）。刑事訴訟法第九編第四八七條以下所規定附帶民事訴訟。仲裁法第四十條規定之撤銷仲裁判斷之訴。本法第八編公示催告程序第五五一條所規定之撤銷除權判決之訴。此類訴訟非依通常訴訟程序為起訴判決，即係依再審程序為起訴判決（本法第五五三條）。家事事件法第五十一條規定，家事訴訟事件，除本法別有規定者外，準用民事訴訟法之規定。智慧財產案件審理法第七條規定，智慧財產法院組織法第三條第一款、第四款所定之民事事件由智慧財產法院管轄，除該法另有明文規定外，仍適用民事訴訟法規定審理裁判（智慧財產案件審理法第一條）。為求管轄權完整性及便於調查審理，與本案有關之保全證據，保全程序均包括在內，由智慧財產法院管轄（智慧財產案件審理法第十八條第一項、第二十二條第一項）。但僅以第一、二審事件為限，如提起第三審上訴，仍由最高法院管轄審理。

　　另一○七年十二月五日公布,自一○九年一月一日起施行之勞動事件法第十五條規定,有關勞動事件之處理,依本法之規定;本法未規定者,適用民事訴訟法及強制執行法之規定。以上訴訟事件或由法律明定直接適用民事訴訟法規定審理,或優先適用特別法規定審理,如特別法未規定者,則適用民事訴訟法規定。

　　一○九年一月十五日公布,自一一○年七月一日起施行之商業事件審理法第二條第二項規定之商業訴訟事件,依同條第一項規定由商業法院審理,其審理程序有特別規定,如未規定則適用民事訴訟法規定(商業事件審理法第十九條)。

㈡聲請程序

　　德國學者又稱為裁定程序,以非訟事件法規定為其聲請程序之主要母法。我國非訟事件法於民國五十三年始公布施行,於此之前,有關聲請事件之裁定程序,並無統一之母法,大都散見於民事訴訟法及其他民事程序法,例如,強制執行法、破產法、公證法、提存法等之規定。民事法院受理之聲請事件,大部分屬於無實體權利爭訟性質之非訟事件,惟亦有一部分事件具有實體權利之爭訟性質者。其處理程序之特點一律以聲請為開始,原則上依非訟事件法之規定,以裁定為之。例外,亦有應由民事法院以判決為之者,例如,除權判決係以聲請為之,非以起訴為之(本法第五四五條)。

　　我國民事訴訟法規定之假扣押、假處分聲請,法院一律以裁定為之,但德國民事訴訟法卻分別情形,於經言詞辯論者,以判決為之,不經言詞辯論者,以裁定為之❹。

1.督促程序

　　本法第六編自第五○八條至第五二一條規定督促程序,又稱聲請支付命令程序。法院對於以給付金錢或其他代替物或有價證券之一定數量為標的之請求,僅依債權人之聲請,不訊問債務人而裁定發給支付命令,將其送達於雙方之程序,即為督促程序。債權人對於上述請求,如認為證據明確,債務人無爭執餘地,得不提起訴訟,而依簡便之督促程序,聲請發給支付命令取得執行名義。督促程序可避免雙方之訴訟,減少不必要之法院訴訟,債務人無應訴之煩,債權人亦為簡

---

❹ 德國民事訴訟法第九二二條第一項規定:假扣押聲請之裁判,經言詞辯論者,以終局判決為之,於其他情形,以裁定為之。命令假扣押之裁判,如應於外國為主張者,應附理由。

便，聲請費用低廉，省時省力，是為良好之制度。倘債務人對於債權人之請求有爭執，應於法定期間內對支付命令提出異議，此際，支付命令失其效力，以債權人支付命令之聲請，視為起訴或調解之聲請。

2.保全程序

本法第七編第五二二條以下規定保全程序，又稱為聲請假扣押、假處分裁定之程序。此程序為債權人取得執行名義之聲請程序，至於假扣押、假處分之執行程序，則於強制執行法第五章為規定。德國民事訴訟法合併規定確定私權之訴訟程序與強制執行程序，將假扣押假處分程序一律在其第八編強制執行為規定，所採體例與本法不同。

債權人就金錢請求或得易為金錢請求之請求，欲保全將來之強制執行時，得向法院聲請為假扣押之裁定。如債權人因請求標的之現狀變更，就金錢以外之請求，欲保全強制執行者，得聲請法院為假處分裁定。保全程序係為配合本案訴訟之進行而存在之聲請程序，如無此種保全程序可取得執行名義，先就系爭財產為查封或對一定狀態為處分，債權人本案訴訟之勝訴判決將無保障可言。保全程序之特性具有程序之暫時性，緊急性及隱密性，法院對於假扣押假處分之聲請，必須迅速，僅依債權人之釋明或供擔保之聲明即可為准許之裁定，原則上，於對債務人為送達時同時為假扣押或假處分之執行（本法第五二二條、第五三二條、強制執行法第一三二條）。假扣押、假處分之裁定對本案判決而言，僅為暫時性質，並無確定實體權利之既判力。

3.公示催告程序

本法第八編第五三九條至第五六七條規定公示催告程序，此種程序係法院依當事人之聲請，以公示方法催告不明之利害關係人，出面向法院申報權利，於法定期間屆滿無人申報時，法院依聲請人之聲請以除權判決，使利害關係人喪失權利之聲請程序。公示催告程序主要係為證券之持有人，因喪失或遺失證券而發生無法行使證券權利狀態時，使能回復行使證券權利，並使與該證券之行使有利害關係之人不致受害而制定之法律程序。公示催告程序以聲請為開始，但法院使利害關係人失權須以除權判決為之。除權判決不得上訴而確定，但有撤銷除權判決之原因時，得以公示催告聲請人為被告，提起撤銷除權判決之訴（本法第五五一條）。

4.抗告程序

本法第四編第四八二條以下規定抗告程序。所謂抗告係對裁定不服之人，向

法院聲明不服之訴訟行為，上級法院受理抗告而進行之程序，稱為抗告程序。依民事訴訟法進行之訴訟程序，法院就當事人間之訴訟標的為裁判時固應以判決為之，惟若以訴訟不合法而駁回原告之訴，則以裁定為之（本法第二四九條第一項）。對於此種裁定不服，應依抗告聲請救濟。當事人之訴訟進行中，由於涉及程序問題，當事人得向法院為聲請或聲明異議，此際，法院應以裁定為交代，對法院之裁定不服時，除法有明定得抗告或得聲明不服者外，原則上不得抗告。又法院對於當事人依本法規定之聲請程序或依其他法律之聲請程序為聲請所為之裁定，當事人不服裁定時，得為抗告。對於抗告，法院應以裁定為之。不服抗告法院所為裁定，得再行抗告，稱為再抗告。抗告程序之特點係對法院之裁定而為，與法院判決不同。

5. 法院調解程序

本法第二編第二章第四○三條至第四二六條規定法院調解程序，立法者制定法院調解程序之目的，主要在鼓勵由法院為調解人，以當事人自治方法妥協解決糾紛，俾以維持和睦關係，並疏減訟源。法院調解有強制調解與任意調解兩種，本法第四○三條所規定之事件，原告於起訴前，應經法院調解。又，家事事件除第三條所定丁類事件外，於請求法院裁判前，應經法院調解（家事事件法第二十三條第一項），一○九年一月一日起施行之勞動事件法第十六條規定勞動事件於起訴前，應經法院行勞動調解程序，均為強制調解。不合於強制調解之訴訟事件，如當事人於起訴前，自行聲請法院為其調解者，稱為任意調解（本法第四○四條）。調解程序由簡易庭法官於法院行之，不用開庭形式，得不公開。調解成立者與訴訟上和解有同一效力，即與確定判決有同一效力。調解不成立者，法院應付與證明書，當事人得據為合法起訴條件之證明。

6. 其他附隨聲請事件之程序

本法除於上述各編所規定之聲請程序之外，為配合民事訴訟程序之進行能完整迅速公平，尚須在適當之程序階段，另外規定附隨性之聲請程序，以資配合。例如，本法第二十三條之聲請法院指定管轄、第三十三條之聲請法官迴避、第五十一條之聲請法院選任特別代理人、第九十一條之聲請法院確定訴訟費用額、第一○七條之聲請訴訟救濟，以上各聲請事件，法院應以裁定為准許或駁回之。又本法第二編第一章通常訴訟程序第三節證據第三六八條至第三七六條之二規定之證據保全程序，當事人得於訴訟尚未繫屬法院之前，聲請法院就有滅失或礙難使

用之虞之證據，預行調查證據，俾以保全其調查證據結果，作為日後起訴時之證據，此種聲請程序稱為保全證據程序。法院對當事人證據保全之聲請，不分准許或駁回，均應以裁定為之。

第 **4** 章

民事訴訟法學

　　民事訴訟法學係就民事訴訟制度及民事訴訟法規定之問題，為研究討論及解釋，在立法論與解釋論方面提供參考意見之學問。十九世紀末葉，民事訴訟法成為獨立法典後，始有學者作專門性之研究。德國民事訴訟法學成為獨立一門之學問，係一八七七年德國民事訴訟法成立，Wach 與 Hellwig 等學者，將其作為研究對象以後之事。日本與我國之民事訴訟繼受大陸法系之制度，日本學者於第二次世界大戰以前，已建立深厚之民事訴訟法學基礎，戰後新生代學者輩出，其對民事訴訟法學研究之盛況可謂空前，研究民事訴訟法之專家學者多達數百人，其發表著作之多，可與德國學者相匹敵。惟我國學者，將民事訴訟法作為專門學問，在學理方面作深入研究之時間不長，學者人數不多，有關民事訴訟法之研究著作稀少可數。我國民事訴訟法學之研究略有進步發展，係最近三十年之事，可見我國民事訴訟法學研究落後之實際情況❶。

　　民事訴訟法學既然成為學門，則在研究之際，不能不注意民事訴訟法之特性及其特殊研究方法。首先，必須對於現在世界各國民事訴訟法之制度系譜，有基本瞭解。其次，必須對於民事訴訟法與民事實體法兩者間之關係，選定其觀察之重心，注意訴訟觀 (Prozessanschaung) 之建立。第三，對於民事訴訟基礎理論之訴權論之學說演變有所認識。本章就此三問題略作敘述說明。

■ 第一節　民事訴訟法之制度系譜

　　民事訴訟之法律制度，最早應追溯到羅馬法時代之制度，惟在此應受重視者，

---

❶ 見楊建華，〈民事訴訟法論文選輯編輯說明〉，載《民事訴訟法論文選輯（上）（下）》（五南圖書出版公司出版）第一頁以下。

不在研究羅馬法上之民事訴訟法，而在注意現在大陸法系之民事訴訟法與英美法系之民事訴訟法，兩者在制度上之特點及其重要差異，俾能認識各種不同制度之法律思想，幫助學說理論之建立。

　　大陸法系之民事訴訟法，又稱為羅馬法系之民事訴訟法，最早在羅馬法時代存在，由於採取成文法制度，隨羅馬帝國政治勢力之擴張而在歐洲大陸發展，終於成為十八世紀以後大陸各國，例如德國、奧國、法國、義大利、瑞士、西班牙等國之現在民事訴訟法之基礎。現在大陸法系之民事訴訟法，其制度上之特徵有下列兩點：第一、民事訴訟法為成文法，配合民商法之成文法而存在及應用。此種民事訴訟之基本構造，係先有實體法之法律規範為其出發點。第二、對民事訴訟之思考方法，係依據現行之民事訴訟法規與民事實體法之規定，為抽象思考，從而用以符合具體事件而適用及解釋法規，學者有稱大陸法系之民事訴訟為「**規範出發型民事訴訟**」者❷。

　　英美法系之民事訴訟法，又稱為日耳曼法系之民事訴訟法。日耳曼民族原係散居於歐洲大陸北方，西元四世紀到六世紀時民族大遷移，大部分日耳曼民族由北方南下，而侵入羅馬帝國之版圖。經數世紀受羅馬法之影響，最後終於繼受羅馬法系之民事訴訟制度，實施所謂大陸法系之民事訴訟法。此部分日耳曼民族原有之日耳曼法遂衰退而融入羅馬法之中。

　　惟日耳曼民族大遷移時，一部分民族稱為安格羅・薩克遜族者，渡海入侵英倫三島建立王朝，將日耳曼法傳入。日耳曼法遂與當地原有之習慣法相融統一，終於在十二世紀中葉以後產生所謂普通法 (common law) 之判例法。此種普通法即為英國法之主要內容，而英國法其實係由日耳曼法發展而成。十七世紀美洲大陸被發現以後，部分英國移民遷入，同時將英國之普通法傳入北美洲大陸，日耳曼法遂又在北美洲發展成為今日之美國法。現在美國之聯邦民事訴訟規則 (Federal Rules of Civil Procedure) 以及美國各州之民事訴訟制度係日耳曼法系之產物。英美法系之民事訴訟法，與大陸法系之民事訴訟法頗有差異：第一、英美民事訴訟法主要係以判例法為主，非屬成文法。第二、英美法系之民事訴訟思考方法，係以事實為出發而進行訴訟，在訴訟進行以前，並無所謂實體法之成文法存在。糾紛事件之事實經訴訟結果成為判決案例後，始成為判例法。學者稱此種類型之民事

❷ 參照中村英郎，《民事訴訟法》第十九頁、第二十八頁。

訴訟為「事實出發型民事訴訟」❸。

　　由於大陸法系之民事訴訟，係以實體法之存在為前提而運作，對民事訴訟之思考方法以法律規範為主，因而對民事訴訟之目的，其觀察方式遂重視私法上之權利，而有所謂權利保護說或私法秩序維持說之出現。至於英美法系之民事訴訟，並不以實體法存在為前提而進行訴訟，於訴訟以前無所謂當事人之私法權利，所以民事訴訟之目的，在觀察方式上，不產生如同大陸法系學者所謂之權利保護或維持私法秩序之見解，其直覺之見解，則為解決事件糾紛❹。民事訴訟法學者，對於上述民事訴訟法兩大法系之法律思想及制度上之特性，不能不注意。

■ 第二節　訴訟法與實體法之區分及交涉關係

一、訴訟法與實體法之區分

　　在法律體系上，訴訟法與實體法兩者為各別獨立之法律，惟因民事訴訟法與民事實體法兩者均以民事問題為其規律之對象，且兩者關係密切，訴訟當事人之間所為之同一行為，由於觀察重點之不同，究竟應視為訴訟行為抑或私法上之法律行為為處理？其行為之法律效果應為訴訟法上之法律效果抑或私法上之法律效果？此類問題之分辨，必須以先能分辨規律該項行為之法律規範，於法律性質上究竟應歸類為訴訟法抑或實體法，始能解決。由於民事訴訟法與民事實體法之規定界限難免混淆不清，如何區分訴訟法與實體法，其區分之標準何在之問題，遂成為訴訟法學者及民法學者在學理上不斷探討之問題。

　　區分某一規範屬於訴訟法抑或實體法，不僅在學理上有其意義，在涉外民事問題處理之實務上亦有其必要性。蓋法院就涉外民事事件為裁判而適用之準據法，必須為實體法始可，此際，法院所擬適用之準據法，究竟是否為實體法，即成為重要問題，倘無法加以分辨，法院即無法適用而無法裁判。

　　區分訴訟法與實體法規定之標準，學者之方法不一。有自該項規定所歸屬之法律法典為分辨區分者，惟於民法典亦有關於訴訟法之規定，民事訴訟法典中亦

---

❸ 參照中村英郎，《民事訴訟法》第二十頁以下、第二十四頁以下。

❹ 見中村英郎，前揭書第三十六頁。

有實體法之相關規定，難於一律以法典之歸類為準。有自訴訟之目的區分訴訟法與實體法規定之差異者，惟訴訟法制度與私法制度兩者之目的有重疊相同之處。例如，保護私權、維護私法秩序、解決糾紛之各種目的，訴訟法固然有，實體法何嘗沒有？足見無法持訴訟目的作為區分訴訟法與實體法之標準。學者有自法律規範之構成要件性質為分辨訴訟法與實體法之標準者，惟訴訟法與實體法之關係，無法利用法律規範之構成要件性質，將其斷然分開辨識者。蓋有若干實體法之法律規範，係以程序行為事實為其規範之法律構成要件者，反之，亦有若干訴訟法之法律規範，以訴訟外之行為事實為其規範之法律構成要件者。例如，民法第一二九條所規定之消滅時效之中斷為實體法之法律規範，並不因為該條文以起訴作為中斷事由之法律構成要件，而認為該條文之法律規範屬於訴訟法。又例如，民事訴訟法第四○一條所規定之既判力所及主觀範圍為訴訟法之法律規範，並不因該條文之法律構成要件，係以實體法上之權利繼受人或標的物之占有人為內容，從而得認為其法律規範屬於實體法。

學者之間更有以法律規範之法律效果為負擔抑或義務為標準，區分法律效果為當事人之負擔者，屬於訴訟法，而法律效果為當事人應負義務者，屬於實體法。原則上此種區分標準並無大錯，惟此並非絕對可靠之標準，蓋在民事訴訟法中亦有因當事人行為不行為結果而負義務之情形，在民法中亦有因當事人行為不行為結果而僅成負擔之情形。例如，民事訴訟法第八十三條規定，當事人撤回其訴或上訴、抗告者，訴訟費用由該當事人負擔，當事人為撤回訴訟或撤回上訴之行為，行為結果，其法律效果應負支付訴訟費用之實體法上義務，條文雖稱為負擔，惟其真正意義為負義務（即他造之權利），蓋於當事人不履行其義務，他造有民法上之權利請求賠償。又例如，民法第七五八條第一項規定，不動產物權，依法律行為而取得、設定、喪失及變更者，非經登記不生效力。倘當事人雙方或權利人一方能辦理登記而不辦登記，其不行為結果，僅成為不能有效取得或變動不動產物權之不利益狀態而已，亦即成為當事人之負擔，並不成為當事人之義務。顯見無法絕對以法律效果為負擔或義務為標準，用以分辨該項法律規範為訴訟法或實體法。

德國學者 Henckel❺認為，區分訴訟法與實體法之法律規範，得以法律規範所

❺ 見 Henckel, Prozessrecht und Materielles Recht, Göttingen 1970, S. 19ff.

欲規律之生活領域為標準。法律係對於人類之行為事實賦與權利、課以義務、或
負擔之規範規定，從而應視權利滿足、義務履行、避免負擔之結果，是否直接對
於法院處理之訴訟事件發生影響作用，抑或僅直接對於無法院干預之私人間單純
生活領域發生影響作用。應受重視者，為行為事實所生之權利滿足、義務履行、
避免負擔，究竟在法院之訴訟中抑或在無法院干預之私人間單純生活領域中發生
影響作用之問題。某一法律規範，如係就法院訴訟程序中之當事人行為事實或關
係人行為事實為規定者，屬於訴訟法。倘某一法律規範，係就私人間單純生活領
域中之行為事實為規定，且無法院介入干預該項行為事實者，即屬於實體法。
Henckel 區分訴訟法與實體法之此種辨別標準，較能正確將訴訟法與實體法之界
限為限定，頗有參考價值。

二、訴訟法與實體法之相互交涉關係

　　民事訴訟為訴訟法與實體法綜合發生作用之場面，亦為當事人間之訴訟行為
與法律行為交錯發展之過程關係。以往學者對於訴訟法上所引起之法律問題為解
決時，其解決方法大都係先分辨，該法律問題為訴訟法規範所規律之問題，抑或
屬於實體法規範所規律之問題，從而依訴訟法之基本原則，或依實體法之基本原
則，在學理上為解釋說明而解決。學者於面臨選擇其學理上之解決途徑方法時，
對於橫跨訴訟法領域及實體法領域之中間地域之法律問題，在理論選擇之態度上，
勢必產生究竟如何看待訴訟法與實體法兩者間之比重關係，此乃學者所謂訴訟觀
之問題。早期之學者，大都將訴訟上之法律問題，專以實體法性質視之，以實體
法原理為解釋說明，此種態度方法，稱為實體法一元觀。強調訴訟法獨立性，將
訴訟法與實體法視為對立關係，對於訴訟上之問題處理，專以訴訟法原理原則為
解釋說明方法者，稱為訴訟法一元觀。既不採實體法一元觀，亦不採訴訟法一元
觀，將訴訟上之問題，同時以實體法及訴訟法之觀點，為解釋說明態度之研究方
法，稱為實體法訴訟法二元觀❻。

　　民事訴訟法與民事實體法，均係以民事問題為其規律對象，則兩種法律均建
立在相同之法律價值之上，民法上當事人自治之大原則，於民事訴訟法亦有其適
用。民事訴訟法上之處分權主義原則及辯論主義原則，實係建立在當事人自治原

---

❻ 參照中村英郎，《民事訴訟法》第三十五頁以下。

則之上。民法第一四八條之誠實信用原則，亦同樣於民事訴訟法所接納，民事訴訟法第一九五條所規定當事人之真實義務 (Wahrheitspflicht)，兩者之法律價值相同。民事訴訟法與民事實體法，既然建立在相同之法律價值之上，且兩者法律領域之界限常有不易分清情形，於建立學說理論以解釋說明訴訟上之法律問題時，斷然採取實體法一元觀或訴訟法一元觀之學問態度，將訴訟法孤立於實體法之方法，難期正確解決問題。應兼顧訴訟法與實體法之規定互相交涉發生作用而形成其訴訟程序過程之事實，僅得就具體法律規範之機能目的，評價及解釋一定之法律現象，立於雙方當事人之立場，以公平正義之原則為解決，其問題若涉及法院與當事人間之利害關係者，必須衡量利益輕重，同時重視當事人之私益，不能一律以公益為重而犧牲私益也。蓋民事訴訟制度與刑事訴訟制度不同，當事人進行訴訟之最終目的，係以私權獲得保護為其目的，離開私權保護，專注於強調民事訴訟之公益目的，變成訴訟法獨行之學問研究態度，宜有修正。

　　學者之訴訟觀，往往於其學說理論及對問題解釋中，不難窺知。例如，將民事訴訟法之非法人團體之當事人能力制度，視為民事訴訟法獨立存在之制度，拒絕從民法之權利能力制度作相關之解釋。或不將訴訟標的之識別標準問題及判決既判力問題，作與實體法上之實體權利相關之觀察態度，均屬於訴訟法一元觀之學問研究方法，能否採取頗有疑問。

■ 第三節　民事訴訟法學與訴權論

　　民事訴訟法成為學者研究之專門學問時，除了訴訟目的論外，訴權論即已成為民事訴訟法學上所研究之基本問題。訴權論所探討之問題為，私人有權利向法院起訴請求審判而利用民事訴訟制度，究竟此種能利用訴訟制度之權利，其性質內容如何？於何種要件之下私人始有此種權利？學者將此種權利稱為訴權。訴權理論之發達，對於現代民事訴訟法學在理論體系方面之貢獻頗大。民事訴訟法學，早期自民法學分離之時，尚無獨立完整之理論體系，惟經學者對於訴權理論之研究討論過程中，開創若干民事訴訟法獨立具有之訴訟理論。今日訴訟法學者視為當然之權利保護利益之訴訟理論，訴訟要件論與訴訟行為論之基礎，即係出於民事訴訟法學者當年研討訴權理論所建立之成果。研究民事訴訟法之際，自學問立場而言，不能忽略對訴權理論之認識。對於訴權之存在發生及其概念之認識說明，

由於時代之不同而學者有其學理上不同之說明。茲先依訴權論之學說出現先後，分別敘述各種學說之要點，其次再就訴權論問題提出本書看法。

一、訴權論之學說發展❼

㈠私法的訴權說

此說認為私人之所以有起訴之權利，係因私人之私法上之請求權受侵害時，由該請求權所衍生而來，此種由請求權被害而衍生之權利即為訴權。此說於十九世紀中葉由 Savigny, Windscheid 等學者所倡。當時民事訴訟法學剛自私法學分離而獨立，將訴訟關係主要視為原告被告間之私法關係，尚無將訴訟關係視為法院與當事人間之公法關係觀念，故將訴權視為私權之性質，訴權之發生係因請求權被侵害而變化所產生者。惟訴權係原告對國家裁判機關之法院之權利，並非對被告之權利。且訴訟類型，於給付訴訟之外，確認訴訟與形成訴訟先後出現成為獨立之類型後，在學理上無法說明，對被告實際上無債務存在情形，何以得對被告起訴請求確認債務不存在之訴，蓋原告並無私權可以受害，從而不發生訴權也。足見訴權之存在現象，無法自原告被告間之私權法律關係導出而獲得說明，此說早已無人追隨。

㈡公法的訴權說

此說認為訴權係私權受侵害時，被害人得請求國家司法機關之法院為權利保護之公法上權利，其與得對加害人請求之私權不同。此說始於十九世紀後半法治國家思想已產生之時代，學者對於人民與國家間之公法上權利義務關係已經有所認識。公法的訴權說，由於學者對於訴權之內容，其說明方法是否具體，得分為抽象的公法訴權說及具體的公法訴權說。

1.抽象的公法訴權說

此說僅就人民基於公法上之關係得請求法院進行訴訟，以判決加以保護為抽

❼ 參照伊東乾，〈訴權〉，《民事訴訟法の爭點》第八頁以下。中村宗雄，〈訴權學說と訴訟理論の構造〉，《民事訴訟法講座》第一卷第四十五頁以下。Rosenberg-Schwab, ZPR. 14. Aufl. S. 14ff.; Hellwig, Anspruch und Klagrecht.

象之說明，作為訴權之內容。因此此說之訴權內容，僅係原告對於法院得起訴之法律地位或可能性而已。任何人均具有得向法院起訴之一般抽象之權利，此稱為訴權。至於何人於何種情況下始得起訴，法院於何種要件之下，始得對於原告為有利之判決，均無具體說明。

　2. 具體的公法訴權說

　　此說又稱為權利保護請求權說 (Theorie von Rechtsschutzanspruch)，最初由 Wach 所提倡，後由 Hellwig, Stein 等人所主張，曾經一度成為德國通說，於民事訴訟法之基礎理論方面，尤其訴權論及權利保護利益之理論方面，建立豐富之學問體系。此說於一九三〇年左右略為衰退，但在二次世界大戰後，再由 Blomeyer, Pohle, Dölle, Schönke, Kuchinke 等學者重新提倡 ❽，在日本早期，此說曾經一度成為通說 ❾。我國學者及實務界多數一直奉信此說。

　　主張權利保護請求權說者，將訴權稱為權利保護請求權，訴權係於起訴前即已存在於當事人，係原告同時針對法院及被告請求對自己有利判決之權利保護請求權。主張此說學者認為，訴訟除必須具備一般之訴訟要件 (Prozessvoraussetzungen) 之外，當事人必須具有值得由法院加以保護之資格，訴訟之內容必須具備有受法院保護價值之訴訟利益。當事人此種得受訴訟保護必要之資格及訴訟內容得受必要保護之利益兩者之要件，合稱為「**訴訟的權利保護要件**」。另外，原告必須確有如其訴訟所主張之實體權利存在或不存在之事實，否則法院無法為原告勝訴之判決，此種要件稱為「**實體的權利保護要件**」，所謂訴權之要件，係指上開全部要件而言。值得注意者，此說學者，將一般之訴訟要件與權利保護要件嚴格區分，尤其在權利保護利益之要件方面，開創民事訴訟法學領域獨有之理論，建立民事訴訟法學自民事實體法分開獨立之基礎。

　　權利保護請求權說之訴權理論，並非無瑕疵。此說認為訴權存在之要件，係以原告對被告有訴訟標的之法律關係存在，且就此項訴訟標的之法律關係，原告有向法院請求以判決加以保護之必要，並且原告及被告對於此項訴訟標的之法律關係而言，在實體法上確有法律依據可以主張而起訴及被訴之地位。顯見在權利

---

❽ 參照 Rosenberg-Schwab, ZPR. 14. Aufl. S. 14; Stein-Jonas, ZPO. 20. Aufl. Einleitung III A, B, C, D, S. 130ff.

❾ 見齋藤秀夫，《民事訴訟法概論》第四十一頁以下。

保護請求權說之訴權概念，原告之訴權內容，一面係針對被告而發，一面係對法院而發，且訴權性質屬於公權性質。惟此種訴權之要件內容與性質，於說理上不通，蓋訴權性質不能同時為公權及私權也。茲原告對被告之權利性質為私權，其對法院之權利性質為公權，其理不通。又權利與義務為對立之關係，負有義務之人不能對自己所負義務為裁判而決定權利人之權利是否存在。茲原告為權利人，有請求法院為權利保護之權利，法院為義務人負有義務對原告賦與權利保護，但法院卻可自己對自己所負義務為決定，得對原告之權利為裁判而拒絕其權利，此種現象為權利與義務之法律關係所無法瞭解之背理現象。基於原告與法院間之權利義務關係，僅得由法院以外之有權第三者，始得就此項權利義務為裁判決定也，斷無由負義務之法院自為裁判之理。顯見權利保護請求權說之訴權，同時以訴訟標的之權利及權利保護利益之權利兩種內容，作為訴權存在要件內容，在學理上不通。又此說所謂權利保護請求權之訴權，主要係指原告對於法院請求對其有利之判決為權利之內容，既係以原告之有利判決為原告請求權利保護之目的，則何以法院對於原告之訴為敗訴判決時，能稱此項訴權為權利保護請求權？足見原告之訴權以有利自己判決為權利內容，無法與判決制度之實際相符合。另外，此說所謂之權利保護請求權與訴訟標的之請求權，兩者在概念上為不同之請求權。前者為針對法院之公法性質之權利，不可能同時針對被告，後者為針對被告之私法上權利之原告主張，惟此說學者將兩者混為一談，未嚴格區分兩者之差異，因而在學理上形成背理之結論❿。

3.本案判決請求權說

此說將訴訟目的，由原告請求有利自己判決之保護個人私權目的，改換為當事人請求法院就私權糾紛為法律解決俾以止爭之公益目的。從而此說認為，訴權係當事人請求法院以本案判決為判決時所必須具備之權利，訴權之要件除一般之訴訟要件外，僅包含「訴訟的權利保護要件」，不包括「實體的權利保護要件」。故，法院對於原告訴訟為無理由所為敗訴判決，在學理上較能獲得合理之解釋，不生前述權利保護請求權說之背理不通問題。且由此說之出現，原告之訴如缺乏當事人及訴訟標的之權利保護利益，即不備「訴訟的權利保護要件」時，法院必須為訴訟不合法駁回起訴，是為訴訟判決，此種處理方式出於本案判決請求權說

---

❿ 參照 Rosenberg-Schwab, ZPR. 14. Aufl. S. 15f.

之理論。此說最初起於德國學者 Bley❶，當時在德國為少數說，但在日本經兼子一之提倡，卻在日本後來取代權利保護請求權說而成為通說地位❷。

　　惟本案判決請求權說一直無法說明，何以訴權僅能在本案判決之特殊情形始有，於其他一般判決之情形即無訴權，此說對於訴權與本案判決間何以有其必然存在之關係，無從為合理交代。此為 Bley 之學說所以無法在德國成為通說之主要缺點及原因，日本之兼子一有見於此，不得不將本案判決請求權說，在學說性格方面為調整，另外以「紛爭解決請求說」改稱，認為紛爭解決請求權始為訴權❸。又訴權本係以個人主觀上之利益為出發點，所以有濃厚之個人權利性質，此說將客觀上之制度目的融入主觀上之個人權利之中，形成客觀價值與主觀價值相背而存在之現象。

4.司法行為請求權說

　　此說為德國目前通說，由 Schwab, Jauernig, Hartmann 等人提倡之❹。主張此說者，其術語用法不一，有稱為 Justizgewährungsanspruch 者，亦有分別稱為 Justizanspruch, Anspruch auf Rechtspflege 者。主此說者認為，司法行為請求權，應與權利保護請求權 (Rechtsschutzanspruch) 有所區別。司法行為請求權係任何人對國家司法機關之法院得請求為裁判之公法上權利，任何私人此種向法院請求為裁判之權利，始為訴權。權利保護請求權係以請求賦與權利保護為內容，係賦與有利之本案判決為其請求之目的，所以權利保護請求權，僅存於發生訴訟時之特定當事人之一方而已，權利保護請求權僅於特定一方當事人在一定之要件下始能發生而存在，非若任何人均得隨時向法院請求為司法行為而存在之權利。權利保護請求權與司法行為請求權，同係對法院為請求之公法上權利，均非針對被告而發。本案判決為原告勝訴時，此係法院對原告賦與權利保護請求權，倘為被告勝訴判決時，即係法院對被告賦與權利保護請求權。

　　主張司法行為請求權說者認為，在今日之法治國家社會，憲法保障任何人均得請求法院為司法保護，此種司法保護當然包括對私權為司法保護之請求。依此

---

❶ 參照 Bley, Klagerecht und rechtliches Interesse, 1923.

❷ 參照伊東乾，〈訴權〉，《民事訴訟法の爭點》第九頁。

❸ 參照三ケ月章，《民事訴訟法》（有斐閣）第十一頁。

❹ 見 Rosenberg-Schwab, ZPR. 14. Aufl. S. 12ff.; Jauernig, ZPR. 22. Aufl. S. 125f.; Lauterbach-Hartmann, ZPO. 42. Aufl. S. 598f.

說之說明，訴權即為司法行為請求權，其內容為，當事人有起訴之權利，法院非有正當理由不得拒絕指定期間開庭審理，法院應就訴訟事件為事實上及法律上為調查而裁判，倘法院違反其義務而拒絕審判或拖延審判者，當事人得向聯邦憲法法院請求法律救濟，俾以保護。

第二次世界大戰後，日本學者亦有以憲法第三十二條所規定，人民有受法院裁判之權利為依據，將憲法上所規定公法性質之人民之權利，與民事訴訟法上之訴權相結合，主張訴權應將憲法上所保障之訴訟受益權性質加以引進，使訴權有維持訴訟法秩序之目的功能，從而主張上述德國學者所稱之司法行為請求權說❶。惟以司法行為請求權為訴權之內容，難免抽象而空虛，與早期之抽象的公法訴權說同其缺點，在日本無法成為通說。

(三)訴權否定說❶

主張訴權否定說者，主要係對於權利保護請求權說及本案判決請求權說之理論瑕疵無法接受，從而懷疑此兩說所謂訴權概念內容之存在價值，而否認訴權之學說。主張訴權否定說者認為，本來訴權理論在民事訴訟法學上之存在價值，主要係能成為民事訴訟法之基礎理論，提供解釋說明訴訟法上各種現象問題之基礎。惟上開兩說之訴權理論既然有學理上矛盾不正確之情形存在，將其訴權理論奉信而接受其訴權概念，已無價值。何況此二說所謂之訴權，已變成為訴訟要件之一，由於訴訟要件論之發達而融化消失，訴權論不再有昔日之重要性。於今日民事訴訟法學之理論現狀，有關訴訟過程或訴訟結構之各種理論解釋，已不再仰賴訴權概念為基礎，而能獨自為說明。又今日行法治之社會，憲法保障人民有利用法院進行訴訟之基本權利，此為天經地義之事，於民事訴訟法學中強調原告或被告訴權之存在發生要件而建立訴權概念內容已無絕對必要。訴權理論經現代訴訟法學者之檢討後，已認為多餘，故有訴權否定說之出現。部分學者，雖然反對傳統之訴權概念及理論，但認為不必全部揚棄，於憲法與民事訴訟法之接點上，尋求訴

---

❶ 齋藤秀夫，《民事訴訟法概論》第四十四頁以下。中野貞一郎、松浦馨、鈴木正裕編，《民事訴訟法講義》（補訂二版）第二十頁以下。

❶ 三ケ月章，《民事訴訟法》（有斐閣）第十三頁。Rosenberg-Schwab, ZPR. 14. Aufl. S. 13ff.; Jauernig, ZPR. 22. Aufl. S. 125f.

權之概念位置與理論，因而轉向，此即為前述司法行為請求權說之出現。

二、訴權學說理論之評價

　　前述訴權理論之發展，係德日兩國民事訴訟法學上之重要特色，彼邦現代訴訟法學者雖對昔日盛行之權利保護請求權說及本案判決請求權說有所論駁，但對於此二學說所遺留於民事訴訟法學之重大貢獻，卻無人否認，且多有稱讚。我國民事訴訟法學界，雖然繼受德日兩國之民事訴訟法學研究之遺蔭，惜因學者不多，研究環境不同，難有突破領先德日民事訴訟法學之現狀，有待我國學界繼續介紹引進研究者，實在太多，對學說理論多方深入研究不多之我國學界，不應膚淺未經研究而將昔日德日學說理論揚棄，應虛心多加研究，此乃何以本書特於緒論第四章第三節介紹敘述各種訴權學說內容要點之理由。學者於論述訴訟目的論、訴訟要件論、訴訟行為論、既判力與訴訟標的理論之際，應知目前民事訴訟法學界所以有此方面之豐富研究成果，實乃歸功於早期訴權理論之權利保護請求權說與本案判決請求權說前輩研究基礎之貢獻。就研究民事訴訟法學之態度而言，切勿對於昔日學說理論未經深入而以冷漠之眼光視之，蓋有若干昔日之學說思想，於今日德日學界為舊，但於我國學者而言，多未聞知也。德日民事訴訟法學雖有少數教科書不再提及訴權論，但此係先進國家之研究環境所致，我國對民事訴訟法學研究落後，無仿效之理由。

第 5 章

國際民事訴訟

　　民事訴訟係代表一國主權之法院，以國家強制力對私權糾紛強制解決之法律程序。一國之民事法院所進行之民事訴訟，係以該國之民事訴訟法為依據，原則上，不必考慮別國之民事訴訟法如何規定。同理，一國之民事法院為審判時，原則上，係利用該國之民事實體法為裁判，原不必關心他國之實體法如何。昔日各國封閉之社會，人民死不往來，國際間少有涉及外國問題之私權糾紛。惟自人類交通工具發達，各國人民來往貿易、發生婚姻等等私權關係之後，國際間之私權問題發生。面對此種私權法律問題之存在，而各國之私法規定各有其不同內容，各國法律學者基於人類理性之要求，不能不壓住各國本位之自私心態，將眼光放大，視全世界為人類共同生活之同一空間，不再局限於一國領域為空間之單元。從而將各國人民之間所發生之私權法律問題，比較參考相關國家之民事實體法，以公平正義理性為最高目標，調和制定法律解決私法規定之衝突問題，指示法院如何適用一定之外國私法。此乃現在世界各國大都制定有所謂國際私法之原因，我國之涉外民事法律適用法，其立法背景，實係出於上述人類理性之共同要求。各國法學界對於國際私法之研究討論，歷史較久且多，早已成為一門專門學問，且有獨立之法律，各國學者對國際私法之著作頗多，於法學界並不陌生。

　　基於上述產生國際私法思想之相同原理，世界各國各有其民事訴訟制度與民事訴訟法，一國之民事法院於受理涉外民事之訴訟事件時，於訴訟程序上無法避免許多法律問題，有待於法律學者理性之解釋適用，始能維持公平正義理性之法律價值，並非一律以「訴訟法以法院地法律為準」之原則 (Lex fori-Prinzip) 所能達成。相對於國際私法之對實體法層面，在訴訟法之層面，遂有國際民事訴訟法之學問與用語出現，成為民事訴訟法學者不能不注意研究之法律領域。國際民事訴訟法 (Internationales Zivilprozessrecht) 一語之意義，非指目前國際上已制有此種共同之民事訴訟法律之存在，望文生義，此一用語有時容易發生誤會。所謂國際

民事訴訟法，僅指各國之民事訴訟法所涉及國際間民事事件之法律規定而言。例如涉外民事事件，何國法院對該事件始有管轄權？如何決定對當事人雙方及法院較合理而公平經濟？此即涉及所謂一國民事訴訟裁判之國際管轄權 (Internationale Zuständigkeit) 分配問題。又同一民事事件，如先後或同時在不同之兩個國家提起訴訟時，發生國際民事訴訟之競合問題，法院應如何為處理始為妥當合理？一國之法院對於外國人之當事人能力及訴訟能力，其認定標準如何？何種標準最合情合理？國內所能發生之民事訴訟法上各種程序法問題，如將其範圍推廣及於涉外事件時，立即成為國際民事訴訟所討論解釋之法律問題。可知國際民事訴訟法係以涉外事件之民事訴訟為解釋法律，適用法律為內容者也。關於國際民事訴訟法之法源，主要為國內民事訴訟法及其他民事程序法、國際私法、國際條約、國際習慣與法理。由於學者對於國際民事訴訟法之研究時間不久，尚未建立完整之理論，又無全世界統一之民事訴訟法存在，其法律問題之解決及法律適用，有待解釋者頗多。本章僅就較值得注意之上述若干法律問題為研討，提供研究之參考。

■ 第一節　民事裁判權之豁免

　　一國法院之裁判權所及範圍，原則上與國家主權所及範圍相同，得及於該國領土上之一切自然人及法人，不分本國人抑或外國人，且得及於該國領土上之事物。但各國為互相尊重國家主權，對外國及外國之外交大使、公使、領事在駐在國之活動事物，自古以來均依國際慣例或國際條約，全部或一部豁免駐在國法院之裁判權。第二次世界大戰以後，為促進人類互助之福祉，國際間之各種經濟、文化、教育活動不斷增加，各國共同成立組織有國際性或區域性之經濟、文化、教育機構，派人員駐在各國為各種活動，為使此種國際機構 (International Organization) 及其人員能順利進行服務工作，以促進各國社會福祉之發展，駐在國對國際機構及其人員亦賦與法院裁判權之豁免 (Jurisdictional immunity)。目前世界各國，對於豁免民事裁判權之人，計有，國家、外交官及領事、國際機構三種類，大都訂立國際條約加以保障。其中特別應注意之條約為，一九六一年關於外交關係之維也納條約 (Vienna Convention on Diplomatic Relations)、一九六三年關於領事關係之維也納條約 (Vienna Convention on Consular Relations)、一九六九年關於特別使節團條約 (Convention on Special Missions)，此三條約均已生效。另外

聯合國所提出尚未生效之條約為，一九七五年與普遍性國際機構相關國家代表之維也納條約 (Vienna Convention on the Representation of States in their Relations with International Organizations of a Universal Character)。

一、國際條約或國際慣例對人之限制

法院民事裁判權由於國際條約或國際慣例，對於外國國家、外交使節及領事、國際機構三種類之人有豁免，從而受有對人之限制，茲依次說明其限制之內容，及其立法主義之趨向。

㈠外國國家之豁免

1. 國家豁免之原則與絕對豁免主義

國家豁免 (state immunity) 又稱為主權豁免 (sovereign immunity) 之原則，係指國家及其國有財產，一般不受他國之裁判權支配之謂。此一原則之產生，係因國家有主權，必須互相以平等地位對待，否則將受報復。即基於對等者之間互相無支配權之原理，維持均衡之必要而存在之國際法則。在此原則之下，任何國家均不得對他國主張裁判權，國家雖然得以原告地位在別國法院起訴，但不得在別國法院成為被告而被起訴，除非國家自己願意接受別國法院之裁判權而為應訴。此一原則有兩種例外，一為在法院地國之不動產直接成為訴訟標的之訴訟，另一為在法院地國之財產成為繼承問題之訴訟，於此兩種情形，法院地國始得對別國行使民事裁判權，蓋在法院地國之不動產為領土主權範圍，無任由他國為對抗之理由。十九世紀至二十世紀前葉以前，國家豁免原則之上述內容，為各國普遍所遵守，此種內容原則，學者稱為絕對豁免主義 (absolute principle of immunity)。

自二十世紀以後，國家之活動，不再如同於十九世紀時專限於軍事、外交、警察之事項。國家或其國有企業積極參與貿易商業活動，或為各種企業營利活動，國家與私人之間不斷發生私法上之財產關係。於此情況下，在國內，國家不得不承認，私人得對其內國政府提起民事訴訟向國內法院請求為裁判。就私人對於外國國家之關係而言，若繼續堅持昔日之絕對豁免主義，則經營商業活動之外國國家或其國有企業，與私人發生私權糾紛時，得以原告地位對私人起訴請求法院裁判，而私人卻不能以外國國家或其國有企業為被告請求法院裁判。同係以營利為活動之國家或其國有企業，竟然可以有國家豁免之特權而使私人受害，顯非公平。

為維護國家與私人間之交易安定，並保護私人之權利，對於外國國家之企業活動及交易營利活動所生之私權糾紛，不能不限制昔日之絕對豁免主義，而改採所謂限制豁免主義 (restrictive principle of immunity)。

2.限制豁免主義與最近各國之立法情形

限制豁免主義之法律思想醞釀之後，加以各國政府促進福祉社會政策結果，世界各國及其國有企業對外貿易盛行，終於在二十世紀後半葉，首先於一九七二年由歐洲理事會 (Council of Europe) 制定關於國家豁免之歐洲條約 (The European Convention on State Immunity) 於一九七六年生效。依此條約，第一條至第十二條之列舉規定，國家豁免於下列各種情形之訴訟受到限制，外國國家必須受法院地國之民事裁判。即(1)外國國家自行提起訴訟或參加訴訟之場合，以及對此類訴訟提起反訴。(2)外國國家表示同意接受裁判之訴訟。(3)外國國家對於本案訴訟進行相關之程序措施，但不包含出庭主張國家豁免之情形。(4)以法院地國為契約債務履行地之訴訟。(5)以法院地國為僱傭契約勞務供給地之訴訟。(6)以法院地國為公司或其他團體之主事務所所在地，外國國家因參加該公司或其他團體之關係所生訴訟。(7)在法院地國進行工業、商業、金融業之營業所活動有關訴訟。(8)於法院地國所保護之無體財產權相關訴訟。(9)在法院地國之不動產有關訴訟。(10)基於繼承、贈與、無人繼承歸國庫而生之權利義務相關訴訟。(11)在法院地國發生侵權行為有關訴訟。(12)以法院地國為仲裁地或為準據法國之仲裁所生訴訟。

一九七六年美國亦制定外國主權豁免法 (The Foreign Sovereign Immunity Act of 1976)。此法對於限制國家豁免情形，不採列舉規定，而採用概括之商業活動為其限制之規定。外國國家之活動是否相當於商業活動，其決定係參考活動性質，非專以活動目的為準。外國國家之商業活動，在美國實質上與美國有關係者，不得豁免。即使於美國之外，外國國家之商業活動與美國以外之人所為行為，在美國領土內發生其行為之直接結果者，此種訴訟在美國進行時，外國國家亦不得豁免。又不得豁免之訴訟情形，除商業活動之外有，放棄豁免情形之訴訟、侵權行為之訴訟、不動產之訴訟、繼承及贈與財產相關訴訟、基於商業活動為執行優先特權之海事訴訟、違反國際法取得財產之相關訴訟。所謂違反國際法取得財產，主要係指外國國家將財產無補償而歸入國有情形。由此可知，美國之外國主權豁免法，因採概括之規定標準，法官之解釋裁量幅度頗大。

一九七八年英國亦放棄長久以來使用之絕對豁免主義而改採限制豁免主義，

制定國家豁免法 (State Immunity Act 1978)。依此法律之規定，下列情形，外國國家不得主張國家豁免，即(1)放棄豁免之情形，原則上限於明示之放棄，於預先放棄時必須使用書面，但得以起訴或應訴表示放棄豁免。(2)商業交易，以及應在英國履行契約。(3)於英國訂立或應於英國履行勞務之僱傭契約。(4)於英國發生侵害身體或財產上之侵權行為。(5)在英國之不動產為所有、占有、使用之行為。(6)在英國之外國國家所有之專利權商標權利。(7)依英國法設立之法人或在英國有主要營業所之法人，其他團體，有關其組織及經營運作情形。(8)關於仲裁情形。(9)商業目的而使用船舶之海事程序。(10)附加價值稅及關稅之責任。

　　除上述歐洲條約、美國之外國主權豁免法、英國之國家豁免法之外，採取限制豁免主義之立法例尚有，一九七九年新加坡之國家豁免法、一九八一年南非聯邦之外國國家豁免法、同年巴基斯坦之國家豁免法、一九八二年加拿大之國家豁免法、一九八五年澳洲之外國國家豁免法❶。

㈡外交使節及領事之豁免

1.外交使節團之構成員

　　依一九六一年關於外交關係之維也納條約，為確保外交使節團能有效實施外交任務，外交使節團有受駐在國權力保護必要，從而賦與民事裁判權之豁免。此條約規定，得受民事裁判權豁免之人員有三類，即外交人員、事務及技術人員、勞務人員。外交人員包括大使、公使、參事、書記，事務及技術人員包括總務、會計、打字文書、電信等人員，勞務人員包括警衛、司機、廚師、傭人。外交人員又稱為外交官，連同外交官之家屬，以非屬駐在國之國民為限，均享有豁免權。事務及技術人員，連同其家屬，以非屬駐在國之國民為限，於執行公務為範圍，得享有豁免權。勞務人員以非屬駐在國之國民為限，於執行公務範圍內之行為，享有豁免權。外交使節團構成員私人之使用人，是否有豁免權，由駐在國之意思自由決定。又外交使節團構成員，如屬於駐在國之國民或長年經常居住在駐在國之人者，於外交官情形，以執行公務範圍內，始有豁免權，於其他人員情形，由駐在國之意思自由決定。

❶ 參照高桑昭，〈民事裁判權の免除〉，《國際民事訴訟法の理論》第一五八頁以下，及同書註解(14)起至(20)。

　　除上述常駐外交使節團之外，國家之間，有時為達成特定之工作任務，臨時派遣特別之使節團出國。此種特別使節團之構成員，包括國家元首、政府內閣首相及大臣部長，或為派遣出國進行技術援助之技術專家。依國際慣例，國家元首有廣泛之豁免權，特別使節團之構成員如為政府內閣首相、外交大臣或其他各部會大臣等高級官員情形，依國際法一般規定享有豁免權。

　　2.領事機關之構成員

　　總領事館、副領事館或領事代理事務所之構成員，其豁免權，以往均依賴國家之間所締結之通商航海條約或領事條約為規定。一九六三年關於領事關係之維也納條約生效，遂有一般性之國家領事條約存在。依領事關係之維也納條約規定，對領事官賦與豁免權之目的，在確保能達成領事工作任務。領事機關之構成員得分為，領事官、領事館職員、勞務人員三類。領事官又分為本職領事官與名譽領事官兩種。領事官及領事館職員，僅於執行領事任務工作之行為，有豁免權。名譽領事官，通常多係駐在國之國民，或長年久住於駐在國之人，其豁免權之範圍均較本職領事官狹窄。至於勞務人員與領事官及領事館職員之家屬均無豁免權。

　　3.我國法院之民事裁判權與美國臺灣關係法

　　一九七九年一月一日生效之美國臺灣關係法，係為終止美國與中華民國之政府關係，而繼續維持美國與臺灣之實質外交關係所制定之美國法律。美國與臺灣雖無外交關係和承認，但不影響美國法律之適用於臺灣，且美國法律應以一九七九年一月一日以前相同方式適用於臺灣。臺灣依據美國法律，在美國各法院進行訴訟與被訴資格，不因無外交關係或承認而受到任何影響。美國依據哥倫比亞特區法律所組成之非營利法人團體——即美國在臺協會，為執行與臺灣之商業文化及其他關係之機關。臺灣賦與美國在臺協會及其正式人員之特權與豁免權，而美國總統亦賦與臺灣在美國之機構及其正式人員相對之特權與豁免權（臺灣關係法第十條C項）。

　　依據臺灣關係法之規定內容以觀，美國與臺灣雖無正式之外交關係，雙方卻以民間機構進行實際之外交及領事工作任務，雙方之民事法院對於對方之民間機構及其正式人員相互賦與民事裁判豁免權。

㈢國際機構及其人員之豁免

　　第二次世界大戰後，聯合國成立，大多數國家成為會員國而組織之第一個普

遍性國際機構。另外有許多與聯合國有密切關係之各種專門機構，例如，國際勞工組織、國際原子能總署、國際復興開發銀行、國際貨幣基金。又若干國家由於地域關係而組織成立區域性之國際機構 ，例如一九五七年成立之歐洲經濟組織 (European Economic Communities) ，一九九二年改稱歐洲共同體 (European Communities) 演變成為今日之歐洲聯盟 (European Union)，及一九四八年成立之美洲國家組織 (Organization of American States)。此類國際機構，性質與國家不同，均係由會員國訂立條約而組織成立，且其任務目的與國家不同，主要係為促進世界和平與人類生活福祉，對於經濟、教育、文化提供協助改善提升會員國社會生活水準為目的，為達成國際機構工作任務目的，各會員國，除對國際機構賦與裁判權之豁免外，對各會員國派遣在國際機構之代表，以及國際機構之職員，亦都於條約中規定賦與豁免權。

聯合國憲章第一〇五條規定，本組織於每一會員國之領土內，應享受於達成其宗旨所必需之特權及豁免。聯合國會員國之代表及本組織之職員，亦應同樣享受於獨立行使關於本組織之職務所必需之特權及豁免。聯合國各專門機構之憲章中，亦均規定，專門機構、會員國之代表、專門機構之職員，得享有之特權及豁免❷。

二、民事裁判權豁免之法律效果❸

1.治外法權之問題所涉及者，並非缺乏法院之土地管轄或事物管轄之問題，亦非訴訟程序錯誤之不合法問題，而為法院對於受豁免之人無法院裁判權之問題。因此對於受豁免之人所為之起訴、指定期日、本案審理、本案判決、訴訟告知、督促程序、保全程序，原則上均絕對不合法。法院對於被告必需有裁判權，此不僅為訴訟要件，且為法院或原告對被告於訴訟中所為一切行為之有效要件。對有豁免權之被告所為本案判決，即使係原告之敗訴判決，亦為無效之判決。於訴訟進行中被告始取得豁免權情形下，法院所為之判決亦為無效。所以法院應於訴訟之任何階段隨時依職權為調查，原告就被告豁免權不存在為事實上之主張時，倘被告未到庭時，法院不得依原告主張為認定事實。於被告有豁免權時，法院應以

---

❷ 參照丘宏達等五人合著，《現代國際法》第二八一頁以下。沈克勤，《國際法》第四七八頁以下。

❸ 參照 Rosenberg-Schwab, ZPR. 14. Aufl. S. 94ff.; Jauernig, ZPR. 22. Aufl. S. 17f.

原告之訴不合法為駁回。豁免權存否有爭執之情形，法院應為中間判決。惟若法院確定判決，由於既判力之作用及於有豁免權之第三人時，該判決不因而無效，此際，僅涉及能否對有豁免權之人為執行之問題。

2.法院僅於有豁免權之被告國家明示放棄其豁免權時，始得合法受理原告對被告之起訴。有豁免權之人得為原告提起訴訟，得參加訴訟，得對他人為訴訟告知。法院得就此種訴訟為判決，並得為有豁免權之原告之敗訴判決，被告得以各種方法為防禦，必要時得提起反訴。法院於原告之敗訴判決時，得同時為原告負擔訴訟費用之判決，但無法對有豁免權之人為訴訟費用之執行。

3.對有豁免權之人之強制執行，原則上為不合法且為無效。縱然有豁免權之人放棄其豁免權而應訴，原告對有豁免權之人獲勝訴判決取得執行名義，原告於執行時，仍須被告再度有放棄豁免權時，始得執行。蓋放棄裁判權之豁免與放棄執行權之豁免，兩者法益各異也。

4.外交人員無義務為證人或鑑定人而作證或鑑定。法院不得傳喚外交人員到庭為陳述，除非外交人員自行表示願意到庭陳述。但法院得傳喚領事人員到庭作證，惟領事人員得拒絕審問作證，且得拒絕為鑑定人而陳述，亦無義務提出官方文書。領事人員拒絕陳述時，法院不得對其採取強制措施為對付❹。

5.如前所述，國家、外交人員及領事人員、國家機構及其人員，其豁免權於若干例外情形，受限制而不受豁免。於受限制而不受豁免情形，法院地國之法院得對其訴訟為審判，不構成無裁判權之問題。又除上述反訴之提起外，倘有豁免權之原告以執行名義對被告為強制執行時，被告得提起債務人異議之訴，第三人亦得提起第三人異議之訴。

■ 第二節　民事訴訟之國際管轄權

一、國際管轄權之概念

　　將世界視為全人類共同生活之全體社會，將各國領土區域，視為各國之法院

---

❹ 一九六一年關於外交關係之維也納條約第三十一條第二項，一九六三年關於領事關係之維也納條約第四十四條分別有規定。

分擔審判工作之管轄區域，從而就涉外民事訴訟事件，依一定連結關係，決定各國之間之法院管轄權問題，此即所謂國際管轄權之概念 (Internationale Zuständigkeit)。國際管轄權又稱為一般管轄權，與內國管轄權不同，前者之管轄問題係以國際社會為出發點而討論何國法院有管轄權，後者係於國際管轄權問題先決定後，始發生有國際管轄權之該國家，其內國之何一法院對事件有管轄權之問題，此種管轄權又稱為特別管轄權。

又一國對於某一涉外事件有無國際管轄權，自本國之立場為觀察，得分為兩種不同情形之層面。一為本國法院對某一涉外事件於受理訴訟時，有無國際管轄權之情形。另一為本國法院於當事人提出外國法院之確定判決，請求以執行判決加以承認時（我國民事訴訟法第四〇二條、強制執行法第四條之一），審查該外國法院有無國際管轄權之情形。兩種情形之國際管轄權在本質上本無不同，其決定有無國際管轄權之原則亦應相同，惟各國法院於決定是否承認外國判決准予執行情形，均採較嚴格審查態度，實際上對於前後兩種情形之國際管轄權，審查標準未必完全一致，因此，學者又稱前者情形之國際管轄權為「直接的一般管轄權」，後者稱為「間接的一般管轄權」❺。

二、國際管轄之決定標準

目前世界尚無統一之國際民事訴訟法，實際上各國對於國際管轄權有無之決定標準，大抵言之，有兩種基本態度。一為立於國家主義之保護態度為決定，另一為依據國際法上對人主權及領土主權之原則為決定。

1.採取國家主義之保護態度，決定有無國際管轄權之國家，最典型之國家為法國及德國。依德國之通說，德國民事訴訟法之土地管轄權規定條文，同時即為間接規定國際管轄權之條文。據此，某事件於德國法院有內國之土地管轄權時，德國法院對該事件即有國際管轄權，倘無內國土地管轄權時，即無國際管轄權。以此種方法解釋有無國際管轄權之方法，學者稱為逆推知法❻。在此種逆推知法之解釋下，實際上，定涉外事件之國際管轄，與定國內事件之內國管轄，兩者之

❺ 用語參照池原季雄、平塚真，〈涉外訴訟における裁判管轄〉，《實務民事訴訟法講座》第六卷第四頁以下。

❻ 用語見高橋宏志，〈國際裁判管轄〉，《國際民事訴訟法の理論》第四十七頁以下。

決定標準完全相同。此為日本民事訴訟法學者以前之通說❼。

惟德國民事訴訟法自一九七四年修正後，有若干條文，對國際管轄權以明文為規定。例如第三十八條第二項前段規定，雙方契約當事人最少有一方於內國無普通審判籍時，得就第一審法院為合意管轄。同法第六〇六 a 條規定，德國法院對婚姻事件於下列情形有管轄權，(1)一方配偶現為德國人或於結婚時曾經為德國人者。(2)雙方配偶在內國有經常性之居所者。(3)一方配偶為無國籍人而在內國有經常性之居所者。(4)一方配偶在內國有經常性之居所者，但將為之裁判依配偶之一方所屬國家之法律顯然不被承認者不在此限。此種婚姻事件之管轄並非專屬管轄。同法第六四〇 a 條第二項亦規定，對親子事件，德國法院於當事人之一方為德國人時，或在內國有經常性居所時，有管轄權，同法第六四八 a 條亦規定，有關監護宣告事件之德國法院之國際管轄權，且規定親子事件及監護宣告事件之管轄均非專屬管轄。依德國民事訴訟法學者之解釋，德國已非專注於採國家主義之保護態度方法，於例外情形，亦承認所謂之國際緊急管轄權 (Internationale Notzuständigkeit)。於有管轄權之外國法院拒絕管轄權，或該外國法院因戰爭等各種原因停止受理訴訟，或該外國法院判決於德國不被承認且於外國不能執行時，德國法院於此種不得已之特殊情況必須有國際管轄權，俾以補救，避免涉外民事事件成為無法院受理訴訟之情形❽。

2.依據國際法上對人主權及領土主權之原則，決定有無國際管轄權，其考慮基礎主要係認為，國際管轄權問題即為國家主權於司法裁判權方面之相互衝突問題。即使係民事商事之裁判權，亦一律與刑事之裁判權作相同處理方法，依國家對人主權及國家領土主權之原則為處理。本國國籍之人民，即使在外國，其涉外民事訴訟，本國對其人民之事件有國際管轄權，其決定標準為國籍。又依領土主權為原則，在一國領土內發生之任何涉外事件，不分本國人抑或外國人之事件，該國即有國際管轄權，其決定標準為，是否在領土內發生。目前許多國家之有關婚姻、親子關係事件之人事訴訟，大都與國籍身分及戶口問題有關，不僅在國際私法上之準據法方面，均以屬人主義為準，在國際管轄權方面，亦配合屬人主義

---

❼ 見高橋宏志，前揭文第四十八頁。

❽ 參照 Geimer, Internationales Zivilprozeßrecht und Schiedsgerichtsbarkeit, S. 73f. Rdnr, 292ff.; Rosenberg-Schwab, ZPR. 14. Aufl. S. 101.

而由本國法院管轄。有關直接以不動產物權為標的之涉外訴訟，即基於領土不可侵犯之主權觀念，大都規定專屬於不動產所在地國之國際管轄權。

　　3.採極端之國家主義與採對人主權及領土主權之決定標準，無法兼顧雙方訴訟當事人間之公平與法院審判之迅速便利，並未就國際社會全體之角度思考分配各國間之國際管轄問題，難免有其缺點。近年來許多國際私法及民事訴訟法學者遂有主張，應以國際主義之立場，求其最妥當之標準及方法，決定分配國際管轄權。例如，住所均在中華民國之我國留學生在美國結婚，若不允許其在美國進行離婚訴訟，且若中華民國法院不承認美國之離婚判決，則對雙方當事人造成不便。我國原民事訴訟法第五六八條、第五八三條、第五八九條、第五九二條、第五九七條人事訴訟程序事件之專屬管轄規定，因家事事件法之制定而刪除。家事事件法第五十二條規定之婚姻訴訟事件，第六十一條規定之親子關係訴訟事件，仍設專屬管轄規定，於立法政策上有無絕對必要，頗值檢討。德國民事訴訟法大量廢除人事訴訟之專屬管轄規定，擴大國際管轄之範圍，此一立法趨勢值得注意❾。

　　今日世界各國由於門戶開放，外國人因婚姻或工作業務關係長期居住在我國生活者，有增無減，涉外事件訴訟每年有增加傾向，有關國際管轄權之規定及解釋，各國宜有放棄昔日保守之自私立場，改以國際社會互相協助使當事人方便之態度而規定或解釋，始合理性。一九六八年歐洲經濟組織之各國訂立條約，就有關民事商事事件之法院管轄權及法院判決之承認為統一簡化之約定。條約國之間之國際管轄權問題，於若干涉外事件，不再發生各行其是之相異現象。此一條約所適用之涉外事件，主要係以財產權關係訴訟為主。至於身分關係、夫妻財產制度、繼承法、破產與和解、仲裁關係之涉外事件不在適用之列。原則上被告住所地之國家法院，對該被告之涉外財產權事件，有國際管轄權。另外統一規定國際合意管轄，使商人間或非商人間得為合意管轄。此一條約尤其對於保險契約事件及分期付款契約事件之國際管轄權為統一簡化之約定❿。家事事件法第五十三條第一項特參酌德國民事訴訟法第六〇六條之一，規定我國法院就有下列特定情形之一者，對涉外婚姻事件有國際管轄權：(1)夫或妻之一方為中華民國人。(2)夫妻均非中華民國人而於中華民國境內有住所或持續一年以上有共同居所。(3)夫妻之

---

❾ 參照 Thomas-Putzo, ZPO. 15. Aufl. §606, §640a, §648a. 此三條文最後係於一九八六年新修訂。

❿ 參照 Rosenberg-Schwab, ZPR. 14. Aufl. S. 102ff.

一方為無國籍人而於中華民國境內有經常居所。(4)夫妻之一方於中華民國境內持續一年以上有經常居所者，但中華民國法院之裁判顯不為夫或妻所屬國之法律承認者，不在此限。上述規定對於婚姻事件夫妻任一方為非中華民國人或無國籍人時，究由何國法院管轄，我國法尚無規定，特設此規定，以免爭議。為保障被告之程序權，避免被告應訴困難，爰參酌民事訴訟法第一八二條之二立法例，於家事事件法第五十三條第二項規定，被告在中華民國法院應訴顯有不便時，不適用前項規定，我國法院對其婚姻事件無審判管轄權。

三、我國專屬之國際管轄

國際管轄之事件，有專屬之國際管轄事件，原則上各國之民事訴訟法規定為內國專屬管轄者，同時即為該國法院之專屬國際管轄，他國法院對專屬國際管轄之事件無國際管轄權。就財產權之訴訟而言，無論訴訟事件或非訟事件均有專屬管轄規定。例如我國民事訴訟法第十條第一項規定，因不動產之物權或其分割或經界涉訟者，專屬不動產所在地之法院管轄。從而以該不動產之執行名義為強制執行所生之債務人異議之訴、第三人異議之訴，均應專屬我國法院之國際管轄，蓋此類訴訟無改歸外國法院管轄之理由❶。又例如，關於和解或破產宣告之聲請，專屬債務人或破產人住所地地方法院管轄，有營業所者專屬其主營業所所在地地方法院管轄，主營業所在外國者專屬其在中國之主營業所所在地地方法院管轄（破產法第二條）。關於家事訴訟事件，家事事件法第五十二條、第六十一條，均規定為內國之專屬管轄權，就國際管轄權而言，亦為我國法院之專屬國際管轄權。基於領土主權之國際法原則，對於本國領土內之不動產涉外事件訴訟，規定不動產所在地之國家法院有專屬之國際管轄權，此為全世界各國之通例。此種專屬之國際管轄權規定，不僅符合國際民事訴訟審理之方便、迅速、公平之要求，且亦尊重不動產所在地國之國家主權，立法者及學者之間無人反對。惟以對人主權之國際法原則為出發點，就本國籍之訴訟當事人，一律規定其涉外人事訴訟之專屬國際管轄權，於各國人民來往極平常之今日世界現狀，對訴訟當事人形成不便與訴訟之不經濟，有無維持此種昔日之立法價值，頗有檢討餘地。

---

❶ 參照 Rosenberg-Schwab, ZPR. 14. Aufl. S. 100.

四、國際管轄之合意⓬

㈠合意管轄之利用實況

在版圖廣大之國家，以及涉外民事之情形，國內之合意管轄與國際之合意管轄，在訴訟實務上經常被使用。尤其於商界，因公司之交易對象散居各地而且對象人數太多，為使所有糾紛事件能集中在公司主營業所所在地一處進行訴訟，避免在顧客所在地各處進行訴訟之煩，公司利用合意管轄制度在訂立交易契約時，同時列入特別約款之情形頗為普遍。此種情形，不僅在國內，在國際間之交易更為盛行。合意管轄制度，原係為雙方當事人之方便，於不違背專屬管轄之公益為前提，允許當事人配合其必要之制度。惟合意管轄制度之實際利用顯示，此種制度大都事先為合意約定。於事件發生後之合意約定情形，難得一見。且大多數為商人所利用，一般人鮮有利用。商人利用結果，最普遍之弊端為商人與一般人訂立交易契約之際，大都以預先印好之一般交易條款方式，將合意管轄之約定以有利自己之法院管轄為內容規定在不顯明之處。顧客與商人訂約時，實際上對於合意管轄之約定根本未有任何交涉過程。一旦交易糾紛發生，顧客往往必須依合意管轄之約定，遠程至公司所在地起訴或應訴，造成顧客之不便與時間金錢之浪費損失。此種弊端於國際管轄之合意更加顯然，顧客往往由於請求金額利益低於遠程訴訟之支出，實際上均為放棄訴訟或應訴，從而造成雙方當事人間之不公平。

德國民事訴訟法第二十九條第二項及第三十八條於一九七四年修正，僅以商人之間或公法人間為限始得於糾紛發生前為合意管轄，於一般人原則上僅於糾紛發生後始得為合意管轄⓭。法國新民事訴訟法第四十八條亦於一九七五年規定，合意管轄僅於商人之間且應於契約書特別為極明白之記載時始得允許。除此以外，不得以間接方法使法定管轄為變更之合意⓮。德、法兩國之法律修正，係針對上述法律弊端而發。

⓬ 參照貝瀨幸雄，〈國際裁判管轄の合意〉，《國際民事訴訟法の理論》第七十七頁以下。石黑一憲，〈國際的な裁判管轄の合意〉，《民事訴訟法の爭點》第六十頁以下。

⓭ 參照 Jauernig, ZPR. 22. Aufl. S. 35ff.

⓮ 日本法務省法務資料第四三四號，《注釋フランス新民事訴訟法典》第八十六頁參照。高島義郎，〈管轄合意をめぐる問題點〉，《新實務民事訴訟法講座 I》第二三五頁。

㈡國際管轄合意之特性

國際管轄合意與國內管轄合意兩者之後果頗有差異，國內管轄合意僅發生不同地區法院之不同而已，但國際管轄合意之結果，會使當事人在完全不同語言之國土、不同訴訟制度之下，負擔不同訴訟費用之下進行民事訴訟，對於當事人之利害關係影響頗大，非經深思不可。其次，在國內管轄合意，當事人得不考慮，合意管轄之法院與事件或當事人有何種連結關係存在，但在國際管轄合意，於合意時當事人必須考慮，與合意管轄之法院要有一定之連結關係存在，否則該法院得以與該事件及當事人間，無任何連結關係而無國際管轄權為理由拒絕審理。即使不拒絕審理而獲判決在本國執行時，將因該外國判決無管轄權之理由不被本國法院承認而無法獲執行判決，從而無法執行。所以國際管轄之合意，當事人不僅應考慮其所合意之管轄法院，有無國際管轄權，而且還要考慮該合意管轄法院判決在別國執行時能否執行之合法性問題。又國內管轄合意於發生不合法情形，起訴法院得以裁定移送其他有管轄權之法院為審判，不生無法院可審判之問題，但在專屬性之國際管轄之合意，一旦起訴法院拒絕審判情形，由於無移送制度，必然發生無法院可審判之問題。

國際管轄之合意，於當事人間常成為實際問題者為，原告向有管轄權之法院起訴時，對造以雙方有國際管轄合意之存在為抗辯情形。此際受理之起訴法院必須以其民事訴訟法規定判斷該件國際管轄合意之合法性，例如，是否以契約書面訂立、是否對具體法律關係定合意管轄、有無違背專屬管轄。蓋合意管轄之行為屬訴訟契約，應依法院地法律為判斷。至於此項合意管轄之契約，其意思表示有無瑕疵，意思表示能力之有無、代理權之有無等實體法問題，必須依起訴法院地國之國際私法規定定其契約準據法，決定應適用之外國實體法❶❺。法院地國法院有以法律明文規定，被告不抗辯法院無管轄權而為本案之言詞辯論者，以其法院為有管轄權之法院（我國民事訴訟法第二十五條），學者稱為應訴管轄。此種規定於國際管轄權能否適用？日本學說上大都承認，無管轄權之外國法院，得因被告不抗辯無管轄權而就本案為辯論而成為有國際管轄權之法院❶❻。

---

❶❺ 參照 Rosenberg-Schwab, ZPR. 14. Aufl. S. 99.

❶❻ 參照池原季雄、平塚真，〈涉外訴訟における裁判管轄〉，《實務民事訴訟法講座》第六卷第二十四

五、缺乏國際管轄權之法律效果

　　法院就涉外事件自己無國際管轄權時，應停止審判而以原告之訴不合法駁回之。蓋國際管轄權屬於訴訟要件，必須由法院依職權調查。但若於原告起訴後，始生無國際管轄權者，於訴訟無影響，法院得續行訴訟。無國際管轄權之法院所為之本案判決，並非無效而為得撤銷，此種判決於確定前，得依上訴方法由法院撤銷，但判決一旦確定，瑕疵視為治療。從而全國法院、非訟事件之機關及行政官署，受該確定判決之拘束，將其視為合法狀態下所為之判決，此係本國法院於缺乏國際管轄權所為確定判決，不能要求外國法院及外國官署同樣受拘束，因為本國民事訴訟法（我國民事訴訟法第四〇二條第一款、德國民事訴訟法第三二八條第一項、日本民事訴訟法第一一八條第一款）亦規定，對外國法院缺乏國際管轄權所為判決，不予承認也[17]。但日本學者通說，對於缺乏國際管轄權之判決，認為不生判決內容之效力，從而解釋為判決無效[18]。

■ 第三節　國際民事訴訟之競合

一、國際民事訴訟發生競合之原因及其問題

　　當事人間之民事訴訟已經繫屬於外國法院，但相同當事人之一人就該相同訴訟向我國法院重行起訴時，我國法院應如何處理該訴訟？此為國際民事訴訟競合之中心問題。同一訴訟事件，由於被告當事人之普通審判籍為住所地國，其特別審判籍為侵權行為地國或契約履行地國，且住所地國與侵權行為地國或契約履行地國均係不同之國家情形，各國同時就該訴訟事件均有國際管轄權。此際，若相同當事人在有管轄權之外國法院起訴後，又向有管轄權之我國法院重行就相同訴訟提起訴訟時，即生國際民事訴訟之雙重起訴現象。此種雙重起訴之類型有二，一為在外國法院起訴之原告，在我國法院另行以原告地位起訴，稱為原告被告共

頁以下。

[17] 參照 Rosenberg-Schwab, a. a. O. S. 101f.

[18] 見高橋宏志，〈國際裁判管轄〉，《國際民事訴訟法の理論》第五十七頁。

通型。另一為在外國法院成為被告之當事人，向我國法院以原告地位起訴，稱為原告被告逆轉型。例如，我國籍之原告在日本法院對日本籍之被告提起給付借款之訴後，日本籍之當事人以原告地位向我國法院對我國籍當事人以借款履行地在我國為理由，就相同借款提起確認借款不存在之訴。

　　面對上述國際民事訴訟之雙重起訴問題，首先必問，我國法院可否依我國民事訴訟法第二五三條及第二四九條第一項第七款規定，將後起訴之該訴訟以裁定駁回之？抑或我國法院因有國際管轄權得就後起訴之相同訴訟為審判？又，若允許我國法院就相同之後訴為審判時，外國判決與我國判決在內容及事實認定方面，將有可能發生矛盾，成為兩判決之國際的牴觸問題，對此問題如何解決？另外，相同當事人間就同一訴訟為雙重起訴作雙重審判，此乃違反訴訟經濟之事，應避免之。何況對同一被告一再在多數之不同國家為起訴，對被告不公平，為理性所不容許。立於國際性之立場而觀察，上述因國際民事訴訟之競合而存在之非理性問題，不能置之不理，宜有適當之解決方法，從而學者之間有各種解決之學說提出。

二、國際民事訴訟競合之解決學說

㈠規制消極說[19]

　　主張此說之學者認為，民事訴訟法有關禁止重複起訴之規定（我國第二五三條、日本第一四二條、德國第二六三條），僅適用於本國法院之間有重複起訴情形，對於國際間之重複起訴情形，並不適用，從而在我國法院提起之後訴不適用禁止重複起訴之規定。此說稱為規制消極說。換言之，依規制消極說見解，我國法院得不管同一訴訟是否已繫屬於外國法院，就有國際管轄權之同一訴訟為審判。主張規制消極說之主要理由為，要求我國法院依職權調查有無在外國有重複起訴係不當之過分要求，且將發生我國法院之審理遲延。何況目前在國際間尚無完整明確之國際管轄規則可循，注意國際重複起訴問題，勢必增加當事人在不方便之國家進行訴訟之負擔。又面對現代企業活動範圍廣及世界各國之實際情形下，發

---

[19] 參照齋藤秀夫等人編著，《注解民事訴訟法(5)》（第二版）第四六三頁以下。石川明、小島武司編，《國際民事訴訟法》第七十五頁以下。

生國際重複起訴之問題係無法避免之事，從而承認國際重複起訴之事亦有其必要❷。

㈡承認預測說

此說為德國學者之通說，法國學者最近亦採此說解決重複起訴問題。主張此說者認為，將重複起訴問題放置不理之結果，其所生之不利益，於國際間之訴訟情形與在國內之訴訟情形，兩者並無不同，應加以重視而設法為解決，不宜放置不問。承認預測說謂，在外國法院繫屬之同一訴訟，其判決若將來在我國得預測有被我國承認之可能時，我國法院應將在我國提起之後訴，利用禁止重複起訴之規定為處理解決。換言之，得以外國訴訟之將來判決有被我國承認為條件，我國法院應駁回同一訴訟在我國之起訴。承認預測說能避免外國判決與我國判決互相矛盾，且可避免外國判決之承認制度變成有名無實。又此說符合國際間之訴訟經濟，得避免一再對被告就同一訴訟為起訴之不公平結果，能防止濫用訴訟❷。

㈢適合之法院地說

此說又稱為利益衡量說❷。主要係採取英美法之思想方法。於發生國際重複起訴之問題時，應將我國法院與外國法院兩者比較，俾以判斷由何國法院為裁判對該訴訟較適合。綜合衡量各種利益結果，若認為由外國法院審判較適合時，則我國法院應以裁定駁回後訴，如認為由我國法院審判較適合時，則不管外國法院有訴訟繫屬，由我國法院進行後訴之審判。依適合之法院地說，我國法院得視訴訟之個案具體情形為判斷，除應考慮前述承認預測說所謂之承認可能性外，得另外多方考慮其他利益之要素，俾以最後判定是否應歸我國就同一訴訟為審判❷。

❷ 見兼子一，《條解民事訴訟法（上）》第六三一頁。齋藤秀夫編，《注解民事訴訟法IV》第一三三頁。菊井、村松著，《全訂民事訴訟法II》第一四九頁。林脇，〈外國における訴訟係屬の效果その他〉，載《ジユリスト》第一六三號第六十八頁。

❷ 見海老沢美廣，〈外國裁判所における訴訟係屬と二重起訴の禁止〉，載《青山法學》第八卷四號第一頁。道垣內正人，〈國際訴訟競合(5)〉，載《法學協會雜誌》第一〇〇卷四號第七一五頁。

❷ 用語見齋藤秀夫，《注解民事訴訟法(5)》第二版第四六四頁。

❷ 見石黑一憲，《現代國際私法（上）》第六一五頁以下。同，〈國際的訴訟競合〉，載《民事訴訟法の爭點》（新版）第五十四頁以下。同，〈外國における訴訟繫屬の國內效果〉，載澤木敬郎、青山善

㈣訴訟停止說

此說認為，處理國際民事訴訟之競合問題，其方法，並非由我國法院就繫屬我國法院之訴訟以裁判為駁回，應係由我國法院以裁判將訴訟程序為停止，俾以等待外國法院之裁判結果，再為繼續審判或裁判駁回起訴。日本學者有主張，得就其民事訴訟法第一三〇條及第一三一條有關中止訴訟程序之規定為類推解釋而裁定中止訴訟。另有學者主張，法院得基於訴訟程序上之裁量權，以裁定中止訴訟程序❷。

三、管　見

國際間之經濟交易與人際交流不斷增加之現在世界，國際民事訴訟發生競合，從而國際性之重複起訴問題，勢必一再發生。立於國際視野面對重複起訴問題之存在，不能不設法為解決。不得以此種國際性重複起訴問題係無法避免而主張放置不問，故，不宜採取規制消極說之態度。

國際性重複起訴問題之解決，其主要理論依據在考慮被告之保護利益與重複判決之矛盾。在此種考慮之前提下，得同時並採承認預測說及適合之法院地說之解決方法。尤其在處理原告被告共通型之重複起訴問題時，受理後訴之我國法院，宜立於承認預測說之立場，審查將來外國法院之判決在我國有無可能予以承認。審查結果認為有承認該外國判決之可能時，法院宜暫時不訂期日方式，實際上停止進行訴訟。俟該外國法院判決原告勝訴時，始依當事人之抗辯，類推適用我國民事訴訟法第二五三條禁止重複起訴之規定，以裁定駁回原告之重複起訴。於原告被告逆轉型之重複起訴，為保護前訴之被告利益，在我國之後訴，宜同時進行審理程序，且不管外國之前訴結果如何，均應由我國法院為裁判。蓋後訴之原告就同一訴訟對前訴原告向我國法院起訴，本即為其權利，不能因對造先在外國對其起訴而其進行訴訟之權利被奪取。此際，得依適合之法院地說之理論允許在我國進行後訴，俾以保護前訴之被告。

充編，《國際民事訴訟法の理論》第三四二頁以下。
❷ 參照安達榮司，〈國際的訴訟競合〉，載《民事訴訟法の爭點》第三版第二七八頁以下。

四、民國九十二年我國法處理國際民事訴訟競合之新規定

我國民事訴訟法於民國九十二年修正，增訂第一八二條之二規定：「當事人就已繫屬於外國法院之事件更行起訴，如有相當理由足認該事件之外國法院判決在中華民國有承認其效力之可能，並於被告在外國應訴無重大不便者，法院得在外國法院判決確定前，以裁定停止訴訟程序。但兩造合意願由中華民國法院裁判者，不在此限。法院為前項裁定前，應使當事人有陳述意見之機會」。

立法者之立法理由認為，當事人就已在外國法院起訴之事件，於訴訟繫屬中更行起訴，如有相當理由足認該事件之外國法院判決不致有第四〇二條各款所列情形，在我國有承認其效力之可能，且被告於外國法院應訴亦無重大不便，則於該外國訴訟進行中，應無同時進行國內訴訟之必要。為求訴訟經濟，防止判決牴觸，並維護當事人之公平，避免同時奔波兩地應訴，爰於第一項規定，此種情形，法院得在外國法院判決確定前，以裁定停止訴訟程序。惟兩造如合意願由中華民國裁判者，自無停止必要，爰增訂但書明定之。至於當事人在我國法院起訴後，復於外國法院起訴之情形，我國法院之訴訟原則上不受影響，惟仍應由法院就個案具體情形，審酌我國之訴訟有無訴訟利益等事項處理之。

又停止國內訴訟之訴訟程序，以俟外國法院判決，影響當事人權益至鉅，為保障當事人之程序上權利，應使其於裁定前有陳述意見之機會，爰增訂第二項。

■ 第四節　外國判決之承認與執行

一、外國判決之承認

㈠承認外國判決之必要性

裁判權本係國家主權之內容之一，判決即係裁判權之行使，從而判決之效力原則上及於判決國之領土內，他國領土為判決效力所不及。惟若絕對貫徹此一原則，而忽視於外國經合法正當訴訟程序所獲判決之情形，於法律政策而言並不妥當。貫徹此一原則之結果，當事人勢必就涉外民事訴訟之權利糾紛事件，一一向相關之各國起訴獲取判決，對當事人不僅不方便而且無法迅速為保護權利。何況

各國各自判決之結果有可能矛盾，無法期待統一解決糾紛，從而發生當事人間國際性法律關係之不安定，阻礙國際性法律關係之圓滑發展。又將外國判決在我國承認其效力，未必侵害我國主權，亦無違反我國公益之事。承認外國判決反而對於保護當事人之權利有幫助，能促進安定當事人間之國際性法律關係，足以減輕我國法院之工作負擔。足見承認外國判決此一制度，確係有益之法律制度。

惟值注意者，各國之法律秩序及法律規定各不相同，對外國之法律及裁判為信賴，有其一定之界限。何況若外國判決對於敗訴當事人未曾賦與充分防禦機會時，我國法院亦不宜承認此種外國判決。如何調整各種對立之利害關係，如何辨別應在我國為承認之外國判決與不應為承認之外國判決，從而規定承認外國判決之法律要件及進行其承認之程序，則成為必要之法律規定。

㈡承認外國判決之各種制度

世界各國對於承認外國判決之制度約有三種：第一、法國制度，此制度係由為承認之國家法院，就外國判決之具體內容，重新再行審查其實質內容，如認為其判決結果應與外國判決結果相同時，則宣示承認該件外國判決，反之，則宣示不予承認該件外國判決。第二、義大利制度，此制度係由為承認之國家法院，在程序上審查該件外國判決是否符合所規定之承認要件，俾以決定是否就外國判決為承認之宣示。符合承認要件之外國判決，則以裁判宣示為承認，反之，則宣示不為承認。此種制度不就外國判決之內容為實質審查，僅據承認國所規定之承認要件為程序審查而為是否承認之宣示。第三、德國制度，此制度又稱為自動承認制度，為承認之國家法院不特別進行承認外國判決之裁判程序，於該件外國判決符合為承認國所規定之承認要件時，當然自動地發生承認之效力，不符合承認要件時，當然自動不生承認之效力。日本舊民事訴訟法第二〇〇條之規定，亦採自動承認制度❷。

㈢確認外國判決有效無效之訴

於採自動承認制度之場合，原則上不待法院之承認判決，該外國判決即因符

---

❷ 參照石川明、小島武司著，《國際民事訴訟法》第一三三頁。日本民事訴訟法於平成十年一月一日修正實施，舊法第二〇〇條修正後變為新法第一一八條，其內容與所採自動承認制度不變。

合承認要件而自動發生承認之效力，當事人得據該外國判決直接向行政機關辦理登記，行政機關亦得審查其是否符合承認要件，俾以決定是否辦理登記。若行政機關否定該外國判決之承認效力，或當事人間就該外國判決有無承認效力發生爭執時，必須由當事人向承認國之法院，提起確認該外國判決有效無效之訴，經法院以判決為確認。上述係就外國判決為確認判決或形成判決之情形而言。若外國判決係給付判決，當事人據該外國判決請求承認國為強制執行時，必須由當事人另外向法院提起訴訟獲得執行判決後，始得據以聲請強制執行。

　　我國民事訴訟法第四〇二條規定：外國法院之確定判決，有下列各款情形之一者，不認其效力：一、依中華民國之法律，外國法院無管轄權者。二、敗訴之被告未應訴者；但開始訴訟所需之通知或命令已於相當時期在該國合法送達，或依中華民國法律上之協助送達者，不在此限。三、判決之內容或訴訟程序，有背中華民國之公共秩序或善良風俗者。四、無相互之承認者。前項規定，於外國法院之確定裁定準用之。又我國強制執行法第四條之一第一項規定：依外國法院確定判決聲請強制執行者，以該判決無民事訴訟法第四〇二條各款情形之一，並經中華民國法院以判決宣示許可其執行者為限，得為強制執行。

　　上開我國之規定制度與德國民事訴訟法第三二八條、第七二二條、第七二三條，日本民事訴訟法第一一八條、民事執行法第二十四條所規定制度相同，於解釋外國判決之承認與執行之問題時，德國、日本之解釋可供參考。

㈣承認外國判決之效果

　　對於外國判決加以承認，究竟在法律上有何意義？學者之間並無一致之見解，德國通說及日本有力說均採所謂「**效力擴張說**」。依此說見解，外國判決所認定之外國法之效力，由於承認國之承認該外國判決而擴張及於承認國。換言之，承認國所承認者係該外國法上所認定之法律效力，判決既判力之主觀範圍及客觀範圍，其解釋均依該外國法之規定，非依承認國之法律規定為解釋[26]。

　　惟對於外國判決之執行問題，該外國判決之承認與執行兩者係處於何種關係？學者之間頗有爭論，有認為，外國判決之承認與其執行兩者在法律本質上並無區別，兩者均屬外國判決效力擴張及於承認國之現象[27]。有認為，外國判決之承認

---

[26] 參照兼子一等四人，《條解民事訴訟法》第六四一頁以下。

與其執行兩者不同，執行係超出承認以上之事，必須由執行國另外賦與創設執行力，始得據以執行。蓋判決之執行力在本質上係國家屬地主義之效力，責任財產若不在承認國領域內，承認國無法執行。故，外國判決除有承認判決之問題外，另有判決之執行問題，兩者顯有區別❷。後說為德國通說。依後說之說明，對於外國判決之承認，僅適用前述之自動承認之效力原則，但對於外國判決之執行，必須另外取得承認國法院之執行判決始能執行。此乃何以我國與德國、日本於強制執行法，另外規定執行判決之法律制度之緣由。

二、我國承認外國判決之要件

本法第四〇二條規定：外國法院之確定判決，有下列各款情形之一者，不認其效力：一、依中華民國之法律，外國法院無管轄權者。二、敗訴之被告未應訴者；但開始訴訟所需之通知或命令已於相當時期在該國合法送達，或依中華民國法律上之協助送達者，不在此限。三、判決之內容或訴訟程序，有背中華民國之公共秩序或善良風俗者。四、無相互之承認者。前項規定，於外國法院之確定裁定準用之。

據此規定，外國法院之確定判決，倘無第一款至第四款情形之一者，即當然自動承認其效力。茲分別敘述我國承認外國判決之要件如次：

㈠外國法院之確定判決、確定裁定

本法第四〇二條所規定可由我國承認之判決係指外國法院所為已確定之判決而言。所謂外國係指我國以外之其他國家而言。學者之間就所謂之外國，是否必須經國家承認或政府承認始得謂之國家之問題頗有爭論。日本學者通說認為，判決係國家主權行使之行為，承認該判決之效力無異承認為判決之國家，故所謂國家係指經國家承認或政府承認之國家而言❷。惟學者亦有認為，未經國家承認或未經政府承認之國家人民與日本人之間實際上亦有經濟交易，難免發生私法關係

---

❷ 見兼子一，《強制執行法》第七十九頁。三ケ月章，《民事執行法》第八十三頁。

❷ 中野貞一郎，《民事執行法》第一六六頁。

❷ 見兼子一等四人，《條解民事訴訟法》第六四四頁。中野貞一郎，《民事執行法》第一六七頁。高桑昭，〈外國判決の承認及び執行〉，載《新實務民事訴訟法講座VI》第一三二頁。

之糾紛，此際，有就判決互相承認及執行之實際必要，故所謂國家不應限於經國家承認或政府承認之情形❸。但事實上支配一定區域權力之交戰團體，不得謂之國家。又所謂外國之判決，就時點而言，係指該判決確定之時點所言之外國，非指於承認或執行之時點所言之外國。從而於第二次世界大戰終止前，日本法院在臺灣或朝鮮所為之判決，在現在而言，日本不認為屬於外國判決，我國應認為屬於外國判決，不因為當事人現在均成為中華民國人，且法院均由我國接管而變為我國之判決。

　　所謂外國法院係指為裁判之國家行使裁判權之機關而言，凡就私權關係為裁判之法院，無論其為民事法院、行政法院或附帶民事訴訟之刑事法院，均得為外國法院。又所謂確定判決係依承認國之法律為基準而判斷，不受外國裁判之名稱所影響。通說認為，法院就實體私法上之法律關係，依審問雙方當事人之保障程序為終局裁判，且依該國法律已不能以聲明不服方法要求撤銷或變更之判決，即為確定判決。確定之理由，無論一審終結、缺席判決、書面審理之判決，均無不可。惟要求承認外國判決之當事人必須提出判決國之機關所作成確定證明書為證明。值得注意者，假扣押、假處分之裁判就法律糾紛並未作終局裁判，故非屬此處所謂判決。又法院之調解、和解或法院之公證書，依德、日通說均不認為屬於判決。惟學者亦有認為與確定判決有同一效力之訴訟和解，若承認國之法律有相同之規定者，得視為判決。又非訟事件之裁判，若於該外國係經審問雙方當事人之保障程序為之，且就該私權關係為終局之裁判者，亦得視為判決❸。

　　民國九十二年本法第四〇二條增訂第二項規定，「前項規定，於外國法院之確定裁定準用之。」立法者認為，外國法院所為之確定裁定，例如命扶養或監護子女等有關身分關係之保全處分、確定訴訟費用額之裁定、就父母對於未成年子女權利義務之行使或負擔之事項所為之裁定等，為解決當事人間之紛爭，亦有承認其效力之必要，爰增訂第二項，明定外國法院之確定裁定準用第一項之規定。至於基於訴訟指揮所為程序上之裁定，因隨時得加以變更，故非本項所指之確定裁定。

---

❸ 見石川明、小島武司，《國際民事訴訟法》第一三六頁。岩野等，《注解強制執行法(1)》第九十五頁。

❸ 參照石川明、小島武司，《國際民事訴訟法》第一三七頁。

簡言之，為擴張承認外國裁判之範圍，除外國法院之確定判決外，外國法院之確定裁定內容為有關當事人之實體問題者，亦屬承認外國裁判之範圍。由於本法第四○二條第二項放寬適用於確定裁定結果，對於外國法院之調解及訴訟和解，得以類推解釋方法，將其視為外國法院之確定判決而承認之。惟在解釋上尚有疑義者，具有執行力之外國法院假扣押、假處分、假執行之裁判，依外國公證法規定得為強制執行名義之公證書，能否解釋我國法院應對其為承認之問題。由於此類外國法院之裁判或公證書，並無最後確定實體權利義務之既判力，僅有暫時確定權利義務之性質，縱然其有執行力依法得為強制執行，拙認為其與本法第四○二條所規定承認外國法院裁判之要件不合，我國法院不能承認其效力。總而言之，本法第四○二條所規定，我國法院得加以承認者，應限於有既判力之外國確定判決及確定裁定。外國之債權人對於有財產在我國之債務人或系爭物在我國之債務人為保全執行之必要時，可直接向我國法院依我國民事訴訟法之保全程序取得我國法院之假扣押、假處分裁定為執行名義在我國執行，實際上不生困難。解釋外國法院之確定裁定準用於外國法院之確定判決時，宜採較保留之解釋。蓋法院之裁定一般而言其取得並無如同判決有嚴密之審判程序，其取得容易而迅速，對債務人頗無保障，其情形與於外國之確定判決大不相同，不能僅為保護債權人而輕視債務人之程序保障。

關於承認外國之離婚判決問題，日本學者對於是否必須符合準據法為要件之問題，有三種見解。第一說認為，外國之離婚判決若符合民事訴訟法所規定承認外國確定判決之全部要件時，即可承認，無需另有符合準據法之要件。第二說主張，承認外國之離婚判決，必須該外國判決有適用承認國之國際私法所規定之準據法始可，除外必須符合民事訴訟法所規定相互承認要件。蓋離婚判決為形成判決，因判決而形成一定之實體法上之效果，此種問題屬於國際私法上之問題，因此必須同時要求符合國際私法所規定之準據法要件。第三說認為，若符合民事訴訟法所規定相互承認以外之承認要件，即可承認，不必另有符合準據法之要件。蓋要求準據法之要件係違反自動承認制度之前提，何況有使承認外國判決之可能性變成狹窄之虞，有招致跛行身分關係之不妥結果。拙以為第一說較可取，蓋國際私法所規定之婚姻準據法適用之要件係我國法院就涉外婚姻事件為裁判時之規定，此種規定於承認外國判決之情形，無適用之必要。否則，無異對外國判決為實質上之再審查，違背承認外國判決制度之趣旨❷。

㈡依中華民國之法律，外國法院無管轄權者，我國不承認外國判決（本法第四○二條第一項第一款）

此所謂管轄權係指**國際管轄權**而言，非指本法規定之土地管轄權或事物管轄權而言。德日通說認為，依承認國之法院管轄規定，假設裁判國法院係承認國法院時，承認國法院就該訴訟事件無管轄權者，該裁判國法院即無國際管轄權，從而對該外國判決即不得承認。惟學者有主張，依裁判國之法律，裁判國就該訴訟事件有管轄權之情形，承認國即應為承認，僅於依承認國法律規定，承認國法院有專屬管轄權之情形，始例外不加承認。後說能使外國判決容易獲得承認，且可避免跛行的法律關係發生。惟為保護被告能有應訴之權利，採取德日通說見解，亦無不可。

㈢敗訴之被告未應訴者，原則上不承認該外國判決之效力，但開始訴訟之通知或命令已於相當時期在該國合法送達，或依中華民國法律上之協助送達者，例外應為承認（本法第四○二條第一項第二款）

此款於九十二年修正前係為保護敗訴之我國被告在訴訟程序上有受保障機會之規定。開始訴訟所需之通知或命令若未依法對被告本人為送達而被告未應訴時，被告未在程序上受到應有之保障，我國不應對此種我國被告敗訴之判決為承認。應注意者，此所謂送達不包括公示送達或補充送達，蓋被告實際上無法知悉有訴訟繫屬之事而應訴也。本法對此雖未明文，但依德國民事訴訟法第三二八條第二款及日本民事訴訟法第一一八條第二款之明文趣旨，應作相同之解釋。又所謂敗訴之一造為中華民國人而未應訴者，係指於訴訟程序進行中為中華民國人而言，若判決確定後始取得我國國籍者，不適用本款之規定。惟若送達當時為中華民國人，而其後縱然喪失我國國籍，亦應認係中華民國人。

近年來日本部分學者基於強調程序保障之精神，有主張不應分被告為外國人或本國人，應一律加以相同之保護者[33]。民國九十二年本法修正時，立法者認為，為促進國際交流，此款程序權之保障不宜以本國人為限，凡遭受敗訴判決之當事

---

[32] 參照石川明、小島武司，前揭書第一三九頁。
[33] 見石黑一憲，《現代國際私法（上）》第五五六頁。

人，如在我國有財產或糾紛，而須藉由我國承認外國判決效力以解決紛爭者，均應予以保障，所以將本款原規定之「為中華民國人而」等字句刪除。又為保障當事人之程序權，開始訴訟之通知或命令不僅應合法送達，並應給予當事人相當時期以準備行使防禦權，至於是否送達當事人本人，則非必要，因而修正第二款規定變成為，「敗訴之被告未應訴者，原則上不承認該外國判決之效力，但開始訴訟之通知或命令已於相當時期在該國合法送達，或依中華民國法律上之協助送達者，例外應加承認」。

㈣外國法院之判決內容或訴訟程序，有背中華民國之公共秩序或善良風俗者，不承認其效力（本法第四○二條第一項第三款）

　　民法第七十二條規定，法律行為，有背於公共秩序或善良風俗者，無效。又涉外民事法律適用法第八條規定，依本法適用外國法時，如其適用之結果有背於中華民國公共秩序或善良風俗者，不適用之。足知公共秩序或善良風俗係維持我國法律秩序之基本原則，不許任何人有所違背，於法院審判時，亦不許違背。外國法院之判決，無論其判決內容抑或判決程序，均不許違背我國之公共秩序或善良風俗，否則，我國不承認該外國判決。值得討論者，我國於判斷外國判決內容在實體法上有無違反公序良俗時，是否僅就外國判決之主文為審查即可？抑或必須連同判決理由中所認定之事實理由一併為審查始可？學者有認為，僅審查判決主文即可者[34]。日本通說主張，應就主文與判決理由所認定之事實綜合為判斷，審查該外國判決內容是否違背我國之公序良俗。我國審查之目的在判斷，我國一旦將該外國判決為承認或執行時，是否違反我國之公益或道德觀念，故應就外國判決主文及事實理由一併為審查而判斷，無法僅憑主文為判斷。拙贊同日本通說[35]。例如，外國判決主文命被告給付一定金額之金錢及利息，但事實理由係認定販賣人口或毒品交易之價金，於此情形，無法僅憑判決主文判斷有無違反我國公序良俗。又判決程序如欠缺公開審理原則之情形，有法官迴避事由之法官不迴避之情形，顯然欠缺裁判官之中立性及獨立性，有此情形而作成判決，其判決程

---

[34] 見兼子一，《條解民事訴訟法（上）》第五二四頁。

[35] 參照兼子一等四人，《條解民事訴訟法》第六五〇頁。高桑昭，〈外國判決の承認及び執行〉，載《新實務民事訴訟法講座Ⅶ》第一四二頁。

序即有違背我國公序良俗，對該外國判決即不為承認。換言之，**外國法院判決有無違背公序良俗，不僅係指實體法上之公序良俗而言，應包括訴訟法上之公序良俗而從外國判決之成立過程有無違背公序良俗為判斷。**

　　本法原第三款之規定，係指外國法院確定判決之內容在實體法上違背我國公序良俗之情形而言。然為保障當事人之程序權，就外國法院判決之訴訟程序違背我國公序良俗之情形，亦應包括在內。所以立法者將本法第三款修正為，判決之內容或訴訟程序有背中華民國之公共秩序或善良風俗，以求周延。

　　倘當事人間之同一訴訟分別繫屬於我國法院與外國法院，且均獲我國判決與外國判決之情形，此際，有可能發生我國判決與外國判決兩者內容結果之矛盾牴觸問題。於此情形，我國民事訴訟法應如何解決兩者判決之優先劣後問題？日本學者有主張，應利用外國判決違背公序良俗之民事訴訟法規定為解決，認為外國判決之內容結果與我國判決發生矛盾牴觸係違背我國公序良俗為理由，不承認該外國判決者[36]。有主張應以解決確定判決間牴觸之一般訴訟法理為解決者。此說認為應依民事訴訟法再審事由（我國民事訴訟法第四九六條第一項第十二款之規定），將後確定判決以再審之訴為撤銷，從而優先採取先行之確定判決。拙以為先後確定判決之牴觸問題，與違反公序良俗問題係兩者相異之法律觀念，不宜利用違背我國公序良俗為理由，一律駁回對先行外國確定判決之承認，應分別情形為解釋。於有先行外國確定判決存在之情形，應依再審之訴之程序，將我國後行確定判決撤銷而承認先行外國確定判決。但於有先行我國確定判決存在之情形，則因我國法院無法依再審程序撤銷後行外國確定判決，僅能在解釋上認為該後行外國確定判決，於訴訟法上違背我國之公序良俗而拒絕對其為承認。

　　對此問題，本法九十二年修正之立法者認為，外國法院之訴訟繫屬或確定判決，依本法第一八二條之二（就同一事件有承認外國判決之可能時，我國法院得裁定停止當事人在我國之訴訟程序）運用結果，如與我國法院之訴訟繫屬或確定判決有所牴觸時，是否承認外國法院之訴訟繫屬或確定判決，亦應依個別具體狀況判斷是否違背我國公序良俗而定。至於外國法院之判決有無違背我國之公序良俗，乃法官應依職權加以斟酌之事項，法官應促使當事人為適當之主張及舉證後

---

[36] 見菊井、村松，《全訂民事訴訟法Ⅰ》第一一三八頁。齋藤秀夫，《注解民事訴訟法(5)》（第一版）第一二五頁。岩野ほか，《注解強制執行法(1)》第一四五頁。

加以判斷。

㈤無相互之承認者，不承認外國法院判決（本法第四○二條第一項第四款）

基於國際間互惠之原則，若外國承認我國判決之效力，我國亦應承認該外國法院判決之效力。凡在實際上承認我國判決之國家，無論該外國與我國之間有無外交上之國家承認關係存在，我國亦應承認該外國判決。至於外國承認我國判決之要件，與我國承認該外國判決之要件，兩者何國為嚴或寬，均非重要。又外國承認我國判決之原因，係基於該外國法令、或因國際條約或國際慣例，亦非重要。於此種瞭解下，與我國無正式外交關係之外國，因為我國有國家實體之存在而有經濟文化關係之往來者，通常均基於互惠原則，實際上相互承認對方法院判決，俾能促進雙方社會之交流而獲益。就立法政策而言，不宜為硬直之解釋，對我國所處目前之情景較有助益。何況世界各國大都傾向從寬解釋國際相互承認之要件，學者甚至有主張在立法上應刪除此種限制條件為宜者。本法第四○二條第一項第四款原規定之無國際相互之承認者，係指司法上之承認而言，並非指國際法上或政治上之承認，為避免誤解，立法者於民國九十二年修正時，將國際二字刪除。

三、外國判決之執行

強制執行法第四條之一第一項規定：依外國法院確定判決聲請強制執行者，以該判決無民事訴訟法第四○二條各款情形之一，並經中華民國法院以判決宣示許可其執行者為限，得為強制執行。據此規定可知，外國確定判決於具備我國民事訴訟法第四○二條所規定承認判決要件時，雖不必經特別程序能在我國自動發生判決效力，但其內容若須利用我國法院機關之強制力，使原告權利人能獲權利實現時，必須另外經我國法院就該外國確定判決宣示許可執行後，始得執為執行名義，請求我國民事執行機關進行對被告義務人之執行。此種制度即為執行判決訴訟之制度。

㈠執行判決訴訟之法院管轄及當事人

執行判決訴訟，原則上由債務人被告住所地之法院管轄。債務人被告於中華民國無住所者，由執行標的物所在地或應為執行行為地之法院管轄（強制執行法第四條之一第二項）。訴訟當事人原則上以該外國判決所表示之當事人為當事人，

請求我國法院為執行判決之當事人為原告，其被訴求之當事人為被告。依該外國判決之法律規定，當事人之繼承人，或對於為他人而為原告或被告之確定判決，對於該他人（第三人）亦有效力，此第三人亦有訴訟當事人適格。

㈡執行判決訴訟之法律性質❸❼

主張給付訴訟說者認為，執行判決訴訟乃債權人請求我國法院，就外國判決所確定之請求權，以判決命令債務人履行債務之訴訟。主張確認訴訟說者認為，以判決確認外國判決之執行力得擴張於我國之訴訟。又有認為，執行判決訴訟乃債權人請求我國法院，以判決確認外國判決之執行力存在之訴訟。主張形成訴訟說者認為，外國判決之執行力在我國所以能發揮，係因我國法院以形成判決所創設賦與者，即我國法院以判決賦與形成力之結果，所以執行判決訴訟為形成之訴。對於執行判決之法律性質，學者之間亦分別主張，給付判決、確認判決、形成判決三種學說。拙以為採確認訴訟說為是，蓋我國法院之執行判決本身並非執行名義，僅係外國判決取得執行名義之要件而已，經許可執行之外國判決本身始為執行名義。執行名義之內容均以外國判決所載明之給付內容為準，執行判決並不另外載明其他給付內容也。惟日本學者通說採形成訴訟說及形成判決說❸❽。

㈢我國法院之審判

執行判決訴訟係以起訴為開始之通常訴訟之判決程序，法院是否宣示許可執行判決，因涉及我國訴訟程序之公益，不許被告為訴訟標的之認諾。又當事人對於民事訴訟法第四〇二條各款情事所為之自白，原則上不能拘束法院之裁判，當事人之間亦不得合意原告不必取得執行判決❸❾。法院對於執行判決訴訟應審理之事項，限於該外國之有效判決是否已確定，以及該判決是否具備我國民事訴訟法第四〇二條所規定承認外國判決之要件。除有關違背公序良俗之情形外，法院不得就該外國判決為實質上之再審查，原則上應以形式審查之方法為之。

---

❸❼ 參照菊井維大，《強制執行法（總論）》第五十六頁以下。兼子一，《強制執行法》第七十九頁以下。吉川大二郎，《強制執行法》第三十一頁以下。

❸❽ 參照石川明、小島武司，《國際民事訴訟法》第一五三頁。

❸❾ 參照石川明、小島武司，《國際民事訴訟法》第一五四頁。

　　法院於審理債權人所起訴之執行判決訴訟時，若債務人就外國判決所判斷之實體關係，提出實體抗辯，例如主張債務已經清償或免除，此際，我國法院是否應就債務人之實體抗辯為審理，從而作為許可執行判決與否之理由？依給付訴訟說之理論，應就債務人之實體抗辯一併為審理，始能理論一貫。至於確認訴訟說與形成訴訟說，均係以對外國判決之執行力為確認或形成效果而立論，不涉及外國判決之實體關係，我國法院不就外國判決之實體關係為重行審理，故對債務人之實體抗辯無審理餘地。提出實體問題為抗辯之債務人，僅得於強制執行程序進行中，另以債權人為被告提起債務人異議之訴（強制執行法第十四條），俾以救濟❹。

　　法院審理結果認為外國判決已確定，且全部具備民事訴訟法第四〇二條各款之合法條件時，應即為宣告許可執行之執行判決。原告且得於審理時聲請就執行判決宣告假執行，被告不服原告勝訴之執行判決時，得依上訴程序提起上訴。若該外國判決有再審事由之情形，當事人應向判決之外國法院提起再審之訴為救濟。惟若再審之事由屬於民事訴訟法第四〇二條第一項第一款或第三款規定之情事，當事人得於法院審理執行判決訴訟中為主張，俾法院能就原告之訴為駁回之敗訴判決。原告於取得我國法院宣告許可執行之執行判決確定時，得連同該外國確定判決為執行名義，向我國民事執行處聲請對被告為強制執行。

■ 第五節　臺灣地區與大陸地區兩者間之民事訴訟

　　民國八十一年九月十八日施行臺灣地區與大陸地區人民關係條例，民國八十六年四月二日公布香港澳門關係條例，對香港部分於同年六月二十七日施行，涉及澳門部分於民國八十八年十二月二十日施行。中華民國政府對於香港澳門地區之民事事件及民事裁判，與對於大陸地區之民事事件及民事裁判作不同之處理規定，主要原因在考慮臺灣地區與大陸地區之政治因素。依臺灣地區與大陸地區人民關係條例第一條規定，制定本條例之目的在，國家統一前為確保臺灣地區安全與民眾福祉，規範臺灣地區與大陸地區人民之往來，並處理衍生之法律事件。就其規定內容觀之，大都係對大陸地區人民之權利限制規定，對於大陸地區人民之

❹ 參照三ケ月章，《民事執行法》第八十四頁。

待遇限制嚴格。與涉外民事法律適用法所規定對待外國人之情形為比較，本條例對待大陸地區人民之待遇，較對待一般外國人為不平等。至於香港澳門關係條例，其立法目的，主要係為規範及促進與香港及澳門之經貿文化及其他關係，較無政治上之安全考慮。因此對於香港澳門地區人民之待遇，較對待大陸地區人民之情形為放寬。故香港澳門關係條例第一條第二項規定，本條例未規定者，適用其他有關法令之規定，但臺灣地區與大陸地區人民關係條例，除本條例有明文規定者外，不適用之。

依香港澳門關係條例第三十八條規定，民事事件，涉及香港或澳門者，類推適用涉外民事法律適用法，涉外民事法律適用法未規定者，適用與民事法律關係最重要關係地法律。依同條例第四十一條規定，香港或澳門之公司組織，在臺灣營業，準用公司法有關外國公司之規定。又依同條例第四十二條第一項規定，在香港或澳門作成之民事確定裁判，其效力、管轄及得為強制執行之要件，準用民事訴訟法第四○二條及強制執行法第四條之一之規定。在香港或澳門作成之民事仲裁判斷，其效力、聲請法院承認及停止執行，準用商務仲裁條例第三十條至第三十四條之規定（現行仲裁法第四十七條至第五十一條）。換言之，香港或澳門地區人民之法律地位，以外國人之法律地位相待而適用涉外民事法律適用法之規定，其公司以外國公司相待，香港或澳門之民事確定裁判及民事仲裁判斷，均視為外國裁判及外國仲裁判斷，而依承認外國裁判及外國仲裁判斷之規定為承認及強制執行。

依臺灣地區與大陸地區人民關係條例第七十四條規定，在大陸地區作成之民事確定裁判、民事仲裁判斷，不違背臺灣地區公共秩序或善良風俗者，得聲請法院裁定認可。前項經法院裁定認可之裁判或判斷，以給付為內容者，得為執行名義。前二項規定，以在臺灣地區作成之民事確定裁判、民事仲裁判斷，得聲請大陸地區法院裁定認可或為執行名義者，始適用之。另依同條例第二條第二款規定，大陸地區指臺灣地區以外之中華民國領土。換言之，中華人民共和國統治下之大陸地區並非外國領土，中華人民共和國並非外國，從而中華人民共和國之法院，並非外國法院，不適用國際民事訴訟之處理原則。我國民事訴訟法第四○二條承認外國判決之規定，以及強制執行法第四條之一所規定外國判決之執行，並仲裁法所規定處理外國仲裁判斷之規定，對於大陸地區之法院判決及仲裁判斷，均無適用餘地。中華人民共和國在大陸地區之法院及其民事裁判，其法律性質屬於中

華民國特別地區之特別法院及特別民事裁判，其經我國臺灣地區法院以裁定認可，並得聲請大陸地區法院裁定認可者，在臺灣地區有裁判之效力，其以給付為內容者，並得為執行名義，無需另外訴請臺灣地區法院為執行判決。仲裁判斷之情形，與法院民事裁判作相同處理。中華人民共和國在一九九八年頒布「最高人民法院關於人民法院認可臺灣地區有關法院民事判決的規定」，對臺灣民事判決之認可及執行因該規定的公布，改變了無法可依循的狀態。該規定與一九九九年和二〇〇一年「批復」以及二〇〇九年「補充規定」共同構成了自一九九八年五月二十六日始至二〇一五年六月三十日止人民法院在處理上述問題時的主要法律依據。同院嗣在二〇一五年頒行「最高人民法院關於認可和執行臺灣地區法院民事判決的規定」。自二〇一五年七月一日起，該規定便取代了一九九八年「規定」、一九九九年和二〇〇一年「批復」以及二〇〇九年「補充規定」成為中國大陸在認可與執行臺灣民事判決時最為主要的裁定依據。

自一九九八年「規定」至二〇一五年「規定」，大陸人民法院受理認可者皆為「臺灣法院民事判決」。但在「臺灣法院民事判決」這一概念的具體所指上，新舊規定已發生了較大的變化。其總體趨勢是由模糊至清晰、由縮限至擴大。對於何謂「臺灣法院民事判決」，一九九八年「規定」沒有明確的說明，二〇一五年「規定」則將「臺灣法院民事判決」定性為「臺灣法院作出的生效民事判決、裁定、和解筆錄、調解筆錄、支付命令、仲裁裁決等」。此外，「申請認可臺灣法院在刑事案件中作出的有關民事損害賠償的生效判決、裁定、和解筆錄的」，也可適用本規定。申請認可由臺灣鄉鎮市調解委員會等出具並經臺灣法院核定，與臺灣法院生效民事判決具有同等效力的調解文書的，參照適用本規定，但必須經過大陸人民法院認可後方可執行❹。

臺灣地區與大陸地區人民關係條例，以及香港澳門關係條例之存在意義，係中國內戰結束，而於近年開放兩岸人民往來，不得不面對現實情況之特殊立法。無法將其與現行之涉外民事法律適用法之精神相提並論，更無從將此問題視為國際民事訴訟之法律問題而論之。

---

❹ 參照《月旦民商法雜誌》二〇一七年六月，吳用、王藝所撰〈中國大陸承認與執行臺灣民事判決的立法與司法情況研究〉一文，第六十六頁至第六十八頁，中國邱英武著〈臺灣判決在中國執行注意事項〉一文，《北美智權報》第一五五期。

第 **2** 編

訴訟主體

任何訴訟程序必須有訴訟主體，民事訴訟程序亦同。訴訟主體首推法院，其次為訴訟當事人，再次為訴訟關係人。本編分為法院、當事人、多數當事人之訴訟三章，就相關之法律規定及法律問題分別敘述討論。

第❶章

法　院

■ 第一節　民事法院之組織與權限

一、法院之意義

民事訴訟法上之法院係指依法院組織法所設立，辦理民事訴訟事件之國家司法機關而言，此為廣義之法院。國家司法機關，由法官、司法事務官、法院書記官、通譯及執達員等機關所構成，一般人所稱法院係指此種廣義之法院而言。惟司法工作主要係為審判，而行使審判權者為法官，因而法官又稱為法院，此種意義之法院，稱為狹義之法院。民國七十八年法院組織法修正，將推事之用語改用法官，而民事訴訟法上之用語仍然沿用推事一語，因此狹義之法院，有時稱為法官，有時以推事稱之，惟於實務上，法院裁判書類均改用法官之用語。民國九十二年民事訴訟法修正，將推事用語全部修正為法官。

又民事訴訟法中所用法院一語所表達之意義範圍，未盡相同。有時指國家司法機關之法院而言，例如本法第一條第一項、第三項所稱之法院，即屬此種情形。有時法院一語係專指獨任法官或合議庭而言，例如本法第二十九條及第二七○條所稱之法院，即指獨任法官或合議庭之意義。另有指法官以外執行司法行政事務之院長或法院書記官而言，例如本法第一二五條、第三九九條第一項所指法院係此情形。

對民事訴訟程序之參與工作有關之法院人員，除負審判工作之法官外，法院

書記官擔任審判記錄、保管訴訟文書卷宗及送達工作，通譯在開庭時擔任語言之翻譯，執達員擔任法院文書之送達工作。民國九十二年本法修正時，為配合法院組織法增設司法事務官，將本法所定督促程序事件、公示催告裁定事件及確定訴訟費額事件規定由司法事務官處理，於本法第一編總則第四章訴訟程序增訂第六節之一司法事務官之處理程序。從而原由法官以裁定處理之督促程序事件、公示催告裁定事件及確定訴訟費額事件，移由司法事務官以裁定處理，俾能減輕法官在法院之工作負擔。我國新設司法事務官之制度係參照德國法制上之Rechtspfleger 制度，對於原法官所負責處理之非訟工作為分擔，此制度之設屬於改革民事訴訟制度工作之一部分。

二、法院之審級與權限

依法院組織法之規定，法院分為地方法院、高等法院、最高法院三級。地方法院為第一級法院，原則上於直轄市或縣各設地方法院，受理訴訟事件之第一次審判，稱為第一審。高等法院為第二級法院，於省、直轄市或特別區域各設高等法院，受理不服第一審法院對通常訴訟事件判決之上訴事件，稱為第二審。最高法院為第三級法院，設於中央政府所在地，受理不服第二審法院判決之上訴事件，稱為第三審。此種法院之審級制度稱為三級三審制。民國七十九年，民事訴訟法一部分修正，將第二編第三章簡易訴訟程序事件之審理及上訴制度加以改變，增訂本法第四三六條之一至第四三六條之七，計七條文。創設簡易程序獨立法官所為之裁判，僅得上訴或抗告於管轄之地方法院合議庭，不得上訴或抗告於第二級之高等法院。不服地方法院合議庭之第二審裁判，僅得以適用法規顯有錯誤為理由，且須經原裁判法院許可者為限，始得逕向最高法院提起上訴或抗告。從而第二級高等法院，不再受理簡易訴訟程序事件之第二審上訴事件。此一制度，於不增加法院級數情形下，改變事物管轄之規定，與民國二十四年以前，我國法院之四級三審制頗不相同，亦與德國法院之四級三審制不同。

三、法院之組織與裁判之評議

狹義之法院，法官即為法院。惟依法院組織法規定，地方法院審判案件，以法官一人獨任或三人合議行之；高等法院審判案件，以法官三人合議行之；最高法院審判案件，以法官五人合議行之。法官一人獨立行審判者，稱為**獨任制法院**。

其由法官三人或五人組成之合議庭行審判者，稱為**合議制法院**。合議審判，以庭長充審判長，無庭長或庭長有事故時，以庭員中資深者充之。合議庭中，審判長以外之法官，稱為陪席法官。行合議審判之訴訟事件，法院於必要時以庭員一人行準備程序，此一庭員稱為受命法官。於獨任審判，即以該法官行審判長之職權。

合議制法院，既有審判長、受命法官、陪席法官之分，本法對於各人之職務權限自有不同之規定。例如，審判長得指定期日、開閉及指揮言詞辯論、行使闡明權、宣示裁判。受命法官僅得於受命範圍內，執行法律所定職務，例如，行準備程序、調查證據、試行和解。陪席法官之職務權限小於審判長及受命法官，例如，陪席法官告明審判長後，得向當事人發問或曉諭；審判長因故不能於筆錄內簽名者，由資深陪席法官簽名並附記其事由。

依法院組織法規定，法院之裁判，於獨任制法院，由該法官一人獨立決定。於合議制法院，應由參與辯論之法官全體評議為決定。裁判之評議，均不公開，以審判長為主席。評議時法官應各陳述意見，其次序以資淺者為先，資同以年少者為先，遞至審判長為終。評議以過半數之意見決定之。關於數額，如法官之意見分三說以上，各不達半數時，以最多額之意見順次算入次多額之意見，至達過半數為止。評議時各法官之意見應記載於評議簿，並應於該案確定判決前嚴守秘密。案件之當事人、訴訟代理人、辯護人或曾為輔佐人，得於裁判確定後聲請閱覽評議意見。但不得抄錄、攝影或影印。

■ 第二節　法院職員之迴避

本法第三十二條以下所規定之法院職員，包括法官、法院書記官、通譯三種。此三種資格之法院職員，於審判期日在法庭進行訴訟審理工作，其執行職務必須公平無私，始能維護公平審判而確保解決糾紛保護私權。惟法院職員亦為人，難免因感情作用而影響是非之公正判斷，故本法特設法院職員之迴避制度，使法院職員之有某種情形者，就一定之訴訟事件，不得執行職務，以避嫌。

本法規定之迴避制度有三種，即自行迴避、因聲請而迴避、經兼院長之法官同意之迴避。其適用之法院職員以法官為先，而將其規定準用於法院書記官及通譯。茲分別敘述如次。

一、自行迴避

㈠自行迴避之事由

本法第三十二條規定，法官有下列各款情形之一者，應自行迴避，不得執行職務：

一、法官或其配偶、前配偶或未婚配偶，為該訴訟事件當事人者。二、法官為該訴訟事件當事人八親等內之血親或五親等內之姻親或曾有此親屬關係者。三、法官或其配偶、前配偶或未婚配偶，就該訴訟事件與當事人有共同權利人、共同義務人或償還義務人之關係者。四、法官現為或曾為該訴訟事件當事人之法定代理人或家長、家屬者。五、法官於該訴訟事件，現為或曾為當事人之訴訟代理人或輔佐人者。六、法官於該訴訟事件，曾為證人或鑑定人者。七、法官曾參與該訴訟事件之前審裁判或仲裁者。

本條第一款所謂之當事人，除原告被告外，包括本法第五十八條之參加人，以及本法第四〇一條所規定判決既判力所及之人。本條第二款之血親，應包括因收養關係而發生之擬制血親，蓋原則上，養父母與養子女之法律關係與婚生子女相同也。本條第四款所指當事人之法定代理人，解釋上包括法人之代表人、非法人團體之代表人或管理人，蓋依本法第五十二條規定，此等人均得為訴訟上行為之代理人也。本條第五款之訴訟代理人，限於該同一訴訟事件之各審級成為訴訟代理人之人，始有迴避原因。倘於新開始之另案訴訟事件成為訴訟代理人，則不在自行迴避之列❶。

本條第七款規定所謂，法官曾參與該訴訟事件之前審裁判或仲裁者，最高法院頗多判例。所謂前審裁判，係指現在在上級二審法院審理之法官，曾經就同一訴訟事件在下級審法院為裁判之情形而言。蓋為維持上訴人之上訴審級利益，不許同一法官就同一訴訟，先後在下級法院及上級法院為裁判也。惟有例外情形，即同一法官就同一事件依本法第五四五條為除權判決後，又依本法第五五一條規定審理撤銷除權判決之訴時，雖在同級法院，應自行迴避。於同一法官為宣告禁治產之裁定後，又審理撤銷禁治產宣告之訴時，亦應自行迴避（最高法院三〇抗

---

❶ 參照石志泉，《民事訴訟法釋義》（七十一年版）第四十二頁。

字第一〇三號判例)。

　　再審之訴，依本法第四九九條第一項規定，原則上應向為判決之原法院提起。同一法官於原法院為裁判確定後，受理同一事件之再審訴訟時，最高法院二十六年上字第三六二號判例認為，不必自行迴避。惟此一判例於民國七十九年經司法院大法官會議釋字第二五六號解釋，認為不合理，應不再援用❷，最高法院九十一年第十五次民事庭會議因而決議廢止該判例。

　　本法第三十二條第七款於民國九十二年修正前原規定，推事曾參與該訴訟事件之前審裁判、更審前之裁判或仲裁者，應自行迴避。民國九十二年修正時，立法者將更審前之裁判文句刪除，僅維持法官曾參與該訴訟事件之前審裁判或仲裁者，應自行迴避。立法理由謂，所謂法官曾參與更審前之裁判，依文義解釋，凡在更審前曾參與該訴訟事件裁判之法官，不問係在何審級，均包括在內。若該訴訟事件發回多次，而原審法院法官員額較少，勢必發生無法官可執行職務之情形，故應刪除。何況依修正後第四七八條第四項規定，受發回或發交之法院，應以第三審法院所為廢棄理由之法律上判斷為其判決基礎，於該訴訟事件發回或發交後縱仍由參與更審前裁判之法官審理，亦不致有所偏頗而有迴避之必要，故將更審前之裁判文句刪除，以利法院審判工作。所謂曾參與該訴訟事件之仲裁，係指法官曾於該事件為仲裁人而參與判斷後，當事人依仲裁法第四十條規定提起撤銷仲裁判斷之訴時，該法官不得審理此一訴訟而言。

　　值得討論者，法院調解或訴訟和解成立有與確定判決同一之效力，為當事人進行調解或和解成立之法官，於當事人依本法第四一六條第二項規定提起宣告調解無效或撤銷調解之訴，或依本法第三八〇條第二項規定請求繼續審判之情形，是否應自行迴避？按法院調解與訴訟和解，雖屬訴訟行為而能終結訴訟，其效力與確定判決相同，但非由法官基於當事人之辯論所為之裁判，故與裁判不同，曾主持調解或訴訟和解之法官，不必自行迴避。又所謂裁判包括判決與裁定，同一

❷ 司法院釋字第二五六號解釋云：民事訴訟法第三十二條第七款關於法官應自行迴避之規定，乃在使法官不得於其曾參與之裁判之救濟程序執行職務，以維審級利益及裁判之公平。因此法官曾參與訴訟事件之前審裁判或更審前之裁判者，固應自行迴避，對於確定終局判決提起再審之訴者，其參與該確定終局判決之法官，依同一理由，於再審程序，亦應自行迴避。惟各法院法官員額有限，參考行政訴訟法第六條第四款規定意旨，其迴避以一次為限。最高法院二十六年上字第三六二號判例，與上述意旨不符部分，應不再援用，以確保人民受公平審判之訴訟權益。

法官於該訴訟事件依督促程序發支付命令，或依保全程序為假扣押、假處分之裁定後，受理債務人聲明異議後之訴訟或審理本案訴訟情形，是否應自行迴避？於此種情形，因不發生當事人之審級利益受褫奪問題，且無固執成見之顧慮，法官不必自行迴避。下級法院之中間判決不得對之獨立上訴，惟若對於終局判決提起上訴時，依本法第四三八條規定並受上訴法院之審判，倘法官參與前審之中間判決後，審理終局判決之上訴事件時，涉及審級利益問題，應自行迴避。

㈡不自行迴避之法律效果及其處置

法官有應自行迴避原因而不自行迴避者，其所參與之訴訟程序違法。依本法第四六九條第二款規定，該法官參與之裁判當然違背法令，裁判未確定者，得為上訴第三審之理由。其已確定者，依本法第四九六條第一項第四款規定，得為再審之理由。其違法之裁判程序，應由法院為更新審理，但非當然無效❸。

法官有無應自行迴避原因，法院不問訴訟在何種程序，均應依職權調查。法官若自知有自行迴避原因時，應即停止執行職務。當事人知法官有迴避原因，亦得聲請法官迴避。依本法第三十八條第一項、第三十五條第一、二項規定，法官有應自行迴避原因而不自行迴避者，該法官所屬之法院或兼院長之法官應依職權為迴避之裁定。於裁定時由法院以合議為裁定，其因人數不足法定人數不能合議者，由兼院長之法官裁定；如兼院長之法官不能裁定者，由直接上級法院裁定。應自行迴避之法官，於合議為裁定時，不得參與。

二、聲請迴避

㈠聲請迴避之原因

本法第三十三條規定，遇有下列情形，當事人得聲請法官迴避：一、法官有前條所定之情形而不自行迴避者。二、法官有前條所定以外之情形，足認其執行職務有偏頗之虞者。當事人如已就該訴訟有所聲明或為陳述後，不得依前項第二款聲請法官迴避。但迴避之原因發生在後或知悉在後者，不在此限。本條第一項第一款情形，指第三十二條法官應自行迴避原因，至於本條第一項第二款所規定，

---

❸ 參照 Jauernig, Zivilprozessrecht, 22. Aufl. S. 41.

法官有情形足認執行職務有偏頗之虞，解釋上應就具體事實為客觀認定，不得僅憑當事人主觀上之推測。法院實務上，最高法院判例認為下列情形不構成所謂偏頗：法官對當事人之發問少；法官與當事人之一造為同署辦公之僚友，惟無密切交誼者；法官審理訴訟事件有遲緩情形；法官就當事人聲明之證據不為調查；當事人對於法官之執行職務曾加指摘；法官曾於與該當事人一造相同之別一事件參與裁判；法官調查證據命行鑑定及庭訊多次；法官於當事人兩造陳明合意休止訴訟程序後，復傳喚續行訴訟；法官參與別一訴訟之裁判，於理由項下表示關於攻擊或防禦方法及法律上之意見，對於現尚繫屬之訴訟事件當事人一造有不利❹。

當事人以法官有偏頗為理由聲請迴避者，應以法官對於訴訟標的有特別利害關係，或與當事人之一造有密切之交誼或嫌怨，或基於其他情形客觀上足疑其為不公平之審判者為其原因事實，若僅憑當事人之主觀臆測，或不滿意法官進行訴訟遲緩，或認法官指揮訴訟欠當，則不得謂其有偏頗之虞❺。

以法官應自行迴避為理由聲請法官迴避者，不問訴訟程序進行之程度如何，均得聲請。但該訴訟已在法官所屬法院終結，該法官已無應為之行為者，不得更為迴避之聲請。惟若以法官執行職務有偏頗之虞為理由聲請迴避者，必須在聲請之當事人就該訴訟有所聲明或陳述以前，其聲請始為合法。如已就該訴訟有所聲明或陳述者通常得認為對於法官執行職務，已不懷疑有偏頗之情形，此際不得再聲請法官迴避。

⼆聲請迴避之程序及法院之裁判

依本法第三十四條規定，聲請法官迴避，應舉其原因，向法官所屬法院為之。前項原因及前條第二項但書之事實，即迴避之原因發生在後或知悉在後之事實，應自為聲請之日起，於三日內釋明之。被聲請迴避之法官，對於該聲請得提出意見書。本法第三十五條規定，法官迴避之聲請，由該法官所屬法院以合議裁定之，

❹ 見最高法院以下判例，即二十一年抗字第八五一號、二十一年聲字第四七六號、二十二年抗字第二三四六號、二十七年渝抗字第三○四號、二十七年渝抗字第五五二號、三十年渝抗字第一○三號、二十‑ 年抗字第二二九號、四十九年臺抗字第三六號、七十四年臺抗字第二○號(2)。（二十一年抗字第八五一號、二十一年聲字第四七六號、二二年抗字二六號判例，依一○八年七月四日施行之法院組織法第五十七條之一第一項規定，已停止適用）
❺ 參照最高法院六十九年臺抗字第四五七號判例。

其因不足法定人數不能合議者，由兼院長之法官裁定之，如並不能由兼院長之法官裁定者，由直接上級法院裁定之。前項裁定，被聲請迴避之法官，不得參與。被聲請迴避之法官，以該聲請為有理由者，毋庸裁定，應即迴避。依本法第三十六條規定，聲請法官迴避經裁定駁回者，得為抗告，其以聲請為正當者，不得聲明不服。

㈢聲請迴避之效果

本法第三十七條規定，法官被聲請迴避者，在該聲請事件終結前，應停止訴訟程序。但其聲請因違背第三十三條第二項、或第三十四條第一項或第二項之規定，或顯係意圖延滯訴訟而為者，不在此限。依前項規定，停止訴訟程序中，如有急迫情形，仍應為必要處分。

本條規定係於民國五十七年修正本法時，恢復民國三十四年以前之舊條文內容而為規定。依本條規定，無論聲請法官迴避之原因，係屬第三十二條應自行迴避原因，抑或屬法官執行職務有偏頗之原因，於當事人有向法院聲請法官迴避時，法官即應於該聲請事件終結前，停止訴訟程序。惟為防止當事人濫行聲請法官迴避，以達延滯訴訟目的，例外規定：⑴聲請之當事人於已就訴訟有所聲明或陳述後，以法官執行職務偏頗為理由聲請迴避者；⑵聲請之當事人不於聲請之日起三日內，釋明法官迴避原因或釋明迴避原因發生在後或知悉在後之事實者；⑶聲請當事人之聲請顯係意圖延滯訴訟者，均不停止訴訟程序。

原則上，受聲請迴避之法官，於該聲請事件終結前，應停止任何訴訟程序之行為。惟對於應行急迫處分之行為，例如訊問垂死之證人，調查將滅失之證據，仍得為之。蓋為公益且未必對聲請之當事人不利也。

有疑義者，當事人聲請法官迴避，經法院裁定駁回其聲請，當事人不服裁定，依本法第三十六條規定提起抗告，於抗告程序中，法官可否依據本法第四九一條第一項抗告無停止執行效力之原則，繼續進行訴訟？最高法院八十年第一次民庭會議決議，認為因期審判之公平，於聲請事件裁定確定前，法院不得續行訴訟程序，此項見解應屬可採，否則無法貫徹迴避制度之效果。

學者有認為，本法第三十七條第二項所規定，受聲請迴避之法官得為之必要處分，不分聲請迴避之原因究為應自行迴避原因，抑或執行職務偏頗之原因，一律認為應自行迴避之法官之必要處分合法，將司法上最高要求之公正無私的公平

審判，置於依法應自行迴避之法官主觀認定之下，其非妥適之立法者❻。拙以為迴避制度主要目的為審判之公正無私，無論應自行迴避原因抑或執行職務偏頗為原因，制度之基本目的相同。倘法官係公正無私為訴訟程序之進行，遇緊急情況為必要之急迫處分行為，則法官之此項必要行為，係為公益而為，無區分當事人聲請迴避原因為何者之必要。受聲請迴避之法官，對急迫情況之處分行為，其判斷標準係必要不必要，不在公正不公正，從而區分聲請迴避原因為何者，並非重要。何況某情況是否急迫，是否必要，並非全無客觀事實為依據。

關於聲請迴避與停止訴訟程序兩者行為之間所生法律問題，日本學者有下列問題之爭論。即，法官所為非急迫之處分雖為違法，倘於事後，聲請法官迴避之確定裁定認定聲請法官迴避無理由時，此項違法之處分行為是否發生治療效果？有認為無條件發生治療者；有認為絕對不發生治療者；有認為應區別聲請人就該項處分行為曾否介入訴訟行動而定，於未介入訴訟行動情形時，應不發生治療者❼。拙以為第一說為可取，蓋為訴訟經濟及防止濫行聲請法官迴避之必要也。又法官於急迫必要之處分後，法院裁定認為聲請迴避有理由時，此項必要處分行為之效力如何？學者有認為有效者，有認為無效者；有認為於應自行迴避情形為無效，於執行職務偏頗情形為有效者。拙以採第一說之有效說為是，蓋為審判迅速且為急迫情況必要，本法既已明文規定，無作相反解釋必要。

三、經兼院長之法官同意之迴避

當事人對於該訴訟事件雖未必認為法官有偏頗之虞，惟法官自己認為其執行職務，將使人認為有偏頗情形時，依本法第三十八條第二項規定，法官得經兼院長之法官同意為迴避。此項法官迴避之情形，係基於院長之司法行政監督權而為，非基於訴訟程序之裁判作用，不生合議庭之裁定問題，亦無抗告問題，故條文稱為經兼院長之法官同意。

四、法院司法事務官、書記官及通譯之迴避

依本法第三十九條規定，本法第一編第一章第二節法院職員迴避之規定，於

---

❻ 見姚瑞光，《民事訴訟法論》（八十年版）第七十九頁以下。

❼ 參照中野貞一郎、松浦馨、鈴木正裕編，《民事訴訟法講義》（補訂第二版）第八十八頁。

法院書記官及通譯準用之。法院書記官制作言詞辯論筆錄及裁判正本、送達文書及保管卷宗，其公正與否，與當事人有利害關係。法院之通譯於開庭時，是否公正無私正確傳譯語言，足以影響審判結果。如有迴避之原因，亦有迴避必要，其迴避程序概與法官相同。惟本法第三十二條第七款之法定迴避原因，係為保護當事人之審級利益而設，法院書記官及通譯不參與裁判或仲裁，不生此種情形。

　　本法於民國一〇二年四月十六日修正，為使司法事務官在辦理法律規定事務時，維持其公正、中立性，修正第三十九條規定，司法事務官準用法官迴避之規定。

■ 第三節　法院之管轄

一、管轄之意義與種類

㈠管轄之意義

　　我國民事法院既然分為最高法院、高等法院、地方法院三級，且全國各地方法院及高等法院遍設各縣各省，則何種訴訟事件應由何地何級法院審判，不能不於本法明定劃分標準。各法院之間，就一定之訴訟事件，依法劃分其得受理之權限關係，稱為法院之管轄。就法院而言，某法院就某訴訟事件，依法有掌管其裁判之權限，稱為該法院有管轄權。就一定之訴訟事件而言，管轄之問題，係指對該訴訟事件之當事人，應歸何地何級法院為審判，始合法之問題。

　　法院管轄之規定，原則上於法院組織法及民事訴訟法為規定，例外於其他法律亦有規定，例如家事事件法第五十二條、第六十一條、第七十條、海商法第一〇一條、公職人員選舉罷免法第一二六條、第一二七條。關於第一審法院之管轄，除本法第一編總則第一條至第三十一條之規定外，於本法第五編再審程序第四九九條、第五編之一第三人撤銷訴訟程序第五〇七條之二、第六編督促程序第五一〇條亦有規定。

　　智慧財產法院組織法及智慧財產案件審理法於九十六年三月二十八日公布，並自九十七年七月一日施行，智慧財產及商業法院組織法第三條第一款規定：一、依專利法、商標法、著作權法、光碟管理條例、營業秘密法、積體電路電路布局

保護法、植物品種及種苗法或公平交易法所保護之智慧財產權益所生之第一審及第二審民事訴訟事件。第四款規定：四、其他依法律規定或經司法院指定由智慧財產及商業法院管轄之案件。智慧財產案件審理法第九條規定，智慧財產及商業法院組織法第三條第一款、第四款所定之民事事件，由智慧財產及商業法院管轄。

上述智慧財產案件之第一、二審管轄權已由普通民事法院移出，改由新設立之智慧財產及商業法院管轄，由該法院審理裁判，惟第三審上訴事件仍由最高法院管轄審理。

㈡管轄之種類

法院之管轄，由於分類之標準內容不同，在學理上得分為多種，茲說明如次：

1. 土地管轄

以土地之區域範圍為劃分標準，劃為法院之管轄區域，一定訴訟事件與該管轄區域有關者，均歸該法院審判，稱為土地管轄。原則上，各地方法院以縣為管轄區域，各高等法院以省為管轄區域。

2. 職務管轄

又稱為審級管轄，依各級法院掌管訴訟之審判職務之不同而區分之管轄。此項管轄，出於各級法院之職務功能而劃分，與法院之審級制度有密切關係，不許任何變更。我國法院之審級，原則上採三級三審制度，例外情形為三級二審或一審終結之制度。於第一審之訴訟事件，由地方法院及其分院管轄。於第二審之上訴事件或抗告事件，原則上由高等法院及其分院管轄。但於簡易訴訟程序之訴訟事件，依本法第四三六條之一規定，其第二審上訴事件，係由地方法院或其分院之合議庭為管轄。第三審之上訴事件或抗告、再抗告事件，由最高法院管轄。惟於不服地方法院或其分院合議庭第二審裁判之上訴事件或抗告事件，依本法第四三六條之二規定，由最高法院為第三審管轄法院，不歸高等法院管轄，與德國、日本之飛躍上訴制度類似。

關於職務管轄，除上述通常情形規定外，於再審程序之訴訟事件，其第一審專屬為判決之原法院管轄，但有法定原因情形，則專屬原第二審法院管轄（本法第四九九條）。於保全程序之事件，由本案訴訟應繫屬之第一審法院管轄，惟若本案訴訟現繫屬於第二審者，由該第二審法院管轄（本法第五二四條）。

另外有關選舉罷免訴訟之職務管轄，依公職人員選舉罷免法第一二六條及第

一二七條規定，第一審選舉罷免訴訟，由選舉罷免行為地之該管地方法院或其分院管轄。不服地方法院或其分院第一審判決而上訴之選舉罷免訴訟事件，由該管高等法院或其分院管轄。選舉罷免訴訟，設選舉法庭採合議制審理，以二審終結，不得提起再審之訴。

3. 事務管轄 (Sachliche Zuständigkeit)

依訴訟事件之性質是否簡易輕微或其標的之價額多寡為標準，而規定其第一審訴訟事件歸由同一管轄區域之區法院或地方法院為管轄者，稱為事務管轄❽。德日法院採四級三審制度，其第一審訴訟事件，必須規定何種性質或金額多少之訴訟由第一級之區法院或由第二級之地方法院為管轄。我國現行法，法院僅有三級，採三級三審制度，不生德日之事務管轄問題。惟我國之地方法院或其分院於受理第一審訴訟事件時，因本法第四二七條，將財產權訴訟以標的之金額價格或事件性質之輕微簡易，分為簡易訴訟程序事件，使與通常訴訟程序事件有區別，從而同在地方法院或其分院內，分別適用其不同之第一審程序及相異之上訴程序，其情形與德日之事務管轄，略為類似而不同。學理上不宜歸類於事務管轄，將其歸為職務管轄之特別規定較為適當❾。

4. 法定管轄、指定管轄、合意管轄

依法院管轄權之發生依據為分類，得分為法定管轄、指定管轄、合意管轄。其因法律規定而有管轄權者，稱為法定管轄，上述之土地管轄及職務管轄均屬此類。其因上級法院之指定而有管轄權者，稱為指定管轄，本法第二十三條規定之管轄，屬此類。法院之管轄權，基於當事人雙方之訴訟合意行為而發生者，稱為合意管轄，例如本法第二十四條規定之管轄。又被告不抗辯法院無管轄權而為本案之言詞辯論者，依本法第二十五條規定，以其法院為有管轄權之法院。學者稱為擬制合意管轄或應訴管轄 (Veranlasste Zuständigkeit)。

5. 專屬管轄、任意管轄

管轄之規定，依其是否應被嚴格遵守為標準，得分為專屬管轄與任意管轄。基於公益之要求，法律明文規定某種訴訟事件屬於固定之法院管轄，得排除其他一切之管轄權，不容許法院或當事人任意變更者，稱為專屬管轄。上述職務管轄

---

❽ Jauernig, ZPR. 22. Aufl. S. 30ff.; Rosenberg-Schwab, ZPR. 14. Aufl. S. 168ff.

❾ 相同歸類，見王甲乙三人著，《民事訴訟法新論》第十一頁。

係定法院之職務權限為內容之規定，無待法律另有專屬管轄之明文，性質上當然為專屬管轄。惟於上述之土地管轄或事務管轄情形，限於法律以明文規定為專屬管轄者始成為專屬管轄。例如，本法不動產物權事件（本法第十條）、再審之訴（本法第四九九條）、支付命令（本法第五一〇條）、撤銷除權判決（本法第五五一條）、婚姻訴訟事件（家事事件法第五十二條）、親子關係訴訟事件（家事事件法第六十一條）。定有專屬管轄之情形，不生與其他一般規定之管轄有競合問題，法院不得忽視專屬管轄規定而將事件為移送。專屬管轄之有無係法院應依職權調查之事項，如有違背，得成為上訴第三審之理由。

　　任意管轄，主要係為當事人之方便及公平為出發點，考慮私益立場而為規定之管轄。得以當事人之意思或態度而使發生與法定管轄相異之管轄，當事人間對管轄如無爭執，即可加以承認而視為合法，違背任意管轄所為之判決，當事人不得於上訴審為無管轄權之主張，上訴審法院亦不得以此為理由而廢棄原判決。

　　6.選擇管轄、優先管轄

　　於同一訴訟事件，數法院均有管轄權，當事人得任意選擇其一之情形，此種管轄稱為選擇管轄。例如被告住所地法院與被告侵權行為地法院不同，此際，依本法第二十二條規定，原告得任向其中一法院起訴。此種現象，學者稱為審判籍之競合。於選擇管轄，他法院之管轄權不因當事人之選擇而歸於消滅。倘訴訟繫屬於選擇管轄之法院後，因原告撤回訴訟，改向他法院為選擇管轄而起訴者，不構成非法。

　　相反地，同一訴訟事件，數法院均有管轄權，法律規定，以當事人所選擇之最初法院為有管轄權之法院者，稱為優先管轄。例如日本破產法第一〇七條第三項規定，依前二項規定二以上法院有管轄權時，專屬先有破產申請之法院為管轄❿。

二、第一審法院之土地管轄

　　民事訴訟之起訴向第一審法院為之，而第一審法院之管轄主要係按法院所在地之行政區域劃分其管轄範圍，此種以土地區域為標準，定法院管轄者，稱為土地管轄。訴訟事件應向何地法院起訴，係以事件之當事人及事件性質兩者與法院

---

❿ 參照《注解民事訴訟法(1)》（有斐閣）第一四五頁。

所在地之關係為決定標準，此種法院與事件間之審理關係稱為審判籍。審判籍得分為普通審判籍與特別審判籍，法院對於被告之一切訴訟事件，除專屬管轄情形外，有審判之關係者，稱為被告之普通審判籍。以法院管轄區域與訴訟事件之內容性質兩者間之特別關係而發生之審判關係，稱為特別審判籍，茲就土地管轄之被告普通審判籍與特別審判籍之相關規定敘述如下。

㈠普通審判籍

1. 自然人之普通審判籍

本法第一條規定，訴訟，由被告住所地之法院管轄，被告住所地之法院不能行使職權者，由其居所地之法院管轄。訴之原因事實發生於被告居所地者，亦得由其居所地之法院管轄。被告在中華民國現無住所或住所不明者，以其在中華民國之居所視為其住所。無居所或居所不明者，以其在中華民國最後之住所視為其住所。在外國享有治外法權之中華民國人，不能依前二項規定定管轄法院者，以中央政府所在地視為其住所地。此為有關自然人之普通審判籍。以自然人為被告之訴訟，原則上須向被告住所地之法院起訴，不得由原告任意決定起訴法院，否則無從保護被告利益，此一原則，學者稱為「以原就被之原則」。定普通審判籍之住所，應依民法之規定，依民法第二十條第一項之規定，以久住之意思住於一定之地域者，即為於該地有住所（二一上字第二七一七號判例）。以被告在中華民國之居所視為其住所，必須以被告在中華民國現無住所或住所不明為要件，至於被告以前有無住所，現在在外國有無住所，均非所問。住所不明係指客觀上有相當事實，經法院已盡調查認定，猶無法獲知其住所之情形而言。以被告在中華民國最後之住所視為其住所，必須被告在中華民國無居所或居所不明，且在中華民國曾經有最後之住所為要件。惟值注意者，目前中華民國實際統治權所到達之地域，限於臺灣、澎湖及金門、馬祖地區，其餘中國地區為中華人民共和國所統治，所謂在中華民國最後之住所，不應指曾經在中國大陸有最後住所之意，蓋中華民國之法院不可能在中國大陸有土地管轄也。

中華民國人在外國享有治外法權者，例如駐外大使、公使及其家屬等，由於不受外國法院之審判，原告無從向其住所地之外國法院起訴，於其為被告時，不能依第一條第一、二項規定，定管轄法院者，即以中央政府所在地為其住所地。

民國九十二年本法修正，於第一條第一項後段增訂，訴之原因事實發生於被

告居所地者，亦得由其居所地之法院管轄。立法者認為，若堅持以住所為定自然人普通審判籍之原則，以我國人之鄉土觀念深厚，多不願廢止其祖籍所在地之住所，而事實上因社會結構之改變，又多離去其住所，在其就業所在地設有居所，如關於其人之訴訟，仍必須於其住所地之法院起訴，對於當事人反有不便。為解決實際問題，故於本條第一項後段增列，訴之原因事實發生於被告居所地者，亦得由其居所地之法院管轄，以利適用。值注意者，定法院之管轄，應以起訴時為準。若被告於其居所地發生訴之原因事實後，在起訴前已離去並廢止該居所，則該原因事實發生地於起訴時已非被告之居所地，該地法院自無本法第一條第一項後段之管轄權。

2. 法人及其他團體之普通審判籍

本法第二條規定，對於公法人之訴訟，由其公務所所在地之法院管轄；其以中央或地方機關為被告時，由該機關所在地之法院管轄。對於私法人或其他得為訴訟當事人之團體之訴訟，由其主事務所或主營業所所在地之法院管轄。對於外國法人或其他得為訴訟當事人之團體之訴訟，由其在中華民國之主事務所或主營業所所在地之法院管轄。國家為公法人，惟公法人不限於國家、政府各級機關學校及公營事業機構，依一定之組織法或特別命令成立，對外有名稱組織獨立經營財產及代表人者，即為公法人。法院判例實務認為，國有財產撥給各地國家機關使用者，名義上仍為國有，實際上即為使用機關行使所有人之權利，對於此類財產，准由管領機關起訴，代國家主張所有權人之權利（五一臺上字第二六八〇號判例），從而該管機關所在地之法院，即有該公法人之普通審判籍。對於國家、直轄市、縣（市）、鄉、鎮之訴訟，依現行訴訟實務，均由管轄該項事務之中央或地方機關為當事人，而於有此項訴訟時，由該中央或地方機關所在地之法院管轄。民國九十二年修正本法時，於本法第二條第一項後段將其增訂以應事實需要。應注意者，此處所謂中央機關或地方機關，不以一級機關為限，應包含中央或地方之各級機關在內。

私法人之普通審判籍，依其主事務所或主營業所所在地定之，所謂主事務所係指於章程業經註冊之合法主事務所而言，若事實上任意遷移未經變更章程依法註冊之主事務所，縱使實際上為辦理該法人事務之處所，亦不得拘束原告應在該處之法院起訴（一八上字第一七二〇號判例，本判例依一〇八年七月四日施行之法院組織法第五十七條之一第一項規定，已停止適用）。本法第二條所稱其他得為

訴訟當事人之團體，係指本法第四十條第三項所規定之非法人之團體而言，此類團體雖非法人，但有當事人能力，得成為訴訟當事人，亦有規定該團體之普通審判籍之必要。對於外國之法人或外國之非法人之團體進行訴訟時，即使其主事務所或主營業所在外國，均以其在中華民國之主事務所或主營業所所在地為普通審判籍，蓋為便利在中華民國之原告不必遠程在外國為訴訟也。

㈡特別審判籍

本法第三條起至第二十條係有關特別審判籍之規定，立法者制定特別審判籍之目的，係為兼顧原告與被告雙方訴訟實際之方便利益，同時為訴訟法院之審理便利。故，除有專屬管轄之情形外，特別審判籍與普通審判籍兩者得並存，原告得自由選擇其中一法院起訴。最高法院二十二年抗字第五三一號判例云：被告普通審判籍所在地法院之管轄權，僅為法律規定之專屬管轄所排除，不因定有特別審判籍而受影響，故同一訴訟之普通審判籍與特別審判籍不在一法院管轄區域內者，即為民事訴訟法第二十二條所謂數法院有管轄權，原告得任向其中一法院起訴，其向被告普通審判籍所在地之法院起訴者，被告不得以另有特別審判籍所在地之法院，而抗辯該法院無管轄權（本判例依一〇八年七月四日施行之法院組織法第五十七條之一第一項規定，已停止適用）。茲將特別審判籍之規定分述如次：

1.對於在中華民國現無住所或住所不明之人，因財產權涉訟之特別審判籍

本法第三條規定，對於在中華民國現無住所或住所不明之人，因財產權涉訟者，得由被告可扣押之財產或請求標的所在地之法院管轄。被告之財產或請求標的如為債權，以債務人住所或該債權擔保之標的所在地，視為被告財產或請求標的之所在地。關於財產權之訴訟，原告起訴最終目的在獲得財產權之給付，被告有可扣押之財產或請求標的者，得供原告之強制執行而滿足其請求權。被告無論為自然人或法人，倘在中華民國現無住所或住所不明，但在中華民國有可扣押之財產或請求標的者，該財產或請求標的所在地之法院，不僅便利訴訟，且於將來之強制執行亦方便。惟被告之財產或請求標的，必須依法得扣押者始可，如係法律上禁止扣押之財產或請求標的，則其財產或請求標的所在地，即非此所謂之財產或請求標的之所在地。被告之財產或請求標的，如為被告對他人之債權，其債權所在地為債權人處抑或債務人處，必生疑問，為此，法律規定以債務人住所或該債權擔保之標的所在地，視為被告財產或請求標的之所在地。

2.對於寄寓人，因財產權涉訟之特別審判籍

本法第四條規定，對於生徒、受僱人或其他寄寓人，因財產權涉訟者，得由寄寓地之法院管轄。此一特別審判籍限於自然人始有適用。所謂寄寓人係指因各種工作關係或學習關係，性質上必須較長久滯留於他人之一定處所，但非設定其住所於該地之人而言。其最典型之人，例如外出受僱工作之工人、受僱人，外出讀書之大學生、中小學生、學徒，必須較長期寄居於他人之住居所。對於此類寄寓人若因財產權涉訟，於寄寓地之法院進行訴訟，有時反較向被告住所地法院起訴為方便，蓋被告因工作或學習關係必須長期滯留在寄寓地，得就近對原告訴訟為應付也。德國法院判例認為，住進醫院治療之人、在監獄受刑或在看守所羈押之人，在渡假區渡長假之人均屬此所謂寄寓人❶。

3.對於現役軍人或海員，因財產權涉訟之特別審判籍

本法第五條規定，對於現役軍人或海員因財產權涉訟者，得由其公務所、軍艦本籍或船籍所在地之法院管轄。立法者設此特別審判籍之目的係為顧及實際之需要。現役軍人或海員經常隨軍隊或船艦遷徙不定，其流動性頗大，僅以被告住居所定管轄法院，有事實上之困難。軍人之公務所及軍艦本籍地，海員之船籍地有固定處所，事實上較便利訴訟進行，其因財產權涉訟者，適合定為特別審判籍。現役軍人或海員，其意義依兵役法及海商法有關規定。公務所指軍人服役之處所，軍艦本籍地依軍艦本籍之法令，船籍所在地指船舶法規定之船籍港所在地。

4.對於設有事務所或營業所之人，因關於事務或業務涉訟之特別審判籍

本法第六條規定，對於設有事務所或營業所之人，因關於其事務所或營業所之業務涉訟者，得由該事務所或營業所所在地之法院管轄。對於被告之事務所或營業所之業務發生訴訟時，如由其事務所或營業所所在地之法院管轄，不僅法院調查證據方便，且能謀雙方當事人之便利而不影響被告利益。設有事務所或營業所之人，無論其業務係以非營利或營利為目的，必須係以自己之名義獨立繼續經營或執行其業務者，始有此一特別審判籍之適用，例如醫師診所、律師、會計師、地政士之事務所為最典型，惟不限於自然人所設之事務所或營業所。所謂因業務涉訟，不限於因業務本身所發生之交易糾紛，其因業務之牽連關係附帶發生之法律關係事件，亦屬因業務涉訟情形。例如因執行業務使用員工發生工資糾紛，因

---

❶ 參照 Thomas-Putzo, ZPO. 15. Aufl. §20, S. 64.

承租房屋供執行業務使用發生租金或遷讓房屋糾紛，均屬之。

5. 對於船舶所有人或利用船舶人，因船舶或航行涉訟之特別審判籍

本法第七條規定，對於船舶所有人或利用船舶人，因船舶或航行涉訟者，得由船籍所在地之法院管轄。海商法所規定之船舶，由於船舶所有人或利用船舶經營海上運輸之人，難免為船舶本身產權之得喪問題發生糾紛，或因船舶航行時加害他人發生賠償糾紛。對於此種船舶所有人或船舶運輸人進行訴訟，向船籍所在地之法院起訴，最為適當。蓋船籍所在地，多係經營船舶運輸者之業務中心所在地，且為船舶回航必歸之處所，船舶與陸上之關係最密切之地。

6. 因船舶債權或以船舶擔保之債權涉訟之特別審判籍

本法第八條規定，因船舶債權或以船舶擔保之債權涉訟者，得由船舶所在地之法院管轄。海商法第二十四條所規定之船舶債權及同法第三十三條以下所規定之船舶抵押權，均得就船舶及其附屬物隨時優先受償。債權人於行使其債權請求權時，必須隨時扣押船舶，始能確保債權之滿足，船舶一旦離開停泊地，大都難於追償其船舶優先權。因此，此等債權之訴訟自宜由船舶所在地之法院管轄，較迅速實際。又依強制執行法第七條第一項規定，強制執行由應執行之標的物所在地或應為執行行為地之法院管轄。故以船舶所在地之法院，就船舶債權或船舶擔保之債權對被告進行訴訟，最適當且得以保護原告之利益。

7. 公司、團體、社員於其社員之資格有所請求而涉訟之特別審判籍

本法第九條規定，公司或其他團體或其債權人對於社員或社員對於社員，於其社員之資格有所請求而涉訟者，得由該團體主事務所或主營業所所在地之法院管轄。前項規定，於團體或其債權人或社員，對於團體職員或已退社員有所請求而涉訟者，準用之。此類訴訟，例如，公司對股東請求繳納出資；社團對其職員要求交出經管帳簿報告；無限公司之債權人對無限公司股東訴請連帶清償公司債務；無限公司股東對其他無限公司股東求償應分擔之公司債務。適用時應注意者，此類訴訟之法律關係，均係公司、團體本於對其股東、社員之地位資格而發生，且均以股東或社員為被告之情形，始有本條特別審判籍之適用。本條規定目的，在避免對眾多之股東或社員分別在各地方法院起訴之煩。

8. 不動產涉訟之特別審判籍

本法第十條第一項規定，因不動產之物權或其分割或經界涉訟者，專屬不動產所在地之法院管轄。此種管轄為專屬管轄，原告不得向被告之普通審判籍法院

起訴，如有違背，構成訴訟程序違法，得據為上訴第三審法院之上訴理由。因買賣、贈與或其他關於不動產之債權契約、請求履行，則屬債法上之關係，非不動產物權之訟爭，不在專屬管轄之列（七一臺上字第四七二二號判例）。惟若請求塗銷土地所有權移轉登記，則有專屬管轄（七四臺上字第二八〇號判例）。同條第二項規定，其他因不動產涉訟者，得由不動產所在地之法院管轄，此為特別審判籍。所謂其他因不動產涉訟係指，不動產所有權、抵押權、地上權、典權、不動產役權以外之訴訟而與不動產有關者，例如損害不動產所生賠償之訴訟，租賃不動產發生交還之訴訟。原告之同一訴訟，其請求確認系爭抵押權不存在，係因不動產之物權涉訟，應專屬不動產所在地之法院管轄。至於請求確認債權不存在及塗銷抵押權登記部分，因與確認抵押權不存在部分係基於同一原因事實，自不宜割裂由不同法院管轄。第一審法院未將之移送於其管轄法院而為實體判決，原法院復未廢棄該判決並將之移送於管轄法院，均屬違背法令（八五臺上字第二九六號判決）。

又本法第十一條規定，對於同一被告因債權及擔保該債權之不動產物權涉訟者，得由不動產所在地之法院合併管轄，此亦屬特別審判籍。不動產有固定性且有登記制度，若當事人訴訟之權利義務與不動產有關，宜由該不動產所在地之法院審判，蓋調查證據及實地勘驗不能離該不動產而實施，且法院與不動產登記機關之聯繫工作亦較方便。尤其因不動產之物權及其分割或經界涉訟者，不動產所在地與審判之法院，兩者之地緣關係特別密切，不得由其他法院管轄，故定為專屬管轄。最高法院八十六年臺上字第一四二一號判決云：因不動產之物權或其分割或經界涉訟者，專屬不動產所在地之法院管轄。而當事人得以合意定第一審管轄法院，被告不抗辯法院無管轄權，而為本案之言詞辯論者，以其法院為有管轄之法院之規定，於民事訴訟法定有專屬管轄之訴訟不適用之。且專屬於他法院管轄之事件，無管轄權之法院，並不因移轉管轄之裁定而取得管轄權。

9. 契約涉訟之特別審判籍

本法第十二條規定，因契約涉訟者，如經當事人定有債務履行地，得由該履行地之法院管轄。當事人間以契約特別定有履行地者，履行地對於當事人而言有特別利害關係，其因在履行地發生契約債務之糾紛，由履行地法院審判，符合雙方當事人之利益，且法院對調查證據亦較就近方便。惟應注意者，所謂履行地必須係當事人於契約中特別明定者為限，民法第三一四條所規定之法定之債務履行

地，非此處之履行地。管轄權之有無應依原告之主張事實，相對人主張之契約是否存在，不能據為定管轄標準（六五臺抗字第一六二號判例）。

10.**票據涉訟之特別審判籍**

本法第十三條規定，本於票據有所請求而涉訟者，得由票據付款地之法院管轄。票據主要功能為執票人可獲付款，一旦發生票據不獲付款而涉訟，自以票據付款地之法院為審判，對付款義務人及票款權利人最方便，故定票據付款地之法院有特別審判籍。

11.**關於財產管理涉訟之特別審判籍**

本法第十四條規定，因關於財產管理有所請求而涉訟者，得由管理地之法院管轄。此類訴訟係發生在財產管理人與財產所有人互相之間，其發生財產管理原因，有基於當事人間之委任契約、無因管理，有出於法律規定，如失蹤人財產之管理、遺產管理、受監護宣告之人之財產管理、破產人財產之管理、債務人不動產之強制管理。其訴訟有，請求償還管理費用之訴、請求管理所生損害賠償之訴、請求給付報酬之訴、請求提出報告計算之訴、請求解除管理關係之訴。財產管理地之法院受理此類訴訟最方便。

12.**因死亡生效行為涉訟之特別審判籍**

本法原第十八條第一項規定，因遺產之繼承、分割、特留分、或因遺贈或其他因死亡而生效力之行為涉訟者，得由繼承開始時被繼承人住所地之法院管轄。同條第二項規定，被繼承人住所地之法院，不能行使職權，或訴之原因事實發生於被繼承人居所地，或被繼承人為中華民國人，於繼承開始時，在中華民國無住所或住所不明者，定前項管轄法院時，準用第一條之規定。即被繼承人住所地之法院，不能行使職權或訴之原因事實發生於被繼承人居所地者，由其居所地之法院管轄；以被繼承人在中華民國之居所視為其住所；無居所或居所不明者，以其在中華民國最後之住所視為其住所。被繼承人如係在外國有治外法權之中華民國人，無法依第一條第一、二項規定，定其管轄法院者，以中央政府所在地視為其住所地，定其管轄法院。本條立法目的，係為法院審理之方便及多數繼承人間之公平，被繼承人，其有關遺產繼承之訴訟，均能歸由我國法院審判。

民國一〇一年一月十一日公布之家事事件法第三條第三項第六款將因繼承回復、遺產、確認遺囑真偽或繼承人間因繼承所生事件列為家事事件，並於第七十條明定其管轄法院。現行條文關於上開事件管轄法院之規定應予刪除。因繼承所

生家事訴訟事件應適用家事事件法，現行條文規定之被繼承人應修正為自然人，爰配合修正第一項規定為，因自然人死亡而生效力之行為涉訟者，得由該自然人死亡時之住所地法院管轄。第二項規定修正為，前項法院不能行使職權，或訴之原因事實發生於該自然人居所地，或其為中華民國人，於死亡時，在中華民國無住所或住所不明者，定前項管轄法院時，準用第一條之規定。自然人死亡而生效力之行為，係指因自然人死亡始發生效力之法律行為，例如死因贈與契約，於贈與人死亡而發生效力，應由該自然人死亡時之住所地法院管轄，死亡包括自然死亡及宣告死亡（民法第八條第一項），自不待言。

13. 遺產上負擔涉訟之特別審判籍

本法第十九條規定，因遺產上之負擔涉訟，如其遺產之全部或一部，在前條所定法院管轄區域內者，得由該法院管轄。所謂遺產上之負擔，主要係指被繼承人之債權人之債權而言，通常以繼承人、遺產管理人、遺囑執行人為被告，就遺產請求給付而涉訟。其他因管理遺產所生費用及報酬等涉訟，亦有本條之適用。

14. 因登記涉訟之特別審判籍

本法第十七條規定，因登記涉訟者，得由登記地之法院管轄。依法應行之登記，例如不動產登記、公司登記、船舶登記、商業登記、夫妻財產登記、著作權登記、礦業權登記、水權登記。此類登記，常因登記義務人拒絕履行登記而發生糾紛，原告為取得應登記之權利而進行訴訟。不動產所有權塗銷登記之訴，最高法院七十四年臺上字第二八〇號判例認係因不動產物權涉訟，適用專屬管轄。惟學者有認為，其訴訟標的為塗銷登記請求權，屬因登記涉訟，非本法第十條第一項問題，而係第十七條問題❷。

15. 因侵權行為涉訟之特別審判籍

本法第十五條第一項規定，因侵權行為涉訟者，得由行為地之法院管轄。侵權行為，原則上指民法第一八四條以下各種情形而言，其他法律有相關規定之特殊侵權行為，亦包括在內。本條立法目的在求蒐集證據方便。所謂行為地，凡為一部實行行為或其一部行為結果發生之地皆屬之（五六臺抗字第三六九號判例）。

16. 因船舶碰撞或其他海上事故請求損害賠償涉訟之特別審判籍

本法第十五條第二項規定，因船舶碰撞或其他海上事故，請求損害賠償而涉

---

❷ 見姚瑞光，《民事訴訟法論》第四十二頁。

訟者，得由受損害之船舶最初到達地，或加害船舶被扣留地，或其船籍港之法院管轄。所謂船舶碰撞，指海商法第九十四條至第一○一條之規定。所謂其他海上事故，指船舶碰撞以外，因航海所生之一切事故而言，例如，因船舶拖帶、共同海損，而發生損害，其賠償之訴訟均屬之。海商法第一○一條規定，關於碰撞之訴訟，得向下列法院起訴：一、被告之住所或營業所所在地之法院，二、碰撞發生地之法院，三、被告船舶船籍港之法院，四、船舶扣押地之法院，五、當事人合意地之法院。適用時，於船舶碰撞之損害賠償訴訟，得由原告依海商法第一○一條及本法第十五條第二項規定，就其最方便之法院擇一起訴。於其他海上事故之損害賠償訴訟，則依本法第十五條規定起訴。本條立法目的，主要係為被害人之利益及法院之便利而設，原告得就多數法院中選擇其一起訴。

17.因海難救助涉訟之特別審判籍

本法第十六條規定，因海難救助涉訟者，得由救助地或被救助之船舶最初到達之法院管轄。海難救助係指海商法第一○二條至第一○九條規定之救助及撈救而言。此類訴訟，有請求給付撈救報酬者，有為聲請法院裁定報酬金額者。本條係為法院調查證據之方便而設。

18.因空中事故請求損害賠償涉訟之特別審判籍

本法第十五條第三項規定，因航空器飛航失事或其他空中事故，請求損害賠償而涉訟者，得由受損害航空器最初降落地，或加害航空器被扣留地之法院管轄。除此之外，民用航空法第九十七條特別規定：因第八十九條所生損害賠償之訴訟，得由損害發生地之法院管轄。因第九十一條所生損害賠償之訴訟，得由運送契約訂定地或運送目的地之法院管轄之。換言之，航空器失事致人死傷或毀損他人財物，或自航空器上落下或投下物品致生損害時（即民用航空法第八十九條），由損害發生地法院管轄。乘客於航空器中或於上下航空器時，因意外事故致死亡或傷害者（民用航空法第九十一條），由運送契約訂定地或運送目的地之法院管轄。又民用航空法第九十九條規定：航空器失事之賠償責任及其訴訟之管轄，除本法另有規定外，適用民法及民事訴訟法之規定。從而被害人有多重選擇管轄法院之機會。

19.共同訴訟之特別審判籍

本法第二十條規定，共同訴訟之被告數人，其住所不在一法院管轄區域內者，各該住所地之法院俱有管轄權。但依第四條至前條規定有共同管轄法院者，由該

法院管轄。本條立法目的在求訴訟經濟，避免原告各別向被告住所地法院提起多數訴訟。適用本條之特別審判籍，必須被告為多數人之情形始可，而且須數被告之住所不在同一法院管轄區域內始有實益。又必須數被告之訴訟無本法第四條至第十九條所定之共同管轄法院始有意義，否則，原告應向該共同管轄法院起訴。各該被告住所地之法院俱有管轄權，指原告得自由選擇其中一被告住所地法院對全體被告提起共同訴訟（一八上字第二二三一號判例，依一〇八年七月四日施行之法院組織法第五十七條之一第一項規定，本判例已停止適用）。

三、審判籍因牽連或競合情形之解決方法

依本法第二十一條規定，被告住所、不動產所在地、侵權行為地或其他據以定管轄法院之地，跨連或散在數法院管轄區域內者，各該法院俱有管轄權。本條對於定管轄法院之地有跨連或散在數法院管轄區域之特殊情形，不能不以明文為解決，否則將生疑義。

本法第二十二條規定，同一訴訟，數法院有管轄權者，原告得任向其中一法院起訴。本法之法院管轄規定，有普通審判籍與特別審判籍。特別審判籍之適用規定，並無當然優先於普通審判籍，此際，法院審判籍成為競合現象，原告得就其中之一自由選擇其起訴之法院。惟專屬管轄之規定，得排除普通審判籍與特別審判籍之適用，否則，法院之審判程序違法，依本法第四六九條第三款規定得為上訴第三審理由。

四、合意管轄與應訴管轄

本法第二十四條規定，當事人得以合意定第一審管轄法院，但以關於由一定法律關係而生之訴訟為限。前項合意，應以文書證之。同法第二十五條規定，被告不抗辯法院無管轄權，而為本案之言詞辯論者，以其法院為有管轄權之法院。前二條之規定，於本法定有專屬管轄之訴訟，不適用之（本法第二十六條）。有關管轄之規定，除專屬管轄外，其設定目的主要係為當事人間之公平及考慮訴訟進行之方便。倘雙方當事人希望於法定管轄法院以外之法院進行訴訟，應無不許之理。當事人間得以合意定其第一審法院之管轄稱為合意管轄。又原告向無管轄權之第一審法院起訴，被告對此不為抗辯而應訴，就本案為言詞辯論時，得視為當事人於該法院進行訴訟有其方便，無妨承認該法院有管轄權，此種情形之管轄，

稱為應訴管轄權，或擬制之合意管轄。管轄之合意，其法律性質為訴訟行為，係以直接變更管轄之訴訟效果為目的之訴訟行為，其要件與效果，均依訴訟法之規定。

㈠合意管轄之要件

當事人雙方定合意管轄應具備之要件有五：即⑴僅得就第一審法院定為合意管轄法院，不許就第二、三審法院定合意管轄，蓋上級審法院為職務管轄，不許任意變更管轄權。若當事人已向有管轄權之法院起訴，則不得另以合意變更其第一審法院或就第二審法院定其合意管轄。⑵當事人之訴訟為專屬管轄者，不許定合意管轄。⑶以關於一定法律關係而生之訴訟為限，始得定合意管轄。當事人不得就雙方間不特定之一切訴訟為合意管轄。⑷須就一定之法院定為合意管轄法院，不得廣泛就任何第一審法院為合意定管轄法院。⑸須有當事人之合意且其合意應以文書證之。

合意管轄之行為係訴訟行為，本法對此項合意行為，並未如同日本民事訴訟法第十一條規定應以書面為之，始能生效，故無論以書面或言詞為法院管轄之合意，均合法，惟應以文書為證明始合法。德國民事訴訟法第三十八條規定，合意管轄應以書面為之，如以言詞為之，應以書面為證明。合意管轄之約定，常見於訂立保險契約、銀行貸款契約、運送契約時之條款中，成為契約之一條款。但合意管轄之約定係獨立於上述各種契約之訴訟契約，即使上述各種契約有解除或撤銷情形，亦不受影響。又合意管轄之約定由當事人雙方為之，與私法上之契約有相同之一面，關於合意管轄之意思表示發生瑕疵問題時，得類推適用民法規定為解決。通說認為當事人於合意管轄之約定時，必須有訴訟能力，當事人無訴訟能力者，須由法定代理人為之。

當事人定合意管轄法院之方法有二，一為不排除原有管轄權法院而另外約定無管轄權法院為合意管轄法院，稱為**競合的合意**。另一為排除原有管轄權法院而約定僅以特定法院為合意管轄法院，稱為**專屬的合意**。競合的合意管轄，對當事人間之公平及訴訟之方便無害，惟專屬的合意管轄，於使用在一般交易條款情形，可否謂無害於當事人間之公平，頗有問題。例如，保險公司專為其公司進行訴訟之方便，於保險契約條款約定，有關保險契約所生一切訴訟全部由總公司所在地之地方法院為合意管轄，且以細小字體同格式大量印成保險契約書，要保人於訂

約時無從注意而簽字。一旦發生訴訟，要保人不論成為被告抑或原告，一律必須遠道前往保險公司總公司所在地進行訴訟。此種情形，係因合意管轄制度被濫用之結果，對一般要保人頗不公平。德國立法者，有鑑於此，於一九七四年修正民事訴訟法時，特別就合意管轄之規定，設有若干限制❸。

㈡應訴管轄之要件

依本法第二十五條及第二十六條之規定，應訴管轄之要件有三：即(1)須原告係向無管轄權之第一審法院起訴，(2)須原告之訴訟非專屬管轄之訴訟，(3)須被告不抗辯法院無管轄權而為本案之言詞辯論。

所謂本案之言詞辯論，係指就訴訟標的為辯論而言。此係被告以言詞對原告之請求有無理由為辯論，倘被告就起訴之合法與否為辯論，或就其他訴訟要件之欠缺為辯論，均非本案之言詞辯論。德日兩國民事訴訟法，被告對於應受判決事項之聲明，區分為訴訟不合法駁回與訴訟無理由駁回之不同用語，不難識別被告係就訴訟程序問題抑或就本案實體問題為言詞辯論。我國訴訟實務，於被告之訴之聲明，均用「請求駁回原告之訴」一語，故，須俟被告就答辯之事實理由為陳述後，始知其是否係就本案為言詞辯論。不得僅憑被告已為訴之聲明一端，即指已有本案之言詞辯論。

又被告無義務出席無管轄權之法院開庭，若事先僅以準備書狀記載有關本案實體之陳述，但未出庭為辯論者，不能認為已有應訴。被告必須親自到庭或委任訴訟代理人出庭，以言詞就本案為辯論，始為應訴。至於被告是否知悉管轄錯誤，抑或被告有無應訴之意思，均非所問。又被告以言詞就本案為辯論之期日為準備程序期日抑或言詞辯論期日，亦非重要。

---

❸ Vgl. Jauernig, ZPO. 22. Aufl. S. 35ff.; 德國民事訴訟法第三十八條規定：①合意之當事人為非屬商法第四條所定職業之商人、公法人、公法上之特別財產者，得以當事人明示或默示之合意，使原無管轄權之第一審法院成為有管轄權。②當事人最少有一方於國內無普通審判籍者，得就第一審法院為合意管轄。合意應以書面為訂立，其以言詞訂立者，應以書面為證明。當事人之一方有國內之普通審判籍者，僅得於國內選擇當事人有普通審判籍或有特別審判籍之法院為合意管轄。③其餘情形，僅於下列情況允許以書面明示為合意管轄：a.於訴訟發生之後訂立合意管轄者，或 b.以訴訟方法為請求之當事人，於契約訂立後由本法適用之區域遷離其住所或經常居所地，或於起訴時其住所或經常居所尚未明，因而訂立合意管轄者。

㈢合意管轄與應訴管轄之效力

當事人所為管轄之合意一旦合法成立，即按其內容發生管轄之變更。於專屬的合意管轄，有排斥其他法院之法定管轄之效力。原告誤向原有法定管轄之法院起訴，經被告抗辯者，得依聲請或依職權裁定移送合意管轄法院，惟若被告不抗辯無管轄權而為本案之言詞辯論者，能發生應訴管轄之效果。當事人亦得再以專屬的合意管轄變更先行之專屬的合意管轄，法院違反專屬的合意管轄所為終局判決，不得以違反專屬管轄為理由上訴第三審，蓋此種專屬的合意管轄，其法律性質與本法規定之專屬管轄不同，前者係為當事人之方便，而後者係出於公益之必要也。

合意管轄之效力，原則上及於當事人與其一般繼受人，不及於其他第三人。破產管理人或代位權人（民法第二四二條）雖為第三人，惟其起訴所行使之權利係破產人或債務人之權利，故破產人或債務人曾經定有合意管轄者，其合意之效力及於破產管理人或代位權人。合意管轄之效力能否及於特定繼受人？日本通說認為，訴訟標的之權利關係，當事人得自由定其內容，合意管轄應以此項訴訟標的為要件，當事人以契約所定之債權與合意管轄要件之訴訟標的債權，兩者既然在內容上有一體不可分情形，合意管轄之效力及於特定繼受人。但法律硬性規定內容之物權，因不許當事人自由變更物權內容，故以物權為訴訟標的之訴訟，其合意管轄之效力不及於特定繼受人。少數說及判例認為，當事人於定管轄之合意時，如未特別定明合意之效力不及於特定繼受人者，其效力通常及於特定繼受人❶❹。

被告之應訴管轄，有使原無管轄權之法院發生管轄權之效力，但其他法定管轄權並不當然因此發生消滅之效果。且應訴管轄之效力僅以該次具體訴訟事件之程序為限，使法院取得應訴管轄權。倘該訴訟經法院不合法駁回或原告撤回訴訟者，應訴管轄權消滅，原告得向其他有法定管轄權之法院另行起訴，不受應訴管轄之影響。此與專屬的合意管轄之效力有異。對於同一被告，向無管轄權之第一審法院合併提起數宗訴訟，被告就其中一宗不抗辯法院無管轄權而為本案之言詞辯論者，除有專屬管轄情形，對於其他各宗訴訟，該法院亦有管轄權，蓋依本法

---

❶❹ 參見《注釋民事訴訟法⑴》（有斐閣）第二五二頁。

第二四八條規定,法院對其中一訴訟有管轄權,即可同時審理其他合併之訴訟也。

㈣國際合意管轄之法律問題

涉外民事訴訟事件之當事人,就特定法律關係以合意定國際之法院合意管轄者,必須具備下列要件情形始有效力:⑴雙方當事人就特定法律關係以書面為國際管轄之合意。⑵合意管轄所指定之法院地國,必須與該訴訟事件有涉外要素之連結關係存在。⑶國際合意管轄不得違背專屬管轄之規定。⑷合意指定外國法院有專屬的管轄權者,必須該外國之法律規定該外國法院有管轄權始可❺。

就我國法院對於國際管轄之合意問題言之,有可能發生以下各種問題:⑴當事人就訴訟事件已合意定某一外國法院為專屬的管轄法院後,原告向我國法院起訴,被告主張雙方已有國際合意管轄之約定,抗辯我國法院無管轄權,此際,我國法院能不能審判?⑵當事人就訴訟事件有國際合意管轄,並經該外國法院為判決確定後,原告持外國確定判決向我國法院提起執行判決之訴,被告抗辯該外國判決之法院無管轄權,我國法院應如何審判?⑶當事人就涉外訴訟事件,合意定我國法院為專屬的合意管轄法院,原告向我國法院起訴時,被告抗辯雙方所約定之國際合意管轄,其成立要件不合法,我國法院應如何審判?對於第一問題,我國法院得僅就當事人間之國際合意管轄之訴訟事件,調查有無違背我國之專屬管轄。審查結果,如有違背我國之專屬管轄,則駁回被告之抗辯,得就該訴訟為審判。如無違背我國之專屬管轄,則應尊重國際合意管轄之約定,而駁回原告在我國法院之起訴。第二問題與本法第四〇二條之解釋有關。外國法院之判決,既然係基於當事人之國際合意管轄權而為,於我國法院為執行判決時,除該外國判決有違背專屬管轄之情形外,亦應認為該判決之外國法院有管轄權❻。對第三問題,我國法院應就上述國際合意管轄之四要件為審查,如要件全部具備,即為駁回被告之抗辯。

又當事人間就涉外訴訟之財產事件,不抗辯無管轄權而為本案之言詞辯論,

---

❺ 參照《注釋民事訴訟法(1)》(有斐閣)第一一二頁。德、日民事訴訟法規定應以書面為合意,我國規定以書面為證明,倘當事人以書面為合意,自可證明有合意,若當事人僅以書面證明國際管轄之合意,未必符合外國法律之合法要件。

❻ 參照第一法規,《注解民事訴訟法(3)》第三五二頁。兼子一,《條解民事訴訟法》第六四八頁。

並符合上述四件中之第(2)及第(3)要件者，即生國際之應訴管轄，當事人不得於
該判決確定後主張法院無管轄權。

五、指定管轄

㈠指定管轄之意義與原因

本法雖對第一審之管轄有詳細規定，惟於具體訴訟事件，有時難免發生無法
明確決定法院管轄之情形，此際，須由相關第一審法院之直接上級法院，指定該
訴訟事件之法院為審理，此種因指定而生之管轄，稱為指定管轄。本法第二十三
條第一項規定，有下列各款情形之一者，直接上級法院，應依當事人之聲請或受
訴法院之請求，指定管轄：一、有管轄權之法院，因法律或事實不能行審判，或
因特別情形，由其審判恐影響公安或難期公平者。二、因管轄區域境界不明，致
不能辨別有管轄權之法院者。例如，法院全體法官均應迴避，為因法律不能行審
判；法院因天災戰爭不能處理事務之情形，為因事實不能行審判。法院之管轄區
域若在山中森林或海上漁場，常有境界不明情形，均有指定管轄之必要。

㈡指定管轄之程序

依本法第二十三條之規定，指定管轄應由直接上級法院，依當事人之聲請或
受訴法院之請求以裁定為之。直接上級法院不能行使職權者，由再上級法院為指
定管轄之裁定。當事人聲請指定管轄，得向受訴法院或直接上級法院為之。當事
人因直接上級法院不能行使職權，無法向直接上級法院聲請指定管轄時，得向受
訴法院或再上級法院為聲請。指定管轄由受聲請或受請求之法院為裁定，當事人
對法院所為指定管轄之裁定，不得聲明不服。惟當事人聲請指定管轄被裁定駁回
者，原聲請人得依一般抗告程序為抗告。

六、訴訟之移送

㈠訴訟移送之意義及原因

訴訟繫屬中，法院因事務管轄或土地管轄錯誤，或因濫用合意管轄情形顯失
公平，以裁定將已繫屬之訴訟移轉送由他法院審判，此種於訴訟繫屬中，變更法

院之情形，稱為訴訟之移送。當事人向無管轄權之法院提起之訴訟，法院原應以裁定駁回其不合法之訴訟。惟立法者為兼顧訴訟之經濟及原告利益之保護，不使已進行之程序浪費，避免原告因起訴而獲得之訴訟效果，由於裁定駁回起訴致生不利結果，故設有移送訴訟制度。

　　本法第二十八條第一項規定，訴訟之全部或一部，法院認為無管轄權者，依原告聲請或依職權以裁定移送於其管轄法院，此係對於第一審法院管轄錯誤時之移送。除此之外，於上級審法院亦能發生訴訟之移送情形。當事人以一訴提再審之訴，以有民事訴訟法第四九六條第一項第一、二款及同條項第十三款為理由者，前者專屬第三審法院管轄，後者專屬第二審法院管轄，為兩個再審之訴，其經原第二審法院就後者予以裁判外，得將前者依同法第二十八條第一項規定移送第三審法院（六六臺聲字第七三號判例）。破產事件因破產法第五條規定準用本法，於發生管轄錯誤情形，亦得裁定為訴訟之移送（二六院字第一六二三號解釋）。當事人不服第一審法院判決提起上訴時，誤向無管轄權之第二審法院上訴時，該第二審法院可否將其訴訟移送至有管轄權之第二審法院或原判決第一審法院？日本判例採肯定說，惟學說有採否定說者，亦有採肯定說者❶。就移送訴訟制度，兼有保護原告之目的而言，上訴人之上訴效果亦有保護必要，上訴人地位與原告類似，應類推適用本法第二十八條第一項規定，得為訴訟之移送❶。

　　值注意者，民國九十二年本法修正時，於本法第二十八條增訂第二項規定，「第二十四條之合意管轄，如當事人之一造為法人或商人，依其預定用於同類契約之條款而成立，按其情形顯失公平者，他造於為本案之言詞辯論前，得聲請移送於其管轄法院。但兩造均為法人或商人者，不在此限」。立法者認為，依第二十四條規定，當事人雖得以合意定第一審管轄法院，惟當事人之一造如係法人或商人，以其預定用於同類契約之合意管轄條款與非法人或非商人之他造訂立契約者，締約之他造就此條款多無磋商變更之餘地。為防止合意管轄條款之濫用，保障經濟弱勢當事人之權益，增訂第二十八條第二項前半段。如兩造均為法人或商人之情形，上述弊端通常不發生，故於同條項以但書加以除外。又法定管轄法院為多數時，被告並無選擇管轄法院之權，究以移送何一法院為宜，應由法院斟酌個案

---

❶ 參照第一法規，《注解民事訴訟法(1)》第一七五頁。
❶ 參照新堂幸司，《民事訴訟法》第七十七頁以下。

具體情形定之。

㈡訴訟移送之程序

原告於起訴後發見管轄錯誤時，固可聲請受訴法院以裁定將訴訟移送於有管轄權之法院，受訴法院於發見無管轄權時，亦得依職權裁定為移送訴訟。惟法院得視其管轄錯誤情形為違反專屬管轄抑或非專屬管轄，俾以決定應否依職權為移送訴訟之裁定。於前者情形，法院應依職權為移送訴訟或駁回原告之訴。於後者情形，法院得不為移送訴訟或駁回原告之訴，俟被告抗辯法院無管轄權時，始依職權為移送訴訟或駁回原告之訴。倘被告不抗辯法院無管轄權而就本案為言詞辯論者，依本法第二十五條，法院已有應訴管轄權，不得再依原告聲請或依職權為移送訴訟。

法院依聲請或依職權移送訴訟時，應以裁定為之，為此項裁定之前，得行任意的言詞辯論。原告或被告對於法院依職權所為移送訴訟之裁定，得依一般程序抗告，但原告聲請者，原告不得抗告。又依本法第二十八條第三項規定，移送訴訟之聲請被駁回者，不得聲明不服。

㈢法院裁定移送訴訟之效力

本法第三十條規定，移送訴訟之裁定確定時，受移送之法院受其羈束。前項法院，不得以該訴訟更移送於他法院。但專屬於他法院管轄者，不在此限。同法第三十一條規定，移送訴訟之裁定確定時，視為該訴訟自始即繫屬於受移送之法院。前項情形，法院書記官應速將裁定正本附入卷宗，送交受移送之法院。

按移送訴訟制度之運用，於專屬管轄之訴訟發生管轄錯誤之情形，最有實際意義，於非專屬管轄之情形，因有應訴管轄之規定得解決，於管轄錯誤，法院無管轄權之現象不成為嚴重問題。原則上，為避免受移送之法院一再以無管轄權為理由更行移送訴訟，俾能迅速進行審判程序，受移送之法院，原本縱無管轄權，亦成為有管轄權，從而該訴訟經判決而上訴時，上訴審法院亦受羈束，不得就移送訴訟之裁定，再調查其當否。例外於受移送之法院，認為他法院有專屬管轄之情形，得不受移送訴訟之裁定羈束，將訴訟更為移送他法院，俾以維護專屬管轄之公益。此種例外之規定，能使違背專屬管轄之訴訟於訴訟提起之階段，即行正確解決，不必俟上訴於上級法院時，始又重行成為程序違法問題而發交有管轄權

之法院。

　　本法第三十一條所謂，該訴訟視為自始即繫屬於受移送之法院，其目的在保護原告及訴訟經濟，使原告前在法院起訴所為之訴訟法上及實體法上之效果，不生影響，當事人或法院所為之訴訟行為，不失其效力，視為自起訴時即在受移送之法院發生之訴訟程序，從而受移送之法院應按訴訟進行之程度續行其程序。又本法第二十九條規定，移送訴訟前如有急迫情形，法院應依當事人聲請或依職權為必要之處分。此乃為避免受訴法院於移送訴訟前，停止一切訴訟程序之進行，而害及有急迫保全處分必要之程序，故，法律明定，法院應依當事人聲請或依職權為必要之處分。

七、管轄權之調查與無管轄權之效果

㈠調查管轄權之必要及其程度

　　管轄權為訴訟要件之一，法院對管轄權之有無發生疑義時，於審理中應隨時依職權為調查。對於專屬管轄，及職務管轄，法院應依職權提出證據確定有無管轄權，惟對於土地管轄、事務管轄、國際管轄，法院僅於必要程度範圍為調查即可。於財產權之訴訟，管轄原因事實與本案原因事實同時相關者，法院僅就原告之主張事實，調查有無管轄權即可。被告抗辯法院無管轄權者，原告應為舉證，雙方當事人對管轄權無爭執者，法院無待證明得認為有管轄權。

㈡定管轄權有無之時間基準

　　本法第二十七條規定，定法院之管轄，以起訴時為準。所謂起訴時，通常指原告之訴狀提出於法院之時而言。此一規定係為訴訟程序之安定，避免於起訴時已存在之管轄權，因事後情事之變更而發生喪失管轄權之不妥現象。例如，被告於起訴後變更其住所時，不影響起訴時已存在之管轄權。又若起訴時法院無管轄權，在訴訟進行中因情事變遷而成為有管轄權者，則為安定訴訟程序，應認為自始有管轄權。此乃立於法律目的論之當然解釋，不得拘泥於法律文義概念。同理，起訴前應經法院調解之事件，經債務人住所地法院調解不成立，債權人於不變期間內起訴，而債務人以住所已變更為理由，抗辯原法院無管轄權者，解釋上得將調解聲請時視為已經起訴之規定為適用（本法第四一九條第三項），認為原法院有

管轄權。又債務人住所地法院之支付命令，債權人於債務人聲明異議後向原法院起訴時，若債務人以住所已變更為理由抗辯法院無管轄權者，亦應將支付命令之聲請視為已起訴之規定為適用（本法第五一九條第一項），解釋上認為法院管轄權不受影響❿。

⊜**法院無管轄權之效果**

法院就無管轄權之訴訟，應依當事人之聲請或依職權將其移送於其管轄法院（本法第二十八條）。如不能依規定為移送時，應以裁定駁回原告之訴（本法第二四九條第一項第二款）。惟若第一審法院將無管轄權之事件，誤有管轄權而為本案判決時，該判決並非當然無效。其有違背專屬管轄之情形，判決當然違背法令，得為上訴第三審之理由（本法第四六九條第三款），以上訴方法為救濟。其餘有違背土地管轄或事務管轄之情形，當事人不得以原判決法院無管轄權為上訴理由，上訴審法院亦不得以原判決法院無管轄權為理由廢棄原判決（本法第四五二條第一項）。

---

❿ 參考《注釋民事訴訟法(1)》（有斐閣）第二六九頁以下。

第❷章

當事人

■ 第一節　當事人之概念與確定

一、當事人概念之基本問題與其意義

　　法院於某具體之民事訴訟發生繫屬，必須就當事人為調查時，必然有三問題存在。第一、於此一繫屬之具體訴訟，何人為當事人？第二、此一當事人有無當事人之資格？第三、此一當事人是否屬法律上正確之當事人？從而法院得對其為本案審理，並對其請求為有理由之本案裁判。此三問題之回答，法律上之意義完全不同而有必要，且此三問題有其發生之前後順序存在。例如，雙胞胎之弟弟開車傷人被訴，於法院開庭時，雙胞胎之哥哥出庭應訴，於此情形，哥哥並非被告當事人。例如，王姓家庭之狗傷人，被害人訴請王家損害賠償，王家雖為當事人，但無當事人能力。例如，岳母見其女婿虐待女兒，岳母為原告以女婿為被告，訴請法院判決女兒與女婿離婚，於此情形，岳母雖為當事人且有當事人能力，但其非屬法律上正確之當事人，因其無進行訴訟之權利，法院不得為岳母勝訴之裁判。上述三問題之處理，法院必須依上述前後順序而為，不可能先就後面第二、第三問題為處理而置第一問題不顧。

　　何人為當事人，此事必須於起訴之初已經確定始可，且於起訴狀中應將當事人之名稱表明清楚，否則訴訟無從進行。所謂當事人係向法院要求權利保護而出名之人及被要求權利保護而出名之相對人。提起訴訟而在訴狀內出名之當事人稱為原告，於訴狀內被表明其名之對方當事人稱為被告。提起訴訟時，當事人雙方必須生存始可，若以死者之名義為起訴，此際，該訴訟之原告係繼承人。若相對人於起訴狀送達以前已死亡者，已不能成為被告。倘於此情形，將死者名義改以

繼承人名義為當事人時，此係起訴狀內當事人之更正，並非當事人之變更，蓋於起訴時已死亡之人絕不可能成為當事人也。起訴狀於送達時，有可能發生意外問題，例如，某農人與某木匠係同姓同名且為鄰居，送達時將應送達該農人之起訴狀送達給該木匠。倘該木匠出面開庭，此際，該木匠並非被告當事人，但法院得允許非被告之木匠說明送達之錯誤情形，如原告亦當場承認有被告不符之錯誤，則法院僅得就訴訟費用為被告有利之裁判。若原告不認為被告當事人有錯誤，則法院得為本案判決而駁回原告之訴❶。

在訴訟上當事人之角色有重要之意義，因為訴訟程序係由當事人之一連串訴訟行為所構成。當事人必須為各種之聲明、主張、辯論等訴訟行為，當事人能力與訴訟能力之有無，均與當事人有關。訴訟進行之效果是否及於當事人，訴訟費用負擔、判決效力、強制執行是否對當事人發生效力，訴訟之審判籍、訴訟救助、法官迴避原因等均係以當事人之關係為決定標準。

二、當事人純粹為訴訟上之概念

當事人之概念係純粹形式上或訴訟上之概念，得與實體法完全分離觀察之概念。在學說史上經一百年之演變，形式上之當事人概念始取代實體上之當事人概念。主張實體上當事人概念者認為所爭執權利關係之主體即係當事人，惟實際上，主體地位之決定非以客觀之權利狀態為準，而僅以原告之主觀主張為準。例如，原告雖主張其有請求權，但於訴訟上法院若認為原告無請求權時，此情形並未否定原告之當事人地位。簡言之，祇要向法院起訴請求權利保護之人，即成為原告當事人，至於其在客觀上是否確為權利人，不影響其有原告當事人之地位，從而法院對於原告得駁回其本案訴訟之判決。若採實體上之當事人概念，用以說明當事人，則多與法律之規定不符，蓋有若干財產權爭執之訴訟，法院得對其人為實體上之本案判決，但其人並非系爭權利關係之主體。例如債權人對於某債務人有債權，於債權人破產宣告後，法律規定，破產管理人得成為原告當事人起訴對該債務人請求履行該項債權，但訴訟結果及強制執行，該項債權卻不歸屬破產管理人，而歸破產人。足見得成為訴訟當事人者，不必即係該項系爭權利之主體，其非權利人者，亦得成為訴訟之當事人。此種當事人之概念，稱為**純粹訴訟上之當**

---

❶ 參照 Jauernig, ZPR. 22. Aufl. S. 46f.

事人概念，又稱為形式上之當事人概念 (Der formelle Parteibegriff)。在學理上僅於採取訴訟上當事人概念，始有可能將非實體權利人使成為當事人，而將實體權利之人使成為非當事人。惟於一般情形，原告均係起訴主張其與被告之間有一定之實體權利關係存在，於此情形，純粹訴訟上之當事人概念，即喪失其實際上之重要意義，而僅有學理上之意義。但在學理上必須區別訴訟上之當事人與實體上之當事人兩者之概念，始能瞭解說明，何以若干第三人依法得以自己名義成為訴訟當事人進行訴訟，而進行訴訟之結果，實體權利義務卻不歸於訴訟當事人，而歸於非當事人之人。此種訴訟關係之現象，昔日採實體上之當事人概念者，無法為合理說明也。此類得以自己名義起訴之第三人有：破產管理人（破產法第七十五、九十、九十二條）、遺產管理人（民法第一一七九條）、遺囑執行人（民法第一二一五、一二一六條）、行使代位權之權利人（民法第二四二條）、經理人（民法第五五五條）、強制管理人（強制執行法第一○三、一○九條）。此種第三人得以自己名義成為原告或被告而進行訴訟之權利，學者稱為**訴訟實施權** (Prozessführungsrecht)，此種第三人基於訴訟實施權而進行之訴訟，就其與實體權利人之關係而言，學者稱為訴訟擔當 (Prozessstandschaft)。訴訟擔當與訴訟代理兩者概念不同，於訴訟代理情形，訴訟當事人係實體權利義務之本人，但於訴訟擔當情形，其訴訟當事人係訴訟擔當人，即出名之第三人，並非實體權利義務之本人。兩者所同者，訴訟結果，實體權利義務均歸屬權利義務之本人。

　　德國民事訴訟法學者之間，就一定之財產管理人 (Vermögensverwalter) 可否以自己名義立於職務上之當事人地位 (Als Partei kraft Amts) 進行訴訟之問題，在學理上頗有爭論。有職務說 (Amtstheorie) 與代理說 (Vertretungstheorie) 之對立，有機關說 (Organtheorie) 之出現。主張**職務說**者認為，破產管理人、遺產管理人、遺囑執行人、不動產強制管理人係基於職務上之地位，以自己名義成為當事人。主張**代理說**者認為，上述之人係破產人、繼承人、不動產所有人等人之法定代理人，其代理權範圍限於其所管理之財產。**機關說**之提倡者認為，上述之人所管理之財產具有權利主體及當事人之地位，上述之管理人係其機關，具有法定代理人之地位❷。

---

❷ 參照 Jauernig, a. a. O. S. 48ff.; 陳榮宗，〈破產財團之法律性質與破產管理人之法律地位〉，載《訴訟當事人與民事程序法》第一四一頁以下。

三、雙方當事人對立之原則

　　所謂雙方當事人對立，係指任何訴訟必須有原告與被告之雙方當事人成為對立之關係，始能成立訴訟而有訴訟關係。由另外之角度而言，任何人均不得自己對自己為訴訟之進行，或祇有原告而無被告存在之訴訟進行。訴訟進行中，一旦因繼承或法人合併而對立當事人之一方，成為他方之繼承人，即生一人同時兼有原告與被告之情形，訴訟無法存在而消滅。又當事人之一方因死亡而無人繼承情形，除法律另有明文規定得由代表公益之檢察官擔當訴訟外，於一般情形，訴訟亦因此消滅。即使在同一訴訟中，當事人有三人以上，亦僅能分歸為原告或被告兩方當事人之一方而發生雙方對立之狀態，此際有二人之一方當事人，稱為共同訴訟當事人。原告與被告在訴訟上，其法律地位平等，均有相同之權利與權限，學者稱為法官之前訴訟武器平等。惟此為形式上之觀察，於具體之訴訟中，由於事件本身之情況無法對等，必然影響當事人一方地位之優勢或劣勢。

　　當事人之稱呼，於第一審通常稱為原告、被告，於上訴審稱為上訴人、被上訴人，於本訴與反訴之訴訟程序，稱為本訴原告、本訴被告、反訴原告、反訴被告。另外於其他聲請程序，例如於督促程序、民事強制執行程序、保全程序，稱為債權人、債務人，或聲請人、相對人，於抗告程序稱為抗告人、再抗告人，於再審程序，稱為再審原告、再審被告。

四、當事人之確定❸

㈠概　說

　　於具體訴訟中，何人為當事人，此一問題之重要性已如前述，惟於訴訟實務，訴狀所表示為原告或被告之人，與實際進行訴訟而受訴訟法效果拘束之人，兩者不一致之情形並不多見，僅於若干例外情形，始顯示有確定何人為當事人之必要。此類例外情形，主要者有三：㈠未經他人同意，冒充他人姓名以他人名義起訴或

---

❸ 參照坂原正夫，〈氏名冒用訴訟と死者に對する訴訟〉，《民事訴訟法の爭點》（舊版）第七十頁以下。佐上善和，〈當事者確定の機能と方法〉，《講座民事訴訟法③》第六十三頁以下。中野貞一郎三人合編，《民事訴訟法講義》（補訂二版）第九十五頁以下。

應訴,學者稱為冒名訴訟。㈡訴狀所表示之當事人已死亡,他人冒充死者起訴,或故意對死者起訴而冒充死者收受送達訴狀及判決書。㈢因同姓同名而發生當事人錯誤,由錯誤之當事人進行訴訟而獲法院判決。發生上開三種情形時,由法院立場觀之,法院所認定之當事人與本來應為當事人之人,實際上並不相同,從而必須就該訴訟事件確定,究竟何人始為本來應為當事人之人,此際,必須有認定之標準,此乃學說產生之原因。

㈡確定當事人之學說

主張以原告所欲表示之意思為標準,決定當事人者,稱為意思說,例如,原告甲欲以乙為被告之意思而起訴,惟誤將丙之姓名誤為乙之姓名而在訴狀上寫成丙之姓名,依意思說之標準,該訴訟之被告仍然係乙。主張行動說者,認為在訴訟程序中扮演當事人角色而為訴訟行為之人或被當做當事人之人,即係當事人。例如,甲冒用乙之姓名起訴成為原告,或冒充乙之姓名出庭應訴,此際依行動說,甲即係當事人。主張表示說者,認為記載在起訴狀被表示為當事人者,即係當事人。例如,甲冒用乙之姓名,將乙之姓名記載為原告而起訴,依表示說,原告當事人為乙而非甲。

日本學者以表示說為通說,其主要論據為起訴狀係由原告記載原告、被告之姓名而提出於法院,以表示於起訴狀者為標準,較行動說及意思說為明確而劃一,且亦符合起訴狀之記載要件。惟值討論者,上述三說之說理各有其長處,若就上開之舉例為進一步深入時,不難發現採表示說亦有不妥當之結果。例如於冒名訴訟,依表示說,被冒名之人為當事人,從而應受判決效力之拘束,判決確定後必須提起再審之訴,否則無法撤銷該判決對被冒名之人之效力。被冒名之人已無辜而受害,尚須提起再審之訴而增加負擔,足見主張表示說之不妥當結果。又例如,原告不知被告已死亡而起訴,被告之繼承人以死者名義應訴,原告於獲勝訴確定判決後,始知被告早已死亡。依表示說,被告當事人為死者,並非繼承人,從而該訴訟自起訴時即不能成立。倘依行動說或意思說,則被告當事人係繼承人,該訴訟及判決結果均能有效及於繼承人,採表示說之結果,不合訴訟經濟原則,原告必須再就相同內容之訴訟,再對繼承人起訴。又例如,被告與原告所為之交易行為,係以被告個人地位而為抑或以董事長地位代表公司而為,原告對此情形無法清楚,俟原告對被告個人之訴訟進行辯論時,始知被告係代表公司為交易,此

際依表示說，被告當事人為個人，但依行動說，則為公司。採取表示說之結果，原告必須重新以公司為被告而起訴，且就同一內容之訴訟，再由相同之原告與公司董事長進行訴訟，其不合訴訟經濟顯而易見。

學者有見於上述三說均有缺點，從而先後有適格說、規範分類說、併用說相繼出現。主張適格說者，認為不應將當事人之確定問題與當事人之適格問題分別觀察，應將兩者結合觀察，確定當事人之標準不應僅就訴狀之記載內容為標準，必須就起訴至訴訟終結之全部過程所有資料為確定當事人標準之資料，從而視該當事人是否有當事人適格關係而決定是否為當事人❹。提倡規範分類說者認為，應將訴訟程序分階段為觀察而決定其標準。於開始進行訴訟程序之階段，應適用行為規範為當事人之確定標準，應採表示說。但於訴訟程序終結後之階段，回顧確定何人為當事人時，應適用評價規範為確定標準，應以已有參與訴訟機會之人並有當事人適格者為當事人❺。主張併用說者認為，應併用原告之意思、訴狀之表示、當事人適格以決定何人為當事人。原告當事人之確定應採行動說，惟於被告當事人之確定，首先以原告之意思為準，其次以當事人適格，最後以訴狀之表示為標準❻。

㈢法院訴訟實務之處理

法院審理時，若雙方當事人均親自出庭或委任律師出庭者，經核對身分證後，得事先防阻冒名訴訟或以死者為當事人而訴訟之情況。即使同姓同名之情況，亦得核對身分證號碼，參酌當事人與訴訟之原因事實關係而辨別有無當事人之錯誤。最成問題者為缺席審判情形，法院經郵務送達時，在送達證書上簽名或蓋章之人，有無冒充或作弊，難於預防，經公示送達者，更容易為歹徒所乘而進行冒名訴訟。我國社會人民守法風氣不如先進國家人民，常有偽造文書之事，歹徒為利用法院判決獲取不法利益，冒名訴訟及以死者為當事人進行訴訟之情形，偶有發現，如何防杜頗值研究。

---

❹ 見伊東乾，〈訴訟當事者の概念と確定〉，載《中田淳一還曆記念論文集——民事訴訟の理論（上）》第六十一頁以下。

❺ 見新堂幸司，《民事訴訟法》（補正第二版）第八十六頁以下。

❻ 見石川明，〈當事者の確定と當事者適格との交錯〉，載《法學教室》第二期第六十六頁以下。

當事人之確定，此種問題所以重要者，不在起訴之初而在法院判決確定之後。例如訴狀及判決書上之被告均表明為某某公司經理人某某字樣，但起訴及判決之原因事實卻為該公司與原告之法律關係為內容。此際，原告對經理人為執行時，經理人可否抗辯其非被告當事人而公司始為被告？原告可否改向公司之財產為執行而無須另對公司重行起訴？最高法院二十九年渝上字第一六三九號判例，似採意思說，不採表示說。依意思說，原告即可聲請法院準用本法第二三二條規定更正被告姓名而為執行，不必另行起訴。

於冒用他人姓名為原告之訴訟，俟法院判決確定後始經被冒用之他人發覺者，被冒用人得依本法第四九六條第一項第五款提起再審之訴為救濟，被告亦得依相同規定提起再審之訴，於冒用他人姓名者為被告而應訴者，其救濟程序亦同。至於以死者為被告當事人或捏造姓名為當事人而訴訟之情形，於判決確定後發覺者，因無訴訟主體之存在，訴訟不成立，該項判決當然無效。若判決書之當事人姓名與土地登記簿之姓名不符，致無法辦理產權登記者，僅得提出戶籍證明書，請求土地登記機關為更正姓名之登記而解決。倘係戶籍記載之本名與判決之當事人姓名不符者，依表示說之理論，當事人不同，無法更正判決，僅得另行起訴以求解決。

■ 第二節　當事人能力

一、當事人能力之意義❼

當事人能力係得為民事訴訟當事人之一般資格，即得成為訴訟法律關係之主體資格，學者有稱為訴訟上之權利能力，與實體上之權利能力，兩者概念類同。在理論上，有當事人能力之主體，始能成為當事人，無當事人能力者，因其非主體，故不能成為當事人。但在實際上，訴狀上被記載為當事人者，有無當事人能力，在未經法院最後認定之前，法院亦須將事實上無當事人能力者以當事人相待，始能以裁定駁回原告之訴，法院此種不合推理之訴訟程序之處理，係先天上無法避免矛盾概念之不得已措施。

---

❼ 參照 Fasching, ZPR. 2. Aufl. Wien 1990, S. 172ff.

　　當事人能力乃對任何主體得生之問題，與具體訴訟中事實上何人為當事人之問題不同，後者係前述當事人之確定之問題。但因一定之職務就他人之訴訟得自己為原告或被告而成為當事人者，此種資格為當事人適格之問題，亦與當事人能力之概念有異。

二、有當事人能力之主體

　　當事人必為主體，當事人不可能為客體，此種命題為不可否認之大前提。本法第四十條規定，有權利能力者，有當事人能力。胎兒關於其可享受之利益，有當事人能力。非法人之團體，設有代表人或管理人者，有當事人能力。中央或地方機關有當事人能力。據此規定得知，當事人能力之賦與有兩種情況，一為本來即當然有當事人能力者，另一為基於本法明文規定而擴張賦與當事人能力者，茲分述如下：

㈠有權利能力者

　　1.自然人不分本國人、外國人均有權利能力，從而有當事人能力。權利能力之有無依民法之規定。民法雖規定有權利能力與限制權利能力，但當事人能力不生有當事人能力與限制當事人能力之問題，僅有當事人能力與無當事人能力之分。權利能力為得成為法律主體之資格，法律規定，外國人於法令限制內有權利能力（民法總則施行法第二條），其意僅指外國人不能享有法令限制之某種權利而已，非謂外國人之主體地位受有限制而成為限制權利能力人也。同理，外國法人及胎兒，其能享受之權利種類範圍雖有法令為限制，非謂其為權利主體地位受限制而僅得成為限制權利能力人也。

　　2.法人不分私法人或公法人有權利能力，從而有當事人能力。經認許之外國法人，於法令限制內與同種類之我國法人有同一之權利能力（民法總則施行法第十二條，公司法第三七五條），從而有當事人能力，不成為於法令限制內有當事人能力問題。其與外國自然人不同者，外國法人若未經認許，我國不承認其為法人，從而無權利能力，亦無當事人能力。又法人雖經解散或破產宣告，但於清算中或破產程序進行中，其主體地位繼續存在，而有當事人能力，俟清算終結或破產程序終結時，始無當事人能力。

　　3.胎兒於未出生之前為母體之一部，本無獨立之人格，原無權利能力，亦無

當事人能力。惟胎兒將必出生，為保護其利益，例外於未出生前，以日後非死產
為條件，使得成為權利主體。故民法第七條規定，胎兒以將來非死產者為限，關
於其個人利益之保護視為既已出生，即認其有權利能力。又本法第四十條第二項
規定，胎兒關於其可享受之利益，有當事人能力。按胎兒為自然人，其權利能力
雖以將來非死產為條件，惟此條件為解除條件之性質，於非死產之前，應視為有
權利能力而有當事人能力，此為當然之解釋。故德國民事訴訟法第五十條及日本
民事訴訟法第二十八條，並無如同我國民事訴訟法第四十條第二項特就胎兒之當
事人能力為規定。尤其不解者，本法第四十條第二項竟又另外畫蛇添足，規定關
於胎兒可享受之利益為胎兒有當事人能力之條件，形成有權利能力之胎兒，必須
另有條件始有當事人能力。此種文義解釋之不妥顯而易見，將來修正本法時，宜
為刪除。胎兒既然有權利能力，即有當事人能力，得為原告亦得為被告，於訴訟
時，訴狀上之當事人稱謂應記載「某某之胎兒」，其母為法定代理人。若出生時為
死產，則不能視為出生，前由其母為法定代理人所為之訴訟，因無當事人之存在，
法院應裁定駁回原告之訴。若判決確定後，始出生而死產者，該判決視為對不存
在之當事人所為，判決當然無效。

㈡當事人能力之擴張情形

相對於有權利能力而有當事人能力之情形，本法第四十條第三項及第四項特
別明文規定，非法人之團體設有代表人或管理人者，有當事人能力。中央或地方
機關，有當事人能力。除外，由於判例解釋而被認為有當事人能力者，為數不少。
此類實體，非為人之結社團體，即係財產之集合體，法律雖無權利能力之明文，
卻有主體地位而有當事人能力，其情形如次：

1.非法人之團體

社會上除有權利能力之法人之外，由於各種活動之必要，到處有團體存在，
而以團體名義與人為各種交易者，事所常有，如有私權糾紛，宜使此類團體得以
自己名義為訴訟主體進行訴訟，從而本法第四十條第三項特以明文規定，非法人
之團體設有代表人或管理人者，有當事人能力。有當事人能力之非法人之團體，
必須具備要件有四：(1)該團體設有代表人或管理人，(2)該團體有一定之組織、名
稱及事務所或營業所，(3)該團體有一定之獨立財產，(4)該團體之存在有一定目的
或宗旨（六四臺上字第二四六一號判例）。至於該團體係人之結社所成團體抑或財

產之集合所成之團體，並無區別必要。

立法例上，奧國民事訴訟法並無關於當事人能力之條文規定，原則上認為法律主體即有權利能力而有當事人能力，有無當事人能力委由學說與判例為解釋❽。德國民事訴訟法第五十條第一項規定與我國本法第四十條第一項內容相同，但其第二項規定，無權利能力之社團得被訴，該社團於訴訟中有權利能力社團之地位。德國法律規定，非法人團體僅有被告之當事人能力，並無原告之當事人能力。其立法目的，在使非法人之社團難於追訴，而容易對非法人之社團為追訴。惟德國法院判例一再擴張非法人團體得有原告當事人能力之範圍，例如非法人團體得提起反訴、異議、再審之訴。另外判例亦傾向將無權利能力之社團，於實體法領域當作有權利能力之社團為處理❾。日本民事訴訟法第二十九條規定，非法人之社團或財團設有代表人或管理人者，得以其名義為訴訟或被訴。其規定與我國之非法人團體相關規定內容最接近，解釋非法人團體之當事人能力之法律問題，德國、日本、奧國之學說判例頗值我國法院實務參考。

2.中央或地方機關

民國九十二年本法修正，明定中央或地方機關有當事人能力，而增訂第四十條第四項。立法者認為，實務上中央或地方機關基於法律之授權執行其職務，皆係以其機關名義在私法上行使權利或負擔義務，若不認其可為訴訟主體，不獨不足以維護交易之安全，且有違訴訟經濟之原則，故歷來解釋及判例均認中央或地方機關得代表公法人起訴或應訴（參見司法院院字第二八〇九號解釋，最高法院五十一年臺上字第二六八〇號判例）。且國家賠償法第九條至第十一條規定有賠償義務機關，土地法第六十八條亦有登記錯誤之損害賠償由地政機關負責之規定，如因而涉訟，自應由賠償義務機關或地政機關應訴。為因應實務上之需要，明文增訂本法第四十條第四項。

3.公寓大廈管理委員會

臺灣社會經濟繁榮，人口集中大都市，公寓大廈在都市到處出現，建築物由於高層，區分所有權人眾多，同一大樓之管理問題發生。政府為加強公寓大廈之管理維護及提升居住品質，於民國八十四年制定公寓大廈管理條例。依公寓大廈

---

❽ 參照 Fasching, ZPR. 2. Aufl. a. a. O. S. 172.

❾ 參照 Jauernig, ZPR. 22. Aufl. S. 51f.

管理條例第二十九條規定，公寓大廈應成立管理委員會或推選管理人。同條例第三十八條規定，管理委員會有當事人能力。管理委員會為原告或被告時，應將訴訟事件要旨速告區分所有權人。從而公寓大廈之管理委員會，類似於非法人之團體而有當事人能力，其管理人負責公寓大廈管理之實際工作。是為法律所明文規定，有當事人能力情形之一。

4.最高法院判例及民刑庭會議認為有當事人能力者

(1)分公司係由總公司分設之獨立機構，就其業務範圍內之事項涉訟時，有當事人能力（四〇臺上字第一〇五號判例，四十年一月九日民庭總會決議）。(2)未經登記之公司（二〇上字第一九二四號判例，依一〇八年七月四日施行之法院組織法第五十七條之一第一項規定，本判例已停止適用）。(3)已組織之同鄉會（三九臺上字第一二二七號判例）。(4)村民組織之寺廟（四三臺上字第一四三號判例）。(5)村為全體人民集合體，有組織由村長為代表人，有當事人能力（四三臺上字第一〇六四號判例）。(6)未經認許之外國法人（五〇臺上字第一八九八號判例）。(7)管領國有財產之國家機關（五一臺上字第二六八〇號判例）。(8)政府獨資經營之銀行及其分行（五一臺上字第二七七二號判例）。(9)合夥團體（四十一年臺上字第一〇四〇號判例及最高法院五十八年第一次民刑庭總會決議）。

5.德、日、奧學者著作認為有當事人能力者

(1)民法上之合夥，德國判例及學者通說認為合夥無當事人能力，但少數說主張有當事人能力。日本判例及部分學者認為合夥有當事人能力，但多數學者採否定態度。(2)職業團體、勞工團體、此類團體之聯合會，德國、奧國學者均認為有當事人能力。日本判例學說亦認為有當事人能力，而且認定之範圍頗為廣泛，各種社會團體有當事人能力者頗多❿。(3)政治團體，德奧日判例學說均認為有當事人能力。(4)有權利能力社團或財團之地方分會有無當事人能力，德日判例學說並未完全採否定態度。(5)破產財團，奧國學者肯定有當事人能力⓫。

6.若干具體情形之討論

我國社會實際存在之重要團體，例如，祭祀公業、銀行之各地分行、各級政府機關及其分支機構、合夥事業、學校、軍隊、公司法人之分公司，此類團體或

---

❿ 參照《注釋民事訴訟法(1)》（有斐閣）第四二八頁以下。

⓫ 參照 Fasching, ZPR. 2. Aufl. S. 173.

機構，實際存在於社會，且均以自己名義與他人實際為各種交易活動，能否以非法人團體地位相待而認為有當事人能力，學者之間頗有爭論❷。拙以為此類團體有無非法人團體之地位而有無當事人能力之問題，其問題討論最後之重要意義，不在能否成為原告或被告之當事人能力問題，而在此類團體於該訴訟最後有無權利能力之問題。就實際情形而言，非法人團體與他人為財產交易，大都係雙方最後履行完畢而相安無事，成為訴訟者較少。但在理論上，可認為因其無權利能力而其交易無法成立，從而即使許其為其訴訟當事人而進行訴訟，法院必然無法為本案之實體判決，蓋依通說，非法人團體無權利能力，不能享受權利負擔義務，法院無法為原告之勝訴判決。試問，於訴訟上承認非法人之團體有當事人能力，得許其為原告或被告而訴訟，但其訴訟結果，均因其非係實體法上之權利義務所歸屬之主體，從而在訴訟上，法院必須駁回訴訟，無論何種情形，原告之訴無法獲法院之勝訴判決，承認非法人團體有當事人能力，實際上有何法律意義可言？面對此種學理上之矛盾現象，學者有認為非法人團體得賦與當事人能力之結果，不能不承認得以個別事件之訴訟為方法，將非法人團體視為法人，從而亦承認該具體之非法人團體有權利能力❸。

　　對上述存在於實際社會之各種團體，既然認為實際上有許其為訴訟必要，即其目的在解決實體上之權利義務問題，當不能再從根本否認其為權利義務之主體，此為基本前提。至於應否承認此類團體為非法人團體而賦與當事人能力，此係法律政策上可具體就個案考慮之問題，若符合非法人團體之四要件者，不生弊端，得賦與當事人能力，不合要件者，當無賦與當事人能力之必要。此際，考慮之重點，應係置於社會上實際有無必要，學理上之爭論，無論所爭論者為有無權利能力抑或當事人能力，均可放置不論，此乃判例何以就具體情況，得為相異解釋處理之原因。基於上述理由，拙以為祭祀公業有獨立財產、有管理人、有名稱、組織且有派下員，得有當事人能力。祭祀公業條例已於九十六年十二月十二日公布，自九十七年七月一日起施行，該條例第二十一條第一項規定，本條例施行前已存

❷　見姚瑞光，《民事訴訟法論》第八十九頁以下。張特生，〈民事訴訟法當事人能力問題〉，載《民事訴訟法之研討㈠》第二一一頁以下。陳榮宗，〈非法人團體之權利能力論〉，載《民事訴訟法之研討㈢》第八十九頁以下。

❸　見《注釋民事訴訟法(1)》（有斐閣）第四三六頁以下。兼子、松浦、新堂、竹下，《條解民事訴訟法》第一二二頁。新堂幸司，《民事訴訟法》第九十六頁。

在之祭祀公業，其依本條例申報，並向直轄市、縣（市）主管機關登記後，為祭祀公業法人，第三項規定祭祀公業法人有享受權利及負擔義務之能力。此條例施行後，現有祭祀公業辦理登記取得法人資格者，依本法第四條第一項規定，即有當事人能力。至於合夥事業若有獨立財產、名稱、管理人、組織者，得認有當事人能力，若要件不符，則無當事人能力。銀行之各地分行，其情形亦相同，不宜因本行已為法人一端而否認分行有非法人團體地位。軍隊、學校、分公司、各級政府機關及其分支機構，確有獨立交易之必要，其情形亦同。各國判例及學說之趨勢，多係往放寬方向承認非法人團體之範圍，採嚴格限制之態度者，似非所宜。

三、法律人格之否認與訴訟當事人地位

㈠法律人格否認之理論內容

公司法人與公司股東，兩者之法律人格為完全各別獨立，在實體法上，兩者各人之權利義務不容相混，在訴訟法上，兩者各係獨立之當事人。若某一家長利用其子女為股東，組織家族公司，公司之董事長由長子擔任，其餘董事與監察人全部由其本人及子女擔任。公司資產，實際上由家長本人一人在支配，債權人因信賴其個人，與公司為交易。某日公司不為清償債務，債權人以公司為被告起訴，言詞辯論時被告公司抗辯訴爭之交易係個人與原告所為，非公司之交易，公司舉證證明並未授權個人為公司之交易行為。惟該個人並無財產，原告若改向該個人起訴，無實益可言，若依公司提出之證據，原告必然敗訴而血本無歸。此種情形，該家長個人顯係利用設立之公司為工具，濫用公司法人之法律人格獨立為主張，俾能在實體法上及訴訟法上，使交易相對人無法對被告公司為請求。此際，自立法者、司法者及被害者之立場觀之，法律賦與公司之法律人格，就該具體事件而言，係違反法律正義與目的，不能不在法律之解釋及適用上設法尋求對策，使該個人及其家族公司無法推諉責任，法院判例及學說遂創出法理，稱為「**法律人格否認之法理**」。

法律人格否認之法理，其內容謂：法律人格之賦與乃立法政策之產物，僅於有承認其為權利主體之價值情形，始有承認其有法律人格之必要。若法律人格被濫用以迴避法律之適用時，得於具體法律關係之事件，就該法律關係相對地，由法院解釋認為法律人格不存在，從而將躲在後面之法律主體揪出，使負法律關係

之實際責任。按法人人格之全面絕對剝奪，有命令法人解散之制度可用，惟於特定之法律關係，僅相對地有不承認法人人格之存在情形，則可用法律人格否認之法理。

㈡法律人格否認之法理在民事訴訟上之適用

在實體法上，適用法律人格否認之法理，俾以阻止法人之權利能力制度被濫用，法律解釋方面之理論較無爭論。惟若將此法理適用於訴訟程序時，學者之間，對於其能適用之範圍，討論頗多。例如，於上述之例，原告在訴訟中主張適用法律人格否認之法理，從而主張被告公司不得就該交易事件之法律關係否認其被告當事人適格，法院可否據此法理而判決被告公司有債務人之當事人適格，而為本案實體判決？又例如，某股份有限公司負責人見原告房東將起訴請求公司交還承租之辦公室，於是另外新設同名之有限公司，在同一辦公室營業，全部董事、監事、職員及營業內容及設備照舊不變。原告房東以該股份有限公司為被告起訴後，被告股份有限公司負責人為拖延訴訟，於第一、二審法院均未有何抗辯。俟上訴最高法院審理時，始於上訴理由狀抗辯系爭辦公室為新設同名之有限公司所占有使用，同名之股份有限公司已遷移他去並未占有使用。此際，法院可否依據法律人格否認之法理，不經訴訟當事人變更之程序，依原告之聲請，將被告當事人更正為新設同名之有限公司而判決被告敗訴？學者之間對此問題有認為，得為當事人之變更者，有反對者。有認為不必承認有相異之二公司法人存在，得視同一被告當事人為處理者。更有主張，以訴訟承受之一種情形而處理者。學者之間，另有主張最高法院對舊公司判決之效力，依法理，得及於新公司而有既判力擴張效力者，但有反對說。日本學者，自昭和四十四年最高法院出現法律人格否認之法理以後，學說方面傾向於民事訴訟上適用此種法理以解釋法律問題，惟於解釋適用時，尚待學者建立其適用之明確要件與範圍❶。

❶ 參照小山、中野、松浦、竹下編，《演習民事訴訟法》第九十六頁以下。會中利昭，〈民事訴訟法における法人格否認の法理〉，載《民事訴訟法の爭點》（舊版）第四十六頁以下。同，（新版）第四十六頁以下。森本滋，〈法人格否認の法理の新展開〉，載《新實務民事訴訟法講座(7)》第三四九頁以下。

四、當事人能力欠缺時之處理及法律效果

當事人能力為訴訟要件 (Prozessvoraussetzung) 之一，應由法院於訴訟程序之任何階段依職權為調查。又當事人能力亦為訴訟行為要件 (Prozesshandlungsvoraussetzung)，欠缺當事人能力之情形，當事人行為無法生效。惟有無欠缺當事人能力不明時，法院得就其爭執問題為審理，僅在此種情形，當事人有當事人能力，且法院裁定認為無當事人能力時，亦得許其為抗告。欠缺當事人能力之情形，其效力得分為兩種情況，第一、當事人一方於全部訴訟程序始終無當事人能力者，法院應以裁定駁回原告之訴。第二、若法院認當事人之欠缺當事人能力得補正者，例如非法人團體得補正其管理人或代表人，應先定期間命其補正，如恐久延致當事人受損害時，許其暫為訴訟行為（本法第四十九條），逾期不補正或依其性質不能補正者，應以其訴不合法，裁定駁回（本法第二四九條第一項第三款）。訴訟進行中當事人喪失當事人能力，例如死亡或法人合併而消滅，訴訟程序當然停止，由其繼承人、遺產管理人或合併後之法人承受訴訟程序，除有依法不得繼承者外，不得駁回原告之訴。

無當事人能力之當事人所為訴訟行為，不生效力，惟當事人能力之欠缺，經取得能力之本人承認，即因補正而溯及於行為時，有瑕疵之訴訟行為發生效力（本法第四十八條）。法院未注意當事人能力之欠缺而為本案判決者，因判決違背法令，得上訴二、三審法院，由上級法院撤銷原判決，其判決確定者，得為再審。無當事人能力之確定判決，因無判決之當事人存在，不發生判決內容之效力，此項判決係內容無效之判決，不生確定私權之效力 ❶❺。

■ 第三節　當事人適格

一、當事人適格之概念

原告在起訴狀中所表示之原告與被告係訴訟主體，稱為當事人。惟被表明為原告或被告者，有無成為訴訟主體之地位，即有無資格成為原告或被告，此種於

---

❶❺ 參照 Jauernig, ZPR. 22. Aufl. S. 52f.; 新堂幸司，《民事訴訟法》第九十七頁。

任何訴訟均須具備之資格，即係當事人能力之問題。訴狀中被表明為原告或被告之人，雖有當事人能力，得為訴訟程序之進行，但於某一具體之訴訟而視，該原告與被告雙方，依實體法或訴訟法之規定，有無進行訴訟之權利義務地位？法院若允許其進行訴訟時，全部之訴訟程序是否合法？此際，於此一具體訴訟，其原告與被告是否屬於正確之當事人 (die richtige Partei)？此種問題，即所謂當事人就該訴訟有無適格之問題，日本學者稱為當事人適格。有適格之當事人，日本學者又稱為正當當事人，我國學者於概念上及用語上，均從之。簡言之，所謂當事人適格係指，當事人於進行具體訴訟依法應具有之法律關係資格或權利義務地位而言。德國學者稱此種法律關係之資格或權利義務之地位為訴訟實施權 (Prozessführungsrecht, Prozessführungsbefugnis)[16]，奧國學者 Holzhammer 另外稱為訴訟適格 (Prozesslegitimation)[17]。

　　當事人適格，即有訴訟實施權之當事人資格，應與本案適格 (Sachlegitimation) 兩者有所區別。本案適格係依實體法之權利義務關係為判斷，實體法上之權利人即為原告之本案適格，其義務人為被告之本案適格。法院於此情形所為之本案判決，若認定原告無實體權利時，應為原告之訴無理由之實體判決，此際，不得為原告之訴不合法之程序判決，蓋本案適格並非訴訟要件 (Prozessvoraussetzung)[18]。

　　訴訟實施權或當事人適格之概念，其發生與形式上當事人概念 (der formelle Parteibegriff) 之出現，兩者有密切關係。訴訟法上之當事人概念與實體法上權利義務所歸屬之當事人，並無必然之關係。蓋依實體法或訴訟法之規定，有若干實體權利人或義務人，其權利或義務不得自己行使或處分，僅得由法律特定之第三人以自己名義行使或處分。從而在訴訟上，第三人得以自己名義成為原告或被告而進行有關他人實體權利或義務之訴，訴訟結果，實體法上之效力及於實體權利人或義務人，學者稱此情形為**第三人之訴訟擔當** (Prozessstandschaft des Dritten)。例如，遺產管理人得以自己名義為原告對債務人被告起訴，請求履行對

[16] 參照 Rosenberg-Schwab, ZPR. 14. Aufl. S. 250ff.; Jauernig, ZPR. 22. Aufl. S. 60ff.; Blomeyer, ZPR. S. 204ff.; Henckel, Parteilehre und Streitgegenstand im Zivilprozess, S. 37ff.; Grunsky, Grundlagen des Verfahrensrechts, 2. Aufl. S. 256ff.

[17] 參見 Fasching, ZPR. 2. Aufl. S. 345.

[18] 參照 Jauernig, ZPO. a. a. O. S. 60f.

被繼承人之債務，訴訟結果，債權不歸自己而歸於繼承人。於訴訟擔當，原告或被告進行訴訟結果，系爭實體權利或義務不歸屬其自己，訴訟結果歸實體權利或義務人，但實體權利或義務應歸屬之人，卻不得自己進行訴訟。由此可見，實體權利義務之當事人，未必即係訴訟法上之當事人，兩者不同。昔日以實體法上當事人即係訴訟法上當事人之見解，即實體上當事人概念之學說，對於上述法律現象無法合理說明，在此情形下，形式上當事人概念之學說遂出現而取代實體上當事人概念之學說。從而，因形式上當事人概念之出現，而存在之當事人適格之概念，必須與本案適格之概念嚴格區分。依德國學者見解，當事人適格為訴訟要件之一，當事人若無當事人適格，法院應將原告之訴以訴訟不合法駁回❶❾。惟應注意者，當事人之訴訟實施權獨立存在而成為當事人適格之情形，係例外情形，於通常情形，訴訟實施權存於自稱為權利人之原告與被告義務人之間，蓋於訴訟擔當之情形，訴訟實施權始有獨立存在之現象。於通常情形，實體法上之權利人同時即有訴訟實施權之人，當事人不適格問題當然不發生，此種情形，僅生原告之訴訟標的有無權利保護利益或原告主張之權利客觀上是否存在之問題，該判決僅生有無理由之判決結果，不生合法不合法問題。

二、何人有當事人適格之判斷標準

當事人適格之概念既明，然則如何始能判斷何人有當事人適格？除實體法及訴訟法有明文特別就一定之人規定其有當事人適格外，尚須就學理上為整理說明。

㈠通常情形有當事人適格之人

訴訟標的之權利義務或法律關係所歸屬之人，就其權利義務或法律關係進行訴訟，通常就該權利義務或法律關係，有為訴訟之權能，即有訴訟實施權，而有當事人適格。此為一般原則，但由於訴訟類型與權利保護利益之關係，必須另就訴訟類型分別觀察。

1.於給付之訴，主張自己有給付請求權之人，即有原告當事人適格，原告對之主張為義務之人，即有被告當事人適格。於此情形，由於給付之訴之型態，必須以主張給付請求權之人對其義務人為主張請求始能成立，故，原告與被告雙方

❶❾ 參照 Jauernig, ZPO. a. a. O. S. 61; Rosenberg-Schwab, ZPO. a. a. O. S. 257.

之當事人適格同時成立。

2.於確認之訴，由於涉及原告當事人提起確認之訴之權利保護利益問題，當事人適格之範圍雖較廣泛，但亦有限制。原則上，主張其權利法律關係或其他有關法律地位之事項存否不明之人，因有人對之為爭執，即有原告當事人適格，爭執之人即有被告當事人適格。

3.於形成之訴，由於形成之訴之判決效力，除有特別例外規定外，因形成力之作用，得及於一般第三人。何人始有當事人適格，立法者大都以明文加以規定，故，原則上，形成之訴之當事人適格，不分原告或被告均依法律之規定。惟於無法律明文規定，無法決定時，得依法理為判斷。得提起形成之訴之情形，限於法律規定應以訴訟行使之形成權，其能直接由形成權人以意思表示之方法行使而達形成權之目的者，不得起訴，學者稱為「**形成訴訟明定之原則**」。從而當事人得提起形成之訴之範圍，非若給付之訴或確認之訴之普遍，故，有適格提起形成之訴之當事人頗受限制。例如，民法第一〇五二條及家事事件法第三十九條第一項規定，由夫或妻提起離婚之訴時，應以其配偶為被告，原告被告當事人始有適格，任何第三人對離婚之形成之訴均無當事人適格。例如依民法第九八九條及家事事件法第三十九條第一項、第二項規定，撤銷違反適齡結婚之訴，由夫妻之一方起訴者，以其配偶為被告，其由雙方配偶之法定代理人起訴者，以夫妻為共同被告，但其夫或妻死亡者，得以生存者為被告。又例如，民法第五十六條第一項規定，撤銷總會決議之訴，以開會當場表示異議之社員，始有原告當事人適格。惟被告適格為何人？法無明文。又公司法第一八九條規定，股東會之召集程序或其決議方法，違反法令或章程時，股東得自決議之日起一個月內，訴請法院撤銷其決議。依此項規定，提起撤銷股東會決議之訴，股東有原告適格，但被告適格為何人，法亦無明文。由於民法與公司法此兩條文之規定關係密切，幸有最高法院七十五年臺上字第五九四號判例與六十八年臺上字第六〇三號判例之解釋，始有明確之依據。該判例認為，股份有限公司之股東為原告，依公司法第一八九條規定訴請撤銷股東會之決議，必須該股東出席股東會且在開會當場表示異議者，始有原告當事人適格。而被告當事人，應以該股東會所由屬之公司，始有被告當事人之適格。

㈡於訴訟擔當情形有當事人適格之人

立法例上，訴訟擔當情形有二，一為法定訴訟擔當，另一為任意的訴訟擔當。

學理上有分別觀察價值，茲分別討論之。

1. 法定訴訟擔當人之當事人適格

法律特別明文規定，第三人得因職務上或其他特殊原因，就他人之權利義務為管理處分而以自己名義進行訴訟者，稱為法定訴訟擔當，此種訴訟擔當人有原告或被告之當事人適格。例如，(1)民法第二四二條規定之代位權人，於債務人怠於行使其權利時，因保全債權，得以自己之名義行使債務人之權利而有當事人適格。(2)強制執行法第一一五條規定有收取命令之債權人，於執行法院以命令許其向第三債務人收取金錢債權時，債務人喪失其對該債權之管理及處分之權利，從而執行債權人得以自己名義行使收取權而有當事人適格。(3)遺囑執行人依民法第一二一五條、第一二一六條規定有管理遺產及執行上必要行為之職務，繼承人於遺囑執行人執行職務中不得處分與遺囑有關遺產，關於遺囑有關之遺產訴訟，有當事人適格[20]。(4)遺產管理人依民法第一一七九條第一項第二款、第四款規定，有為保存遺產必要處置之職權，並有清償債權或交付遺贈物之職權，關於遺產之訴訟，有當事人之適格。(5)強制執行法第一〇四條規定之強制管理人，於管理債務人之財產時，債務人不得干涉管理人事務及不得處分不動產收益，第三人給付之收益應向管理人為給付，就強制管理之不動產訴訟，強制管理人有當事人適格。(6)破產管理人於破產人宣告破產時，依破產法第九十條、第九十二條第十三款規定，就破產財團之權利應為必要之保全行為，關於應收歸破產財團之財產得提起訴訟或進行其他法律程序。依通說見解，破產管理人得以自己名義為訴訟，有當事人適格。惟依破產管理人機關說，破產管理人係破產財團之法定代理人[21]。

民國九十二年本法增訂第四十四條之三第一項規定，以公益為目的之社團法人或財團法人，經其目的事業主管機關許可，於章程所定目的範圍內，得對侵害多數人利益之行為人，提起不作為之訴。前項許可及監督辦法，由司法院會同行政院定之。據此法律明文之規定，該公益社團法人或公益財團法人，為多數被害

---

[20] 民法第一二一五條第二項雖規定，遺囑執行人因管理遺產及執行遺囑行為，視為繼承人之代理。但遺囑執行人有職務上之獨立地位，與繼承人成為利害對立而有訴訟必要時，不可能成為繼承人之代理人，宜解釋遺囑執行人係訴訟擔當人而有當事人適格。相同見解，見姚瑞光，《民事訴訟法論》第九十八頁以下。

[21] 有關破產管理人法律地位之學理爭論，見陳榮宗，〈破產財團之法律性質與破產管理人之法律地位〉，載《訴訟當事人與民事程序法》第一四一頁以下。

人之利益對侵害行為人提起不作為之訴，有當事人適格，是為法定訴訟擔當人之當事人適格。

2.任意的訴訟擔當人之當事人適格

依本法第四十一條之規定，多數有共同利益之人，不合於第四十條第三項所定非法人團體之情形，得由其中選定一人或數人為選定人及被選定人全體起訴或被訴。此種被選定人，得以自己名義成為當事人為全體權利人或義務人起訴或被訴，其訴訟實施權係來自多數共同利益人授權之訴訟信託行為，故，被選定人有當事人適格，學者稱此種當事人為選定當事人。選定當事人之所以有當事人適格，非如同前述遺產管理人等出於法律之規定，而出於多數共同利益人任意之選定行為，此種訴訟擔當，學者稱為任意的訴訟擔當。

德國民事訴訟法並無選定當事人制度，日本及我國民事訴訟法均有選定當事人之規定。德、日及我國學者均認為，原則上應禁止，任由私人自由以契約行為將訴訟實施權為授與，從而由任意的擔當訴訟人就他人之權利義務以自己名義進行訴訟或應訴。蓋為防止一般第三人利用訴訟信託行為包攬訴訟，破壞律師之訴訟代理制度，避免當事人受害也。惟於例外情形，德日學者及判例認為，在無弊端之條件下，有必要時得個案允許為任意的訴訟擔當。例如，日本判例允許合會之會頭得成為任意的訴訟擔當人，就合會有關之債務為會員進行訴訟❷。德國判例認為，於訴訟擔當人對他人之權利，主張自己有受保護必要之利益時，其任意的訴訟擔當為合法❸。

值注意者，民國九十二年本法修正時，增訂第四十四條之一第一項規定公益社團法人之選定當事人制度。依此條第一項規定，多數有共同利益之人為同一公益社團法人之社員者，於章程所定目的範圍內，得選定該法人為選定人起訴。換言之，以該公益社團法人為選定當事人，從而該公益社團法人為社員之共同利益提起之訴訟，有當事人適格。

另外本法第四十四條之二第一項規定，因公害、交通事故、商品瑕疵或其他本於同一原因事實而有共同利益之多數人，依第四十一條之規定選定一人或數人為同種類之法律關係起訴者，法院得徵求原被選定人之同意，或由被選定人聲請

---

❷ 參照新堂幸司，《民事訴訟法》第一九七頁。

❸ 參照 Jauernig, ZPR. 22. Aufl. S. 62f.; Rosenberg-Schwab, ZPR. 14. Aufl. S. 255f.

經法院認為適當時，公告曉示其他共同利益人，得於一定期間內以書狀表明其原因事實、證據及應受判決事項之聲明，併案請求。其請求之人，視為已依第四十一條為選定。從而原被選定人，就併案為請求之人之訴訟，有當事人適格。上述兩種情形，屬於任意的訴訟擔當人之當事人適格。

㈢固有必要共同訴訟人之當事人適格

訴訟標的對於共同訴訟之全體當事人，必須合一確定，依法律規定，必須全體當事人一同起訴或一同被訴，始為合法，若僅由其中一部分之人為當事人起訴或被訴，該訴訟為不合法而由法院駁回，此種共同訴訟稱為固有必要共同訴訟。於固有必要共同訴訟，不許當事人各人單獨有訴訟實施權，必須全體當事人共同始有訴訟實施權而有當事人適格（二八渝上字第二一九九號判例）。

㈣於主參加訴訟被告當事人之當事人適格

本法第五十四條所規定之主參加訴訟，係第三人就他人間之訴訟標的全部或一部，為自己有所請求，或主張因其訴訟之結果，自己之權利將被侵害，而於本訴訟繫屬中，以該訴訟之兩造為共同被告，向法院提起之訴訟。原告提起主參加訴訟時，必須以本訴訟當事人兩造為共同被告，屬於固有必要共同訴訟之一種。若原告單獨對其中一造為被告起訴時，非為主參加訴訟，必須以兩造為共同被告，始為主參加訴訟。從而主參加訴訟之被告必須兩造成為共同被告，始有當事人適格。

㈤前權利義務人，於訴訟繫屬中，移轉訴訟標的之法律關係於權利義務繼受人後之當事人適格

本法第二五四條第一項規定，訴訟繫屬中為訴訟標的之法律關係，雖移轉於第三人，於訴訟無影響。學理上稱為當事人恒定之原則，德國民事訴訟法第二六五條，亦有相同規定，此為日本民事訴訟法之立法例所不採。當事人於訴訟繫屬中，將其訴訟標的之實體權利義務移轉於他人時，已喪失其實體權利義務人地位。惟本法第二五四條第一項明定，其仍得繼續保有訴訟實施權而有當事人適格，得合法續行訴訟，訴訟結果，實體權利義務歸屬受讓訴訟標的之人。此種情形亦屬前述法定訴訟擔當人之當事人適格。

㈥於法人團體內部糾紛訴訟之當事人適格

　　民法第六十四條規定，財團董事有違反捐助章程之行為時，法院得因主管機關、檢察官或利害關係人之聲請，宣告其行為為無效。此種訴訟為形成之訴，主管機關、檢察官、利害關係人均有原告之當事人適格。有疑義者，應以何人為被告始有被告當事人適格？學說計有三說，(1)行為之董事為被告，(2)董事會為被告，(3)財團法人為被告。按董事會之決議係財團法人之意思決定，但董事會無當事人能力，董事會不能成為被告。又董事與財團法人之間為代表關係，非代理關係，代表人之行為即為財團法人之行為，並非董事個人之行為，宣告董事違反捐助章程之行為無效，即係宣告財團法人之違反捐助章程行為無效，故，(1)(2)說均不可採，宜以(3)說之財團法人為被告始有被告當事人適格❷❹。此為德日判例及通說，亦為我國學者及實務所採。惟關於公司法人團體內部糾紛之各種訴訟，其原告、被告當事人適格問題，近年來日本學者出現頗有說服力之新學說，值得我國學者注意❷❺。

　　公司股東會決議當選為董事之股東，由於公司之其他股東主張，股東會召集程序或決議方法違反法令或章程，提起撤銷股東會決議之訴時，通說雖認為應以公司為被告始有被告當事人適格，但日本學者谷口安平卻著眼於此項訴訟糾紛之實質主體為論點，認為董事當選之股東會決議所生之爭執，係公司內部之股東間之爭執，公司本身並非此項糾紛之主體。發生訴訟時，應以主張當選有效、決議有效之股東及董事為被告，主張當選無效、決議有撤銷原因之股東及董事為原告，由雙方進行訴訟為解決，始合事理。公司本身非此項糾紛之主體，竟可成為被告而有當事人適格，不合情理。谷口安平不認為此項訴訟應以公司為被告當事人適格，對通說尖銳批判。最近且有學者贊同谷口安平之看法，認為於此項訴訟，董事本身有高度之利害關係，應以主張當選有效之董事與公司列為共同被告，不得排斥董事而僅認公司始有被告當事人適格❷❻。

....

❷❹ 相同見解，參照楊建華，《民事訴訟法(四)》第二四二頁。

❷❺ 見谷口安平，〈團體をめぐる紛爭と當事者適格〉，《ジュリスト》五〇〇號第三二二頁。同，〈判決效の擴張と當事者適格〉，《中田淳一還曆記念論文集——民事訴訟の理論（下）》第五十一頁。坂原正夫，〈法人內部紛爭における當事者適格〉，《演習民事訴訟法》第一九三頁以下。中島弘雄，〈法人內部紛爭における正當な當事者〉，《ジュリスト民事訴訟法の爭點》（新版）第一〇四頁。

關於公司之訴訟，實務上頗為重要，其常見者有：(1)公司股東，因股東會之召集程序或其決議方法，違反法令或章程時，依公司法第一八九條，提起撤銷股東會決議之訴。(2)公司股東，因股東會決議之內容，違反法令或章程時，依公司法第一九一條規定，提起宣告股東會決議無效之訴❷❼。(3)公司股東，因董事執行業務有重大損害公司之行為或違反法令或章程之重大事項，股東會未為決議將其解任時，得依公司法第二〇〇條規定，提起解任董事之訴。(4)監察人有相同情況原因時，公司股東得依公司法第二二七條準用第二〇〇條規定，提起解任監察人之訴。(5)公司股東，因董事會決議，為公司登記業務範圍以外之行為，或為其他違反法令或章程之行為，請求董事會停止其行為，不獲置理，依公司法第一九四條規定，由公司股東為原告提起請求停止違法行為之訴。(6)公司股東，因董事或監察人違反義務，對公司應負損害賠償責任，董事及監察人均不願意代表公司對有責任之董事或監察人進行訴訟時，依公司法第二一四條第二項規定，公司股東得為公司提起訴訟。

公司法對於上述各種公司訴訟之當事人適格問題，其規定多有不明瞭，從而學理上頗有爭論。於(1)(2)之訴訟，公司股東於一定條件有原告當事人適格，至於被告，通說均認為公司始有被告當事人適格。(3)(4)之訴訟，公司股東於一定條件下有原告當事人之適格。惟被告究應以何人始有當事人適格，在學理上頗有爭論，計有三說。第一說主張，以董事或監察人為被告。第二說認為，應以公司為被告。第三說主張，以董事或監察人與公司為固有必要共同被告，始有被告當事人適格，我國實務及目前通說採第三說❷❽。於(5)之訴訟，公司股東於一定條件下有原告當事人適格。惟此項訴訟，究應以何人為被告始有被告當事人適格？有認為以董事長為被告者，有主張以董事會為被告者，亦有主張應以公司為被告者❷❾。拙以採

❷❻ 見新堂幸司，《民事訴訟法》第四七二頁。中野、松浦、鈴木編，《民事訴訟法講義》第一七九頁注七。

❷❼ 公司法第一九一條股東會決議無效之訴究竟為確認之訴，抑或形成之訴，學者之間尚有爭論。見陳榮宗，〈婚姻無效之訴與股東會決議無效之訴〉，載《陳棋炎先生七秩華誕祝賀論文集——家族法諸問題》第十三頁以下。楊建華，〈股東會決議無效得否為確認之訴之對象〉，載《問題研析民事訴訟法(三)》第二二五頁以下。

❷❽ 參照楊建華，〈股份有限公司解任董事或監察人之訴之被告〉，《問題研析民事訴訟法(三)》第一九五頁以下。

第三說為是，蓋董事會之決議，由董事長執行，但其行為實係公司之行為，僅由董事長代表而已。公司股東起訴欲制止者，應係公司之違法行為，且訴訟之結果對全體股東均有拘束力。欲解釋公司訴訟之判決效力何以得擴張及於非原告之其他股東，宜以公司為被告，且將多數原告之訴訟解釋為類似必要共同訴訟，始能合理為說明對於第三人之判決效力。於(6)之訴訟，究竟以公司名義為原告？抑或以公司股東自己出名為原告，始有原告當事人之適格？解釋上頗有疑問。按得代表公司以公司名義起訴者，僅公司之董事或監察人始得為之，公司股東無權代表公司為訴訟。公司法第二一四條第二項情形之訴訟，應解釋為法定訴訟擔當之一種，得由公司股東於一定條件下，以公司股東名義為原告起訴，行使其代位權，訴訟結果之實體權利歸公司而不歸原告股東 ❸⓪ 。

三、外國人之當事人適格❸①

　　前述之當事人適格問題係就我國人之當事人適格立場而敘述，若立於國際民事訴訟而觀察外國人之當事人適格問題時，首先必問，我國法院所受理之涉外民事訴訟，於原告或被告係外國人時，該外國人有無當事人適格？判斷該外國人之當事人適格，其標準何在？對此問題，不僅我國民事訴訟法學者無人提起，我國國際私法書籍亦少有人討論。今日世界各國法院受理涉外民事訴訟事件不斷增加之情勢下，我國法院亦無法不面對外國人之當事人適格問題。以下就此法律問題介紹日本學者之各種學說，並表達個人看法提供識者之參考。

　　對此問題之日本學說可分為四說，第一說認為，當事人適格之有無係實體問題，外國人有無當事人適格應以實體準據法為決定。第二說主張，當事人適格問題為程序問題，原則上應依法院地法決定該外國人有無當事人適格，但亦應考慮

❸⓪ 參照張龍文，《股份有限公司實務研究》第一六七頁。柯芳枝，《公司法》第三六六頁。楊建華，上揭書第二一三頁以下。

❸⓪ 相同見解，見楊建華，〈股東代位公司對董事或監察人起訴之原告〉，上揭書第二〇一頁以下。

❸① 參照小林秀之，〈外國人の訴訟當事者適格〉，載《新實務民事訴訟講座 7.》第八十七頁以下。山本和彥，〈國際民事訴訟法〉，載《第一法規注解民事訴訟法(5)》第二版第四一〇頁以下。松岡博，〈涉外訴訟事件における當事者〉，載《講座民事訴訟法(3)》第一八一頁以下。山本克己，〈當事者適格〉，載《新裁判實務大系 3. 國際民事訴訟法》第一八一頁以下。福永有利，〈涉外訴訟事件における訴訟進行權〉，載《吉川追悼論集（下）》第一〇六頁以下。

實體準據法之規定。第三說認為，不必太重視區別其為實體問題抑或程序問題而決定，於一定情形亦應適用外國民事訴訟法為決定該外國人有無當事人適格。第四說主張，外國人有無當事人適格，應就個別具體之案件考慮其屬於實體問題抑或程序問題而決定，不能一律以實體問題為標準，亦不能一律以程序問題為決定標準。最近日本學者之思考傾向較接近第四說。

日本學者山本克己，將當事人適格之情形先分為兩類，第一類為固有適格，此指訴訟標的之權利，實質上所歸屬之人之當事人適格。對於固有適格情形，決定外國人有無當事人適格之標準，原則上依「程序依法院地法」為決定。於我國為審判時，原則上按我國民事訴訟法規定決定外國人有無當事人適格，但亦應參酌本案之實體準據法。蓋於給付訴訟，由於當事人概念建立於形式當事人概念，應適用程序依法院地法之原則為決定。至於確認訴訟及形成訴訟，因考慮確認訴訟之權利保護利益及形成權所歸屬主體產生形成權之原因，於適用法院地法之際，亦應參酌實體準據法為決定該外國人有無當事人適格。

第二類為訴訟擔當情形之當事人適格，對此類又可細分為法定訴訟擔當與任意的訴訟擔當。於法定訴訟擔當之情形，關於代位權人之當事人適格，其訴訟實施權係出於實體法所規定之債權人代位權，應依債權人代位權之實體準據法決定外國人有無當事人適格。關於公司股東代表訴訟，得視為代位權訴訟之性質，依公司設立之準據法決定該外國人股東有無當事人適格。關於外國之破產管理人之當事人適格，山本克己認為，日本於平成十二年已制定「關於承認援助外國倒產處理程序之法律」及規則，應依法院地法之日本法為決定。惟我國法院對於外國之破產管理人、遺產管理人、遺囑執行人有無當事人適格，其決定標準，拙認為應依該外國人之本國法有關管理處分權歸屬之規定為準。

至於任意的訴訟擔當之情形，關於選定當事人之當事人適格，由於被選定人與選定人之間，其實體法上之法律關係淡薄，無適用實體準據法之餘地，外國人有無選定當事人之當事人適格，應適用法院地法為決定標準。以上所述山本克己之見解，拙認為大抵可採。

■ 第四節　訴訟能力與訴訟法上之代理人

一、訴訟能力之意義

　　訴訟能力係訴訟當事人得單獨有效進行訴訟之能力，亦即自己有效為訴訟行為及受訴訟行為之能力。有當事人能力之人，雖在訴訟上得成為當事人而受訴訟效果，但於訴訟程序中自己實際必須為各種訴訟行為時，未必有此種能力。蓋各種訴訟行為須具專門知識與經驗之人始能應付，非若民法之一般法律行為之簡單，故，民事訴訟法為保護當事人能為充分之主張與防禦，設有訴訟能力制度。在訴訟法上，當事人僅能分為有訴訟能力與無訴訟能力兩種，並無民法上之限制行為能力人❸❷。

　　訴訟程序之進行，主要係建立在雙方當事人之訴訟行為及法院訴訟行為之基礎上，為維持全部訴訟程序之安定，不僅在訴訟上所為之訴訟行為，當事人應具訴訟能力，且在訴訟前所為之訴訟行為，例如合意管轄、授與訴訟代理權，當事人亦應有訴訟能力始可。

　　家事事件法於一〇一年一月十一日制定公布，將家事事件區分為家事訴訟事件及家事非訴事件，第十四條設有程序能力規定，程序能力乃當事人得自為或自受訴訟或非訟程序行為之資格，有別於本法第四十五條規定之訴訟能力。

二、訴訟能力有無之情形

　　本法第四十五條規定，能獨立以法律行為負義務者，有訴訟能力。原則上，訴訟能力之有無以行為能力為基礎，惟訴訟能力係民事訴訟法之制度，當事人於某種情形有無訴訟能力，本法另有特別規定，非一律依賴民法之規定為準。茲分別說明如次：

　　1.成年人有行為能力，能獨立以法律行為負義務，故，有訴訟能力。民法第十二條修正滿十八歲為成年，於一一二年一月一日生效，依此規定年滿十八歲者有訴訟行為能力。惟有行為能力人於訴訟行為時，實際上一時成為心神喪失狀態

---

❸❷ 參照 Jauernig, ZPR. 22. Aufl. S. 53.

而無意思能力情形，其所為訴訟行為之效力如何？學者大都認為，其所為意思表示無效，從而認為係無訴訟能力人之行為而無效。惟學者亦有基於，訴訟能力係為保護當事人及安定訴訟程序之目的而存在之制度為理由，認為應視具體情形作適當之解釋者。例如，對一時無意思能力之人所為之書面送達，不因其簽收行為無效而送達之訴訟行為無效。其書面上訴之訴訟行為，亦不因上訴人一時無意思能力而無效❸。

2.限制行為能力人就其獨立營業經法定代理人允許者，依民法第八十五條規定有行為能力，即屬本法第四十五條所稱能獨立以法律行為負義務之人，故就其營業有關之訴訟事件，有訴訟能力（最高法院六十四年七月八日第五次民庭庭推總會議決議㈢）。惟此種限制行為能力人與已結婚之未成年人不同，不能就其他一切訴訟亦有訴訟能力。家事事件法第十四條第二項規定，滿七歲以上之未成年人，除法律別有規定外，就有關其身分及人身自由之事件，有程序能力，得為或受訴訟行為，以保障其程序主體權及聽審請求權。

3.限制行為能力人以訴訟代理人地位為訴訟行為時，是否須有訴訟能力？學者大都認為，訴訟代理人不必有訴訟能力，即能在訴訟上代理當事人有效為訴訟行為。其依據為民法第一○四條規定，代理人所為或所受意思表示之效力，不因其為限制行為能力人而受影響❹。此種見解頗有疑問，蓋限制行為能力人無訴訟能力，自己不能有效為訴訟行為，竟可為他人而有效為訴訟行為，推理矛盾太大。德國民事訴訟法學者 Rosenberg 之《民事訴訟法》第九版以前雖然採取上述學者之見解，惟自第十版以後即已改變其見解，不認為限制行為能力人得代理他人有效為訴訟行為❺。民事訴訟法上之訴訟行為影響訴訟程序之安定，不能如同僅影響個人利益之法律行為作相同處理，基於法院訴訟程序之公益立場，拙認為應採否定見解為是。

4.法人有權利能力而有當事人能力，至於法人有無行為能力，學者之間有爭論，從而發生法人有無訴訟能力之爭執❻。按法人有無行為能力之問題，因對法

---

❸ Vgl. Rosenberg-Schwab, ZPR. 14. Aufl. S. 241; 新堂幸司，《民事訴訟法》第一○○頁。

❹ 見姚瑞光，《民事訴訟法論》第一○七頁。王甲乙、楊建華、鄭健才合著，《民事訴訟法新論》第五十六頁。新堂幸司，《民事訴訟法》第九十九頁。兼子一，《民事訴訟法體系》第一一三頁。

❺ 參照 Rosenberg-Schwab, ZPR. 14. Aufl. S. 240.

❻ 有關此種問題之討論，請見姚瑞光，《民事訴訟法論》第一○四頁以下至第一○六頁。

人之本質，採法人擬制說或法人實在說而其結論不同。**主張法人擬制說者**認為，法人非真實存在，不能自為法律行為，故無行為能力，從而在訴訟上，亦無自為訴訟行為之可能，故無訴訟能力。法人之董事所為之法律行為或訴訟行為，係基於法定代理之關係，並非法人自己之行為。**主張法人實在說者**認為，法人係真正存在於社會之實體，有法律主體之地位，不僅有權利能力，且有行為能力，於訴訟上有當事人能力，且有訴訟能力。法人之董事為法人之機關，董事與法人之關係為代表之關係，並非代理之關係，依代表關係之解釋，董事代表法人所為之法律行為，即係法人自己之法律行為，在訴訟上董事代表法人之訴訟行為，即法人自己之訴訟行為。法人既然有行為能力，自當有訴訟能力。我國民法第二十七條第二項明定董事為法人之代表人，民法學者大都已採法人實在說，而認為法人有行為能力，從而應認為法人有訴訟能力。訴訟實務上，大都以有代表權之董事，於訴狀載明法定代理人字樣。就上述法人與董事間之關係而言，應記載為代表人始可。

5.未滿七歲之未成年人及受監護宣告之人，在民法上無行為能力，故無訴訟能力。滿七歲未結婚之未成年人有限制行為能力，但不能獨立以法律行為負義務，故依本法並無訴訟能力（最高法院二九上字第二八〇號判例）。惟未滿七歲之未成年人及受監護宣告之人，雖不能獨立以法律行為負義務，惟其如能證明其有意思能力者，除法律有規定外，就有關其身分及人身自由之家事事件，亦有程序能力（家事事件法第十四條第三項），家事事件法設此特別規定賦與程序能力，以保障其程序主體及聽審請求權。滿七歲以上之未成年人，除法律別有規定者外，就有關其身分及人身自由之事件，亦有程序能力（家事事件法第十四條第二項），就其身分及人身自由之家事訴訟事件，得自為或自受訴訟行為。

又非法人之團體，一般學者均認為無行為能力，從而無訴訟能力。惟若對非法人團體之本質採取法人實在說時，其既有代表人或管理人而本法第四十條第三項又明定其有當事人能力，則解釋上，亦得認為有行為能力而具訴訟能力。

6.受輔助宣告之人雖不因輔助宣告而喪失行為能力，一〇二年修正前本法第五七一條之一規定受輔助宣告人有訴訟能力，但家事事件法在一〇一年制訂頒行，第十四條規定受輔助宣告之人有程序能力，一〇二年本法修正刪除人事程序編規定，依九十七年增訂民法第十五條第一項規定，受輔助宣告之人為重大法律行為或訴訟行為，須經輔助人同意，故受輔助宣告之人尚非能獨立以法律行為負義務

之人，除依家事事件法上揭規定在家事事件有程序能力外，依本法應無訴訟能力（本法第四十五條）。本法於九十八年六月十二日配合上開民法修正，增訂第四十五條之一第一項規定，輔助人同意受輔助宣告之人為訴訟行為，應以文書證之，俾使法院對於同意之存否容易調查而確保訴訟程序之安定。第二項規定受輔助宣告之人就他造之起訴或上訴為訴訟行為時，無須經輔助人同意，立法理由係為保障他造訴訟權利，參照日本民事訴訟法第三十二條第一項規定，受輔助宣告之人被訴或被上訴而為訴訟行為時，不須經輔助人同意。又關於受輔助宣告之人為捨棄、認諾、撤回或和解，因關係受輔助宣告之人權益較鉅，第三項規定受輔助宣告之人為捨棄、認諾、撤回或和解，應經輔助人以書面特別同意。

關於受輔助宣告之人是否有訴訟能力，學者見解不一，有認為仍有訴訟能力，僅欲為某類訴訟行為時，應受經其輔助人同意之限制而已[37]，有認為未得輔助人同意，受輔助宣告人仍無訴訟能力[38]，亦有在學理上將傳統二分法，增加不完全訴訟能力或限制訴訟能力類型，認為受輔助宣告之人既非無訴訟能力，亦非具備完全的訴訟能力，屬於不完全的訴訟能力[39]或限制訴訟行為能力人[40]。以上各說仁智互見，本書認為因受輔助宣告之人，除因依上揭家事事件法第十四條規定有程序能力外，其在本法處於類似限制行為能力人之地位，其既不能獨立以法律行為負義務，仍應無訴訟能力。

凡受輔助宣告之人未經輔助人同意而為訴訟行為，或未以書面證之，或未經輔助人以書面為特別同意，其訴訟能力即有欠缺，而上揭欠缺非不可補正，應先定期命其補正，以免將來再為同一訴訟行為，而浪費勞力、時間或費用，故本法九十八年六月十二日修正時，修訂第五十條規定，增訂第四十五條之一受輔助宣告之人為訴訟行為者準用第四十八條、第四十九條之規定。據此規定，受輔助宣告之人上揭訴訟行為瑕疵，即因補正而溯及於行為時發生效力，而法院所許其暫為之訴訟行為，仍須俟補正而後生效，若不補正，因其訴訟行為所生之費用，依本法第八十九條第二項之規定，法院得依職權以裁定命其負擔。

----

[37] 見吳明軒，《民事訴訟法（上）》二○一三年版第一八六頁。

[38] 見楊建華、鄭傑夫，《民事訴訟法要論》二○一三年版第七十頁，陳計男，《民事訴訟法論（上）》二○一四年版第一一五頁。

[39] 見黃國昌，《民事訴訟法教室I》二○一○年第一五一頁。

[40] 王欽彥著，《受輔助宣告人之訴訟能力》，靜宜法學第四期第二○○頁（二○一五年六月）。

7.外國人之行為能力，依涉外民事法律適用法第十條第一項之規定，應依其本國法定之。故，外國人依其本國法有行為能力者，不論依我國法律有無行為能力，應認為其有行為能力，從而有訴訟能力。本法第四十六條規定，外國人依其本國法律無訴訟能力，而依中華民國法律有訴訟能力者，視為有訴訟能力。蓋外國人在我國進行訴訟，其訴訟能力之有無，應依我國民事訴訟法之規定，縱然外國人依其本國法無訴訟能力，亦無較我國人民有特別保護之必要。

三、欠缺訴訟能力之效果與其處理

訴訟能力係訴訟行為之要件 (Prozesshandlungsvoraussetzung)，故無訴訟能力之當事人所為或所受之訴訟行為，於通常情形為無效 (Unwirksam)。無訴訟能力之當事人，其訴訟行為應由法定代理人為之，始有效力，對造或第三人亦應對其法定代理人為訴訟行為始生效力。訴訟能力之欠缺，無法治療，僅能依本法第四十八條為補正。又訴訟能力為訴訟要件 (Prozessvoraussetzung)，應由法院隨時依職權調查，於進行訴訟程序中發見當事人始終無訴訟能力時，法院應以訴訟不合法裁定駁回原告之訴。若當事人於起訴之際無訴訟能力時，法定代理人得承受無訴訟能力人所為之訴訟程序，並依本法第四十八條規定，由法定代理人承認而溯及於起訴時發生效力。受輔助宣告之人欠缺訴訟能力，未經輔助人同意其訴訟行為無效，如未經同意者，亦應依本法第四十五條之一規定取得輔助人同意，並依四十八條規定為補正，如無訴訟能力人於訴訟中成為有訴訟能力人者，本人得自行向法院承認其前所為之訴訟行為而溯及發生效力。倘當事人之訴訟能力，於訴訟中喪失者，例如受監護宣告情形，法院不得為駁回訴訟之裁定，僅生本法第一七○條訴訟程序當然停止問題，法定代理人得承受該訴訟程序而進行。

法院於訴訟程序中，對於有無訴訟能力發生疑問或當事人對此發生爭執時，就此項訴訟能力有無之中間訴訟，法院應將當事人視為有訴訟能力人而為中間裁判。此際，當事人得在訴訟中為訴訟行為，對法院之裁判得提起抗告或上訴。又於訴訟中，法院及當事人均不知當事人無訴訟能力之情形，其若干訴訟行為，例如捨棄上訴、撤回上訴、對無訴訟能力人之判決送達，應認為有效 ❹。

法院未發覺當事人無訴訟能力而為裁判時，此項裁判並非無效，僅得依上訴

---

❹ 參照 Jauernig, ZPR. 22. Aufl. S. 55; Rosenberg-Schwab, ZPR. 14. Aufl. S. 245ff.

或再審之程序方法為撤銷而已。此際，得訴請撤銷之人不限於有訴訟能力人，即使自己於該項裁判中係無訴訟能力人，亦得有效為上訴或提起再審。受訴法院不得以當事人無訴訟能力為理由駁回上訴或再審，應以原告之起訴不合法為理由，就其上訴或再審為駁回原告之訴。我國最高法院六十八年臺再字第一四五號判例認為，當事人依當事人於訴訟未經合法代理為理由，提起再審之訴，僅限於代理權欠缺之一造當事人始得為之，他造不得據為再審原因。若當事人於法院未發覺當事人無訴訟能力而為裁判之後，可否適法補正其訴訟能力之欠缺，由本人或法定代理人承認訴訟行為而使上訴理由或再審理由不存在？日本民事訴訟法第三一二條第二項，對此問題明文規定得依追認而使上訴理由及再審理由不存在。

四、訴訟法上之代理人

當事人進行訴訟，其有訴訟能力者，得自己為各種訴訟行為，惟若當事人無訴訟能力者，須有代理人代理為各種訴訟行為，其有訴訟能力而不願親自為訴訟行為者，得授權他人代理為訴訟行為。訴訟法上之代理人，其代理之原理與民法上之代理人相同，惟民事訴訟法之訴訟行為與民法之法律行為，兩者之目的與行為效果，頗有相異之處，故本法除民法有關代理人之規定外，特就訴訟法上之代理人另有規定。

民法上之代理與訴訟法上之代理，主要區別有：(1)民法上不許代理身分行為，但在訴訟上得代理為身分行為之訴訟。(2)民法上所規定者，大都以代理權之發生、授權行為、代理人與本人之關係為主，但訴訟法上對此均不規定，主要係就代理行為之規律為內容之規定。(3)為使訴訟程序進行安定順利，對代理權存否及其範圍須以書面明確劃一為規定。(4)民法上之無權代理，未經本人承認之前，對本人不生效力，但於訴訟法上，無代理權人所為訴訟行為及程序，構成當然違背法令，得為上訴或再審之原因，並非當然無效。

訴訟法上所規定之代理人，其種類及性質，除民法上之法定代理人外，另有所謂特別代理人、訴訟代理人、依法令之訴訟代理人，其涉及訴訟程序所生相關問題頗為特殊，有分別說明之必要。

㈠法定代理人

本法第四十七條規定，關於訴訟之法定代理及為訴訟所必要之允許，依民法

及其他法令之規定。自然人為無行為能力者，於未結婚之未成年人，以父母為法定代理人，其無父母或父母均不能行使負擔其權利義務時，以監護人為法定代理人（民法第一〇八六條第一項、第一〇九一條、第一〇九八條），受監護宣告之人以監護人為其法定代理人（民法第一一一〇條、第一一一三條），胎兒關於遺產之訴訟以其母為法定代理人（民法第一一六六條第二項）。法人雖有行為能力而有訴訟能力，惟實際上須由自然人為其機關始能為各種行為，依民法第二十七條之規定，董事就法人一切事務，對外代表法人，訴訟實務上，法人以其董事為法定代理人。公司亦為法人，惟依公司法之規定，無限公司、兩合公司之執行業務股東或代表公司之股東為公司負責人，即公司之法定代理人，有限公司、股份有限公司之董事為公司負責人，由董事或董事長對外代表公司，即公司之法定代理人（公司法第八條、第一〇八條第一項、第二〇八條第三項）。

上述法定代理人，原則上就當事人之一切訴訟均有訴訟代理權。但法律另有明文規定者，從其特別規定，例如家事事件法第五十五條第二項規定，監護人違反受監護人之利益就婚姻事件起訴者，法院應以裁定駁回之。法定代理人為當事人進行訴訟時，固然得親自為各種訴訟行為，惟法定代理人，亦得為當事人委任他人為當事人之訴訟代理人。法定代理人親自進行訴訟程序時，其法律地位時常與當事人相同，法定代理人之出庭與當事人之出庭相同，法定代理人不得以證人地位作證❷。惟本法於民國八十九年增訂第三六七條之一起至第三六七條之三關於當事人訊問制度後，當事人得為證人而出庭作證。

法人之代表人有數人時，在訴訟上是否均得單獨代表其當事人？依司法院三十四年院解字第二九三六號解釋㈠，原則上，應依民法及其他法令定之，法令未就此設有規定者，應解為均得單獨代表，從而僅於實體法規定，法人之代表人數人必須共同代表者，始不得單獨代表。依民法第二十七條第二項規定，代表法人之董事有數人時，除章程另有規定外，均得單獨代表法人。依公司法第八條、第五十六條、第一〇八條、第一一五條、第二〇八條之規定意旨，除公司章程另有規定外，無限公司各股東均得單獨代表公司，有限公司、股份有限公司各董事均得單獨代表公司。故，公司之代表人有數人時，在訴訟上均得單獨代表公司為訴訟行為。又未成年人之父母，均得單獨代理為其進行訴訟程序，不以父母兩人共

❷ 參照 Jauernig, ZPR. 22. Aufl. S. 56.

同代理為必要。法定代理權之發生、消滅及其範圍，均依民法及其他法令之規定，法院應依職權調查法定代理權是否存在。法院認法定代理權有欠缺而可以補正者，審判長應先定期命為補正，若恐訴訟久延，致當事人受損害者，並得許無法定代理權之人暫為訴訟行為。此際，無法定代理權之人所為之訴訟行為，經取得法定代理權之人或法定代理人之承認，溯及於行為時發生效力（本法第四十八條、第四十九條）。倘欠缺法定代理權之情形，無法補正者，法院應認原告之訴不合法以裁定駁回之（本法第二四九條）。

　　非法人團體雖有當事人能力，但無訴訟能力，其訴訟行為均由代表人或管理人為之，此類代表人、管理人之地位，與法人之董事地位相似，本法關於法定代理之規定，於此類代表人或管理人得準用（本法第五十二條）。除此之外，依本法第四十條第四項規定，中央或地方機關亦有當事人能力，則該機關長官代表該機關為訴訟行為或受訴訟行為時，自亦有法定代理規定之準用（本法第五十二條）。民法第五五五條規定，經理人就所任之事務，視為有代理商號為原告或被告或其他一切訴訟上行為之權。海商法第十八條規定，共有船舶經理人關於船舶之營運，在訴訟上或訴訟外代表共有人。公司法第二一三條規定，公司與董事間訴訟，除法律另有規定外，由監察人代表公司，股東會亦得另選代表公司為訴訟之人。上述之人是否擔任其職位，係出於委任人之意思，惟一旦就任其職位後，法律即明文規定，其對於委任人之一定業務範圍有概括之代理權，從而有訴訟代理權。此種受委任基於職位而成為訴訟代理人之人，與法定代理人之地位相近，故本法第五十二條規定，關於法定代理之規定，於此類依法令得為訴訟上行為之代理人準用之。

㈡特別代理人

　　無訴訟能力之當事人，於通常情形，均有法定代理人為其進行訴訟而為訴訟行為。惟若實際上遇無訴訟能力人，因無法定代理人或雖有法定代理人但不能行使代理權時，為保護雙方當事人起見，不能不設有補救規定，為此，本法特於第五十一條規定特別代理人之制度。

1.特別代理人之選任原因
　　本法第五十一條第一項與第二項分別規定兩種選任原因：⑴對於無訴訟能力人為訴訟行為，因其無法定代理人，或其法定代理人不能行代理權，恐致久延而

受損害者，得聲請受訴訟法院之審判長選任特別代理人。於此情形，得聲請選任之人係起訴之原告，無訴訟能力人本人不得為聲請。(2)無訴訟能力人有為訴訟之必要，而無法定代理人，或法定代理人不能行代理權者，其親屬或利害關係人，得聲請受訴法院之審判長，選任特別代理人。此項聲請，不得由無訴訟能力人本人為之（四〇臺上字第一六〇六號判例）。所謂法定代理人不能行代理權，不僅指法律上不能而言，例如法院宣告停止其權利，並包括事實上不能在內，例如，心神喪失、利害衝突等（五〇臺抗字第一八七號判例）。

2.特別代理人之選任程序與權限

聲請選任特別代理人，在訴訟繫屬前或訴訟繫屬後，均得為之。其聲請，以言詞或書面均可。選任特別代理人之裁定，除應送達於聲請人外，並應送達於特別代理人（本法第五十一條第三項）。法院所選任之特別代理人如係律師，依律師法第二十二條規定，非經釋明有正當理由，不得辭任法院此項命令之職務。選任特別代理人所需費用及特別代理人代為訴訟所需費用，得命聲請人墊付（本法第五十一條第五項）。

特別代理人，係由法院審判長依本法規定選任而產生，其目的在應付無訴訟能力人暫時無法訴訟之情況，俟無訴訟能力人本人已有訴訟能力或已產生法定代理人時，無仍由特別代理人代為訴訟行為之必要，故特別代理人僅於法定代理人或本人承受訴訟以前，代理當事人為一切訴訟行為。又特別代理人之有代理權地位，與民法或其他法令所規定之法定代理人有概括之代理權地位情形有別，亦與當事人本人自行委任之訴訟代理人情形不同，為顧全無訴訟能力人之利害關係，本法第五十一條第四項但書特別規定，不得為訴訟標的之捨棄、承諾或為訴訟之撤回或和解。

㈢訴訟代理人

1.訴訟代理人之意義

有訴訟能力之當事人或無訴訟能力當事人之法定代理人，自己不親自為訴訟行為，授權第三人以當事人名義於訴訟上為訴訟行為及受訴訟行為，此種第三人稱為訴訟代理人。此係基於訴訟委任之意思而產生，與因法律規定成為訴訟代理人者不同。訴訟代理人之產生，通常先於當事人與訴訟代理人間訂立處理訴訟事務之委任契約，屬於民法上之法律行為。於訂立委任契約同時或其後，另由當事

人或法定代理人以書面將訴訟代理權授與訴訟代理人。此一授與訴訟代理權之行為，其性質屬於單方之訴訟行為，與民法上授權行為之法律行為不同❸。法院依職權為調查者，係調查此一授與訴訟代理權之訴訟行為是否存在。

2. 得為訴訟代理人之人

訴訟代理人之立法制度，德、奧、日及我國均不相同。德奧採取所謂律師強制之制度 (Anwaltzwang)，規定律師始得於法院為訴訟行為，非律師者不得為當事人進行訴訟程序。當事人即使有訴訟能力，亦不得親自有效於地方法院以上之法院出庭為訴訟行為或受訴訟行為，必須授權律師為之始合法。惟一例外為，當事人於區法院 (Amtsgericht) 得不授權律師出庭而親自進行訴訟，但於區法院之婚姻事件仍須由律師為訴訟始為合法。德國律師得執行業務之法院範圍頗受限制，得於聯邦最高法院登錄為律師辦案者，僅限於經律師選拔委員會選拔之律師，其他律師每人僅得在一地方法院或一高等法院登錄辦案。僅合法登錄之律師始得於法院有效為各種訴訟行為之資格，稱為 Postulationsfähigkcit，日本學者稱為辯論能力，其概念與訴訟能力不同❹。日本之訴訟代理人制度不採律師強制代理之原則，當事人或法定代理人得親自為訴訟行為，惟不親自為訴訟行為而委任第三人為訴訟代理人時，原則上必須選任律師始可，無律師資格者不得被委任為訴訟代理人❺。

我國採當事人得委任非律師為訴訟代理人之制度，惟為防止非律師之第三人包攬訴訟之弊端，對於與當事人無任何必要關係之第三人，有禁止為訴訟代理人之必要，故民國九十二年修正以前之本法第六十八條規定，非律師而為訴訟代理人者，法院得以裁定禁止之。前項裁定，應送達於為訴訟委任之人。本條規定於民國九十二年修正時，立法者認為，實務上以裁定禁止非律師為訴訟代理人者，並不多見，致效果不彰。而民事訴訟較具技術性，無法律素養之人代理訴訟行為，實不易勝任，為保護當事人權益，並使訴訟程序得以順利進行，訴訟代理人原則上應委任律師為之。惟我國於第一審及第二審不採律師強制代理制度，故如經審

❸ 參照 Jauernig, ZPR. 22. Aufl. S. 56.

❹ 參照 Rosenberg-Schwab, ZPR. 14. Aufl. S. 302ff.; Jauernig, ZPR. 22. Aufl. S. 56ff.; 陳榮宗，〈民事訴訟法之立法主義與法律政策〉，載《法學叢刊》第一四○期。

❺ 參照新堂幸司，《民事訴訟法》第一二三頁以下。

判長許可，亦得委任非律師為訴訟代理人。非律師為訴訟代理人，雖經審判長許可，如其不適或不宜為訴訟行為，審判長自得隨時以裁定撤銷之。又為便利委任人另行委任適當之訴訟代理人或自為訴訟，此項撤銷裁定並應送達於為訴訟委任之人。故，本法第六十八條修正規定：訴訟代理人應委任律師為之。但經審判長許可者，亦得委任非律師為訴訟代理人。前項之許可，審判長得隨時以裁定撤銷之，並應送達於為訴訟委任之人。非律師為訴訟代理人之許可準則，由司法院定之。

　　有疑義者，非律師之第三人為無訴訟能力人時，可否被授權為訴訟代理人？我國及日本學者，多有依據民法第一〇四條之規定，主張無訴訟能力人得為訴訟代理人。惟訴訟行為之合法以有訴訟能力為要件，無訴訟能力人自己不能合法為訴訟行為，竟可代理他人合法為訴訟行為，實難想像，應採否定之解釋為宜。

　　又法人或政府機關是否得為訴訟代理人？按訴訟代理人應以自然人為限，非自然人不得為訴訟代理人，最高法院六十三年五月二十八日第三次民庭庭推總會議有決定。惟同院又於六十四年七月八日第五次民庭庭推總會議決定，法人或其他機關受任為訴訟代理人時，得逕列該受任之法人或機關之代表人即自然人為訴訟代理人。

3. 訴訟代理權

(1)授與訴訟代理權之方式

　　本法第六十九條第一項規定，訴訟代理人，應於最初為訴訟行為時，提出委任書。但由當事人以言詞委任，經法院書記官記明筆錄者，或經法院、審判長依法選任者，不在此限。此項委任書為證明授與訴訟代理權之文書，當事人之函電或其他文書，載明授與訴訟代理權之事實者，即係委任書。委任書為民事訴訟法所稱書證之一種，而非同法所稱之當事人書狀（三二院字第二四七八號解釋），無須按他造人數提出繕本（本法第一一九條）。委任訴訟代理人，應於每一審級為之，在原審受特別委任之訴訟代理人，雖有提起上訴之權限，但提起上訴後，如欲在上訴審代為訴訟行為，尚須另受委任，始得為之（六九臺上字第一五七四號判例）。又在下級審代理之事件，經上級法院發回更審情形，亦應另行提出委任書始能在原審代理（二五院字第一五三二號解釋）。但法院或審判長依法律規定選任訴訟代理人者，毋庸當事人另行提出委任書。

　　立法者於民國九十二年修正本法時，增訂本法第六十九條第二項規定:「前項

委任或選任應於每審級為之。但有下列情形之一者，不在此限：一、當事人就特定訴訟於委任書表明其委任不受審級限制，並經公證者。二、依第五百八十五條第一項選任者」。立法者認為，原則上，委任或選任訴訟代理人應於每審級為之，惟為便利當事人使用訴訟制度，如當事人就特定訴訟於委任書表明其委任不受審級限制，並經公證者，應無不許之理。至於受委任之訴訟代理人是否得於各該審級執行職務，自仍應依法律之規定乃屬當然。例如，審判長依本法第六十八條第二項規定，以裁定撤銷非律師為訴訟代理人之許可者，不得執行職務；依本法第四六六條之一第一項之規定，對於第二審判決上訴，上訴人應委任律師為訴訟代理人，非律師之訴訟代理人依法自不能在第三審成為訴訟代理人。又鑑於未成年子女或養子女之訴訟能力，事實上普遍缺乏，為免其每審級聲請選任訴訟代理人之勞煩，亦應例外規定，依第五八五條第一項選任，可不受審級之限制。九十八年六月十二日本法修正，因已增訂第五七一條之一關於受輔助宣告之人為訴訟行為者，受訴法院之審判長依聲請或依職權選任律師為其訴訟代理人之規定，為免法院為其每審級選任訴訟代理人之勞費，乃於第六十九條第二項但書第二款規定，增列法院依第五七一條之一第二項選任者，亦可不受審級之限制。一〇一年一月十一日家事事件法制定公布，該法第十五條規定，法院於認為有必要時，得為有程序能力人之利益選任程序監理人，同法第十六條第三項並規定選任之程序監理人不受審級限制，法院自毋庸再為其選任訴訟代理人。且本法因家事事件法之頒行，亦於一〇二年四月十六日修正刪除第五七一條之一及第五八五條規定，並配合修正將第六十九條第二項但書第二款規定刪除。

(2)訴訟代理權之權限範圍

本法第七十條第一項規定，訴訟代理人就其受委任之事件，有為一切訴訟行為之權。但捨棄、認諾、撤回、和解、提起反訴、上訴或再審之訴及選任代理人，非受特別委任不得為之。同條第二項規定，關於強制執行之行為或領取所爭物，準用前項但書之規定。同條第三項規定，如於第一項之代理權加以限制者，應於前條之委任書或筆錄內表明。本法第七十條第一項前段所規定，訴訟代理人就其受委任之事件，有為一切訴訟行為之權，學者稱為普通委任或普通授權。至於同條第一項後段之但書及第二項所規定之代理權限，如獲當事人於委任書中特別具體載明或經法院書記官於筆錄內表明，授與訴訟代理人行使者，稱為特別委任或特別授權。實務上，若於委任書內僅載訴訟上有代理一切之全權者，不能認為已

有特別委任，僅能視為普通委任而已（二七渝上字第二三○七號判例）。

　　訴訟代理人之代理權範圍，於一般情形，僅有普通授權，於例外情形，經當事人另外具體授與權限行使第一項但書及第二項之訴訟行為者，始有特別授權。於普通授權情形，所謂有為一切訴訟行為之權，其範圍包括起訴、收受送達、提出準備書狀、聲明證據、言詞辯論等進行該訴訟事件本身不可少之訴訟行為。除外亦包括附隨之訴訟行為。例如，為管轄之合意、為訴訟之告知，向法院聲請指定管轄、法官迴避、確定訴訟費用額、訴訟救助、更正裁判錯誤或補充裁判、保全證據、假扣押、假處分等之訴訟行為。又當事人得在訴訟上行使之私法權利，對當事人之訴訟有攻擊防禦之作用者，亦得由訴訟代理人行使。例如，在訴訟上為當事人行使抵銷權、撤銷權、解除權、終止權，為催告、時效抗辯、同時履行抗辯、主張先訴抗辯權等均可為之。

　　訴訟代理人應受特別授權始得為之訴訟行為或行為計有十項：①**捨棄**，指原告對訴訟標的之捨棄及上訴人上訴權之捨棄（本法第三八四條、第四三九條、第四八一條）。②**認諾**，此謂被告對訴訟標的之認諾（本法第三八四條）。③**撤回**，謂訴之撤回及上訴之撤回（本法第二六二條、第四五九條、第四八一條）。④**和解**，指訴訟法上之和解而言（本法第三七七條、第四六三條）；訴訟外之和解，非屬訴訟行為，不包括在內。起訴前應為之法院調解，無須特別授權，惟於調解程序應提出委任書，宜解為訴訟附隨之必要訴訟行為。⑤**提起反訴**（本法第二五九條）。⑥**提起上訴**，指二、三審上訴及附帶上訴（本法第四六○條）。⑦**提起再審之訴**（本法第四九六條、第四九七條）。⑧**選任代理人**，指訴訟代理人以當事人本人名義選任他人為代理人，及訴訟代理人以自己名義選任複代理人，兩種情形之選任行為。實務上，因律師無法於同一期日分身在不同法院出庭，大都於當事人授權時，特別授權由律師得為選任代理人。若律師僅有普通授權，則無權選任複代理人，勢必缺席而錯失律師出庭辯論機會。⑨**關於強制執行之行為**。不僅指確定判決之強制執行而言，進行宣告假執行判決之強制執行，及假扣押、假處分之強制執行，均應另案為委任而授權。蓋強制執行程序之進行，係訴訟程序終結後之行為，涉及當事人支付執行費用之負擔問題，且於假執行、假扣押、假處分之強制執行，有提供擔保問題及將來本案訴訟敗訴時負損害賠償問題，對當事人之利害關係影響重大，應經當事人之特別授權。⑩**領取所爭物**，指受領他造為清償所為之給付。上開十項行為與當事人利害關係重大，為保護當事人，本法規定應

由當事人決定是否於普通授權之外，另外為特別授權❻。

　　原告之訴訟代理人未經特別授權，是否得為訴之變更？日本學者之間頗有爭論。多數說認為，訴訟代理人由於提起訴訟後之情況判斷，而為訴之變更，此乃符合當事人之意思，故可不經特別授權。惟有認為，訴之追加的變更或訴之交換的變更，無論何種情形，均係對於新請求之訴訟，有另為重新委任授權之必要。又有主張應經特別授權始得為訴之變更者，認為訴之交換的變更，其結果與對於舊訴之撤回相同，故須特別授權❼。拙以多數說為是，蓋原告訴訟代理人為訴之變更情形，大都係為保護原告利益之必要而為，或有見於情況變化之必要始為之，應認為當事人自始有特別授權之意思。

　　原告訴訟代理人提起中間確認之訴，是否須特別授權？此種情形，並不違反原告當事人之通常意思，得認為不必有特別授權。惟若由被告之訴訟代理人提起中間確認之訴情形，因本法規定提起反訴須特別授權，應認為須特別授權。

　　上述係就當事人自行選任訴訟代理人時，訴訟代理權之權限範圍規定。民國九十二年本法修正時，立法者增訂第七十條之一規定：「法院或審判長依法律規定為當事人選任律師為訴訟代理人者，該訴訟代理人得代理當事人為一切訴訟行為。但不得為捨棄、認諾、撤回或和解。當事人自行委任訴訟代理人或表示自為訴訟行為者，前項訴訟代理人之代理權消滅。前項情形，應通知選任之訴訟代理人及他造當事人」。立法理由認為，法院或審判長為當事人選任訴訟代理人，係為維持兩造當事人程序上實質對等所設之制度。為落實此制度，自應廣泛授與訴訟代理人有代為一切訴訟行為之權限。且其權限宜較諸當事人自行選任無特別代理權之訴訟代理人為廣，舉凡提起反訴、上訴、再審之訴或選任代理人，均得為之。惟

----

❻ 關於訴訟代理權授權範圍之規定，德國與奧國由於採律師強制制度，其規定方式與我國不同。德國與奧國分別於其民事訴訟法第八十一條與第三十一條，原則上先規定法定之全部授權範圍，即訴訟有關之全部訴訟行為，包括反訴、再審、強制執行、選任代理人及選任上級審之訴訟代理人。訴訟和解、訴訟標的之捨棄或認諾、受領對造清償費用，律師對上開法定之授權範圍全部均得為之。德國法第八十三條，奧國法第三十二條始規定，當事人得就上述法定之授權為一定之限制，例如限制律師不得為訴訟和解，不得為訴訟標的之捨棄或認諾。簡言之，律師一經當事人授權為訴訟代理人，原則上對一切訴訟行為均得為之，僅於例外情形，當事人得就一定之訴訟行為加以限制而已。此種規定之方式，其原因出於德奧之當事人就一般之訴訟，不能親自出庭為訴訟行為，必須有律師資格者始能有效為訴訟行為。此種地位，稱為 Postulationsfähigkeit。

❼ 參照《註釋民事訴訟法》（有斐閣）第三六四頁以下。

捨棄、認諾、撤回或和解之訴訟行為，與法院或審判長選任訴訟代理人之原意有悖，故以但書明文加以限制。

法院或審判長為當事人所選任之訴訟代理人，如該當事人不願接受，當事人得自行另行委任訴訟代理人或表示自為訴訟行為而排除之。於此情形，法院或審判長選任之訴訟代理人，其訴訟代理權消滅。又法院或審判長於選任後如認該訴訟代理人不適任時，自得隨時將其解任，另行選任適當之訴訟代理人，若訴訟代理人有正當理由，亦得自行辭退，此為當然。於法院或審判長選任訴訟代理人後，當事人自行委任訴訟代理人或表示自為訴訟行為之情形，應通知以前之訴訟代理人及他造當事人，使其知悉。

⑶訴訟代理人單獨代理之原則

本法第七十一條規定，訴訟代理人有二人以上者，均得單獨代理當事人。違反前項之規定而為委任者，對於他造不生效力。本法對於當事人得授權訴訟代理人之人數，並無規定。實務上，常見同一當事人委任數人為訴訟代理人之情形，此際，無論當事人與多數訴訟代理人之間，是否約定應共同代理，此種約定之授權，法院及他造均不受其拘束，蓋為顧及訴訟進行之敏捷順利與安定，不能因有多數訴訟代理人之存在而影響訴訟也。故法院或對造當事人，對於多數訴訟代理人之一人為訴訟行為，即生效力。有疑義者，如法院同時對於多數訴訟代理人為送達判決書，此際，收受判決之時間有先後之不同時，計算最後之上訴時間，究竟以最初受送達者為準抑或以最後受送達者為準？拙以為基於保護受送達當事人之原則，法院既然對多數訴訟代理人為送達，應以最後受送達者為準，否則法院盡可對其中一人為送達即可❹。惟最高法院六十一年十二月六日第四次民庭庭長會議決議㈡決定以最先者為準。多數訴訟代理人各人之訴訟行為，如可併存者，均生效力，如不能併存者，應視法律規定情形，解釋其中一訴訟行為有效力，否則，應以最後之訴訟行為有效力。例如，訴訟代理人撤回起訴後，其他訴訟代理人不得撤銷撤回起訴之訴訟行為。例如，訴訟代理人提起上訴後，其他訴訟代理人得撤回上訴。蓋各訴訟代理人之訴訟行為，其法律效果均歸同一當事人，後行訴訟行為得將先行訴訟行為撤銷或撤回❹。惟數訴訟代理人開庭時同時為矛盾不

---

❹ 相異見解，見楊建華，《民事訴訟法㈡》第三十七頁以下。

❹ 參照新堂幸司，《民事訴訟法》第一三〇頁。《注釋民事訴訟法⑵》（有斐閣）第三七七頁。

一致之訴訟行為者，應視其所為訴訟為與效或取效訴訟行為。如屬與效訴訟行為，因不得撤回，故應以先行行為為準，例如撤回起訴或捨棄、認諾；如屬取效訴訟行為，因得予撤回，應以在後之訴訟行為為準。如有疑義，應由審判長為闡明。

　　法人或公司之代表人有數人時，在訴訟上是否均得依本法第七十一條規定為單獨代表法人或公司為訴訟行為？依司法院三十四年院解字第二九三六號解釋㈠，應依民法及其他法令定之。若依實體法規定係數代表人應共同代表者，訴訟上不得準用本法第七十一條規定之單獨代理原則，如實體法無規定者，數代表人均得單獨代表。

　　⑷當事人本人之撤銷更正權

　　本法第七十二條規定，訴訟代理人事實上之陳述，經到場之當事人本人，即時撤銷或更正者，不生效力。本法不採律師強制主義，當事人得親自為訴訟行為，必要時得委任訴訟代理人為訴訟行為，從而當事人本人得於開庭期日，偕同訴訟代理人出庭為陳述或言詞辯論，此際，訴訟代理人之事實上陳述有可能與當事人本人之陳述不一致，自宜由當事人本人當場即時撤銷或更正。蓋訴訟代理人陳述之事實，是否正確無誤，當事人本人知之最詳，有加以保護之必要。惟應注意者，此項事實上陳述之撤銷或更正，必須當事人當場即時為之始可（四九臺上字第二三六二號判例）。至於非事實上之陳述，訴訟代理人與當事人本人當庭同時各為互相矛盾不一致之聲明或表示者，不涉及本法第七十二條之撤銷或更正問題，應以當事人本人之聲明或表示為準。惟若訴訟代理人之非事實上之陳述，已對當事人發生效力後，當事人非有法律規定，不得於事後將其撤銷或變更❺⓪。

　　⑸訴訟代理權欠缺之補正及追認

　　本法第七十五條規定，訴訟代理權有欠缺而可以補正者，審判長應定期間命其補正，但得許其暫為訴訟行為。第四十八條之規定，於訴訟代理準用之。為預防訴訟行為因欠缺訴訟代理權而無效，影響訴訟程序之安定，審判長應隨時依職權為調查訴訟代理權有無欠缺。其有欠缺而不能補正者，因係訴訟要件不備，以裁定為駁回（本法第二四九條第一項第五款），其欠缺可以補正者，應定期間命其補正，審判長得裁定許其暫為訴訟行為，俾免訴訟進行之延滯。訴訟代理權之欠缺一經補正，訴訟代理人於以前所為之訴訟行為，均溯及於行為時發生效力。訴

---

❺⓪ 參照曹偉修，《民事訴訟法釋論（上）》第二八一頁。姚瑞光，《民事訴訟法論》第一五三頁以下。

訟代理權有欠缺之訴訟代理人於下級審所為之起訴，雖經第二審法院以欠缺訴訟代理權為理由廢棄判決而駁回上訴，惟若原告上訴人本人對第二審判決提起第三審上訴者，即已承認訴訟代理人之起訴行為，不得以起訴時訴訟代理權有欠缺，認其訴為不合法（二八上字第一一三一號判例）。又於實務上，最高法院六十二年臺上字第六〇〇號判例值得注意，該判例云：某律師為上訴人在第一審之訴訟代理人，雖委任書提出較遲，但上訴人之法定代理人自陳「本件原來是委任某律師代理出庭言詞辯論」等語，則依民事訴訟法第七十五條第二項之規定，溯及既往發生代理訴訟之效力，從而該代理人兩次收受言詞辯論期日之通知書，均屬合法，其不到場辯論，應生視為撤回其訴之效力。第一審法院於通知視為撤回後又續行訴訟，於法殊有違背。

4.訴訟代理權之消滅

訴訟代理權係因當事人訴訟委任之訴訟行為而授與，雖先有民法上之委任契約，始同時有訴訟委任行為，但訴訟代理權並不隨同民法之委任契約同時消滅。本法為防止訴訟延滯，並保護當事人雙方及其繼承人之利益，與民法代理權消滅之情形作相異之規定。本法第七十三條規定，訴訟代理權不因本人死亡、破產或訴訟能力喪失而消滅；法定代理有變更者亦同。第七十四條規定，訴訟委任之終止，非通知他造不生效力。前項通知應以書狀或言詞提出於法院，由法院送達或告知於他造。由訴訟代理人終止委任者，自為終止之意思表示之日起十五日內，仍應為防禦本人權利所必要之行為。

訴訟代理人之訴訟代理權，通常於一定情形發生時消滅。例如，代理之訴訟事件已終結，訴訟代理人死亡或喪失意思能力，當事人或其法定代理人終止訴訟委任，訴訟代理人辭退訴訟委任。除此之外，由於訴訟法上之特別規定而生訴訟代理權消滅者。例如，非律師之訴訟代理人經法院裁定撤銷代理訴訟之許可（本法第六十八條第二項），當事人脫離訴訟（本法第四十一條第二項、第六十四條、第二五四條第一項）。惟律師為訴訟代理人，於喪失律師資格時，訴訟代理權並不當然消滅，若當事人不撤回授權，且法院未裁定撤銷許可其代理，仍得以普通代理人身分為訴訟行為，蓋我國非若德、奧採律師強制主義，或如日本之採律師始得為訴訟代理人也。

五、輔佐人

㈠輔佐人之意義

　　輔佐人係當事人或訴訟代理人經審判長之許可，於期日偕同到場，輔助當事人或訴訟代理人為訴訟上陳述之第三人（本法第七十六條第一項）。輔佐人制度之立法目的，主要係為補足當事人或訴訟代理人對專門性技術知識陳述能力之不足，或為輔助當事人因言語障礙聽力缺陷所致陳述能力之不足，而准許有此種陳述能力之人，於期日偕同出庭陳述，俾能保護當事人利益及順利進行訴訟。例如，船舶碰撞事件，須有航海知識之人；當事人為瘖啞人者，須有輔佐人為輔助陳述之必要。輔佐人與訴訟代理人不同，亦與訴訟參加人（本法第五十八條）有異。輔佐人無訴訟代理權之授與問題，於期日外不能獨立存在，有專門技術知識為必要，須經法院許可始得為陳述，雖以輔助當事人或訴訟代理人陳述為目的，且陳述之效力及於當事人，但與當事人無法律上之利害關係。依本法第七十六條之規定，雖然當事人或訴訟代理人經審判長之許可，得於期日偕同輔佐人到場，但審判長得隨時撤銷其許可。

㈡輔佐人行為之效力

　　本法第七十七條規定，輔佐人所為之陳述，當事人或訴訟代理人不即時撤銷或更正者，視為其所為。輔佐人為防禦當事人之權利，對於當事人或訴訟代理人在期日得為之訴訟行為，均得為之。惟須經法院許可於期日且被輔佐之人在場為之，始能發生訴訟行為之效力。否則，失其輔佐人之資格，不得為訴訟行為（四一臺上字第八二四號判例）。

第 3 章

多數當事人之訴訟

在同一訴訟中，有三人以上之人參與該訴訟程序而成為當事人或成為參加人之情形，稱為多數當事人之訴訟。我國民事訴訟法制定當時，關於多數當事人之訴訟，已規定共同訴訟、參加訴訟與選定當事人訴訟，實務上較常用者主要以共同訴訟與參加訴訟為主，選定當事人訴訟之運用甚少。惟現代社會生活與經濟交易高度進步而複雜化之結果，民事糾紛之參與人增加，早期不受重視之選定當事人訴訟制度遂成為現代社會所必要之訴訟制度。民國九十二年民事訴訟法修正時，立法者趁機將原有之選定當事人訴訟制度為改良，增訂類似於美國之團體訴訟(Class action)與德國之不作為訴訟，俾能配合現代社會之需要。同時考慮就同一訴訟有多數利害關係人存在情形，宜使多數人能同時參與該訴訟程序，俾能統一解決糾紛達訴訟經濟目的，並保障訴訟參與人之程序上利益。因而對於共同訴訟與參加訴訟，並對當事人訴訟承當之規定，增訂或修改若干新規定，俾以配合。從而在立法政策上，為調和既判力擴張與程序保障兩者之平衡，新增訂第三人撤銷訴訟程序，供有法律上利害關係之第三人為利用。以上所述相關問題，除新增訂之第三人撤銷訴訟程序另定章節特別討論外，於本章多數當事人之訴訟，分為數節分別為敘述討論。

■ 第一節　共同訴訟

一、概　說

民事訴訟之當事人，以原告一人與被告一人成為對立關係而進行訴訟為最基本之形態。惟由於實體法規定或訴訟法規之原因，於一定情形，原告或被告當事人之一方或雙方有多數人存在。此種於同一訴訟中同時有多數人之原告被告存在

之訴訟形態，日本學者稱為共同訴訟，我國法典及學者沿用此語。德國法典及學者使用**訴訟團體** (Streitgenossenschaft) 一語 ， 學者之間另有稱為**主觀的訴之合併** (Subjektive Klagehäufung) 一語者。所謂團體係指有二人以上之人，所謂主觀即指主體之意，兩者用語雖有不同，但其意義相同。

立法者制定共同訴訟制度之目的主要有，一為訴訟經濟，使多數人能利用同一訴訟程序，俾以節省法院及當事人之勞力費用時間，另一為防止裁判之矛盾，避免同一造之多數人各自為訴訟行為之結果所形成之裁判牴觸。發生共同訴訟之情形不一，有於起訴時，因實體權利義務之共同關係，多數人一同起訴或被訴者。有於訴訟進行中，因當事人死亡，多數繼承人承受訴訟而成為當事人者。有於訴訟中多數之訴訟參加人，共同承擔訴訟而原當事人脫離訴訟者。

中世紀後期之義大利羅馬法有所謂 「禁止主體的訴合併」 (Verbot des subjektiven Klagenhäufung)。德國普通法長期繼受此一原則，但在德國日耳曼民族之社會，有所謂 Genossenschaft 之團體制度根深蒂固存在而成為社會生活之一單位。有關 Genossenschaft 之糾紛發生時，在訴訟上不得不由此種團體之多數構成員全體出面成為訴訟當事人，從而此一團體在訴訟上稱為訴訟團體 (Streitgenossenschaft)。訴訟團體之概念出現之後，成為羅馬法禁止主體的訴合併原則之例外規定。其後，此一訴訟團體之概念一再擴大使用之結果，於多數人就訴訟標的之權利義務有共同關係或基於同一原因之情形，亦認為得成立訴訟團體。迄一八七七年德國民事訴訟法立法時，更擴張於第六十條規定，訴訟標的之權利義務係同種類而本於事實上及法律上同種類之原因時，多數人亦得共同起訴或被訴。由於例外之規定不斷擴大的結果，禁止主體的訴合併之原則遂失其存在意義，民事訴訟法之共同訴訟制度正式得以存在❶。我國民事訴訟法第五十三條規定之共同訴訟制度，與日本舊民事訴訟法第五十九條規定內容相同，均係出於德國民事訴訟法第五十九條及第六十條之規定。

二、共同訴訟之要件

本法第五十三條規定：二人以上於下列各款情形，得為共同訴訟人，一同起

---

❶ 參照中村英郎，〈必要的共同訴訟における合一確定〉，載《民事訴訟論集》第一卷第一六四頁以下。同《民事訴訟法》第一一〇頁以下。

訴或一同被訴：一、為訴訟標的之權利或義務，為其所共同者。二、為訴訟標的之權利或義務，本於同一之事實上及法律上原因者。三、為訴訟標的之權利或義務，係同種類，而本於事實上及法律上同種類之原因者。但以被告之住所在同一法院管轄區域內或有第四條至第十九條所定之共同管轄法院者為限。

㈠實體要件

成立共同訴訟，必須各共同訴訟人與訴訟標的之權利或義務之間，有本法第五十三條各款所規定三種關係之一始可，否則不能成立共同訴訟。其三種關係如下：

1.訴訟標的之權利或義務為多數人所共同

例如，共有人、連帶債權人或不可分債權人數人就其共同之權利為訴訟標的一同起訴。又共有人數人、連帶債務人數人、主債務人與保證人，以其共同之義務一同被訴之情形，均屬之。應注意者，其權利或義務是否相同，均依實體法之規定為決定。

2.訴訟標的之權利或義務本於同一之事實上及法律上原因，而多數人一同起訴或被訴

訴訟標的之權利或義務雖非共同，但其發生原因係出於同一事實上及法律上原因之情形，多數人即可一同起訴或被訴。值注意者，多數人之權利或義務，其發生原因必須基於同一事實上原因，而且基於法律上之同一原因始可。例如，乘坐同一汽車之多數乘客，因司機故意過失開車發生車禍而受傷，此即基於同一事實上原因，從而多數乘客均以損害賠償為原因對加害人司機一同起訴，即係基於同一法律上原因。多數被害人之權利雖然各別，但法院調查車禍及司機故意過失有無之事實原因同一，且法律上之請求原因均為損害賠償，有訴訟經濟之實益，得成立共同訴訟。

3.訴訟標的之權利或義務係同種類而本於事實上及法律上同種類之原因，而多數人一同起訴或被訴

例如，出租人與多數承租人分別訂立租賃契約，保險人與要保人多人分別訂立保險契約。此際，出租人或保險人對於各承租人或各要保人之租金權利或保險費權利係同種類，而其權利之發生原因係基於事實上及法律上同種類原因，故得以多數之承租人或多數要保人為共同被告，提起給付租金或保險費之訴。

㈡程序要件

共同訴訟係相異多數之當事人就多數之訴訟為合併，利用同一法院之同一訴訟程序所進行之訴訟，所以在程序上必須具備有關訴訟客體合併之要件始可。其應具備之要件有二，即：

1.法院須就該數訴訟有管轄權

關於被告有數人之共同訴訟，其特別審判籍之法院，本法已於第二十條為規定。如受訴法院依該條規定有管轄權者，本得在該法院提起共同訴訟。惟依第五十三條第三款之情形提起共同訴訟時，該款但書明定排斥第二十條之適用，而規定必須數被告在受訴訟法院之管轄區域內，同有住所或有第四條至第十九條所定之共同管轄法院始可。若僅其中一被告有住所於受訴法院管轄區域內，或無第四條至第十九條所規定之共同管轄法院者，即不得向該法院提起第五十三條第三款規定情形之共同訴訟。

2.須該數訴訟均得行同種類之訴訟程序

法院允許提起共同訴訟，目的在節省程序之勞費及防止裁判牴觸。若數訴訟不能行同種類之程序，則無從合併由同一法院為審判，自無許其提起共同訴訟之可能。例如，應行簡易訴訟程序者，不得合併與應行通常訴訟程序者而成為共同訴訟。

三、共同訴訟之種類

共同訴訟得分為普通共同訴訟 (Die einfache Streitgenossenschaft) 與必要共同訴訟 (Die notwendige Streitgenossenschaft) 兩種。共同訴訟之多數人對於訴訟標的不必合一確定，各人分別獨立者，為普通共同訴訟，此種共同訴訟之存在目的係為訴訟經濟。訴訟標的對於共同訴訟人全體必須合一確定之共同訴訟，為必要共同訴訟。所謂訴訟標的對於共同訴訟人全體必須合一確定，係指必須將多數之共同當事人視為一體關係，不得分為數人處理，法院不得分別裁判該訴訟，不得對各人為相異之裁判，裁判勝敗結果對於全體共同訴訟人必須一致。必要共同訴訟制度，主要係為防止裁判之矛盾。此種制度之發生出於法制史上之原因，尤其以德國固有法上之公同共有制度為代表。在公同共有之制度下，全體共有人成為一體，各共有人無獨立存在之權利人地位，故於訴訟上必須全體一同起訴或被訴。

以下分別就普通共同訴訟與必要共同訴訟為敘述。

㈠普通共同訴訟

1.普通共同訴訟之要件

其要件已如前述。本法第五十三條規定，二人以上於下列各款情形，得為共同訴訟人，一同起訴或一同被訴：(1)為訴訟標的之權利或義務，為其所共同者。(2)為訴訟標的之權利或義務，本於同一之事實上及法律上原因者。(3)為訴訟標的之權利或義務，係同種類，而本於事實上及法律上同種類之原因者，但以被告之住所在同一法院管轄區域內或有第四條至第十九條所定之共同管轄法院者為限。學者有稱上述要件為訴訟主體之要件者。此外尚須具備下列程序要件，即(1)受訴法院就該數訴訟須有管轄權。(2)該數訴訟須均得行同種之訴訟程序。(3)該數訴訟須無禁止合併之法律規定。按普通共同訴訟之性質係合併數當事人各別獨立之數訴訟標的而成，倘各訴訟標的之性質不同種類，不能行同種之訴訟程序者，不得合併行其中一訴訟程序。例如應行家事訴訟程序者，不得與應行通常訴訟程序者合併成為普通共同訴訟。

值得注意者，違反上述一般要件時，法院固然得依職權調查，惟應分別將各訴訟分開移送審理。其違反訴訟主體要件者，僅於被告依本法第一九七條提出異議時，分別為訴訟之辯論及裁判，不得將訴訟以不合法裁定駁回之。

2.普通共同訴訟之法律效果

本法第五十五條規定，共同訴訟中，一人之行為或他造對於共同訴訟中一人之行為及關於其一人所生之事項，除別有規定外，其利害不及於他共同訴訟人。學者稱為普通共同訴訟人獨立之原則。普通共同訴訟本係各別獨立之數個訴訟，由於方便上將其合併於同一法院之同一訴訟程序，由同一法官進行審理及調查證據，俾以節省法官精力及當事人之時間費用為目的，在外觀上雖為共同，其實各當事人之間係完全獨立之狀況。例如，某遊覽公司之一部汽車載遊客四十人出遊，途中發生車禍，遊客十人受重傷住院，另三十人受輕傷。於此情形，遊客每人均得各別單獨對遊覽公司起訴請求每人之損害賠償，每人個別受傷情況及得請求損害賠償之金額或內容未必相同，法院得以四十件訴訟分別判決。惟若遊客四十人同時請一律師為共同訴訟代理人，撰寫起訴狀起訴，四十人成為共同原告對被告遊覽公司起訴，此際，由法官一人審理該事件，進行相同之調查證據程序。則對

發生車禍之原因事實，不必作四十次之證據調查，節省人力時間費用。至於原告
各人之受傷輕重，支付醫藥費多寡，所受精神損害及財產上損害，均得不同，每
一原告對被告之請求，應係分別獨立。故於訴訟上各原告得就其單獨之訴訟為處
分行為，例如得獨自為訴訟標的之捨棄、撤回訴訟、訴訟和解、提起上訴、自認，
被告亦得分別對原告為相異之訴訟行為，例如為訴訟標的之認諾、撤回上訴等。
此乃由於債之相對性及判決之相對效力而然，法院對普通共同訴訟之判決，無須
有合一確定之必要。從而普通共同訴訟之當事人，於其他當事人之訴訟中，得為
證人 ❷。法院得先後分別對各共同訴訟當事人為相異之判決，並得為部分判決。
惟值注意者，普通共同訴訟之各當事人，若對於必須全體統一認定之事實存在不
存在問題，未有相同之主張情形，法院得基於調查證據結果，依自由心證判斷事
實之真偽，為統一認定，並非當然受相異主張之拘束。例如上述發生車禍原因，
司機有無過失或不可抗力，當事人間之主張事實雖不一致，法院得依自由心證為
統一認定事實，不必分別受當事人不同之影響。於此情形，則為上述共同訴訟人
獨立原則之例外。

㈡必要共同訴訟

1.必要共同訴訟之用語及分類

必要共同訴訟 (Die notwendige Streitgenossenschaft)，學者又有稱為合一確定
共同訴訟，或稱為特別共同訴訟，俾與普通共同訴訟有所區別。依本法第五十六
條第一項之規定，訴訟標的，對於共同訴訟之各人，必須合一確定者，適用下列
各款之規定：一、共同訴訟人中一人之行為，有利益於共同訴訟人者，其效力及
於全體；不利益者，對於全體不生效力。二、他造對於共同訴訟人中一人之行為，
其效力及於全體。三、共同訴訟人中之一人，生有訴訟當然停止或裁定停止之原
因者，其當然停止或裁定停止之效力及於全體。本法第五十六條第一項所謂，訴
訟標的對共同訴訟之各人，必須合一確定，其意義如何？究竟於何種情形下，始
符合必須合一確定？對此問題法律並無明文，從而在判例及學說方面引發解釋之
爭執。此外，學者之間，對於必要共同訴訟之分類及用語，亦無統一之標準，因
而增加論述之困難。日本學者傳統上將必要共同訴訟分為兩類，一稱為固有必要

---

❷ Vgl. Grunsky, Grundlagen des Verfahrensrechts, 2. Aufl. S. 275; Jauernig, ZPR. 22. Aufl. S. 287.

共同訴訟，另一稱為類似必要共同訴訟。前者指訴訟標的對於共同訴訟之各人必須合一確定，且依法律規定必須數人一同起訴或一同被訴，當事人始為適格，否則當事人即不適格，此種訴訟稱為固有必要共同訴訟。後者指數人就訴訟標的不必一同起訴或一同被訴，惟若數人一同起訴或一同被訴時，則訴訟標的對於共同訴訟人全體必須合一確定，不得為相異之判決，此類訴訟稱為類似必要共同訴訟。我國學者大都依日本學者分類為論述。其實，將普通共同訴訟與必要共同訴訟對比之後，再將必要共同訴訟細分為所謂固有必要共同訴訟與類似必要共同訴訟兩種，於用語之學理上並無特別意義可言，蓋所謂必要，於類似必要共同訴訟而言，實無必要可言 ❸。德國學者，大都依 Fritz Baur 之用語，將必要共同訴訟分為，因訴訟法原因之必要共同訴訟 (Notwendige Streitgenossenschaft aus prozessrechtlichen Gründen) 與因實體法原因之必要共同訴訟 (Notwendige Streitgenossenschaft aus materiellrechtlichen Gründen)。何以如此區分？蓋對於數人之共同訴訟有合一確定之必要，其原因不外出於訴訟法上之原因，或出於實體法上之原因，於裁判時有其必要而言 ❹。奧國學者 Fasching 依奧國民事訴訟法第十一條第一項、第二項、第十四條之規定，分類為實體之共同訴訟 (Die materielle Streitgenossenschaft §11 Z 1 ZPO)、形式之共同訴訟 (Die formelle Streitgenossenschaft §11 Z 2 ZPO)、統一之訴訟當事人 (Die einheitliche Streitpartei §14 ZPO) 三種類 ❺。

　　2.固有必要共同訴訟與類似必要共同訴訟之用語

　　日本學者長久以來一直將必要共同訴訟分為固有必要共同訴訟與類似必要共同訴訟兩種而使用其用語。德國學者早期之分類雖亦分為兩種，但就其用語而言，並無使用「類似」一語之用語。德國學者之用語 echte notwendige Streitgenossenschaft（真正必要共同訴訟）或 eigentliche notwendige Streitgenossenschaft（固有必要共同訴訟）係指日本學者用語之前者，至於日本之類似必要共同訴訟，德國學者係以 Zufällige notwendige Streitgenossenschaft（偶然必要共同訴訟）之用語稱之 ❻。

---

❸ 見三ケ月章，《民事訴訟法》（弘文堂）（第三版）第五十七頁以下。

❹ 參照 Baur, Fam RZ 62, 510; Rosenberg Schwab, ZPR. 14. Aufl. S. 284ff.; Jauernig, ZPR. 22. Aufl. S. 288ff.; Grunsky, Grundlagen des Verfahrensrechts, 2. Aufl. S. 276ff.; Thomas-Putzo, ZPO. 15. Aufl. S. 149ff.

❺ 參照 Fasching, ZPR. 2. Aufl. S. 189ff.

　　按早期羅馬法係禁止共同訴訟制度，於德國普通法時代始例外承認共同訴訟。惟當時所承認之共同訴訟，僅限於全體多數人必須共同進行訴訟始有當事人適格之固有必要共同訴訟一種。後來，由於允許為必要共同訴訟之範圍擴大，其不以全體多數人共同進行訴訟為當事人適格之必要情形，亦得成為必要共同訴訟之一種。從而將最早出現之第一種必要共同訴訟，稱為固有必要共同訴訟或真正必要共同訴訟，而將後來才出現之第二種必要共同訴訟，稱為非固有必要共同訴訟或非真正必要共同訴訟。日本一直沿用此種分類，而將第二種之必要共同訴訟譯為類似必要共同訴訟❼。

　　德國學者近年來，大都依 Fritz Baur 之提倡，改稱用語。將固有必要共同訴訟改稱為「**因實體法原因之必要共同訴訟**」(Notwendige Streitgenossenschaft aus materiellrechtlichen Gründen)，而將非固有必要共同訴訟稱為「**因訴訟法原因之必要共同訴訟**」(Notwendige Streitgenossenschaft aus prozessrechtlichen Gründen)。兩者之共同訴訟其主要區別係，前者必須全體多數人共同進行訴訟而且對訴訟標的之裁判必須合一確定。後者不必全體多數人共同進行訴訟，但訴訟標的之裁判效力必須對於進行訴訟之全體多數人合一確定。故，德國學者於敘述必要共同訴訟之種類時，亦有將前者稱為「共同為訴訟追求之必要」(Notwendigkeit gemeinsamer Rechtsverfolgung)，而將後者情形稱為「統一為確定之必要」(Notwendigkeit einheitliche Feststellung)❽。由此觀之，必要共同訴訟與普通共同訴訟之區別在，法院就訴訟標的所為之裁判效力，有無對於全體共同訴訟人合一確定之必要為區別標準。而固有必要共同訴訟與非固有必要共同訴訟兩者間之區別，雖同以訴訟標的之裁判效力對於共同訴訟人合一確定為必要，但前者必須以全體共同訴訟人共同進行訴訟為必要，後者不必以全體共同訴訟人共同進行訴訟為必要。其所謂必要共同訴訟之必要，於前者情形重在指全體共同進行訴訟之必要，而在後者情形重在指裁判效力對多數人有合一確定之必要而言。於學理上，必須區分多數人共同追訴之必要與裁判效力對於多數人合一確定之必要。

---

❻ 參照 Baumbach-Lauterbach-Albers-Hartmann, ZPO. 42. Aufl. S. 158; Zöller, ZPO. 13. Aufl. S. 314ff.

❼ 參照中村英郎，《民事訴訟法》第一一七頁以下。

❽ 參照 Baumbach-Lauterbach-Albers-Hartmann, ZPO. 42. Aufl. S. 157.

3.訴訟標的對於共同訴訟之各人，必須合一確定之解釋

所謂訴訟標的對於共同訴訟之各人必須合一確定之情形，係指何種情形？對此問題，由於時代之不同而看法曾經有過變化。就對數連帶債務人之給付訴訟而言，曾經一度認為屬於必須合一確定之情形。惟此種看法之結果，造成不便，對連帶債務人之訴訟如欠少其中一債務人，即無法進行訴訟。從而後來出現限制之解釋，認為訴訟標的之合一確定即指判決既判力之合一確定而言。若對共同訴訟人中之一人之判決既判力亦及於其餘共同訴訟人之情形者，因此種判決對於共同訴訟人之各人不得發生矛盾，此情形即係必須合一確定之情形。此種解釋自Hellwig 提出以來，迄今一直成為德日兩國學說之通說及判例。惟此種通說見解作為限定必要共同訴訟之標準時，另一方面卻發生限制過分之情形而成為問題。例如，數人分別對原告之同一土地所有權為否認，原告遂對共同被告數人提起確認所有權存在之訴，此際，共同訴訟人一人所受判決之既判力不及於其餘共同訴訟人。於此情形，不能成立必要共同訴訟，僅屬於普通共同訴訟，從而法院判決得對其中一被告為原告勝訴判決，另外得對其餘被告為原告敗訴判決，此種解釋所形成之結果頗不自然。因此學者對於合一確定之解釋問題，以及如何規律必要共同訴訟（尤其非固有必要共同訴訟）與普通共同訴訟兩者間之界限標準問題，遂有爭論而成為尚未完全解決之難題❾。

4.共有關係之訴訟與必要共同訴訟在學說上之演變

對於共有關係之訴訟處理方法，因時代之演進而有變化。在最早時期，確認共有權之訴，對不動產共有名義人請求所有權移轉登記之訴，對共有人請求交付共有物之訴，均被認為必須以全體共有人為共同訴訟人之必要共同訴訟。於此情形下，若一旦欠缺共有人之一人時，訴訟即為不合法而無法進行訴訟，顯非妥適。此時期，在理論方面出現，各共有人得獨自進行訴訟而解脫共有關係訴訟之看法，從而配合當時民法學說之共有理論。依民法之共有理論，共有之法律關係得分為，全體共有人有關之全體法律關係，與各共有人個人部分之法律關係兩種，例如，就確認共有權之訴而言，得分為原告數人共同起訴確認其共同所有之某物所有權之訴，與各共有人單獨提起確認其個人持分權之訴兩種。前者係固有必要共同訴訟，而後者係得單獨起訴之訴，若各共有人各就其個人之持分權以同一訴訟共同

❾ 參照中村英郎，《民事訴訟法》第一一六頁以下。

起訴，亦屬普通共同訴訟而已。日本大正時代以來之判例，係以此種持分權之理論，將昔日認為必要共同訴訟之大部分共有關係訴訟，解釋成為普通共同訴訟。另外，判例亦就保存行為、不可分債權、不可分債務之理論為使用而加以解釋。例如，原告提起對共有物妨害排除之訴，被解釋為民法上之保存行為，得由各共有人單獨起訴。又，一部分之共有人對第三人訴求交還共有物之情形，將其解釋為相當於不可分債權或保存行為之情形，從而認為得個別由各共有人分別起訴。

上述處理共有關係之訴訟之演變，同樣於處理民法上之合夥、共同繼承之事件方面，亦有相同之演變。此類事件雖於最早時期係以固有必要共同訴訟加以處理，但現在已成為各關係人得個別分開進行訴訟之處理方法。此種處理方法，固然能使不待齊集全體共同訴訟人，即可進行訴訟，就容易解決事件方面大有幫助，但同時伴隨其負面之問題。原本屬於一個具體之事件，卻依關係人之人數個別分成為數事件，從而個別為矛盾之判決，或欲全面將事件為解決時，必須有數個裁判始可。由於此種負面問題之存在，近年來在日本學界遂有提倡各種方法為解決之聲音。有認為，應考慮司法運作之效率，或應考慮此種訴訟之對造利益，對實際上係單一之事件，應以一個訴訟及一個裁判為解決，對於此類事件之訴訟，應強制全體關係人以共同訴訟方法為進行。

上述之主張雖然可取，但另外發生，一旦全體關係人無法集齊進行共同訴訟之情形存在時，應如何加以處理解決之問題。對此問題，日本學者之間各有不同之構想。有認為，因法律並無強制提起共同訴訟之規定，於此情形，應例外承認得個別進行訴訟。另有認為，應成為共同原告之人，拒絕共同提起訴訟之情形，得將拒絕之人加入被告一邊而起訴為解決。亦有主張，應成為共同原告之人，若拒絕成為共同原告時，其他共同原告，得為全體之利益進行訴訟❿。

5. 民國九十二年保護固有必要共同訴訟原告行使訴訟權之立法修正

本法於民國九十二年修正時，增訂第五十六條之一規定：「訴訟標的對於數人必須合一確定而應共同起訴，如其中一人或數人拒絕同為原告而無正當理由者，

---

❿ 參照中村英郎，《民事訴訟法》第一一八頁以下。櫻井孝一，〈共有關係訴訟と當事者適格〉，載《法學演習講座❿民事訴訟法》第六十五頁以下。福永有利，〈共同所有關係と必要的共同訴訟〉，載《民事訴訟法の爭點》（舊版）第一○六頁以下。谷口安平，〈共同所有關係と必要的共同訴訟〉，載《民事訴訟法の爭點》（新版）第一二八頁以下。

法院得依原告聲請，以裁定命該未起訴之人於一定期間內追加為原告。逾期未追加者，視為已一同起訴。法院為前項裁定前，應使該未起訴之人有陳述意見之機會。第一項未共同起訴之人所在不明，經原告聲請命為追加，法院認其聲請為正當者，得以裁定將該未起訴之人列為原告。但該原告於第一次言詞辯論期日前陳明拒絕為原告之理由，經法院認為正當者，得撤銷原裁定。第一項及前項裁定，得為抗告。第一項及第三項情形，如訴訟費用應由原告負擔者，法院得酌量情形，命僅由原起訴之原告負擔。」

　　由於固有必要共同訴訟之當事人必須全體一同起訴或一同被訴，否則當事人不適格而起訴不合法，無法進行訴訟。若固有必要共同訴訟之原告當事人，其中一人或數人拒絕同為原告起訴時，將使其他人亦無法以訴訟伸張或防禦其權利，妨害其他人行使訴訟權。立法者為保障固有必要共同訴訟之原告當事人能合法行使其訴訟權，因此於本法第五十六條之一第一項明定，如拒絕同為原告而無正當理由者，法院得依原告聲請，以裁定命該未起訴之人追加為原告，逾期未追加者，視為已一同起訴。至於拒絕同為原告是否無正當理由，則應由法院斟酌原告起訴是否為伸張或防衛其權利所必要等情形決定之。

　　法院為本條第一項之裁定，強制未起訴之人追加為原告，此係涉及未起訴之人不行使其訴訟權之自由，為保障其程序上之權利，設第二項規定，於法院裁定前應使其有陳述意見之機會。

　　若未共同起訴之人，其所在不明，亦將使其他人無法起訴。於此情形，如由法院定期命該所在不明之人追加為原告，可預見亦難有效果，徒使訴訟拖延。為期訴訟進行順暢，於本條第三項規定，原告得聲請命為追加，如法院經調查後認其聲請為正當時，即得逕以裁定將該未起訴之人列為原告。至於未共同起訴之人其所在不明之事實，應由原告舉證證明之。又為兼顧被逕列為原告之人其程序上之權利，並設但書規定，賦予其陳明拒絕為原告之理由，法院若認其理由正當者，得撤銷原裁定。

　　本條第一項及第三項之裁定，涉及原起訴之原告及拒絕同為原告者之權益甚鉅，應使其有抗告機會，故於第四項規定得為抗告。又本條第一項及第三項情形所發生之裁定費用，若於訴訟之結果共同原告敗訴，應由共同原告負擔情形，原應依本法第八十五條規定由全體原告共同分擔。惟原未起訴之原告係因法院命令被迫追加為原告或被視為一同起訴，或被逕列為原告，如又令其負擔訴訟費用，

不免失平，故第五項規定，法院得酌量情形，命僅由原起訴之原告負擔。

四、我國判例與學說對各種共同訴訟之認定情形

我國最高法院及學者對於必要共同訴訟之分類，均沿用日本學者所用固有必要共同訴訟與類似必要共同訴訟兩語。為配合我國判例及學者之用語敘述之方便，求其用語之統一，本書在此均使用固有必要共同訴訟與類似必要共同訴訟之用語。訴訟當事人有多數而成為共同訴訟時，於何種具體情形之共同訴訟屬於固有必要共同訴訟？何者屬於類似必要共同訴訟？又何者屬普通共同訴訟？對於各種具體情形之訴訟，我國之判例與學者之見解如何？此類問題，因涉及當事人之共同訴訟合不合法，且各共同訴訟人間之訴訟行為能否互相影響之問題，法院就訴訟標的所為之裁判既判力對於共同訴訟人之各人是否必須合一確定之解答說明。是為訴訟實務上之重要問題，研討之際，不能不為注意。以下依共同訴訟之種類，分別分析觀察我國判例及學說之見解如次：

㈠我國判例學說對固有必要共同訴訟之認定情形

我國之判例與學說，大都依德、日之學說解釋，認為固有必要共同訴訟之存在，基本上有兩種類型。一係訴訟標的之法律關係，其處分權或管理權必須由數人全體共同行使，始為合法，個人無權單獨為行使之情形。二係使他人間權利義務關係發生變動之形成訴訟，其為訴訟標的之形成權，於行使時，須由數人全體或對數人全體為行使，始為合法之情形。於此兩種類型之訴訟，若僅個人一人為原告或被告而進行訴訟時，該訴訟之訴訟當事人不適格，訴訟不合法，法院應駁回起訴。

訴訟標的之法律關係，依實體法之規定，實體權利義務之處分或管理，必須由數人全體為之始合法者，在訴訟上，此項訴訟實施權或訴訟管理權，亦必須由數人全體共同行使或對之行使始為合法而有當事人適格。此種固有必要共同訴訟之發生，於數人就一定財產權有共有關係存在之情形，最為典型。例如，民法第八一九條第二項規定：共有物之處分、變更及設定負擔應得共有人全體之同意。民法第八二〇條第一項規定：共有物，除契約另有訂定外，由共有人共同管理之。又民法第八二八條第一項規定：公同共有人之權利義務，依其公同關係所由成立之法律、法律行為或習慣定之。第三項規定公同共有物之處分及其他之權利行使，

除法律另有規定外，應得公同共有人全體之同意。由於實體法規定共有物之處分權或管理權必須全體共有人始得享有而行使，單獨一人並無處分權或管理權，故其訴訟法上之訴訟實施權亦為單一而歸於全體共有人，個人並無訴訟實施權，從而為訴訟時，成為固有必要共同訴訟。

　　上述學理上之說明，雖為實體法及訴訟法上之原則，但於判例實務上，由於民法有許多例外之規定，有關共有財產關係之訴訟，其屬於固有必要共同訴訟之判例並不多見。成為判例者，大都為民法例外規定情形而存在之普通共同訴訟或類似必要共同訴訟。例如，民法第八二一條特別規定：各共有人對於第三人，得就共有物之全部，為本於所有權之請求。但回復共有物之請求，僅得為共有人全體之利益為之。從而最高法院判例及解釋認為，共有人得單獨對第三人就共有物之全部，提起本於物上請求權之各種訴訟。例如，訴求被告除去妨害共有物所有權之訴，訴求無權占有人返還共有物之訴。惟應注意者，共有人單獨一人對第三人提起返還共有物訴訟時，原告不得於其訴之聲明，請求被告將共有物返還原告。原告必須聲明，請求被告將共有物返還原告及全體共有人。換言之，若各共有人本於所有權，就共有物之全部為請求時，原則上，均得單獨起訴，不必以固有必要共同訴訟之方式起訴，惟於訴求被告返還共有物之情形，必須聲明將共有物返還原告及全體共有人而已。

　　司法院二十八年院字第一九五〇號解釋：㈠為訴訟標的之權利，非數人共同不得行使者，固須數人共同起訴，原告之適格始無欠缺。惟民法第八百二十一條規定，各共有人對於第三人得就共有物之全部，為本於所有權之請求。此項請求權既非必須由共有人全體共同行使，則以此為訴訟標的之訴訟，自無由共有人全體共同提起之必要。所謂本於所有權之請求權，係指民法第七百六十七條所規定之物權的請求權而言，故對於無權占有或侵奪共有物者請求返還共有物之訴，對於妨害共有權者請求除去妨害之訴，對於有妨害共有權之虞者請求防止妨害之訴，依民法第八百二十一條但書之規定，應求為命被告向共有人全體返還共有物之判決，不得請求僅向自己返還。至於債權的請求權，例如共有物因侵權行為而滅失毀損之損害賠償請求權，固不在民法第八百二十一條規定之列。惟應以金錢賠償損害時（參照民法第一九六條、第二一五條），其請求權為可分債權，各共有人僅得按其應有部分請求賠償，即使應以回復原狀之方法賠償損害而其給付不可分者，依民法第二百九十三條第一項之規定，各共有人亦得為共有人全體請求向其全體

為給付。故以債權的請求權為訴訟標的之訴訟，無論給付是否可分，各共有人均得單獨提起。以上係就與第三人之關係言之，若共有人中之一人越其應有部分行使所有權時，他共有人得對之行使物權的或債權的請求權，並得單獨對之提起以此項請求權為標的之訴，尤不待言。㈡原告就物或權利提起確認為己獨有之訴，法院認為兩造共有者，應將其訴駁回。

　　最高法院三十八年臺上字第六二號判例：民法物權編關於分別共有之規定，各共有人對於第三人就共有物之全部，為共有人全體之利益，而為回復共有物之請求，如以此為標的之訴訟，無由共有人全體提起之必要。

　　最高法院七十一年臺上字第一六六一號判例：共有人依民法第八百二十一條規定，就共有物之全部為本於所有權之請求，除請求回復共有物須為共有人全體利益為之外，非不得僅由其中一人起訴請求。上訴人提起本件訴訟，僅在請求被上訴人拆除牆垣，以回復原有巷道之寬度，並非請求被上訴人交還其占有之土地，自不必為共有人全體之利益為之。

　　最高法院三十一年九月二十二日決議㈡：甲乙丙丁四人之共有物，被戊無權占有，由甲、乙、丙三人依民法第八百二十一條規定，提起請求回復共有物之訴經確定判決命戊向共有人全體返還，而依判決內容僅知甲、乙、丙為共有人者，僅甲、乙、丙得聲請強制執行，丁之共有權如為甲、乙所否認或侵奪，自可對於甲、乙提起確認或回復之訴。又同院六十八年七月十七日六十八年度第十次民事庭庭推總會議決定㈣云：公同共有人相互間提起確認自己有公同共有權之訴，不必以其他公同共有人全體為共同被告。

　　關於財產權之固有必要共同訴訟，法院判例實務最常見者有，民法第八二四條第二項與第八三○條第二項所規定分割共有物之訴。由於分別共有人之應有部分，或公同共有人之隱藏的應有部分，其全體共有人應有部分之總和為共有物之整體權利，故於分割共有物之訴，須由請求分割而起訴之共有人全體為共同原告，其餘之共有人全體為共同被告。無論原告之共同抑或被告之共同，均為固有必要共同訴訟（最高法院三○渝上字第一三五號、同院三七上字第七三六六號判例）。又民法第二四四條第二項之債權人撤銷權之訴訟，成為撤銷客體之行為係債務人與受益人之雙方行為，故，原告債權人必須以債務人及受益人為共同被告始有被告當事人適格，此種訴訟為固有必要共同訴訟（最高法院二八渝上字第九七八號判例）。

　　固有必要共同訴訟，以有關身分關係之訴訟為最多。例如，第三人提起撤銷婚姻之訴，應以夫妻為共同被告，始有被告當事人適格（家事事件法第三十九條第二項）。由第三人提起撤銷收養、撤銷終止收養，與確認收養關係存在或不存在之訴，以養父母及養子女為共同被告，始有被告當事人適格（家事事件法第三十九條第二項）。終止收養關係之訴如由養子女起訴者，須以養父母為被告，始得謂被訴當事人之適格無欠缺（家事事件法第三十九條第一項）。養父母對於養子女提起終止收養關係之訴，養父母應為共同原告，始有原告當事人適格（民法第一〇八一條、家事事件法第三十九條第一項）。由子女或母就母再婚後所生子女提起確定其父之訴，應以母之配偶及前配偶為共同被告，始有被告當事人適格（家事事件法第六十五條第二項）。惟民法第一〇九〇條於九十六年五月二十三日修正時，已刪除親屬會議得請求法院宣告停止親權之規定，修法後親屬會議已不得提起宣告停止親權之訴。民法第一一二九條所定有召集權之人，依民法第一一三七條規定提起撤銷親屬會議之訴，須以親屬會議會員五人為共同被告，始有被告當事人適格❶。

㈡我國判例學說對類似必要共同訴訟之認定情形

　　我國學者一般認為，類似的必要共同訴訟係指，數人就為訴訟標的之法律關係，雖不必一同起訴或一同被訴，而有選擇行單獨訴訟或行共同訴訟之自由，惟若行共同訴訟時，則其法律關係對於共同訴訟人全體，必須合一確定，法院不許為歧異判決之共同訴訟。換言之，共同訴訟之數人，其在法律上各有獨立實施訴訟之權能，其中一人起訴或一人被訴時所受之本案判決，既判力及於未為訴訟當事人之他人，若該他人亦為共同訴訟當事人時，其地位即與固有的必要共同訴訟人相同者，即稱為類似的必要共同訴訟。例如，公司之多數股東為共同原告，依公司法第一八九條規定，以公司為被告，提起撤銷股東會決議之訴。民法第五十六條第一項所規定之數社員為共同原告，提起撤銷總會決議之訴。惟應注意最高法院七十三年臺上字第五九五號判例及同院七十五年臺上字第五九四號判例之要旨內容❷。又數共同原告提起撤銷婚姻之訴、確認婚姻無效之訴、確認婚姻關係

❶ 參照姚瑞光，《民事訴訟法論》第一二〇頁以下。

❷ 最高法院七十三年臺上字第五九五號判例云：依公司法第一百八十九條規定訴請法院撤銷股東會決

存在或不存在（家事事件法第三條規定甲類、乙類事件、民法第九八九條以下各條），此多數原告之訴訟，即係類似的必要共同訴訟。

六十三年二月二十六日最高法院六十三年度第一次民庭庭推總會議決議㈣云：第三人依強制執行法第十五條提起執行異議之訴，債務人亦否認第三人就執行標的物有足以排除強制執行之權利時，並得以債務人列為共同被告，此際應認為類似的必要共同訴訟。

㈢區分普通共同訴訟與類似必要共同訴訟之必要，俾以決定適用本法第五十五條普通共同訴訟人獨立之原則抑或適用第五十六條必要共同訴訟人合一確定之規定

本法第五十五條規定，共同訴訟中，一人之行為或他造對於共同訴訟人中一

議之股東，應受民法第五十六條第一項之限制。此綜觀公司法與民法關於股東得訴請法院撤銷股東會決議之規定，始終一致。除其提起撤銷之訴，所應遵守之法定期間不同外，其餘要件，應無不同。若謂出席而對股東會召集程序或決議方法，原無異議之股東，事後得轉而主張召集程序或決議方法為違反法令或章程，而得訴請法院撤銷該決議，不啻許股東任意翻覆，影響公司之安定甚鉅，法律秩序，亦不容許任意干擾。故應解為依公司法第一百八十九條規定訴請法院撤銷股東會決議之股東，仍應受民法第五十六條第一項但書之限制。又同條係關於撤銷訴權之規定，股東依此規定提起撤銷之訴，其於股東會決議時，雖尚未具有股東資格，然若其前手即出讓股份之股東，於股東會決議時，具有股東資格，且已依民法第五十六條規定取得撤銷訴權時，其訴權固不因股份之轉讓而消滅。但若其前手未取得撤銷訴權，則繼受該股份之股東，亦無撤銷訴權可得行使。查本件系爭股東會決議事項，既屬全體股東無異議後併案一致通過而無異議。則上訴人之前手既未依民法第五十六條規定取得撤銷訴權，依上說明，上訴人亦無繼受其前手訴權之可言。

最高法院七十五年臺上字第五九四號判例云：股份有限公司之股東，依公司法第一百八十九條規定訴請撤銷股東會之決議，仍應受民法第五十六條第一項但書之限制，如已出席股東會而其對於股東會之召集程序或決議方法未當場表示異議者，不得為之。

最高法院三十一年十一月十九日決議㈥云：公同共有物之處分及其他之權利行使，依其公同關係所由規定之法律或契約，得由公同共有人中之一人為之者，關於公同共有物之爭執，自得由其一人單獨起訴或被訴，即使此項法律或契約無此規定，得公同共有人全體之同意時，亦得由其中一人單獨起訴或被訴，故關於公同共有物之訴訟，不得概稱為固有之必要共同訴訟，公同共有人中之一人或數人得起訴或被訴時，如由數人或全體一同起訴或被訴，即屬類似之必要共同訴訟。公同共有人全體起訴或被訴之事件，應適用民事訴訟法第五十六條第一項各款規定者，衹須說明其訴訟標的對於共同訴訟之各人必須合一確定，無須認定其訴訟究為固有之必要共同訴訟，抑為類似之必要共同訴訟，若公同共有人中之一部分人起訴或被訴之事件，仍應認定其是否由一部分人起訴或被訴，以明當事人之適格與否。

人之行為及關於其一人所生之事項，除別有規定外，其利害不及於他共同訴訟人。學者稱為普通共同訴訟人獨立之原則。又本法第五十六條第一項規定：訴訟標的，對於共同訴訟之各人，必須合一確定者，適用下列各款之規定：一、共同訴訟人中一人之行為有利益於共同訴訟人者，其效力及於全體；不利益者，對全體不生效力。二、他造對於共同訴訟人中一人之行為，其效力及於全體。三、共同訴訟人中之一人，生有訴訟當然停止或裁定停止之原因者，其當然停止或裁定停止之效力及於全體。學者稱此規定為必要共同訴訟人之法則。

　　普通共同訴訟雖係合併數訴於一訴訟程序，不過為程序上之便宜而已，就其訴訟之性質而論，各共同訴訟當事人間之訴訟關係，仍屬各自獨立，不因其合併為一訴訟而各人法律關係之內容受有何項影響。故本法第五十五條明定，共同訴訟人中一人之行為或他造對於共同訴訟人中一人之行為及關於其一人所生之事項，除別有規定外，其利害不及於他共同訴訟人。惟若係必要共同訴訟，不分其為固有必要共同訴訟抑或類似必要共同訴訟，法院就為訴訟標的之法律關係對於共同訴訟之各人所為之裁判，不能各異其內容。為防免法院判決內容之牴觸，不可不謀判決基礎及訴訟進行之一致，故本法第五十六條第一項第一款至第三款特設規定必要共同訴訟人間之行為關係。各必要共同訴訟人間之行為互相一致者，不問該行為有利益於共同訴訟人或不利益於共同訴訟人，當然應以其行為為法院判決之基礎。若共同訴訟人之行為不相一致，則視共同訴訟人中一人所為之行為，是否於共同訴訟人有利益，其有利益於共同訴訟人者，效力及於全體，其不利益者，則效力不及於全體。

　　類似必要共同訴訟與普通共同訴訟，兩者所相同者，均不以數人一同起訴或一同被訴為必要。惟若一旦以數人一同起訴或被訴時，該共同訴訟之類型究竟屬於普通共同訴訟抑或類似必要共同訴訟，則有區別之必要。蓋其屬於普通共同訴訟者，有本法第五十五條所規定普通共同訴訟人獨立原則之適用，其屬於類似必要共同訴訟者，則必須適用本法第五十六條所定必要共同訴訟人之法則，兩種不同共同訴訟之當事人所為之行為效力，能否影響全體共同訴訟人，差別頗大故也。

　　於具體之訴訟案例，其共同訴訟究竟在解釋上應認為普通共同訴訟抑或類似必要共同訴訟？有時難免發生困惑，學者之間亦時有爭執，對此問題，最高法院有許多判例可供參考。最高法院三十三年上字第四八一〇號判例云：民法第二百七十五條規定連帶債務人中之一人受確定判決，而其判決非基於該債務人之個人

關係者，為他債務人之利益亦生效力，故債權人以各連帶債務人為共同被告提起給付之訴，被告一人提出非基於個人關係之抗辯有理由者，對於被告各人必須合一確定，自應適用民事訴訟法第五十六條第一項之規定。依此判例，債權人以數連帶債務人為共同被告提起之給付訴訟，係類似必要共同訴訟，被告一人提出非基於個人關係之抗辯有理者，應適用民事訴訟法第五十六條第一項之規定。惟學者對於多數被告連帶債務人之共同訴訟，有認為其係普通共同訴訟者❸，有認為有民事訴訟法第五十六條第一項之適用，而屬類似必要共同訴訟者❹，亦有認為其非類似必要共同訴訟，但適用本法第五十六條第一項之規定者❺。拙以為，連帶債務之主體雖為多數，但均對同一債務負給付責任（民法第二七二條）。因民法第二七三條規定，連帶債務人之債權人得對於債務人中之一人或數人或全體，同時或先後請求全部或一部之給付，從而學者有認為其係複數的債之關係而肯定其為普通共同訴訟者。惟應注意者，此一規定性質重在顯示，多數連帶債務人就同一債務之給付互相負擔保責任之方法而已。於訴訟上債權人雖得分別對各債務人請求同一債務之全部給付，但一旦連帶債務人中之一人為清償而債務消滅者，他債務人亦同免其責任（民法第二七四條）。在連帶債務人未為共同被告之情形，依民法第二七五條規定，連帶債務人中之一人受確定判決，而其判決非基於該債務人之個人關係者，為他債務人之利益，亦生效力，此為確定判決既判力及於其他連帶債務人之規定。從而若連帶債務人成為共同被告時，法院為裁判之基礎相同而判決非基於該債務人之個人關係者，為他債務人之利益，當無作歧異判決之理。故拙認為本法第五十六條第一項之規定，於多數被告之連帶債務共同訴訟有其適用，得解釋其屬類似必要共同訴訟。德日判例均以其訴訟標的之法律關係，非在法律上應為一致判決，僅在理論上應為一致判決之情形，非所謂必須合一確定為理由，否定被告連帶債務之共同訴訟，其判決有合一確定必要，從而認為其屬普通共同訴訟❻。但我國民法第二七五條已有明文規定，且本法第五十六條第一項

---

❸ 見石志泉（楊建華增訂），《民事訴訟法釋義》第七十五頁。姚瑞光，《民事訴訟法論》第一二三頁。陳計男，《民事訴訟法論（上）》第一七〇頁。

❹ 見王甲乙等三人，《民事訴訟法新論》第二七八頁。楊建華，《問題研析民事訴訟法㈠》第五十八頁以下。

❺ 見吳明軒，《中國民事訴訟法（中）》第七四八頁以下。曹偉修，《最新民事訴訟法釋論（上）》第二二〇頁。

第一款亦有相同規定，自不宜為與德日判例作相同之解釋。

六十四年七月八日最高法院六十四年度第五次民庭庭推總會議決定㈡：債權人甲行使代位權及自己之請求權，訴請丁將某不動產所有權移轉登記與丙，由丙移轉登記與乙，再由乙移轉登記與甲者，其訴訟標的對於共同被告之各人非必須合一確定，亦即非必要共同訴訟，雖係一案起訴，仍屬普通共同訴訟。

六十七年六月六日最高法院六十七年度第六次民事庭庭推總會議決議㈢：原告行使代位權及自己之請求權，訴請被告甲將系爭土地之所有權移轉登記與被告乙，再由被告乙移轉登記與原告，其訴訟標的對於共同被告之各人，非必須合一確定，亦即非必要共同訴訟，仍屬普通共同訴訟，被告甲或乙一人提起上訴，其效力不及於他共同被告。

上述被告多數之代位權訴訟，因共同訴訟之多數被告間有目的手段牽連關係存在，雖有各別之訴訟標的，法院就多數之訴訟標的應為勝則同勝，敗則同敗之裁判，否則其裁判即生矛盾，故應適用本法第五十六條之規定❼。拙認為上述最高法院之二決議頗有可議之處。

依民法第二四二條規定得提起代位權訴訟之債權人有多數人，其所提起之數原告共同訴訟係以被告第三債務人對於債務人之義務或法律關係為訴訟標的，法院就此項訴訟標的之裁判不得對各債權人為歧異之認定。雖然各債權人得分別就同一訴訟標的起訴，惟一旦成為共同訴訟之多數原告起訴，判決即有合一確定之必要，應認為類似必要共同訴訟而適用本法第五十六條規定❽。

五、必要共同訴訟人間之關係

必要共同訴訟，無論為固有必要共同訴訟或類似必要共同訴訟，法院對於各共同訴訟人之裁判，其內容應相同，不可互相牴觸。為防免裁判之牴觸，不可不謀裁判基礎及訴訟進行之一致，從而有本法第五十六條第一項第一款至第三款之規定。

---

❻ 見 Jauernig, ZPR. 22. Aufl. S. 289; Zöller, ZPO. 13. Aufl. S. 316; 兼子一等四人，《條解民事訴訟法》第一五七頁。

❼ 相同見解，參考楊建華，《問題研析民事訴訟法㈠》第九十頁以下。

❽ 相同見解，參考王甲乙等三人，《民事訴訟法新論》第二七八頁。

第一、共同訴訟人中一人之行為，有利益於共同訴訟人者，其效力及於全體；不利益者，對於全體不生效力。一人之行為是否有利於全體，應以其行為是否得使全體共同訴訟人獲勝訴為定，如一人之行為顯然有使全體共同訴訟人遭敗訴判決者，則屬該行為不利於全體。又所謂行為有利或不利，係指於行為當時就形式上觀之，有利或不利於共同訴訟人而言，非指經法院審理結果有利者其效力及於共同訴訟人，不利者其效力不及於共同訴訟人而言。故共同訴訟人中之一人，對於下級法院之判決聲明不服提起上訴，在上訴審法院未就其內容為審判之前，難謂其提起上訴之行為對於他共同訴訟人不利，其效力應及於共同訴訟人全體，即應視其上訴為共同訴訟人全體所為（五二臺上字第一九三〇號判例）。上訴期間固然自各人受判決之送達時始各別進行，惟其中一人已在其上訴期間內提起上訴者，視與全體在上訴期間內提起上訴同，他共同訴訟人無論已否逾其上訴期間，均不必再行提起上訴，得逕行加入於嗣後之上訴程序（二一抗字第三四六號判例，本判例依一〇八年七月四日施行之法院組織法第五十七條之一第一項規定，已停止適用，三二抗字第四七〇號判例意旨相同）。又共同訴訟人中之一人所為有利之聲明、陳述有利之事實、提出有利之證據、對他造之請求及主張為抗辯或提出反證，於此情形雖其他共同訴訟人未為此等行為，其行為視為全體之行為而對全體發生效力。倘共同訴訟人中一人所陳述有利事實，與他共同訴訟人所陳述有利事實不能相容，或就其一人所提出之證據調查結果，與就他人所提出之證據調查結果不能相容者，法院應依本法第二二二條之自由心證規定為判斷[19]。若共同訴訟人中一人所為之行為，不利益於共同訴訟人，則對於全體不生效力。例如其中一人為訴訟上之自認、對他造所主張事實不為爭執、或就訴訟標的為捨棄、認諾、和解、撤回起訴[20]或撤回上訴之行為時，其行為對於全體不生效力，應視為全體未有此等行為。惟值注意者，若全體共同訴訟人一致為不利益之行為時，該不利益之行為自當發生效力。

第二、他造對於共同訴訟人中一人之行為，其效力及於全體。此際，無論其

---

[19] 參照石志泉，《民事訴訟法釋義》第七十六頁。
[20] 學者有認為，在類似必要共同訴訟，共同訴訟人仍有獨立之訴訟實施權，故共同原告中如有一人撤回起訴，似可認對他共同訴訟人不生利益，而得發生撤回效力。見陳計男，《民事訴訟法論》第一七一頁以下。

行為之內容如何，其行為有利或無利，行為之效力及於全體共同訴訟人，即視與對全體所為情形相同。例如，他造對於共同訴訟人中一人提起上訴、撤回上訴、捨棄上訴權、就訴訟標的為捨棄或認諾之情形，即應認為係對全體共同訴訟人為之。值注意者，原告對於共同訴訟之被告一人撤回起訴者，其效力應及於被告全體而發生全部訴訟撤回之效力。但於本案言詞辯論後原告始撤回起訴時，應得全體被告之同意。此際因被告有多數人，於此時，同意撤回起訴係對共同被告不利益之行為，故必須經全體被告一致同意撤回始可，若僅其中一被告同意撤回，不生全體被告同意撤回之效力。

　　第三、共同訴訟人中之一人，生有訴訟當然停止或裁定停止之原因者，其當然停止或裁定停止之效力及於全體。必要共同訴訟為達成對全體共同訴訟人之合一確定之裁判目的，法院不得對一部之共同訴訟人先為判決，必須同時對全體為統一判決。故共同訴訟人中之一人有訴訟當然停止或裁定停止訴訟之原因時，必須等待該當事人續行訴訟，始得終結訴訟而對全體共同訴訟人為裁判。本法九十八年六月十二日修正，增訂第五十六條第二項規定，前項共同訴訟人中一人提起上訴，其他共同訴訟人為受輔助宣告之人時，準用第四十五條之一第二項規定。共同訴訟人中一人提起上訴，係有利受輔助宣告之人，如須經輔助人同意，恐將影響其他上訴人權益，故明定準用第四十五條之一第二項規定，不須經輔助人之同意。

■ 第二節　選定當事人之訴訟

一、選定當事人之概念及制度目的

　　關於多數人共同利益之訴訟，若係設有代表人或管理人之非法人團體，因其有當事人能力，可由其代表人或管理人代理為訴訟行為而進行訴訟。惟若多數人成為團體而未設有代表人或管理人之情形，勢必由其全體多數人為當事人起訴或被訴。於此情形，因人數繁多，不僅增加訴訟程序之繁雜而訴訟遲滯，且使多數人受不必要之拖累。立法者為訴訟經濟起見，特於本法第四十一條至第四十四條設有選定當事人進行訴訟之制度，俾多數有共同利益之人，得由其中選定一人或數人為選定人及被選定人全體起訴或被訴，被選定之人即以自己之名義為當事人

而為訴訟行為。至於其他各人於選定當事人後，即不得自己直接為訴訟行為，遇有死亡或有訴訟當然停止之事由發生時，亦不影響訴訟之續行，惟其確定判決對於其他各人亦生效力（本法第四〇一條第二項）。

應注意者，被選定之人係受多數共同利益人之信託而為當事人，並非因被授權而為訴訟代理人。被選定之人稱為選定當事人，同時兼具兩種資格，一係自己為原告或被告，另一係為其他多數共同利益人而為原告或被告。又選定當事人係依多數共同利益人之意思而選定，非因法律規定而當然發生，故，學者稱選定當事人為任意之訴訟擔當人，俾與法定訴訟擔當人之破產管理人、遺囑執行人、遺產管理人，有所區別。

選定當事人之制度係民國二十四年之現行法始設之制度，前清宣統二年之民事訴訟律、民國十年之民事訴訟條例、民國十九年之民事訴訟法，均無此種制度[21]。日本於明治二十四年實施之舊民事訴訟法亦無此種制度，迄大正十五年修正實施之民事訴訟法始有選定當事人制度[22]。

選定當事人制度係利用英國法之 Representative Action （代表訴訟），以信託法之原理而制定之制度。依英國 Rule of Supreme Court 之規定，Representative Action 係，多數人於有同一利益之情形，得由多數人中之一人或數人，代表多數人全體或一部分人起訴或被訴，但以法院別無命令為限得繼續為訴訟。該代表當事人所受之判決、命令之效力及於其他全部被代表人，但執行力，非有法院之許可不及於未曾成為當事人之人。此一規定，得適用於俱樂部此類非法人團體[23]。

二、選定當事人之要件

本法第四十一條第一項規定，多數有共同利益之人，不合於前條第三項所定者，得由其中選定一人或數人為選定人及被選定人全體起訴或被訴。據此規定，選定當事人之要件有四：

---

[21] 參照石志泉，《民事訴訟法釋義》（七十一年楊建華增訂初版）第五十五頁。
[22] 參照齋藤秀夫，《注解民事訴訟法(1)》第二七〇頁。
[23] 參照齋藤秀夫，上揭書第二七一頁。

㈠必須有共同利益之多數人存在

選定當事人制度主要係為簡化及單純化之訴訟經濟目的而設，必須訴訟原告或被告人數眾多，例如數百人或千人之數，選定當事人制度之運用始見其實用性。倘起訴或被訴之當事人各僅一人時，不生選定當事人之問題。應注意者，民國九十二年本法修正時，本法第四十一條第一項原條文「為全體起訴或被訴」經修正變成「為選定人及被選定人全體起訴或被訴」，目的在避免昔日解釋之誤會，誤以為選定當事人必須由被選定人以外有共同利益之人全體始可選定。經修正後，條文意義係指，多數有共同利益之人就是否選定當事人及其人選，可不必全體一致。得允許多數有共同利益之人分組選定不同之選定當事人，或僅由一部分共同利益人選定其選定當事人一人或數人而與其餘未參與選定之共同利益人一同起訴或被訴。本條修正目的在擴大選定當事人制度運用之靈活，避免此制度受不當之限制。

㈡必須全體多數人就該訴訟有共同利益存在

所謂共同之利益，我國學者大都認為，指多數人有得為共同訴訟之關係，且其主要攻擊防禦方法相同之情形而言。雖合於本法第五十三條得提起共同訴訟之情形，如其主要攻擊防禦方法各異，仍無法達成選定當事人制度目的，故於第五十三條第三款之共同訴訟人，因其訴訟標的之權利義務係同種類而本於事實上及法律上同種類之原因而訴訟，主要攻擊防禦方法難謂相同，殊無選定當事人之餘地[24]。質言之，多數人得依本法選定一人或數人為全體起訴或被訴者，必須有共通之應受判決事項之聲明，而法院本於該訴之聲明所為判決主文，亦必須為全體可通用始可[25]。我國判例對於多數人有公同共有關係或分別共有，或訴訟標的對多數人必須合一確定者，均認為得利用選定當事人起訴或被訴[26]。又對於多數人分別承租所有人之某處房屋，本於同一之原因請求所有人依舊供給自來水之訴訟，最高法院二十九年滬上字第一一二號判例（依一〇八年七月四日施行之法院組織

---

[24] 見陳計男，《民事訴訟法論（上）》第一七五頁。曹偉修，《最新民事訴訟法釋論（上）》第一六五頁。姚瑞光，《民事訴訟法論》第一三二頁。

[25] 參照陳計男，前揭書第一七五頁。

[26] 見最高法院三十三年上字第八七一號判例，同院四十二年臺上字第九八二號判例。

法第五十七條之一第一項規定，本判例已停止適用）認為多數人有共同利益，得利用選定當事人起訴。

日本學者對於所謂共同利益，其內容如何？學說計有五說。第一說認為，共同利益限於多數人有固有必要共同訴訟之情形。第二說認為，共同利益包括類似必要共同訴訟在內之必要共同訴訟情形。第三說認為，共同利益限於多數人之訴訟標的權利義務係本於同一事實上及法律上原因之情形。第四說認為，共同利益限於多數人有某一程度之認同感受而互相在某一法律上利益密切結合之情形。依此說之說明，於此情形，多數人之訴訟標的權利義務係同種類，且本於事實上及法律上同種類之原因者，則可認為多數人有共同利益。多數人對於同種類之法律關係由於種類相同有共同之認同與感受，而互相結合謀求同一對策以對付相對人，此種情形下之多數人即有共同利益可言。例如，同一土地所有人將其土地分別部分出租於多數人耕作，承租人全體均拒絕支付租金，土地所有人以全體多數承租人為共同被告起訴時，因多數人之租金給付義務同種類且各人之租賃契約亦同種類，得共同謀求對策使訴訟能對多數共同被告有利，此情形即有共同利益。日本判例於昭和三十三年間認為，多數人相互間有為共同訴訟當事人應有之關係，且其主要攻擊防禦方法有共通之情形，即有共同利益❷。該判例與上述第三說及第四說見解大抵相同，稍有較廣之解釋。依該判例與通說之解釋，就具體實例而言，多數共有人、多數連帶債務人、因同一事故請求損害賠償之多數被害人、承租相同土地及房屋之多數承租人、請求償還合會會款之多數未得標會員、對同一債務人有同種類債權之多數債權人、對同一公司同一時間所發行公司債之多數持有人、保險公司承保地震損害而拒絕支付保險金時之多數保險金受益人、請求公司商號給付年終津貼之多數從業人員，均係有共同利益之多數人❷。至於對於多數人請求各別之借款、對於多數之要保人請求各別之保險費情形，學者有認為，多數人之間無共同利益，不得利用選定當事人者❷。第五說認為，共同利益係指全部之共同訴訟情形，不分共同訴訟為普通共同訴訟抑或必要共同訴訟。上述各說之中，日本學者認為第三說及第四說為通說。第一說及第二說解釋太狹窄，無法使選定

---

❷ 最高裁判所判決昭和三十三年四月十七日，《民事判例集》第十二卷六號第八七三頁。
❷ 參照齋藤秀夫編，《注解民事訴訟法(1)》第二七二頁。
❷ 參照齋藤秀夫，《民事訴訟法概論》第四八一頁。

當事人制度發揮應有之功能機會。第五說則範圍太廣泛，僅因同列為共同訴訟當事人一端，而將實際上無關連存在之多數人認為有共同利益，無異所謂共同利益並無內容標準可言 ❸ 。

㈢必須該多數人之共同利益關係非係設有代表人或管理人之非法人團體

　　本法第四十條第三項規定，非法人之團體設有代表人或管理人者，有當事人能力。若全體構成員為該團體之共同利益有訴訟之必要時，利用非法人團體為當事人進行訴訟，反較利用選定當事人制度為簡便，無利用選定當事人制度之必要。故，選定當事人制度，原則上係於無法利用非法人團體進行訴訟之際，始被利用以簡化訴訟。惟非法人團體之運用與選定當事人制度，兩者之選擇利用，是否為排斥關係抑或並存關係不無疑問。但我國最高法院二十八年上字第三八五號判例採兩者排斥關係之見解，認為能利用非法人團體為訴訟之多數人，不得棄非法人之團體之訴訟不用而利用選定當事人起訴。此一判例是否妥當，有待商榷。蓋多數構成員之訴訟標的權利義務若不屬非法人團體之權利義務，當無以非法人團體為訴訟當事人之理。此際，若多數人之間有共同利益關係，即有利用選定當事人制度之必要，不能因該多數人已有非法人團體而排斥其利用選定當事人制度進行訴訟。

㈣必須就全體多數人中選定一人或數人為選定當事人

　　選定當事人之被選定人必須係全體多數人中之人，不得選任非當事人之人，此為選定當事人制度之特徵之一。民事訴訟法為避免訴訟信託及非律師代理訴訟之弊端，禁止與訴訟事件無共同利益之人為當事人進行訴訟。故，全體當事人以選定行為選定其選定當事人時，僅得就全體當事人中之一人或數人為選任。不合此一條件之選定行為，不能合法選任其選定當事人，其被選定人不能有效以自己名義進行訴訟，該訴訟將因當事人不適格以不合法駁回之。

---

❸ 參照齋藤秀夫，前揭書第四八一頁。陳榮宗，〈選定當事人制度之時代意義〉，載《訴訟當事人與民事程序法》第四六一頁以下。

三、選定當事人之程序

　　選定當事人，原則上在訴訟繫屬前得由原告一方為之，訴訟繫屬後原告被告雙方均得為之。訴訟繫屬後，經選定之訴訟當事人仍為當事人，其他原為當事人之人脫離訴訟（本法第四十一條第二項）。多數有共同利益之人，得將被選定人更換或增減，但非通知他造不生效力，俾以確保訴訟程序之安定（本法第四十一條第三項）。又依本法第四十二條規定，訴訟當事人之選定及其更換、增減，應以文書證之。訴訟實務上，最高法院八十年臺上字第一八二八號判例值得注意。該判例云：被選定人之資格如有欠缺，依民事訴訟法第五十條明文準用同法第四十八條、第四十九條追認及補正之規定，於審判長定期命其補正不為補正前，應不得以當事人不適格為由駁回其訴，且被選定人本身為「共同利益人」，苟其與選定人間對於訴訟標的非屬必須合一確定之固有必要共同訴訟，縱其被選定之資格有欠缺，並於法院命其補正後未為補正，仍難認就本人部分，無實施訴訟之權能，法院不得據以駁回該本人之訴。

四、選定當事人之效力

　　選定當事人係由多數當事人經選定行為而產生，被選定之人即係選定當事人。經選定產生之選定當事人，其法律效果如何？應就選定當事人之地位、選定人之地位、選定當事人所受判決之效力分別為說明。

㈠選定當事人之地位

　　選定行為係當事人個人對於被選定人，授與訴訟實施權之訴訟行為，類似授與代理權之單獨行為。通常情形，係以選定人與被選定人間之委任關係為基礎，始有選定行為。學者大都認為，選定人與被選定人之間係授與訴訟實施權之信託關係，故，選定當事人經選定後，得以自己之名義為原告或被告，而成為形式上當事人，其餘當事人為實質上當事人。惟應注意者，選定當事人同時具有雙重身分，一為原有之實質當事人地位，另一為經選定而具有形式當事人地位。選定當事人既然具備當事人之地位，自得以當事人地位為一切訴訟行為，法律不得限制當事人為某種訴訟行為始為合理。但民國九十二年修正前之本法第四十四條規定，第四十一條之被選定人，非得全體之同意，不得為捨棄、認諾、撤回或和解。據

此規定，被選定人自己為自己之利益欲和解者，卻因同時具有為他人而為當事人之身分，而不得任意為和解。解釋上僅得認為，選定當事人之為當事人係以選定人之利益為重，應犧牲自己個人之利益，否則無法解釋何以有本法第四十四條之規定。日本民事訴訟法並無我國第四十四條之規定，日本學者均認為限制選定當事人之訴訟實施權範圍所為之選定行為其限制無效[31]。

民國九十二年本法修正時立法者認為，原第四十四條之規定易被誤解為，被選定人就部分選定人信託事項所為之捨棄、認諾、撤回或和解，亦須得全體選定人之同意，有礙選定當事人制度之靈活運用。為充分發揮此項制度簡化訴訟之功能，將本法第四十四條修正規定：「被選定人有為選定人為一切訴訟行為之權。但選定人得限制其為捨棄、認諾、撤回或和解。選定人中之一人所為限制，其效力不及於他選定人。第一項之限制，應於第四十二條之文書內表明，或以書狀提出於法院。」

被選定人有數人者，必須數人同時起訴或應訴，其當事人始有適格，此際，應適用本法第五十六條必要共同訴訟之規定，否則被選定人數人之間將發生訴訟行為不統一之不妥結果。但本法第四十三條規定，第四十一條之被選定人中有死亡或其他事由喪失其資格者，他被選定人得為全體為訴訟行為。據此當無本法第五十六條第一項第三款、第一六八條停止訴訟程序規定之適用，亦不生被選定人之繼承人承受訴訟問題。惟若全體被選定人因死亡或其他事由喪失其資格者，則應停止訴訟程序。

㈡選定人之地位

依本法第四十一條第二項規定，訴訟繫屬後，經選定被選定人為選定當事人者，其他當事人脫離訴訟。選定人於選定行為後，就該訴訟而言，已無訴訟實施權而無形式上當事人地位，變為第三人。惟有疑義者，脫離訴訟之選定人能否以有法律上之利害關係為理由，聲明為訴訟參加而成為從參加人？學者有主張得為從參加訴訟人者[32]。有認為不得為從參加訴訟人者[33]。拙以後者見解為是，蓋選

---

[31] 參照新堂幸司，《民事訴訟法》第四九一頁。兼子一等四人，《條解民事訴訟法》第一二四頁以下。齋藤秀夫，《注解民事訴訟法(1)》第二七六頁。

[32] 見王甲乙等，《民事訴訟法新論》第五十三頁。齋藤秀夫，《注解民事訴訟法(1)》第二七七頁。

[33] 見姚瑞光，《民事訴訟法論》第一三三頁。陳計男，《民事訴訟法論（上）》第一七七頁。

定人既因選定行為而脫離訴訟，使訴訟當事人人數簡化，茲又准許其參加訴訟而增加訴訟程序之人數，與選定當事人之目的相違。何況脫離訴訟之選定人，其仍係實質上之當事人。又選定當事人所為之訴訟繫屬中，亦不得另外由選定人或對選定人，就同一訴訟標的進行訴訟，否則違反本法第二五三條禁止雙重起訴之規定❸。

㈢選定當事人所受判決之效力

選定當事人係以被選定人名義為形式上之當事人，惟實際上，選定人仍為實質上之當事人，故，依本法第四〇一條第二項規定，判決既判力應及於選定人。選定當事人於訴狀，雖不將選定人列為原告或被告，但於訴之聲明中應將各選定人姓名及各人具體之請求內容分別為表明，從而法院於判決主文中為選定當事人之勝訴判決時，得據其訴之聲明內容具體就各選定人之請求為判決。否則，各選定人以法院判決為強制執行時，其執行債權人及執行內容將生無法認定之困難❸。

又被選定人中之一人死亡者，其餘被選定人所為之訴訟行為效力及於全體，其效力亦及於死亡被選定人之繼承人，法院判決之效力依本法第四〇一條第一項規定，應及於繼承人。

應注意者，選定當事人所受判決之效力，係對於選定人及被選定人全體始有效力。若當事人雖對選定當事人進行之訴訟有共同利益關係，但不為選定行為且不親自出面以當事人地位為共同訴訟之進行者，該當事人除合於類似必要共同訴訟之情形外，原則上不受選定當事人所受判決之拘束。

五、民國九十二年修正本法所增訂各種之選定當事人

㈠公益社團法人為選定當事人

民國九十二年本法修正時，立法者為落實選定當事人制度，擴大訴訟制度解決紛爭之功能，增訂第四十四條之一，於第一項規定：「多數有共同利益之人為同一公益社團法人之社員者，於章程所定目的範圍內，得選定該法人為選定人起

---

❸ 參照新堂幸司，《民事訴訟法》第四九二頁。
❸ 參照楊建華，《問題研析民事訴訟法㈣》第六十六頁以下。

訴。」其主要目的為達到擴大解決糾紛之訴訟目的，並便利各社員行使權利。同條第二項規定：「法人依前項規定為社員提起金錢賠償損害之訴時，如選定人全體以書狀表明願由法院判定被告應給付選定人全體之總額，並就給付總額之分配方法達成協議者，法院得不分別認定被告應給付各選定人之數額，而僅就被告應給付選定人全體之總額為裁判。」同條第三項規定：「第一項情形準用第四十二條及第四十四條之規定。」第二項規定之目的係為法院審理程序之經濟，法院於受理受害社員人數眾多時或於各社員受害金額難一一證明情形，避免法院須一一認定被告應給付各選定人金額之煩雜審核工作，使法院能僅就被告應給付選定人全體之總額為裁判。第三項規定之目的在求明確，於選定公益社團法人為選定當事人之情形，應以文書證之，對於被選定人權限之限制，亦應於文書內表明或另以書狀提出於法院為證。

　　值注意者，以公益社團法人為選定當事人之情形，其選定人限於該公益社團法人之社員始可，非社員之人不能成為選定當事人之選定人。又此種選定當事人，僅限於以公益為目的之社團法人始可，若社團法人係以私人利益為目的之營利社團法人，例如民間之一般私人公司，則不能成為選定當事人。除外，以公益社團法人為選定當事人所進行訴訟，必須限於該公益社團法人之章程所規定目的事項為其範圍，其進行訴訟之事項不屬於章程所定目的事項者，不得為之。公益社團法人因其有多數之社員，所以有利用選定當事人制度之實益，若公益法人為財團法人，因其無社員，無從利用選定當事人制度進行為社員之訴訟也。又公益社團法人之選定當事人，為社員提起訴訟最有實益情形，係為社員提起金錢賠償損害之訴，故，於本條第二項特別例示，將其審理程序為簡化之規定。

㈡因公害、交通事故、商品瑕疵或其他本於同一原因事實而有共同利益之多數人所選定之選定當事人

　　由於科技進步，工商業發達，因同一公害、交通事故、商品瑕疵或其他本於同一原因事實而發生之糾紛爭執，往往牽涉人數眾多，若逐一起訴，法院件數增加，人員無法負荷，不合訴訟經濟原則。為擴大選定當事人制度之運用，於本法第四十四條之二增訂對此類事件之選定當事人制度及其特殊之併案處理程序。

　　本法第四十四條之二規定：「因公害、交通事故、商品瑕疵或其他本於同一原因事實而有共同利益之多數人，依第四十一條之規定選定一人或數人為同種類之

法律關係起訴者，法院得徵求原被選定人之同意，或由被選定人聲請經法院認為適當時，公告曉示其他共同利益人，得於一定期間內以書狀表明其原因事實、證據及應受判決事項之聲明，併案請求。其請求之人，視為已依第四十一條為選定。其他有共同利益之人，亦得聲請法院依前項規定為公告曉示。併案請求之書狀，應以繕本或影本送達於兩造。第一項之期間至少應有二十日，公告應黏貼於法院公告處，並公告於法院網站；法院認為必要時，得命登載公報、新聞紙或以其他傳播工具公告之，其費用由國庫墊付（一○七年六月十三日修正第一項增列於法院網站公告規定）。第一項原被選定人不同意者，法院得依職權公告曉示其他共同利益人起訴，由法院併案審理。」

依本條第一項之規定，得於原選定當事人之訴訟併案請求為審理之情形有三：即㈠法院徵求原被選定人之同意，將其他共同利益人之請求併案請求，㈡由原被選定人聲請法院公告曉示其他共同利益人，得為併案請求，㈢由其他共同利益人聲請法院為公告曉示，經法院徵求原被選定人同意而為併案請求。

法院公告曉示之目的，係促使其他共同利益人能趁機會出面利用原選定當事人之訴訟，由法院將其為合併審理，增進選定當事人制度之功能。至於公告費用，如由被選定人預繳，當非其所願，故規定此項費用暫時由國庫墊付，俟案件終結時，由敗訴之當事人負擔。

又應注意者，於原被選定人不同意將其他共同利益人列為選定人之情形，法院得依職權公告曉示其他共同利益人自行起訴，由法院併案審理。此時，併案審理之當事人得自己進行訴訟程序，如有多數人，亦可選定一人或數人為選定當事人為訴訟行為。

㈢公益社團法人或財團法人經主管機關許可之不作為訴訟

本法第四十四條之三規定：「以公益為目的之社團法人或財團法人，經其目的事業主管機關許可，於章程所定目的範圍內，得對侵害多數人利益之行為人，提起不作為之訴。前項許可及監督辦法，由司法院會同行政院定之。」立法者認為，因公害、商品瑕疵或其他事故所生之危害，有時具繼續性、隱微性或擴散性，其受害人常不知或無力獨自訴請排除侵害，致使社會大眾權益持續受損而無從制止，有必要擴大公益法人之功能，使公益法人得以自己名義對侵害多數人利益之行為人提起不作為之訴。本條所規定公益法人之訴訟權，並非如同於選定當事人之情

形基於訴訟信託而發生，其訴訟權係因法律所賦與之自有訴訟權。故，本條規定之公益社團法人或財團法人，其當事人之性質並非選定當事人之性質，宜有區別。

　　前述本法第四十四條之一、第四十四條之二、第四十四條之三所規定之訴訟，其性質與法律關係較繁雜，舉凡蒐集訴訟資料、主張法律關係乃至舉證證明待證事實，非具有較高法律專業知識之人，實難勝任。且此類事件之被害人多係一般社會大眾，經濟上常居於弱勢地位。為期兩造程序上之實質對等，故，本法第四十四條之四規定：「前三條訴訟，法院得依聲請為原告選任律師為訴訟代理人。前項訴訟代理人之選任，以伸張或防衛權利所必要者為限。」

　　又依本法第五十條之規定，第四十八條所規定就能力、法定代理權或為訴訟所必要允許之欠缺得追認，以及第四十九條所規定審判長就能力、法定代理權或為訴訟所必要允許之欠缺得命補正，此兩條規定準用於第四十一條、第四十四條之一及第四十四條之二之被選定人及第四十五條之一受輔助宣告之人為訴訟行為情形。

■ 第三節　訴訟參加

　　第三人就他人間已繫屬於法院之訴訟，為保護自己之權利為目的，加入他人間之訴訟程序，其訴訟行為稱為訴訟參加，此第三人稱為參加人。訴訟參加有主參加訴訟 (Hauptintervention) 與從參加訴訟 (Nebenintervention) 之分。本法第五十四條所規定，就他人間之訴訟標的全部或一部，為自己有所請求，或主張因其訴訟之結果，自己之權利將被侵害者，得於本訴訟繫屬中，以其當事人兩造為共同被告而提起之訴，稱為**主參加訴訟**。本法第五十八條所規定，就兩造之訴訟有法律上利害關係之第三人，為輔助一造起見，於該訴訟繫屬中參加其訴訟，稱為**從參加訴訟**，又稱為輔助參加。廣義之訴訟參加，包含主參加訴訟與從參加訴訟，狹義之訴訟參加，專指從參加訴訟。本法第一編第二章第三節訴訟參加，僅就從參加訴訟為規定，至於主參加訴訟，則規定於第二節共同訴訟中，其體例採平成十年修正前日本之立法例。平成十年日本民事訴訟法大修正，其第一編總則第三章當事人第二節共同訴訟，已刪除其修正前原在第二節共同訴訟第六十條所規定之主參加訴訟。從而日本現行民事訴訟法之主參加訴訟已不列於共同訴訟一節之中。我國九十二年修正本法時，仍將本法第五十四條所規定之主參加訴訟，在第

二節共同訴訟為規定。其體例與德國民事訴訟法與平成十年新修正之日本民事訴訟法不同。值注意者，日本民事訴訟法第三節訴訟參加第四十七條規定獨立當事人參加，其規定內容部分與我國民事訴訟法第五十四條所規定之主參加訴訟相同。日本民事訴訟法第四十七條第一項（修正前之第七十一條）內容規定雖係日本法獨有之規定，但其列入第三節訴訟參加為規定，體例與德國民事訴訟法一致。德國民事訴訟法立法體例，係於第一編總則第二章當事人第二節規定共同訴訟，其第三節第三人參加訴訟，分別於第六十四條規定主參加訴訟，於第六十六條規定從參加訴訟，將兩者同時規定在第三節。德國學者著作，亦均將主參加訴訟與從參加訴訟並列敘述。本書認為德國體例較適合著作之學問體系，故採之。

一、主參加訴訟

㈠主參加訴訟之意義

本法第五十四條規定：「就他人間之訴訟，有下列情形之一者，得於第一審或第二審本訴訟繫屬中，以其當事人兩造為共同被告，向本訴訟繫屬之法院起訴：一、對其訴訟標的全部或一部，為自己有所請求者。二、主張因其訴訟之結果，自己之權利將被侵害者。依前項規定起訴者，準用第五十六條各款之規定。」此種由第三人提起之訴訟稱為主參加訴訟，他人間之訴訟稱為本訴訟。此兩訴訟互相關聯，若於本訴訟繫屬之法院，以兩造當事人為共同被告而起訴，可藉一次之判決，斷結自己與兩造間之爭執，既可避免本訴訟與主參加訴訟兩判決之矛盾，達成統一判決之目的，亦可節省訴訟程序而達訴訟經濟目的。

主參加訴訟係獨立之訴訟且為一獨立之程序，其與從參加訴訟係為輔助本訴訟當事人之一造而參加訴訟之情形不同。為使主參加訴訟結果與本訴訟結果兩者之判決不生矛盾起見，本法第一八四條設裁定停止訴訟規定：依第五十四條之規定提起訴訟者，法院得在該訴訟終結前，以裁定停止本訴訟之程序。

例如，甲訴請乙清償金錢債權、丙主張甲對乙之金錢債權係丙所讓與，但其讓與無效，系爭金錢債權仍屬丙所有，丙遂以甲乙為共同被告，訴請法院對甲判決確認該項金錢債權歸丙所有，對乙判決命給付該項金錢予丙。法院得於同一訴訟程序，就主參加訴訟為原告丙對甲與乙分別為勝訴判決，並同時就本訴訟為原告甲之敗訴判決。

㈡主參加訴訟之合法要件

第三人提起主參加訴訟，除應具備一般起訴程式之外，其必須具備之要件有四：

1.須於他人間之本訴訟繫屬中提起

本訴訟在繫屬中即可提起，其繫屬之審級如何及適用何種訴訟程序均非重要。主參加訴訟提起後，雖本訴訟因撤回、和解或判決而終結，不影響主參加訴訟之續行。

2.須就他人間之訴訟標的全部或一部，為自己有所請求，或主張因其訴訟之結果，自己之權利將被侵害

主參加訴訟之原因有二，若有其中原因之一即可提起主參加訴訟。第一，所謂就他人間之訴訟標的全部或一部為自己有所請求，係指本訴訟原告所主張之物或權利，其實係主參加訴訟原告自己所有，兩者無法兩立，從而以主參加訴訟排除本訴訟原告之請求而言。例如，某物為甲之所有，乙竟對丙起訴主張該物為其所有而請求丙將物為返還，乙丙之訴訟繫屬中，甲以乙丙為共同被告而起訴，請求確認該物為甲所有並命丙返還。第二，所謂主張因他人訴訟之結果，自己之權利將被侵害，係指本訴訟之裁判結果，主參加訴訟原告之權利必然受影響而受侵害之情形而言。例如甲對乙有五百萬元金錢債權，乙為隱匿財產，與丙通謀虛偽為訴訟，由丙對乙起訴確認乙所有之房屋係丙之所有，此際，甲對乙丙提起主參加訴訟，訴請確認丙乙間系爭房屋為乙之所有，並請求判命乙給付甲五百萬元。

上述主參加訴訟之兩種原因係成為擇一之關係，並非併存之關係，此為多數學者之見解❸❻。惟最高法院五十一年臺上字第二八〇五號判例及同院六十七年臺上字第八八四號判例，均認為上述兩種主參加原因係併存之關係。該判例云：依民事訴訟法第五十四條之規定而起訴者，除就他人間之訴訟標的全部或一部，為自己有所請求之情形外，必須因他人間訴訟之結果，自己之權利將被侵害者始得為之，若他人間訴訟之結果於自己之權利並無侵害，自不在准許提起之列（五一

❸❻ 見王甲乙等三人，《民事訴訟法新論》第二八五頁以下。姚瑞光，《民事訴訟法論》第一二五頁以下。曹偉修，《最新民事訴訟法釋論（上）》第二一〇頁以下。陳計男，《民事訴訟法論（上）》第一八二頁以下。石志泉，《民事訴訟法釋義》第七十一頁以下。

臺上字第二八〇五號判例）。司法院民事訴訟法研究修正委員會之各委員，於研討本法第五十四條之規定時，見解亦未全部一致❸。最高法院九十五年度第十一次民事庭會議認為第五十四條規定已修正，上開兩則判例不合時宜，決議不再援用。

按本法第五十四條第一項第二款之「或主張因其訴訟之結果，自己之權利將被侵害」文句，係民國二十四年二月公布之現行民事訴訟法所增列。依《立法院公報》第六十五期所載民事訴訟法修正要旨第五項謂：「就他人間之訴訟標的全部或一部為自己有所請求者，得以本訴訟之兩造為被告，向該第一審法院提起共同訴訟，現行法已設有明文，本案將此項規定加以擴張其主張因他人間訴訟之結果將致侵害自己權利，例如主張本訴訟之兩造係串通起訴藉以侵害自己之債權或物權者，亦許其提起主參加訴訟，且定為主參加訴訟之共同被告，應視為必要之共同訴訟人。」依此一修正要旨，民國二十四年修正時，係於第五十四條第一項中，增設另一得起訴之事由。足見上述最高法院判例解釋係出於誤會。民國九十二年民事訴訟法修正，已將本法第五十四條在文字上修正，使主參加訴訟之上述兩原因成為擇一之要件關係，以杜爭論。

3. 主參加訴訟須以本訴訟之兩造為共同被告

按主參加訴訟之特徵係須以本訴訟之原告及被告兩造為共同被告，不得僅以其一造為被告。倘本訴訟係共同訴訟之形態時，主參加訴訟亦須以兩造之全體共同訴訟當事人為共同被告。主參加訴訟雖須以本訴訟之兩造為共同被告，但主參加人對於共同被告之訴訟標的，得視主參加訴訟之具體法律關係而決定是否必須合一確定。主參加人亦得對於各共同被告分別為相異之請求，例如，對本訴訟原告得請求法院確認系爭物或權利為主參加人之所有，而對本訴訟被告請求其對主參加人為交付系爭物或為清償債務，兩者之訴訟標的雖各不相同，亦均合法。

4. 須向第一審或第二審本訴訟繫屬之法院提起主參加訴訟

主參加訴訟應向本訴訟現在繫屬之法院提起始可，本訴訟若於第二審時，即應向第二審提起主參加訴訟。立法者之目的，在顧及主參加訴訟為共同訴訟，其與本訴訟有一定之牽連關係，使由同一法院辦理，可防止兩者裁判之矛盾，且可節省勞費。又為貫徹此目的，本法第一八四條復規定，在主參加訴訟終結以前，法院得以裁定停止本訴訟之程序。同時於本法第二〇五條第三項規定，第五十四

---

❸ 參照司法院編印，《司法院民事訴訟法研究修正資料彙編㈡》第四六〇頁以下各次會議紀錄。

條所定之訴訟，應與本訴訟合併辯論及裁判之。又在第二審提起主參加訴訟者，必須以本訴訟中兩造為共同被告，為該訴訟之成立要件之一，如不備此要件而具備獨立之訴要件時，第二審法院應以裁定將該訴訟移送於第一審管轄法院（七三臺上字第八五六號判例、最高法院六十七年第十次民庭庭推總會議決定）。

二、從參加訴訟

㈠從參加訴訟之意義

本法第五十八條第一項規定，就兩造之訴訟有法律上利害關係之第三人，為輔助一造起見，於該訴訟繫屬中，得為參加。學者稱為從參加訴訟。原則上，訴訟之進行，僅能由當事人及其代理人始得為之，其他之人在法律上不能進行訴訟程序，從而訴訟結果亦不能影響其他人之權利地位。若於一定情形，當事人之訴訟結果對其他人之權利地位發生影響時，對於有利害關係之第三人，不能不賦與其自行進行訴訟程序，俾以保護其自己之權益。例如，債權人對保證人起訴請求支付保證債務時，一旦保證人敗訴，主債務人勢必對保證人為賠償其損害，此際主債務人為保護其權益，得因輔助保證人而參加該訴訟，期使保證人能獲勝訴判決。此種為輔助一造當事人而參加於訴訟之第三人，稱為從參加人。從參加人本身並非訴訟當事人，亦非訴訟代理人。從參加人係以自己之名義，以從參加人之地位輔助一造當事人為各種訴訟行為，故，與訴訟代理人或輔佐人係以當事人本人名義為訴訟行為之情形不同。從參加人無訴訟能力者，應由其法定代理人，或委任訴訟代理人為訴訟行為。又從參加人，亦與共同訴訟當事人不同，蓋共同訴訟當事人非因輔助他人而為訴訟行為，從參加人則因輔助他人而為訴訟行為。

㈡從參加訴訟之合法要件

從參加訴訟為訴訟行為，從參加人必須有當事人能力及訴訟能力，除此之外，必須具下列之合法要件：

1.須有雙方當事人間之訴訟在繫屬中

依本法第五十八條之規定，從參加訴訟，祇須有雙方當事人間之訴訟在繫屬中，即得隨時為之。至於訴訟進行程度及其訴訟種類如何，均非所問。從參加訴訟之行為，得與上訴、抗告或其他訴訟行為，合併為之。即得以一書狀，同時聲

明參加訴訟及聲明上訴、抗告、聲請回復原狀、對支付命令為異議，或同時為其他訴訟行為。惟其前提必須已有兩造之訴訟繫屬存在，否則無從為參加訴訟。故，於公示催告程序，必須在當事人提起撤銷除權判決之訴時（本法第五五一條第二項），始能為參加訴訟。蓋在此之前，其程序雖由一方當事人為進行，但尚未發生雙方當事人間之訴訟繫屬也。又若已開始之訴訟，已因和解、撤回、裁判確定而終結者，亦無參加訴訟之餘地（四四臺聲字第三二號判例）。我國最高法院六十八年臺抗字第三九八號判例曾經認為，從參加人不得為其輔助之當事人提起再審之訴或聲請再審。但德國學者有認為，從參加人亦得提起再審之訴者❸。

民國九十二年本法修正時，本法第五十八條增訂第三項。依本法第五十八條規定，「就兩造之訴訟有法律上利害關係之第三人，為輔助一造起見，於該訴訟繫屬中，得為參加。參加，得與上訴、抗告或其他訴訟行為，合併為之。就兩造之確定判決有法律上利害關係之第三人，於前訴訟程序中已為參加者，亦得輔助一造提起再審之訴」。立法者認為，不許參加人為其所輔助之當事人提起再審之訴，對於參加人程序上之權利保障尚嫌欠周，因此新增訂第三項之規定。至於前訴訟程序中未曾參加於訴訟之第三人，則不許其於判決確定後參加訴訟同時提起再審之訴，以維持確定判決之安定性。又受訴訟告知之人雖未為參加或參加逾時，其依本法第六十七條之規定視為已參加者，當然有本條第三項之適用，得輔助一造提起再審之訴。本項規定增訂後，上開六十八年臺抗字第三九八號判例與現行法規定不符，經最高法院九十二年度第五次民事庭會議決議自同年九月一日起不再援用。又再審之訴為前訴訟程序之再開或續行，且依本條第三項規定，前訴訟程序之參加人，得輔助當事人，對於原確定判決，提起再審之訴，故原參加人於再審中無須再聲明參加，當然即得輔助當事人，對於該再審之確定判決，提起再審之訴（最高法院九十九年度第四次民事庭會議決議）。

　2.須對他人間之訴訟為從參加訴訟

得為參加訴訟之人，限於當事人以外之第三人，一人不得同時為訴訟當事人及從參加人。但在普通共同訴訟，共同訴訟人得為其他共同訴訟人之從參加人，又共同訴訟人亦不妨害得為對造當事人之參加人❹。又當事人之法定代理人，不

---

❸ 參照 Jauernig, ZPR. 22. Aufl. S. 291.
❹ 參照兼子一等，《條解民事訴訟法》第一七五頁。

得既為法定代理人代理為訴訟行為，同時又為從參加人而為訴訟行為。破產管理人於破產財團之訴訟，係訴訟當事人，破產人並非訴訟當事人，故破產人得參加訴訟。

3.從參加人須就兩造之訴訟有法律上之利害關係

所謂法律上之利害關係，指從參加人在私法上或公法上之法律關係或權利義務，將因其所輔助當事人之敗訴，依敗訴判決之內容而致直接或間接影響之不利益，若該當事人勝訴，則可免受不利益之情形而言。從參加人若就兩造之訴訟，僅有事實上、道德上、感情上、經濟上或名譽上之利害關係者，不得為從參加訴訟。於何種情形，始得謂有法律上之利害關係？日本之通說認為，當事人間系爭訴訟標的之權利關係，因其存否而第三人之法律地位在推理上得以決定之場合，即有參加訴訟之利益。若僅就當事人間訴訟標的之前提問題（即判決理由中之判斷事實）有利害關係之情形，尚不能認為有參加訴訟之利益❹。近年來日本有力說認為，通說以判決主文之判斷結果決定有無參加訴訟之利益之標準，其解釋太嚴格，無法適應各種情形之從參加訴訟之社會要求，應認為第三人就判決理由中之判斷有法律上利害關係情形，有參加訴訟之利益❹。日本判例並無統一之標準，僅依具體情形為較緩和之解釋。德國學說判例傾向採取寬大之解釋，不贊同太嚴格之限制解釋❹。一般情形，凡當事人間之裁判效力可及於第三者，該第三人就當事人間之訴訟即有參加訴訟之利益。此際，其法律上之利害關係，不限於財產上之關係，身分上之關係亦可。例如，家事事件法第四十八條規定，就第三條所定甲類或乙類訴訟事件所為確定之終局判決，對於第三人亦有效力，例如確認婚姻無效、婚姻關係存在或不存在事件，撤銷婚姻事件，第三人得為參加訴訟。依本法第四〇一條及第二五四條之規定，確定判決對於訴訟繫屬後為當事人之特別繼受人者，及為當事人或其繼受人占有請求之標的物者，亦有效力。對於為他人而為原告或被告者之確定判決，對於該他人亦有效力。故，特別繼受人、占有請求標的物之人、該他人係第三人，得為參加訴訟。又類似必要共同訴訟之確定判

---

❹ 見兼子一，《民事訴訟法體系》第三九九頁。同，《實例法學全集民事訴訟法（上）》第八十六頁。三ケ月章，《民事訴訟法》第二三五頁。

❹ 見新堂幸司，《民事訴訟法》第四九五頁。井上治典，〈補助參加の利益〉，載《民事訴訟法の爭點》（新版）第一三六頁以下。

❹ 參照 Rosenberg-Schwab, ZPR. 14. Aufl. §47; Thomas-Putzo, ZPO. 8. Aufl. §66, S. 113.

決，對於未為當事人之其他共同訴訟人，亦有效力，故未為當事人之其他共同訴訟人得為參加訴訟。依本法第六十四條第二項規定，參加人承擔訴訟者，該訴訟之本案判決，對於脫離之當事人有效力，故脫離訴訟之當事人，於脫離後得為參加訴訟。

其次，第三人之權利存於當事人間系爭標的物上者，該第三人就當事人間之訴訟有法律上之利害關係。例如：原告對被告起訴確認債權不存在，但被告曾經就其對原告之債權設定權利質權於第三人，此際，第三人為權利質權人，就被告之敗訴有法律上之利害關係，得參加訴訟。最後之情形為，第三人雖不受他人間裁判效力之拘束，但一造當事人敗訴之結果，在實體法上第三人難免對當事人一方負責而受不利益，此際，第三人得參加訴訟。例如，連帶債務人就債權人對其他連帶債務人訴請清償連帶債務之訴訟，得為參加訴訟。又例如，物之所有權人對買受人起訴追奪其物之訴訟，物之出賣人得參加訴訟輔助買受人。

㈢從參加訴訟之程序

本法第五十九條規定，參加，應提出參加書狀，於本訴訟繫屬之法院為之。參加書狀，應表明下列各款事項：一、本訴訟及當事人。二、參加人於本訴訟之利害關係。三、參加訴訟之陳述。法院應將參加書狀，送達於兩造。參加得與上訴、抗告或其他訴訟行為合併為之（本法第五十八條第二項）。參加人為輔助當事人一造起見提起上訴者，判決書當事人項下應仍列為參加人，將其所輔助之一造列為上訴人（二九上字第九七八號判例）。參加人提起上訴，未列原當事人為上訴人，在訴訟上之效果如何？最高法院六十一年度第一次民庭庭推總會議決議㈣認為，參加人提起上訴，雖未列原當事人為上訴人，但其真意如為原當事人上訴，裁判上不妨補列原當事人為上訴人，而以參加人列為參加人，以符訴訟經濟之旨。

依本法第六十條規定，當事人對於第三人之參加，得聲請法院駁回。但對於參加未提出異議而為言詞辯論者，不在此限。關於前項聲請之裁定，得為抗告。駁回參加之裁定未確定前，參加人得為訴訟行為。駁回參加之裁定須依當事人之聲請始得為之。故，第三人之參加縱使就兩造之訴訟並無法律上之利害關係，而苟未經當事人聲請駁回，法院仍不得依職權調查而為駁回其參加之裁定（四三臺抗字第四八號判例）。

又依本法第六十一條規定，參加人得按參加時之訴訟程度，輔助當事人為一

切訴訟行為。但其行為與該當事人之行為牴觸者，不生效力。參加訴訟係因輔助當事人而設之制度，參加人應注意之事項有四：第一、不得蔑視參加時訴訟之程度，例如參加之際，訴訟若屬於第三審，則不得陳述事實或提出證據。第二、其行為不得與其所輔助之當事人行為相牴觸；例如當事人所拋棄之證據，不得更行申述。第三、不得有變更訴訟標的之行為，例如訴之追加、變更或撤回一定之申述，或提起反訴，均不得為之。此因訴訟標的乃屬當事人之法律關係，非屬於參加人之法律關係，故訴訟標的之實體上處分，不在參加人權限之內。第四、不利於當事人之訴訟行為，不得為之，例如認諾、捨棄、和解之訴訟行為不得為之❹。從參加人為輔助一造，於訴訟繫屬中，自認他造主張之事實而所輔助之當事人並無反對，此項自認之訴訟行為，有無發生效力？司法院七十年九月四日⑺廳民一字第〇六四九號函認為，參加人於訴訟繫屬中，自認他造主張之事實，其所輔助之當事人既無反對，自不生牴觸問題，其所為自認之行為，自可發生效力。惟學者有採否定之解釋者，蓋自認之行為係不利於當事人之行為，其與間接維護自己利益而輔助當事人獲勝訴之意旨相違背，司法院之研究意見似有可議❹。又從參加人亦無權就被參加人之實體權利為處分而為法律行為，例如，不得行使私法上之撤銷權、解除權、終止權、抵銷權❹。從參加人在訴訟上因非當事人或訴訟代理人，故，法院得將從參加人以證人地位而調查證據❹。

從參加訴訟，因有下列各種情形之發生而終了：第一、法院所為駁回參加之裁定確定（本法第六十條）。第二、從參加人撤回參加訴訟。第三、當事人之本訴訟終了。第四、從參加人所輔助之當事人脫離訴訟。例如所輔助之當事人為共同被告，經原告撤回對該共同被告之起訴時，從參加人之參加訴訟亦終了。第五、從參加人加入成為共同當事人或承當訴訟（本法第六十四條）。從參加人因被追加成為必要共同訴訟之當事人時，從參加人與當事人兩者身分同歸一人，從參加訴訟之關係終了。又依本法第六十四條規定，參加人經兩造同意時，得代其所輔助之當事人承當訴訟。參加人承當訴訟者，其所輔助之當事人，脫離訴訟，從而從

❹ 參照本法第六十一條之立法理由。
❹ 相同見解，見姚瑞光，《民事訴訟法論》第一三九頁。陳計男，《民事訴訟法論（上）》第一三八頁。Jauernig, ZPR. 22. Aufl. S. 293.
❹ 參照 Jauernig, ZPR. 22. Aufl. S. 293; 兼子一等，《條解民事訴訟法》第一八五頁。
❹ 參照 Jauernig, a. a. O. S. 293.

參加訴訟終了。

㈣從參加訴訟之法律效力 ❼

本法第六十三條規定：參加人對於其所輔助之當事人，不得主張本訴訟之裁判不當。但參加人因參加時訴訟之程度或因該當事人之行為，不能用攻擊或防禦方法，或當事人因故意或重大過失不用參加人所不知之攻擊或防禦方法者，不在此限。參加人所輔助之當事人對於參加人，準用前項之規定。學者稱此規定為從參加之效力 (Nebeninterventionswirkung)，德國民事訴訟法第六十八條、日本現行民事訴訟法第四十六條，均有相同內容之規定。日本學者稱為參加的效力，俾與既判力有所區別。依學者一般見解，參加的效力與既判力兩者之間有下列各點差異：⑴既判力係基於尊重法院以公權判斷解決糾紛之結果，為阻止當事人重行就同一訴訟為爭執之制度。而參加的效力制度係，單純出於參加人與被參加人之間共同分擔訴訟追行責任之公平，為其理由。⑵既判力之發生，不分訴訟之勝敗情形，均發生。但參加的效力，限於被參加人敗訴之情形，始發生。蓋其目的在分擔敗訴責任，故其效力僅發生於被參加人與參加人之間。⑶不論當事人追行訴訟有無故意過失，對當事人均生既判力。但於參加的效力，因顧及被參加人與參加人間公平之要求，若參加人之參加情形無法使其盡輔助責任者，例外規定參加人不負參加的效力之責任。⑷既判力之作用在避免前後判決之矛盾，故既判力之有無係法院依職權應調查之事項。但參加的效力，重視參加人與被參加人之間訴訟進行責任之分擔，故其不屬法院職權調查之事項，僅於當事人對參加的效力有所主張時，法院始為調查。⑸既判力，僅限於判決主文所判斷訴訟標的之權利關係存否，有無效力為原則。但參加的效力，不限於判決主文中對訴訟標的之判斷，判決理由中對事實上及法律上之判斷，亦均有效力。

日本舊民事訴訟法第五十五條第一項規定，參加人就對被參加人之關係，不得主張判決不當，當時學者均認為此種判決之效力係與既判力相異之參加的效力之特殊效力。惟後來日本現行法第七十條（即平成十年修正實施以前之民事訴訟

---

❼ 參照 Rosenberg-Schwab, ZPR. 14. Aufl. §47; Thomas-Putzo, ZPO. 8. Aufl. §68; 兼子一等,《條解民事訴訟法》第一八八頁以下。佐野裕志,〈補助參加と訴訟告知の效力〉, 載《民事訴訟法の爭點》（新版）第一四〇頁以下。

法）改變規定,「裁判亦對參加人有其效力」以後,學者之間一時大都改變解釋,認為該條之效力規定係既判力之擴張效力。其後,經學者一再研究結果,認為該條之效力規定係參加的效力,此說遂成為通說。例如,債權人甲對保證人丙訴求履行保證債務,主債務人乙為參加訴訟輔助丙進行訴訟,結果丙敗訴。此際,依參加的效力說之解釋,參加人乙不僅不得對丙主張丙對甲所負給付義務不存在,亦不得對丙主張法院就主債務存在之判斷事實不當。從而保證人丙於履行保證債務後,向主債務人乙求償時,乙不得對丙之法院判決就主文及事實理由之判斷主張不當。乙應與丙公平共同分擔丙之敗訴責任。

　　近年來日本學者,有 一部分反對通說之解釋。鈴木重勝、新堂幸司、井上治典等人認為,參加的效力,不應限於參加人與被參加人之間在被參加人敗訴時始生效力,於參加人與對造當事人之間,亦應發生參加的效力,始為合理。例如物之出賣人訴求買賣價金之保證人履行保證債務,物之買受人為輔助保證人而參加訴訟,訴訟結果,出賣人因法院認定買賣契約無效而遭敗訴判決確定。出賣人遂對前訴訟之參加人（買受人）以買賣契約無效為理由訴求返還買賣標的物,此際,若允許買受人再次就法院所為買賣契約無效之判斷,作相反之主張,則其結果非妥當,足見通說認為參加人與對造當事人之間不生參加的效力,係不合理之解釋。鈴木重勝認為,參加人（買受人）既然與被參加人（保證人）共同於同一訴訟程序追求訴訟,最後形成判決之基礎事實,則於前訴訟形成對造當事人（出賣人）敗訴原因之事實,仍然成為對造當事人對於參加人（買受人）得請求返還之原因事實時,基於公平之要求,參加的效力應擴張及於參加人與對造當事人之間❹。新堂幸司認為,參加人與被參加人之間,於被參加人敗訴時發生參加的效力,於被參加人勝訴時發生爭點效之拘束力,參加人與對造當事人之間,無論訴訟勝敗如何,應基於誠實信用原則而有既判力之擴張或發生爭點效之拘束力❹。除此之外,日本學者有將既判力、參加的效力、其他各種判決效力之發生根據,利用保障當事人之手續權為說明方法,俾以確保正義為觀點作統一之解釋者❺。

---

❹ 見鈴木重勝,〈參加的效力の主觀的範圍限定の根據〉,載《中村宗雄先生古稀祝賀論集——民事訴訟の法理》第四二一頁。

❹ 見新堂幸司,〈參加的效力の擴張と補助參加人の從屬性〉,載《兼子博士還曆記念裁判法の諸問題（中)》第四〇七頁。

❺ 見井上治典,《多數當事者訴訟の法理》第三七六頁。吉村德重,〈既判力か參加的效力か〉,載《演

我國最高法院二十三年上字第三六一八號判例（依一〇八年七月四日施行之法院組織法第五十七條之一第一項規定，本判例已停止適用）認為，參加人對於其所輔助之當事人，雖不得主張本訴訟之裁判不當，但參加人非民事訴訟法所謂之當事人，其與他造當事人間之關係，自非確定判決之既判力所能及。似採通說對參加的效力之解釋。本法第六十三條所規定，參加人對於其所輔助之當事人，不得主張本訴訟之裁判不當，係參加的效力之原則，對於參加人有失公允，故於例外，有下列三種情形之一時，參加人得主張本訴訟之裁判不當。(1)參加人因參加時訴訟之程度，已不能用攻擊或防禦方法者。(2)參加人因其所輔助當事人之行為，不能用攻擊或防禦方法者。(3)參加人因其所輔助之當事人因故意或重大過失，不用參加人所不知之攻擊或防禦方法者。

又本法第六十三條所規定參加的效力，於若干類似之關係情形，在解釋上亦有作擴張解釋或類推解釋之必要。例如，為無訴訟能力人進行訴訟之法定代理人，或為第三人之訴訟而進行訴訟之訴訟擔當人，其與訴訟當事人之間，就判決對於法定代理人或訴訟擔當之關係而言，亦應認為有本法第六十三條從參加訴訟之判決效力❺。又例如，前舉物之出賣人訴求保證人履行買賣價金保證責任之例，於敗訴之出賣人對買受人訴求返還買賣標的物時，買受人（即前訴之參加人），不得主張前訴訟之裁判不當。

㈤獨立的從參加人（或稱共同訴訟的從參加人）

從參加訴訟之制度，除本法第五十八條所規定之情形，學者稱為通常之從參加之外，本法第六十二條另外規定，訴訟標的，對於參加人及其所輔助之當事人必須合一確定者，準用第五十六條之規定。此種特殊情形之從參加，我國學者有稱為獨立之從參加者❺，有稱為共同訴訟參加者❺。德國民事訴訟法第六十九條之 規 定 與 我 國 第 六 十 二 條 之 規 定 相 當 ， 德 國 學 者 稱 為 Streitgenössische Nebenintervention（共同訴訟的從參加）或 Selbständige Nebenintervention（獨立的

習民事訴訟法（下）》第七十七頁。

❺ 參照兼子一等，《條解民事訴訟法》第一九二頁。

❺ 見王甲乙等，《民事訴訟法新論》第二九七頁。陳計男，《民事訴訟法論（上）》第一四三頁。

❺ 見姚瑞光，《民事訴訟法論》第一四一頁。

從參加）　❺❹。日本學者稱德國之此種特殊之從參加制度為「共同訴訟的補助參加」，俾與日本民事訴訟法第五十二條所規定之「共同訴訟參加」有所區別❺❺。本書論述重視本法第六十二條特殊情形之從參加人地位及其效力，稱為獨立的從參加人，依從 Rosenberg-Schwab 民事訴訟法教科書敘述之體例。

　1.概　念

　　本法第六十二條立法理由謂，本訴訟之裁判，以原則言，惟於當事人間及參加人與其所輔助之當事人間發生效力。然本諸訴訟標的之性質，間有出於例外，於參加人與其所輔助之當事人彼造之間亦生效力者，例如股東總會決議無效之判決是也。此際參加人之訴訟行為，雖與其所輔助之當事人訴訟行為，不免牴觸，亦可發生效力，蓋因其關於本訴訟之法律上利害，乃直接而非間接故也。

　　按通常之從參加訴訟，參加人係出於輔助一方當事人能獲勝訴判決，從而間接保護自己之法律上利益為目的，參加人在訴訟上之功能，主要在輔助當事人進行訴訟，其地位處於從屬性，參加人所為訴訟行為之效果較弱。惟若本訴訟之判決既判力可擴張及於第三人時，且此第三人又係參加該訴訟之參加人者，因顧及參加人之利害關係重大，有特別對其地位及訴訟行為之權能加強保障之必要。立法者對於此種特殊之從參加人，賦與較通常之從參加人為強大之權限，使能減低從屬性色彩而具較獨立性地位，俾以保障其訴訟權益。故，學者稱其為獨立的從參加人或共同訴訟的從參加人。

　　於當事人訴訟結果，判決既判力得擴張及於第三人之情形，無論其係出於形成判決之絕對效力抑或類似必要共同訴訟之判決效力，第三人之權利或法律上之利益有可能受既判力擴張之侵害。此際，第三人若不以共同訴訟當事人地位出現，而以從參加人之地位為參加訴訟時，必須將其從參加人之地位提升，使成為接近共同訴訟當事人之地位，始能保護參加人之權益。例如，股份有限公司之某股東，提起撤銷股東會決議之訴（公司法第一八九條），其他股東出而參加訴訟時，無論其所輔助之當事人為原告股東抑被告公司，本訴訟判決既判力均及於參加人。

---

❺❹　見 Thomas-Putzo, ZPO. 8. Aufl. §69; Jauernig, ZPR. 22. Aufl. S. 294; Rosenberg-Schwab, ZPR. 12. Aufl. S. 243.

❺❺　參照林田學，〈共同訴訟的補助參加〉，載《民事訴訟法の爭點》（新版）第一四四頁。兼子一等，《條解民事訴訟法》第一七三頁以下。新堂幸司，《民事訴訟法》（第二版）第五〇五頁以下。中野貞一郎等，《民事訴訟法講義》（第二版）第五四三頁以下。

又例如，依家事事件法第四十八條規定，就第三條所定甲類或乙類訴訟事件所為確定之終局判決，對第三人亦有效力。故就婚姻無效、撤銷婚姻或確認婚姻關係存在或不存在之訴所為判決，對於第三人亦有效力。於妻對夫提起此類婚姻訴訟時，雙方當事人之父母為輔助當事人之一方而參加訴訟時，此種判決既判力均擴張及於參加人。故，本法第六十二條規定，對此種獨立的從參加人所為之訴訟行為效力，適用本法第五十六條所規定必要共同訴訟人間之關係。

2. 效 果

獨立的從參加人有雙重之地位，一面係具當事人之必要共同訴訟人地位，另一面又係以從參加人之地位輔助其當事人，但其實際並非真正之共同訴訟人，即非當事人，僅屬其所輔助當事人之輔助人而已。

獨立的從參加人以從參加人地位，不得為性質上非當事人不得為之行為。例如，不得為訴之撤回、訴之變更追加、提起反訴，他造當事人亦不得對獨立的從參加人聲明上訴或提起反訴。又對訴訟標的為認諾、捨棄、和解之行為，亦不得為之。至於通常之從參加人得為之訴訟行為，獨立的從參加人均得為之。

惟獨立的從參加人本身為本訴訟判決效力所及之人，與共同訴訟人之地位無異，其行為之效力與當事人所為行為之效力相同，其行為雖與其所輔助當事人之行為相牴觸，亦得發生效力。例如，當事人雖捨棄上訴權，獨立的從參加人仍得提起上訴，不得以上訴權已經捨棄而認上訴為無效。當事人自認他造主張之事實，獨立的從參加人仍得加以爭執，即獨立的從參加人之行為不受本法第六十一條但書之限制。依本法第六十二條之規定，關於獨立的從參加人與本訴訟當事人間之關係，準用本法第五十六條第一項第一款至第三款之規定。即獨立的從參加人之行為，於其所輔助當事人有利益者，其效力及於全體，不利益者，對於全體不生效力。獨立的從參加人所生訴訟當然停止或裁定停止之原因，其效力亦及於其所輔助之當事人全體，本訴訟程序應即停止。又獨立的從參加人，於訴訟上不得以證人地位受法院之調查證據；因參加訴訟而生之訴訟費用，依共同訴訟所生訴訟費用為處理；本訴訟之判決送達，應就獨立的從參加人與其所輔助當事人分別起算上訴期間[56]。

---

[56] 參照 Rosenberg-Schwab, ZPR. 12. Aufl. S. 245.

㈥從參加人之承當訴訟

　　本法第六十四條規定，參加人經兩造同意時，得代其所輔助之當事人承當訴訟。參加人承當訴訟者，其所輔助之當事人，脫離訴訟。但本案之判決，對於脫離之當事人，仍有效力。按參加人雖非當事人，但其與本訴訟之結果有法律上之利害關係，且有時對訴訟之攻擊防禦較其所輔助當事人為精明。如經兩造當事人之同意，就財產權訴訟，允許參加人承當訴訟而取代其所輔助之當事人地位，亦為合理。惟若有關身分關係之訴訟，大都涉及當事人適格問題，性質上不許為承當訴訟，例如離婚之訴，僅夫與妻二人始有當事人適格，父母雖得為參加人，但不許承當訴訟。又第三人於本訴訟繫屬中，受讓訴訟標的之法律關係，為輔助讓與之當事人而參加訴訟者，依本法第二五四條第二項規定，參加人如經兩造同意，即得聲請代當事人承當訴訟。參加人承當訴訟者，自表示承當訴訟時起，取代其所輔助之當事人地位，此後參加人即以自己之名義成為當事人而繼續為訴訟行為，法院之裁判亦應對其為之。訴訟繫屬仍自本訴訟起訴時存在，原當事人以前所為訴訟行為，對承當訴訟之參加人繼續其效力。又參加人承當訴訟時，其所輔助之當事人當然脫離訴訟，無待法院之裁判。但其後，法院就本訴訟之訴訟標的所為本案判決，對於脫離之當事人，仍有效力。脫離之當事人就本訴訟之本案判決而言，並非當事人，原則上不受該項判決既判力之拘束，惟本法第六十四條第二項但書明定，脫離之當事人亦受本案判決之效力所拘束，則此種效力之性質，得解釋為既判力擴張之效力。蓋本訴訟原當事人之訴訟實施權，由參加人承當訴訟而移轉，參加人一變而成為本訴訟之形式上當事人，脫離訴訟之當事人卻因喪失訴訟實施權而不得成為當事人，退居為判決既判力所及之實體權利義務人。

三、訴訟告知

㈠訴訟告知之意義與制度目的

　　當事人之一造，於訴訟繫屬中，將其訴訟繫屬之意旨利用法定方式，對於因自己敗訴而有法律上利害關係之第三人為告知，使第三人為參加訴訟之行為，謂之訴訟告知 (Streitverkundung)。國內學者，亦有稱為告知訴訟。訴訟告知係將訴訟繫屬之事，對於第三人為通知之事實行為，性質上並非對第三人要求其參加訴

訟之請求行為。訴訟告知之行為，係告知人之權利而非義務，是否為訴訟告知，由告知人自由決定，縱不為告知，亦不負法律上之任何責任（二二上字第七五四號判例，依一〇八年七月四日施行之法院組織法第五十七條之一第一項規定，本判例已停止適用）。

訴訟告知之制度係為告知人之利益而設，其目的有二，一為使受告知之第三人能出面參加訴訟，輔助告知人俾能獲勝訴而保護其權益。另一為使受告知人亦受本訴訟判決結果之拘束，於告知人之訴訟敗訴時，使受告知人不得主張本訴訟之裁判不當。

㈡訴訟告知之要件

1.須在訴訟繫屬中為訴訟告知

在本訴訟繫屬之期間，不問訴訟程度如何，均得隨時為之，於開始訴訟之際，同時為訴訟告知，亦無不可。

2.須由有告知權之人為訴訟告知

得為訴訟告知之人，原則上為當事人。受訴訟告知之人，得將訴訟遞行告知於其他與當事人有法律上利害關係之人（本法第六十五條第二項）。又從參加人亦得為訴訟告知。受告知人縱未為參加訴訟，亦得遞行訴訟告知。

3.受告知之第三人須因告知人之敗訴而有法律上利害關係

所謂有法律上利害之關係之第三人，係指本訴訟之裁判效力及於第三人，該第三人私法上之地位，因當事人之一造敗訴，而將致受不利益，或本訴訟裁判之效力雖不及於第三人，而第三人私法上之地位因當事人之一造敗訴，於法律上或事實上依該裁判之內容或執行結果，將致受不利益者而言（五一臺上字第三〇三八號判例）。其情形與本法第五十八條所規定從參加人對訴訟有法律上利害關係之情形相同。換言之，如第三人僅有事實上、經濟上、情誼道德上之利害關係，則不得由告知人對之為訴訟告知。又他造為訴訟當事人，並非第三人，對之不得為訴訟告知。惟若他造之參加人，則非當事人，得對其為訴訟告知。於特殊情形下，同一第三人有時受雙方當事人分別為訴訟告知。此際，受告知之第三人，得自己決定任選其中一造為參加訴訟，但不得同時對兩造為參加訴訟。例如由代理人所為法律行為，法律行為之本人與對造發生訴訟時，就代理人之代理權有無為爭執情形，兩造當事人均得對同一代理人為訴訟告知，以促其參加訴訟。

㈢訴訟告知之程序

本法第六十六條規定，告知訴訟，應以書狀表明理由及訴訟程度提出於法院，由法院送達於第三人。前項書狀，並應送達於他造。為訴訟告知之當事人，應於書狀內將自己敗訴時受告知人將受法律上如何不利益之原因事實為表明，此稱為告知之理由。另外必須於書狀表明訴訟現在之程度，例如，法院已定某日為言詞辯論期日，或第一審法院已於某日送達判決，使受告知人能及時出面參加訴訟。為訴訟告知之當事人必須將此項告知書狀提出於訴訟繫屬之法院，由法院將其送達於受告知人，始生告知訴訟之效力。

㈣訴訟告知之效力

本法第六十七條規定，受告知人不為參加或參加逾時者，視為於得參加時已參加訴訟，準用第六十三條之規定。按受訴訟之告知後，受告知人因而參加於訴訟者，則受告知人即為從參加人，此際，法院應照從參加訴訟之規定辦理。依第六十三條之規定，參加人（即受告知人）對於其所輔助之當事人（即告知人），原則上不得主張本訴訟之裁判不當。倘受告知人受訴訟之告知而不為參加或參加逾時者，為貫徹告知訴訟之立法目的，法律不能不擬制受告知人亦受本法第六十三條所規定有從參加效力之拘束。從而不論受告知人實際上有無參加訴訟，告知訴訟之當事人均得對於受告知人主張第六十三條所規定本訴訟裁判對於參加人之效力。告知人為訴訟告知之結果，在法律上得以獲得其權益保障。

四、法院之主動訴訟告知

本法於民國九十二年修正時增訂第六十七條之一規定：「訴訟之結果，於第三人有法律上利害關係者，法院得於第一審或第二審言詞辯論終結前相當時期，將訴訟事件及進行程度以書面通知該第三人。前項受通知人得於通知送達後五日內，為第二百四十二條第一項之請求。第一項受通知人得依第五十八條規定參加訴訟者，準用前條之規定。」

立法者之立法理由認為，為使有法律上利害關係之第三人能知悉訴訟而有及時參與訴訟之機會，避免第三人嗣後再提起第三人撤銷之訴，以維持確定裁判之安定性，並貫徹一次訴訟解決紛爭之原則，應賦予法院適時主動將訴訟事件及進

行程度通知有法律上利害關係之第三人之職權。此係新增訂本條規定之主要理由
所在。

第三人受法院通知後，得視其情形自行斟酌是否參與訴訟及參與之方式。例
如，依本法第五十四條規定提起主參加訴訟，或依本法第五十八條規定為從參加
訴訟，或依本法第二五五條、第四三六條之一第二項、第四四六條第一項之規定
為當事人之追加，或依其他法定程序行使或防衛其權利。又訴訟結果涉及多數利
害關係人者，法院亦得斟酌情形，分別予以通知。如受通知人知有其他法律上利
害關係人，亦得向法院陳明，由法院斟酌是否一併通知。

受法院通知之人如得依第五十八條規定參加訴訟，而不為參加或參加逾時，
仍應使其發生一定之效力，始能貫徹法院通知之目的。於此情形，視為受通知人
於得行參加時已參加於訴訟而不得主張本訴訟之裁判不當。又受通知人如依法應
發生其他法律效果者，例如依本法第四○一條之規定為判決效力所及者，當然亦
發生該法律效果。

為便利受法院通知之人瞭解有關訴訟資料，俾能迅速決定其如何參與訴訟以
保護其權利，依本法第六十七條之一第二項規定，受通知人得於通知送達後五日
內向法院書記官聲請閱覽、抄錄或攝影卷內文書，或預納費用聲請付與繕本、影
本或節本。

■ 第四節　消費者保護團體之訴訟

消費者保護法第五十條規定：消費者保護團體對於同一之原因事件，致使眾
多消費者受害時，得受讓二十人以上消費者損害賠償請求權後，以自己之名義提
起訴訟。消費者得於言詞辯論終結前，終止讓與損害賠償請求權，並通知法院。
前項訴訟，因部分消費者終止讓與損害賠償請求權，致人數不足二十人者，不影
響其實施訴訟之權能。第一項讓與之損害賠償請求權，包括民法第一九四條、第
一九五條第一項非財產上之損害。前項關於消費者損害賠償請求權之時效利益，
應依讓與之各消費者單獨個別計算。消費者保護團體受讓第三項所定請求權後，
應將訴訟結果所得之賠償，扣除訴訟及依前條第二項規定支付予律師之必要費用
後，交付該讓與請求權之消費者。消費者保護團體就第一項訴訟，不得向消費者
請求報酬。同法第五十二條規定：消費者保護團體以自己之名義提起第五十條訴

訟，其標的價額超過新臺幣六十萬元者，超過部分免繳裁判費。

又同法第五十三條規定：消費者保護官或消費者保護團體，就企業經營者重大違反本法有關保護消費者規定之行為，得向法院訴請停止或禁止之。前項訴訟免繳裁判費。

上述兩種訴訟之訴訟當事人雖均係消費者保護團體，但進行訴訟之目的，實際係為保護多數受害之消費者權益。此種消費者保護團體之訴訟，其法律性質及結構在學理上及實務上，應如何加以解釋運用，頗有探討價值。以下分別就其重要者為分析說明之。

一、消費者保護團體之訴訟之概念

㈠信託行為與訴訟擔當兩者概念之區別

所謂信託行為係指，委託人將其財產權移轉或處分於受託人，使受託人依信託本旨，為受益人利益或為特定之目的，管理或處分信託財產之法律行為[57]。民法上之信託行為，又稱為信託契約，其特徵有二：一為委託人與受託人之間必須有移轉財產權之行為，使受託人取得財產權所有人之地位；二為受託人必須依信託之目的，就信託財產為管理或處分，於完成信託目的後，應將財產權返還於委託人或其所指定之人。受託人依信託行為取得信託財產時，依信託目的，在實體法上得以自己名義有效就財產權為處分管理，在訴訟法上當然有訴訟實施權，且訴訟結果之實體權利義務均歸受託人取得或負擔。至於信託目的達成後，受託人應將財產權交還委託人或其指定人，係受託人與委託人之內部關係，對訴訟之對造並無直接關係。

訴訟擔當係指實體法上之權利人或義務人，因法律之規定不得以原告被告地位進行訴訟，應由法律所規定之一定第三人為原告被告進行訴訟始為合法。第三人本於訴訟實施權而以自己之名義為原告或被告，就他人之財產權進行訴訟之關係，稱為訴訟擔當。第三人依法律明文規定而當然有訴訟實施權者，稱為法定的訴訟擔當。第三人之取得訴訟實施權係因權利人或義務人之意思所授與者，稱為任意的訴訟擔當。從而訴訟擔當人雖得以自己名義有效進行他人權利義務之訴訟，

---

[57] 參考我國信託法第一條。田中實、山田昭，《信託法》第一頁以下、日本信託法第一條。

但其訴訟結果之實體權利義務卻歸他人而不歸自己，蓋訴訟擔當人僅有訴訟實施權而無實體權利義務也。故，在訴訟上，訴訟擔當人係形式上之當事人，而被擔當人係實質上之當事人。

⑵消費者與消費者保護團體間法律關係之性質

　　依消費者保護法之規定，消費者保護團體限於社團法人或財團法人，應以保護消費者權益、推行消費者教育為宗旨。依消費者保護法第四十九條規定，消費者保護團體許可設立二年以上，置有消費者保護專門人員，且申請行政院評定優良者，得以自己之名義，提起第五十條消費者損害賠償訴訟或第五十三條不作為訴訟。

　　按消費者保護團體為公益社團法人或公益財團法人，於二十人以上之消費者因同一原因之事件而受害時，得受讓二十人以上受害人之損害賠償請求權，以自己名義提起消費者損害賠償訴訟。消費者與消費者保護團體之間其法律關係為信託行為之關係？抑或任意的訴訟擔當之關係？學者之間頗有爭論❸。

　　信託制度為英美法之制度，大陸法系之德國、日本亦有信託之制度，我國於民國八十五年始有信託法。各國大都於其信託法明定，委託人與受託人不得為使受託人進行訴訟為目的，移轉財產權而訂立信託行為，蓋為防範不法之徒意圖牟利包攬訴訟損害當事人權益。惟若受託人係消費者保護團體之情形，為多數受害之消費者利益，不收任何報酬，進行訴訟目的在為保護社會公益及被害人利益者，法律當無禁止為訴訟信託之理。此類型訴訟信託，尚無弊端且有利於社會公益情形，並無禁止之必要，故，消費者保護法特於第四十九條及第五十條規定，得合法為訴訟信託之要件。且民事訴訟法亦於第一七一條就信託任務終了之訴訟當然停止為規定。拙認為消費者保護團體之進行消費者損害賠償訴訟，係基於消費者與消費者保護團體兩者間之訴訟信託關係。至於消費者保護團體，就企業經營者重大違反保護消費者之行為，提起第五十三條不作為訴訟之情形，因無須消費者之授與訴訟實施權，得自行起訴，此種訴訟在學理上得解釋係消費者保護團體固有之訴權，既不屬於訴訟擔當之現象，亦不屬於訴訟信託之問題，其情形與德國

---

❸ 見楊建華等，〈消費者團體為消費者提起損害賠償訴訟在訴訟實務上運作之研究〉，《法學叢刊》第一五六期第一〇八頁以下。

之團體訴訟 (Verbandsklage) 之法律性質相同❺⁹。

二、消費者保護團體所為訴訟之效果

㈠消費者損害賠償訴訟

　　消費者保護團體之有權進行此項訴訟，係基於受讓二十人以上受害消費者之損害賠償請求權之訴訟信託關係，並非由於受害消費者之授與訴訟實施權或依法律規定取得訴訟實施權而然。換言之，消費者保護團體之訴訟適格係出於訴訟信託關係，以其所獲得之損害賠償請求權之權利人自居，並非僅有訴訟實施權而無損害賠償請求權之情形。故，一部分消費者於言詞辯論終結前，終止讓與損害賠償請求權之情形，得解釋為其部分終止信託關係而回復其損害賠償請求權之權利人地位。其結果在訴訟上，消費者保護團體仍然保有部分損害賠償請求權而不喪失其原告適格之地位，原告得受本案勝訴判決之範圍縮小而已。倘將二十人受害消費者之讓與損害賠償請求權解釋為原告適格之要件，則於部分消費者終止讓與損害賠償請求權而不足二十人之情形，原告適格之要件必然缺乏，法院應就原告之訴為全部駁回之訴訟判決。此種解釋之結果在學理上是否妥當，頗有疑問。為解決此種問題，民國九十二年修正消費者保護法時，增訂第五十條第二項規定，第一項訴訟，因部分消費者終止讓與損害賠償請求權，致人數不足二十人者，不影響其實施訴訟之權能。

　　又消費者保護法第五十條第五項規定，消費者保護團體應將訴訟結果所得之賠償，扣除訴訟必要費用後，交付該讓與請求權之消費者。顯見訴訟結果之實體權利歸屬於消費者保護團體，不歸於消費者。起訴狀之訴之聲明及判決主文，均得就全體被害消費者之損害賠償請求總額為記載，僅於事實理由中始有分別就各人之損害賠償請求額為敘明之必要。消費者各人不得以法院判決為執行名義各對被告為強制執行，僅得由消費者保護團體為執行，俟執行後，再依各人請求賠償之金額為內部之分配。訴訟進行中，未將損害賠償請求權為讓與之受害人得為輔助參加，但已為讓與之受害人不得為輔助參加。消費者保護團體得視其必要情形

---

❺⁹ 詳細請參見陳榮宗，〈美國群眾訴訟與西德團體訴訟〉，載《訴訟當事人與民事程序法》第七十一頁以下。

為捨棄、撤回、和解之訴訟行為，無經受害人同意之必要。倘消費者於言詞辯論終結前，認為必要時，得終止讓與損害賠償請求權而將其通知法院，從而保留其另行自己起訴之權利。

㈡不作為訴訟

依消費者保護法第五十三條之規定，消費者保護官或消費者保護團體，就企業經營者重大違反本法有關保護消費者規定之行為，得向法院訴請停止或禁止之。前項訴訟免繳裁判費。此種訴訟，學者稱為不作為訴訟，依該條規定，得提起不作為訴訟之原告當事人，其有原告適格者，一為消費者保護官，另一為消費者保護團體，即符合消費者保護法第四十九條規定要件之社團法人或財團法人。

民國九十二年民事訴訟法修正時，亦特別增訂第四十四條之三規定：「以公益為目的之社團法人或財團法人，經其目的事業主管機關許可，於章程所定目的範圍內，得對侵害多數人利益之行為人，提起不作為之訴。前項許可及監督辦法，由司法院會同行政院定之。」本法第四十四條之三之規定適用原告當事人範圍，較消費者保護法之規定為廣。為防止濫行起訴，立法者參酌消費者保護法相關規定，於本條第二項規定其許可及監督辦法由司法院會同行政院定之。

符合消費者保護法第四十九條所規定條件之消費者保護團體之社團法人或財團法人，經消費者保護官同意，即可以自己名義，以違反保護消費者規定行為之企業經營者為被告，提起其不作為之訴訟。此種不作為請求權及訴權，均係依消費者保護法之規定而歸於消費者保護團體固有之權利，是為法律基於社會公益之目的而賦與之權利，並非出於法人社員或受害消費者之授權。又不作為訴訟之勝訴判決結果，其作用不僅對於原告發生效果，對於全體消費者而言亦當然發生效果之作用，是為消費者保護團體之不作為訴訟性質之判決特徵，與一般判決之既判力擴張有所不同。

三、消費者保護法之選定當事人訴訟

消費者保護法第五十四條規定：因同一消費關係而被害之多數人，依民事訴訟法第四十一條之規定，選定一人或數人起訴請求損害賠償者，法院得徵求原被選定人之同意後公告曉示，其他之被害人得於一定之期間內以書狀表明被害之事實、證據及應受判決事項之聲明，併案請求賠償。其請求之人，視為已依民事訴

訟法第四十一條為選定。前項併案請求之書狀,應以繕本送達於兩造。第一項之期間,至少應有十日,公告應黏貼於法院牌示處,並登載新聞紙,其費用由國庫墊付。

此為立法者參照美國團體訴訟 (Class action) 制度之目的,為避免被害人眾多之事件,逐一起訴之不符訴訟經濟,而將我國選定當事人制度加以擴張運用之立法❻。此種立法對於多數受害消費者,其每人之損害金額微小,無獨自起訴價值之請求權,頗有實用。

民事訴訟法於民國九十二年修正時,亦增訂本法第四十四條之二之規定,俾能擴大選定當事人制度之適用範圍。其規定與消費者保護法第五十四條之規定相類似。所不同者,本法第四十四條之二所規定之選定當事人,其適用範圍較廣,凡因公害、交通事故、商品瑕疵或其他於同一原因事實而有共同利益之多數人所發生之損害賠償或契約違反之事件,均得選定當事人提起訴訟。

■ 第五節　當事人之變更

一、法定的當事人變更與任意的當事人變更

訴訟程序進行中,一方當事人由於法律明文或因當事人之同意,而發生當事人變更之現象,稱為當事人之變更 (Der Parteiwechsel)。由於法律之明文規定而生當事人變更之情形,有下列各種:⑴當事人死亡。有此情形時,實體法上發生全部權利義務由繼承人繼承,於訴訟程序上,當然發生當事人變更,本法於第一六八條將其規定為,繼承人承受訴訟以前,當然停止訴訟之原因。⑵當事人被宣告破產或經法院依消費者債務清理條例裁定開始清算程序 (本法第一七四條)。⑶訴訟承當人死亡或喪失資格 (本法第一七二條)。⑷訴訟參加人之承當訴訟 (本法第六十四條)。

又本法第二五四條第一項規定當事人恆定原則,原則上,訴訟標的之法律關係,雖於訴訟繫屬中移轉於第三人,不影響當事人之地位,從而不生當事人變更

---

❻ 民國八十一年十二月司法院民事訴訟法修正草案初稿條文第四十四條之一,其規定內容,即為新增之選定當事人擴大運用之制度設計。與消費者保護法第五十四條之規定類似。

情形。僅於例外情形，第三人經訴訟之兩造同意，始得代當事人承當訴訟而生當事人變更（本法第二五四條第二項）。法定之當事人變更，因係法律所明定，其當事人變更之要件及法律效果，均有法律規定，爭論較少。惟於非法律規定之當事人變更，其當事人之變更，係委由當事人之必要情況而發生，可否任由一方當事人隨意或雙方當事人合意為變更當事人？其為當事人變更之要件、效果有無限制？當事人變更之法律性質如何？在學理上及判例上，一直成為爭論之問題，學者稱其為「任意的當事人變更」(Gewillkurter Parteiwechsel)，俾與法定的當事人變更有所區別。

二、任意的當事人變更之學說[61]

甲係未成年人乙之法定代理人，起訴時以甲為原告基於買賣契約關係對被告丙請求給付買賣標的物，訴訟中甲發覺買賣契約之買受人係乙，原告甲遂具狀將乙改為原告。某公司股東甲為原告，對被告公司董事長乙提起公司股東會決議無效之訴，訴訟中發覺應以公司為被告始有當事人適格，遂改被告為公司。又例如原告甲以無權占有人乙為被告提起交還土地之訴，訴訟中乙已遷出他去，丙見空地無人使用，擅行遷入，原告甲發覺此事，遂將乙改以丙為被告。上述原告當事人之變更或被告當事人之變更之情形，均係以原告當事人一方之任意而變更當事人。此際首先必問，原告當事人將當事人變更，其行為合法不合法？日本及德國通說均認為，任意的當事人變更為合法之行為，惟對於此種當事人變更之法律性質，在學理上之說明有三說：即(1)訴之變更說，(2)舊訴之撤回及提起新訴之複合行為說，(3)特殊行為說。主張訴之變更說者認為，當事人、訴訟標的、訴之聲明三者均係訴之要素，當事人係訴之要素之一，當事人之要素有變更，即係訴之變更。任意的當事人變更，其要件、效果均依訴之變更之規定處理。今日通說認為任意的當事人變更係合法，其依據係出於訴之變更說。德國學者 Kisch 於一九一二年主張舊訴之撤回及提起新訴之複合行為說，認為任意的當事人變更，實係舊

[61] 參照 de Boor, Zur Lehre vom Parteiwechsel und vom Parteibegriff, 1941; Henckel, Parteilehre und Streitgegenstand im Zivilprozess, 1961; Jauernig, ZPR. 22. Aufl. S. 297ff.; 上野泰男，〈當事者の變更〉，《民事訴訟法の爭點》（舊版）第七十四頁以下。佐上善和，〈當事者の確定と任意的變更〉，《民事訴訟法の爭點》（新版）第九十二頁以下。

原告將舊訴訟撤回及新原告提起新訴訟兩者併合之訴訟現象。此說迄今成為日本通說，惟於德國並未成為通說。依此說，於適用時，應分別就訴之撤回與訴之提起，各別依其規定判斷其要件、效果。de Boor 於一九四一年提倡特殊行為說，認為原告變更情形應由新舊原告之聲請及應訴後之被告同意，始得為當事人之變更，於被告變更情形，應由原告聲請及應訴後之被告同意，此為當事人變更之要件。倘新被告同意時，即使於第二審法院為當事人之變更亦得為之。當事人變更以前之訴訟資料，於當事人變更後之程序，原則上，均得加以利用，但新被告得對其為異議之聲明，從而亦得撤銷自認或提出攻擊防禦方法，此說為德國通說。惟日本及德國之判例實務，對任意的當事人變更之處理，似未有統一之解釋。

三、任意的當事人變更之處理

㈠比較法之觀察

　　德國民事訴訟法第二六三條、第二六四條，奧國民事訴訟法第二三五條，日本民事訴訟法第一四三條係規定訴之變更之條文。依德、奧、日三國學者著作之說明，訴之變更僅指原告對於訴訟標的、訴之聲明、訴之原因等訴訟客體內容之變更而言，德國用語為 Klageänderung，奧國用語為 Klagsänderung。我國民事訴訟法第二五五條起至第二五八條係有關訴之變更或追加之規定，內容與德奧日三國規定大抵相同，惟我國學者著作大部分將上開規定之訴之變更或追加之規定，指係包括當事人之變更或追加情形而言。依德、奧、日學者之說明，上開訴訟之變更之條文規定不包含當事人之變更，從而除法律特別有明定當事人變更之規定外，對於任意的當事人變更，法律並無明文，對此問題之處理委由學說及判例。德、奧學者著作，大都於訴之變更外，另有當事人變更之敘述，例如德國學者 Jauernig 於其第二十二版《民事訴訟法》第八十八節特別敘述當事人變更 (Der Parteiwechsel) 之德國學說與判例，而於第四十一節說明訴之變更 (Die Klageänderung)。Rosenberg-Schwab 之第十四版《民事訴訟法》第四十二節敘述當事人變更 (Die Parteiänderung)，於其第一○二節說明訴之變更 (Die Klageänderung)。奧國學者 Fasching 一九九○年第二版《民事訴訟法》第一九六頁以下敘述 Parteiwechsel，而於第六二二頁以下說明 Klagsänderung。日本學者亦然。我國學者著作自石志泉之《民事訴訟法釋義》至其他學者著作，似受德國帝

國法院判例 RGZ 157, 377 解釋之影響，認為當事人變更為訴之變更之一。惟以訴之變更處理當事人之變更，係出於上述學者所謂訴之變更說之理論，在學理上尚有問題，能否無條件採用頗值討論。

㈡訴之變更說之檢討

於雙方當事人不變更之下，僅就訴訟標的或訴之聲明為變更，若經被告同意或法院認為不甚礙被告之防禦及訴訟之終結者，學理上不生不合理之問題。惟若允許原告就原告或被告之當事人為變更，則在學理上發生下列各種難於理解之問題。第一、原告與被告雖然雙方同意由新原告取代舊原告，但未經新原告之同意，能否僅憑舊原告與被告任意的同意而將新原告列為原告，而舊原告退出訴訟程序？足見無法利用訴之變更之規定，俾以合理解釋當事人變更。第二、舊原告與舊被告於上訴審法院雙方同意由新原告或新被告取代舊原告或舊被告，此際影響新原告或新被告之審級利益，其情形與僅變更訴訟標的或訴之聲明而當事人不變更之情形，兩者情況及利害關係完全不同，豈可準用訴之變更之要件而無須另外經新原告或新被告之同意？第三、縱然新原告或新被告同意成為當事人續行訴訟，此際能否認為，應無條件承受舊原告或舊被告所為不利於己之各種訴訟行為？

上述各種問題足以顯示，在學理上，當事人之變更與訴之變更，兩者各不相同，各有其特性，無法將當事人之變更視為訴之變更而適用訴之變更之相關規定，俾以解決。必須在學理上另就當事人變更之訴訟行為要件及效果，特別作合理之解釋及適用。前述 de Boor 所提倡特殊行為說，認為當事人變更之行為，並非訴之變更行為，亦非舊訴之撤回及新訴起訴兩者合併行為。須以特殊行為加以說明，始能合理解釋當事人變更之要件及效果，且始得維持當事人間之公平及訴訟程序之經濟。

㈢學者及判例對當事人變更之處理與其效果

德國學者及判例認為，於原告當事人變更情形，必須由新舊全體當事人為同意始合法。於第一審法院為被告當事人之變更，無須經新當事人之同意，但於第二審法院為被告當事人變更，須經新舊當事人之同意始為合法。原則上，於合法之當事人變更情形，舊當事人間所進行之訴訟結果，均對新當事人發生效果，惟新當事人得撤回舊當事人之自認、認諾、捨棄行為，並得提出或主張舊當事人已

不能提出主張之訴訟資料或攻擊防禦方法。從而起訴效果對於新被告而言，不在起訴之時發生而在新被告承受訴訟之時始發生，例如消滅時效之中斷，不得對新被告為不利之解釋。法院對舊當事人所為尚未確定之判決，於脫離訴訟時，不發生判決效果⑫。上述處理，日本學者亦作類似之解釋⑬。

四、任意的當事人之追加

除任意的當事人之變更外，於任意的當事人追加之情形，不分原告或被告當事人之追加，原則上依任意的當事人變更之原則為處理。本法第二五五條第五款規定，該訴訟標的對於數人必須合一確定時，追加其原非當事人之人為當事人，不礙第二五五條禁止追加之原則。本條款特別提及當事人追加情形，解釋上得認為法定的當事人追加。惟若法律未有明文之其他任意的當事人追加情形，是否得解釋為訴之追加情形而作相同之處理，其發生難於理解之問題情形，與任意的當事人變更情形相同。故，德國學者大都主張，以任意的當事人變更之原則為處理。

■ 第六節　系爭客體之讓與及當事人恆定原則

一、概　說

㈠德國當事人恆定原則之立法理由與其規定⑭

一八七九年德國民事訴訟法實施之前，當時德國普通法繼承羅馬法之傳統規定，禁止訴訟當事人於訴訟繫屬中將系爭物或權利義務為讓與。其有讓與者，讓與無效。從而於訴訟進行中始終維持相同之原告與被告為訴訟，訴訟程序之安定得以確保。惟一八七九年德國民事訴訟法之立法者認為，於訴訟中禁止當事人讓與其物或權利義務於第三人，不僅妨害正當當事人之交易自由，有時且亦形成弊

---

⑫ 參照 Jauernig, a. a. O. S. 298.

⑬ 見中野貞一郎等三人編，《民事訴訟法講義》（補訂第二版）第五六三頁。

⑭ 參照 Münchener Kommentar, ZPO. Band 1 §§265, 266, 325; Stein-Jonas, ZPO. 20. Aufl. §265; Arens, ZPR. 2. Aufl. S. 111ff.; Fasching, ZPR. 2. Aufl. S. 610ff.

端。惡性之原告得任意提起訴訟，使正當之被告不能處分其權利於第三人，利用長年之訴訟阻礙被告行使權利，因此，立法者改採訴訟進行中不禁止雙方當事人自由讓與其系爭物或權利義務之政策。但同時為防免一方訴訟當事人因任意讓與系爭客體權利之結果，喪失本案適格 (Sachlegitimation)，對造當事人必須不斷變換與不同之當事人進行訴訟之煩，且對造當事人因進行訴訟已獲得之訴訟成果，將因一再被迫變換當事人而泡湯，形成對於對造當事人之不公平。不僅如此，一方當事人於訴訟對其不利之情形，得找一資力不佳之第三人，將系爭客體權利義務為移轉，從而讓與人脫離訴訟避開不利之訴訟結果，對造當事人縱然最後獲勝訴判決，面對資力不佳之第三人，必然遭受損害。為兼顧避免採訴訟承繼主義所發生之弊端與採絕對禁止移轉系爭客體權利之不妥，所以立法者採取折衷之立法政策。一面不禁止當事人於訴訟繫屬中移轉讓與系爭客體權利，他面維持原訴訟當事人之恆定，非經對造當事人同意，不許受讓人為承擔訴訟。足知現行德國民事訴訟法第二六五條、第二六六條，奧國民事訴訟法第二三四條所採當事人恆定之原則與例外之相關規定，係為保護雙方當事人之利益平衡，並配合私權交易之自由，維護訴訟經濟及安定為目的而立法❻。

....

❻ 德國民事訴訟法第三二五條規定：「有既判力之判決，對於當事人，以及對於訴訟繫屬後成為當事人之法律繼受人 (Rechtsfolger) 之人，或使當事人或其法律繼受人成為間接占有人而占有系爭物之人，有效力（第一項）。民法關於自無權利人取得權利之人有利之規定，準用之（第二項）。判決係對已登記之物上負擔、抵押權、土地債務或定期土地債務之請求權者，於附有負擔之土地為讓與情形，該判決對於法律繼受人關於該土地即使其不知已有訴訟繫屬時，亦有效力。判決對於以強制拍賣方法為讓與土地之相對人，僅於訴訟繫屬之通知最遲發生於拍賣期日要求為拍賣之出價以前，始有效力（第三項）。判決係對已登記船舶抵押權之請求權者，第三項第一段準用之（第四項）。」
同法第二六五條規定：「訴訟繫屬不排除一方當事人或他方當事人，將系爭物為讓與或將所主張之請求權為移轉之權利（第一項）。讓與或移轉對於訴訟無影響。法律繼受人非經對造同意，無權取代前當事人以主要當事人地位為承擔訴訟或提起主參加之訴。法律繼受人以從參加人地位出面者，第六十九條不適用之（第二項）。原告已為讓與或移轉時，於判決依第三百二十五條規定對法律繼受人不生效力之情形為限，原告不得抗辯其已無權主張請求權（第三項）。」
同法第二六六條規定：「占有人與第三人之間，就於所主張土地之權利存在不存在，或就存於土地上之義務存在不存在，發生訴訟之繫屬者，於有土地之讓與情形，法律繼受人有權依當時之訴訟狀態以主要當事人地位為承擔訴訟，其經對造為聲請時，有義務為承擔訴訟。就已登記船舶或建造中船舶上之義務存在不存在發生訴訟時，準用之（第一項）。此一規定，於其違反民法關於自無權利人取得權利之人有利之規定之情形為限，不適用之。於此情形，原告已為讓與時，適用第二百六十

綜合德國民事訴訟法第三二五條既判力主觀範圍之規定，以及同法第二六五條、第二六六條關於當事人恆定之原則與例外情形之規定，特定繼受之內容要點得整理成為下列各點：

1.特定繼受之原則

於訴訟繫屬後，訴訟當事人將系爭物為讓與或將所主張之請求權為移轉時，受讓系爭物或受移轉請求權之第三人，即係特定繼受人，其雖非訴訟當事人，但判決既判力及於該第三人。

2.特定繼受之例外情形有二：⑴民法所規定物之善意受讓人，不受讓與人訴訟結果之拘束，判決既判力不及於系爭物之善意取得人，即善意取得人並非特定繼受人。⑵系爭已登記土地上之物權為請求之訴訟繫屬中，法院進行拍賣系爭土地之情形，於拍賣期日拍定人為拍賣之出價時，拍定人尚未接獲有訴訟繫屬之通知者，拍定人不受該訴訟之拘束，即因法院之拍賣而受讓土地之拍定，並非特定繼受人。

3.系爭已登記土地上之物權為請求之訴訟繫屬中，訴訟當事人將系爭土地為讓與之情形，縱然受讓土地之人不知有該件系爭土地上之物權請求之訴訟繫屬，土地之受讓人受該訴訟之拘束，其即係特定繼受人。

4.已登記船舶或建造中船舶上之物權為請求之訴訟繫屬中，發生訴訟當事人將系爭船舶為讓與或發生法院為拍賣情形，分別準用上述土地讓與或土地拍賣之規定。

5.特定繼受之當事人恆定原則與例外之訴訟承繼

⑴發生特定繼受時，當事人間之訴訟，原則上維持原當事人恆定不變。特定繼受人無權主張其讓與人已喪失實體法上之權利人地位，而要求由其取代讓與人成為訴訟當事人。⑵發生特定繼受人時，有二例外情形，特定繼受人得取代原訴訟當事人而成為當事人：①特定繼受人經當事人之對造同意之情形。②系爭已登記土地（包括已登記船舶或建造中船舶）上之物權為請求之訴訟繫屬中，占有土地之訴訟當事人將系爭土地為讓與情形，特定繼受人有權承擔訴訟而成為當事人，

五條第三項之規定（第二項）。」

奧國民事訴訟法第二三四條規定：「系爭物或請求權之讓與不影響訴訟。取得人非經對造同意，無權成為主當事人。」

經對造當事人之要求時，有義務承擔訴訟。

6.於善意取得人取得系爭物時，善意取得人固然不受訴訟結果之既判力所拘束，原告讓與人亦不得據此為抗辯而主張自己已無實體權利，從而主張自己無原告適格及無原告之訴訟實施權。法院仍應對原告出讓人為訴訟無理由之實體敗訴判決。值得注意者，主張善意必須同時就其信賴出讓人有權利及不知已有訴訟繫屬二者為舉證始可。

7.特定繼受人有權為承擔訴訟或有義務為承擔訴訟之規定，於善意取得人為系爭物之受讓人情形，不生承擔訴訟問題而不適用之。

㈡日本之訴訟承繼主義與其規定

日本平成十年修正實施前之民事訴訟法並無類似德奧兩國及我國法之規定，其立法者對於訴訟繫屬中當事人讓與移轉系爭客體權利義務時，是否維持原當事人繼續為訴訟而採當事人恆定，抑或必須由受讓人為承受訴訟之問題，於其立法理由並無明白交代。惟後因兼子一於昭和六年發表〈訴訟承繼論〉一文，利用巧妙之理論以日本民事訴訟法第七十三條及第七十四條之規定為依據，主張日本係採取訴訟承繼主義之立法，此後日本學界及最高法院判例大都接受兼子一之見解，遂成為通說❻❻。惟近年來日本學者亦有認為德國之當事人恆定原則之立法較佳者❻❼。

日本之訴訟承繼主義，就保護繼受人而言，雖較當事人恆定主義為優，但就保護對造當事人而言，留有三個問題未解決。第一，在訴訟承繼主義之下，發生訴訟標的之權利義務讓與事實之時點與受移轉之第三人實際為繼受訴訟之時點，兩者不可能在同一時點。於此兩時點之間所發生之當事人雙方所為訴訟行為結果，究竟能否拘束繼受之第三人？第二，於訴訟標的之系爭物移轉後，移轉系爭物之

---

❻❻ 參照兼子一，〈訴訟承繼論〉，載《民事法研究》第一卷第一頁以下。山木戶克己，〈訴訟參加と訴訟承繼〉，載《民事訴訟法講座》第一卷第二九九頁以下。畑郁夫，〈承繼參加と引受參加〉，載小山、中野、松浦、竹下編《演習民事訴訟法》（青林書院一九八七年出版）第七三九頁以下。上北武男，〈當事者の交替〉，載《講座民事訴訟法③當事者》第二九九頁以下。

❻❼ 見松浦馨，〈占有移轉禁止假處分の違反と本案訴訟の歸すう〉，載《民商法雜誌》六十六卷六號第二〇八頁以下。日比野泰久，〈當事者恆定主義導入の必要性と問題點〉，載《民事訴訟法雜誌》四〇號第一九〇頁。

訴訟當事人不陳述其事實，繼受人亦不聲明參與訴訟，對造當事人亦不知有移轉之事實而繼續進行訴訟之情形。縱然法院最後為判決，因該判決效力不能及於該訴訟言詞辯論終結前之繼受人，其結果，當事人雙方所進行之訴訟變成無用，對造當事人不得不再於事後對繼受人另外進行訴訟。第三，在訴訟承繼主義之下，發生一方當事人將系爭物為移轉讓與情形，若繼受之第三人不聲明參與訴訟，而又在以後再行移轉系爭物於別人時，對造當事人勢必不斷變更繼受人而進行訴訟，形成對造當事人不勝其煩，對造當事人原告之權利實現必然遭受妨害。日本學者面對上述訴訟承繼主義所留下之三問題，有提出利用假處分俾能達當事人恒定之目的者，有提出以繼受之事實使對繼受人相對地發生停止訴訟效果，俾為解釋問題者，亦有主張於一定條件下將移轉地位人視為繼受人所默示之訴訟擔當人而解決問題❻❽。

　　平成十年日本民事訴訟法修正實施，其第四十九條與第五十條規定，訴訟繫屬中當事人將訴訟標的之權利義務為讓與情形，所採訴訟承繼主義之內容。依其第四十九條規定：「主張於訴訟繫屬中受讓訴訟標的之權利全部或一部，依第四十七條第一項規定為參加訴訟時，其參加發生溯及訴訟繫屬之初時效中斷之效力或遵守法律上期間之效力。」此條文之立法趣旨在，訴訟繫屬中，若訴訟標的之權利義務或訴訟實施權移轉於第三人，則其紛爭之實態移到對造當事人與第三人之間，以往當事人間之訴訟，對於解決紛爭而言，變成無用。倘對於訴訟繫屬中之訴訟標的之讓與，不使繼受以往當事人間所展開之訴訟狀態，而強求受讓人與對造當事人之間為新訴訟時，勢必發生已經取得有利地位之當事人其既得地位被褫奪，不當地幫助處於不利地位之當事人之繼受人，造成不公平而忽視已進行之訴訟結果，亦不合訴訟經濟。為此，將以往之訴訟狀態照舊由繼受人與對造當事人之間加以利用而解決紛爭，此乃採取訴訟承繼主義之緣由。第四十九條之規定係使繼受人能自動為參加而承繼訴訟為目的之規定。

　　依其第五十條規定：「訴訟繫屬中第三人就該訴訟標的之義務全部或一部為承繼時，法院得依當事人之聲請，以裁定使第三人承擔訴訟。法院為前項之裁定情形，應審問當事人及第三人。第四十一條第一項及第三項，並前二條之規定，於有第一項規定承擔訴訟之裁定情形，準用之。」此條文係規定，第三人就訴訟標

---

❻❽ 參照日比野泰久，〈訴訟承繼主義之問題點〉，載《民事訴訟法の爭點》（第三版）第一一二頁以下。

的之義務為繼受時，得由對造當事人向法院聲請以裁定強制繼受人承擔訴訟。此與第四十九條所規定，由繼受之第三人自發的要求承擔訴訟之情形不同。第五十條之立法趣旨在，訴訟繫屬中若訴訟標的之義務發生繼受時，使對造當事人原告有權強迫繼受人承擔訴訟，俾對造當事人能避免重新對繼受人起訴為請求，既符合訴訟經濟亦對原告較公平 ❻。

㈢我國之當事人恆定原則與本法第二五四條八十九年、一○四年及一○六年修正規定

1.民國八十九年二月民事訴訟法修正前，其第二五四條規定：「訴訟繫屬中為訴訟標的之法律關係，雖移轉於第三人，於訴訟無影響。第三人如經訴訟之他造同意，得代當事人承當訴訟，或依第五十四條之規定起訴。」此係仿德奧兩國之立法例，採取當事人恆定原則之規定。

2.民國八十九年二月民事訴訟法大修正，將第二五四條所規定之當事人恆定原則，增訂第三人經兩造同意得聲請代當事人承當訴訟，若僅他造不同意者，移轉訴訟標的之法律關係之當事人或第三人，得聲請法院以裁定許第三人承當訴訟。從而以明文將訴訟承繼主義趣旨之規定加以引進為規定，並另外增訂，法院知悉訴訟標的有移轉者，應即以書面將訴訟繫屬之事實通知第三人。原第二五四條由二項之簡要規定，變為五項，修正後之第二五四條規定內容與立法理由如次。

本法第二五四條第一項規定：「訴訟繫屬中為訴訟標的之法律關係，雖移轉於第三人，於訴訟無影響。但第三人如經兩造同意，得聲請代當事人承當訴訟。」第二項規定：「前項但書情形，僅他造不同意者，移轉之當事人或第三人得聲請法院以裁定許第三人承當訴訟。」第三項規定：「前項規定，得為抗告。」立法者認為，當事人恆定主義固可安定訴訟程序並保護對造當事人，惟訴訟標的之法律關係既已移轉，與為移轉之當事人之利害關係已漸淡薄，如能由受讓人承當訴訟，其訴訟之結果更能直接解決紛爭。故將原條文第二項前段規定修正增列為第一項但書規定：「第三人如經兩造同意，得聲請代當事人承當訴訟。」又該第三人亦可依第五十四條規定，提起主參加訴訟，而不必得當事人之同意，自無須於此再加

---

❻ 參照小室直人、松本博之、賀集唱、加藤新太郎編，《基本法コンメンタール新民事訴訟法 I 》第一二一頁以下。

規定，故刪除原條文第二項後段之規定。立法者又認為，訴訟標的之法律關係移轉於第三人後，在讓與人與受讓人間已無爭執，僅他造當事人不同意第三人承當訴訟時，得由移轉之當事人或第三人聲請法院以裁定許第三人承當訴訟。為保障他造當事人之權益，於第三項規定，對前項裁定得為抗告。

　　本法第二五四條第四項規定：「法院知悉訴訟標的有移轉者，應即以書面將訴訟繫屬之事實通知第三人。」立法者認為，訴訟標的之法律關係有移轉時，該受讓之第三人或不知有訴訟繫屬情形，為避免其遭受不利益，應有使知悉之機會，特於第四項增列如法院知悉有移轉之情形時，即應以書面將訴訟繫屬之事實通知第三人。第三人因受通知而參加訴訟者，應適用第六十二條之規定。拙以為第四項規定之立法用意固然可取，惟將通知義務加在法院恐非妥當，應將此項通知義務加在移轉之當事人，始較妥當而合理，否則徒增法院之工作負擔，且為移轉之當事人竟可不將訴訟繫屬之事對受讓人為通知，甚不合理而不負責。本條第五項規定：「第一項為訴訟標的之權利，其取得、設定、喪失或變更，依法應登記者，於起訴後，受訴法院得依當事人之聲請發給已起訴之證明，由當事人持向該管登記機關請求將訴訟繫屬之事實予以登記。訴訟終結後，當事人或利害關係人得聲請法院發給證明，持向該管登記機關請求塗銷該項登記。」立法者認為，第一項為訴訟標的之權利，其取得、設定、喪失或變更，依法應登記者，如能於起訴後將訴訟繫屬之事實登記於登記簿冊上，使欲受讓該權利之第三人有知悉該訴訟繫屬之機會，將可避免其遭受不利益。又受讓人於知有訴訟繫屬之情形，而仍受讓該權利者，可減少因其主張善意取得而生之紛爭；如其未承當訴訟或參加訴訟者，亦可推定其有委由移轉人續行本訴訟之意思，而應受本訴訟確定判決既判力之拘束。故為保障他造當事人及受讓人之權益，防止紛爭擴大，並期能避免採取當事人恆定主義所生之弊，參酌美國加州民事訴訟法第四○九條之規定，增訂本條第五項前段。又訴訟終結後，當事人或利害關係人得聲請法院發給證明，持向該管登記機關請求塗銷該項登記，以免該登記久懸而未能處理，致影響當事人或利害關係人之權益，爰於同項後段明定之。

　　3.民國一○四年七月修正第二五四條第五項規定：「第一項為訴訟標的之權利，其取得、設定、喪失或變更，依法應登記者，於當事人之起訴合法且非顯無理由時，受訴法院得依當事人之聲請發給已起訴之證明，由當事人持向該管登記機關請求將訴訟繫屬之事實予以登記。」並增訂第六項規定：「法院於發給已起訴

之證明前，得使當事人有陳述意見之機會。」增訂第七項規定：「當事人依已起訴之證明辦理訴訟繫屬事實之登記者，於事實審言詞辯論終結前，他造當事人得提出異議。」另增訂第八項規定：「對於第五項駁回聲請之裁定及前項異議所為之裁定，均不得聲明不服。」

原第六項規定，移列為第九項，本次修正理由如下：

⑴原條文第一項至第四項未修正。

⑵為兼顧第三人交易之維護及訴訟當事人權益之保障，當事人聲請發給已起訴證明，應符合起訴合法且非顯無理由為要件，爰修正原條文第五項前段，列為第五項。

⑶法院發給已起訴之證明前，如認必要，得使當事人有陳述意見之機會，以求周延，爰增訂第六項。

⑷為兼顧第三人交易之維護及訴訟當事人權益之保障，訴訟繫屬事實登記後，他造當事人如認有違法情事，宜賦予異議權，以保障其權利，爰增訂第七項。至從參加人輔助當事人提出異議，應依本法第六十一條規定為之。

⑸為免程序久懸，明定法院駁回第五項聲請之裁定及就第七項異議所為之裁定，不得聲明不服，爰增訂第八項。

4.民國一〇六年五月再修正第二五四條規定，修正後規定如下：

第一項規定：「訴訟繫屬中為訴訟標的之法律關係，雖移轉於第三人，於訴訟無影響。」第二項規定：「前項情形，第三人經兩造同意，得聲請代移轉之當事人承當訴訟；僅他造不同意者，移轉之當事人或第三人得聲請法院以裁定許第三人承當訴訟。」第三項規定：「前項裁定，得為抗告。」第四項規定：「第一項情形，第三人未參加或承當訴訟者，當事人得為訴訟之告知；當事人未為訴訟之告知者，法院知悉訴訟標的有移轉時，應即以書面將訴訟繫屬之事實通知第三人。」第五項規定：「訴訟標的基於物權關係，且其權利或標的物之取得、設定、喪失或變更，依法應登記者，於事實審言詞辯論終結前，原告得聲請受訴法院以裁定許可為訴訟繫屬事實之登記。」第六項規定：「前項聲請，應釋明本案請求。法院為裁定前，得使兩造有陳述意見之機會。」第七項規定：「前項釋明如有不足，法院得定相當之擔保，命供擔保後為登記。其釋明完足者，亦同。」第八項規定：「第五項裁定應載明應受判決事項之聲明、訴訟標的及其原因事實。」第九項規定：「第五項裁定由原告持向該管登記機關申請登記。但被告及第三人已就第五項之權利

或標的物申請移轉登記，經登記機關受理者，不在此限。」第十項規定：「關於第五項聲請之裁定，當事人得為抗告。抗告法院為裁定前，應使當事人有陳述意見之機會。對於抗告法院之裁定，不得再為抗告。」第十一項規定：「訴訟繫屬事實登記之原因消滅，或有其他情事變更情形，當事人或利害關係人得向受訴法院聲請撤銷許可登記之裁定。其本案已繫屬第三審者，向原裁定許可之法院聲請之。」第十二項規定：「第六項後段及第十項規定，於前項聲請準用之。」第十三項規定：「訴訟終結或第五項裁定經廢棄、撤銷確定後，當事人或利害關係人得聲請法院發給證明，持向該管登記機關申請塗銷訴訟繫屬事實之登記。」

　　本次修正理由如下：

　　⑴現行條文第一項本文係規定當事人恆定原則，而同項但書則與第二項同屬關於承當訴訟之規定，宜合併規定於同項。爰將第一項但書移列至第二項，並酌為文字修正。

　　⑵第一項所定受移轉之第三人如未參加或承當訴訟，為加強其程序保障，宜使其知悉訴訟繫屬之事實，自行決定是否參與訴訟。且為避免裁判矛盾，統一解決紛爭，以維訴訟經濟，應許兩造當事人均得為訴訟之告知，俾使本訴訟裁判對於第三人亦發生參加效力，並預防第三人提起撤銷訴訟，爰增訂第四項前段。又現行第四項規定，性質上為第六十七條之一之特別規定，爰酌為文字修正移列本條第四項後段。

　　⑶現行條文第五項規定旨在藉由將訴訟繫屬事實予以登記之公示方法，使第三人知悉訟爭情事，俾阻卻其因信賴登記而善意取得，及避免確定判決效力所及之第三人受不測之損害。其所定得聲請發給已起訴證明之當事人，係指原告；其訴訟標的宜限於基於物權關係者，以免過度影響被告及第三人之權益。又辦理訴訟繫屬事實登記之標的，除為訴訟標的之權利外，或有需就其請求標的物為登記之情形。而是否許可為登記，對兩造權益有相當影響，法院應為較縝密之審查，以裁定為准駁；其審查範圍及於事實認定，並得酌定擔保，自僅得於事實審言詞辯論終結前為聲請，爰予修正明定。至關於由當事人持往登記部分，則修正移列本條第九項。

　　⑷為免原告濫行聲請，應令其就本案請求負釋明之責，此已包括起訴須為合法且非顯無理由，現行條文第五項關此部分，自無規定必要，爰增訂第六項前段。現行條文第六項酌為文字修正，移列本項後段。

⑸為擔保被告因不當登記可能所受損害，於原告已為釋明而不完足時，或其釋明已完足，法院均得命供相當之擔保後為登記，爰增訂第七項。又本條之登記，並無禁止或限制被告處分登記標的之效力，法院應斟酌個案情節，妥適酌定是否命供擔保及擔保金額，所命擔保之數額，不得逾越同類事件中法官於假扣押、假處分時酌定之擔保金額。另原告已釋明本案請求完足時，法院非有必要，不宜另定擔保。

⑹明定許可登記裁定應記載事項，由登記機關依此辦理登記，其內容較詳盡，俾第三人可資判斷是否為交易，爰增訂第八項。

⑺原告向登記機關申請登記時，倘其登記標的已先由被告及第三人申請移轉登記，經登記機關受理，則嗣後不宜再藉此訴訟繫屬事實之登記，使該第三人成為非善意，亦無保護交易安全必要，登記機關即應不予辦理登記，爰設第九項但書。

⑻明定當事人不服法院裁定之救濟方法，為保障其程序權，抗告法院為裁定前，應使其有陳述意見之機會。又為免程序延滯，對於抗告法院之裁定，不得再為抗告。爰將現行條文第七項、第八項合併修正，列為第十項。至於就訴訟有法律上利害關係之第三人已參加訴訟者，得為所輔助之當事人提起抗告，乃屬當然，無待明文。

⑼原告為訴訟繫屬事實登記後，倘其登記之原因消滅（例如原告撤回其聲請或同意被告處分），或有其他情事變更情形（例如本案請求所據之權利嗣後消滅或變更，或經證明確不存在），應許當事人或利害關係人得聲請撤銷許可登記裁定。法院就此項聲請之審查範圍及於事實認定，宜由訴訟卷證所在之現繫屬法院為裁定；如本案訴訟已繫屬於第三審，則由原裁定許可之法院為之。爰增訂第十一項。

⑽法院就第十一項聲請為裁定及其救濟程序，宜準用第六項後段及第十項規定，爰增訂第十二項。

⑾除訴訟終結外，法院許可登記裁定如經抗告廢棄，或依第十一項撤銷確定，當事人或利害關係人亦得聲請法院發給證明，以申請塗銷登記。爰修正現行條文第九項，並改列為第十三項。

本條在八十九年修正增設關於訴訟標的之權利，其取得、設定、喪失或變更，依法應登記者，於起訴後，受訴法院得依當事人之聲請發給已起訴之證明，由當事人持向該管登記機關請求將訴訟繫屬之事實予以登記規定，旨在使受讓訴訟標

的權利之第三人有知悉該訴訟繫屬之機會，避免其遭受不利益，及減少受讓人於知悉有訴訟繫屬之情形而仍為受讓時，因主張善意取得而生之紛爭，以保障訴訟繫屬相對人及受讓人之權益，防止紛爭擴大。惟原條文規定當事人聲請起訴證明程序簡便，取得後當事人得持向該管登記機關請求將訴訟繫屬之事實予以登記，此項註記雖無禁止或限制處分之效力，惟交易相對人閱覽土地登記簿謄本，見有此訴訟繫屬註記，退避三舍，每每成為交易之障礙。核發起訴證明程序簡單又免供擔保金，屢有當事人起訴前，捨正規保全程序不循，濫用此項規定取得起訴證明向地政機關登記，俾防止他造當事人交易，顯非妥當。尤有甚者，此項起訴證明之核發，未予當事人陳述意見機會及救濟權利，程序權保障顯有不足。

故本條歷經一〇四年及一〇六年兩次修正，修正後規定改採裁定方式，賦與當事人陳述意見機會及提起抗告權利，且為保障被告權益，增設得命供擔保為登記之規定，修正後已較舊法規定更周延，當事人程序權保障完備，應予肯定。

二、訴訟繫屬中當事人讓與系爭客體時之特定繼受人

本法第四〇一條第一項規定，確定判決，除當事人外，對於訴訟繫屬後為當事人之繼受人者，及為當事人或其繼受人占有請求之標的物者，亦有效力。據此規定，確定判決之既判力，原則上僅及於訴訟當事人原告及被告。惟於特殊情形，於訴訟繫屬後，當事人將訴訟標的之法律關係為讓與移轉時，其繼受人亦為確定判決既判力所及，此種繼受人，學者之間稱為特定繼受人。本法第二五四條第一項所規定，訴訟繫屬中為訴訟標的之法律關係，雖移轉於第三人，於訴訟無影響。此處所謂第三人，即指特定繼受人而言，從而受讓訴訟標的之法律關係之特定繼受人，雖於訴訟程序並非訴訟當事人，亦為確定判決既判力所及。惟值解釋者，何種情形之人始為此處所謂之特定繼受人？判例及學說如何？有待對於讓與移轉之客體內容，及對於讓與移轉之行為事實內容為分析探討。

㈠本法第二五四條所謂「為訴訟標的之法律關係」之意義

訴訟繫屬中當事人得移轉者為實體法之法律關係，並非訴訟法上之訴訟標的。實體法之法律關係不外權利與義務，而權利義務成為訴訟標的之內容，當事人就實體權利義務之存否有所爭執而在訴訟上有所主張，成為法院審判之客體，此為訴訟標的之概念。實體法之權利義務與訴訟標的兩者概念不同，故，當事人在訴

訟外得移轉者係實體法之權利義務，並非訴訟標的。德國民事訴訟法第二六五條稱為系爭物或主張之請求權，依學者之解釋，所謂系爭物或主張之請求權，指包括實體法上之有體物、物權、債權、無體財產權、請求權、占有而言。蓋訴訟標的係原告主觀上之權利主張，僅得成為法院判斷之對象，不許成為當事人與第三人間移轉之客體❼⓿。我國法第二五四條雖稱為訴訟標的之法律關係，其意義應與德國法相同，作擴張解釋。茲就當事人得移轉讓與之系爭客體詳細敘述如次：

系爭客體得分為物體與權利，而權利又得依其存在之狀態細分為物權、債權、其他財產權。

1.物權之所以成為權利，係因依附於物之存在而存在。雖因功能不同而分為：所有權、各種擔保物權、用益物權、占有，但所有之全部物權均有相同之特質，即因物之消滅而消滅，因物之移轉而移轉。因此，當事人在訴訟中雙方所系爭之物體發生移轉於第三人時，必然帶動占有之移轉或所有權、其他各種物權之移轉，此乃物權之追及效力之現象。又物權之作用對於第三人而言，係利用物上請求權為手段始能發揮，而物上請求權亦與物權有不能分開之關係。所以在訴訟上，倘當事人之訴訟標的係以物上請求權為內容時，物權之讓與移轉，同時帶動物上請求權之讓與移轉，而物體占有之讓與移轉，同時帶動物權之讓與移轉。此乃何以學說及判例必須強調，以物上請求權為訴訟標的之內容時，標的物之讓與移轉必須解釋為對系爭客體有讓與移轉，從而不將物上請求權與標的物之讓與移轉作分別觀察之理由所在。最高法院六十一年臺再字第一八六號判例、同院四十二年臺上字第一一一五號判例、同院四十四年臺上字第一〇三九號判例、同院七十一年臺抗字第八號判例，其學理依據，均係基於物權、物上請求權、占有此三者無法離開物體（標的物）而單獨存在為解釋，判例解釋正確可取❼⓵。

---

❼⓿ 參照 Münchener Kommentar, ZPO. §265 S. 1541f.; Thomas-Putzo, ZPO. 15. Aufl. S. 532; Rosenberg-Schwab, ZPR. 14. Aufl. S. 620f.

❼⓵ (1)最高法院判例值得參考者，首推六十一年臺再字第一八六號判例。該判例云：「……所謂訴訟標的，係指為確定私權所主張或不認之法律關係，欲法院對之加以裁判者而言。至於法律關係，乃法律所定為權利主體之人，對於人或對物所生之權利義務關係。惟所謂對人之關係與所謂對物之關係，則異其性質。前者係指依實體法規定為權利主體之人，得請求特定人為特定行為之權利義務關係，此種權利義務關係僅存在於特定之債權人與債務人之間，倘以此項對人之關係為訴訟標的，必繼受該法律關係中之權利或義務始足當之，同法第二百五十四條第一項亦指此項特定繼受人而言。

2.其他財產權又稱為無體財產權，如專利權、商標權、著作權等性質上得直接支配讓與之權利，其權利之存在雖不以物體為基礎，但與物權之存在無異。此種無體財產權之作用對於第三人而言，亦係利用請求權為手段而發揮功能。當事人間在訴訟上若直接以無體財產權為訴訟標的內容，其讓與移轉固然係系爭客體之讓與移轉。倘以其請求權為訴訟標的內容時，當事人就無體財產權為讓與移轉時，亦應認為其請求權亦有讓與移轉，不得將請求權與無體財產權作相異之觀察，而認為得分開讓與移轉，此乃對於系爭客體之讓與移轉應有之解釋。例如，專利權被侵害之人對加害人起訴請求除去侵害時，原告之訴係以除去侵害請求權為訴訟標的之內容，在概念上吾人得分辨，除去侵害請求權之存在與專利權之存在。但此兩者有依存關係，倘原告將其專利權讓與移轉於第三人時，不得不同時視為有讓與移轉除去侵害請求權之情形，不得認為除去侵害請求權未有讓與移轉。又例如，公司之股東，對公司被告起訴，以股東會議決議方法違反法令為理由，請求法院撤銷其決議（公司法第一八九條）。此際，於此種形成之訴，原告係以股東之撤銷權為訴訟標的之內容，若於訴訟中，原告股東將其股權全部讓與移轉於第

後者則指依實體法規定為權利主體之人，基於物權，對於某物得行使之權利關係而言，此種權利關係，具有對世效力與直接支配物之效力，如離標的物，其權利失所依據，倘以此項對物之關係為訴訟標的時，其所謂繼受人凡受讓標的物之人，均包括在內。本件訴訟既本於買賣契約請求辦理所有權移轉登記，自係以對人之債權關係為其訴訟標的，而訴外人某僅為受讓權利標的物之人，並未繼受該債權關係中之權利或義務，原確定判決之效力，自不及於訴外人某。」

(2)最高法院七十一年臺抗字第八號判例云：「確定判決，除當事人外，對於訴訟繫屬後為當事人之繼受人者，及為當事人或其繼受人占有請求之標的物者，亦有效力，民事訴訟法第四百零一條第一項定有明文。倘現時占有執行標的房屋之第三人，係本案訴訟繫屬後為再抗告人之繼受人，或為再抗告人占有前開房屋時，自不能謂非本件執行名義效力所及之人。」

(3)最高法院四十四年臺上字第一○三九號判例云：「系爭房屋被上訴人於起訴後，訴訟繫屬中，以其所有權移轉於訴外人某公司，固為被上訴人所不爭執，訴訟繫屬中為訴訟標的之法律關係，雖移轉於第三人，於訴訟無影響，民事訴訟法第二百五十四條第一項定有明文。所謂於訴訟無影響，係指原告或被告不因為訴訟標的之法律關係移轉於第三人，而影響關於為訴訟標的之法律關係之要件而言。是被上訴人在本件訴訟繫屬中，將為訴訟標的之系爭房屋所有權移轉於訴外人某公司，而其關於為訴訟標的之法律關係之要件，仍不得因是而指為有欠缺。」

(4)最高法院四十二年臺上字第一一五號判例云：「某乙移轉系爭房屋所有權於上訴人，已在被上訴人對某乙訴請拆屋交地事件之訴訟繫屬以後，既為上訴人所不否認，則被上訴人與某乙間拆屋交地之確定判決，依民事訴訟法第四百條第一項之規定，對於就系爭房屋於特定繼承之地位之上訴人，亦有效力。」

三人時，應認為原告就該訴訟之系爭客體為讓與移轉，即與讓與移轉撤銷權之情形無異。蓋原告股東之此項撤銷權係出於原告之股權，兩者有依存關係存在，原告之股權既已讓與移轉於第三人，原告當事人之本案適格 (Sachlegitimation) 即生喪失之效果，應認為該項撤銷權已隨股權之讓與移轉而讓與移轉。依當事人恆定原則，法院雖不得對原告之訴，以原告無訴訟適格 (Prozeßlegitimation) 為理由，依起訴不合法為駁回，但法院得以原告無實體權利存在為理由，將原告之訴為起訴無理由之實體判決而駁回之。

3.純粹之債權係以債權人對於債務人得請求債務人為一定給付為內容之權利。此種債權之作用亦以請求權為方法，惟請求權之行使對象為債務人，債權之行使對象亦係債務人，兩者內容及主體一致。因此在實體法上，此種純粹之債權，得以請求權互換相稱。債權之請求權既以債務人之給付為內容，而給付係由一定債務人之行為不行為始得實現，債權人不能據其債權或請求權對任何人為主張，是為債權僅有相對權之性質與效力。此種債權或請求權建立在人與人之間之關係，並非直接出於一定之物體或絕對權之上。雖然債務人之給付行為有時須以物之交付或移轉始能符合給付之本旨，但此項給付之標的物係請求權或債權欲滿足之給付內容，並非請求權或債權賴以發生存在之基礎。請求權或債權，其與給付之標的物之間，兩者並無依存關係存在。給付標的物之讓與移轉，其直接有依存關係者為該標的物之物權或物上請求權，但非為債之請求權。所以學說及判例均認為，當事人於訴訟繫屬中，以純粹之債權或債之請求權為訴訟標的內容時，被告債務人就其所占有或所有之給付標的物讓與移轉第三人時，不生系爭物之讓與移轉情形，即不涉及債之請求權之讓與移轉問題。

於最高法院四十二年臺上字第一一一五號判例，當事人間拆屋還地之訴訟標的雖為本於土地所有權之排除侵害（或無權占有）請求權，並非以房屋為訴訟標的，惟此種排除侵害請求權須對於土地上之房屋占有人始有實際行使之意義，且此項請求權出於土地之物上請求權，得對於以房屋加害土地占有之任何房屋所有權人為主張。茲房屋於拆屋還地之訴訟繫屬中，經當事人將其所有權移轉於第三人，該房屋所有權之受讓人，即係特定繼受人，應受當事人間判決既判力之拘束。退一步言之，即使拆屋還地之訴訟原告非土地所有權人，而被告將房屋所有權移轉於第三人時，亦得認為第三人為特定繼受人而繼受系爭物。蓋原告雖非土地所有權人，但其向土地所有人承租土地，經所有人讓與占有返還請求權以代替租賃

物之交付，此際原告雖基於土地租賃關係，訴請被告拆屋還地，但其訴訟標的為包含回復原狀為內容之土地占有返還請求權，原告同時兼有債權人及物權人之雙重法律地位，並非純粹之債權人。何況第三人取得所有權之房屋係侵害原告間接占有之土地，第三人繼受取得者，不僅繼受取得房屋所有權而已，同時亦繼受取得前權利人之房屋對土地所負擔之義務（拆除義務），原告之拆屋還地請求權，並非純粹之債權請求權。

(二)我國民事訴訟法第二五四條所謂「移轉」之意義

1.區別一般繼受與特別繼受兩種情形之移轉

我國民事訴訟法第四○一條第一項規定所稱之繼受人，包括民事訴訟法明定於一定事由發生時，依法必須當然停止訴訟而須待有一定資格之人出面承受訴訟之情形（民事訴訟法第一六八條起至第一七四條），以及民事訴訟法第二五四條規定之情形。學者稱前者為一般繼受人，後者為特定繼受人。前者情形之繼受人，因有當然停止訴訟之訴訟法效力規定，與後者情形之繼受人，兩者之制度設計不同。換言之，前者情形係採訴訟當然繼受制度，而後者係採訴訟當事人恒定為原則，例外得由特定繼受人承擔訴訟。又兩者發生移轉之原因及其繼受人均不相同，於一般繼受之情形，民事訴訟法有明文規定，不生爭執。但特定繼受之情形，所謂當事人對於第三人為移轉，究竟包含何種情形之移轉，較有疑問，有待解釋。

2.以法律行為所為之移轉讓與

所謂移轉讓與最典型者，係以法律行為所為之移轉讓與。債權之讓與以債之法律行為為之，物權之讓與應以物權行為為之，動產兼以交付為方法為移轉，其為不動產時應行登記。值得注意者，在他人之物上新設定物權之行為，就物之所有權人與得限定物權人之間而言，所有權人係限定物權之移轉讓與人，受讓人為限定物權之取得人。例如，物之所有權人為訴訟當事人，其在訴訟繫屬中，就系爭客體之物或權利上設定質權、權利質權、抵押權、地上權、各種擔保物權或用益權之情形，在概念上均屬移轉讓與。又當事人就物上之負擔為消滅之行為所發生之權利變動，例如塗銷擔保物權或用益物權亦為移轉讓與，為消滅物上負擔之人為出讓人，物上負擔消滅而受益之權利人為受讓人。於物之占有，當事人將其對物之直接占有讓與他人而變為間接占有之情形，亦為占有之移轉讓與**❼**。

德國學者之間，就訴訟繫屬中，被告債務人經原告債權人同意與第三人成立

免責債務承擔契約 (die befreiendan Schuldübernahme)，由第三人受讓被告債務人之債務，得否解釋為移轉讓與之問題頗有爭論❼。主張此情形有債務移轉讓與之解釋者，認為債務移轉應與權利移轉作相同處理，否則，原告債權人必須於其對被告之訴受敗訴判決後，另行對承擔債務之第三人，提起新訴訟，不合訴訟經濟，何況德國民事訴訟法第二六六條第一項對於物上之債務負擔有明文規定❼。主張被告債務人對其第三人之移轉債務情形不得解釋為移轉者，認為當事人恆定原則在保護對造當事人，防止當事人任意移轉系爭客體，所以僅於移轉權利情形始有適用，於債務之移轉情形無適用餘地。何況，被告債務人對第三人為移轉債務時，原告債權人竟同意為債務之移轉，此種對造當事人（即原告債權人）無加以保護必要❼。德國法院判例 BGH. 61, 140 (= NJW. 73, 1700) 採取後說，認為原告債權人同意被告債務人移轉債務，無異同意被告為當事人之變更，無對原告債權人以當事人恆定原則加以保護之必要。個人以為應兼及債務之移轉為解釋，較符合法律明文規定，且可避免對造當事人與受讓人間再次為訴訟❼。

3.依法律規定之讓與移轉

依德國學說判例與我國學者見解，所謂移轉或讓與，不限於讓與人與受讓人間以法律行為所為之讓與移轉，其意義得擴張為解釋❼。依法律規定發生移轉之情形，亦屬之。例如，我國民法第二八一條所規定，連帶債務人中之一人因清償行為，致使他債務人同免責任，求償權人於求償範圍內，承受債權人之權利。民法第七四九條所規定，保證人向債權人為清償後，債權人對於主債務人之債權，於其清償之限度內，移轉與保證人。民法第八七九條所規定，為債務人設定抵押權之第三人，代為清償債務或因抵押權人實行抵押權致失抵押物之所有權時，該第三人於其清償之限度內，承受抵押權人之權利。民法第八一一條所規定，動產

---

❼ 參照 Stein-Jonas-Schumann, ZPO. 20. Aufl. §265 III 2.

❼ 參照 Zöller, ZPO. 13. Aufl. §265 II 3; Münchener Kommentar, ZPO. 265, S. 1548.

❼ 見 Schwab, ZZP. 87, 97; Rosenberg-Schwab, ZPO. 14. Aufl. S. 621; Blomeyer, ZPR. 1963, S. 233f.

❼ 見 Zöller, ZPO. a. a. O.; Münchener, ZPO. a. a. O.; Zeiss, JR, 74, 156; Henckel, ZZP. 75, 325 und 88, 329; Thomas-Putzo, ZPO. §265.

❼ 有關此問題之詳細討論，國內文獻可參考李昆南碩士論文，《論判決訴訟標的法律關係繼受人之效力》（臺大法研所七十六年碩士論文）第一二九頁以下。

❼ 參照 Zöller, ZPO. 13. Aufl. §265, S. 752; Münchener Kommentar, ZPO. §265, S. 1544f.

因附合而為不動產之重要成分者，不動產所有人，取得動產所有權。以上各種情形之權利移轉，均係因法律規定，於一定法律要件事實存在時，發生權利移轉之法律效果。

4.以國家移轉行為方法所為之移轉讓與

依德國學者之解釋，國家基於公權力，於訴訟繫屬中就當事人間系爭客體為公用徵收之情形，解釋上，屬於所謂之移轉讓與。例如，依我國土地法第二〇八條規定，國家因公共事業之需要，就當事人系爭土地為徵收。又法院依強制執行程序，就當事人訴訟之系爭客體為查封拍賣或由債權人承受之情形，亦屬於移轉讓與。惟德國部分學者，有認為公用徵收係原始取得之性質，主張不得解釋為德國民事訴訟法第二六五條之讓與移轉，從而不適用同法第三二五條之確定判決既判力主觀規定，國家政府非特定繼受人者[78]。國家因公共徵收受讓土地雖亦為移轉，倘得解釋為特定繼受人而受判決拘束，則與公共徵收之立法目的相違，能否解釋為特定繼受人而受原土地所有人與他人訴訟結果之拘束，頗有疑問。至於法院之拍賣情形，依德國民事訴訟法第三二五條及第二六六條之例外規定，對於不動產拍賣之拍定人，僅於訴訟繫屬之通知於拍定人為拍賣出價以後獲知時，始不受他人訴訟結果之拘束，於其餘情形有特定繼受人之適用。不因法院之拍賣性質為原始取得或繼受取得，在學理上解釋之不同而結果有所出入。

5.我國與德國因採當事人恆定原則，無論當事人是否實際有將系爭客體為讓與移轉，訴訟進行不受影響，均由原當事人繼續進行。至於出讓人與第三人之間實際有無讓與移轉之事實，僅涉及確定判決既判力能否拘束第三人之判斷問題。訴訟當事人雙方與第三人就此問題如有爭執，其爭執發生在訴訟審理中者，法院應於審理中先為審酌有無讓與移轉之事實，從而據以審理對造當事人對第三人有無實體法上之權利義務存在，其實體法上之抗辯有無理由，否則，法院無從為實體判決。倘其爭執發生在事實審言詞辯論終結後者，雙方當事人及第三人已無法為爭執，僅得於判決後，由第三人分別情形對原訴訟當事人另行起訴為解決，俾以保護事實上無受讓移轉系爭客體之第三人。

在此宜注意者，立法者於制定德國民事訴訟法第二六五條當事人恆定原則之條文內容時，其前提係建立在第三人確有受讓移轉之情形，不考慮事實上無讓與

---

[78] 見 Nathan, NJ, 49, 94.

移轉之情況，否則，吾人無從理解該條文之制定有何意義。

㈢日本學者解釋特定繼受人範圍之學說

　　法院判例實務對於何種情形屬於特定繼受人，係就具體之個案作個別解釋。惟個案之發生無窮，因此學者設法思考，提供能對一切案例為適用之共同標準，用以解釋特定繼受人之範圍。日本學者對此問題所提出之判斷標準，得歸類為純實體法說、從屬關係說（又稱依存關係說）、適格承繼說三種 [79]。

1.純實體法說

　　修正前之日本民事訴訟法第七十三條規定：「主張於訴訟繫屬中受讓該訴訟標的之權利全部或一部，依第七十一條規定為參加訴訟時，其參加發生溯及訴訟繫屬時中斷時效之效力或發生法律上之期間遵守之效力。」同法第七十四條第一項規定：「第三人於訴訟繫屬中繼受該訴訟標的之債務時，法院得因當事人之聲請，使該第三人為承受訴訟。」主張純實體法說者，直接將第七十三條及第七十四條規定之明文文句「權利」、「債務」加以引用，認為將訴訟標的之實體權利或債務為移轉，即有特定繼受，非直接受讓此項實體權利或債務之情形，不發生特定繼受。據此學說，在土地出租人因租賃期滿對土地承租人訴請拆屋還地之訴訟繫屬中，第三人受讓土地承租人房屋所有權之情形，第三人並非直接受讓土地承租人租賃契約之債務，即不生繼受當事人之訴訟標的，蓋租賃契約之債務與房屋所有權各別也。此說之缺點，對系爭客體範圍之解釋太狹窄，原告當事人進行訴訟之目的，將因對造與第三人移轉非直接屬訴訟標的之系爭物而泡湯。

2.從屬關係說

　　又稱為依存關係說，此說立於實體法觀點，認為被繼受人發生訴訟之實體權利義務，第三人於受讓之際所受讓者係依存於前者所有之法律地位。被繼受人在實體法上對於對造當事人之權利義務範圍有多大，第三人亦應就同樣之範圍為受讓。於前述之例，被繼受人（即承租人）對於出租人，既然有義務須就房屋拆除而交還土地，則第三人亦應繼受此項義務，不能抗辯其僅受讓房屋所有權而不受讓拆屋還地義務也。

---

[79] 參照畑郁夫，〈承繼參加と引受參加〉，載小山昇等四人編，《演習民事訴訟法》第七四二頁以下。上北武男，〈當事者の交替〉，載《講座民事訴訟法③當事者》第二九九頁以下。

3.適格承繼說

此說將當事人之實體法地位與訴訟法地位兩者分開，專就訴訟法上之原告適格與被告適格之移轉為觀察說明。認為被繼受人對於第三人於訴訟繫屬中所移轉者係訴訟當事人適格之法律地位，第三人繼受原告時係在訴訟上繼受原告適格地位，繼受被告時係繼受被告適格地位。第三人是否屬特定繼受人，有無發生繼受，不以有無繼受實體權利為準，應以有無繼受當事人適格為準。此說之優點，能就依存關係說無法合理說明之訴訟為說明。例如，原告為物之所有權人，被告對原告之所有權為爭執，原告因此對被告提起確認所有權存在之訴。於此情形之確認訴訟，就實體法而言，被告對原告並不負任何實體法上之義務。原告之所以對被告提起確認所有權存在之訴，係因原告對於被告就所有權之爭執，有確認訴訟之權利保護利益而然，此際，若被告當事人發生繼受時，始能合理解釋。尤其在代位訴訟情形，對於訴訟擔當人所為之讓與，就受讓人之繼受為解釋時，始能合理說明。例如，代位權人為原告對於第三債務人為被告提起給付之訴，此訴之訴訟標的為債務人對被告第三債務人之給付請求權。原告代位權人若將其對債務人之債權移轉於第三人時，其所移轉者並非訴訟標的而係原告債權人自己之權利，但於此種情形之權利讓與移轉，發生第三人之特定繼受。對此種特定繼受現象，僅能以適格承繼說始能為合理之解釋。此說最初由兼子一於其論文「訴訟承繼論」所建立❽。後來學者，有感於兼子一之適格承繼說，尚不足以含蓋說明較廣之特定繼受情形，遂進一步提倡所謂「紛爭之主體地位移轉說」。主張此說者認為，訴訟繫屬後，紛爭之主體地位由當事人移轉於第三人時，此第三人即成為特定繼受人，從而擴張解釋確定判決既判力之主觀範圍，此說後來另有改稱為「紛爭對象之法的利益繼受說」❽。

三、訴訟繫屬中當事人移轉系爭客體時之法律效果

依我國民事訴訟法第二五四條第一項之規定（相當於德國民事訴訟法第二六五條第二項第一段），訴訟繫屬中為訴訟標的之法律關係，雖移轉於第三人，於訴訟無影響。原訴訟程序不生訴訟當然停止問題，出讓人仍然應以當事人地位繼續

---

❽ 兼子一，《民事法研究》第一卷所收。
❽ 參照兼子一、松浦、新堂、竹下著，《條解民事訴訟法》（昭和六十一年初版）第六五四頁以下。

進行訴訟。出讓人雖因出讓移轉其實體權利義務而喪失本案適格 (Sachlegitimation)，但不喪失其訴訟實施權，仍應依自己名義進行訴訟，即出讓人仍有訴訟適格 (Prozesslegitimation)。此種訴訟地位係法律明文所規定，是為法定訴訟擔當 (die gesetzliche Prozessstandschaft) 之一種情形。原則上，特定繼受人非經對造當事人同意不得取代出讓人之當事人地位而成為當事人。僅於例外情形，依德國民事訴訟法第二六六條第一項規定，占有人與他人之間就土地權利存否或土地上之義務存否有訴訟繫屬，而發生土地讓與情形時，特定繼受人始有權要求承擔訴訟，若對造當事人聲請特定繼受人為承擔訴訟時，並有承擔訴訟之義務。又特定繼受人雖非當事人，但當事人間確定判決之既判力及於特定繼受人。且特定繼受人亦不得於當事人訴訟繫屬中，以受讓之實體權利義務人地位另行起訴，否則，違背重行起訴之禁止規定（我國民事訴訟法第二五三條）。上述法律效果均屬訴訟法上之法律效果。

至於實體法上之法律效果方面，原當事人非經特定繼受人同意，不得處分已出讓之實體權利義務。對造當事人得就其與特定繼受人間之實體法關係為抗辯而對於原當事人為抗辯。法院就原當事人間之訴訟為實體判決時，應審酌對造當事人在訴訟上所提出實體法上之主張或抗辯。又原當事人間就讓與移轉之事實有無為爭執時，被告應就原告之讓與移轉事實為主張與舉證，原告應就被告之讓與移轉事實為主張與舉證。倘原當事人雙方於訴訟中未就讓與移轉之事實為主張舉證時，法院僅得依未讓與移轉之法律狀態為判決，而不管實際上是否發生讓與移轉事實❷。

㈠德國學者之無影響說與影響說之對立

在訴訟上有疑義者，若當事人於訴訟中就實體權利義務之變動狀態為主張時，法院是否應於其判決中審酌已變動之法律狀態，從而原告為避免其訴訟遭受本案無理由之實體敗訴判決，是否應依實體法已變動之現狀將其訴之聲明為變更。德國學者長久以來對此問題，有「無影響說」(Irrelevanztheorie) 與「影響說」(Relevanztheorie) 之對立❸。此兩說之主要爭論在，主張**無影響說**者認為，不管當

---

❷ 參照 Münchener Kommentar, ZPO. §265, S. 1550ff.

❸ 詳細參照 Wolfgang Grunsky, Die Veräußerung der streitbefangenen Sache, 1968, S. 99ff.; Rosenberg-

事人何方發生讓與移轉情形，原告無須變更其訴之聲明[34]。蓋祇要原告所主張之權利義務確實存在，無論是否發生讓與之事實，則應為被告之敗訴判決，從而特定繼受人得依確定判決既判力主觀範圍規定及執行時換寫執行名義當事人之規定，獲得原當事人訴訟成果之實體法權益。倘原告所主張之實體權利義務確實不存在，無論是否發生讓與事實，則應為被告勝訴判決，從而原告當事人及特定繼受人均受確定判決敗訴之拘束。換言之，法院於當事人就讓與事實有所主張與舉證時，雖於判決應為審酌，但於訴訟程序上原告及被告均無就其訴之聲明為變更之義務也。

　　主張**影響說**者認為，原告為配合實體權利義務實際上已發生讓與之事實狀態，必須將其訴之聲明為變更。即應將原聲明判命被告對原告為給付，改變聲明判命被告對特定繼受人為給付，否則，原告之訴因欠缺原告本案適格而以訴訟無理由被駁回[35]。蓋原告當事人於讓與移轉其實體權利義務後，已非權利義務人，無權聲明判命被告對自己為給付也。何況原告變更其訴之聲明，得避免特定繼受人另行對被告起訴，符合訴訟經濟[36]。惟主張影響說者均例外認為，於被告方面發生讓與移轉情形，原告不必將其訴之聲明為變更[37]。

㈡德國判例之情形

　　依德國目前通說，系爭客體之讓與對法院判決僅有部分之影響。於原告方面發生讓與之情形，通說始要求原告必須將其訴之聲明為變更，但於被告方面為讓與之情形，原告不必變更其訴之聲明。德國聯邦最高法院 BGH, NJW. 1979, 924; BGH, ZZP. 88, 324; BGH, NJW. 1986, 3206 採取上述通說見解。主張通說之學者，有 Stein-Jonas-Schumann, ZPO. 20. Aufl. §265, S. 2301; Grunsky, Die Veräusserung der streitbefangenen Sache, S. 186f.; Thomas-Putzo, ZPO. 15. Aufl. §265; Zöller, ZPO. 13. Aufl. §265, S. 753; Baumbach-Lauterbach-Albers-Hartmann, ZPO. 42. Aufl. §265, S. 654; 惟德國著名之民事訴訟法教科書 Rosenberg-Schwab, ZPR. 14. Aufl.

Schwab, ZPR. 14. Aufl. S. 625f.

[34] 此說現在仍由 Rosenberg-Schwab 所主張。

[35] 見 Münchener Kommentar, ZPO. §265, S. 1553.

[36] 見 Wolfgang Grunsky, a. a. O. S. 103ff.; Münchener Kommentar, ZPO. §265, S. 1553.

[37] 見 BGH, ZZP. 88, 324ff. mit Anmerkung von Henckel.

S. 626 及 Jauernig, ZPR. 22. Aufl. S. 300, 卻採取無影響說見解。

拙以為民事訴訟法既已有確定判決既判力及於特定繼受人之規定，且亦有於執行時得改寫執行當事人之制度可以配合，不虞因原告不變更其訴之聲明而發生特定繼受人無法對被告為執行之問題。何況不分原告或被告為讓與，此種規定均可適用。倘若必須要求原告變更其訴之聲明，則其結果，反將使確定判決既判力主觀範圍及當事人恒定原則之規定，變成多餘之規定❽❽。

⊜系爭客體移轉後當事人所為訴訟行為對於特定繼受人之效力

訴訟繫屬中系爭客體雖移轉讓與第三人，原當事人之訴訟實施權 (Prozessführungsbefügnis) 不受影響，仍然為當事人，不喪失訴訟當事人適格，是為法定之訴訟擔當人。確定判決既判力同時及於出讓人及特定繼受人，判決未確定前，特定繼受人不得就同一訴訟標的之權利義務，重行提起新訴訟。但此僅係訴訟法上之法律效果，至因實體法上權利義務讓與移轉之實體法效果，應依實體法規定。從而出讓人非經特定繼受人之同意，不得就已出讓之實體權利為處分。訴訟中，對造當事人得執其自己對特定繼受人之法律關係所生實體權利義務，對於讓與人加以對抗。例如，對造得對讓與人主張已對特定繼受人為抵銷、清償、受債務免除、受延期清償。法院於判決時應審理對造所主張對特定繼受人之實體法關係，不得因特定繼受人非屬訴訟當事人而不加審酌。有疑義者，被繼受人於訴訟上能否有效為各種訴訟行為之問題。例如，可否就該訴訟為訴訟和解、撤回起訴、撤回上訴、提起反訴、訴之變更或追加、就訴訟標的為捨棄或認諾？

我國學者有認為，在當事人恆定原則之下，原訴訟當事人於讓與移轉系爭客體之後，於訴訟上僅成為形式上之當事人，其受移轉之第三人成為實質上之當事人，為保護受移轉之第三人之權益，原當事人得為之訴訟行為應有限制，其基於處分權主義之行為，或不得為之，或須經受移轉人同意後始得為之。從而認為，形式當事人於訴訟程序上為訴之變更、追加、提起反訴、捨棄、認諾、訴訟和解、撤回起訴、撤回上訴等之訴訟行為時，應受相同限制❽❾。

惟依德國學者見解，似無上述看法。德國學者大都認為，原訴訟當事人係有

---

❽❽ 參照 Rosenberg-Schwab, ZPR. 14. Aufl. S. 626.

❽❾ 見楊建華，〈當事人恒定與原當事人之處分權〉，載《問題研析民事訴訟法⊜》第二八九頁以下。

訴訟實施權之當事人，並非受移轉之第三人之代理人，在訴訟上得為一切訴訟行為。僅於某種訴訟行為同時兼有實體法上法律行為性質者，例如，訴訟和解，僅得依訴訟程度狀態為有利於第三人之訴訟和解**❾⓿**。顯見我國部分學者之見解與德國學者之間對此問題之解釋出入頗大，是為頗值在學理上進一步深思之問題。

在當事人恆定原則之下，就系爭客體之權利義務為出讓之當事人，雖已喪失本案適格，但法院判決仍須對原訴訟當事人為之，不得以受移轉之第三人為當事人而判決，第三人僅受原當事人訴訟結果之拘束而已。足見受移轉之第三人依法不得在訴訟上為訴訟行為，得有效為訴訟行為者，僅為原訴訟當事人與對造當事人，法院為訴訟行為，不得對非當事人之第三人為之。此種訴訟上之法律關係，即為訴訟行為之真義所在，應與實體法上之法律關係及私法行為作嚴格之區別，倘因系爭客體發生移轉，原訴訟當事人間或與法院間之訴訟行為，即受限制或不得為之，本來當事人得自由為之訴訟程序，必然遭受障礙而發生處處受第三人牽制之現象，訴訟遲延之不良後果，不僅影響出讓人，且無異侵害對造當事人及法院之訴訟經濟利益。對出讓人之訴訟行為為限制所生之弊端不能不深思，此其一。

又若原當事人之訴訟行為未經第三人同意而為之，其在訴訟上之效力如何？是為當然不生效力乎？得撤銷乎？如為得撤銷，是否得由非當事人之第三人在訴訟上為之？原當事人不經第三人同意所為訴訟行為之訴訟效果如何之問題，形成解釋上之困境，且亦與訴訟行為之效力不得附條件及不得任意撤銷之原則相違背。按當事人之訴訟行為，其目的在發生訴訟法上之法律效果，而訴訟程序係由各種訴訟行為及其法律效果所積而成之過程，貴在訴訟行為一經行使即生訴訟上之效果，不許附條件及撤銷，否則，訴訟程序無法安定。倘受移轉之第三人，得干涉原當事人原可自由判斷而行使之訴訟行為，其對訴訟程序安定性之破壞，不想而知。所以，原當事人之訴訟行為，宜由其自由判斷行使不行使為原則，不宜反其道而行，改由非當事人之第三人決定原當事人行使訴訟行為與否。更何況，原當事人訴訟之結果，判決既判力及於原當事人為原則，判決勝敗之利害關係直接及於原當事人，原當事人於訴訟上為訴訟行為時，當無草率之理。論者認為原當事人已非實體法上之權利義務主體，於訴訟上已無利害關係，此言恐係誤會。蓋原

---

❾⓿ 參照 Münchener Kommentar, ZPO. §265, S. 1551ff.; Stein-Jonas, ZPO. §265, S. 231; Thomas-Putzo, ZPO. §265 4a; Rosenberg-Schwab, ZPR. §103 III 1.

當事人與受移轉之第三人在訴訟上之利害關係相同，對造當事人若執給付判決為執行名義，首應執行者為判決書上之原被告當事人，必要時再主張判決既判力及於受移轉之第三人對其為執行也。就原告為移轉之情形為觀察，原告訴訟之敗訴，亦與受移轉之第三人利害關係有共同關係，第三人之損失即出讓人之損失，最後負擔損失者為原當事人，豈有第三人之利害關係較原當事人為大之理？再就訴訟之駕輕就熟及收集訴訟資料之實際而言，訴訟程序及訴訟行為由原當事人為之，對訴訟結果較有利，宜由原當事人繼續為訴訟。我國民事訴訟法既然採取當事人恆定為原則，第三人不能成為當事人，自當由原當事人為主導決定其應否行使訴訟行為，較能符合訴訟經濟及訴訟安定，不宜由受移轉之第三人為主導決定也。日本係採訴訟承繼為原則，受移轉之第三人既然得升格為當事人而取代原當事人為訴訟之進行，形式當事人與實體當事人不發生分離現象，從而亦不發生我國當事人恆定原則下，系爭客體受移轉後，訴訟行為是否改由受移轉人決定行使較佳之問題。

　　在此應附帶一提者，第三人與原當事人之間有無移轉系爭客體之事實，因其係私法行為事實為多，除第三人與原當事人之外，一般情形大都為法院及對造當事人所不知。於法院所不知之情況下，僅得將原當事人認定係實體權利義務人而為判決，惟其判決既判力及於受移轉之第三人。受移轉之第三人因對原當事人之訴訟勝敗利害關係相關，自得利用從參加訴訟程序，以利害關係人地位輔助原當事人為訴訟。若原當事人因故意或重大過失為一定之訴訟行為，或不為訴訟行為，致生訴訟不利結果時，受移轉之第三人得依實體法之法律關係以損害賠償為解決。如此，可多少補救受移轉之第三人依當事人恆定原則，無法自為訴訟行為之遺憾。惟拙不認為採限制或禁止原當事人為訴訟行為，可合理解決而有助於保護受移轉之第三人之權益。

■ 第七節　主觀之預備合併之訴[91]

　　原告甲曾經與乙公司之職員丙為乙公司訂立買賣契約，契約生效後，乙公司

---

[91] 參照陳榮宗，〈主觀之預備合併之訴〉，載《舉證責任分配與民事程序法》第一三五頁以下。上村明廣，〈主觀的預備的併合〉，《演習民事訴訟法》第六六〇頁以下。中村英郎，〈訴の主觀的預備的併

以丙無權代理為理由拒絕給付價金。原告甲顧慮其對乙之請求遭敗訴判決，因而對乙丙同時起訴，聲明法院先判命乙給付價金，如甲對乙之請求無理由時，請判命丙給付價金。原告甲所提起之此種訴訟係以被告乙為主位被告而以被告丙為備位被告，學者稱此種合併之訴為主觀之預備合併之訴 (Eventuelle subjektive Klagenhäufung)。我國及德日之判例學說對於客觀之預備合併之訴 (Eventuelle objektive Klagenhäufung) 均認為合法，但德日判例學說對於主觀之預備合併之訴是否亦合法之問題，頗有爭論。我國法院實務，對於此種問題未有判例，學界對之討論不多，惟此種問題頗值研討。按訴訟合併制度，目的在使當事人及法院節省勞力時間費用，並防止裁判之牴觸，故，各國民事訴訟法均設有共同訴訟與訴之客觀合併制度，我國民事訴訟法第五十三條以下與第二四八條之規定，其立法理由亦相同。共同訴訟有普通共同訴訟與必要共同訴訟兩種類型之規定，惟若原告對於多數被告利用主觀預備合併方法，將原可分別獨立起訴之多數訴訟合併起訴之情形，此種訴訟型態，法律並無明文規定。自學理方面及當事人利害關係之立場為觀察，此種合併是否為法律所允許，則成為學者之爭論問題。

一、德日學說及判例之現狀

　　主觀之預備合併之訴合不合法之問題，德日學者雖早已討論，但此種問題在實務上一再出現而形成判例，並受學者重視研究之情形，係第二次世界大戰以後之事。茲分別就肯定說與否定說之論據敘述如次：

㈠肯定說[92]

　　此說主張主觀預備合併之訴合法，其主要論據係以現在社會之實際需要為基礎。訴訟實務上，常有對某法律關係所發生之權利或義務究竟應歸屬何人，無法確實掌握之情形。例如於上述買賣契約之事例，即使原告甲認為乙公司職員丙有

　　合の適否〉，載《民事訴訟法の爭點》（新版）第一三二頁以下。

[92] 日本學者有兼子一，《民事訴訟法體系》第三八八頁。菊井、村松，《民事訴訟法 I》第一九九頁。伊東乾，〈請求の主觀的預備の併合の許可〉，載《民事訴訟法研究》第二七四頁以下。小山昇，〈訴の主觀的預備的併合〉，載《實務民事訴訟法講座 I》第五十一頁以下。德國學者有 Rosenberg -Schwab, ZPR. 10. Aufl. S. 314f.; Baumgartel, Wesen und Begriff der Prozesshandlung einer Partei im Zivilprozess, 1957, S. 130ff.

代理權，因而與之為交易，但事實上可能發生丙根本無代理權之情形，因為丙可能假借乙公司名義，私下為自己利益而交易。處於此種事實真相不明之情形下，原告甲究竟應以乙公司為被告抑或以職員丙個人為被告，確實難於判斷。若甲先單獨對乙公司起訴，於法院審理結果認定丙無權代理而對乙之訴訟為甲之敗訴判決後，再另外重新就同一內容之買賣關係，改對丙個人起訴請求。此種情形之訴訟方法迂迴，對原告與法院言之，金錢費用、時間及勞力均浪費。就原告之請求權時效觀之，俟對乙公司之訴訟終結後始對丙為起訴，有時亦有請求權罹於時效消滅之虞。若甲自始以普通共同訴訟之合併方法起訴，則法院必須分別對乙丙為全部審判，對被告其中一人之判決常為多餘。如允許原告甲利用主觀之預備合併起訴，法院對乙之主位之訴審理認為原告請求有理由時，即可不必對丙之預備之訴為審判，得避免一次多餘審判。於法院對乙之訴為原告敗訴判決時，法院得立即對丙之預備之訴審判，原告能利用同一程序一舉解決對乙丙之訴訟糾紛。又允許原告利用主觀之預備合併之訴，得避免不同法院就同一事實關係所發生之權利義務為矛盾不一致之判決。蓋原告若分別向不同法院對乙與丙起訴，可能一法院對乙之訴認丙無代理權，丙為買賣契約之債務人，因而判決甲敗訴，但另一法院對丙之訴卻認為丙有代理權，乙公司應負買賣契約責任，因此又判決甲敗訴。

㈡否定說[93]

否定說對於肯定說所主張實務上之必要性、訴訟經濟及原告之便利等理由，並不否認。但主張否定說之學者，卻以學理解釋立場，認主張之預備合併為不合法，其主要論據有三點。

第一、主觀之預備合併對於預備被告之訴訟地位不安定及不利。於主觀之預備合併，若法院對主位請求為有理由判決，預備請求立即溯及消滅其訴訟繫屬效力，預備被告之各種應訴活動行為成為泡影。且在一般情形，若被告應訴至一定程度以後，原告欲撤回起訴，非經被告同意不得為之（本法第二六二條），但於主

---

[93] 日本學者有中田淳一，〈訴の主觀的預備的併合の許可〉，載《訴と判決の法理》第四十七頁以下。三ケ月章，《民事訴訟法》第二一○頁以下。齋藤秀夫，《民事訴訟法概論》第四六二頁以下。德國學者有 Stein-Jonas-Pohle, ZPO. 19. Aufl. vor §59; Goldschmidt, Der Prozess als Rechtslage, S. 483ff.; Thomas-Putzo, ZPO. 6. Aufl. S. 90; Kion, Eventualverhaltnisse im Zivilprozess, 1972, S. 82ff.; Lent-Jauernig, ZPR. 15. Aufl. S. 253; Blomeyer, ZPR. S. 612f.

觀之預備合併，此種保障被告地位之規定，無從適用。足見主觀之預備合併對於預備被告之訴訟地位不安定及不利，形成不公平❾❹。

第二、肯定說所期待之統一裁判，由於適用共同訴訟當事人獨立之原則，於上訴時，無法繼續維持其預備合併之關係，亦無從確保主位訴訟與預備訴訟兩者之統一裁判。就上舉事例言之，第一審判決有三種可能性：(1)原告甲對主位被告乙公司之請求勝訴，對預備被告丙之訴不為判決。(2)原告甲對主位被告乙之請求敗訴，對預備被告丙之請求勝訴。(3)原告甲對主位被告乙及預備被告丙兩者均敗訴。於第一種情形之判決，僅乙有上訴權。若上訴審法院改判甲敗訴，則因第一審未曾對丙為判決而甲丙間之訴不繫屬於上訴審，從而上訴審法院無法就預備請求為審判。可知主觀之預備合併關係，在上訴審無法發生統一裁判作用，此係適用共同訴訟當事人獨立原則必然發生之結果❾❺。於第二種情形之判決，甲與丙分別有其上訴權。若甲丙均上訴，主位請求與預備請求均得於上訴審維持預備合併之兩訴關係。惟若甲不為上訴而僅由丙上訴，或僅甲上訴而丙不上訴之場合，則主位訴訟與預備訴訟在上訴審無法維持兩訴之預備合併關係。於此情況下，上訴審法院如為上訴人甲之勝訴判決，則甲之兩訴均勝訴，如為上訴人丙之勝訴判決，則甲之兩訴均敗訴，顯見甲之主位訴訟與預備訴訟無法維持兩者判決之合理關係，且有不合理之判決結果出現。在第三種情形之判決，僅甲有上訴權。若甲對乙丙分別為上訴時，固然得於上訴審維持其預備合併關係，但由於此種訴訟類型性質並不屬於必要共同訴訟，無法強制甲必須同時對乙丙為上訴。在此情況下，欲求上訴審法院必須對兩訴訟為合理之統一裁判，並無法律上之絕對保障可言。可見縱然承認主觀之預備合併之訴為合法之共同訴訟，亦無法達成肯定說所期待之統一裁判目的❾❻。

第三、主張肯定說將形成原告濫用訴訟之預備合併，造成原告起訴前之訴訟準備草率現象。否定說之學者認為，一旦允許主觀之預備合併之訴為合法，原告必為貪圖便利濫用此種預備合併方法起訴。而且當事人收集訴訟資料之責任，不

---

❾❹ 參照 Goldschmidt, a. a. O. S. 484; 中田淳一，上揭書第六十二頁以下。三ケ月章，《民事訴訟法》第二一一頁。

❾❺ 參照齋藤秀夫，《注解民事訴訟法⑴》第三三四頁以下。

❾❻ 參照西村宏一，〈訴の主觀的預備的併合〉，載《實例法學全集民事訴訟法（上）》第六十二頁以下。中田淳一，上揭書第六十四頁以下。

僅於訴訟審理之階段有之，於訴訟開始前之階段亦有此種責任。若主觀之預備合併方法成為合法，原告必不盡其責任，就公益而言，不值鼓勵[97]。

(三)德日判例現狀

　　日本最初之判例為昭和二十五年十月二日東京地方裁判所判決（下級民集第一六七七頁），此判例以原告之便利及訴訟經濟為論點採肯定說，承認主觀之預備合併之訴合法。但岐阜地方裁判所昭和三十二年五月二十二日（下級民集第八卷第九七五頁）以預備被告之地位及訴訟程序不安定，無統一裁判之保障為理由，創下否定說之先例。此後自昭和三十三年前後出現否定說之判例十件，而肯定說之判例四件。日本最高裁判所於昭和四十三年三月八日民集第二十二卷三號第五五一頁，第一次對主觀之預備合併之訴是否合法問題表明判例態度，結果採否定說。本件係原告以其所有土地移轉登記為被告所有名義，供被告之擔保向被告借款三五〇萬圓。借款期限屆滿後，被告以原告遲延清償本利為理由拒絕受領，並拒絕返還土地，原告因而起訴請求被告為土地所有權之返還登記。第一審訴訟繫屬中，被告將系爭土地出賣於第三人，並辦畢所有權移轉登記。原告遂聲請該第三人承受訴訟，以第三人虛偽意思表示買賣為理由，請求該第三人辦理所有權返還之移轉登記，另外並以被告為預備被告，聲明若第三人之取得所有權為善意，原告對第三人（主位被告）之請求無理時，請判命被告（預備被告）賠償因移轉土地所有權於第三人所發生原告遭受之損害。第一審法院對原告之主位訴訟為無理由之判決，並對預備訴訟為不合法之駁回判決。原告上訴結果，主位訴訟仍然遭敗訴判決，預備訴訟亦以主觀之預備合併係不合法為理由，遭駁回判決，判決要旨強調預備被告之地位不安定及不利益。原告不服，上訴第三審，最高裁判所維持第二審之法律見解，駁回原告第三審上訴[98]。

　　德國帝國法院時代，於 RGZ. 51, 243 及 RGZ. 58, 249 判例認為主觀之預備合併之訴不合法。第二次世界大戰終戰後，聯邦最高法院一直無新判例出現。僅於一九五七年十一月一日出現 Berlin 地方法院之判決，採取否定說，不認主觀之預

---

[97] 見中田淳一，上揭書第七十頁。

[98] 參照井上治典，〈主觀的預備的合併〉，《裁判例演習講座民事訴訟法》第六十六頁以下。五十部豐久，〈主觀的預備的併合の適否〉，《別冊ジュリスト三十六號民事訴訟法判例百選》第五十頁以下。

備合併之訴係合法之共同訴訟 **⑨** 。

二、對主觀之預備合併訴訟之管見

　　德日兩國之判例雖然對主觀之預備合併之訴，大都採否定說態度，不認為此種訴訟合併方式為合法，但就學理上為觀察，理論上並無拒絕此種訴訟合併方式之理由。拙認為應採取肯定說，惟對於主觀之預備合併之訴，其法律構造之學理說明值注意者有三。第一、主觀之預備合併之訴，其主位被告與預備被告兩者間之關係必須有真正不能並立之關係始為合法。不具備此種關係之要件者，原告不能合法提起主觀之預備合併之訴。原告之訴如違背此一要件時，其預備部分之訴不合法，法院於判決中，應對主位被告為本案判決，但對預備被告之訴為不合法之駁回判決。第二、對於主觀之預備合併之訴，法院必須同時就主位請求及預備請求為裁判，不得解釋為於主位請求有理由時法院不得就預備請求為裁判。不應將兩請求之關係視為附解除條件之訴訟繫屬關係，否則，無法使用兩請求均繫屬於上訴審法院。第三、主觀之預備合併之訴，應僅限於被告當事人之預備合併，不得以原告當事人為主位原告與預備原告之合併，否則，其合併方法違法。拙以為在上述要件之限制下，主觀之預備合併之訴當可克服否定說所指斥學理上之難點。又主觀之預備合併制度，在實際社會之法律生活上確有實用價值，可節省當事人之勞力時間費用。就法院之審判而言，不僅有訴訟經濟之利，且可避免裁判之不統一。於立法政策上及法律解釋上，拙認為應承認主觀之預備合併之訴為合法。

---

⑨ 見 Habscheid, Anmerkung zu LG Berlin, NJW, 1958, 833.

第 **3** 編

訴訟客體

第❶章

訴與訴之種類

■ 第一節　訴之概念

　　訴 (Klage) 乃原告將其請求向法院提出，要求法院為一定內容判決之要式訴訟行為。訴一經原告提起，立即開始第一審法院之審判程序。語云：無原告，即無法官 (Wo kein Kläger, da kein Richter)，無訴則無民事訴訟 (Ohne Klage kein Zivilprozess)。可知訴係由原告所發動，訴首先係向法院所為，其次始為對被告，訴之目的既在要求法院為判決，則應由原告將其請求提出，明示此項請求之雙方當事人，要求判決之具體一定內容如何。故訴之內容必須包括，原告與被告，訴訟標的，應受判決事項之聲明三項。訴之提起，稱為起訴，原則上應以書面方式為之，此種書面稱為起訴狀。訴 (Klage) 一語得用為名詞，亦得用為動詞，有時亦稱為訴訟。例如，原告之訴、給付之訴，則為名詞，但如謂，原告訴請、原告起訴，則為動詞用法。惟不論用語如何，其概念係訴訟行為則一，且為原告最初之訴訟行為。

■ 第二節　訴之種類

　　訴之種類，依原告所要求法院之權利保護方式如何，得分為，給付之訴、確認之訴、形成之訴三種。原告所追求之權利保護方式，若為滿足其所主張實體法請求權之履行為目的者，則原告得提起給付之訴。若其追求之權利保護方式，係為單純確認有爭執之法律關係為目的者，原告得提起確認之訴。倘原告追求之權利保護方式，係創設形成與對造之具體法律上關係為目的者，則提起形成之訴。在民事訴訟法之發展史上，訴之種類，最初僅有給付之訴一種而已。後來，由於

民事訴訟法體系與民法體系分開獨立，遂有確認之訴之類型出現。待民法上之形成權制度完備之後，最後始於民事訴訟法上有形成之訴之制度。原告之訴，由於分為給付之訴、確認之訴、形成之訴三種，法院之判決，遂亦相對地分為給付判決、確認判決、形成判決三種。

一、給付之訴與其判決

給付之訴係，原告主張其對被告有特定之給付請求權存在，要求法院判決命令被告為給付之訴。給付之訴之主要目的在履行原告所主張實體法上給付請求權，使原告債權人能獲清償。原告之訴勝訴時，法院所為之判決為給付判決。此項給付判決在內容方面命令被告為一定給付，從而賦與執行力，原告得持此項判決為執行名義，聲請強制執行機關對被告債務人為強制執行。另一方面，此項給付判決在確定時，就被告之給付義務所為法院之判斷發生既判力，使當事人之間及法院不得再就此一判斷作相反之爭執。惟若原告之給付之訴遭敗訴判決時，法院所為之判決為確認判決。此項確認判決，於判決確定時在內容方面，就被告之給付義務不存在之判斷發生既判力，雙方當事人及法院不得就此判斷事項再行作相反之爭執。

原告以給付之訴所主張之給付，不限於被告之金錢給付或物之給付，被告之一定行為或不行為，被告之一定意思表示，均得成為給付之內容。而且其給付原因是否基於債權、物權抑或本於身分關係，均非所問。例如，請求被告給付租金、交付買賣標的物，請求被告表演歌舞，請求被告不得執行董事職務，請求被告認領非婚生子❶。

值得注意者為，不行為給付之訴，與本法第二四六條規定之將來給付之訴。

(一)不行為給付之訴

此種給付之訴得分為，禁止被告為一定行為之訴，與命被告容忍一定行為之訴兩種。被告之不行為義務，非出於契約之約定，則係出於法律明文規定。於**禁止被告為一定行為之訴**，係因被告積極為一定行為而違反其義務，從而發生原告之權利受害情形，原告為實現其權利不受侵害而提起訴訟。例如，被告擅將其工

---

❶ 詳細請參照陳榮宗，《強制執行法》第五九六頁以下、第六一四頁以下。

廠污水流放於原告之土地，造成權利侵害，此際，原告得提起訴訟，請法院判命被告不得流放污水於原告土地。至於**命被告容忍一定行為之訴**，係原告債權人本於其權利為一定行為時，被告債務人以其行為阻礙原告之行為而違背其不行為之義務，此際，原告得起訴，請求法院判命被告容忍原告之一定行為，命被告不得為妨害之行為。例如，原告在被告土地上有通行權，於原告通行被告土地時，被告出面妨害通行，原告得提起此種不行為給付之訴。德國學者稱前者之訴為 Unterlassungsklage，稱後者之訴為 Haftungsklage，亦稱為 die Klage auf Duldung der Zwangsvollstreckung ❷。

　　不行為給付之訴，原告係於被告已違反其不行為義務時，始得請求被告不得為其行為，於一般情形，原告不能於事先預為制止。惟若必待被告對於原告為權利侵害之後，始允許原告為事後救濟，亦非保護原告權利之周全方法，因此，除本法第七編保全程序設有假處分制度可供利用之外，於實體法亦有允許於將有被害之虞時，預先訴請保護之明文規定。例如，民法第七六七條第一項後段規定，所有權人對於有妨害其所有權之虞者，得請求防止之。民法第七九五條規定，鄰地所有人於他人之建物有傾倒危險，致有受損害之虞者，得請求為必要之預防。專利法第九十六條第一項規定，發明專利權人對於侵害其專利權者，得請求除去之。有侵害之虞者，得請求防止之。商標法第六十九條第一項規定，商標權人對於侵害其商標權者，得請求除去之；有侵害其商標權之虞者，得請求防止之。

　　原告於有上開各種情形，得預先提起之不行為給付之訴，學者稱為「預防之不行為訴訟」(Die vorbeugende Unterlassungsklage) 或「制止請求訴訟」❸。原告提起此種預防之不行為訴訟時，其訴之聲明，應如何具體特定為聲明始合法，此事頗為困難。蓋被告尚未以積極行為加以侵害，應受制止之被告行為尚未具體發生，起訴時，僅能就不行為請求權之抽象內容為基礎，作某種程度具體之訴之聲明。因訴之聲明程度範圍，於強制執行時直接與執行程度範圍有關，太抽象而範圍不特定之不行為內容，執行機關無法為執行。何況各種不行為內容性質形形色

---

❷ 參照 Rosenberg-Schwab, ZPR. 14. Aufl. S. 542ff；Jauernig, ZPR. 22. Aufl. S. 116.

❸ 參照 A. Blomeyer, ZPR. S. 169; Baur, Zu der Terminologie und einigen Sachproblem der vorbeugenden Unterlassungsklage, JZ. 1966, 381; 陳石獅，〈不作為請求之特定〉，載《民事訴訟法之研討㈢》第三十九頁以下。

色，欲使不行為內容實現，有時必須被告採取某種防範措施方法，並非被告之單純不行為可解決。例如，原告預慮鄰地之被告所興建之化學工廠將必然排放污氣，此際原告之制止請求訴訟，其訴之聲明，若聲明被告不得排放污氣，則請求之不行為程度範圍未免太廣，無異請求被告關閉工廠。於此情形，僅得請求被告安設收回污氣裝備或過濾氣體設備，使排放之污質達於不影響原告健康生活之程度範圍。至於應安設之裝備究竟如何始為具體，若要求原告詳細具體為訴之聲明，因原告非該行業之專家，難為訴之聲明，可知原告於制止請求訴訟中，實際如何為訴之聲明，並非容易，此乃因不行為請求權範圍之特定，特別困難故也❹。

(二)將來給付之訴

　　給付之訴，係原告對於被告已到履行期之給付請求權，因被告未履行始為提起。原則上，原告不得就未到履行期之給付請求權，對被告預先提起給付之訴。惟若絕對貫澈此一原則，而不考慮例外之情形，對原告而言，亦非公平。故民國八十九年二月修正前本法第二四六條特別例外規定：「於履行期未到前請求將來給付之訴，非被告有到期不履行之虞者，不得提起。」所謂被告有到期不履行之虞，應依給付義務之目的、性質，被告之態度於具體情形為決定。例如，被告之給付非於到期日履行，即失給付之目的，被告曾經表示到期不履行或被告現已經否認原告之請求權，分期之給付或重複繼續之給付，被告已有到期不履行之事實，無法期待未到期部分繼續給付。又原告對被告提起將來給付之訴時，其給付履行期是否已到，非指起訴之時為準，若於言詞辯論終結之時尚未屆履行期者，即為未到期。

　　值得注意者，將來給付之訴與保全程序利用之目的不同。將來給付之訴之目的在，允許原告預先於給付未到期前進行訴訟，先取得執行名義在手，俟到期時可立即對被告執行，俾能避免給付到期時原告再起訴之時間延誤。假扣押假處分之目的在確保本案訴訟將來之強制執行，俾能避免將來強制執行之落空。故，原告於被告有到期不履行之虞情形，即得提起將來給付之訴，被告不得抗辯原告已對其財產權利執行假扣押假處分，已無不履行之虞為理由，要求法院駁回原告之訴。惟原告之將來給付之訴雖獲判決確定而取得執行名義，若其給付尚未到期者，

---

❹ 參照 Rosenberg-Schwab, a. a. O. S. 542f.

仍不得據以執行❺。法院為將來給付之判決時，須於主文中宣示被告應於某年某月某日向原告為給付之意旨者，理由在此。

　　本法第二四六條之將來給付之訴，我國學者均認為，附有條件之請求權，原告不得於履行之條件成就前，提起將來給付之訴❻。最高法院四十六年臺上字第七四五號判例意旨亦採否定說❼，但此判例因本條於八十九年修正，最高法院九十五年第十一次民事庭會議決議不再援用。德國民事訴訟法第二五七條至第二五九條所規定將來給付之訴，其範圍較廣，日本民事訴訟法第一三五條規定：「將來給付之訴，限於有預先為其請求之必要情形，得提起之。」德日兩國學者及判例見解，對於附條件之請求權及將來發生之請求權，並不絕對禁止原告提起將來給付之訴。若將來發生之請求權，其基礎之事實關係或法律關係已經發生者，即使該請求權之履行附有條件，原告亦得提起將來給付之訴❽。惟奧國民事訴訟法第四〇六條規定：「給付判決，僅於得為判決時履行期已屆期時，始合法。於扶養之請求權，得就判決宣告後始到期之給付為判決。」其規定與我國第二四六條規定較相似，限制較嚴，以履行期未到之請求權，始允許提起將來給付之訴，至於附條件請求權，則不許起訴❾。

　　民國八十九年二月本法大修正，第二四六條規定：「請求將來給付之訴，以有預為請求之必要者為限，得提起之。」此條文係仿修改前日本民事訴訟法第二二六條（平成十年修改後為現行法第一三五條）之規定。立法者之修正理由，主要係認為，日本法及德國民事訴訟法第二五七條、第二五八條、第二五九條之立法例較我國原第二四六條規定範圍為廣，為擴大將來給付之訴之適用範圍，修正為，有預為請求之必要者，均得提起將來給付之訴。國內學者有對於本條之修正認為，

---

❺ 參照兼子一、松浦、新堂、竹下著，《條解民事訴訟法》第八二一頁以下。Rosenberg-Schwab, a. a. O. S. 544ff.

❻ 參照曹偉修，《民事訴訟法釋論（上）》第七八六頁。姚瑞光，《民事訴訟法論》第三二一頁。楊建華著，《問題研析民事訴訟法㈡》第一一四頁。

❼ 最高法院四十六年臺上字第七四五號判例云：履行期未到與履行之條件未成就不同，故於履行期未到前，如被告有到期不履行之虞者，固得提起請求將來給付之訴，但在履行之條件未成就前，則不許提起將來給付之訴。

❽ 參照 Thomas-Putzo, ZPO. 15. Aufl. S. 518; 齋藤秀夫編著，《注解民事訴訟法(4)》第九十三頁以下。兼子一、松浦、新堂、竹下著，《條解民事訴訟法》第八一八頁以下。

❾ 參照 Fasching, ZPR. 2. Aufl. S. 549ff.

係崇日心態所為倒退之修正，原條文之規定，並非範圍過狹，不敷適用，不應盲目崇日，改優法為劣法❿。

　　按日本明治二十三年之民事訴訟法並未規定將來給付之訴，大正十五年修正時始規定將來給付之訴。德國於一八七七年之民事訴訟法亦無將來給付之訴之規定，於一八九八年之民事訴訟法始因有實際之必要而增訂其第二五七條、第二五八條、第二五九條關於將來給付之訴之規定。第二五七條係就無對待給付之金錢將來給付之訴，並就遷讓土地或遷讓非住用目的之房屋之將來給付之訴為規定。此類將來給付之訴，限於無對待給付且有將來給付期日之情形，始得提起。第二五七條後段關於遷讓房屋之將來給付之訴，限於非住用目的之房屋之限制，係於一九六四年修改住用房屋租賃法時，為保護房屋承租人而加以限制者。我國第二四六條之修正理由，似未注意此點而將德國第二五七條後段條文為錯誤之翻譯。第二五八條特別規定繼續給付之將來給付之訴。第二五七條及第二五八條之將來給付之訴，限於被告應為單方給付情形，原告始能提起。第二五九條係就將來給付之訴為一般性之規定，其條件為原告對被告之給付有到期不給付之虞，至於有無對待給付不在考慮之條件。第二五九條規定：於被告有到期不為給付之虞之情況時，依第二五七條、第二五八條之外，得提起將來給付之訴。換言之，除依第二五七條、第二五八條規定得特別提起將來給付之訴外，於一般情形，原告得依第二五九條規定，於被告有到期不為給付之虞之情況時，提起將來給付之訴⓫。

　　拙以為，無論日本法、德國法及修改前之我國法第二四六條，於條文文義上雖略有不同，但其立法目的相同，均以促進原告之權利保護功效為目的，利用將來給付之訴改善訴訟程序法上之原告地位，從而超出實體民法之規定，賦予原告就未到期之將來給付，於一定情況發生時，得預先起訴而取得執行名義，俾能於到期時適時為執行。於實務上實際為利用時，仍然必須依賴法院判例為解釋。我國立法者將第二四六條之文義雖為修正，適用範圍似較舊法為廣，但能否當然包括德國法第二五七條及第二五八條所規定之情形而範圍較廣，有待將來判例之解釋。立法者將原條文文字「於履行期未到前」刪除，對修正之實際意義不大，蓋

---

❿ 見姚瑞光，《民事訴訟法論》（八十九年十一月修正版）第三二五頁以下。

⓫ 參照 Münchener Kommentar, ZPO. Band 1. S. 1466ff.; 小室直人、松本博之、賀集唱、加藤新太郎編，《基本法コンメンタール新民事訴訟法 2》第十八頁以下。

將來給付之訴當然於履行期未到前提起也。日本法雖規定為，請求將來給付之訴，以有預為請求之必要者為限，得提起之。但於實務上仍有待於判例與學說之解釋，我國之舊法雖規定文義略有不同，於實務上亦如同日本與德國，仍然須經判例與學說為解釋。我國立法者立於法律政策上欲使將來給付之訴之適用範圍較目前為廣，此一目的無可厚非，從而須在文義上為若干修正亦可理解。國內學者指斥經修正之第二四六條係倒退之修正，恐係批判過分嚴屬之辭。

二、確認之訴與其判決

確認之訴係，原告對被告主張一定之法律關係存在或不存在，要求法院以判決確認法律關係存在或不存在之訴。確認之訴之客體為法律關係，即人與人之法律關係或人與物之法律關係。單純之事實或事實關係，例如過失之有無、瑕疵是否存在，均不得作為確認之訴之客體。法律規定之唯一例外係，證書真偽得成為確認之客體（修正前本法第二四七條）。確認之訴，其目的在要求法院以判決確認此一法律關係存在或不存在，俾終止原告被告對此項法律關係之爭執。原告起訴時，若要求積極確認其主張之法律關係存在者，稱為**積極確認之訴** (die positive Feststellungsklage)，若要求消極確認法律關係不存在者，即係**消極確認之訴** (die negative Feststellungsklage)。法院對於確認之訴所為之本案判決，不論為原告勝訴或敗訴之判決，此項確認判決於確定時，僅有確認之效力而已，不生執行力，亦無形成力。原告於積極確認之訴獲勝訴或於消極確認之訴遭敗訴者，法院判決內容為確認法律關係存在，若於積極確認之訴遭敗訴或於消極確認之訴獲勝訴判決時，則係確認法律關係不存在。

值得注意者，待確認之法律關係通常係存在於原告被告間之法律關係。惟若待確認之法律關係於原告與第三人之間存在，或於被告與第三人之間存在之情形，原告起訴就此項法律關係之存在不存在為主張，要求法院為判決，原告必須就此項法律關係之存在或不存在對被告有法律上之利益，始為合法❷。又確認之訴，僅得就現在之法律關係存在不存在要求法院為確認，不得就將來或過去之法律關係要求確認其存在或不存在。又應注意者，由於現在之法律關係所生之法律效果，

---

❷ 最高法院三十二年上字第三一六五號判例云：確認法律關係成立或不成立之訴，如有即受確認判決之法律上利益，縱其所求確認者為他人間之法律關係，亦非不得提起。

例如個別之債權、債務或請求權，亦得要求法院確認其存在不存在。人與人或人與物之間所生法律關係所涉及之絕對權 (Absolutes Recht)，亦得成為確認之內容，例如，確認所有權、繼承權、身分關係、專利權之存在不存在。按確認之訴與確認判決具有預防性之權利救濟功能，得在權利侵害尚未發生之前，於當事人間已就法律關係存否發生爭執時，將發生給付請求權基礎之法律關係預先為確認而解決，使給付請求之訴消失。

修正前本法第二四七條規定，確認法律關係成立或不成立之訴，非原告有即受確認判決之法律上利益者，不得提起之；確認證書真偽之訴亦同。德國民事訴訟法第二五六條、奧國民事訴訟法第二二八條、日本修正前民事訴訟法第二二五條均有相同規定。惟按德國、奧國規定之原文，其法律用語為確認法律關係之「存在或不存在」(Feststellung des Bestehens oder Nichtbestehens eines Rechtsverhältnisses)，非為我國規定之用語，確認法律關係之「成立或不成立」。德、奧、日三國之判例，學者著作之用語，亦均以確認法律關係之存在或不存在稱之，無使用「成立或不成立」之用語。我國判例及學者之用語不一，有使用「存在或不存在」者，有用「成立或不成立」者。修正前我國第二四七條所用「成立或不成立」之用語，恐係昔日翻譯之錯誤。蓋法律關係之成立不成立，或法律關係之有效無效，在法律概念上，僅屬法律關係之存在不存在之一部分，無法包含法律關係之存在不存在也。由於此種誤譯，造成我國學者及判例在解釋確認之訴及其判決之概念困擾，此種現象卻為德、奧、日三國所無。

民國八十九年二月本法第二四七條修正規定：「確認法律關係之訴，非原告有即受確認判決之法律上利益者，不得提起之；確認證書真偽或為法律關係基礎事實存否之訴，亦同。前項確認法律關係基礎事實存否之訴，以原告不能提起他訴訟者為限。前項情形，如得利用同一訴訟程序提起他訴訟者，審判長應闡明之；原告因而為訴之變更或追加時，不受第二百五十五條第一項前段規定之限制。」修正理由認為，關於確認之訴，依原條文規定，除確認證書真偽之訴外，以確認法律關係成立不成立，始得提起，適用範圍過於狹窄，爰將原條文「成立或不成立」之字樣刪除，使就法律關係（包括法律關係成立或不成立及法律關係存在或不存在）有即受確認判決之法律上利益者，均得提起確認之訴，以應實際之需要。德國民事訴訟法第二五六條第一項之規定，與我國原規定內容大致相同，惟該國學者在解釋時，已擴大其適用範圍。日本民事訴訟法第一三四條僅規定：「為確定

證明法律關係之證書之真偽,亦得提起確認之訴訟」,該國大審院初認唯有法律關係始得作為確認之訴之訴訟標的,嗣為解決實務上之問題,亦擴大確認訴訟之適用範圍。本法為發揮確認之訴預防及解決紛爭之功能,特擴大其適用範圍及於事實,然為免導致濫訴,就事實之存否,限於其為法律關係之基礎事實,並以原告不能提起他訴訟時,始得提起,否則即認原告無即受確認判決之法律上利益。爰增訂第一項後段及第二項。確認法律關係基礎事實存否之訴,如原告得利用同一訴訟程序提起他訴訟,為避免法院遽依第一、二項之規定,逕行駁回原告之訴,特於第三項規定,於此情形,審判長應行闡明權,原告並得因而為訴之變更或追加,不受第二五五條第一項前段規定之限制。經審判長闡明後,如當事人仍不為訴之變更或追加時,法院始得依第一、二項之規定將原告之訴駁回。又為顧及當事人之審級利益及避免原告拖延訴訟,原告如於第二審始為訴之變更或追加者,仍應受第四四六條第一項前段規定之限制。

　　值得注意者,日本近年來之學說與判例傾向於,不因過去之法律關係一端而將過去之法律關係為訴訟標的之確認之訴,視為不合法。學說與判例傾向於就所承認之客體適格加以確認利益之限制而已。純粹過去之法律關係或將來之法律關係,不能成為確認之客體。但若過去之法律關係,其法律效果及於現在之情形,該過去之法律關係得成為確認之客體。又過去之法律關係若成為種種法律效果之基礎情形,確認過去之法律關係存否,得解決或預防由其所延生法律效果之爭執。就過去之法律行為而言,亦與上述過去之法律關係,其情形相同。

　　日本最高法院近年有二判例認為,祇要有確認利益存在,縱然係過去法律關係之確認亦為適法。於最大判昭 32、7、20《民集》一一卷七號第一三一四頁之判例,最高法院變更其過去之判例認為,為更正戶籍記載事項,訴請確認過去之法律關係,有確認之訴之利益。該判例事件起因於,出生在美國取得雙重國籍之日本人,於第二次世界大戰發生以前居住日本生活。由於戰爭發生,日本政府壓迫該日本人將其以前已放棄之日本國籍聲請恢復,後日本政府依其聲請而准予恢復國籍之處分。因日本政府准其恢復日本國籍結果,依美國法律規定該日本人喪失美國國籍。第二次世界大戰結束後,該日本人主張其恢復日本國籍因被壓迫而無效,為獲得美國政府承認其美國國籍起見,該日本人必須先取得日本法院確認其恢復日本國籍無效之判決,始能更正日本戶籍登記簿上所載取得日本國籍之原因,俾持以向美國政府辦理取得美國國籍❸。

　　另一最高法院判例係最大判昭 45、7、15《民集》二四卷七號第八六一頁，此判例變更過去最高法院判例認為，「親子關係雖於父母兩人或子之一方死亡後，就生存之一方而言，亦成為身分關係基本之法律關係，關於該法律關係所生法律效果現在有法律上之紛爭存在時，為解決紛爭起見就該法律關係之確認有其必要，於戶籍之記載與真實有異之情形，有將記載為更正而使真實之身分關係明白之利益」。從而肯定，過去法律關係之確認有確認之訴之利益❶。由於上述最高法院判例之出現，日本學者認為，過去之法律關係若現在有確認之利益時，則有確認之訴之客體適格。

　　國內學者對於上述本法第二四七條之修正頗有批評，認為修法不當者。有認為法律關係一語不能包含法律關係成立不成立，與法律關係存在不存在之概念，應修正為法律關係存在不存在之訴，不應刪除成立或不成立而僅保留法律關係之訴。另外認為，本法第二四七條增設第二項所定確認之訴，並以同條第三項為配套之規定，實無必要而加以指斥者❶。又學者有認為，本法第二四七條第一項增入「為法律關係事實存否」得提起確認之訴之規定，並不正確，徒增實務上之困擾。另外認增訂同條第三項之規定，亦不當而加以指責❶。

　　拙認為本法第二四七條之修正確有不當之處，蓋立法者將事實列為確認之訴之客體也。成為我國母法之德國民事訴訟法第二五六條第一項之規定，迄今未有任何修正。日本民事訴訟法第一三四條亦維持原條文內容規定，未有任何修正。我國之立法者不必自作聰明，僅憑一部分學者見解，將本法第二四七條內容大加修改，致成解釋上之困擾問題。如能僅將本法原第二四七條第一項之用語修正為「確認法律關係存在或不存在之訴」，其餘不為增刪，則有修正之意義，而能夠符合我國母法之規定，將我國昔日德文用語之翻譯錯誤為訂正。

　　確認之訴特別值得說明者有二，一為確認證書真偽之訴，另一為中間確認之訴，茲敘述如下：

....

❸ 參照竹下守夫，〈確認の訴の對象〉，載《民事訴訟法判例百選》初版第五十二頁以下。小室直人、松本博之、賀集唱、加藤新太郎編，《基本法コンメンタール新民事訴訟法 2》第十三頁以下。

❹ 參照鈴木正裕，〈判例批判〉，載《民商法雜誌》六四卷五號第八八七頁。小室直人等四人編，前揭書第十四頁。

❺ 詳見吳明軒，《中國民事訴訟法（中）》（八十九年九月修正版）第六二〇頁以下。

❻ 詳見姚瑞光，《民事訴訟法論》（八十九年十一月修正版）第三二六頁以下。

㈠確認證書真偽之訴

確認證書真偽之訴係，法律例外允許就事實為確認其真偽之訴，不得據此例外之規定，以類推解釋方法認為其他事實之存否，亦得成為確認之訴之客體。證書之內容若能證明法律關係者，此項證書制作之真偽，即有確認之價值。一旦確認此項證書之真偽，對於解釋法律關係存否之爭執，即有幫助，此乃何以法律例外規定證書真偽之事實得為確認之原因。應注意者，所謂證書真偽係指制作證書之事實是否真實而言，至於證書內容之記載是否與客觀事實符合，此係另一問題，確認證書真偽之判決，對此無確認之效力。又所謂證書係指處分文書而言，例如，章程、契約、借據、票據、委託書、遺書。至於報告文書，例如，醫生之診斷書，不包括在內。原告提起確認證書真偽之訴，必須就證書所證明之法律關係，原告有法律上之利益存在始可，否則其確認之訴不合法。

㈡中間確認之訴

本法第二五五條第一項第六款規定，訴訟進行中，於某法律關係之成立與否有爭執，而其裁判應以該法律關係為據者，並求對於被告確定其法律關係之判決。學者稱此種確認之訴為中間確認之訴 (die Zwischenfeststellungsklage)，又稱為先決確認之訴或從屬確認之訴。中間確認之訴係，當事人之訴訟進行中，就該訴訟標的之先決問題之法律關係，雙方當事人有爭執，為同時解決此項法律關係存在或不存在之問題，利用同一訴訟程序，由當事人附隨起訴要求法院對該項法律關係判決確認存在或不存在之訴。按判決之既判力僅及於判決主文中之訴訟標的，而不及於判決理由中所認定之事項。成為先決問題之法律關係，縱然由法院於判決理由中，就其存否為判斷，當事人於事後得就相同之法律關係為訴訟標的另行起訴請求法院為判決。為訴訟經濟，並避免對相同之法律關係於前後兩訴訟中為矛盾之判斷，故，允許原告同時追加提起中間確認之訴，或由被告對原告以反訴方法提起獨立之確認之訴。

三、形成之訴與其判決

形成之訴係原告主張其本於一定之形成權或形成要件，為使法律關係發生變動，請求法院以判決宣告法律關係變動之訴。又稱為創設之訴或權利變更之訴。

形成之訴之目的係利用法院之判決，將存在之法律狀態變更為另一新法律狀態。原告之勝訴判決稱為形成判決，於判決確定時，無待強制執行自動發生法律狀態變動之效果，通常係使既存之法律狀態歸於解消或滅失之結果。於一般情形實體法允許，權利人得直接以意思表示行使其形成權，使既存之法律狀態發生變動，例如，權利人得以意思表示行使解除權或撤銷權而使契約解除或撤銷。惟於若干情形，由於法律政策上之特別原因，法律規定權利人必須利用提起形成之訴方法，始能行使其形成權，必須由法院以形成判決為宣告，始能使法律狀態發生解消或撤銷之效果。立法者設此種形成之訴，其制度目的主要係使法律狀態之變動效果，能明確劃一對一般第三人亦生效力。故，形成之訴之提起，必須有法律特別規定始允許，且形成判決之形成力有絕對效力，得及於一般第三人。此乃何以形成之訴之規定，大部分集中在家事訴訟及公司訴訟之原因，蓋構成人類社會生活基本之身分關係，對一般第三人有明確劃一之必要也。多數人利害關係錯綜存在之公司關係，不能不統一為決定也。換言之，形成之訴受有限制，嚴定得起訴之人之範圍者，目的在維持法律安定性也。例如依民法第一〇五二條規定之原因要求離婚，不能由夫或妻直接表示離婚而解消婚姻，必須向法院提起離婚之訴。離婚之訴為形成之訴，離婚判決為形成判決，得起訴之人限定於夫妻始可，離婚判決之效力劃一及於一般第三人，有判決之絕對效力。非如同於給付之訴及確認之訴，其判決僅於原告被告始生效力，一般第三人為判決效力所不及。

　　關於形成之訴之分類，學者之間各不相同。一般學者將形成之訴分為，**實體法上之形成之訴**與**訴訟法上之形成之訴**。前者例如，離婚之訴（家事事件法第三條乙類事件，民法第一〇五二條）、撤銷婚姻之訴（家事事件法第三條乙類事件，民法第九八九條、第九九一條、第九九五條至第九九七條）、婚姻無效之訴（家事事件法第三條甲類事件，民法第九八二條、第九八三條、第九八五條、第九八八條）❶、撤銷收養之訴（家事事件法第三條乙類事件，民法第一〇七九條之五）、因收養無效或合意終止收養行為無效請求確認與本生父母之親子關係存在或不存

---

❶ 婚姻無效之訴為形成之訴抑或確認之訴，學者之間尚有爭論，日本訴訟法學者多數主張形成之訴，但民法學者我妻榮主張確認之訴。德國學者不分民法或訴訟法學者，均主張形成之訴。我國民法學者主張確認之訴，但訴訟法學者有主張形成之訴者（見王甲乙等三人，《民事訴訟法新論》第二一八頁），有主張確認之訴者（見楊建華，《問題分析民事訴訟法(二)》第三八八頁以下）。拙以形成之訴為是。

在事件（家事事件法第三條甲類事件，民法第一○七三條、第一○七三條之一、第一○七五條、第一○七六條之一、第一○七六條之二第一項、第一○七九條第一項、第一○七九條之四）、共有物分割之訴（民法第八二四條第一項）、宣告股東會決議撤銷之訴（公司法第一八九條）、債權人請求法院撤銷債務人詐害行為之訴（民法第二四四條）。訴訟法上之形成之訴，例如，宣告法院調解無效或撤銷法院調解之訴（本法第四一六條第二項）、撤銷仲裁判斷之訴（仲裁法第四十條）、債務人異議之訴或第三人異議之訴（強制執行法第十四條、第十四條之一、第十五條）、分配表異議之訴（強制執行法第四十一條）[18]、再審之訴（本法第四九六條、第四九七條）[19]、選舉罷免無效之訴（公職人員選舉罷免法第一一八條）、當選無效之訴（公職人員選舉罷免法第一二一條、第一二二條）。

　　關於形成之訴與其判決之問題，值得注意者，有所謂形式的形成訴訟，與所謂隱藏之形成判決 (Die versteckten Gestaltungsurteile) 之類型。法院實務上所常見之共有物分割之訴、土地境界確定之訴，其訴訟類型，學者一般通說大都認為屬於所謂形式的形成訴訟[20]。茲分別就共有物分割之訴與土地境界確定之訴，兩者之法律性質敘述如次：

㈠共有物分割之訴

　　共有人或公同共有人之間欲分割共有財產，須先解消其共有或公同共有之法律關係，同時就共有財產實行分割。繼承財產或其他共有財產，其分割之概念就廣義言之，包含共有法律關係之解消及實際為分割財產之行為兩者而言，就狹義言之，僅指實際之分割行為。分割財產之糾紛，於一般情形，包含共有人間財產共有法律關係可否解消之爭執，以及實際為財產分割時其分割方法之爭執兩者。前者之問題解決係依當事人間之契約或法律明文規定為之，後者之問題解決，依民法第八二四條規定係以共有人協議方法行之，分割方法不能協議者，法院得因

---

[18] 債務人異議之訴與第三人異議之訴，是否為形成之訴，學者之間頗有爭論，詳見陳榮宗，《強制執行法》第一五三頁、第一六七頁、第二九七頁以下。

[19] 再審之訴之訴訟標的，在學說上採二訴訟標的說者，即主張再審之訴為形成之訴。若採一訴訟標的說，則應視原確定判決之訴訟為何種類型而定，不能一概認為再審之訴為形成之訴。

[20] 參照新堂幸司，《民事訴訟法》（第二版）第一四六頁以下。齋藤秀夫，《民事訴訟法概論》（新版）第一二三頁以下。

任何共有人之聲請命為適當之分配。倘財產共有人之間無法達成協議，由其中一部分共有人訴請法院為分割共有物之判決者，此項訴訟之種類為何？其判決之性質如何？學者通說大都認為，共有物分割之訴係形式的形成訴訟。形式的形成訴訟係，因法律未有明定可供法院為形成判決之具體標準，許由法院以職權就性質上屬非訟事件之糾紛為適當斟酌判斷，經原告利用訴訟程序所提起之形成訴訟。於一般之形成訴訟，法院為審判時，法律均具體明定形成要件事實，提供法院作為形成判斷之標準，從而法院得據該標準為形成判決，法院認定事實之存否而所行判斷之作用，情形與在給付之訴、確認之訴所為適用法律之作用並無不同。但於共有物分割之訴，法律自始並未具體明定形成要件事實，一切依賴法院合理公平之裁量為裁判，不受原告之訴之聲明所拘束而裁判，此種形成訴訟特別稱為形式的形成訴訟，俾與一般形成訴訟有所區別。法官對於此種形式的形成訴訟，其審判之作業性格，不在重視認定形成要件事實，而重在直接實現其合目的性之處分行為，法官適用法律之性格極為淡薄[21]。法院所為分割共有物之判決性質，一面具有形成判決性質，另一面具有給付判決性質。學者稱此類判決為形成的給付判決，又稱為隱藏的形成判決 (Die versteckten Gestaltungsurteile)[22]。此種判決之特點在，判決之外觀係給付判決，但同時隱藏形成判決在內。換言之，此種判決係先以形成力形成給付義務後，最後以判決宣示給付義務內容，於通常情形在判決之外觀上看不出形成判決之內容。就分割共有物之判決言之，法院就原告可否訴請分割之爭執問題所為之判決，係對解消共有人間公同共有或普通共有之法律關係所為具有形成效果之判決。另一方面就法院命令共有人間分配共有財產之行為而觀察，無論判決係命以原物為分配或以變賣價金為分配，此部分之判決係以命令當事人之給付行為為內容，其性質屬給付判決。故，分割共有物之判決同時兼有形成判決與給付判決雙面之性質，此類訴訟，學者稱其為形式的形成訴訟。

㈡土地境界確定之訴

　　土地境界確定之訴係，鄰接土地之境界因在事實上不明確，雙方土地所有人

---

[21] 參照新堂幸司，上揭書第一四六頁。

[22] 參照 Schlosser, Gestaltungsklagen und Gestaltungsurteile, 1966, Bielefeld, §15, S. 132ff; 鈴木忠一，《非訟事件の裁判の既判力》第五十四頁。

發生爭執時，起訴要求法院以判決確定其境界線之訴訟，此種訴訟之性質屬於形式的形成訴訟。法院就土地境界確定之訴為判決時，必須具體指示該境界在現場土地之某點至某點如何所連結之線之位置。土地境界線一旦確定，其結果在實際上雖亦決定兩筆土地所有權人之所有權範圍，但此種土地境界確定之訴，其起訴之目的不在直接確認土地所有權之範圍，而在確定兩筆土地之境界線位置。最高法院二十七年渝上字第一四五一號判例云：不動產經界之訴，即定不動產界線或設置界標之訴，其原告請求確定至一定界線之土地屬於自己所有者，為確認不動產所有權之訴，不得謂為不動產經界之訴。

　　土地境界確定之訴，其在訴訟程序上之特性有下列各點，即：(1)當事人於訴之聲明，祇須向法院聲明，請求以判決確定兩造所有土地之境界位置即可。法院得不受雙方當事人所聲明及所主張有利其自己一定境界線位置之拘束，法院應依職權斟酌認定境界線位置。(2)土地境界係為區分土地之筆數所定之公法上之區分線，其有公共性格之公法概念，當事人之間縱然就其境界私下達成合意，亦不能動搖土地原有之境界位置，不許當事人以合意任定其境界之內容。從而當事人就對造所主張一定境界位置所為之自認，法院不受其拘束，亦不發生就境界位置為訴訟和解或訴訟標的之認諾餘地。(3)法院於判決時，縱然無法以證據就境界線為認定，亦不得以判決駁回原告之起訴。法院應就雙方當事人所占有之現狀或就有爭執之地區，以具體公平符合目的性方法斷其最妥當之境界線。(4)對於第一審法院所斷定境界線之判決，當事人聲明不服而上訴時，上級審法院之審判，不適用禁止不利益變更原則，上級審法院得依職權斟酌自行為妥適之裁判❷❸。

　　土地境界確定之訴，其法律性質，在早期有主張係確認訴訟說與主張形成訴訟說者。惟日本近年學者通說，大都認為其係形式的形成訴訟。蓋此種訴訟之本質係非訟事件性質，僅在形式上採取民事訴訟之形成訴訟方法為審判而已。其目的在確定有爭執之鄰地境界線位置，不在確認有爭執之所有權存在不存在為其目的。學者稱土地境界確定之訴為形式的形成訴訟，原因在此❷❹。

---

❷❸ 參照中野、松浦、鈴木編，《民事訴訟法講義》（第二版）第四十三頁以下。
❷❹ 參照奧村正策，〈土地境界確定訴訟の諸問題〉，載《實務民事訴訟法講座4》第一八〇頁以下。

第 **2** 章

訴訟標的[1]

■ 第一節 概 說

　　原告向法院提出之起訴狀，除應表明原告被告為何人之外，必須由原告表明當事人在該件訴訟中所爭執者為何種事，原告要求法院為裁判之具體內容為何。前者為主觀要素，後者為客觀要素，兩者缺一不可。所謂**訴訟標的** (Der Streitgegenstand)，即指訴訟之客觀要素而言，日本學者稱為「訴訟物」或「訴訟上之請求」(Der prozessule Anspruch)。原告之訴若缺少訴訟標的或訴訟標的不明，法院即無從就訴訟標的為審判，故原告起訴時，必須向法院表明特定之訴訟標的。

　　原告於訴訟繫屬中，不得就同一訴訟標的對同一被告更行起訴，其有違背者，法院應認為其後訴不合法以裁定駁回（本法第二四九條第一項第七款、第二五三條）。於此情形，即生前後二訴訟之訴訟標的是否相同之問題。又原告對於同一被告之數宗訴訟，除定有專屬管轄或不得行同種訴訟程序者外，得向其中一訴訟有管轄權之法院合併起訴（本法第二四八條）。此際發生訴之合併，理論上必問，合併起訴之數訴訟標的是否相異？如數訴訟標的並無相異，即不發生訴之合併問題。其次，原告於起訴時雖得自由確定其訴訟標的，但於訴狀送達被告後，原則上原告不得任意變更或追加他訴（本法第二五五條至第二五八條）。原告之訴有無變更或追加，應視其訴訟標的有無變更或追加相異之訴訟標的而定。最後，原告起訴

---

[1] 參考文獻，見 Schumann, Stein-Jonas, ZPO. 20. Aufl. Einleitung V. S. 151ff.; Rosenberg-Schwab, ZPR. 14. Aufl. §96, S. 563ff.; Jauernig, ZPR. 22. Aufl. §37, S. 126ff.; 兼子、松浦、新堂、竹下，《條解民事訴訟法》第七八三頁以下。中野、松浦、鈴木，《民事程序法講義》第一三八頁以下。陳榮宗，《民事程序法與訴訟標的理論》第三二八頁以下。

之訴訟標的，如於終局判決中經法院判決確定者，當事人不得就同一訴訟標的，更行提起新訴訟（本法第四〇〇條第一項），此為判決既判力之客觀範圍問題。原告有無更就同一訴訟標的為起訴，其識別標準，應以已判決之訴訟標的與新訴訟之訴訟標的是否同一為斷。上述四種制度所生之解釋問題，均以訴訟標的為基礎。可知，如何確立訴訟標的之概念，相異之訴訟標的，其界限以何者為標準，此乃成為重要問題。德、日及我國，於民事訴訟法對訴訟標的一語，並未明定其概念及界限標準。學者對訴訟標的之解釋立說頗多，稱為「訴訟標的理論」(Die Lehre vom Streitgegenstand)。何謂訴訟標的理論？簡言之，訴訟標的理論係，如何識別訴訟標的之異同及解釋訴訟現象之理論也。

　　早期，實體法上之請求權 (Anspruch) 與民事訴訟法上所謂之訴訟標的，兩者之概念並無區別。其原因有二：第一、訴訟標的之概念係直接引用民法上之請求權概念而建立；第二、早期之民事訴訟法，僅有給付訴訟一種類型，尚未出現確認訴訟與形成訴訟之二種類型。於此時期無區別兩者概念之迫切必要。但自確認訴訟與形成訴訟制度在民事訴訟法上出現之後，已無法再以民法之請求權概念，直接用以說明訴訟法上各種現象。例如，在消極確認之訴，原告之訴訟標的，非直接以民法之給付請求權為訴訟標的。在訴訟法上，僅能以原告在訴之聲明中所表明欲法院為判斷之要求 (Das Begehren der im Klageantrag bezeichneten Entscheidung)，或以原告向被告所為之權利主張 (Eine an den Beklagten gerichtete Rechtsbehauptung)，為訴訟標的。於消極確認之訴，即以原告要求法院判斷之「法律關係不存在」為訴訟標的，或以原告對被告所主張之「法律關係不存在」為訴訟標的。換言之，原告之訴訟標的為「法院判決之要求 (Begehren)」或「對被告之權利主張 (Rechtsbehauptung)」，而其內容為「法律關係不存在」。民法上既存之給付請求權，在概念上無法成為民事訴訟法之訴訟標的。又例如在形成訴訟，原告在訴訟上所主張者，並非民法上之給付請求權，而為民法上之形成權或欲法院創造之形成效果，例如，婚姻之撤銷權或宣告離婚。又純粹民事訴訟法上之權利，例如，以再審之訴請求撤銷確定判決，提起第三人異議之訴請求法院判決排除強制執行，此種權利主張均可成為訴訟標的。民事訴訟法學者，無法僅憑民法之給付請求權用以涵蓋其他不同型態之權利、法律關係及訴訟類型，從而民事訴訟法之訴訟標的，其概念必須與民法之請求權分離而獨立有其概念。

　　訴訟係因當事人間對於實體權利或法律關係存否發生爭執而存在，原告起訴

之初，於未經法院裁判確定之前，所謂訴訟標的，在概念上僅得認為原告之權利主張而已。必須俟判決確定時，始能謂原告對雙方爭執之權利確實存在或不存在。若謂原告之訴訟標的為實體權利，則於原告敗訴時，無異承認原告於起訴時未提出訴訟標的，法院無訴訟標的可裁判，其理不通極為顯然。所以在概念上，僅能認為訴訟標的為原告對被告之權利主張。又原告提出之訴訟標的，固係針對被告為主張，惟其又係要求法院為判決而提出。故此項訴訟標的之概念，究竟僅止於對被告之權利主張，抑或兼指對法院之判決要求而言，學者之間成為學理上之爭論。此種爭論之意義在，原告將權利保護形式 (Rechtschutzform) 為變更或追加時，有無發生訴訟標的之變更或追加之問題。例如，原告聲明請法院確認原告對被告有新臺幣一百萬元之借款債權存在，審理中，原告變更聲明，請法院判命被告給付原告新臺幣一百萬元。對此種訴之聲明為變更，有認為有訴訟標的之變更者，有不認為變更者。

訴訟標的理論之中心問題，除上述訴訟標的之概念問題外，重要者在討論，區別訴訟標的異同之標準何在之問題。在學說上，德國先後出現舊實體法說、二分肢說、一分肢說、新實體法說、訴訟標的概念否認說 ❷。學說論點有二，一為如何解決說明民法上之請求權競合與訴訟標的之單數複數問題，另一為訴訟標的於何種情形始有特定之問題。訴訟標的理論之問題，一方面涉及抽象之學理討論，另一方面亦與解釋說明實務運作相關，第二次世界大戰後，成為民事訴訟法學上研究討論之重要問題之一。

■ 第二節　決定訴訟標的異同之標準

一、德國、日本之訴訟標的理論學說

㈠舊訴訟標的理論

此說又稱**舊實體法說** (Die ursprungliche materiellrechtliche Theorie)，此說在德

----

❷ 詳細說明，請參見陳榮宗，〈訴訟標的理論〉，載《民事程序法與訴訟標的理論》第三三六頁至第三五五頁。

國始於 Hellwig 而終於 Lent。依此說之見解，訴訟標的乃原告在訴訟上所為一定具體實體法之權利主張。原告起訴時，在訴狀必須具體表明其所主張之實體法權利或法律關係。此說區別訴訟標的異同之標準，係以實體法所規定之權利多寡為標準。凡同一事實關係，在實體法上按其權利構成要件，能產生多數不同之請求權時，每一請求權均能獨立成為一訴訟標的。例如，原告之汽車為被告所竊取之情形，雖然被告僅有竊取汽車之同一行為事實，但在民法上，原告依民法第一八四條規定有侵權行為之損害賠償請求權，依民法第一七九條規定有不當得利之返還請求權，依民法第七六七條規定有所有物之返還請求權，依民法第九六二條規定有占有物之返還請求權。民法學者稱此四種請求權並存之關係為請求權競合 (Anspruchkonkurrenz)，蓋原告於獲其中一請求權之滿足而受給付時，不得更以其餘請求權要求被告為給付，惟若原告於未獲給付之前，得同時或前後就一部或全部之請求權主張權利，請求被告為給付。原告起訴時，得分別提起四訴訟，請求法院為四判決，而不構成本法第二五三條禁止當事人就同一訴訟事件再行起訴之問題，蓋依舊實體法說，各訴訟之訴訟標的各不相同也。依相同理由，法院得分別為四判決，各判決之間不生本法第四○○條訴訟標的為確定判決之效力所及之違法問題。此說無法合理說明，被告在實體法上如對原告為一次完全給付即能滿足原告請求之場合，何以原告在訴訟法上必須有多數之訴訟標的，從而得多次提起訴訟。

日本及我國法院實務，現在仍然採取舊訴訟標的理論區分訴訟標的異同之標準為方法，所謂新訴訟標的理論，停在學說理論之階段，並未如同德國，在學理及實務方面均採新訴訟標的理論之階段。惟應注意者，在德國仍然尚有若干問題，在學者之間頗有爭論，訴訟標的理論並未完全克服。

㈡新訴訟標的理論

此說又稱為**訴訟法說**，始於一九二七年左右，由德國學者 Rosenberg, Nikisch 等人所倡導。此說主要係將訴訟標的之概念自民法實體權利加以切離，純自訴訟法立場，利用原告在起訴狀中之訴之聲明及事實理由之主張，構築訴訟標的之概念與內容，將實體權利之主張降為當事人之攻擊防禦方法層次或法院為裁判時之法律觀點地位。主張新訴訟標的理論之學者，於決定訴訟標的異同之標準時，早期係採所謂**二分肢說** (Der zweigliedrige Streitgegenstandsbegriff)。二分肢說認為，訴訟標的之內容能由原告陳述之事實理由及訴之聲明加以確認，事實理由與訴之

聲明兩者均構成訴訟標的之重要要素。事實理由與訴之聲明任何一方要素有多數，即生多數訴訟標的而有訴之合併情形存在，此兩種要素之一發生變更或兩要素均有變更時，即有訴之變更，前後兩訴之訴訟標的是否相同，應視前後兩訴之事實理由與訴之聲明是否全部同一而定。惟應注意者，此說所謂之事實理由 (Sachverhalt) 係指不以實體法加以評價之自然之事實關係而言，例如被告於某時間在某處竊取原告之某一特定之汽車一部。從而上述舊實體法說之下所發生之數請求權競合問題，在訴訟法說之理論之下，僅成由事實理由（竊取汽車一部之事實）及訴之聲明（請求返還汽車一部）所構成之單一訴訟標的。原告在訴訟中，縱然將侵權行為損害賠償請求權，改以所有物返還請求權而主張之，不構成訴之變更，僅視為原告攻擊方法之變更，不影響訴訟標的之單一性。法院就原告之訴為判決確定時，不分勝訴或敗訴，均受既判力之拘束，原告不得更以其他競合之實體法上之請求權為基礎重新起訴。在訴訟法說之下，滿足同一給付為目的之數請求權競合情形，僅有單一之訴訟標的，昔日舊實體法說無法克服之解釋，遂能獲得合理之說明。德國著名之民事訴訟法書籍，自此說出現之後，大都改採之。

　　一九四九年 Bötticher 首倡婚姻訴訟之訴訟標的為原告對於法院判決解消婚姻之要求 (Begehren)，並非以原告對被告之權利主張為訴訟標的。離婚之原因或撤銷婚姻之理由，並不構成訴訟標的之要素，對於區分訴訟標的之異同而言，亦非識別之必要標準。蓋原告被告間之婚姻存在事實已足識別原告之離婚或撤銷婚姻之要求，原告起訴目的在求解消婚姻關係，不在要求法院判決離婚之原因或撤銷婚姻之理由。此說認為事實理由 (Sachverhalt) 對於訴訟標的之概念而言，並無重要性，訴訟標的之異同標準，以訴之聲明 (Antrag) 為唯一之標準，故，稱為**一分肢說** (Der eingliedrige Streitgegenstandsbegriff)。一九五四年 Schwab 追從此說，並發揚光大，將 Bötticher 倡導之學說推廣應用於所有之各種訴訟類型。Rosenberg 之民事訴訟法教科書遂自第六版起放棄二分肢說而改採一分肢說。

　　日本於昭和三〇年代，因受德國新訴訟標的理論之影響，由小山昇、三ケ月章、新堂幸司開始倡導新訴訟標的理論，主張採純訴訟法概念之訴訟標的之概念。將昔日請求權競合或形成權競合之情形，放棄實體法之觀點，改以一般社會觀念，認定其糾紛之單一性。從而認為，以同一給付為目的之數請求權競合，實體法上既然祇認為一次給付為正當，則在訴訟法上原告僅有單一之法律地位可請求給付，此種原告得請求給付之法律地位或受給權，即為訴訟標的。

值得特別注意者，三ケ月章認為解決訴訟標的理論核心問題之正確方法，應按各種訴訟類型之紛爭解決機能，就給付之訴、形成之訴、確認之訴分別認識其不同之訴訟標的，不宜統一認識訴訟標的。三ケ月章以為給付之訴其機能不在確定各個實體法上請求權，而在解決滿足原告之給付問題，實體法上請求權之存否僅係法院決定命令被告是否為給付之前提而已，故給付之訴之訴訟標的係指，原告得向被告請求為一定給付之法律地位之權利主張。至於確認之訴之機能僅在確認實體法上之權利或法律關係為目的，其訴訟標的為，原告於其訴之聲明中所表示一定權利或法律關係存在不存在之權利所主張。從而識別確認之訴之訴訟標的異同標準，與舊實體法說相同，以實體法之規定為準。形成之訴，其判決之重要機能係以判決之形成力，使法律關係發生變動。訴訟上應審理之形成權，於宣示判決同時達其目的而消滅。形成判決之機能不在確認一定之權利或法律關係，而在創設變更消滅權利或法律關係。其本質不在確認，所以實體法上形成權之主張不能直接成為訴訟標的，其訴訟標的乃指原告要求法院形成判決之法律地位之權利主張。構成形成權之事實與形成權本身僅係訴訟上之攻擊防禦方法，亦即成為判決之理由而已。識別訴訟標的之標準，以原告在訴之聲明中所表明之形成效果為準。

㈢新實體法說 (Neue materiellrechtliche Lehren)

此說之發端始於 Nikisch，而於 Henckel 時學說理論大備。Nikisch 於研究請求權競合理論時發覺，此種屬於民法領域之理論，若民法學者不自行修正，僅靠訴訟法學者片面努力，欲在訴訟法上建立訴訟標的之概念，俾能區分訴訟標的之單複異同，不易成功。Nikisch 認為，本於同一事實關係而發生以同一給付為目的之數實體法上請求權時，不應依照昔日民法之理論，在實體法上將其視為數請求權並存之競合，應視為僅有一實體法上之請求權存在。例如，上開被告竊取原告汽車一部情形，發生請求權之事實關係（即竊取汽車一部）為單一，原告在實體法上真正之請求權亦祇有一請求權，原告並不因為民法有第一八四條、第一七九條、第七六七條、第九六二條四種產生請求權之規定，而有四請求權，此種情形並非請求權競合。至於真正之請求權競合情形係指本於數不相同之事實關係而發生之數請求權，其給付目的相同之場合而言。例如，買賣契約之買受人，為給付買賣價金而簽發票據交付出賣人之情形，買賣契約之訂立與票據之簽發係個別不同之事實關係，從而本於買賣契約之價金請求權與本於票據關係所生之票款請求

權係個別不同之請求權，但兩請求權之給付目的相同，出賣人不得同時受領兩請求權之給付，此種情形之數請求權，始為真正之請求權競合。

Nikisch 之上述見解獲著名民法學者 Larenz 及 Esser 之贊同，於請求權競合理論方面改變昔日見解，不再將一事實關係所發生之數請求權視為有請求權競合，僅承認有單一之請求權存在。此情形所謂之競合，僅屬於「**請求權基礎競合**」(Anspruchsgrundlagekonkurrenz)。至於真正之請求權競合係指，多數事實關係發生多數請求權而其給付相同之情形而言。

民事訴訟法學者於處理訴訟標的之單複異同之際，在傳統請求權競合論之下所遭遇之困難，既經民法學者修正請求權競合論而獲解決，則可在識別**實體權利**單複異同之標準上，同時解決識別訴訟標的單複異同之標準。簡言之，於請求權基礎競合之情形，請求權為單一，其訴訟標的亦為單一，於真正之請求權競合，請求權為多數，其訴訟標的亦為多數。此種借助實體法為方法，俾以解釋訴訟標的之單複異同之學說，遂被稱為新實體法說。

主張新實體法說之學者中，Henckel 之理論有特別介紹之價值。Henckel 將實體法上之請求權按其不同之機能作用區分為，分類作用之請求權、法律適用作用之請求權、經濟作用之請求權，其中對訴訟標的之單複異同問題直接有關之作用為請求權在經濟上之作用 (Wirtschaftliche Funktion)。Henckel 認為，實體法上之請求權在經濟上之意義及作用，在成為經濟交易之對象，亦即將請求權視為權利人為處分或讓與時之客體。於上述被告竊取原告之汽車一部之例，原告之有四個請求權之結果，係就請求權之法律適用作用 (Subsumtionsfunktion) 所為之觀察結果。若就請求權之經濟作用為觀察，原告於將其返還請求權為處分讓與時，僅能將此四請求權視為單一之處分客體而為處分讓與，原告不得將其分別為四次之交易處分而讓與。同一事實關係所發生之數請求權，其權利人於交易處分之際，既然僅能視為單一之處分客體而為處分讓與，自不能承認權利人有多數之真正請求權，應認為其僅有單一請求權。Henckel 以其請求權之經濟作用為論點，說明昔日傳統之請求權競合論下僅有單一之請求權可處分，從而認為此情形下之訴訟標的亦為單一，不再發生於訴訟中有數訴訟標的之並存之問題。惟應注意者，所謂新實體法說，並非不區分實體法上請求權與訴訟標的兩者之概念。此說僅在識別訴訟標的單複異同之標準方法方面，不走訴訟法極端之途徑，同時兼顧實體法與訴訟法兩者之密切關係，其目的在化解舊實體法說與訴訟法說之正面衝突也。

㈣相對的訴訟標的說

德國民事訴訟法與日本民事訴訟法，其條文中對訴訟標的之概念，並無一定之定義。僅在有關之條文中以各種不同之詞句為表達，例如德國民事訴訟法第二六〇條規定訴之合併，但在條文中並無訴訟標的 (Streitgegenstand) 之詞句，而以請求權 (Ansprüche) 用語為表達。於其第二六四條所規定之訴之變更，條文用語僅使用訴訟原因 (Klagegrund)，而無以訴訟標的為用語；但於其第二五三條所規定之訴狀記載事項中，卻有出現訴訟標的字樣。於其第二六一條所規定禁止重複起訴中，使用訴訟事件 (Streitsache) 一語，不使用訴訟標的為表達。於其第三二二條規定之既判力客觀範圍條文中，用語使用請求權，未使用訴訟標的之詞句。

觀看日本民事訴訟法之條文規定，有關訴訟標的概念之用語，亦於相關條文中使用各種不同之詞句。例如於民事訴訟法第三十八條、第四十條、第四十一條之共同訴訟中使用「訴訟之目的」一語。於其第一三六條規定之訴之合併中，用語為「請求」，於第一四三條所規定訴之變更條文中，亦使用「請求」一語。於其第一四二條所規定禁止重複起訴之條文中，使用「事件」之詞句。於其第一一四條規定之既判力客觀範圍中，其用語為「主文中所包含者」，而無使用訴訟標的之用語。

由於民事訴訟法之條文中使用各種不同之詞句用語，以表達訴訟標的之概念，且對訴訟標的之意義未規定其定義，民事訴訟法學者之間遂各自設定其訴訟標的意義。最傳統之訴訟標的之意義為「原告對被告之權利主張」。亦有認為係指「請法院就原告對被告之權利主張為判決之要求」。更有指係「請法院就原告對被告之權利主張為給付（確定、形成）判決之要求」，將權利保護形式 (Rechtschützform) 亦列為訴訟標的概念之要素中。可知訴訟標的一語之意義內容多樣，而未有統一之定義。其實，訴訟標的之概念，在學者之間，大都用在學理上作工具概念，就其訴訟標的之學說理論作其體系之解釋敘述。日本學者主張新訴訟標的理論者，更進一步將上述傳統意義之訴訟標的概念另行認定，指「原告得對被告請求給付（形成）法律地位之權利主張」始為訴訟標的，從而擴大其訴訟標的之概念範圍。

訴訟標的理論之發展過程中，無論在德國之舊實體法說、訴訟法說、新實體法說，抑或在日本之新訴訟標的理論，其有共同之一思考方向，係思以統一之一訴訟標的概念，俾能合理解釋說明民事訴訟法上之訴之合併、訴之變更、禁止重

複起訴、既判力客觀範圍各種制度現象。惟在利用此種統一之訴訟標的概念，以解釋上開各種制度現象之努力過程中，無論主張何說之學者，均發覺在學理方面遭受解釋之困難，無法圓通為前後一貫之說明。欲將上開四種制度之規定為圓通合理之解釋，不能不拋開其統一之訴訟標的概念，從而轉向將上開各種制度個別問題為解決與解釋。簡言之，應分別就訴之合併、訴之變更、禁止重複起訴、既判力客觀範圍各種制度之目的機能及法律政策上之必要為研判，探究其妥當之解決與解釋。於此種情形之下，不能再堅持以一固定概念之訴訟標的為方法，用以說明各種制度現象。應依各種制度規定，個別認定各制度下之訴訟標的概念與內容範圍，著重於各種制度之目的機能，相對地思考其訴訟標的。此種訴訟標的理論之近年發展傾向，學者稱其為「訴訟標的概念之相對化」，亦有稱為「相對的訴訟標的說」❸。

　　例如，學者有認為判決效力係程序保障之結果，判決之遮斷效之客觀範圍包括訴訟標的及判決基準時以前未及時主張而失權之攻擊防禦方法之權利或事實。判決既判力客觀範圍已不限於訴訟標的之範圍為其唯一之標準。故，思考判決既判力客觀制度時，應自既判力之程序保障機能為出發點，構思其規範之客體範圍。換言之，已不能再以傳統思考方法認為，判決既判力客觀範圍等於訴訟標的範圍也❹。

　　又於思考禁止重複起訴之制度時，亦應就避免法院重複審判及前後判決之牴觸之規範目的機能為基礎，就事件之同一性內容為構思，不能僅依據前後兩事件之訴訟標的是否相同為其唯一之標準。例如，學者有基於爭點效之立場認為，縱然前後訴之訴訟標的不相同，但若前後兩訴之主要爭點完全相同時，亦屬於禁止重複起訴之情形，應將後訴視為同一事件而駁回起訴❺。換言之，禁止重複起訴制度之規範與訴訟標的之概念兩者之間，並無必然之連結關係，不能持訴訟標的之概念，用以解釋某事件有無禁止重複起訴之問題。另外就訴之變更而言，有無

❸ 參照三木浩一，〈訴訟物概念の機能〉，載《民事訴訟法の爭點》（第三版）第一三四頁以下。中野貞一郎，〈訴訟物概念の統一性と相對性〉，載《民事訴訟法の論點Ⅰ》第二十頁以下。新堂幸司，《新民事訴訟法》（弘文堂出版）第二六六頁以下。在德國亦有早期之專著，Othmar Jauernig, Verhandlungsmaxime, Inquisitionsmaxime und Streitgegenstand, 1967.

❹ 見新堂幸司，前揭書第二六八頁及第二六九頁。

❺ 見新堂幸司，前揭書第一九五頁以下。

訴之變更問題，其問題在前後兩訴之請求基礎是否同一。前後兩訴之請求基礎是否同一，不等於前後兩訴之訴訟標的是否同一之問題。從而有無訴之變更與訴訟標的之概念，兩者之間並無必然之連結關係可言。利用訴訟標的以解釋訴之變更或訴之合併制度現象，亦非必要方法。

總而言之，近年來在日本之訴訟標的理論，其學說狀況，已不再由訴訟標的之概念為出發，以演繹方法，利用統一之訴訟標的概念，將訴之合併、訴之變更、禁止重複起訴、既判力客觀範圍之問題為一律之解決說明。其方法係就各種制度之目的機能為考慮，提出個別適合解決之途徑，並作合理之解釋。並不專門依賴訴訟標的之概念為唯一之工具❻。

二、各種訴訟類型之訴訟標的之特定

訴訟標的為抽象之概念，原告起訴時，於起訴狀應如何記載表明始為完整而能與另外之訴訟標的有所區別？此為訴訟實務必須面對之問題。實務上，除當事人外，通常於起訴狀內先記載原告起訴之目的，例如，「為請求給付買賣價金提起訴訟事」、「為請求確認租賃關係不存在提起訴訟事」、「為請求判決離婚提起訴訟事」。其次再記載原告應受判決事項之聲明，實務上簡稱為原告之聲明，例如，「被告應給付原告新臺幣二十萬元，並自民國七十八年三月五日起至清償日止按年利率百分之五計算之利息」。最後再記載原告起訴之事實理由，例如，「被告於民國七十八年三月二日以新臺幣三十萬元向原告買受原告所有一九八七年出廠裕隆小客車一輛。原告於收受被告給付部分價金新臺幣十萬元後，已將汽車交付被告。惟被告一再託辭拒絕給付餘欠價金新臺幣二十萬元，為此原告提起本件訴訟，請求判命被告給付買賣價金。……」此種實務上之撰寫內容，我國民事訴訟律及民事訴訟條例之立法理由已有明示。足見，訴訟標的之具體權利或法律關係，無法僅憑原告起訴目的或訴之聲明內容而獲知，必須借助原告起訴之事實理由始可。姑且不論訴訟標的理論之學說如何，我國法院判例實務既然仍採舊實體法說，自當面對實務，分別就給付之訴、確認之訴、形成之訴，將其訴訟標的之特定方法為說明。

---

❻ 參照中野貞一郎，上揭書第四十三頁以下。

㈠給付之訴之訴訟標的

依舊實體法說，特定給付之訴之訴訟標的，應就原告之訴之聲明及起訴之原因事實，兩者一併為判斷，認定原告所主張之給付請求權屬於實體法上何種規定之請求權，不得專以訴之聲明為判斷特定。在給付之訴，即使前後兩訴之訴之聲明完全相同，但原告起訴之原因事實不同者，前後兩訴之訴訟標的即不同。又縱然前後兩訴之訴之聲明及起訴之原因事實全部相同，但原告於其起訴之原因事實中所主張之法律關係不同者，兩訴之訴訟標的亦不相同。不同之法律關係產生不同之給付請求權，不同給付請求權即構成不同之訴訟標的。例如，原告起訴主張被告冒充原告身分收取租金一萬元，依民法第一八四條侵權行為法律關係，主張損害賠償請求權，請求法院判命被告給付原告新臺幣一萬元，原告之訴訟標的為侵權行為之損害賠償請求權。被告抗辯原告之請求逾十年不行使，因時效而消滅（民法第一九七條），法院判決原告敗訴。原告於事後另行起訴，主張被告冒充原告身分收取租金一萬元，依民法第一七九條不當得利法律關係，主張不當得利返還請求權，請求法院判命被告給付原告新臺幣一萬元。於此情形，前後兩訴之訴之聲明及起訴之原因事實完全相同，但原告所主張之法律關係前後不同，其給付請求權不同，兩訴之訴訟標的即不相同。

簡言之，給付訴訟之訴訟標的，在實務上特定方法係，將訴之聲明及起訴之原因事實兩者一併為具體之判斷，並將原告所主張之實體法律關係及其給付請求權作為識別訴訟標的之特定方法。

㈡確認之訴之訴訟標的

原告於其訴之聲明所表示之一定權利或法律關係存否之主張，即為確認之訴之訴訟標的。原告之訴之聲明，必須具體表明其所主張之實體權利或法律關係。特定之方法，亦必須同時就以訴之聲明及起訴之事實理由為具體表明及主張始可。惟應注意者，原告所主張而要求法院為確認之實體權利或法律關係始為訴訟標的。原告所主張之事實及法律解釋，雖對於法院認定一定權利或法律關係之存在不存在，有其必要性，但事實及法律解釋均不能成為訴訟標的。又確認之訴之訴訟標的，亦必須限於現在之權利或法律關係始可，過去或將來發生之權利或法律關係均不能成為訴訟標的（四九臺上字第一八一三號判例，本判例依一〇八年七月四

日施行之法院組織法第五十七條之一第二項，其效力與未經選編為判例之最高法院裁判相同）。身分為事實抑或法律關係？最高法院判例及解釋前後不一致。最高法院四十八年臺上字第九四六號判例認為，身分之存在與否乃屬一種事實問題，不得為確認之訴之標的，即在親子關係事件中，亦只有確認收養關係成立或不成立之訴，而無所謂確認養親與養子身分之訴。最高法院民事庭總會六十二年十月三十日決議六十二年度第三次民事庭庭推會㈧則認為，就親子身分關係得提起確認之訴，最高法院二十三年上字第三九七三號判例所謂確認身分之訴，意即指確認親子關係存在或不存在之訴而言，因而謂上揭四十八年臺上字第九四六號判例與二十三年上字第三九七三號判例並無衝突。嗣本法第二四七條規定於八十九年二月修正，法律關係基礎事實已得為確認之訴之訴訟標的，最高法院因而於九十年三月二十日九十年度第三次民事庭會議決議，不再援用四十八年度臺上字第九四六號判例。上揭二十三年度上字第三九七三號判例亦因民法第一〇六七條修正，最高法院於九十六年八月二十八日九十六年度第五次民事庭會議決議不再援用。

　　身分一語係指人與人之間所存在之一定關係而言。人與人之關係於民事法上特別重要者，在財產方面有債之法律關係，在身分法方面有夫妻關係、血親關係、姻親關係、養親子關係。所謂身分，在法律上而言，離開身分關係即無討論之意義。將身分視為單純之一種事實而否認人之身分關係，於法律解釋之目的而言，恐非適宜。本法原人事訴訟程序所規定，確認婚姻成立不成立之訴、確認收養關係成立不成立之訴，就母再婚後所生子女確定其父之訴，就用語改換而言之，不外指確認夫妻關係存在不存在之訴，確認養親養子關係存在不存在之訴，確認親生子女關係存在不存在之訴而言。家事事件法第三條規定甲類事件，有確認親子關係存在或不存在事件，確認收養關係存在或不存在事件。此種身分關係之存在不存在之爭執，即法律關係存在不存在之訴。若當事人之間就一定身分關係之存否，其原因包括身分行為是否有效或是否成立，對現在所爭執之權利義務有法律上之利益者，自得提起確認身分關係存在不存在之訴，俾以解決法律爭執。

㈢形成之訴之訴訟標的

　　原告提起形成之訴係主張其行使裁判上之形成權，從而要求法院以判決創設變動形成一定之法律效果或法律關係。故，形成之訴之訴訟標的係原告所主張之裁判上可行使之形成權。日本學者有時不稱形成權而稱為形成要件或形成原因。

此為舊實體法說及現在之實務所採之概念。例如,撤銷婚姻之訴或離婚之訴,在民法第九八九條起至第九九七條,分別規定得向法院起訴請求將婚姻為撤銷之原因及其撤銷權人。原告起訴時係以此種撤銷原因或撤銷權為訴訟標的。又民法第一〇五二條所規定之各種事由為要求法院為判決離婚之離婚原因,又稱為離婚之形成權。原告以有離婚原因存在主張有要求離婚之形成權,訴請法院判決離婚,係以主張之離婚原因或離婚形成權為訴訟標的。形成權之發生及存在,依權利主體及形成權發生之事由不同而各別存在。故,同一原告對於同一被告,因形成權發生之事由不同而同時有同一內容之數形成權並存存在。例如,原告對被告同時主張,被告有與配偶以外之人合意性交之事由,意圖殺害原告之事由,虐待原告而不堪同居之事由(民法第一〇五二條第一項第二款、第六款、第三款),此際,原告之離婚形成權有三,得分別起訴而行使,其訴訟標的各別。同理,被告對於原告亦主張其有離婚形成權時,得提起離婚之反訴,被告反訴之訴訟標的,即以其所主張離婚之事由或離婚形成權為訴訟標的。不因離婚之法律效果同一而否定原告與被告各有其訴訟標的。得成為形成之訴之訴訟標的者,其形成權,除在實體法上所規定應以起訴始得行使者外,另有在訴訟法上所規定之形成權。例如,再審之訴、撤銷除權判決之訴、死亡宣告之訴,此類形成之訴,均以訴訟法上之形成權為訴訟標的。

■ 第三節　各種特殊訴訟案例之訴訟標的

一、確認金錢債務不存在之訴之訴訟標的[7]

　　債權人與債務人發生金錢債權之糾紛時,通常由債權人為原告提起給付金錢之訴或積極確認金錢債權存在之訴,其訴訟標的由原告債權人提出,訴訟標的之範圍與特定,均不成問題。但於消極確認金錢債務不存在之訴,原告為債務人,訴訟標的由債務人提出。債務人原告應如何特定訴訟標的之範圍?原告應如何為

---

[7] Vgl. Baltzer, Die negative Feststellungsklage aus. §256 I, ZPO. 1980, Köln; 納谷廣美,〈債務不存在確認訴訟の訴訟物と判決效〉,《民事訴訟法の爭點》(新版)第一九四頁以下。楊建華,〈消極確認之訴訟標的金額或債額〉,《問題研析民事訴訟法(四)》第一二〇頁以下。

訴之聲明始為合法適當？即成為問題而值得思考。例如，債務人曾經自一九八〇年五月一日起至一九八七年六月三十日之期間，陸續向債權人借款十數筆，並簽發支票多張交付供清償，其間亦前後償還多次借款及以貨款多筆為抵銷。事後雙方發生債務不清之糾紛，債權人主張債務人積欠其二千萬元，債務人主張其已不積欠，即使有積欠，金額不超過五萬元。債務人原告提起確認金錢債務不存在之訴時，其訴之聲明應如何為聲明始對訴訟標的之範圍有特定？

若債務人原告之訴之聲明云：「確認被告對原告在一九八〇年五月一日起至一九八七年六月三十日期間之金錢債權不存在」。此種不表明債權金額之原告之訴之聲明合不合法？學者有主張其為合法者，其理由係認為，債務人原告若在起訴之事實理由中具體表明雙方來往金額及償還或抵銷之事實，即已明確表明並特定其訴訟標的。倘債權人被告有爭執者，應由債權人被告為答辯及舉證為主張。何況，債務人提起此種訴訟，係因在起訴之前，先有債權人對債務人為請求或主張有一定金額債權存在而發生爭執。債權金額之多少應由債權人先為主張始為合理，當無先由債務人原告於訴之聲明為表明之理。債務人原告只須表明債權不存在即可❸。學者有認為，上述原告之訴之聲明，原告應表明不存在之金錢債權數額。例如應表明：「確認被告對原告在……期間之金錢債權二千萬元不存在」，或表明：「確認被告對原告在……期間之金錢債權超過五萬元部分不存在」，否則，原告之訴之聲明不合法。

按消極確認金錢之訴，其最成為問題者有二，一係原告債務人所起訴之訴訟標的金額範圍有無特定？如有特定，其金額範圍如何？另一係法院就消極確認金錢之訴所為實體判決，其判決效力所及範圍如何？是否因原告之聲明方法不同而影響勝敗情形之判決效力範圍？就本件案例而言，債權人被告主張其對債務人原告有二千萬元債權存在，債務人原告提起確認金錢債務不存在之訴時，否認債權人所主張之全部債權二千萬元。此際，債務人原告之訴之聲明，可能有三種情形：第一、「確認被告對原告在某某期間內之金錢債權不存在」，此係原告不表明債權金額而全部否認債權存在之聲明方法；第二、「確認被告對原告在某某期間內之金錢債權二千萬元不存在」，此係原告就債權金額之最高數額為表明而全部否認其存在之聲明方法；第三、「確認被告對原告在某某期間內之金錢債權超過五萬元之部

❸ 參照坂口裕英，〈債務不存在確認請求の特定〉，《演習民事訴訟法》第三〇九頁。

分不存在」，此係原告不表明債權之最高數額而僅就超過一定金額之債權為限定否認之聲明方法。

於第一種情形之聲明，債務人原告雖對於債權之具體數額未明示，但能自其起訴之原因事實理由中之主張事實，獲得債務人原告所否定之全部債權內容或其全部數額，故，其訴訟標的之範圍應認為特定。計算訴訟費用時，原則上以原告之消極利益為準，如不能從原告之主張中明確核定者，得依職權向被告調查，以被告主張之債權利益，核定訴訟標的之數額❾，從而原告起訴之訴訟標的範圍為二千萬元。有疑義者，法院審理結果認為被告債權人尚有五萬元金錢債權存在時，法院判決主文應否宣示「原告之訴駁回」，抑或可否宣示「被告對原告在某某期間內之一千九百九十五萬元金錢債權不存在，原告其餘部分之訴駁回」？法院若為「原告之訴駁回」之宣示，判決既判力內容之範圍是否積極確認被告債權人對原告債務人有二千萬元金錢債權存在？如為肯定解釋，是否與法院於事實理由中所認定被告債權人對原告債務人尚有五萬元金錢債權存在之結果相矛盾？按消極確認金錢債務不存在之訴，兩造當事人僅就數額有爭執者，其確認之訴訟標的為可分，故雖為確認之訴，但法院之確認判決亦可依數額多寡分別為勝訴判決部分與敗訴判決部分之宣示，不得因有部分無理由而就全部無理由之駁回判決。蓋於確認之訴，應分其訴訟標的為確認特定權利或法律關係存在不存在之情形，抑或其訴訟標的為確認一定金錢數額存在不存在之情形，作不同之判決宣示，否則將有上述無法瞭解之矛盾結果。

於第二種情形之聲明，債務人原告已就雙方當事人有爭執之全部金錢數額為具體表明，否認該金錢數額之存在而要求判決，則其訴訟標的之範圍明確特定，法院判決效力所及之客觀範圍亦明確而一定。惟因涉及可分之金錢債權數額之問題，法院判決不得依確認權利或法律關係存在不存在之問題，作全部否定或全部肯定之判決，視情形得就一部有理由及一部無理由之判決，其情形與法院為一部給付判決之情形相同。

於第三種情形之聲明，債務人原告雖於訴之聲明未明確表明系爭全部債權數額，但可自雙方當事人所主張事實理由中獲知有爭執之全部債權額。債務人原告

---

❾ 參照楊建華，〈消極確認之訴之訴訟標的金額或價額〉，載《問題研析民事訴訟法㈣》第一二〇頁以下。

所聲明，超過五萬元部分不存在，係以五萬元為最低界限，據以表明其與全部債權最高界限間差額債權不存在之意。換言之，原告係聲明，雙方所爭執債權全部二千萬元中超過五萬元之一千九百九十五萬元部分債權不存在。債務人原告訴請法院判決之訴訟標的數額為確認債權一千九百九十五萬元不存在，判決既判力之客觀範圍以該金錢數額為範圍。應注意者，債務人原告於訴訟中自認之五萬元，因其非係訴訟標的，判決既判力不及於五萬元，債權人被告得以反訴或另行起訴請求法院判決後，始有判決既判力。值討論者，於法院審理結果認為，超出五萬元之部分尚有一部分債權存在時，法院可否直接宣示原告之訴駁回之判決？抑或就有理由部分與無理由部分分別為勝敗訴之判決？拙以為應如同於前述第一種情形為宣示判決，不得為全部駁回之判決。

二、一部請求之訴訟標的

　　新訴訟標的理論之學者提出概念較廣大之判斷訴訟標的之基準，並倡導同一糾紛一次解決之訴訟理念後，附帶引發學者討論一部請求之訴訟標的與其判決既判力之範圍問題❿。原告對被告之債權請求，如係以金錢或代替物在數量上可分之給付為內容情形，倘原告不為全部之請求，於訴訟上僅就債權之其中一部分為請求，並於法院判決確定後，原告更就同一債權之殘餘部分訴請法院為給付判決時，被告可否抗辯，原告之後訴係就同一債權請求為訴訟標的之重新起訴？被告可否主張，原告前訴之法院判決，既判力應及於同一債權之全部，其後訴之殘餘請求應受前訴既判力之遮斷？又原告前訴之判決，其既判力之客觀範圍是否因勝訴或敗訴而有所不同？若原告前訴之一部請求遭敗訴確定後，原告可否得基於同一債權之法律關係另就殘餘部分為請求？又原告就債權之一部為起訴時，其中斷消滅時效之效力，是否僅及於起訴部分債權抑或及於全部債權？殘餘部分債權是否亦生中斷時效之效果？於原告就同一債權不加分割請求之情形，其訴訟標的之範圍與判決既判力之客觀範圍兩者明確一致，不生問題。惟若原告任意將同一債權在數量上為分割請求之情形，在訴訟上首先發生之疑問者係，原告起訴之訴訟標

---

❿ 參照陳榮宗，〈一部請求之判決與既判力客觀範圍〉，載《民事程序法與訴訟標的理論》第三○五頁以下。駱永家，〈一部請求訴訟〉，載《既判力之研究》第八十九頁以下。江藤價泰，〈一部請求と殘額請求〉，載《民事訴訟法の爭點》（新版）第一八六頁以下。Zeiss, Rechtskrafterstreck und bei Teilklagen, NJW. 1966, 1305ff.

的為全部債權抑或其所聲明之一部分給付請求權？其次必再問，原告之訴訟就其訴訟標的究竟有無加以特定？若原告於起訴一部請求後，將其給付請求之數量為變更時，是為訴訟標的之變更問題抑或不變更訴訟標的而僅擴張減縮請求範圍之問題？可知一部請求之法律問題涉及訴訟標的之認識問題及既判力客觀範圍之解釋問題，不能不注意。

㈠一部請求判決之學說及其對立論點

1.因起訴而中斷消滅時效之範圍

依民法之規定，時效因起訴而中斷，其中斷之時效，自受確定判決或其他方法訴訟終結時重行起算（民法第一三一條、第一三七條第二項）。債權人原告先就債權之一部請求權起訴獲勝訴判決確定，俟十五年時效經過後始再就殘餘一部債權為起訴時，債務人被告抗辯殘餘債權因時效而請求權消滅。債權人原告可否再抗辯，其殘餘請求係基於同一法律關係之債權，於前訴訟之起訴時中斷時效之效果及於全部債權，殘餘債權請求無時效消滅之效果？主張中斷時效之效果僅及於起訴部分者認為，在訴訟上得中斷時效之請求權，必須成為訴訟標的始可，若原告僅在訴訟上將其請求權為陳述，而未使其成為訴訟標的要求法院為判決，尚不能認為構成起訴而中斷時效。原告將數量可分債權之一部分為起訴之情形，原告要求法院於其判決主文欲判斷者，僅係債權之一部而非債權之全部，原告起訴之訴訟標的為債權之一部，起訴而中斷時效之範圍，僅能限於訴訟標的之一部債權而不及於非屬訴訟標的之殘餘債權❶。主張起訴中斷時效之效果可及於全部債權者認為，數量上可分之同一債權，若債權人任意僅就其中一部分起訴，其訴訟標的應指全部債權而言，起訴而中斷時效之效果應及於殘餘部分債權。原告於訴訟中若聲明增加請求數額時，並非追加新權利，因此不生對所追加債權另外中斷時效之問題❷。又主張此說者，有自民法之中斷時效制度之本意，認為起訴係權利人以訴訟形式對其權利為行使之意思表示，表明其未使權利睡覺之態度，故，權利人一有起訴行為，無論其起訴為債權之一部或全部，均應對全部債權發生中斷

---

❶ 見中田淳一，〈一部請求と時效中斷の範圍〉，載《別冊ジュリスト 5 號》第七十八頁。齋藤秀夫，《民事訴訟法概論》第三九四頁。

❷ 見兼子一，〈確定判決後の殘額請求〉，載《民事法研究》第一卷第四一九頁。

時效之效果❸。

按一部請求之起訴可否對於全部債權發生中斷時效之問題，自訴訟法之理論言之，須視一部請求之訴訟標的，在解釋上是否僅以起訴之部分為範圍，抑或包含未起訴之殘餘部分為範圍。此種問題之解釋涉及對訴訟標的之概念如何認識而定位之解釋。採起訴之訴訟標的限於起訴部分債權之見解者，結論上必然認為中斷時效之效果不及於殘餘債權，判決既判力亦不及於殘餘債權。主張起訴之訴訟標的係全部債權之法律關係者，理論上必採中斷時效之效果及於殘餘未起訴部分之債權。

2. 一部請求之訴訟標的之學說

關於一部請求之訴訟標的，在理論上值得討論之問題有二：一為、原告起訴之訴訟標的究竟係其所聲明之一部債權？抑或原告於訴狀中以事實理由加以陳述之全部債權？二為、原告將其同一債權任意分割一部分，訴請法院就其一部債權為判決之情形，原告於訴之聲明中所表明之一定數額，是否已具備訴訟標的必須特定之條件？日本通說認為，在私法自治原則及訴訟法之當事人處分權主義之下，債權人得自由任意分割債權而行使，在訴訟上無限制對一部債權為起訴之理由。何況，民事訴訟法規定，法院不得就當事人未聲明之事項為判決（本法第三八八條，日本民訴法第二四六條，德國民訴法第三〇八條）；判決既判力客觀範圍，以經判決之請求為限度有其效力，於訴訟上主張抵銷之對待給付，其成立與否經裁判者，以主張抵銷之額為限，受既判力之拘束而不得更行主張（本法第四〇〇條，日本民訴法第一一四條，德國民訴法第三二二條）。上開法律明文足以證明，原告得自由將其債權分割為請求，且以其請求或抵銷之債權部分為限度受既判力之拘束。由此可知，原告於訴狀中所聲明而法院於判決主文中所表明之債權部分，始為一部請求之訴訟標的❹。

採反對說者認為，原告之債權本係基於同一原因事實而發生，該債權原為單一。所謂訴訟標的即法院欲加審理之對象，係指訴狀中之請求原因事實欄所舉之事實關係而言。雙方當事人及法院所面對之爭執，係針對該項全部債權之法律關

---

❸ 見我妻榮，〈確認訴訟と時效の中斷〉，載《法學協會雜誌》五十六卷五號及七號。同，《民法總則》第三五七頁。住吉博，〈時效中斷事由としての裁判上の請求〉，載《民事訴訟讀本》（第二版）第四五三頁以下。

❹ 見伊東乾，〈判例批判〉，載《民商法雜誌》四十八卷五號第七六五頁以下。

係存否問題為對象，於判決時亦以此法律關係之存否為判決，無法僅就原告於訴之聲明中所提之一部債權為唯一之審理對象。又法院判決主文係訴訟技術要求而存在之制度，目的在簡潔表明執行時之明確範圍，並非於主文中所表明者即訴訟標的，不得以既判力客觀範圍以包含於主文者為限一端，即謂訴之聲明或主文所載之一部債權為訴訟標的。何況在原告就殘餘債權為起訴之情形，法院勢必一再重複就前訴已審理過之同一事實關係為審理。此種情形之問題，不僅僅涉及原告可否任意就可分債權為分割而請求之問題，其更重要者，乃涉及原告可否於訴訟上就單一之同一事實關係要求法院一再為審判之訴訟政策問題。就既判力客觀範圍之理論而言，訴訟標的之概念及範圍，應指原告全部債權之法律關係而言❶。除此之外，持反對說者，自一部請求之訴訟標的能否特定為立論，認為一部請求之訴訟標的無法特定，故，一部請求之訴訟標的係以全部債權為範圍。此說謂，原告將其債權任意分割而請求其中一部分，實乃將不特定之一部債權為擇一而主張。例如，原告訴求一千萬元債權中之一百萬元時，其一千萬元中之任何一百萬元均得成為法院審判之對象，原告所謂一百萬元事實上並未特定。因此，在解釋上必須認為，原告雖為一部請求，但其訴訟標的係全部債權，否則，其一部請求之訴訟標的不特定而不合法❶。

　　由於學者之間對一部請求之訴訟標的所採之見解不同，若原告於訴訟中將其訴之聲明為數量之擴張或減縮時，學者在訴訟法上之解釋亦有不同。主張全部債權之法律關係為一部請求之訴訟標的者，認為原告於訴之聲明所表明之數額，僅具法院為判決時之最高界限之意義而已。若原告就訴之聲明數額為變動時，不生訴訟標的之變動，僅生擴張或減縮訴之聲明範圍現象❶。但主張一部請求係以訴之聲明為訴訟標的者，由於認為一部請求之訴訟標的，與殘餘請求之訴訟標的兩者不同，所以於一部請求之訴訟中，原告若追加殘餘債權時，則為訴之追加，若將數額為減縮時，則為訴之一部撤回❶。

---

❶ 見五十部豐久，〈一部請求と殘額請求〉，載《實務民事訴訟法講座Ⅰ》第八十八頁以下。三ケ月章，〈一部請求判決の既判力論爭の背景〉，載《民事訴訟法研究》第三卷第一七二頁以下。同，《民事訴訟法》第七十頁以下。

❶ 見兼子一，〈確定判決後の殘額請求〉，載《民事法研究》第一卷第四〇八頁以下。

❶ 見三ケ月章，《民事訴訟法》第一〇八頁。

❶ 見小室直人，〈一部請求の訴訟上の取扱〉，載《法學教室》一號。

3. 一部請求之判決既判力客觀範圍

一部請求之訴經法院為判決確定後，其既判力客觀範圍及於原告起訴之訴訟標的。因學者對一部請求之訴訟標的範圍有所爭論，解釋既判力客觀範圍之見解亦生差異。主張訴訟標的之範圍限於原告之訴之聲明者，在理論上認為判決既判力客觀範圍僅及於一部請求債權，判決效力不及於殘餘部分債權，從而原告得另行就殘餘債權起訴為請求。主張一部請求之訴訟標的為全部債權之法律關係者，認為判決既判力客觀範圍不僅及於請求之一部債權，且應同時及於未起訴之殘餘債權，原告及被告均不得再就殘餘債權為起訴。依前說之說明，法院不得就原告未聲明之部分為判決，判決既判力客觀範圍限於原告訴之聲明，且判決理由中之判斷，除抵銷之判斷外，不受判決效力之拘束。後說認為，就法院審判之推理過程以觀，法院必須先對全部債權法律關係之存否為審理，於認原告之全部債權關係不存在時，始得為原告一部請求之敗訴判決。於原告之一部請求勝訴判決情形，法院亦同樣適用此種審理過程。在相同原因事實之法律關係下，同一債權不能因原告分割請求而發生一部請求敗訴但殘餘部分勝訴之結果。故，原告請求之一部或全部，無論其判決之勝敗，判決既判力客觀範圍必須一致及於全部債權，否則，一部請求與殘餘債權兩者之判決結果將不一致而有矛盾❶❾。

4. 一部請求在訴訟上可否允許之問題

日本學者對一部請求之問題討論，大都集中討論原告之一部請求是否為法律所允許之問題，因而在學說上分為否定說、全部肯定說、限制肯定說❷⓪。日本傳統之見解不認為原告提起一部請求訴訟為違法，迄兼子一發表「確定判決後の殘額請求」之後，始出現主張否定說之學者。兼子一採否定說係以原告之一部請求於性質上無法特定其請求為立論，從而自訴訟法之立場認為此種訴訟不合法，且進而主張原告之一部請求其訴訟標的應為全部債權。兼子一之見解，後來為三ケ月章、小室直人、五十部豐久、上村明廣、新堂幸司所贊同，在研討一部請求之訴訟標的及既判力方面獲得發揮，最近且在學說方面提倡當事人程序保障之理論，

---

❶❾ 有關德國學者對一部請求之判決效力問題討論，請參閱 Jauernig, ZPR. 22. Aufl. S. 220ff.; Rosenberg -Schwab, ZPR. 14. Aufl. S. 990ff.; Zeiss, ZPR. 1971, S. 231ff.; Münchener Kommentar, ZPO. §322, S. 2026ff.

❷⓪ 見櫻井孝一，〈一部請求訴訟〉，《法學演習講座 10 民事訴訟法》第二〇五頁以下。

俾以解釋既判力制度之理念與功能而採取一部請求訴訟之否定說❷¹。但德國學者討論一部請求之問題，大都重在研討原告可否就殘餘債權為請求與一部請求之判決既判力所及客觀範圍。德國學說對一部請求訴訟是否適法之問題鮮有爭論，其有爭論者係一部請求之判決在何種情形下，其既判力始及於殘餘請求之問題。

㈡德日兩國判例現狀

日本判例自大審院時代起一直確認，一部請求之判決既判力一律不及於殘餘部分債權。自最高裁判所時，始確立於原告明示其請求為一部之請求時，其判決既判力始不及於殘餘部分債權，從而改採限制之態度❷²。德國帝國法院時代之判決，對原告未於起訴時明示其為一部請求時，判決既判力可否及於殘餘部分債權之問題，並無統一之法律見解。有若干帝國法院判決認為，法院不得以原告在前訴欲訴求全部金額之意思起訴且被告亦認其係全額為理由，而拒絕原告之事後追加為請求，除非原告於前訴曾經表示其拋棄殘餘債權。蓋原告之前訴請求所具意義僅係原告之請求為其最低給付請求，從而前訴之判決既判力僅及於法院所判斷之一部請求而不及於原告未訴求之殘餘部分。至於原告於訴訟中有無表明其保留殘餘部分，或法院判決之意思是否為全部請求，均無關緊要❷³。第二次世界大戰後德國聯邦最高法院前後認為，若原告未將其訴訟表明為一部請求時，原則上判決既判力僅及於原告起訴所主張之請求數額。但若原告在訴訟上有某種行為態度前後對立不一致時，得例外認既判力可及於全部債權。換言之，聯邦最高法院認為，若原告表明其請求為全部債權之情形，或因原告之行為足認其請求為全部債權之情形，原告不得因反悔，再起訴主張其前訴係一部請求而就殘餘部分為請求❷⁴。

拙以為原告一部請求之訴訟，其訴訟標的應指其訴之聲明所表明者而言，判決既判力客觀範圍僅及於原告訴之聲明為範圍，以採德日通說及判例解釋為妥當。不宜採日本學者之否定說見解而認為原告一部請求之訴訟為違法，從而將一部請求之訴訟標的解釋係全部債權。

---

❷¹ 參照江藤價泰，〈一部請求と殘額請求〉，載《民事訴訟法の爭點》（新版）第一八八頁。
❷² 見江藤價泰，上揭文第一八七頁。昭和三十七年八月十日最高裁判決（《民集》十六卷八號第一七二〇頁）。昭和四十九年四月二十六日最高裁判決（《民集》二十八卷三號第五〇三頁）。
❷³ 參照 Britten, NJW. 1955, 881; Bruns, ZPR. §44 II 1, S. 412ff.
❷⁴ 見 BGHZ. 34, 337; NJW. 1961, 917; BGHZ. 36, 365; NJW. 1962, 1109.

三、損害賠償請求訴訟之訴訟標的㉕

　　討論損害賠償請求訴訟之訴訟標的，其涉及之問題有四：第一、可否以原告訴之聲明將損害賠償請求權為特定而定訴訟標的之範圍？第二、對同一損害賠償之請求權於實體法有數條文之規定情形，其訴訟標的為單一抑多數？第三、因同一事故同時發生各種損害時，損害賠償請求之訴訟標的是否按各種相異之損害而各別不同？第四、判決確定後，被害人之損害繼續擴大情形，此種損害賠償如何處理？第一問題即前述損害賠償一部請求之問題，在此不再重行敘述。第二問題為新訴訟標的理論與舊訴訟標的理論在學理上爭論最多之基本問題，前已敘述，不再詳述，僅就基於侵權行為之損害賠償請求權與債務不履行之損害賠償請求權兩者之關係，簡略為討論。

　　同一之生活事故同時符合侵權行為與債務不履行之法律構成要件之情形，例如醫生因故意過失對病人開刀，造成病人殘廢之情形，被害之病人同時對醫生得主張侵權行為損害賠償請求權與債務不履行之損害賠償請求權。民法學者之間對此種法律現象之解釋處理，有請求權競合說與法條競合說之對立。主張舊訴訟標的理論者，若對此問題採請求權競合說，則認為被害人原告之損害賠償請求訴訟之訴訟標的有二，若採法條競合說，則訴訟標的為單一。主張新訴訟標的理論者認為，此種法律現象為請求基礎之競合問題，屬於法律觀點之層次，被害人在實體法上得請求給付之真正權利僅有一個，即訴訟標的為單一。主張新實體法說者，亦認為被害人祇有一個統一之損害賠償請求權，其訴訟標的亦為一個。拙以為新實體法說之觀點正確，被害人之損害賠償請求權，就經濟交易之處分權而言，祇有一個，不能因民法規定之請求途徑有二而變為兩個損害賠償之權利，於訴訟法而言，訴訟標的係單一。

　　專就侵權行為損害賠償請求之訴訟標的為觀察，在討論被害人於訴訟時之訴訟標的數目之前，必須先分析學者對於決定損害賠償請求之基準有何者。民法學者有依被害法益之種類及個數為基準而決定被害人之請求權個數多少者。有以區

㉕ 參照中野、松浦、鈴木三人編，《民事訴訟法講義》（補訂第二版）第一五〇頁以下。中森宏，〈損害賠償請求の訴訟物〉，載《民事訴訟法の爭點》（新版）第一八〇頁以下。楠本安雄，〈損害賠償請求訴訟の訴訟物〉，載《新實務民事訴訟法講座4》第三頁以下。

分財產損害與精神損害為基準方法，而主張財產損害依一物一物權之原則計算損害賠償之個數者。據此方法之基準，訴訟標的之個數必須以被害法益或財物之個數為決定，從而房屋被燒掉之被害人，其房屋內數以千計之每件物品均單獨成為權利而有上千個損害賠償請求權，於訴訟上即有上千個訴訟標的。此種結果，就一般社會觀念而言，不易被一般人所接受。因此學者有主張以加害行為為基準，若事故加害行為係一個時，縱然被害之法益或財物個數上千，亦僅能構成一個損害賠償請求權，其訴訟標的為單一。民事訴訟法學者更有自糾紛之觀點為主張，認為就社會關係而言，得認係屬於一個糾紛之情形，其損害賠償請求權為一個，訴訟標的亦為一個。據此兩種基準，於上述房屋被燒之案件，被害人訴訟上，其損害賠償請求之訴訟標的，僅能概括而認為單一。主張新訴訟標的理論之學者，基於一次糾紛一次解決之訴訟經濟理念，對於損害賠償請求訴訟之訴訟標的，其特定之基準，大都主張應以加害行為之個數或糾紛個數為準。至於主張舊訴訟標的理論者，通常大都以被害法益或財產損害、精神損害為基準，而認定訴訟標的之多寡。

　　拙以為民法明文區分財產上之損害賠償與精神上之損害賠償，尤其被害人之身體健康受侵害情形，其與財產權單純受害情形兩者之意義顯然不同。財產損害雖不宜按一物一物權原則為基準而定其訴訟標的之個數，但精神上之損害則無妨按人數計算各人之損害請求之訴訟標的。不能將財產損害與精神上之損害合併作一次糾紛或一加害行為處理，而認為其訴訟標的為單一。故，於被害人之身體健康被侵害時之損害賠償請求訴訟，得就財產損害與精神上之損害分別視為相異之訴訟標的，各別起訴為請求。如此處理，始能兼顧訴訟經濟及被害人私權獲充分之保障，否則，將有訴訟法完全脫離實體法而走向極端之不妥現象。

　　對於判決確定後，被害人之後發損害繼續擴大情形之損害賠償，可否獨立另外承認其係損害賠償之訴訟標的，允許被害人另行訴求？其學理上如何解釋？頗值討論。按訴訟標的之單複異同，其識別基準應注意判決既判力之基準時間。換言之，於事實審最後言詞辯論終結以前原告之訴訟標的，與其以後因權利事實之變動所生之請求權，兩者之訴訟標的不同。侵權行為損害賠償請求權雖於原告起訴時已經存在，但其損害延續，於事實審最後言詞辯論終結後不斷擴大，原告無法適時為主張而請求，法院亦不得對該部分之損害賠償預先為審判。為保障原告被害人之權益與訴訟程序之實際情況，宜解釋判決確定後之後發擴大損害，得獨立成立損害賠償請求權，從而認為其係另外發生之訴訟標的，原告得另行起訴為請求。

四、離婚訴訟之訴訟標的

㈠離婚之法定原因與離婚之形成權

我國民法第一〇五二條第一項規定：夫妻之一方有下列情形之一者，他方得向法院請求離婚：一、重婚。二、與配偶以外之人合意性交。三、夫妻之一方對他方為不堪同居之虐待。四、夫妻之一方對他方之直系親屬為虐待，或夫妻一方之直系親屬對他方為虐待，致不堪為共同生活。五、夫妻之一方以惡意遺棄他方在繼續狀態中。六、夫妻之一方意圖殺害他方。七、有不治之惡疾。八、有重大不治之精神病。九、生死不明已逾三年。十、因故意犯罪，經判處有期徒刑逾六個月確定。第二項規定有前項以外之事由，難以維持婚姻者，夫妻之一方得請求離婚。但其事由應由夫妻之一方負責者，僅他方得請求離婚。

我國民法之離婚制度，有兩願離婚與判決離婚二種。夫妻兩願離婚者，依民法第一〇五〇條規定方法，應以書面及有二人以上證人之簽名，並應向戶政機關為離婚登記，得自行離婚，無須經法院之審判。若夫妻之間無法達成協議而離婚時，其離婚方法祇能利用法院之判決離婚。判決離婚之起訴，以原告主張被告具有民法第一〇五二條所列各種離婚原因之一為必要，否則原告無法獲得離婚判決。夫妻之一方具有離婚原因時，他方即有離婚之形成權。此種離婚之形成權，其權利人應以訴訟方法為行使，不得僅以意思表示為方法而行使，故離婚之形成權為訴訟上之形成權。值得研討者，若被告有二種以上之離婚原因時，原告之離婚形成權是否亦因而有二個以上？從而原告可否分別提起二個以上之離婚訴訟？法院可否分別多次之離婚判決？此種問題之解釋，因學者採新舊訴訟標的理論之立場而發生差異。

㈡新舊訴訟標的理論之差異

設妻與夫以外之人合意性交，同時妻又有意圖殺害夫之事實，依民法第一〇五二條規定，分別符合該條第一項第二款與第六款之法定離婚原因。主張舊訴訟標的理論之學者認為，此際，夫在實體法上得主張之離婚形成權有二，且得分別行使，每一形成權獨立成為訴訟標的。原告夫得先以被告妻與夫以外之人合意性交為原因事實提起離婚之訴，於訴訟遭敗訴判決時，原告得主張被告意圖殺害夫之原因事實，另行提起離婚之訴。換言之，第一訴訟之訴訟標的，與第二訴訟之

訴訟標的不同，故法院對原告先行離婚訴訟之敗訴判決，其判決既判力客觀範圍不及於後行訴訟之訴訟標的。依舊訴訟標的理論之說明，民法第一〇五二條第一項各款之規定，各別成立不同之離婚形成權，而訴訟標的是否相同，其區別標準以實體法上之權利是否相同而定。於上述情形應成立相異之二個訴訟標的，在訴訟程序上，原告得分別起訴，法院亦應就每一訴訟標的先後分別判決。

　　主張新訴訟標的理論之學者認為，夫妻之離婚，其目的及原告在訴訟上所追求之法律效果，僅有一個。離婚訴訟之訴訟標的，即原告在訴訟上所請求之婚姻解消。因夫妻之婚姻關係係單一而特定。針對解消此一婚姻關係之離婚訴訟，其訴訟標的亦僅能為單一。縱然原告於提起離婚訴訟時，其可主張之離婚原因事實有多數，原告之離婚形成權亦不因而成為多數。民法所規定之多數離婚原因事實，僅係構成原告離婚形成權之原因事實。於此情形所發生之競合現象為形成權原因事實之競合現象，並非形成權本身之競合現象。

　　新舊訴訟標的理論之基本差異，在區別訴訟標的之標準不同。依舊訴訟標的理論之說明，上述之競合現象為原告之形成權競合現象，但依新訴訟標的理論之解釋，上述現象係形成權原因基礎之競合，並非形成權競合。舊理論認為上述情形，原告離婚訴訟之訴訟標的有多數，而新理論卻認為，原告離婚訴訟之訴訟標的為單一。從而依新訴訟標的理論之說明，原告於提起離婚訴訟之時，必須於訴訟事實審之言詞辯論終結前，就已經發生之一切離婚原因事實全部為主張，不得有所遺漏。否則，原告所遺漏而未主張之離婚原因事實，於訴訟上，將因判決確定而發生失權之效果。原告不得於其訴訟遭敗訴確定後，另以漏未主張之離婚原因事實重行起訴。蓋原告離婚訴訟之訴訟標的為單一，原告應受判決既判力客觀範圍之拘束也。

　　又就新舊理論對於訴之合併，其處理方法及說明，兩者亦有差異。依舊理論之說明，若原告於同一訴訟程序中，同時主張上述二種不同之離婚原因事實時，在理論上認為原告之訴有訴之合併，蓋每一原因事實各別獨立形成一個訴訟標的也。既然原告之訴有訴之合併，法院判決於理論上，應分別就各訴訟標的為離婚判決或駁回起訴之判決，始能前後一貫。但主張舊理論之學者面對此種問題時，認為離婚之宣判僅能作一次，不能同時為同一形成效果之多次宣判。因此在解釋上，主張舊理論者改採所謂「選擇的併合」方法（實即我國學者所謂之競合的合併），認為原告於同一訴訟程序主張多數形成原因事實，請求判決同一形成效果之離婚，其多數訴訟標的成為選擇的併合關係。法院審判時，若認其中之一原因事

實有理由者，即得基於該原因事實准為原告離婚判決，至於其餘主張之原因事實，法院得不審理而終結訴訟 ❷。但主張新理論者，不認為上述訴訟有訴之合併問題。既不發生訴之合併，法院所為判決當然係對單一之訴訟標的所為，無須利用所謂「選擇的併合」方法為說明。

再就原告以其中一原因事實起訴後，於訴訟中追加或變更其他原因事實而主張時，有無發生訴之追加或訴之變更問題為觀察。主張舊理論者認為，上述情形有訴之追加或訴之變更問題。依民事訴訟法第二五五條第一項規定，為顧及訴訟遲延及妨害被告之防禦起見，原則上非經被告同意或非有同法第二五五條第一項但書規定情形，原告不得逕為訴之追加或訴之變更。但立法者為顧及離婚訴訟糾紛解決之一回性，因而特別在家事事件法第四十一條第二項規定，原告得於第一審或第二審言詞辯論終結前為請求之變更或追加。主張新理論者，對於原告起訴後另外追加或變更其他離婚原因事實，認為此係原告攻擊防禦方法之追加或變更而已，不生舊理論學者所謂訴之追加或變更問題。蓋原告之離婚訴訟，其訴訟標的始終同一而特定，絲毫未有追加或變更訴訟標的之現象，於此情形，無適用民事訴訟法關於訴之追加或變更規定之餘地。

就有無違反重複起訴之問題以觀，新舊理論之說明亦有不同。民事訴訟法第二五三條規定，當事人不得就已起訴之事件於訴訟中更行起訴。依舊理論之說明，原告分別基於不同之離婚原因事實，先後起訴之情形，因其起訴之訴訟標的各別，不生違反禁止重複起訴問題。但為顧及離婚在訴訟上之形成效果為單一，不能不就同一夫妻間之離婚關係僅為一次統一之宣判。基於公益立場，為求裁判之一次統一，家事事件法第五十七條規定，有關婚姻關係之訴訟經判決確定後，當事人不得援以前依請求之合併、變更、追加或反請求所得主張之事實，就同一婚姻關係提起獨立之訴。有違反者，有重複起訴之問題。主張新理論之學者認為，上述情形，後起訴之訴訟有違反重複起訴之禁止規定問題，此係因離婚訴訟之訴訟標的，不因離婚原因事實之不同而異故也。

㈢審理離婚訴訟特殊規定之立法目的

民事訴訟法原第九編人事訴訟程序第一章婚姻事件程序，就離婚訴訟之提起

❷ 見兼子一，《民事訴訟法體系》第三六七頁。

及審判有兩條特別規定之條文，與訴訟標的之問題關係密切。原第五七二條第一項規定：婚姻無效或撤銷婚姻與確認婚姻成立或不成立及離婚或夫妻同居之訴，得合併提起，或於第一審或第二審言詞辯論終結前，為訴之變更，追加或提起反訴。原第五七三條第一項規定：提起婚姻無效、撤銷婚姻或離婚之訴，因無理由被駁回者，受該判決之原告，不得援以前依訴之合併、變更或追加所得主張之事實提起獨立之訴。同條第二項規定：以反訴提起前項之訴，因無理由被駁回者，受該判決之被告，不得援以前得作反訴原因主張之事實，提起獨立之訴。

　　家事事件法制定頒行，將婚姻無效、婚姻關係存在或不存在列為該法第三條甲類事件，離婚、撤銷婚姻列為第三條乙類事件，歸為家事訴訟事件（同法第三十七條），夫妻同居事件列為第三條戊類事件，歸為家事非訟事件（同法第七十四條）。數家事訴訟事件請求之基礎事實相牽連者，得向法院合併請求。前項情形，得於第一審或第二審言詞辯論終結前為請求之變更、追加或為反請求（同法第四十一條第一項、第二項）。確認婚姻無效、撤銷婚姻、離婚或確認婚姻關係存在不存在事件，得依第四十一條第二項規定為請求之變更、追加或反請求者，不得另行請求（同法第五十六條規定）。有關婚姻關係之訴訟，經判決確定後，當事人不得援以前依請求之合併、變更、追加或反請求所得主張之事實，就同一婚姻關係，提起獨立之訴，但有下列情形之一者，不在此限：一、因法院未闡明致未為主張。二、經法院闡明，因不可歸責於當事人之事由而未為主張（同法第五十七條規定）。家事事件法所作上述特別規定，旨在避免當事人就同一婚姻關係迭次興訟，全面解決同一婚姻關係紛爭，儘早趨於安定。目的為避免訴訟反覆提起造成程序上之不經濟，參酌日本人事訴訟法第二十五條第一項及擴大我國民事訴訟法第五七三條規定，有關婚姻關係之訴訟，如經判決確定後，當事人均不得援以前訴訟程序，依請求之合併、變更、追加或反請求所得主張之事實，就同一婚姻關係提起獨立之訴，使其發生失權效。

　　婚姻無效、撤銷婚姻、確認婚姻成立不成立與離婚四種婚姻事件之訴訟，其訴訟之原因事實雖各不同，但原告之訴一旦勝訴判決時，由於四種不同訴訟之訴訟結果，均係解消當事人間之婚姻關係為目的，故後起訴之訴訟在訴訟上將無存在之意義。基於公益理由，為避免同一婚姻迭次提起訴訟起見，法律特別規定上述各種訴訟宜由原告合併提起。其於事實審法院言詞辯論終結前，原告為訴之變更、追加或被告提起反訴者，亦應排除民事訴訟法第二五五條及第四四六條之限

制規定，俾當事人能利用同一訴訟程序，將目的相同之各種婚姻訴訟一併受法院審判。若法院審理結果認為，其中一訴訟有理由而他訴失其效用者，應以該他訴為無理由同時駁回之[27]。例如，原告合併提起婚姻無效或撤銷婚姻之訴與離婚之訴情形，法院審理婚姻無效之訴結果認為有理由者，法院當無再就撤銷婚姻及離婚之訴為審判之實益。

家事事件法第五十七條規定，係配合第四十一條、第五十六條規定而制定，欲使當事人能利用同一訴訟程序，一舉將各種婚姻訴訟為一次之審判，除規定允許為請求之合併、追加、變更、提起反請求之外，必須同時規定，當事人於未利用同一訴訟程序為請求之合併、追加、變更及反請求之情形，當事人將喪失另行以其前所得主張事實獨立起訴之權利。家事事件法第五十七條之規定，係就婚姻關係訴訟擴張本法第四〇〇條所規定判決效力之客觀範圍。若起訴違背家事事件法第五十七條規定者，應以其訴為不合法駁回之（本法第二四九條第一項第七款）。由原第五七二條及第五七三條之規定推之，已提起婚姻無效、撤銷婚姻或離婚之訴後，在判決未確定以前，若對於同一婚姻更行獨立提起婚姻無效、撤銷婚姻或離婚之訴者，法院應以在訴訟繫屬中為理由，駁回後提起之訴[28]。

由上述婚姻訴訟之特殊規定目的以觀，可得言者有下列各點：第一、婚姻訴訟有其特殊性質，婚姻無效、撤銷婚姻、婚姻關係存在或不存在及離婚之訴，其訴訟之最後目的相同，均以婚姻之解消為其相同之目的。第二、訴訟之最終目的既然相同，法院及當事人在訴訟上均有利用同一訴訟程序，將各種婚姻訴訟以一次為解決之實益。第三、民事訴訟法之立法者，原係立於舊訴訟標的理論為出發點而設計，所以必須有原第五七二條及第五七三條之特別規定，始能解決同一解消婚姻目的之多數訴訟為一次之解決，上開二法條因家事事件法制定施行而刪除，但該法第五十六條、第五十七條亦設有特定規定，一次解決同一婚姻關係之紛爭。第四、民事訴訟法之立法者，利用判決既判力之擴張為方法，欲解決多數訴訟標的合併審理之法律效果，俾能達成一勞永逸之目的，但此種方法，在學理上，無法使訴訟標的之範圍與既判力之客觀範圍兩者之關係前後一致。

---

[27] 參照石志泉，《民事訴訟法釋義》第五八〇頁。
[28] 參照石志泉，上揭書第五八二頁。

㈣管　見

　　婚姻訴訟，其訴訟之結果所牽涉者，不限於妻與夫二人私人間之身分關係，同時亦影響其他有親屬關係之第三人之身分關係，從而影響到扶養義務之有無，繼承順位之變化等法律問題。又身分關係涉及社會公益，一般第三人對於某一夫妻之身分關係亦要求其能明確，俾以保護交易之安全。所以原民事訴訟法第五八二條第一項特別明定，就婚姻無效、撤銷婚姻或確認婚姻成立不成立之訴所為之判決，對於第三人亦有效力。離婚判決在法律上發生判決之形成力，其判決結果頗多涉及公益，解釋上對於第三人亦生效力，家事事件法制定公布第四十八條規定就第三條所定甲類或乙類家事訴訟事件所為確定之終局判決，對於第三人亦有效力。故，有關裁判相對效力之原則，於婚姻訴訟之裁判，必須例外改採解釋，認為其有裁判之絕對效力。基於婚姻訴訟之特質，個人認為離婚訴訟之訴訟標的，應以新訴訟標的理論之解釋為是。應將原告起訴請求解消婚姻之權利主張，視為訴訟標的，原告在事實審言詞辯論終結前已經存在之全部離婚原因事實，原告必須全部加以主張，俾能盡其攻擊防禦方法，不得將各個離婚之原因事實視為各別不同之訴訟標的。如此解釋始能在訴之合併、追加、變更及既判力客觀範圍方面，在學理上獲得對訴訟標的範圍與既判力客觀範圍兩者前後一貫為說明。

五、票款請求訴訟之訴訟標的

　　票據之執票人本於票據原因關係，同時本於票據關係而起訴請求發票人給付一定金錢金額情形，在訴訟上是否應認為原告之請求權有二而視為其訴訟標的有多數？對此，訴訟標的理論主張舊說與主張新說之學者間頗有爭論。主張舊說者認為，票據之原因關係與票據關係為各別具體發生之法律關係，其發生之實體法上請求權各別存在，故，其訴訟標的各別。例如，買受人與出賣人基於買賣契約，買受人對於出賣人負給付買賣價金之債務，出賣人有價金請求權。倘買受人為支付買賣價金而簽發支票乙紙交付出賣人，此際，出賣人基於該支票關係對於發票人買受人取得票款請求權。蓋發票行為係無因行為，發票人因其簽發票據之行為，獨立就給付票款負其清償債務。從而出賣人因買賣契約之法律關係取得價金給付之請求權，另外又因票據行為之法律關係取得票款給付之請求權。惟若出賣人就其中之一請求權獲得滿足時，不得再據另一請求權要求滿足。就發生請求權之法

律關係觀之，顯然有兩個相異之法律關係存在，而且各別發生不同之兩個請求權。原告若就票款請求權先起訴，因票據無效遭敗訴判決時，得另外就價金請求權起訴並獲勝訴判決，顯見其訴訟標的係多數。有疑問者，原告若於起訴時一併將票款請求權與價金請求權同時為主張而請求時，該訴訟之訴訟標的是否係多數？主張舊理論之學者固然認為於此情形，有多數之訴訟標的，而主張新理論之二分肢說學者，亦認為訴訟標的有多數。日本學者三ケ月章認為，原告若分別將票款請求權與價金請求權為起訴時，其訴訟標的各別，惟若於同一訴訟中將兩請求權一併起訴時，其訴訟標的為單一[29]。

拙以為，就簽發票據而負票據債務之事實言之，其票據關係與原因關係兩者不同，第三人可主張票據債權之無因性，使債務人獨立對第三人負清償票款之責任。但此種票據關係無因之特性，僅於有第三人介入其事時始見其效力，例如第三人取得出賣人所交付之買受人支票之情形。若就原因關係之買受人與出賣人間為觀察，票據關係與原因關係處於預備合併之給付關係。債權人本於原因關係獲得給付時，票據債務人因而取得抗辯權，得拒絕債權人之票款請求，若票款獲滿足時，原因債權亦無繼續存在而無受償之理由。在實體法秩序中，出賣人對於買受人之實體權利，並不因票據之簽發變為多數，蓋於原當事人之間，票據債權與原因債權之關係並非無因關係也。債權人雖能因取得票據而其債權獲得多一層保障，但並未因而同時取得多數之實體權利，其實體權利仍然為單一。所以，出賣人於訴訟上同時主張票款請求權及價金請求權一併為請求時，其主張之實體權利為單一，給付亦為單一，訴訟標的亦應認為單一。

買受人於原因關係之外另行簽發票據之情形，就其義務觀之，其實體法上之意義在對取得該票據之第三人另外負債務。於出賣人將買受人之票據出讓於第三人時，買受人無法推卸一方面對出賣人依原因關係負給付價金義務，他方面必須另外對第三人負給付票款債務。債權人與第三人各別訴求給付情形，債務人無法利用兩者之關係為抗辯，因此，原因關係與票據關係在實體法上，就對第三人之關係言之，不得謂毫無意義。於此情形下，債務人於訴訟上並無適時有效之救濟方法。但就實體法秩序以觀，債務人之雙重給付係違反正義之事，故，債務人於對第三人給付票款時，若債權人亦獲清償價金者，債務人得向債權人請求返還其

[29] 見三ケ月章，《民事訴訟法》（有斐閣）第一〇九頁以下。

出讓票據而獲得之利益，俾以獲得公平，其原理與我國票據法第二十二條第四項所規定之利益償還情形相同。此際，債務人僅能另行起訴請求債權人返還其票款之利益。

六、特定物交還訴訟之訴訟標的

依舊訴訟標的理論之說明，訴訟標的之識別標準係以實體法上之權利規定為基礎。民事訴訟法第四○○條所規定應受既判力拘束之訴訟標的，能反映其實體法上權利之法律性質。例如租賃契約之出租人於租賃期限終止時，基於租賃終止法律關係主張債之請求權，訴求承租人交還租賃物之情形，出租人起訴之訴訟標的為債之請求權，此種請求權僅該承租人受拘束，其他第三人並非債務人，自不受拘束。若出租人基於租賃物之所有權主張物權之請求權，訴求承租人交還租賃物之情形，出租人起訴之訴訟標的係物權之請求權，因物權之請求權有對世之絕對效力，凡對於租賃物發生占有關係之人，無論其為承租人抑或第三人，均受拘束。從而原告出租人以債之請求權為訴訟標的之勝訴判決，對於第三人占有租賃物者，不生對第三人有執行力。但若原告出租人以物權之請求權為訴訟標的所獲勝訴確定判決，卻對於占有租賃物之第三人有執行力 ❸⓪ 。

依新訴訟標的理論之說明，上述情形乃請求權發生競合現象，於給付訴訟，其訴訟標的不以實體法上之請求權為識別標準，僅以原告對被告有無請求給付租賃物之法律地位為訴訟標的之概念，有既判力之訴訟標的，並不當然反映其一定實體法權利之法律性質。對於租賃物之占有繼受人是否受判決執行力之拘束？學理上如何說明？此乃成為舊理論對新理論所針對的問題。關於這一問題，主張新理論之學者，有三種不同之學理說明。日本學者小山昇認為，原告訴請交還特定物之法院判決，若不能於占有特定物之現在占有人發生效力，則判決將失去意義，所以此種判決對於特定物之占有人應發生執行力，至於該訴訟之訴訟標的是否係債之請求權抑或物權之請求權，並非所問 ❸① 。新堂幸司認為，給付訴訟之訴訟標的為受給權，法院於判決時認定出租人有受給權之情形，祇須在判決理由中多數發生競合之請求權之一為採取即可，至於其他請求權是否於法律上被評價，留待

---

❸⓪ 見兼子一，《民事訴訟法體系》第三四四頁。中田淳一，《民事訴訟法演習Ⅰ》第二○六頁。
❸① 見小山昇，《民事訴訟法》第三五九頁。齋藤秀夫，《強制執行法講義》第二十六頁。

將來之執行機關為判斷。例如上述情形，出租人可於執行機關面前主張其勝訴判決不僅可在法律上被評價為基於債之交還請求權之判決，同時亦可被評價為本於所有權之交還請求權之判決，從而自承租人受讓租賃物之占有之第三人，應受判決效力之拘束而得對之為執行❷。

　　三ケ月章於處理上述問題時，自德國學者 Bettermann ❸及德國民法上之用語 Herausgabe（交還）與 Verschaffung（使取得）獲得理論上之啟示。認為原告與被告就系爭特定物之交還請求權為訴訟標的而起訴之情形，縱然原告所主張之法律關係為債權關係，但必須區分此種本於債權關係而發生之特定物交還請求權，有二種不同之類型。一為純粹基於債之法律關係，使被告負設法交付特定物，俾以履行債務之情形。例如，本於買賣契約、租賃契約或贈與契約，買受人、承租人、受贈人，對於出賣人之標的物交付請求權、對於出租人之標的物交付請求權、對於贈與人之標的物交付請求權。此種類型之交付請求權稱為 Verschaffungsanspruch，是為純粹之債權請求權。另一為藏有物權關係為背景之債之法律關係，本於此種債之法律關係，使被告負交付系爭標的物，以履行其債務之情形。例如，本於寄託契約、租賃契約或使用借貸契約，寄託人、出租人、貸與人，對於受託人之寄託物交還請求權、對承租人之租賃物交還請求權、對借用人之借用物交還請求權。此一類型之標的物交還請求權，稱為 Herausgabeanspruch，其性質同時兼有債權請求權及物權請求權之雙重性格，就當事人間之債權契約觀之，屬於債權請求權，若就原告對其標的物之關係為觀察，則屬於物權請求權。依三ケ月章之看法，若原告起訴之訴訟標的為 Verschaffungsanspruch（交付請求權）者，自被告受讓系爭物占有之第三人，不受判決既判力之拘束，若其訴訟標的為 Herausgabeanspruch（交還請求權）者，受讓系爭物占有之第三人，受判決既判力之拘束。於判斷訴訟標的與判決既判力之拘束問題時，不能如同舊訴訟標的之理論學者所主張，專以區分債權請求權與物權請求權兩者之性質為標準❹。

---

❷ 見新堂幸司，〈訴訟物の再構成〉，載《法學協會雜誌》七十五卷五號第六〇九頁以下。

❸ Bettermann, Die Vollstreckung des Zivilurteils in den Grenzen seiner Rechtskraft, 1948.

❹ 見三ケ月章，〈特定物引渡訴訟における占有承繼人の地位〉，載《民事訴訟法研究》第一卷第二九五頁以下。

第❸章

訴訟要件

■ 第一節　訴訟要件之概念❶

　　原告提起之訴訟未必均能最後達其目的而獲得法院之實體判決，蓋原告之訴有可能在起訴之階段，即已存有各種程序上之瑕疵，法院無法進行其合法之訴訟程序。即使法院於原告起訴後指定期日開庭，並合法送達開庭通知，亦因有阻礙進行程序之事項存在，法院依法不得為實體審理與實體判決。欲使法院能就原告之訴為實體審理與實體判決，必須具備一定之合法要件(Zulässigkeitsvoraussetzungen)。此種訴訟合法所需之要件，應由法院依職權為調查，德國學者稱為 Prozessvoraussetzungen，日本學者譯為訴訟要件，我國學者沿用此語。此一用語於德國、日本及我國均有望文生義情形發生，容易誤以為訴訟成立之要件。其實，原告因起訴而其訴訟成立，僅因該訴訟不具備進行訴訟程序所需之合法要件而成為不合法而已，法院應將已存在之訴訟以程序判決為駁回，此項判決德國學者稱為 Prozessurteil❷，日本學者譯為訴訟判決。若原告之訴具備訴訟要件時，法院於最後應為實體判決，德國學者稱為 Sachentscheidung，日本譯為本案判決，我國學者亦沿用此語。若以程序判決及實體判決稱之，更為透澈容易瞭解。

　　應注意者，所謂訴訟要件係對於所有之程序均須具備之合法要件。除訴訟要件之外，於各種程序另有其合法之程序要件，例如上訴程序之特別要件，督促程

❶ 訴訟要件之概念最初由 Bülow 於一八六八年於其著作 Die Lehre von Prozesseireden und die Prozessvoraussetzungen 所建立。參照 Fasching, ZPR. 2. Aufl. S. 381.

❷ Vgl. Jauernig, ZPR. 22. Aufl. S. 110.

序之特別要件，再審程序之特別要件，概念上宜有區別。德、日、奧三國之民事訴訟法，並未將全部之訴訟要件集中於一條文而規定，僅散見於各處條文為規定，我國民事訴訟法第二四九條係將訴訟要件集中一條文而規定，頗有特色。

■ 第二節　訴訟要件之事項內容

　　本法第二四九條規定：原告之訴，有下列各款情形之一者，法院應以裁定駁回之。但其情形可以補正者，審判長應定期間先命補正：一、訴訟事件不屬普通法院之權限，不能依第三十一條之二第二項規定移送者。二、訴訟事件不屬受訴法院管轄而不能為第二十八條之裁定者。三、原告或被告無當事人能力者。四、原告或被告無訴訟能力，未由法定代理人合法代理者。五、由訴訟代理人起訴，而其代理權有欠缺者。六、起訴不合程式或不備其他要件者。七、起訴違背第三十一條之一第二項、第二五三條、第二六三條第二項之規定，或其訴訟標的為確定判決之效力所及者。原告之訴，依其所訴之事實，在法律上顯無理由者，法院得不經言詞辯論，逕以判決駁回之。前項情形，法院得處原告新臺幣六萬元以下之罰鍰。前項裁定得為抗告，抗告中應停止執行。

　　本法第二四九條第三項與第四項係於民國九十二年本法修正時所增訂。立法者認為，邇來濫訴之情形相當嚴重，不但對被告造成勞力、時間、費用之浪費，並造成其精神上之痛苦，亦增加法院之負擔，浪費司法資源，為防免上述情形發生，有效遏止濫訴情事，有予以適當制裁之必要。增訂第三項規定，由法院視其情形處罰原告。為保障受罰鍰裁定人之程序上權利，於第四項明定對於第三項處罰鍰之裁定得為抗告，於抗告中應停止執行。

　　本法第二四九條在一一○年一月二十日及一一○年十二月八日修正規定及增訂第二四九條之一規定，說明如次：

　　本法第二四九條在一一○年一月二十日增訂第一項第八款：起訴基於惡意、不當目的或有重大過失，且事實上或法律上之主張欠缺合理依據。修正第二項：原告之訴，有下列各款情形之一者，法院得不經言詞辯論，逕以判決駁回之。但其情形可以補正者，審判長應定期間先命補正：一、當事人不適格或欠缺權利保護必要。二、依其所訴之事實，在法律上顯無理由。增訂第三項：前二項情形，原告之訴因逾期未補正經裁判駁回後，不得再為補正。

　　立法理由：㈠增訂第一項第八款之立法理由為杜絕濫訴，以免徒增被告訟累，無謂耗損有限司法資源，並維被告權益。㈡又當事人適格及權利保護必要，亦屬訴訟要件。原告之訴欠缺該要件者，實務上雖認其訴為無理由，以判決駁回之；惟此判決之性質為訴訟判決，與本案請求無理由之實體判決有別，原條文第二項未予區分，容非妥適。為免疑義，將之單獨列為一款，以示其非屬無理由之本案實體判決。此項訴訟要件是否欠缺，通常不若第一項各款要件較單純而易於判斷，故仍依現制以判決程序審理。原告之訴如欠缺該要件，或未符原條文第二項之一貫性審查要件（合理主張），其情形可以補正，為保障原告之訴訟權及維持訴訟經濟，應予補正機會；須經命補正而未補正，法院始得不經言詞辯論，逕以判決駁回之，故增訂第二項序文及第一款，並將現行條文第二項列為第二款。㈢原告之訴有修正條文第一項、第二項各款規定要件之欠缺，審判長應定期間先命補正。原告為盡其訴訟促進義務，應依限補正其訴之欠缺，逾期未補正，法院即駁回其訴。倘任由原告嗣後仍可隨時為補正，將致程序浪費，延滯訴訟。為免原告率予輕忽，應使未盡此項義務之不利益歸其承受，明定於經裁判駁回後，不得再為補正，亦即不得於抗告或上訴程序為補正，爰增訂第三項。㈣現行條文第三項、第四項係關於濫訴處罰之規定，爰修正移列第二四九條之一第一項、第六項。

　　第二四九條在一一〇年一月二十日增訂第二四九條之一規定，前條第一項第八款，或第二項情形起訴基於惡意、不當目的或有重大過失者，法院得各處原告、法定代理人、訴訟代理人新臺幣十二萬元以下之罰鍰。前項情形，被告之日費、旅費及委任律師為訴訟代理人之酬金，為訴訟費用之一部，其數額由法院酌定之；並準用第七十七條之二十四第二項、第七十七條之二十五第二項、第四項之規定。第一項處罰，應與本訴訟合併裁判之；關於訴訟費用額，應併予確定。原告對於本訴訟之裁判聲明不服，關於處罰部分，視為提起抗告或上訴；僅就處罰部分聲明不服時，適用抗告程序。受處罰之法定代理人或訴訟代理人，對於處罰之裁判聲明不服者，適用抗告程序。第三項處罰之裁判有聲明不服時，停止執行。原告對於本訴訟之裁判聲明不服者，就所處罰鍰及第三項之訴訟費用應供擔保。

　　立法理由：㈠本條新增係將原條文第二四九條第三項、第四項移列本條第一項、第六項並修正內容。㈡濫訴對被告構成侵害，並浪費司法資源，得予非難處罰，以遏制之。原告之訴有修正條文第二四九條第一項第八款情形者，係屬濫訴，宜設處罰之規定。同條第二項情形，亦應以其主觀上係基於惡意、不當目的或有

重大過失，始該當濫訴，而得予處罰。現行條文第二四九條第三項對於第二項主觀情形未予區分，一概得予處罰，尚嫌過當。另原告濫訴之訴訟行為，倘實質上係由其法定代理人、訴訟代理人所為，或共同參與，法院斟酌個案情節，應得對其等各自或一併施罰。爰予修正明定，並提高罰鍰數額，列為本條第一項。㈢法院依第一項規定，對原告或其法定代理人、訴訟代理人施以處罰者，堪認濫訴情節非輕。此際，被告因應訴所生之日費、旅費及委任律師為訴訟代理人之酬金，係因此所受損害，宜簡化其求償程序，逕予納入訴訟費用，使歸由原告負擔（第七十八條）。其數額由法院酌定，並準用費用額計算、支給標準及其救濟程序相關規定，爰增訂第二項。至被告如受有其他損害，得依民法之規定另行請求賠償。法院酌定律師酬金之數額，應斟酌個案難易繁簡，均附此敘明。㈣第一項處罰係以原告提起之本訴訟乃濫訴為前提，為免裁判歧異，並利程序經濟，應合併裁判之；且就訴訟費用之裁判，應一併確定其費用額，爰增訂第三項。又本項規定於抗告、上訴程序亦有準用（第四九五條之一、第四六三條）。如法院漏未併予確定訴訟費用額，為裁判之脫漏，應為補充裁判，附此敘明。㈤第三項對原告處罰之裁判，於本訴訟裁判確定前，不宜使之單獨確定。是原告對於駁回本訴訟之裁定或判決聲明不服，關於其受處罰部分，即將之視為提起抗告或上訴（此部分不另徵收裁判費）；僅就處罰部分聲明不服時，本訴訟裁判既已確定，尚無須以上訴程序審理，應適用抗告程序（應徵收抗告裁判費），爰增訂第四項。㈥原告之法定代理人、訴訟代理人受處罰時，因其非本訴訟當事人，就本訴訟裁判無不服之餘地，僅可對於處罰之裁判聲明不服，自應適用抗告程序，爰增訂第五項。㈦對於第三項處罰之裁判聲明不服，依第四項規定，不限於抗告，亦可能併同對於本訴訟敗訴判決提起上訴。爰修正現行條文第二四九條第四項，移列本條第六項。㈧原告提起之本訴訟，業經裁判認定係濫訴，予以駁回。為避免其利用救濟程序續為濫訴，並擔保處罰及應負擔訴訟費用之執行，於原告對本訴訟之裁判聲明不服時，允宜為合理之限制，即應就所處罰鍰及訴訟費用分別提供擔保，為提起抗告、上訴之合法要件。至關於應供擔保原因是否消滅，則各以處罰及本訴訟之裁判最後確定結果為據，爰增訂第七項。

　　第二四九條在一一〇年十二月八日修正第一項第一款規定，訴訟事件不屬普通法院之審判權，不能依法移送。修正第一項第七款規定，當事人就已繫屬於不同審判權法院之事件更行起訴、起訴違背第二五三條、第二六三條第二項之規定，

或其訴訟標的為確定判決效力所及。

　　立法理由：㈠本次修正係配合法院組織法增訂第七條之三第一項規定，本法已刪除第三十一條之二，故修正第一項第一款文字。㈡訴訟事件若不屬普通法院之審判權，依法院組織法增訂第七條之三第一項本文規定，應裁定移送至有審判權之管轄法院。如不能依法移送，例如：提出刑事告訴、請求追究刑事責任、請求彈劾、移送、發動、追究公務員懲戒責任等，因受理權限機關並非法院，普通法院無從移送至有審判權之法院，即應依第一項第一款規定裁定駁回。㈢配合法院組織法增訂第七條之二第二項規定，當事人就同一事件已向其他審判權法院提起訴訟者，為尊重該審判權法院之處理情形，並避免裁判歧異，當事人應不得再向普通法院更行起訴，爰修正第一項第七款消極訴訟要件之規定。

　　學者對於訴訟要件之分類未盡相同，一般而言，依事項內容是否與法院、當事人、訴訟標的有關而分為三大類，茲依次說明如次：

一、有關法院之訴訟要件

　　有關法院之訴訟要件有：

㈠我國法院須有裁判權

　　我國法院對於有外交豁免權之人，並無民刑事裁判權，除非被告願意放棄其豁免權，否則，法院無從對原告之訴進行合法之審判程序。本法第二四九條雖無明文規定，但依國際慣例應如此解釋。

㈡我國法院須有國際民事管轄權

　　我國法院就涉外民事訴訟事件，必須有國際管轄權，否則審判程序不合法，外國法院不承認此項確定判決。此一訴訟要件，得依本法第四○二條之規定推知之。

㈢須有普通法院審判權

　　普通民事法院不得就刑事訴訟或行政訴訟事件為審判，否則其審判程序不合法（本法第二四九條第一項第一款）。遇行政訴訟事件與民事訴訟事件之審判權衝突情形，依大法官會議釋字第五四○號解釋，若事件經司法院解釋係民事事件，

認行政法院無審判權者，行政法院除裁定駁回外，並依職權移送有審判權限之普通法院，受移送之法院應依司法院解釋對審判權認定之意旨，依法審判。為解決上述審判權衝突問題，本法九十八年修正，增訂第三十一條之一至第三十一條之三規定（參見第一編第二章第一節二、民事事件與行政事件之區分）。一一〇年十二月八日因配合法院組織法增訂第七條之二第一項、第二項、第三項、第七條之三、第七條之七、第七條之八規定，故刪除第三十一條之一至第三十一條之三規定。

　　本法九十二年修正，增訂第一八二條之一規定，普通法院就其受理訴訟之權限，如與行政法院確定裁判之見解有異時，應以裁定停止訴訟程序，聲請司法院大法官解釋，但當事人合意願由普通法院為裁判者，由普通法院裁判之。立法者增訂此規定之理由，認為當事人就行政法院裁判確定不屬其權限之同一事件，向普通法院為請求時，如普通法院依其合理之確信亦認不屬其權限而予駁回，當事人之權利即無救濟之途，故明定於此情形，法院應以裁定停止訴訟程序，聲請大法官解釋。本法九十八年修正增訂本條第二項規定，經司法院大法官解釋普通法院無受理訴訟權限者，普通法院應將訴訟移送至有受理訴訟權限之法院。為免停止訴訟聲請釋憲曠日費時，故但書明定，如當事人兩造合意願由普通法院為裁判者，得由普通法院裁判。然必須普通法院就所受理訴訟之權限與行政法院確定裁判之見解有異時，始有此項但書規定之適用，如普通法院與行政法院就受理訴訟事件審判之權限並無爭議，則當事人不得合意由普通法院裁判（最高法院九十二年第二十次民事庭會議決議）。一一〇年十二月八日因配合法院組織法增訂第七條之四第一項、第七條之五第三項規定，修正第一八二條之一規定，普通法院就行政法院移送之訴訟認無審判權者，應以裁定停止訴訟程序，並請求最高法院指定有審判權之管轄法院。但有下列情形之一者，不在此限：一、移送經最高行政法院裁定確定。二、當事人合意願由普通法院裁判。前項第二款之合意，應記明筆錄或以文書證之。最高法院就第一項請求為裁定前，應使當事人有陳述意見之機會。普通法院就行政法院移送之訴訟為裁判者，上級審法院不得以其無審判權而廢棄之。

　　依本法第二四九條第一項第一款規定訴訟事件不屬普通法院之審判權，不能依法移送者，法院應以裁定駁回原告之訴。

㈣法院須有土地管轄權、事務管轄權及職務管轄權

依本法第二四九條第一項第二款規定，訴訟事件不屬受訴訟法院管轄而不能為第二十八條之裁定者，法院應以裁定駁回原告之訴。

二、有關當事人之訴訟要件

有關當事人之訴訟要件有：

㈠雙方當事人之存在

訴訟不能無原告及被告，否則無法起訴及應訴。於起訴之前，若自然人已死亡或法人已解散而消滅者，不能再使用已死亡之人或已消滅之法人名義為原告或被告而起訴。

㈡雙方當事人須有當事人能力（本法第二四九條第一項第三款）

訴訟當事人係訴訟主體，無當事人能力者，即非訴訟主體，無從發生訴訟法律關係。欲使訴訟能進行而法院能為審判，原告及被告兩造均須有當事人能力始可。否則原告之起訴不合法，法院應以裁定駁回其訴。惟若當事人能力之欠缺可以補正者，審判長應定期間命其補正，如恐久延致當事人受損害時，得許其暫為訴訟行為（本法第四十九條）。當事人能力之欠缺若經補正，則視為自始無欠缺（本法第四十八條）。又因自然人於訴訟中死亡，或法人因合併而消滅之情形，自然人或法人雖不存在而無當事人能力，但僅發生訴訟程序當然停止之問題（本法第一六八條、第一六九條），不生訴訟要件欠缺之問題。

㈢雙方當事人須有訴訟能力，原告或被告無訴訟能力者，須由法定代理人合法代理（本法第二四九條第一項第四款）

當事人之訴訟能力係其所為訴訟行為之有效條件，欲使雙方當事人所進行之訴訟程序不生瑕疵，能使法院之審判合法，原告及被告均須有訴訟能力始可。若原告或被告於起訴時無訴訟能力者，須由法定代理人合法代理。但訴訟能力、法定代理權或訴訟所必要允許之欠缺得補正。於未補正之前，如恐久延致當事人受損害時，審判長得許其暫為訴訟行為（本法第四十九條）。若其欠缺已補正者，視

為自始無欠缺（本法第四十八條）。於當事人之法定代理權之欠缺無法補正時，受訴法院之審判長得依聲請為當事人選任特別代理人（本法第五十一條）。訴訟能力及法定代理人之合法代理，以起訴時為準，若當事人於訴訟進行中始喪失訴訟能力，或法定代理人於訴訟中死亡或其代理權消滅者，僅其訴訟程序當然停止而已，不發生訴訟要件欠缺之問題（本法第一七〇條）。

㈣由訴訟代理人起訴者，須其訴訟代理權無欠缺（本法第二四九條第一項第五款）

原告得親自在第一審起訴進行訴訟程序，若不親自進行訴訟，得委任訴訟代理人代為起訴。此際，必須由當事人對訴訟代理人授與訴訟代理權，使其代理權無欠缺，訴訟代理人始能為原告有效為起訴之訴訟行為。訴訟代理權之欠缺得補正，審判長應定期間命為補正，並得許暫為訴訟行為。其已補正者，視為自始無欠缺（本法第七十五條）。

三、有關訴訟標的之訴訟要件

有關訴訟標的之訴訟要件有：

㈠相同當事人間之同一事件別無訴訟繫屬（本法第二五三條、第二四九條第一項第七款）

當事人不得就已起訴之事件，於訴訟繫屬中，更行起訴（本法第二五三條）。訴訟繫屬中指起訴至訴訟終結之間而言。當事人若先向刑事法院提起附帶民事訴訟（刑事訴訟法第四八七條），或先向行政法院合併提起請求損害賠償之訴（行政訴訟法第七條），其後不得再就相同之民事請求向民事法院提起獨立之民事訴訟。此種情形，亦違反本法第二五三條規定之禁止重複起訴。本法九十八年修正增訂第三十一條之一第二項規定，訴訟已繫屬於不同審判權之法院者，當事人不得就同一事件向普通法院更行起訴，因而同時修訂第二四九條第一項第七款規定，起訴違背第三十一條之一第二項規定者，法院應以裁定駁回之。一一〇年十二月八日修正第二四九條第一項第七款規定，當事人就已繫屬於不同審判權法院之事件更行起訴、起訴違背第二五三條、第二六三條第二項之規定，或其訴訟標的為確定判決效力所及。因配合法院組織法增訂第七條之二第二項規定，本法已刪除第

三十一條之一，故修正第七款規定。

㈡非於本案經終局判決後將訴訟撤回後，復提起同一之訴（本法第二六三條第二項、第二四九條第一項第七款）

原告之訴於法院尚未本案終局判決以前，得撤回，嗣後亦得再行起訴。惟為防止原告濫行撤回其訴，致法院已為之本案終局判決歸於徒勞，本法第二六三條第二項規定，於本案經終局判決後將訴撤回者，不得復提起同一之訴。違者，其起訴不合法，法院應以裁定駁回。

㈢訴訟標的須未經判決確定或法院和解成立或法院調解成立（本法第四○○條、第三八○條第一項、第四一六條第一項、第二四九條第一項第七款）

確定之終局判決就經裁判之訴訟標的，有既判力。和解成立者，與確定判決有同一之效力。調解成立者，與訴訟上和解有同一之效力。當事人之訴訟標的既然經判決確定或成立和解或成立調解，其民事糾紛已獲解決，自無再行起訴之必要。如有違反，其起訴不合法，法院應以裁定駁回起訴。

㈣起訴須合於程式及具備其他要件（本法第二四九條第一項第六款）

原告之起訴，除本法有特別規定得以言詞起訴外（本法第四二八條第二項），其起訴之程式，應依本法第二四四條之規定，以訴狀表明當事人及法定代理人、訴訟標的及其原因事實、應受判決事項之聲明，並記載當事人及法定代理人之住居所，依法繳納裁判費，向法院提出起訴狀。原告之起訴狀記載如有欠缺，或未繳納裁判費時，法院審判長應定期間先命補正。原告若不於期間內補正時，因其起訴不合程式或不具備其他要件，法院應以裁定駁回起訴。

㈤原告之訴須有權利保護利益

訴訟程序之利用，必須當事人有利用之必要始可，當事人不可隨便為無意義之濫用。此種利用訴訟以解決私權之必要及利益，稱為權利保護利益。原告之訴，如無權利保護利益時，法院即可不經本案審理，直接由法院以裁定駁回其起訴。

■ 第三節　訴訟要件之調查

一、應依職權調查之事項

上述訴訟要件應由法院依職權為調查，且法院應隨時為調查，即使於第一審判決後，上訴於第二審或第三審之階段，法院亦應隨時依職權為調查。法院一旦確認原告之訴不具備訴訟要件時，應立即以該訴訟不合法為理由駁回之，此項裁判稱為程序駁回 (Prozessbweisung)，與實體駁回（又稱本案駁回 Sachabweisung）兩者宜有區別。法院不得同時就程序及實體為一併駁回，蓋程序駁回之裁判與實體駁回之裁判兩者之客體內容及範圍均不相同。又法院亦不能不區分，該駁回之裁判究竟為程序之駁回抑或實體之駁回，否則，裁判既判力之客體內容及範圍為何者，將無法分清❸。

法院就欠缺訴訟要件之訴訟若誤為本案判決，當事人得以上訴方法請求上訴法院為廢棄。若該判決確定者，於符合再審要件時，得提起再審之訴為救濟。

二、訴訟障礙事項

除上述應由法院依職權隨時為調查之訴訟要件外，民事訴訟法基於保護被告之權益，另有規定若干事項，必須等待被告於訴訟中為抗辯，法院始得為調查，從而原告之訴始成為不合法者。此種事項，學者稱為訴訟障礙事項 (Prozesshindernisse)，其規定除本法有規定外，亦有於其他法律為規定者，茲分別說明如次：

㈠原告有供訴訟費用擔保之義務而不供擔保

依本法規定，原告於中華民國無住所、事務所及營業所者，法院應依被告聲請，以裁定命原告供訴訟費用之擔保。原告於裁定所定供擔保之期間內不供擔保者，法院應以裁定駁回其訴（本法第九十六條第一項、第一○一條）。此係為保護被告利益而設，被告於訴訟中得以原告未供擔保為理由，拒絕為本案辯論，使該

---

❸ 參照 Jauernig, ZPR. 22. Aufl. S. 112.

訴訟程序變為不合法。

㈡當事人間就訴訟標的之法律關係訂有仲裁協議而原告逕行起訴

依仲裁法第四條規定,仲裁協議,如一造不遵守,另行提起訴訟時,法院應依他方聲請裁定停止訴訟程序,並命原告於一定期間內提付仲裁。但被告已為本案之言詞辯論者,不在此限。原告逾前項期間未提付仲裁者,法院應以裁定駁回其訴。被告於訴訟中向法院抗辯,訂有仲裁協議時,經法院調查屬實,原告之訴即為不合法。

三、訴訟要件之資料提出與補正

判斷有無訴訟要件之訴訟資料,是否由法院依職權探知而收集,抑或由當事人依辯論主義而提出,應視該項訴訟要件對法院所要求性質程度而定,並不因法院應依職權調查而法院必須自行收集證據資料。例如,法院裁判權、專屬管轄、當事人之存在、當事人能力、訴訟能力、訴訟代理權之證據資料,法院於原告起訴時即應依職權為調查,且亦應由法院自行收集證據資料。至於訴訟障礙之證據資料,固應由當事人提出,其他訴訟要件,例如同一事件之有無、權利保護利益之有無,亦應由當事人收集而提出。

訴訟要件能補正者,例如訴訟能力、訴訟代理權等,法院應定期命為補正。於法院管轄錯誤之情形,亦宜以裁定為移送管轄,俾能符合訴訟經濟。若當事人間就訴訟要件之存否問題為爭執時,例如仲裁契約之法律關係存否,得為中間判決,或於本案判決之理由中,就訴訟要件具備之意旨為判斷。又訴訟要件應具備之時點,原則上應於事實審最後言詞辯論終結之時❹。本法第四○三條第一項所規定訴訟事件,於起訴前應經法院調解;又家事訴訟事件(家事事件法第三條甲類、乙類、丙類事件)於請求法院裁判前應經法院調解(家事事件法第二十三條第一項規定)。當事人就此類訴訟未先經調解而逕行提起訴訟之情形,其訴訟法上之效果,僅視起訴為調解之聲請而已(本法第四二四條第一項、家事事件法第二十三條第二項規定),並不構成法院應駁回起訴之效果,此種未經強制調解之事

---

❹ 參照 Jauernig, ZPR. 22. Aufl. S. 113 und S. 115; 中野、松浦、鈴木,《民事訴訟法講義》第四二六頁以下。

項，並非訴訟要件。

四、訴訟要件與本案之審理調查順序

　　1.現行民事訴訟不採法定順序主義而採適時提出主義為原則，訴訟要件之審理與本案之審理，法院得並行進行。惟法院實務及一般學者見解，均認為訴訟要件為法院本案判決之前提條件，故於本案判決之前，應先就訴訟要件為審理判斷。若法院能先認定原告之訴不具備訴訟要件時，即得以程序判決駁回訴訟，無庸再為本案之審理，學者對此無異論。有疑問者，若法院於訴訟要件是否具備不明之階段，已先能認定本案顯無理由之情形，法院可否立即停止審理訴訟要件，逕行直接為原告之訴無理由之本案敗訴判決？對此問題，學者之間頗有爭論❺。又法院於審理訴訟要件是否具備時，若同時有多數之訴訟要件待審時，法院應依何種順序以何種訴訟要件首先為審理❻？學者見解未盡相同。

　　2.依日本通說見解之原則，若法院於訴訟要件是否具備尚未明瞭之階段，縱然對於本案顯然無理由之情形已經明白時，法院仍然必須先就訴訟要件是否具備之事項為審理判斷後，始可對本案之實體事項為審判。但日本判例承認有一例外，即訴訟要件係權利保護利益之情形。若原告之訴，其訴訟要件係於權利保護利益存否不明時，法院得對顯無理由之本案為審理而為駁回本案之實體判決。蓋權利保護利益雖然係訴訟要件，但權利保護利益因被視為權利保護之要件，與實體權利之立場相同，與其他訴訟要件立場不同，從而法院得於權利保護利益存否尚不明瞭時，先就顯無理由之本案事項為駁回原告訴訟之本案實體判決。日本判例採此種見解，其理由係認為，權利保護利益之所以成為訴訟要件乃為防止原告濫訴而設，若本案顯無理由之情形已先明瞭，立即為本案判決，正可直接根本杜絕原告濫訴之弊端。故不必先審理權利保護利益之訴訟要件，法院得先就顯無理由之本案為原告敗訴判決。

　　上述之例外情形，其思考係出於權利保護請求權說。且依權利保護請求權說，

---

❺ 參照 Grunsky, Grundlagen des Verfahrensrechts, 2. Aufl. S. 318ff.; 中森宏，〈訴訟要件と本案の審理順序〉，載《民事訴訟法の爭點》第一四六頁以下。片野三郎，〈訴訟要件の審理順序〉，載《民事訴訟法の爭點》（新版）第一七二頁以下。

❻ Vgl. Jauernig, ZPR. 22. Aufl. S. 113.

不具備權利保護必要或權利保護利益之訴訟要件時，法院之判決應以原告之訴無理由為駁回之實體判決，非以原告之訴不合法駁回之程序判決。從而日本主張通說之學者有多數反對上述例外之處理，蓋對不具備訴訟要件為判決不應以判決無理由為實體判決也。惟近年來亦有基於符合理性目的之例外處理可贊同為理由，贊同上述例外處理之學者出現❼。

　　對於日本通說加以挑戰之學者以為，不應無條件全盤認為必須先俟訴訟要件審理後，始可審理本案事項。學者有基於各訴訟要件之目的機能之檢討而主張，各種訴訟要件之中，於其訴訟要件不具備情形法院所為駁回本案之實體判決，將構成該判決之無效或再審理由者，此類訴訟要件，法院應先於本案為審理。至於以保護被告利益為主要目的或保護當事人及法院為目的之訴訟要件，則不必先於本案為審理，例如，合意管轄、當事人能力、權利保護利益。另一部分學者基於檢討訴訟要件之本質認為，訴訟要件之本質並非本案判決之要件，僅於訴訟要件不具備時始阻止法院為本案判決而已。倘從訴狀或證據資料中不能查出訴訟要件不具備之前，法院得就顯無理由之本案為實體判決❽。

　　德國學者 Rimmelsprecher 與 Grunsky 反對德國通說見解，認為訴訟要件與本案事項之法律價值相同。駁回原告訴訟之程序判決與駁回本案實體判決兩者，就其駁回之理由而言，各有其既判力之作用，故無區別兩者判決之必要。從而於訴訟要件是否具備未明瞭之前，法院得就顯無理由之本案先為駁回之實體判決❾。

　　3.關於多數訴訟要件之中，何者先行審理之問題，德國實務係就最容易判斷而能最快判斷之訴訟要件，首先為審理調查。除此之外，原則上，首先就起訴合於程式之合法要件為調查，其次就有關法院之訴訟要件為調查。蓋此類訴訟要件一旦不具備，法院應停止其活動，調查其他訴訟要件之事即成多餘。有關法院之訴訟要件，首先調查土地管轄，其次為事務管轄，最後為國際管轄，因為法院一旦無管轄權，即不應調查其他訴訟要件也。同理，是否為民事訴訟抑或行政訴訟

❼ 參照住吉博，〈棄卻の裁判と卻下の裁判〉，載伊東、木川、中村編《民事訴訟法》第四七八頁以下。鈴木（正），〈訴訟要件と本案要件の審理順序〉，載《民商法雜誌》五十七卷四號第五〇七頁以下。

❽ 參照片野三郎，前揭文，《民事訴訟法の爭點》（新版）第一七二頁以下。

❾ Vgl. Grunsky, Grundlagen des Verfahrensrechts, 2. Aufl. S. 323ff.; Rimmelsprecher, Zur Prufung von Amts wegen im Zivilprozess, 1966, S. 77ff.

之要件應退居於法院管轄權要件之後，德國法院有無裁判權之事項應居於法院管轄權之後❿。

　　本法第二四九條第二項規定，原告之訴，依其所訴之事實，在法律上顯無理由者，法院得不經言詞辯論，逕以判決駁回之。此處所謂原告之訴，依其所訴之事實，在法律上顯無理由者，係指依原告於訴狀內記載之事實觀之，在法律上顯然不能獲勝訴之判決者而言（六二臺上字第八四五號判例）。據此規定，本法對於訴訟要件之審理，原則上雖先於本案事項為審理，惟於例外情形，原告之訴顯然在法律上無理由者，法院得直接為本案敗訴之實體判決，俾能根本排除原告對被告重行以相同之實體問題，於程序判決後再行起訴也，日本判例所採例外情形之見解，應予贊同。

---

❿ Vgl. Jauernig, ZPR. 22. Aufl. S. 113.

第 4 章

權利保護利益

■ 第一節　總　說❶

一、權利保護利益之概念

　　私人間之私權糾紛，由於不得以自力救濟為解決，必須仰賴法院公權力之強制解決。惟私人依賴法院以裁判為幫助解決，亦有一定之限制，法院被私人利用以解決糾紛，並非無條件，若私人能在訴訟外以自治方法解決糾紛，實現其私權者，當無以訴訟方法利用法院之必要。換言之，私人僅憑其有實體權利之存在一事，並不能立刻據以要求法院賦與權利保護。法院不能隨便為私人所濫用，私人不得將法院之訴訟程序隨便作無意義之運用。即私人所主張之私權，必須現時有利用起訴方法，請求法院加以保護之迫切必要情形，始能利用法院之訴訟程序。私人有利用法院為其保護權利之此種必要性，學者稱為**權利保護必要** (Rechtsschutzbedürfnis)，亦有稱為**權利保護利益** (Rechtsschutzinteresse)，日本學者亦有稱為**訴之利益**。

　　權利保護利益之概念雖明，但法院於何種條件之下始對私人有賦與權利保護之必要，私人於何種情況之下始有權利保護之利益，其一般標準內容如何？迄今學者之間並未提出共同見解，各國民事訴訟法就此問題亦無一般性規定。民事訴訟法僅就將來給付之訴（本法第二四六條）及確認之訴（本法第二四七條），分別規定原告提起此兩種訴訟時之權利保護利益，學者之間遂據此兩種個別訴訟之權

❶ Vgl. Grunsky, Grundlagen des Verfahrensrechts, 2. Aufl. S. 390ff.; Jauernig, ZPR. 22. Aufl. S. 120ff.; 伊東乾、坂原正夫，〈訴の利益の概念〉，載《法學演習講座⑩》第一頁以下。

利保護利益為基礎，設法建立其共同抽象之限制條件。惟此種努力並未成功，蓋太抽象之權利保護利益之限制，無異完全排除私人利用法院進行訴訟之可能性。目前民事訴訟法，於學者及實務方面，僅得按給付之訴、確認之訴、形成之訴三種類型所生之各種個別具體情形，以解釋當事人之訴訟有無權利保護利益存在，此乃何以有關權利保護利益之判例在本法第二四七條出現最多之原因。

二、權利保護利益之本質與地位

原告起訴必須有權利保護利益始可，此一要件究竟屬於何種性質？學者有視權利保護利益之存在為訴權之要件，而訴權之存在為訴訟要件之一，從而認為權利保護利益為訴訟要件之一，此為目前之通說。依此說之見解，權利保護利益之要件既然為訴訟要件之一，則係法院就本案實體為審判之前提要件，僅於原告之訴具備權利保護利益之要件時，法院始得為本案實體判決，不具備權利保護利益時，法院必須以程序裁判，為原告之訴不合法之駁回裁判，法院絕對不可在原告之訴是否具備權利保護利益不明之情況下，為本案實體判決。此乃將權利保護利益之要件性質，歸屬於訴訟要件之說明。

除此見解之外，德國及日本之判例卻認為，原告之訴有無權利保護利益尚未明瞭時，若其本案實體事項顯無法律上之理由者，法院即可為駁回原告訴訟之本案實體判決，俾以根本斷絕原告濫訴之途徑。於此種見解之下，權利保護利益之要件，形式上稱為訴訟要件之一，但實質上，已被視為私法實體權利之地位，已非純訴訟法之性質地位。

學者為使權利保護利益此一要件之性質地位，能夠明確把握，通常為以下之分析：即㈠原告訴訟之訴訟標的是否適合由法院為判決？此即為訴訟標的有無受權利保護之資格問題。㈡原告訴訟之訴訟標的，有無即時利用訴訟程序由法院為判決之必要？此即所謂權利保護之必要 (Rechtsschutzbedürfnis)，又稱為狹義之權利保護利益 (Rechtsschutzinteresse)。㈢原告就此項訴訟標的起訴時，原告有無進行該訴訟之正當利益？被告於該訴訟有無受判決之必要？此即所謂原告之訴有無當事人適格問題。惟此種分類亦非絕對可分，實際上，僅係分析之際，所立之角度觀點之不同，所為之分析而已，三者之間常有相混不清之情況。例如，於觀察確認之訴之權利保護利益時，㈡與㈢之問題無從分開，兩者其實為同一問題，既可以該訴訟無當事人適格駁回之，亦得以無權利保護必要或無權利保護利益為理

由駁回之。何況上述三種分類，於訴訟效果上並無不同，因此，於今日已不受重視，僅於個別事例適用之際，提供法院判斷之基準與說明而已。

三、權利保護利益與訴權理論之關係

　　權利保護利益之概念及其問題，在民事訴訟法學上被提出而作有體系之研究，係出於十九世紀初期研究訴權理論之時 ， 主張權利保護請求權說 (Die Lehre von Rechtsschutzanspruch) 之學者 Wach, Hellwig 等人。依權利保護請求權說之見解，當事人欲獲得法院對其訴訟為勝訴判決之權利保護，除純粹訴訟要件之外，於法院為本案實體審理判決時，必須具備三要件，即：㈠有權利保護利益或必要，㈡構成訴訟標的之實體權利構成要件全部存在，㈢有當事人適格。主張此說學者稱此三要件為訴權存在之要件，蓋此說學者認為訴權即指權利保護請求權而言。最高法院三十一年十一月十九日民事庭會議決議云：「訴權存在之要件分為三種，一為關於訴訟標的之法律關係之要件，二為關於保護之必要之要件，三為關於當事人適格之要件，……。」❷顯見此一會議決議係採權利保護請求權說所作之見解。在此說之解釋下，權利保護利益之要件，其性質已不列入訴訟要件之一，而列為本案實體審理之內容事項之一。從而原告之訴不具備權利保護利益者，法院應為原告之訴無理由駁回之實體判決，而非為原告之訴不合法駁回之程序判決。

---

❷ 最高法院三十一年十一月十九日民事庭會議決議云：訴權存在之要件分為三種，一為關於訴訟標的之法律關係之要件，二為關於保護之必要之要件，三為關於當事人適格之要件，某甲就非其所有之土地，主張為其所有，提起確認所有權存在之訴，僅為第一要件之欠缺，該訴訟既以某甲主張之土地所有權為訴訟標的，某甲就為訴訟標的之所有權，即非無訴訟之權能，自不得謂第三要件有欠缺，若積極確認之訴，必原告主張之權利存在，原告始為適格，則消極確認之訴，被告主張之權利不存在時，被告即非適格，法院勢必駁回原告之訴，不得為原告勝訴之判決矣。張三以某地係李四所有，向王大提起確認所有權之訴時，如張三有民法第二百四十二條之代位權，提起所有權屬於李四之訴，第三要件固無欠缺，即張三無故提起確認所有權屬於李四之訴，亦當以其無即受確認判決之法律上利益，認為第二要件有欠缺，不得謂第三要件有欠缺，蓋就他人間法律關係之存否，提起確認之訴，如有即受確認判決之法律上利益，不能以其非該法律關係之主體即謂第三要件有欠缺也。主張張三無故提起確認李四之地為自己所有之訴時，其事實上之陳述與其應受判決事項之聲明雖屬矛盾，而就其聲明解釋之，應認其已主張所有權屬於自己，該訴訟仍不外以張三之所有權為訴訟標的，自僅欠缺第一要件，而非欠缺第三要件。又某子主張某丑對伊負有債務而向某寅提起請求清償時，其事實上之陳述，與其應受判決事項之聲明解釋之，應認其主張對於某寅有給付請求權，該訴訟仍不外以某子對於某寅之給付請求權為訴訟標的，自僅欠缺第一要件，而非欠缺第三要件。

　　日本學者於訴權學說以本案判決請求權說為通說，故，不將權利保護利益之要件列為本案實體審理之內容事項，而將其列為訴訟要件。從而主張此說者認為，法院應先就權利保護利益為審理，於法院斷定原告之訴不具備權利保護利益時，應為駁回其訴不合法之程序判決，不得為駁回其訴無理由之實體判決。我國學者亦有因其所採訴權說之立場不同，而對權利保護之要件之性質地位，解釋有所不同，且對於原告之訴不具備權利保護利益時，法院應以其訴不合法而為程序裁判，抑或應以其訴無理由為實體判決，見解不一❸。

　　上述權利保護利益之要件，其定位問題之爭論係起於學者對於訴權學說所採立場之不同而生。其實，若將權利保護利益之要件，不依訴權學說之理論而論其地位，改自法院防免當事人濫行訴訟之觀點，並為法院訴訟程序之經濟目的而論，原告之訴不具備權利保護利益者，宜以不合法駁回其訴，盡先為程序上之裁判，不能留待實體審理之階段始為審判。於例外情形，若原告之訴其權利保護利益有無尚未明瞭，而顯無法律上之理由時，法院即可不論權利保護利益之有無，立即為駁回其訴無理由之實體判決。此種處理之方式，即使於早已放棄權利保護請求權說之德國亦採取之。

■ 第二節　各種訴訟類型與權利保護利益

一、概　說

　　權利保護利益之制度，既然主要係限制當事人濫用訴訟向法院起訴，就廣義之權利保護利益而言，一般學者於今日已公認若干具體事例，不具備權利保護利益。即：㈠不適合利用訴訟為解決之客體，無權利保護利益。例如：1.原告起訴請求法院就法令解釋問題以裁判求其見解，蓋此種訴訟，非以具體之私權糾紛為客體。2.當事人就自然現象或學說之爭論，起訴請求法院為裁判，蓋此不屬法律上之私權爭執。3.原告起訴之訴訟標的係以現行實體法所未承認之權利關係為內容。㈡已有其他權利救濟制度存在，可據以利用之情形，無權利保護利益。例如：1.原告已取得確定判決之執行名義，不據以進行強制執行程序而另行起訴重複請

---

❸ 見姚瑞光，《民事訴訟法論》第三〇九頁。王甲乙等三人，《民事訴訟法新論》第二二四頁。

求法院為相同之判決。但如係法院判決之卷宗滅失，當事人無法取得判決正本時，重複起訴有權利保護利益。 2.當事人請求確定訴訟費用時，不依本法第九十條以下規定程序為聲請，而起訴。 3.當事人不持仲裁判斷正本，向法院依仲裁法第三十七條第二項規定，聲請為執行裁定，而另行起訴者，無權利保護利益。㈢學者之間，其他尚有爭論之訴訟，例如：當事人有撤回訴訟之合意而不向法院撤回訴訟，或有不起訴之合意而向法院起訴，法院能否以無權利保護利益為理由，駁回當事人不合法之訴訟？學者見解不一❹。

二、權利保護利益與訴訟三類型

本法及實務判例，對給付之訴、確認之訴、形成之訴，分別就其特性解釋權利保護利益是否存在，茲依次說明之。

㈠給付之訴之權利保護利益

給付之訴得分為現在給付之訴與將來給付之訴兩種情形。

　1.現在給付之訴

原告就已屆清償期之給付請求權，原則上，有起訴請求法院為裁判之權利保護利益。原告於起訴前是否已為催告，被告有無拒絕履行或就請求權為爭執，均不影響原告起訴之權利保護利益。僅在原告於被告未拒絕給付情形之下起訴，被告在訴訟上為訴訟標的之認諾，並能證明原告無庸起訴者，法院得命原告負擔訴訟費用而已（本法第八十條），惟此問題與權利保護利益無關。現在給付之訴，如有下列情形，原告之訴無權利保護利益。即：(1)原告請求給付之標的已滅失，客觀上已經給付不能，倘原告仍然訴求該項給付時，此為訴訟之浪費。除非原告改為損害賠償起訴，否則，無權利保護利益。(2)原告已取得有既判力之執行名義得為強制執行，其不執行而仍然就同一訴訟標的重行起訴者，無權利保護利益。惟若執行名義無既判力者，例如公證法第十三條之公證書，本票執行之裁定（票據法第一二三條），有權利保護利益。(3)原告提起不作為請求之訴時，必須被告將來有繼續侵害之虞始有權利保護利益，僅因被告過去有違反義務之事實，無權利保

---

❹ 國內文獻，請參照陳榮宗，〈撤回訴訟之合意〉，載《民事程序法與訴訟標的理論》第二六四頁以下。

護利益。

　　2.將來給付之訴

　　本法第二四六條規定，請求將來給付之訴，以有預為請求之必要者為限，得提起。若無預為請求之必要，原告之權利，並無權利保護之必要。所謂有預為請求之必要，於具體情形，係指下列各種情形而言。即：(1)依給付之性質，非於將來之確定期日為給付無從達其給付本旨，若被告現時已就此項給付義務為爭執或表示拒絕履行者，原告有預先起訴之權利保護利益。(2)被告就繼續反覆應為給付之義務，現在已不履行其義務，對其將來之繼續給付已不可期待，原告於此情形有起訴之權利保護利益。(3)就現在給付之訴合併提起將來之代償給付之訴情形，必須預慮現在之給付於將來無法履行或無法執行，始有提起將來代償給付之權利保護利益。又於離婚之訴合併提起將來之扶養給付之請求，應認為有權利保護利益。(4)將來之給付雖其履行期尚未到，但給付確定且必到來，有此情形始有預先起訴取得執行名義之必要。若給付請求權附有條件，其條件是否成就繫於將來不確定之事實，有無預先賦與權利保護利益而准許起訴之必要，頗有疑問，我國最高法院曾有四十六年臺上字第七四五號判例認為，履行之條件未成就前，不許提起將來給付之訴，但因本法第二四六條修正，最高法院九十五年第十一次民事庭會議決議不再援用此判例。

㈡形成之訴之權利保護利益

　　形成之訴與給付之訴及確認之訴兩者最大差異有二：第一、形成之訴僅限於法律有特別明文規定情形，始得提起；第二、得提起形成之訴之原告或被訴之被告均有法律之明定。故，原告於法無明文之情形下，任意提起形成之訴，無權利保護之必要可言。即使原告提起之形成之訴，法有明文，惟起訴之原告或被訴之被告，有一方非法律所明定之當事人者，原告之訴亦無權利保護利益。例如，岳母不得為原告，以女婿為被告，因其女兒被虐待而提起離婚之訴。值注意者，於此情形，亦得改變觀察觀點，認為該項形成之訴，屬於當事人不適格之問題。可知，就廣義之權利保護利益之概念而言，當事人不適格與權利保護利益之缺乏兩者，實際上係用語不同而實指同一事也。問題是，若將形成之訴之當事人不適格事項，以不具備權利保護利益事項視之，從而認其屬於訴訟要件之一，則法院應以原告之訴不合法之程序裁判，將其駁回。倘若依權利保護請求權說之處理方法，

將形成之訴之當事人不適格事項，認為訴權之三要件之一，則法院應以原告之訴無理由之實體裁判為駁回。德日兩國學者，今日已無人追隨昔日之權利保護請求權說，處理形成之訴之權利保護利益事項，自不宜將其列為法院判決有無理由之實體問題而處理。

　　實例上，若原告之形成之訴進行中，由於情事之變更，已無續行訴訟之必要時，即無權利保護利益可言。例如，原告之離婚訴訟進行中，在訴訟外成立協議離婚，並為離婚登記完畢者，如原告仍然堅持法院為其離婚判決時，法院應以無權利保護利益為理由駁回其訴。

(三)確認之訴之權利保護利益❺

　　在學說史上，權利保護利益之概念成為訴訟要件，而受重視之原因，係由於確認之訴此種訴訟類型之存在而發生。蓋於確認之訴，若對於得請求確認之對象不以明文特別加以限制，則範圍難免廣泛，法院將對任何事情均審判。民國八十九年本法修正前第二四七條規定，確認法律關係之訴，非原告有即受確認判決之法律上利益者，不得提起；確認證書真偽或為法律關係基礎事實存否之訴亦同。立法者，以明文嚴格限制確認之訴之權利保護利益要件者，理由在防止當事人濫訴之弊。討論確認之訴之權利保護利益，宜分為確認之客體與有即時受確認判決兩方面之權利保護利益為觀察。

1.確認之客體

　　民國八十九年本法修正前第二四七條之明文雖僅稱，得為確認之客體為法律關係，但在判例及學說方面均認為權利亦包括在內，蓋法律關係不外指權利義務之關係也。奧國民事訴訟法第二二八條，明文將法律關係與權利並列規定得為確認之客體。故，原則上，確認之訴，非以法律關係或權利之存在或不存在為客體者，無權利保護利益。民國八十九年本法第二四七條修正之前，惟一之例外為確認證書之真偽。換言之，事實不得成為確認之客體，即使該項事實為法律上重要之事實，法律構成要件之事實，均不得成為確認之客體，否則，原告之確認之訴無權利保護利益（三七上字第五九八九號判例。應注意此判例，依最高法院九十年第三次民事庭會議決議，現已不再援用）。訴訟之目的在對具體之個別事件適用

---

❺ 參照 Stein-Jonas, ZPO. 20. Aufl. §256.

法律，俾以確認私法上具體之權利義務關係存在不存在，故，就單純事實或抽象之法律解釋為爭論，不適合成為訴訟之客體而缺乏權利保護利益。但本法第二四七條修正後，於第一項、第二項增訂，確認法律關係基礎事實存否之訴，以原告不能提起他訴訟者為限，亦得提起。從而擴大得確認之客體範圍。此一修正頗受國內學者指斥為不當者。又要求法院確認之法律關係限於現在之法律關係，過去或將來之法律關係均不得要求確認（四九臺上字第一八一三號判例，本判例依一〇八年七月四日施行之法院組織法第五十七條之一第二項，其效力與未經選編為判例之最高法院裁判相同）。理由係，就過去一定時點之法律關係為確認，因其後有發生變動可能，對現在法律關係爭執之解決並無幫助。同理，就將來之法律關係於現在為確定，因將來有生變動可能，將其提前為確認將失其意義。此兩種情形，徒增法院進行訴訟程序之煩，無權利保護之必要。

確認之法律關係，不分性質與種類均得為確認，例如，債權關係、物權關係、親子關係、夫妻關係均可。即使待確認之法律關係不存在於原告與被告之間，而存於當事人與第三人之間，如有即受確認判決之法律上之利益者，亦得提起（三二上字第三一六五號判例，本判例依一〇八年七月四日施行之法院組織法第五十七條之一第二項，其效力與未經選編為判例之最高法院裁判相同），惟確認他人間之法律關係，必須原告能因該項確認判決而能除去原告私法上地位之危險，始有權利保護利益（四二臺上字第一〇三一號判例，本判例依一〇八年七月四日施行之法院組織法第五十七條之一第二項，其效力與未經選編為判例之最高法院裁判相同）。又得為確認之法律關係限於私法上之法律關係為原則，公法上之法律關係僅於特別例外規定時，始得為確認之訴之訴訟標的，否則，無權利保護利益（四五臺上字第一七八七號判例、七〇臺上字第一〇四二號判例，此二判例依一〇八年七月四日施行之法院組織法第五十七條之一第二項，其效力與未經選編為判例之最高法院裁判相同）。本法第二四七條請求確認證書真偽之訴，須證書之真偽，即證書是否由作成名義人作成，有不明確之情形始得提起。主張股東會議事錄內容不實而提起確認之訴，並非主張該議事錄是否由作成名義人作成，有不明確之情形，而訴請確認，自與請求確認證書真偽之訴之要件不合（八二臺上字第一九五號判例，本判例依一〇八年七月四日施行之法院組織法第五十七條之一第二項，其效力與未經選編為判例之最高法院裁判相同）。

法律行為或法律關係之有效無效，可否得為確認之訴之客體，學說頗有爭論。

按法律行為或法律關係之成立不成立或有效無效或可撤銷之問題，於當事人間，原則上得直接為主張或以意思表示行使其形成權而獲解決，無起訴之必要。其形成權，若法律規定必須以訴訟始得行使者，得提起形成之訴俾以解決，不得提起確認之訴確認其法律關係之成立不成立或有效無效。何況法律行為或法律關係之成立不成立或有效無效，其問題之爭執，最後所欲確定解決者係當事人間之權利義務存在不存在問題，亦即法律關係之存在不存在問題。當事人不就最後重要之法律關係存在不存在問題起訴請求確認，竟就其前提問題之法律關係成立不成立或有效無效為起訴，無法直接達成以確認判決終止當事人紛爭目的，徒增法院之程序，故無權利保護利益可言。惟本法於八十九年修正時，增訂第二四七條第二項及第三項規定，對於法律關係基礎事實存否，亦可提起確認之訴，從而最高法院三十二年上字第二二五七號判例及三十七年上字第五九八九號判例，因已不符合本條修正後規定，最高法院九十年第三次及九十一年第十六次民事庭會議決議不再援用。

2.即時受確認判決之法律上利益

本法第二四七條所稱，原告必須有即受確認判決之法律上利益，其意義如何？依一般學者之見解，此指原告之權利或法律地位，由於被告之否認或其他原因之存在，發生危險不安，原告有即時現實利用法院之確認判決，對被告將此項危險不安狀態除去之必要性而言。原則上，自己之權利或法律地位，若他人加以否認或作不相容之權利主張而發生危險不安時，即對該他人有請求法院確認法律關係存在不存在之權利保護利益。此項原告地位之不安必須係法律性之不安，倘僅係經濟性或感情性之不安，不能認有權利保護之必要。又對於此項法律上之不安狀態，能以確認判決將其除去，原告始有對被告提起確認之訴之權利保護利益，若縱經法院判決確認，亦不能除去其不安狀態者，不能認為原告有權利保護利益。

上述說明抽象而不具體，究竟於何種情形，原告始有即受確認判決之法律上利益？我國最高法院有若干具體判例可供參考。⑴原告以被告甲立被告乙為其嗣孫係違法，以近族地位起訴，請求法院判決確認被告甲與被告乙間之立嗣關係不成立。於此情形，原告於訴訟中，既未主張其因被告間立嗣之違法無效而可享特定權利或可免特定義務，不生原告私法上地位受侵害危險，雖被告間之法律關係存否不明，不得謂原告有即受確認判決之法律上利益（二九渝上字第四七三號判例）。⑵原告以被告乙無權將訟爭產業所有權移轉於某甲為理由，提起確認自己之

所有權仍屬存在之訴。原告未以現在主張所有權之某甲為被告，而僅以被告乙為被告，其判決之效力無從及於某甲，原告在私法上之地位所受侵害之危險，即非以對被告乙之確認判決所能除去，自不能認原告有即受確認判決之法律上利益（三二上字第五九五九號判例，本判例依一〇八年七月四日施行之法院組織法第五十七條之一第二項，其效力與未經選編為判例之最高法院裁判相同）。(3)原告起訴主張其係被告甲之妻，嗣被告甲與被告乙結婚，未舉行公開儀式，請求法院判決確認被告甲乙之婚姻無效。言詞辯論中，原告與被告甲均稱被告乙係妾，且始終未主張被告甲與乙間有婚姻關係。原告又未證明被告在起訴前曾主張有婚姻關係，是被告間之無婚姻關係，在兩造間非不明確。原告起訴請求確認被告間婚姻無效，無從認其有即受確認判決之法律上利益（三二上字第二五九三號判例，本判例依一〇八年七月四日施行之法院組織法第五十七條之一第二項，其效力與未經選編為判例之最高法院裁判相同）。(4)合夥債權人對於合夥人提起確認合夥關係存在之訴，以合夥財產不足清償債務時，始能謂其有即受確認判決之法律上利益（五一臺上字第二三〇七號判例，本判例依一〇八年七月四日施行之法院組織法第五十七條之一第二項，其效力與未經選編為判例之最高法院裁判相同）。

3.利用確認之訴之必要性與給付之訴、形成之訴兩者之關係

確認之訴既然係以權利或法律關係為訴訟標的，若以權利為訴訟標的時，有可能就相同之權利，僅因原告向法院請求權利保護形式 (Rechtschützform) 不同，而發生可否合法同時利用確認之訴及給付之訴，或同時利用確認之訴及形成之訴之疑問。例如，原告就已到期之債權請求權，不對被告提起給付之訴，而提起確認債權存在之訴，其確認之訴有無權利保護利益？甲對乙提起給付之訴後，乙可否於訴訟繫屬中，另行提起確認之訴請求確認甲之請求權不存在？甲起訴請求確認對乙有債權存在，訴訟繫屬中，甲又對乙起訴請求給付，甲之訴訟是否合法？乙對甲起訴請求法院確認甲所主張之債權不存在，訴訟中，甲對乙起訴請求法院判命乙為給付，其訴訟是否合法？

德國學者通說認為，當事人間之同一債權，以給付之訴為主張，與以確認之訴為主張情形，兩者之訴訟標的並不相同，因為訴訟標的之概念包括其權利保護形式 (Rechtschützform) 之要素，而且為向法院審判之要求 (Begehren)❻。惟若將權

---

❻ 參照 Schwab, Der Streitgegenstand im Zivilprozess, S. 129ff. u. 186ff.; BGHZ. 42, 340.

利保護形式除去而觀察，當事人間之同一債權既然於前後兩訴訟中並無不同，其訴訟標的自應認為相同。在此種瞭解之下，同一債權之積極確認之訴與消極確認之訴，不能因積極確認之形式與消極確認之形式不同，遂認為兩者之訴訟標的相異。故，甲對乙起訴確認債權存在之情形，乙不得另行起訴確認同一債權不存在，此際自有民事訴訟法第二五三條之適用。我國學者為說明此種現象，大都以兩訴之聲明正相反對或可以代用為理由❼。其實此種現象乃訴訟標的相同之結果也。

自給付訴訟與確認訴訟之關係言之，若其主張之債權相同者，給付判決當然包括確認判決。給付訴訟經法院為實體判決者，無論為勝訴或敗訴之判決，該判決均同時包括確認判決在內，所以在論埋上，給付訴訟與確認訴訟具有全部與一部之關係。兩者既然有全部與一部之關係，於分別起訴之場合，確認訴訟則不能對抗給付訴訟，亦即給付訴訟得排斥確認訴訟，使兩者不能同時分別繫屬於法院。訴訟標的既然同一，給付訴訟又得包括確認訴訟，所以對於上開各種案例之說明，均應認為有民事訴訟法第二五三條訴訟繫屬之排斥問題，法院應依職權審查，以裁定駁回其中一訴訟。

上述案件之最後案例，在學理上如何為說明，德國學者頗有爭論❽。拙以為此種情形，就民事訴訟法第二五三條禁止更行起訴之制度精神，與民事訴訟法第二五九條之反訴制度用意，兩者應加以合併觀察。為避免不必要之訴訟拖累及防免兩判決之間發生矛盾起見，解釋上，應認為甲必須依第二五九條規定提起反訴始為合法。如甲不利用乙之本訴程序而另行提起給付之訴者，兩訴之訴訟標的既然相同，自無法避免第二五三條之適用而遭受駁回之命運。如此解釋始能同時兼顧已先起訴之乙之利益。若在解釋上認為，乙之消極確認訴訟應受甲更行提起之給付訴訟之排斥，此際，對於乙之訴訟以裁定駁回結果，其訴訟費用歸乙負擔，此種結論對乙而言頗不公平，所以僅得以裁定駁回甲更行提起之給付訴訟。又若甲先提起給付訴訟後，乙亦不得提起反訴請求消極確認之訴，因為兩者之訴訟標的相同，有民事訴訟法第二五三條之適用。德國學者大都認為權利保護形式為訴

---

❼ 見姚瑞光，《民事訴訟法論》第二二七頁。工甲乙等二人，《民事訴訟法新論》第二五一頁以下。

❽ 參照 Lüke, Zum Zivilprozessualen Klagensystm, Juristische Schulung, 1969, 301ff.; Schwab, a. a. O. S. 129ff. u. 186ff.; Grunsky, Grundlagen des Verfahrensrechts, 2. Aufl. S. 35; Stein-Jonas, ZPO. 19. Aufl. §264 III 30.

訟標的之構成要素，於上述最後案例必須認為前後兩訴之訴訟標的相異，無法合理以訴訟標的相同為理由，說明法院何以得依職權駁回乙先提起之消極確認訴訟。Jauernig 及 Blomeyer 之民事訴訟法教科書，有見於此種學理上之解釋難點，遂以乙先行之消極確認訴訟無權利保護利益為理由，在學理上說明法院何以得駁回乙之訴訟[9]。拙以為若能將權利保護形式不視為訴訟標的之構成要素，則此問題在學理上較能圓通解釋。

又依德國學者之說明，當事人不得起訴確認形成權存在不存在。若提起此種確認之訴，法院應以無權利保護利益為理由駁回原告之訴。原告之形成權要件於尚未具備之情形，提起確認形成權存在不存在之訴，無異向法院要求就抽象之法律問題為確認，應無權利保護利益可言。若原告能行使其形成權而不行使，竟訴請法院確認其形成權存在不存在，則屬迂迴而多此一舉，無權利保護利益可言。又就形成判決之性質而言，以形成之訴能引發權利變動之形成權亦不得成為確認訴訟之客體。因為法院若對形成權為確認之判決，無異對於原告所保留之形成權為確認而未行使其權利，此與形成權及形成判決之目的性質相違，無法在學理上為解釋[10]。

---

[9] 見 Jauernig, ZPR. 22. Aufl. §35 III, S. 123; Blomeyer, ZPR. §§37 III 3, 49 III 2.

[10] 參照 Blomeyer, ZPR. §37 III, S. 184.

第**5**章

多數請求之訴訟

■ 第一節　訴之合併

一、訴之合併之概念與合併之合法要件

　　本法第二四八條規定，對於同一被告之數宗訴訟，除定有專屬管轄者外，得向就其中一訴訟有管轄權之法院合併提起之；但不得行同種訴訟程序者，不在此限。此一規定即為學者所謂客觀的訴之合併 (Objektive Klagenhäufung)，其概念係指同一原告對於同一被告得於同一訴訟程序同時就多數相異之權利主張或法律關係為起訴。於通常情形，訴訟係由同一原告對於同一被告提起單一訴訟標的。惟於特別情形，若同一原告對於同一被告同時有多數之請求權存在時，如不允許原告於起訴時，對被告利用同一訴訟程序，同時就多數之訴訟標的合併請求法院為審理時，原告勢必對同一被告同時或先後提起多數之訴訟而進行多數之訴訟程序，法院及雙方當事人必然浪費時間與精力。立法者基於訴訟經濟之理由，對於同一原告與被告間之多數請求，如其性質適合利用同一訴訟程序為合併起訴及審判者，允許原告起訴時合併提起，俾能減輕訴訟進行之負擔，避免重複審理相關之事實問題，並於一定情形得防免裁判之矛盾。故，本法特設訴訟之合併制度。

　　訴之合併雖有訴訟經濟及達成相關連之多數糾紛一次解決之優點，但若不加限制而無條件允許原告，利用同一訴訟程序要求法院審理多數訴訟，有時反而造成法院審理之混亂與訴訟遲延。為兼顧訴訟經濟之利及避免濫用訴訟合併之弊端，本法第二四八條規定原告為訴之合併應具備之合法要件有四：

㈠同一原告對同一被告於同一訴訟程序同時合併多數訴訟標的為起訴

本法第二四八條所規定之合併，實指多數訴訟標的之合併而言。若多數原告或多數被告之情形，此為本法所規定之共同訴訟。如同時有多數訴訟標的之合併，適用時，除應符合本法第二四八條之要件外，並應具備本法第五十三條規定之共同訴訟要件。若原告於訴訟繫屬中，追加另一訴訟標的者，雖成為事後之訴之合併，但此情形為本法第二五五條之訴之追加問題，應依訴之追加之合法要件始為合法❶。

㈡受訴法院就數宗訴訟中之一訴訟有管轄權

合併起訴之數訴訟標的，其中之一，受訴法院有管轄權即可，至於管轄權係依法律規定或因當事人之合意而生，均非重要。惟若合併起訴之數訴訟標的，其中有應專屬他法院管轄者，該項訴訟標的不得合併起訴。

㈢數宗訴訟得行同種之訴訟程序

訴訟程序有通常訴訟程序、簡易訴訟程序、小額訴訟程序、特別訴訟程序之分，各種訴訟程序各有其特別規定，受訴法院僅得進行一種訴訟程序，無法同時進行兩種訴訟程序。若合併之數訴訟標的，依法必須分別進行不同種之訴訟程序者，法院無從合併審理。勉強合併審理，徒增審判之混亂與遲延，故不許為訴之合併。惟例外，應依通常訴訟程序之訴，與應依訴訟標的之金額或價額而定其適用簡易訴訟程序之訴（本法第四二七條第一項），兩者合併起訴時，依本法第四三五條之類推解釋，得合併依通常訴訟程序為審判。

二、訴之合併之種類❷

本法第二四八條雖就訴之合併制度為規定，但對於訴之合併，並未規定其種

---

❶ 參考齋藤秀夫編，《注解民事訴訟法⑷》第一〇一頁。Jauernig, ZPR. 22. Aufl. S. 302 u. S. 150.

❷ 參照 Grunsky, Grundlagen des Verfahrensrechts, 2. Aufl. S. 61ff.; 齋藤秀夫編，《注解民事訴訟法⑷》第一〇四頁以下。野間繁，〈請求の併合〉，《民事訴訟法講座》第一卷第二一三頁以下。石志泉，《民事訴訟法釋義》第二八一頁以下。

類。學者與法院實務，大都於不違背民事訴訟法規定之原則下，在學理上作各種分類。德日學者與我國學者之分類，未盡相同。有分為，單純的合併、選擇的合併、預備的合併三種者，亦有分為單純的合併、競合的合併、預備的合併三種者。另有分為，單純的合併、預備的合併、選擇的合併、競合的合併四種者。茲依我國學者之四種分類敘述如次❸：

㈠單純之合併

此謂同一原告對於同一被告，合併提起可並立之多數請求，要求法院就各請求均為判決之合併。又稱為並列的合併，德國學者稱為 Einfache Häufung，現在大都稱為 Kumulative Häufung。此一類型為所有學者所認定。學者有就此類合併細分為，(1)無牽連請求之合併、(2)有牽連請求之合併兩種。前者謂，為訴訟標的之數項法律關係，其間並無何等法律上或事實上牽連之合併。例如，依買賣契約請求給付價金，與依消費借貸契約請求返還借款。後者謂，訴訟標的之數項法律關係，其間有牽連關係存在，而各法律關係又可獨立為請求之合併。例如，本於同一租賃契約，合併請求給付租金及返還租賃物，又例如，提起確認繼承權存在，並合併請求交還遺產。

㈡預備之合併

又稱為假定之合併，即原告預慮其所提起之請求無理由，而同時提起不相同之他請求為合併，以備第一位之請求無理由時，要求就他請求為裁判。其先位之請求與後位之請求兩者附有條件之關係，如先位之請求有理由，則不要求就後位之請求為裁判。預備之合併，得分為(1)基於同一事實，所生不同之法律上效果之預備合併，(2)基於不同事實，所生不同之法律上效果之預備合併。前者，例如，買受人主張出賣人應負物的瑕疵擔保責任，依民法第三五九條規定，既得解除契約，又得請求減少價金，而買受人先主張解除契約提起回復原狀之給付之訴（民法第二五九條），又惟恐法院認為解除契約顯失公平，乃預備合併主張請求減少價金，請求確認價金債權僅在減少價金之範圍內存在。後者，例如，原告先主張解

---

❸ 見張學堯著，奚樹基修訂，《中國民事訴訟法論》第二二九頁以下。王甲乙等三人著，《民事訴訟法新論》第二五八頁以下。姚瑞光，《民事訴訟法論》第三一五頁以下。

除契約，提起回復原狀之訴，惟恐法院認定解除契約不合法，預備合併請求履行契約。

　　預備之合併，在訴訟實務上所常見。我國與德日學說及判例均認為此種合併係合法，德國稱為 Eventualle Häufung。惟值討論者，在預備合併之訴，其先位請求與後位請求之間，是否必須具備互相排斥不相容之關係存在，原告始能合法提起之問題。我國最高法院六十四年臺上字第八十二號判例云：所謂訴之預備（或稱假定之合併），係指原告預防其提起之此一訴訟無理由，而同時提起不能並存之他訴，以備先位之訴無理由時，可就後位之訴獲得有理由之判決之訴而言，例如以解除契約為理由請求返還已給付之價金，預慮先位之訴恐無理由，以備位之訴請求交付買賣標的物。其聲明須有不能並存為條件之關係，始合法。我國及日本學者通說採之，昔日德國學者亦採此種見解。惟今日德國，無論判例或學說，均不再主張此種見解。德國通說僅認為，提起預備合併之訴，限於先位請求與後位請求之間有一定事物關係存在，或兩請求之間在法律上或經濟上有同一目的存在，始得合法為預備合併，但不認為兩請求之間須有互相排斥關係存在為必要。德國另有部分學者，更進而主張，即使兩請求之間完全無任何之關係，亦得任由原告將其為預備之合併者。今日德國判例與學說之現狀，頗值注意❹。

㈢選擇之合併

　　學者之間對於選擇之合併之概念及用語，常有相異情形。我國學者有謂，原告合併起訴，主張數宗給付不同之請求，祇由被告履行其一而得滿足者，謂之選擇合併（石志泉）。有謂原告向同一被告合併提起數訴，為數宗給付不同之請求，任被告選擇履行之謂（曹偉修）。有謂原告主張數宗給付不同之請求，而求命被告履行其一，即得滿足權利之合併（張學堯）。有謂原告於同一訴訟程序以單一之聲明，主張二以上得兩立之給付請求權或形成權為訴訟標的，請求法院擇一訴訟標的，為同一內容之給付判決或同一法律關係之形成判決者，應為選擇之合併（王甲乙等三人）。有謂原告合併起訴，主張數宗給付不同之請求，被告在該數宗請求中，得擇一而為給付之訴，謂之選擇之合併（姚瑞光）。日本採舊訴訟標的理論之

---

❹ 見陳榮宗，〈預備合併之訴〉，載《舉證責任分配與民事程序法》 第一〇八頁以下。Kion, Eventuelverhaltnisse im Zivilprozess, 1970.

學者所稱選擇之合併，又稱擇一之合併，謂原告主張有同一給付目的之數請求權，或主張有同一權利變動目的之數形成權，而合併起訴，訴請法院若就數請求權或數形成權之一為勝訴判決，則不必對其餘請求權或形成權為審判，惟若為原告之敗訴判決，則必須就原告全部之請求權或形成權為審判均認為無理由時始可❺。日本學者所謂選擇的合併，其定義概念與我國一般學者所稱選擇之合併，僅係用語類同而意義不同。就其意義而言，與我國學者所稱競合之合併較為接近。

德國學者稱選擇之合併為 Alternative Klagenhäufung，德日兩國學者在分類上所不同者，德國學者大都無競合之合併之類型，而有選擇之合併。日本學者大都相反，有競合之合併（即選擇的合併）而無選擇之合併。依德國學者之見解，所謂選擇之合併係原告於同一訴訟程序中主張多數訴訟標的，由法院任選其中之一為裁判之訴之合併。惟德國學者大都認為，此種合併為不合法，蓋由法院就原告合併提出之數訴訟標的中任意選擇其一為裁判，此屬原告未就訴訟標的為特定之情形。例如，原告起訴合併主張對被告有買賣價金二千馬克及借款二千馬克，但訴之聲明為請求判命給付二千馬克。於此種情形，原告之起訴並未就何一訴訟標的為特定，須由法院自行選定，故，其合併不合法。德國學者認為選擇之合併，於賦與被告有選擇權之選擇之債情形，始為合法。例如，被告對原告就給付金錢一百萬元或給付土地五十平方公尺有選擇給付之債務，被告不履行給付時，原告為強制執行時，必須起訴請求法院為給付判決，此際，因為選擇權在被告，原告有以選擇之合併起訴之必要。原告應聲明：「被告應給付原告一百萬元或土地五十平方公尺。」此際，雙方當事人間發生給付債務之法律關係雖為單一，且原告亦僅得滿足其中之一給付而已，但就給付請求權而言，一百萬元之給付請求權與土地五十平方公尺之給付請求權各別。於原告之聲明，原告必須將兩種不同內容之聲明為選擇之合併，否則，原告於對被告為強制執行時，無從為選擇執行。法院對於選擇之合併為審判時，應同時就二給付請求權為裁判。

㈣競合的合併

又稱為重疊之合併，即原告主張數種獨立之請求，合併起訴，該數種請求之目的同一，訴之聲明僅有一個之訴之合併。更分二類：⑴原告合併起訴主張數項

❺ 參照兼子一、松浦、新堂、竹下著，《條解民事訴訟法》第八二八頁以下。

請求，其請求之標的為同一給付者。例如，本於租賃契約及所有權請求返還某物，本於借貸契約及票據上之債權請求支付一定金額，或主張占有權及所有權請求交付某物。(2)原告合併提起數宗形成之訴，可致同一之法律上效果者。例如提起離婚之訴時，主張數種不同之離婚原因。以上兩種情形，雖原告通常係以單一之聲明，求單一之判決，然為訴訟標的之請求或可致某法律上效果之權利既有兩項以上，自係數訴合併❻。

　　我國判例實務及傳統學說，採民法學者對於數請求權競合 (Anspruchskonkurrenz) 之概念，認為民法規定之請求權或形成權，其個數係按其法條規定數目而定。若權利人請求之給付為單一或請求之法律效果為同一之情形，民法之規定同時有數請求權或數形成權並行存在者，此數請求權或數形成權即成為競合狀態❼。在訴訟法上，此數請求權或數形成權成為並存之數訴訟標的，惟此數訴訟標的之最後目的同一，故，此類數訴訟標的之合併為競合的合併。日本學者在傳統上亦採此種見解，惟在用語上，有稱為競合的合併者❽，有稱為選擇的合併者❾，又有稱為擇一的合併者❿。應注意者，日本後者之用語與我國學者用語之選擇的合併，兩者概念完全相異。德國及日本學者於第二次世界大戰後，提倡新訴訟標的理論，認為上述情形之競合，並非訴訟標的之競合而屬攻擊方法之競合，其訴訟標的為單一，不生訴之競合的合併問題，從而不認為有競合的合併類型。三ケ月章、新堂幸司、齋藤秀夫等學者，均不承認有競合的合併者⓫。

　　查閱現時德國民事訴訟法之著作，幾乎全部不再將競合的合併列為合併之類型。於一般情形，有僅列單純之合併與預備之合併兩種者，亦有列單純之合併、預備之合併、選擇之合併三種者⓬。特別值得注意者，我國學者所承認之選擇之

---

❻ 參照石志泉，《民事訴訟法釋義》第二八二頁。張學堯，《中國民事訴訟法論》第二二九頁以下。

❼ 詳細請參見陳榮宗，〈請求權競合論〉，載《民事程序法與訴訟標的理論》第二四七頁以下。

❽ 見野間繁，〈請求の併合〉，載《民事訴訟法講座》第一卷第二三四頁以下。

❾ 見兼子一，《民事訴訟法體系》第三六七頁。

❿ 見中野貞一郎等三人，《民事訴訟法講義》第四九七頁。

⓫ 見三ケ月章，《民事訴訟法》（弘文堂）第一六二頁以下。新堂幸司，《民事訴訟法》第四五三頁。齋藤秀夫，《民事訴訟法概論》第四二八頁以下。

⓬ Vgl. Stein-Jonas, ZPO. 20. Aufl. §260; Baur, ZPR. 6. Aufl. S. 88f.; Rosenberg-Schwab, ZPR. 14. Aufl. S. 600f.; Jauernig, ZPR. 22. Aufl. S. 201ff.; Thomas-Putzo, ZPO. 15. Aufl. §260; Zöller, ZPO. §260; Grunsky, Grundlagen des Verfahrensrechts, 2. Aufl. S. 62ff.; A. Blomeyer, ZPR. S. 214ff.

合併，日本學者大都不承認，但德國學者大都為承認。德國學者不將我國所謂之競合的合併列為合併之類型而敘述，其原因係採新訴訟標的理論之故。蓋在新訴訟標的理論之概念下，傳統所謂請求權競合之情形，僅屬請求權基礎之競合(Anspruchgrundlagekonkurrenz)，不生數請求權競合問題，從而亦無競合的合併訴訟之類型。

三、訴之合併之審判

㈠合併要件是否合法之調查

法院應依職權就訴之合併要件調查其是否合法。調查結果，認為不具備合併要件者，法院應將各訴視為個別起訴情形，分別辦理，不得認為全部起訴不合法而以裁定為駁回。從而各訴訟之法院管轄各不相同者，應分別以裁定移送於其管轄法院，法院則僅就其有管轄權之訴訟為審判。

㈡法院之審理與裁判

數合併之訴如具備合併要件時，法院應就各訴之訴訟要件是否具備為審查。法院審判時係以同一審判程序為進行，於同一期日得就各訴全部為審理，原則上係就合併之訴合併為辯論及裁判，但法院亦得視其情形，分別為辯論，就辯論結果為各種情形之裁判。茲依訴之合併種類分別敘述如下：

1.單純之合併

法院就合併之各訴審理結果，均達可為裁判之程度者，應就各訴全部為終局判決，其中有一訴先達於可裁判之程度時，法院亦得先為一部終局判決（本法第三八一條、第三八二條）。法院為裁判時，應就合併之訴是否有理由，分別就有理由之訴為原告勝訴判決，同時就無理由之訴為駁回之判決。法院就數訴合併以同一判決同時裁判時，係全部終局判決，依上訴不可分原則，當事人雖祇對於其中一訴不服而提起上訴，因在第二審得擴張上訴之聲明，其上訴仍有阻斷全部合併之訴之判決確定效力，故應連同未上訴部分，全部移審於上訴法院。若法院就合併之數訴中之一部分為一部終局判決，或分別辯論後分別就各訴為各別之終局判決，並非以一判決將全部合併之訴為裁判時，當事人對於各別之判決提起上訴，則不阻斷其餘判決之確定❸。

2.預備之合併

預備合併之訴係由主位請求與預備請求合併而成，於原告起訴時，兩請求同時發生訴訟繫屬效果。若主位請求獲有理由判決且判決確定者，預備請求溯及訴訟繫屬時失其訴訟繫屬之效力。所以預備請求所附條件，係以主位請求有理由判決確定為預備請求訴訟繫屬之解除條件。另自對預備請求之審理言之，若法院就主位請求為不合法或無理由之判決時，必須同時對預備請求為審判。足見預備請求所附條件，係以主位請求不合法或無理由判決為預備請求審判之停止條件。學者一般僅論及預備請求之繫屬附解除條件，並未同時注意其訴訟審判附停止條件[14]。值注意者，預備請求之訴訟繫屬必待主位請求獲有理由判決確定時，始發生解除條件成就，非謂一獲有理由判決，解除條件立即成就。換言之，若主位請求之有理由判決，因對造上訴而未確定時，預備請求仍然繫屬於第一審法院，隨時有因主位請求在上訴審遭敗訴判決而就預備請求為審判之可能。主位請求與預備請求之此種關係，於上訴情形，學理上之說明出入頗大，不能不注意。

第一審法院就預備合併之訴為審理結果，如認主位請求有理由時，法院應就主位請求宣示原告勝訴之判決，無庸對預備請求為判決。如認主位請求無理由時，法院應就主位請求宣示原告敗訴之判決，並就預備請求為審理，視審理結果有無理由，分別為原告勝訴或敗訴之宣判。

若主位請求獲勝訴判決時，法院對於預備請求應如何處理？學者之間為說明被告對主位請求之判決提起上訴時是否一併將預備請求為移審之問題，因而有各種學說出現。(1)有認為主位請求與預備請求在法律推理上既然立於互相排斥關係，主位請求之有理由判決，當然同時包含對預備請求之無理由判決，所以法院對主位請求之有理由判決，應視為對預備請求之駁回判決[15]。此說之解釋與原告之預備聲明意旨不符合。何況依德國今日通說，預備合併之訴其主位請求與預備請求兩者不以有互相排斥關係為必要條件，足見此說不可採。(2)第二說認為法院於對主位請求為有理由之判決時，如原告不撤回其預備請求者，必須同時另對預備請

---

[13] 此為學者一般通說。參照兼子一等四人，《條解民事訴訟法》第八三一頁及第一一六四頁。王甲乙等三人，《民事訴訟法新論》第二六四頁。

[14] 見三ケ月章，《民事訴訟法》第一三一頁。Rosenberg-Schwab, ZPR. 10. Aufl. S. 490f.; 王甲乙等三人，《民事訴訟法》（舊版）第二八六頁以下。

[15] 見雄本朗造，〈請求の預備的併合及び選擇的併合〉，載《民事訴訟法論文集》第七七六頁以下。

求為駁回之判決❶。此說謂法院必須另外對預備請
求所附判決條件不符，違反處分權主義之原則，法院竟將原告未聲明之事項為
判決，顯然違法。⑶第三說認為，主位請求受有理由判決時，預備請求視為訴之
撤回，法院不必更就預備請求為判決❶。此說將原告預備請求所附訴訟繫屬之解
除條件，與原告之撤回訴訟同等看待。其實兩者之條件並不相同，何況原告縱欲
撤回其訴，有時必須得對造之同意始可，此種撤回預備請求之擬制不足採。⑷第
四說認為，主位請求獲有理由判決時，預備請求之命運繫於判決確定與否。若判
決確定時，預備請求之訴訟繫屬溯及於起訴時喪失其效果。若判決未確定時，預
備請求繼續繫屬於第一審法院。此說為德國通說。

　　當事人不服第一審法院判決提起上訴情形，預備請求是否一併發生移審？上
訴審法院得審判之範圍如何？是為預備合併之訴在學理上頗有爭論之問題，茲依
各種判決情形分析為討論。⑴原告之主位請求與預備請求均遭敗訴判決情形，原
告對兩請求均為上訴，上訴審法院於認主位請求有理由時，應同時廢棄第一審所
為主位請求及預備請求之判決外，僅就上訴人原告之主位請求為有理由之判決，
不必更就預備請求為判決。若上訴審法院認為主位請求無理由時，必須就預備請
求為判決。⑵於原告之主位請求敗訴，但預備請求勝訴情形，若原告被告均為上
訴，上訴審法院必須同時對主位請求及預備請求為審判。法院就原告上訴部分審
理結果認為原告之主位請求有理由者，應廢棄原判決，僅就主位請求為原告勝訴
判決，不必更就預備請求為判決。若法院認原告之主位請求上訴無理由者，亦不
必就預備請求為判決，蓋原告對預備請求之原審判決不能聲明不服也。就被告上
訴部分言之，若法院審理結果認為預備請求無理由者，應廢棄原法院對預備請求
之判決，此種情形下，無論主位請求有無理由，上訴審法院對於主位請求及預備
請求之判決，不致發生原告之兩請求均勝訴之矛盾現象。若上訴審法院認為被告
上訴之預備請求應維持原判決者，在同一法院之審判程序中，理論上不可能同時
為主位請求有理由之判決，否則上訴審法院之判決無法自圓其說，無法符合原告
預備合併訴訟之意旨也。

---

❶ 見石川明，〈請求の預備的合併〉，載《法學演習講座⑩民事訴訟法》第二四六頁。小室直人，《民
　商法雜誌》第四十卷第五號第五十三頁。
❶ 見三ケ月章，《民事訴訟法》第一三一頁。

　　若提起上訴者僅為原告，被告並未上訴，此際，原告聲明不服之意旨係，希望上訴審法院廢棄原法院之全部判決，改以主位請求為有理由之判決，至於預備請求，上訴審法院不必更為審判。如上訴者僅為被告，原告並未上訴，此時被告僅係對於預備請求之判決為上訴，對於主位請求不能聲明不服，所以上訴審法院不得就主位請求為審判，僅能就預備請求為審判。於此情形下，無論上訴審法院審理結果維持原判決，抑或改判預備請求無理由，均不發生兩請求之判決結果均勝訴之不合理情形❶。惟最高法院八十三年臺上字第七八七號判例云：訴之客觀預備合併，法院如認先位之訴為無理由，而預備之訴為有理由時，就預備之訴固應為原告勝訴之判決，惟對於先位之訴，仍須於主文記載駁回該部分之訴之意旨。原告對於駁回其先位之訴之判決提起上訴，其效力應及於預備之訴，即預備之訴亦生移審之效力。第二審法院如認先位之訴為有理由，應將第一審判決之全部（包括預備之訴部分）廢棄，依原告先位之訴之聲明，為被告敗訴之判決。否則將造成原告先位之訴及預備之訴均獲勝訴及併存之判決，與預備之訴之性質相違背。(3)第一審法院認原告之主位請求有理由而判決原告勝訴，對預備請求未審判之情形，經被告上訴結果，若上訴審法院認主位請求無理由時，上訴審法院可否更就預備請求為審判？德日學說及判例頗有爭論。我國最高法院七十二年八月十六日、七十二年度第八次民事庭會議決議云：訴之客觀預備合併，原告先位訴勝訴，後位訴未受裁判，經被告合法上訴時，後位訴生移審力，上訴審認先位訴無理由時，應就後位訴加以裁判；若後位訴同時經原審判決駁回，原告未提起上訴或附帶上訴時，因後位訴既經裁判而未由原告聲明不服，上訴審自不得就後位訴予裁判。本院六十五年五月四日民事會議決議㈡應予補充❶。拙認為上述(3)之情形，原則上第二審法院僅能就主位請求為審理裁判，不得就預備請求為審理判決。於第二審法院，若當事人雙方合意由第二審法院就預備請求為審理之情形，始例外得為審理裁判❷。

❶ 參照 Rosenberg-Schwab, ZPR. 10. Aufl. S. 492; BGHZ. 41, 38.

❶ 最高法院六十五年五月四日六十五年度第四次民庭庭推總會議決議㈡：第一審就原告先位聲明為其勝訴判決，並將其備位聲明之請求予以駁回，關於後者，將不須裁判者加以裁判，固屬錯誤，惟對於第一審判決只由被告提起上訴，第二審法院應僅就先位聲明審理裁判，關於備位聲明之第一審判決，原告如未提起上訴或附帶上訴，第二審法院不得予以審理裁判。

❷ 此種見解之理由，請見陳榮宗，〈預備合併之訴〉，載《舉證責任分配與民事程序法》第一二四頁以

　　訴之客觀合併係以多數請求權之存在為前提。換言之，於訴訟標的有多數之情形始有合併之訴可言。原告如認為以單純合併之方法起訴較符合其利益者，可提起單純合併之訴，若原告認為提起預備合併之訴，較為實際而不浪費訴訟者，亦得利用預備合併之訴，其合併之方法任由原告選擇運用。學理上並無強求主位請求與預備請求之間必須具備相互排斥關係之論據。我國及日本學者拘泥於傳統看法，認為主位請求與預備請求兩者間必須有互相排斥關係為預備合併之訴合法成立要件，此種看法宜有檢討餘地。

　　由於訴訟標的理論對於訴訟標的概念之界說與傳統看法不同，因此，競合之多數請求權或有互相排斥之多數請求權，在訴訟上是否得直接成為訴訟標的而成為訴之合併現象，是為學理上頗有爭論之法律問題。例如，主張新訴訟標的理論者，於買賣價金之主位請求，預備合併票款為請求之情形，不認為主位請求與預備請求係各別獨立存在之請求權，僅認為其給付請求權為單一，因此於此種情形之預備合併，並非預備合併之訴，實乃將多數之攻擊防禦方法為預備之主張而已。既然係法律觀點之攻擊防禦方法，法院則不受原告主張順序之拘束，得自由為審理判斷[21]。在學理上，對於同一訴訟標的之訴訟，於訴之聲明方面以預備合併之方法為聲明時，此為聲明之預備合併，非為預備合併之訴。但在傳統之訴訟標的概念之下，聲明之預備合併，於大多數情形，則成為預備合併之訴，是為訴訟標的理論對訴之合併問題在解釋方面之影響。

3.選擇之合併

　　於被告有選擇權之選擇之合併，原告之訴之聲明係：「被告應給付甲物或乙物」，故法院審理結果認為原告請求無理由者，固應全部駁回其訴，若法院認為原告請求有理由者，應依其聲明就全部給付請求為選擇關係之判決。原告獲此勝訴判決後，於強制執行之際，被告仍得就多數給付之中選擇其一對原告為給付。足見於選擇之合併之訴，原則上法院不得將多數給付之選擇關係拆開而僅就其中一給付為有理由之勝訴判決。例外情形，若法院認為原告對被告之債並非選擇之債，僅屬單一給付之債時，則法院於判決主文僅就單一給付為宣示即可，於判決理由中將被告之債非屬選擇之債為說明。

下。

[21] 參照齋藤秀夫，《民事訴訟法概論》第四四三頁以下。同，《注解民事訴訟法(4)》第一〇八頁以下。

4.競合之合併

我國法院實務對於競合之合併訴訟，其審判方法，與日本學者兼子一所主張選擇的合併之審判方法類似。於法院就原告數請求之中有一請求認為有理由時，即應依原告之訴之聲明，宣示原告全部勝訴判決，蓋原告祇以一個單一之聲明求為一個單一之判決，法院無從諭示兩個以上之相同主文。法院就不合法或無理由部分之請求，祇須在理由中說明其不合法或無理由之原因，或者以原告已有一部請求有理由而不在判決理由中就其餘不合法或無理由之請求為說明❷。惟我國學者有認為，競合之合併，某部分請求無理由者，仍應在主文諭知駁回其餘之訴，其一請求有理由者，仍應審理其餘請求，不得置之不理。主張此種見解之理由係，原告既就數訴訟標的均要求法院為判決，何者勝訴，何者敗訴，影響得否提起上訴及既判力之有無，不在主文諭知某部分敗訴，或根本置其餘請求於不顧，自與競合合併之本質有違。何況法院認為無理由而不在判決理由中置論之請求，並非全無於事後無實益。例如，基於票據債權與借款債權為競合合併，僅在理由欄說明借款部分無理由，或根本未予審理，而就票據部分為勝訴判決，如票據部分在判決確定後罹於短期時效，借款債權即有再起訴之實益❸。

拙以為我國法院判例及實務既採舊訴訟標的理論而運作審判工作，對於審判原告提起之競合合併之訴，宜採上述之後說學者見解為是。原則上，法院應就全部合併之各訴訟標的為審理，並於判決理由欄中分別就各訴訟標的之有理由與無理由為說明。在主文中，不必以多數主文宣示各請求有理由之部分，僅為單一之判決主文為原告勝訴之諭示即可，如合併之請求部分無理由者，同時另於主文宣示原告其餘之訴駁回之判決。若當事人就敗訴部分各提起上訴之情形，上訴審始能再就雙方當事人各人不服之部分為審判也，若採實務見解，則原告當事人因無上訴之原因與無上訴利益而不能上訴矣。

---

❷ 參照姚瑞光，《民事訴訟法論》第三二〇頁以下。王甲乙等三人，《民事訴訟法新論》第二六四頁以下。陳計男，《民事訴訟法論》第二一四頁。

❸ 見王甲乙等三人，《民事訴訟法新論》第二六五頁。

■ 第二節 訴之變更或追加

一、訴之變更或追加之概念

原告起訴之後，認為有將其訴訟客體另以新之訴訟客體為代替之必要，或於原訴訟客體之外，另行有追加訴訟客體之必要，此時，立法政策上必須考慮，是否加以禁止，抑或不加禁止但加以一定限制之問題。考慮時，其涉及之因素，有原告立場，被告利益及法院要求之公益問題。於原告而言，俟起訴後始發現其他證據事實，有變更或追加其請求之實際必要，否則必須撤回訴訟而重新起訴或另外訴訟，對於雙方當事人及法院，訴訟均不經濟。但於被告言之，希望訴訟自始安定，能專就原告起訴之特定請求及提出之證據事實為研判防禦，有不受原告任意擺布之利益。在法院之公益立場，要求訴訟迅速私權紛爭徹底解決。立法者在考慮上述各種對立利益之平衡下，制定訴之變更或追加之制度。

我國民事訴訟法第二五五條至第二五八條及第二六一條規定訴之變更或追加，德國於其民事訴訟法第二六三條、第二六四條及第二六七條，奧國民事訴訟法第二三五條、日本於民事訴訟法第一四三條至第一四五條，亦各有規定訴之變更之程序[24]。惟德、奧、日三國之規定，與我國學者對訴之變更之意義所為之解釋，有二點不同。第一、德、奧、日學者所謂訴之變更 (Klageänderung)，其意義限於原告對於訴訟標的 (Streitgegenstand) 之變更而言。對於當事人之變更或追加，非其所謂之變更，另有一制度稱為當事人之變更 (Parteiwechsel)。第二、德、奧、日學者所稱訴之變更，其意義包含我國學者所謂之訴之追加，不另外將訴之變更與訴之追加為區分。拙認為，就第一點而言，當事人變更與訴訟標的之變更，兩者所討論之問題內容不同，且就體系而言，訴訟主體與訴訟客體之問題，宜為分開。再就第二點而言，訴之變更在廣義之概念方面，可包含訴之追加，且兩者在法律適用方面，並無差別，有無特別分開必要，亦有疑問。我國學者均以訴之要素包括當事人、訴訟標的及訴之聲明三者為論點，從而解釋訴之變更包括當事人

---

[24] 參照 Fasching, ZPR. 2. Aufl. S. 622ff.; Rosenberg-Schwab, ZPR. 14. Aufl. S. 610ff.; 菊井維大編，《全訂民事訴訟法（下）》第三十七頁以下。

之變更，惟就當事人變更之問題似無可討論之內容。訴之變更或追加，其前提若固定在相同之原告與被告之間，則討論問題之方面較為單純，始不發生同時有當事人雙方及訴訟標的均變更之複雜問題。本書為使體系分明，另於訴訟主體論，特別就當事人之變更為說明討論，本節敘述將當事人之變更除去，專就訴訟客體之變更為討論。

二、訴訟標的理論與訴之變更或追加

依舊訴訟標的理論及判例之見解，訴訟標的係原告所主張特定之權利或法律關係，成為法院裁判之客體，訴訟標的係記載在訴狀，得由訴之聲明及請求之原因事實加以特定。訴之聲明係原告將權利主張之內容、範圍、特質加以具體特定之陳述，與法院之判決主文相對應之部分。請求原因事實係指，將訴訟標的內容之權利或法律關係，加以識別特定所必要之法律構成要件事實而言。請求原因事實係為識別特定訴訟標的之目的始有必要，若就訴之聲明已能識別特定訴訟標的者，即無記載於訴狀之必要。於確認之訴，其訴訟標的係具體之權利或法律關係之主張，此項具體之權利或法律關係在訴之聲明中已經明確被表示，無待另外在訴狀將請求原因事實為記載，其訴訟標的即已特定。故，主張舊理論者及主張新理論者，於對確認之訴之訴訟標的，其識別特定之方法標準，兩者相同。

惟於給付之訴與形成之訴，主張舊理論者與主張新理論者，兩者之見解頗有差異。依舊理論之見解，給付之訴或形成之訴，其訴訟標的係具體之權利或法律關係。使此項權利或法律關係發生之具體原因事實，即成為決定訴訟標的之重要因素。僅憑訴之聲明所為之表示而無請求原因事實之表明，無法識別特定其訴訟標的。例如，原告訴求被告交付特定物之給付訴訟，原告基於所有權與基於租賃契約解除為請求之情形，兩者之訴訟標的各不相同。前者係以物權之返還請求權為訴訟標的，後者之訴訟標的為債權之返還請求權。由此可知，縱然於訴之聲明中，被告應交付之物已特定，若無更進一步於請求原因事實中，將基於所有權之事實理由或將租賃契約解除之原因事實為表明，無從特定識別其訴訟標的。

依新理論之見解，給付之訴或形成之訴，其訴訟標的係，原告請求給付之法律地位，或原告要求變動法律狀態之權利地位。於訴之聲明中，此項待給付之標的物或待變動之法律狀態既然表明，其訴訟標的即已特定，無須利用請求原因事實以特定識別其訴訟標的。從而於請求原因事實中所表明之具體給付請求權或形

成權或形成要件事實，僅得成為法院適用法律為裁判時之法律觀點而已，其性質屬於原告之攻擊方法，並非舊理論所謂之訴訟標的。

上述舊理論與新理論兩者之訴訟標的概念，既然在範圍方面有差異，則原告之訴有無變更或追加，亦因所採為舊理論抑或新理論而在解釋上發生相異之結果。例如，原告訴求被告遷讓房屋之給付訴訟，原告若將基於所有權之請求理由，變更為基於租賃契約解除之請求理由，則依舊理論，有訴之變更，但依新理論，僅生攻擊方法變更而已。又例如，原告訴求離婚之形成訴訟，原告將其離婚理由，由惡意遺棄變更為不堪同居虐待之理由時，舊理論認為有訴之變更，但新理論卻認為，僅係支持離婚之理由所主張之事實有變更而已。

三、訴之變更或追加之類型❷

㈠訴之聲明為變更情形

訴之聲明發生變更之情形有兩種，一為原告請求法院為權利保護之形式 (Rechtschützform) 有變更情形，另一為權利保護形式不變更，但訴之聲明內容有變更情形。前者，例如，原告之訴之聲明，由確認某特定物之所有權存在，變更聲明為，請求判命給付某特定物。於此情形，權利保護形式既然由確認而變為給付，則訴訟標的亦因而變更，蓋訴訟標的必須經常與權利保護形式結合成為一體，始得在訴訟上成為法院所裁判之對象也，否則，無法成為原告之訴之聲明。後者，例如，原告之訴之聲明，由確認某物之所有權存在，變更聲明為，確認某債權存在。又例如，原告聲明，請求判命被告給付特定物，後變更聲明內容為，請求判命被告給付一定數目之金錢。此種情形，權利保護形式雖相同，但聲明內容已變更，故，有訴之變更。

上述訴之聲明內容之變更，係質之變更，其訴之變更，解釋上不生疑問。有問題者係，有關金錢債權或代替物之一定數量之給付訴訟，其訴之聲明內容，由於金錢金額或代替物數目之增減而變更情形，有無發生訴之變更，在學說上有不同之見解。例如，原告之訴之聲明，由給付新臺幣一百萬元，變更為給付新臺幣

---

❷ 參照齋藤秀夫編，《注解民事訴訟法(4)》第一四四頁以下。菊井維大編，《全訂民事訴訟法（下）》第三十九頁以下。

六十萬元。對此種訴訟之聲明內容之變更，主張金錢債權得分為一部請求而得獨立成為其訴訟標的之學者，認為金額之減少係訴之一部撤回，金額之增加係訴之追加。但主張金錢債權不得分為一部請求而不得另成為獨立之訴訟標的者，認為其訴訟標的之法律關係既然為單一，則訴之聲明在內容數目之變更，不能解釋為訴之變更，僅得認為係訴之聲明之擴張或減縮。

㈡請求原因事實之變更情形

　　訴訟標的有無變更，是否因請求原因事實之變更而受影響，除須視其訴訟屬於確認、給付、形成三種訴訟類型之何種外，須再依訴訟標的新舊理論之觀點及請求原因事實之具體內容性質而定。於確認之訴，例如，確認所有權存在之訴，其請求原因事實，由買賣或贈與之取得所有權原因，變更為繼承之取得所有權原因，均不發生其訴訟標的之所有權有變動，即不生訴之變更，此為訴訟標的新舊理論解釋之相同所在。但於給付之訴或形成之訴，原告若於請求原因事實，提出新發生之請求權或形成權或形成原因之事實時，依舊理論見解，即生訴訟標的之變更，從而認為有訴之變更。依新理論見解，除金錢或代替物之給付訴訟外，請求原因事實之變更，不影響訴訟標的，即不生訴之變更，例如，於請求返還同一物之訴訟，請求原因事實，如由基於所有權之事實變更為基於占有之事實時，舊理論認為訴訟標的發生變更，即生訴之變更。於離婚之訴，請求原因事實，由不堪同居虐待理由變更為惡意遺棄之理由時，舊理論認為訴訟標的有變更，即為訴之變更。但依新理論之解釋，上開請求原因事實之變更，不生訴訟標的之變更，僅生攻擊方法之變更，法院為判決時其法律觀點之變更而已，不生訴之變更問題。惟一之例外情形，原告若於給付金錢或代替物之訴訟，就同一金額之請求，由某一具體之原因事實，變更為別個具體原因事實時，例如將民國八十二年一月之買賣價金二十萬元，變更為民國八十二年四月之借款二十萬元，此際，新舊理論均認為此係訴訟標的有變更，即生訴之變更。

㈢交換性之變更與追加性之變更

　　將原有之訴訟標的，以另一新訴訟標的為取代之情形稱為交換性之變更，此為典型之訴之變更。例如，將基於租賃契約解除之交還某房屋之訴，變更為確認該房屋所有權存在之訴。於此情形，原訴可認為訴之撤回，若被告已為本案言詞

辯論者，應得其同意（本法第二六二條第一項）。如被告不同意時，原訴不能撤回，新訴即係訴之追加❷。追加性之變更係指，於原有訴訟標的追加新訴訟標的，由法院一併為審判之情形。於此情形，訴之追加性之變更，屬於訴之合併性質。依本法第二四八條之規定，追加之新訴部分須能行同種訴訟程序及不違背專屬管轄之要件始為合法。此一規定與本法第二五七條之規定，兩者內容相同。

四、訴之變更或追加之合法要件

㈠一般要件

本法第二五七條規定，訴之變更或追加，如新訴專屬他法院管轄或不得行同種之訴訟程序者，不得為之。變更或追加之新訴，若非專屬他法院管轄者，不問受訴法院對新訴有無管轄權，均得審判。原則上，新舊二訴必須能行同種之訴訟程序者，始為合法。但例外，依本法第四三五條明文，於簡易訴訟程序追加應依通常訴訟程序之新訴，或於通常訴訟程序追加應依簡易訴訟程序之新訴，而兩訴之訴訟標的均係應依金額數額，定其適用通常訴訟程序或簡易訴訟程序者，得為訴之變更或追加。又於家事訴訟程序，特別規定例外准許請求之變更、追加，亦不受限制（家事事件法第五十六條、第六十九條）❷。

㈡特別要件

本法第二五五條係規定，原告合法為訴之變更或追加時，其應具備之特別要件。若有下列各種情形之一，法院即得許原告為訴之變更或追加：

　1.經被告同意為訴之變更或追加

本法第二五五條第一項第一款規定，訴狀送達後，原告不得將原訴變更或追加他訴；但經被告同意者，不在此限。同條第二項規定，被告於訴之變更或追加無異議，而為本案之言詞辯論者，視為同意變更或追加。原則上，被告有權拒絕原告為訴之變更或追加，但此一原則並非絕對。法律為顧及同一訴訟程序能一併解決相關之訴訟，以節省程序起見，另外規定，被告雖就訴之變更或追加不為同

❷ 參照菊井維大編，前揭書第四十一頁以下。
❷ 參照石志泉，《民事訴訟法釋義》第二九七頁以下。

意，法院亦得許為訴之變更或追加。

2.訴之變更或追加不甚礙被告之防禦及訴訟之終結（本法第二五五條第一項第七款）

是否不甚礙被告防禦及訴訟終結，由法院以客觀情形審查為決定。原告為訴之變更或追加，係在訴狀送達前者，自可認為不甚礙被告防禦及訴訟終結。

我國民事訴訟法第二五五條第一項規定內容，相當於德國民事訴訟法第二六三條，而第二項規定內容與德國法第二六七條相當。依 Rosenberg 與 Blomeyer 之說明❷，羅馬法並無禁止訴之變更之制度，於中古時代之義大利始有此種制度。德國一八七七年之民事訴訟法規定，僅於第一審經被告同意時得為訴之變更，於第二審根本不許為訴之變更。由於被告經常濫用其同意權而逃避訴訟程序，一八九八年修正時改為，經被告同意或實際上不影響被告防禦者，於第一審得為訴之變更，或於第二審經被告同意始得為訴之變更。一九二四年進一步修正，於第一審經被告同意或法院認為適當者，得為訴之變更。一九三三年修正，於第二審亦得由法院認為適當時，允許為訴之變更。

我國法院實務，於律師為被告訴訟代理人，經常看到，律師不分情形，一律拒絕原告為訴之變更。而法院法官為訴訟經濟及徹底解決當事人之紛爭，實務上幾乎都認為原告訴之變更不甚礙被告防禦及訴訟終結。此種情景與一八九八年以前德國法院實務所遭受之經驗似乎相同。德國一九二四年以後之修正頗值立法者參考。依德國判例，法院認為訴之變更係適當之情形頗廣泛。例如，訴之變更所使用之訴訟資料與原訴所用者相同，訴之變更能否避免當事人另外提起訴訟，均屬適當情形。法院於考慮許為訴之變更是否適當情形，非以原告之利益為準，僅以客觀上情形為準。此際，不考慮有無喪失事實審之審級利益問題，僅考慮於第二審為訴之變更是否適當。德國法院由於有權允許訴之變更，因此對於判斷該訴有無變更之問題成為不重要❷。

3.不變更訴訟標的，而補充或更正事實上或法律上之陳述（本法第二五六條）

訴訟標的係原告所主張之法律關係或權利欲法院加以裁判者，於確認之訴，可就訴之聲明中獲知，於給付之訴及形成之訴，必須同時參照訴之聲明與請求原

---

❷ 參照 Rosenberg-Schwab, ZPR. 14. Aufl. S. 615; Blomeyer, ZPR. (1963) S. 242f.

❷ 見 BGH RR 87, 59; BGH. 87, 58; 參照 Jauernig, ZPR. 22. Aufl. S. 149.

因事實，始能特定識別。原告若就不影響訴訟標的之請求原因事實為事實上或法律上之補充或更正，則此種陳述，當然為合法之行為。例如將契約訂立之時間處所為補充或更正之陳述，為事實上之陳述。又例如，將確認所有權存在之原因，先謂因買賣而取得，後補充謂，同時亦因繼承而取得，此屬法律上之補充或更正陳述。原告補充或更正為陳述之內容，既然不變更訴訟標的，自無不許原告為陳述之理。

4.擴張或減縮應受判決事項之聲明（本法第二五五條第一項第三款）

按訴之聲明為識別特定訴訟標的之要素，訴之聲明有擴張或減縮，即為訴之聲明之變更，原則上即發生訴訟標的之變更，從而有訴之變更。訴之聲明之變更有各種情形：第一、於多數訴訟標的之訴訟，將多數之訴之聲明為變更。例如於一訴同時請求給付買賣價金及請求返還租賃物之情形，將訴之聲明減縮，僅聲明給付買賣價金。第二、於單一之訴訟標的之訴訟，將訴之聲明為變更，得再分為，(a)訴之聲明，其給付可分者，例如金錢給付，或其給付內容係由多數特定物為內容者，例如給付汽車一部及移轉土地一筆。於此情形，訴之聲明，其範圍得為增減，學者稱為量之擴張或減縮。(b)訴之聲明，其內容不可分，僅將權利保護形式為變更，例如，將確認一百萬元之借款存在之聲明，變更為給付一百萬元之聲明。或將交付某土地之給付聲明，變更為確認對該土地有租賃權存在之聲明。學者稱為質之擴張或減縮。

由於訴之聲明之擴張或減縮，其意義包括變更訴訟標的及不變更訴訟標的兩種情形，且新舊訴訟標的理論對訴訟標的之特定之標準不同，因此，本法第二五五條第一項第三款之規定，實際上，已使禁止原告為訴之變更之規定失其意義，無異不禁止原告為訴之變更。

最高法院二十六年渝上字第二八六號判例云：被上訴人在第一審誤認遺產繼承人有四人，應按四人平均繼承，主張其代位繼承之應繼分為四分之一，嗣知乙丙無繼承權，在第二審主張其應繼分為二分之一，不過擴張應受判決事項之聲明，自為民事訴訟法第二五六條第二款（即新法第二五五條第一項第三款）之所許（依一〇八年七月四日施行之法院組織法第五十七條之一第一項規定，本判例已停止適用）。又同院四十七年臺上字第二一九號判例云：被上訴人在第一審起訴聲明「上訴人應與被上訴人清算所合夥經營之漁船業務賬目」，嗣在原審改稱「上訴人應將該漁船合夥賬簿交伊查閱」，係屬民事訴訟法第二五六條第二款（即新法第二

五五條第一項第三款）所謂減縮應受判決事項之聲明。

5. **因情事變更而以他項聲明代最初之聲明（本法第二五五條第一項第四款）**

此係指其最初之聲明，因情勢變更而無法達其目的，有變更最初聲明之必要而言。此際，原告之訴之聲明及訴訟標的雖均變更，亦應許為訴之變更。若有情事變更而不許為訴之變更，原告之訴即使獲勝訴判決，其訴訟結果對於權利糾紛之解決並無作用效果，成為訴訟之浪費。為訴訟程序之經濟，有允許原告以他項聲明代最初聲明，俾能符合訴訟結果之實際需要。例如，物之交付請求權發生後，其物經法律禁止交易致為不融通物者，給付即因法律之規定而不能，如原告因此而有金錢之支付請求權，得依本款之規定變更其聲明，以代最初之聲明（司法院三〇院字第二一八二號解釋）。原告有上述情事變更而不變更其訴之聲明，若仍求為命被告交付該物之判決，應認其訴為無理由予以駁回，其禁止交易在命被告交付該物之判決確定後者，該判決自屬不能執行。又例如，原告起訴請求被告交付買賣之房屋，但於訴訟中該房屋因火災而滅失者，事實上已不能為給付，此際原告必須改最初聲明，改求判命被告為損害賠償，否則，原告無法據最初聲明之確定判決為執行名義而執行。最高法院二十六年渝上字第八二三號判例云：第三人主張就執行標的物有足以排除強制執行之權利，提起異議之訴時，執行程序尚未終結，而在訴訟進行中執行程序已終結者，如該第三人未依民事訴訟法第二五六條第三款之規定（即新法第二五五條第一項第四款），以他項聲明代最初之聲明，自不能不將其訴駁回。因情事變更而以他項聲明代最初之聲明，係為訴訟上之便宜而設之規定，祇須情事確屬變更，即有其適用。故其情事之變更，係發生於起訴前或起訴後，均非所問（最高法院四三臺抗字第二三號判例）。又最高法院七十一年臺上字第三七四六號判例云：當事人因情事變更而以他項聲明代最初之聲明，其本質上仍屬訴之變更。而在第二審為訴之變更合法者，原訴可認為已因而視為撤回時，第一審就原訴所為判決，自當然失其效力。第二審法院應專就新訴為裁判，無須更就該判決之上訴為裁判。原審未見及此，就被上訴人變更之新訴准許，並命上訴人如數給付後，又將第一審判決予以部分廢棄，於法自屬有違。

6. **該訴訟標的對於數人必須合一確定時，追加其原非當事人之人為當事人（本法第二五五條第一項第五款）**

訴訟標的對於數人必須合一確定，係指本法第五十六條之必要共同訴訟情形。若於起訴時，原告未將應列為共同原告或共同被告之人列入，該訴訟有成為當事

人不適格之虞。此際，為使原告之訴訟能合法起見，且不影響被告利益，雖有追加當事人，亦應許原告為之。例如，第三人為原告提起撤銷婚姻之訴，僅以夫為被告而未列妻為共同被告，訴訟中即得追加妻為共同被告。又例如，共有物分割之訴，原告應以其他全體共有人為共同被告，若漏列其中一共有人為當事人時，將該人追加為共同原告或共同被告，則原告之訴始能避免因漏列共有人為當事人不適格而遭駁回之結果，從而獲訴訟經濟之利。

7.訴訟進行中，於某法律關係之成立與否有爭執，而其裁判應以該法律關係為據者，並求對於被告確定其法律關係之判決（本法第二五五條第一項第六款）

所謂訴訟之裁判應以某法律關係為據，係指該法律關係之存在與否，於本訴訟之裁判有影響，而成為其應先解決之問題而言。兩造當事人若就此項先決問題之法律關係有所爭執時，法律為避免裁判之牴觸及節省勞費時間，允許原告當事人利用本訴訟程序，一併提起確認該法律關係存否之訴，俾能以判決解決先決問題。學者稱此訴為中間確認之訴，稱該項判決為中間確認判決。此訴如由被告提起時，即屬提起反訴，應依關於反訴之規定辦理。此訴由原告提起，則因訴訟標的及訴之聲明均有追加而為訴之追加。例如原告訴請分割共有物，被告否認原告為共有人時，原告得一併追加請求確認對共有物原告有應有部分存在。又例如，原告基於所有權訴請被告返還無權占有之房屋，被告主張有租賃關係存在，此際，原告得一併請求確認租賃關係不存在。此種先決問題之法律關係或權利，原係本訴訟之判決理由必須判斷之事項，原告得另外起訴獲得判決俾以解決。惟若利用中間確認之訴同時一併為解決，較為簡便。

8.請求之基礎事實同一者（本法第二五五條第一項第二款）

請求之基礎事實同一係指，數訴訟標的之請求權出於同一基礎之原因事實而言。例如，被告竊取原告之汽車一部，原告得基於侵權行為損害賠償請求權為訴訟標的起訴，俟訴狀送達後，得變更為不當得利返還請求權，或追加所有物返還請求權。

五、訴之變更、追加之審判程序

依本法第二六一條規定，訴之變更或追加，得於言詞辯論時以言詞為之。於言詞辯論時所為訴之變更、追加，應記載於言詞辯論筆錄，如他造不在場，應將

筆錄送達。訴之變更或追加雖得不依本法第二四四條規定之起訴程式以訴狀為之，但起訴應備之其他要件，例如應繳納裁判費，仍然必須遵守。

　　法院應依職權調查原告之訴有無變更或追加，並決定其變更、追加應否准許。調查結果，法院認其變更、追加應准許者，應依一般規定，就變更之新訴為辯論及裁判，於追加情形，應就追加之訴與原有之訴為辯論及裁判。蓋於訴之變更，係以新訴訟取代原有之訴，原有之訴已不存在，法院無庸予以辯論及裁判。至於訴之追加，係以新訴加入原有之訴，從而兩者並存，法院必須一併予以辯論及裁判。倘法院認為不應准許原告為訴之變更、追加，或因新訴專屬他法院管轄或不得行同種訴訟程序之情形，則僅就原有之訴為辯論及裁判，而就新訴則依本法第二四九條第一項第六款規定以裁定為駁回。但在訴之變更時，若原告已明白表示撤回其原有之訴，僅請求就新訴為裁判者，除其撤回不生效力外，不必再就原有之訴為辯論及裁判。

　　當事人如就訴有無變更、追加，或就應否准許訴之變更、追加，發生爭執時，則係中間爭點之爭執。法院若認為，訴無變更、追加，或其變更、追加應准許者，則應以中間判決為宣示（本法第三八三條），或於終局判決之理由中記載其法律上之意見為說明（本法第二二六條）。法院因第二五五條第一項但書規定，而許訴之變更或追加或以訴為非變更或無追加之裁判，當事人不得聲明不服（本法第二五八條第一項）。蓋此種裁判之性質屬中間爭點之裁判，不得獨立聲明不服，且不得因有對於本案終局判決之上訴而附帶聲明不服。否則，若於上訴審有相異之意見時，中間判決後之第一審法院程序，必然徒勞無益。但法院認為訴之變更、追加不應准許而以裁定駁回者，當事人得對於此項裁定，依一般規定提起抗告（本法第四八二條）。

　　本法第二五八條第二項規定：「因不備訴之追加要件而駁回其追加之裁定確定者，原告得於該裁定確定後十日內聲請法院就該追加之訴為審判。」原告為訴之追加，其目的在利用同一程序提起新訴，使法院能將新訴與原訴合併裁判。若追加之新訴因不合訴之追加要件，經法院裁定駁回確定之後，必須另行起訴，不僅稽延時日，且有時可能因已逾請求權之時效或除斥期間已過而喪失訴訟之重大利益，對於原告未免太苛。為保護原告起見，原告得於駁回之裁定確定後十日內，向法院聲請就追加之訴獨立為審判，追加之訴與原訴兩者各別進行。追加之訴發生訴訟繫屬之效力時點，回溯至原告為訴之追加時。惟若原告未於十日內聲請法

院就該追加之訴為審判時，追加之訴不生訴訟繫屬之效果。

　　訴之變更或追加，不僅於第一審得為之，於第二審亦得為之。僅於第三審，因其係法律審，法院不就訴訟標的之事實關係為審理，無法准許當事人為訴之變更或追加。當事人於第二審為訴之變更或追加時，依本法第四四六條第一項之規定，原則上非經他造同意，不得為之，但於有本法第二五五條第一項第二款至第六款情形者，當事人不必經他造同意得為訴之變更或追加。

■ 第三節　反　訴

一、反訴之概念與性質

　　被告利用原告提起之訴訟程序，在訴訟繫屬中，就與原告之訴訟有相牽連之請求，對原告提起之訴訟，稱為反訴。原告之訴稱為本訴，於反訴，原告與被告倒置，稱為反訴原告與反訴被告。反訴雖係利用本訴之程序而提起，但反訴之性質為獨立之訴訟，若被告不利用反訴而獨立另外起訴，則為完全獨立之訴訟。故本法第二六三條第一項及第二六四條分別規定，反訴不因本訴撤回而失效力；本訴撤回後，反訴之撤回不須得原告之同意。反訴制度之目的，主要係為訴訟經濟及防止有相牽連之訴訟間發生判決矛盾，使被告能於原告本訴程序中同時利用相同之攻擊防禦方法，對於原告進一步為訴訟上之請求，使訴訟標的或攻擊防禦方法有相牽連之前後兩訴訟，能作一次之審判解決兩造間之私權紛爭。

二、提起反訴之合法要件

　　反訴之提起，必須具備一定之特別要件始為合法，否則法院得以裁定駁回被告之反訴。反訴之合法要件如次：

㈠提起反訴，須有原告之本訴繫屬於事實審法院，且限於言詞辯論終結前（本法第二五九條）

　　反訴之提起，以本訴已繫屬於法院為前提，本訴尚未繫屬者固無反訴可言，本訴之訴訟繫屬已消滅者，亦無提起反訴餘地。惟一旦本訴繫屬中提起反訴，反訴之合法存在，不因本訴是否合法或嗣後撤回本訴而受影響（本法第二六三條第

一項但書）。又為求本訴與反訴同時審理之訴訟經濟及防止裁判之矛盾，倘本訴有本法第二十八條移送訴訟情形，反訴應隨同本訴移送。提起反訴之時間，限於事實審法院言詞辯論終結以前，第三審為法律審，專就法律問題為審理，不再就事實問題為審理，無法審理反訴所主張之事實問題，故不許於第三審提起反訴。反訴之提起通常於第一審言詞辯論終結前提起，言詞辯論終結後，本訴原告未有提起上訴之前，無法提起反訴。俟本訴繫屬於第二審法院且於言詞辯論終結以前，亦得提起反訴，但應經他造同意始得提起為原則（本法第四四六條第二項），蓋為保護反訴被告得受第一審審判之審級利益也。但於例外情形，1.於某法律關係之成立與否有爭執，而本訴裁判應以該法律關係為據，並請求確定其關係者。2.就同一訴訟標的有提起反訴之利益者。3.就主張抵銷之請求尚有餘額部分，有提起反訴之利益者。有此三種情形之一時，被告於第二審提起反訴，則不必經本訴原告之同意。蓋此三種情形，皆在第一審所須審理認定之事實範圍內，對於當事人而言，並無須再花費勞力、時間及費用蒐集訴訟資料，對於當事人間紛爭之一次解決及訴訟經濟有助益也。

㈡反訴須非專屬他法院管轄，且得與本訴行同種之訴訟程序

反訴之管轄不得違反專屬管轄之規定，至於本訴繫屬之法院對反訴有無管轄權並非所問。反訴非與本訴得行同種之訴訟程序者，不得提起（本法第二六〇條第一、二項）。專屬管轄涉及維護公益不得違反，反訴與本訴若不得行同種訴訟程序，則無從利用同一程序合併為辯論與裁判，無法達到反訴制度目的，故不許反訴。原則上，本訴為通常訴訟程序之訴者，反訴不得為家事訴訟程序，反之亦然。家事訴訟事件及家事非訟事件請求基礎事實相牽連者，得於第一審或第二審言詞辯論終結前為反請求（家事事件法第四十一條第一項、第二項），例如離婚之訴之被告，得對原告為夫妻財產之補償、分配、分割、取回、返還之反請求（家事事件法第三條丙類事件）。此係為全面一次解決與婚姻事件相牽連之給付請求較合訴訟經濟目的，例外為明定者。

第一審判決程序，由於有若干訴訟事件情形輕微、簡單應速結，故於通常訴訟程序之外，另有簡易訴訟程序之設，利用較簡便之審理方法為審判（本法第四二七條第一項），惟兩者程序之性質並無不同。若僅以訴訟標的之金額或價額是否逾新臺幣五十萬元定簡易訴訟程序或通常訴訟程序之情形，於本訴為簡易訴訟程

序之訴，反訴為通常訴訟程序之訴者，除經當事人合意適用簡易訴訟程序外，本訴及反訴全部適用通常訴訟程序，不適用簡易訴訟程序。反之，於通常訴訟程序之本訴中，提起簡易訴訟程序之反訴時，反訴仍應適用通常訴訟程序之規定（本法第四三五條）。此類情形，不得認為不得行同種之訴訟程序而不准許（二九上字第六三八號判例，依一○八年七月四日施行之法院組織法第五十七條之一第一項規定，本判例已停止適用）。

㈢反訴之標的與本訴之標的及其防禦方法之間有相牽連

　　本法第二六○條第一項後段規定，反訴之標的與本訴之標的及其防禦方法不相牽連者，不得提起。解釋上得解為，反訴之標的與本訴之標的或其防禦方法不相牽連者，不得提起。本法係仿德國民事訴訟法第三十三條及日本修正前民事訴訟法第二三九條之相關規定，德、日原文均為「或」字而非「及」字，恐係由日文翻譯時之誤解。立法例上，有基於原告被告均得發動訴訟之公平原則，允許與本訴無牽連關係之反訴亦得提起，日本舊民事訴訟法第二○○條、第二○一條採之❸。我國立法例與德、日現行法同，將反訴視為訴之追加合併，注重利用本訴程序之訴訟經濟性，故以反訴須與本訴標的或防禦方法有牽連為要件而限制之，且限於言詞辯論終結前始得反訴。又本法為防止反訴被利用為延阻訴訟之手段，於第二六○條第三項明定，當事人意圖延滯訴訟而提起反訴者，法院得駁回之。

　　所謂反訴標的與本訴標的或防禦方法相牽連情形，係指以下情形而言：

　　1.訴訟標的之法律關係或權利同一

　　例如，本訴請求確認一定金錢債權不存在，反訴主張債權存在請求給付一定金錢。於此情形本訴與反訴之訴訟標的相同，但反訴之權利保護形式係給付訴訟，有反訴之必要，故得提起反訴。惟若反訴請求確認一定金錢債權存在，則本訴原告與反訴原告之聲明處於完全相反情形，反訴原告之聲明與本訴被告之聲明相同，本訴被告於本訴中已能獲得保護，提起反訴成為多此一舉現象，不許為此種反訴。本訴原告以其他共有人為被告提起分割共有物之訴，被告可否提起反訴請求分割同一共有物？對於此類形式的形成訴訟，學者有認為此種訴訟係合原告被告兩造而言之固有必要共同訴訟，共有人全體僅有一個請求分割共有物之形成權，不生

❸ 參照齋藤秀夫編，《注解民事訴訟法(4)》第二三五頁。

形成權主體不同之問題，至於分割方法係法院職權，亦不生聲明不同之問題，故係同一事件❸，認為同一事件反訴即不應准許。若依傳統對訴之三要素之瞭解及舊訴訟標的理論，分割共有物之本訴與反訴係相異之事件，各共有人均獨立有其形成權，正如離婚之本訴與反訴之情形，原告被告各有其獨立之形成權。惟若依新訴訟標的理論之一分肢說之瞭解❷，上述訴訟之本訴與反訴，均係以共有物分割之法律效果或離婚之法律效果為訴訟標的，應屬同一事件。拙以為於一般情形之下，相同當事人之間以相同訴訟標的為內容之訴訟，大都無權利保護利益必要可言。但於離婚訴訟或分割共有物訴訟，本訴原告之請求雖與反訴原告之請求相同，惟因本訴原告與反訴原告之權利保護利益必要係各別存在，反訴原告之權利保護利益必要，並不因本訴原告之起訴及獲勝訴而不存在。蓋自反訴原告之立場而言，其權利保護利益必要，並非以本訴原告所獲勝訴判決目的實現為重要內容，實係以本訴原告之遭敗訴判決及反訴之獲勝訴判決結果為其期待之重要內容。故，即使本訴之訴訟標的與反訴之訴訟標的相同，亦不能因此褫奪反訴原告之權利保護利益必要而不許本訴被告提起反訴或另外獨立起訴❸。

　　2.本訴之請求與反訴之請求，係出於同一法律關係或同一原因事實

　　例如，本訴原告基於買賣之法律關係訴求被告給付買賣標的物，本訴被告反訴依同一買賣關係訴求反訴被告給付買賣價金。蓋買賣契約為雙務契約，基於同一買賣契約，出賣人與買受人分別有其給付請求權也。又例如，多數人發生打群架，雙方各有受傷，此際若一方訴請他方損害賠償，他方得依同一原因事實提起反訴，請求起訴之原告為損害賠償。於此種情形，本訴與反訴兩者之間有牽連關係存在。

　　3.本訴之請求與反訴之請求兩者互不相容或其中一請求為他請求之先決問題者

　　例如，本訴原告訴請確認某一不動產所有權全部為其所有之訴，本訴被告提起反訴請求確認同一不動產所有權全部為其所有，此際，兩者之請求就同一不動

❸ 見姚瑞光，《民事訴訟法論》第三二八頁。

❷ 請參照陳榮宗著，《民事程序法與訴訟標的理論》第三四〇頁以下。同，《訴訟當事人與民事程序法》第二〇一頁以下。

❸ 請參照陳榮宗，〈離婚訴訟之訴訟標的與反訴之處理〉，載《訴訟當事人與民事程序法》第二〇四頁以下。

產所有權之歸屬不能相容。又例如，本訴原告訴請離婚，反訴原告訴請確認婚姻關係不存在，於此情形，反訴之訴訟標的係本訴之先決問題。依最高法院四十一年臺上字第七三八號判例，認為有先決問題之情形屬於所謂反訴標的與本訴標的互相牽連之一種，得提起反訴。

㈣須由本訴之被告對於本訴之原告提起反訴，或對於本訴原告及就訴訟標的必須合一確定之人提起反訴

　　修正前本法第二五九條規定：被告於言詞辯論終結前，得在本訴繫屬之法院提起反訴。原告對於反訴，不得復行提起反訴。我國最高法院判例（六九臺抗字第三六六號判例）及學者通說均認為，本訴與反訴之當事人須完全相同，僅其原告與被告之地位互換而已。若本訴被告必須與案外第三人為共同原告而起訴，或本訴被告必須以本訴原告與案外第三人為共同被告而起訴者，均不得提起反訴❸❹。日本之判例與學說，亦均認為反訴必須由本訴被告對本訴原告提起，倘非本訴之當事人，不能成為反訴之當事人。值得注意者，一九六三年德國聯邦最高法院第一次將昔日帝國法院長久以來所持反訴當事人限於本訴原告與被告之限制打破，認為於某種情況下，反訴不限僅得對本訴之原告提起，而且亦得同時對於未曾參與訴訟之第三人提起❸❺。德國學者亦大都不再固執於帝國法院時代之傳統法律見解，而改從聯邦最高法院之新判例❸❻。目前德國判例與學者見解認為，若反訴與本訴有法律上之牽連關係存在時，即得同時以第三人為反訴當事人，與原有本訴當事人一併起訴或被訴。

　　拙認為德國聯邦最高法院判例及德國學者最近之見解頗值我國參考，應予贊同。主要之學理論點有下列幾點：

　　第一、基於訴訟經濟與避免發生本訴與反訴之裁判矛盾，若第三人與本訴之

❸❹ 見姚瑞光，《民事訴訟法論》第三三九頁。王甲乙等三人，《民事訴訟法新論》第三一二頁。黃亮、黃棟培，《民事訴訟法釋論》第四六〇頁。

❸❺ Vgl. BGHZ. 40, 185.=NJW. 1964, 44.=MDR. 1964, 32.

❸❻ Vgl. Stein-Jonas, ZPO. 20. Aufl. S. 828ff.; Zöller, ZPO. 13. Aufl. S. 240f ; Rosenberg-Schwab, ZPR. 13. Aufl. S. 567f.; Georg Furtner, Das Urteil im Zivilprozess, 4. Aufl. S. 230ff.; Peter Arenz, ZPR. 2. Aufl. S. 159f.; Nieder, Die Widerklage mit Drittebeteiligung, ZZP. 83, S. 455ff.; Schroder, Widerklage gegen Dritte? AcP 164, 517ff.

原告或被告，原係有必要共同原告或必要共同被告之法律關係者，趁被告提起反訴之際，將本訴原告未曾列為共同原告或共同被告之第三人，一舉將其列為反訴之共同原告或共同被告，則此種反訴更能符合訴訟經濟與避免發生判決矛盾目的。

第二、反訴之性質具有獨立性，本訴之存在與否不能影響反訴之獨立存在（本法第二六三條第一項但書）。若得提起反訴之人不提起反訴而提起獨立之另一訴訟時，得將本訴原告原未列為當事人之第三人，一併列為共同原告或共同被告而起訴。就反訴之獨立性質為觀察，則反訴與獨立起訴兩者並無實質上之區別，提起反訴時，將第三人一併列為反訴之當事人，在理論上並無不當。否則，所謂反訴之獨立性無法顯示其獨立性之特點所在。若反訴當事人必須限於本訴之原當事人，不得由反訴原告依必要共同訴訟當事人之訴訟合一必要而擴張反訴之共同原告、被告，則無異反訴當事人受本訴當事人之嚴格拘束而發生依賴關係，無反訴之獨立性可言。既然反訴如同本訴各有獨立性，應無禁止反訴原告於起訴時，將反訴原告、被告範圍為擴張之理。

第三、反訴當事人之範圍應視法律規定情形或實際訴訟之必要而決定，否則提起反訴勢必違法或無實益。例如，依民法第九八〇條規定，男女未滿十八歲者，不得結婚。結婚違反第九八〇條之規定者，當事人或其法定代理人得向法院請求撤銷之（民法第九八九條）。家事事件法第三十九條第一、二項規定，由夫或妻起訴者，以其配偶為被告。由第三人起訴者，以夫妻為共同被告。若未達結婚年齡之男女結婚，配偶一方之法定代理人以夫妻二人為共同被告提起撤銷婚姻之訴，而另一配偶提起撤銷婚姻之反訴時，依法必須以提起本訴之配偶及其法定代理人為反訴被告始為合法。於此情形，顯然無法僅將本訴之原告被告倒置而提起反訴。此種反訴，其當事人必須一面縮小反訴原告範圍，另一面必須擴張反訴被告範圍，此係因民法第九八九條及家事事件法第三十九條之強制規定而不得不如此。倘依通說解釋，僅得以原本訴之原告被告為反訴之原告被告，則反訴之提起必然違法。又例如，本訴原告數人對被告數人起訴，以共同傷害身體為理由請求被告數人連帶損害賠償。此際，如僅本訴被告中之一人提起反訴主張反訴被告中之一人應為損害賠償，則反訴原告與被告兩者範圍均不一致。蓋反訴原告有受傷而其餘本訴被告並無受傷者，前者有反訴必要，但後者無反訴必要，而且本訴原告中，僅一人為加害人，對其有反訴必要，其餘則無。顯見反訴之當事人範圍無必須維持與本訴當事人範圍一致之必要，應視反訴原告於反訴時，究竟實際上以何人為反訴

原告、被告始有必要而定。

　　第四、本訴判決既判力所及之第三人，本訴原告未將其列為本訴共同原告，俟反訴時，由反訴原告將其列為反訴共同被告而起訴，僅係將本訴未明顯化之第三人，於反訴利用機會使明顯而成為反訴被告當事人而已。就訴訟主體範圍形式言之，固然係反訴被告當事人之增加，但就既判力所及之主觀範圍實質而言，本訴與反訴之當事人範圍應無不同。故，於反訴時，反訴原告將本訴判決既判力所及之其他第三人同時列為反訴共同被告而起訴，於理論上並無不當。第三人既然能因本訴及反訴判決而受既判力之拘束，則於提起反訴時，於反訴中成為當事人，此乃當然之理。昔日之傳統解釋，僅注視本訴原告與被告間之判決既判力關係，並未將既判力於第三人之關係同時為考慮，以致對於法律牽連關係之觀察限於狹窄之關係，並未將其關係擴張於第三人之關係為觀察。

　　民國八十九年修正本法時，將原第二五九條第二項刪除，將同條第一項修正為，「被告於言詞辯論終結前，得在本訴繫屬之法院，對於原告及就訴訟標的必須合一確定之人提起反訴。」立法者除有鑑於上述德國判例之變更情形外，認為有維護訴訟經濟之必要及避免對原告及必要共同訴訟人之裁判造成歧異，並擴大反訴制度解決紛爭之功能，將本條第一項修正，使本訴被告得對原告及就訴訟標的必須合一確定之人提起反訴。又刪除原條文第二項之理由係認為，反訴被告對反訴原告，如有提起再反訴之必要時，得以訴之追加方式為之，有解決途徑，原條文第二項規定係多餘之規定，無存在必要。

三、提起反訴之程序與法院之裁判

　　反訴之性質本係獨立之訴，於提起反訴時，原則上應以反訴書狀，載明本法第二四四條規定之事項，提出於法院。但本法為方便當事人提起反訴起見，特於本法第二六一條規定，提起反訴得於言詞辯論時以言詞為之。於言詞辯論時以言詞提起反訴，應記載於言詞辯論筆錄，如他造不在場，應將筆錄送達。目的在使反訴被告就反訴有充分準備，俾能保護其利益。反訴如係由本訴被告之訴訟代理人提起者，依本法第七十條第一項但書之規定，非經本訴被告授與特別委任不得為之。但本訴原告之訴訟代理人，對於反訴之應訴，則無須另外委任，縱未受到特別委任，亦得有效為訴訟代理人。又對於原告提起反訴，惟被告始得為之。參加人雖得輔助被告為一切訴訟行為，但提起反訴則已出於輔助之目的以外，自非

法之所許（二三抗字第一〇六六號判例，依一〇八年七月四日施行之法院組織法第五十七條之一第一項規定，本判例已停止適用）。反訴原告提起反訴時，應依民事訴訟法之規定繳納裁判費，但本訴與反訴之訴訟標的相同者，反訴不另徵收裁判費（本法第七十七條之十五第一項）。例如，原告否認被告對其有某項給付請求權而提起消極確認之訴，本訴被告提起反訴主張有該項給付請求權而訴請反訴被告給付時，對反訴不另徵收裁判費（司法院三一院字第二三五〇號解釋）。

被告提起反訴時，預料本訴勝訴或敗訴之情形，若以該情形為條件而提起預備的反訴，此雖為本法未有明文規定，但學說均認為合法。例如，本訴原告本於買賣契約訴求被告交付買賣標的物，被告抗辯買賣契約無效，聲明駁回原告之訴，但預料原告本訴有可能勝訴，被告因而提起預備的反訴，聲明若本訴原告勝訴時請求判命反訴被告給付反訴原告買賣價金。

本法第二六三條第一項規定：訴經撤回者，視同未起訴，但反訴不因本訴撤回而失效力。同法第二六二條第一項規定：原告於判決確定前得撤回訴之全部或一部，但被告已為本案之言詞辯論者，應得其同意。又同法第二六四條規定：本訴撤回後，反訴之撤回，不須得原告之同意。第二六四條係為本訴被告之公平而規定，蓋本訴原告既然已撤回本訴，則利用本訴繫屬機會而提起之反訴，若必須獲本訴原告之同意始得撤回，無異一面誘使被告提起反訴，而另一方面剝奪被告撤回反訴之自由，對本訴被告顯然不公平，故法律規定，本訴撤回後，反訴之撤回，不須得原告之同意。

提起反訴是否具備反訴之合法要件，法院應依職權為調查。若法院認為反訴不合法者，應以裁定駁回（本法第二四九條第一項第六款）。合法提起反訴後，原則上反訴之辯論應與本訴合併為辯論，但法院得斟酌情形，認有分別辯論之必要時，亦得命反訴與本訴分別辯論（本法第二〇四條）。本訴與反訴合併辯論者，原則上應合併為裁判，其裁判內容，應依法院審理結果，分別就本訴與反訴為准駁之諭知。倘本訴或反訴之中，其一有理由而另一無理由時，應分別為准駁之裁判，若兩訴均無理由時，均予以判決駁回。若兩訴均有理由時，亦應分別均為有理由之諭知。法院實務上有疑義者，於本訴與反訴均訴請離婚判決之情形，法院認為均應准予離婚時，其主文是否僅諭知：「准兩造離婚」即可？抑或必須分別諭知：「准原告與被告離婚」，「准反訴原告與反訴被告離婚」？拙以為應分別就本訴與反訴為諭知為是。蓋當事人間婚姻關係雖為單一，情理上無法為兩次之離婚裁判。

惟本訴原告之勝訴，未必即係反訴原告之勝訴，反訴原告之全勝，應係本訴原告敗訴而反訴原告勝訴始足當之。且判決後，敗訴當事人各得分別提起上訴，各當事人必須各就其敗訴判決為上訴，故判決主文必須分開，始為明確，若共同以同一主文宣示之，似無法分辨何者為本訴判決，何者為反訴判決❸❼。

　　值注意者，依本法第四三五條規定，本訴之標的其金額或價額在新臺幣五十萬元以下者，本應適用簡易訴訟程序，惟反訴之標的金額或價額逾新臺幣五十萬元，而與本訴合併辯論及裁判者，除經當事人合意適用簡易訴訟程序外，其辯論及裁判不得適用簡易訴訟程序，應改依通常訴訟程序規定辦理。

❸❼ 對此問題之討論，請參考陳榮宗，〈離婚訴訟之訴訟標的與反訴之處理〉，載《訴訟當事人與民事程序法》第二〇四頁以下。駱永家，〈離婚之本訴與反訴〉，載《民事訴訟法之研討㈠》第一一一頁以下。

第 **4** 編

訴訟審理

第**1**章

訴訟程序之開始

■ 第一節　起　訴

　　法院受理民事事件以聲請或起訴為開始。民事訴訟之提起，原則上應由原告以起訴狀向法院提出，稱為起訴（本法第二四四條）。惟簡易訴訟之起訴，得以言詞起訴（本法第四二八條第二項）。又當事人初係以聲請為開始之事件，於符合一定之法定要件時，本法明定視為起訴者，稱為擬制之起訴。例如，債務人對於支付命令於法定期間提出異議者，以債權人支付命令之聲請視為起訴（本法第五一九條第一項）。調解期日當事人兩造均經到場而調解不成立者，兩造當事人均得聲請為訴訟之辯論，求法院以該調解事件作為訴訟事件而予以審判，此際，調解聲請人視為自聲請調解時已經起訴（本法第四一九條第一、二項）。本節所謂起訴，專就原告以起訴狀向法院起訴之情形為敘述。

一、起訴之方式

　　原告對於被告提起訴訟，應作成起訴狀向地方法院提出，此種訴訟行為稱為起訴。起訴狀之製作有一定之法定格式及應記載之一定事項，原告或其代理人應依本法第一一六條及第二四四條規定填寫，並於起訴狀簽名或蓋章，實務上通常使用蓋章方法。製作起訴狀時，除提出於法院者外，應按應受送達之被告人數製作提出繕本或影本（本法第一一九條第一項）。由原告或其代理人持向地方法院繳納本法所規定之裁判費並將起訴狀及繕本或影本交法院收狀人員收受。起訴狀一經提出於法院，即生起訴之效力，並非俟起訴狀繕本或影本送達於被告時，始生起訴之效力。

二、起訴狀之記載事項

　　依本法第一一六條、第二四四條、第二六五條規定，起訴狀因兼有準備言詞辯論之用，除應記載事項不可缺乏外，宜記載其所用攻擊或防禦方法，並表明證據，俾法院能順利為審理。起訴狀之記載事項如下：

㈠當事人及法定代理人（本法第二四四條第一項第一款）

　　即原告及被告之姓名及住所或居所，原告或被告為法人、其他團體或機關者，其名稱及公務所、事務所或營業所。原告或被告有法定代理人、訴訟代理人者，其姓名、住所或居所，及法定代理人與當事人之關係均應記載。

㈡訴訟標的及其原因事實（本法第二四四條第一項第二款）

　　訴訟標的又稱為法院審判之對象或客體，即原告起訴請求法院為裁判所主張或否認之權利義務或法律關係。原告與被告之間對於私法上之權利義務或法律關係是否存在發生爭執時，始有起訴請求法院為裁判之必要，此際，原告之起訴必須將其主張或否認之權利義務或法律關係於起訴狀中記載，使法院能知此項私法上之爭執問題所在，並對之為裁判。訴訟標的為原告對於被告之權利主張 (Rechtsbehauptung)，屬於訴訟法上之概念，與實體法上請求權 (Anspruch) 概念兩者宜有區別。蓋在起訴階段，原告之實體法權利義務或法律關係是否確實存在，尚未確知，僅能認為原告起訴提出者為權利主張而已。實務上，此項訴訟標的之記載，係依實體法及訴訟法之規定，就各種實體權利義務或法律關係，與給付、確認、形成三種訴訟類型之關係，於可與他權利義務或法律關係區別之程度，於起訴狀記載即可。其訴訟標的為請求權或債之法律關係者，應記載主體與給付種類內容及發生之原因事實。例如，請求給付買賣價金，請求履行承攬契約，請求辦理不動產所有權移轉登記。於訴訟標的為物權或身分權，應舉主體與權利種類及其客體，於形成權情形，應舉主體與法律上之形成效果及發生之原因事實。例如，確認地上權不存在，確認扶養義務不存在，請求判決離婚，請求撤銷公司股東會決議，請求宣告財團董事違反捐助章程之行為無效，提起第三人異議之訴，提起債權人代位之訴。

㈢應受判決事項之聲明（本法第二四四條第一項第三款）

實務上簡稱為訴之聲明，即原告請求法院對於被告為具體如何之判決內容，此項具體之判決內容，應由原告於起訴狀具體明確記載，不得抽象籠統。訴之聲明與訴訟標的兩者關係雖然密切，但兩者之範圍及性質未必完全相同，蓋原告得自由決定其請求之範圍，且訴之聲明內容具體，而訴訟標的之內容抽象，故兩者於起訴狀應分別記載。訴之聲明於原告勝訴判決時，即成為判決結論而於判決主文為記載，在給付判決即決定強制執行之方法、內容與範圍，倘訴之聲明不具體或內容不妥當，有時無法強制執行，訴訟成為無益。實務上，原告對於訴之聲明，必須思考其最妥當之內容方法與範圍，審判長亦多注意行使闡明權，促原告修正其不妥當之聲明內容或方法。

於給付之訴，例如，聲明：「請求判決被告給付原告新臺幣八十萬元及自民國某年某月某日起至清償日止按年利率百分之五計算之利息」，「請判命被告應將坐落某地方某地段某號土地上木造二層房屋建築面積三百平方公尺全部拆除後，將土地四百平方公尺交還原告」。在確認之訴，例如，聲明：「確認坐落某地方某地段某號土地所有權應有部分二分之一為原告所有」，「確認原告與被告間於某年某月某日借款新臺幣五十萬元之法律關係不存在」。在形成之訴，例如，聲明：「判決原告與被告離婚」，「判決撤銷原告與被告之婚姻」，「判決撤銷被告公司股東會於某年某月某日所為某項決議」。

又例如，於債權人代位之訴，原告債權人代位債務人起訴請求被告給付者，須聲明被告應向債務人為給付之旨，而由原告代位受領之表明，原告不得聲明被告對原告為給付（六四臺上字第二九一六號判例）。各被害人原告請求同一加害人被告本於同一侵權行為損害賠償者，各被害人原告應分別各對被告為訴之聲明（六六臺上字第三六六二號判例）。

又本法第二四四條第四項規定：「第一項第三款之聲明，於請求金錢賠償損害之訴，原告得在第一項第二款之原因事實範圍內，僅表明其全部請求之最低金額，而於第一審言詞辯論終結前補充其聲明。其未補充者，審判長應告以得為補充。」同條第五項規定：「前項情形，依其最低金額適用訴訟程序。」按損害賠償之訴，由於涉及損害原因、過失比例、損害範圍等之認定，加以舉證困難，其損害之具體數額甚難預為估算，常須經專業鑑定及法院之斟酌裁量，始能定其數額。於請

求金錢賠償損害之事件，如亦同一般金錢給付之訴，強令原告於起訴之初，即應具體正確表明其請求之金額，似嫌過苛。故，民國八十九年修正時，增訂本法第二四四條第四項及第五項，使原告於起訴之初，僅先表明其全部請求之最低金額，而於第一審言詞辯論終結前，允許原告就其全部請求金額為補充聲明。若原告未有補充聲明之情形，為免原告因疏忽未補充聲明而有損權益，審判長應告以得為補充聲明。此際，若原告仍不為補充聲明時，法院當然依其於言詞辯論所聲明之最低金額為裁判。原告有補充聲明時，法院應就全部金額為辯論及裁判。應注意者，原告依本條第四項規定所表明之最低金額，係就本條第一項第二款之原因事實範圍內之全部請求所為，自不得於事後再主張其係一部請求，而就其餘請求另行起訴。又原告於補充其聲明後，應按補充後之聲明計算裁判費，並補繳其差額，始合法。立法者增訂本條第五項之理由，係為訴訟程序安定，避免原適用簡易訴訟程序之事件，因原告補充聲明而改行通常訴訟程序，致使訴訟延滯，故規定，於原告補充聲明之情形，其訴訟程序仍依其最低金額所適用之訴訟程序為審判。

上述情形之外，有若干特殊情形，原告之訴之聲明值得注意：(1)本法第二四五條規定，以一訴請求計算及被告因該法律關係所應為之給付者，得於被告為計算之報告前，保留關於給付範圍之聲明。蓋於此情形，原告之請求給付範圍，非俟被告為計算報告後，無從為明確之聲明也。例如，原告起訴聲明，請求被告計算合夥事業之全利益，並於計算後命被告為分配利益之判決。(2)原告之訴之聲明，原則上不得附以條件，惟於原告為預備之聲明情形，實務上及判例均認為合法（六四臺上字第八二號判例）。例如，原告主張契約已解除請求被告返還買賣價金，如解除契約不合法者，請求被告交付買賣標的物。

上述三事項為起訴狀應記載之事項，不得省略，如有違反，法院應以起訴違背法定程式，裁定駁回原告之訴，但其情形可以補正者，審判長應定期間先命補正（本法第二四九條第一項）。

㈣起訴之原因事實

原告之起訴狀除訴訟標的及訴之聲明外，實務上，就原告主張權利義務或法律關係之發生或消滅之原因事實，亦宜具體載明，並提出證明其主張事實之證據，使法院得據以進行準備程序，調查必要之證據，故，本法第二四四條第三項規定，第二六五條所定準備言詞辯論之事項，宜於訴狀內記載之。

㈤受訴法院及起訴之年、月、日

此項記載為當事人書狀之一般格式，除此之外，另有具狀人姓名欄，待原告及法定代理人或訴訟代理人簽名或蓋章。本法第二四四條第二項規定，訴狀內宜記載因定法院管轄及其適用程序所必要之事項，係指此類事項而言。

三、起訴後之法院作業程序

法院受理原告之起訴後，首應將該事件為編號，並依法院內部事務分配方法分案，將事件交由法官審理。法官對於原告之起訴，應先調查其程序要件是否具備，例如，有無繳納裁判費，起訴狀是否符合法定程式。若其情形可以補正者，法官應定期間先命補正，逾期不補正者，以裁定駁回起訴。原告之訴除應依本法第二四九條規定逕行駁回情形，或依第二十八條、第三十一條之二規定移送他法院或須行書狀先行程序者外，法官應即指定言詞辯論期日。言詞辯論期日指定時，至少應有十日之就審期間，俾被告當事人得為防禦其權利之準備。言詞辯論期日指定後，法院書記官應製作言詞辯論期日之通知書，除送達於原告外，應連同原告之起訴狀繕本或影本一併送達於被告（本法第二五〇條、第二五一條）。此項言詞辯論期日之通知書，應記載到場之日、時及處所。除向律師為送達者外，並應記載不到場時之法定效果（本法第二五二條）。

四、起訴之效果

原告起訴之效果，在訴訟法上，首先發生訴訟繫屬 (Rechtshängigkeit)，從而當事人不得就已起訴之事件，於訴訟繫屬中，更行起訴（本法第二五三條），同時在實體法上，發生一定之法律效果，茲說明其意義及討論相關之法律問題如次：

㈠訴訟繫屬

1.意　義

訴訟一經原告起訴，該訴訟事件即在法院發生受審判之狀態，此種狀態稱為訴訟繫屬。訴訟繫屬之狀態繼續至該訴訟之判決確定為止，或因訴訟和解與撤回訴訟而終結訴訟時為止。發生訴訟繫屬之情形，僅限於起訴，假扣押假處分之聲請，或聲請強制執行，均不發生訴訟繫屬。但調解之聲請與支付命令之聲請，於

視為起訴時，發生訴訟繫屬之效果。得生訴訟繫屬者，限於當事人依起訴或反訴請求審判內容之權利義務關係，至於作為攻擊防禦方法而被主張或抗辯之權利義務關係，不生訴訟繫屬。例如，原告之訴訟繫屬中，被告就相牽連之權利提起反訴為請求時，反訴之權利義務關係發生訴訟繫屬效果，但若被告不提起反訴而提出其權利為抵銷之抗辯時，此項權利關係不生訴訟繫屬。訴訟繫屬於何時發生，日本學者之間頗有爭論。以前之多數說認為，於訴狀提出法院時發生訴訟繫屬。惟現在日本之多數說主張，於訴狀送達於被告時始生訴訟繫屬。蓋原告即使向法院提出訴狀，惟若訴狀無法對於被告為送達時，法院必須將原告之訴狀為駁回，從而不生訴訟事件之繫屬❶。我國學者大都認為，訴狀提出於法院時，發生訴訟❷。

2.訴訟繫屬之效果❸

原告之訴發生訴訟繫屬後，以此為前提之各種程序始可能發生。例如，發生參加訴訟、訴訟告知、訴之變更、提起中間確認之訴或反訴。特別值得注意者，訴訟繫屬在訴訟法上，能發生下列效果：(1)法院審判權恆定之效果。依法院組織法第七條之二第一項規定，起訴時法院有受理訴訟權限者，不因訴訟繫屬後事實及法律狀態變更受影響，故原告起訴時法院有審判權者，不因訴訟繫屬後，事實及法律狀態變更而成為無審判權，例如選舉訴訟向普通法院起訴後，地方行政法院成立，受理選舉訴訟之審理，亦不影響普通法院之審判權。(2)法院管轄恆定之效果。依本法第二十七條規定，定法院之管轄以起訴時為準。從而原告起訴時法院有管轄權者，於訴訟繫屬之後，雖定管轄之情事發生變更，對受訴法院之管轄權不生影響。(3)當事人恆定之效果。依本法第二五四條第一項規定，訴訟繫屬中為訴訟標的之法律關係，雖移轉於第三人，於訴訟無影響。即當事人原告之訴訟實施權，並不因訴訟標的之法律關係發生移轉於第三人之事實而喪失，仍得繼續進行其訴訟。(4)原告起訴之訴訟標的僅於特別條件之下始得變更或追加。依本法第二五五條第一項前段規定，訴狀送達後，原告不得將原訴變更或追加他訴，學

---

❶ 參照中野、松浦、鈴木編，《民事訴訟法講義》第一八一頁以下。

❷ 見王甲乙等三人合著，《民事訴訟法新論》第二四六頁。姚瑞光，《民事訴訟法論》第三一二頁。吳明軒，《中國民事訴訟法（中）》第六九二頁。

❸ Vgl. Jauernig, ZPR. 22. Aufl. S. 144ff.

者稱為訴訟變更禁止之原則。僅於有特別明文規定之條件情形，始得為訴訟之變更或追加。(5)重複起訴禁止之效果。依本法第二五三條規定，當事人不得就已起訴之事件，於訴訟繫屬中，更行起訴，學者有稱為訴訟中之一事不再理者。訴訟繫屬後，所生上述各種訴訟法上效果之規定，目的在維持訴訟程序之安定與進行之順利。否則，訴訟程序將隨時因管轄、當事人、訴訟標的各種因素之變動，而發生混亂情況，無從順利進行。其影響所及不僅對當事人雙方不利，且有害於公益。關於重複起訴之禁止，其法律問題頗多，有深入討論價值，茲先為討論，至於當事人恆定之法律問題，於第二編第二章〈當事人〉已討論，不再說明。

(二)重複起訴之禁止

1.立法目的

本法第二五三條之立法目的，主要係為避免法院就同一訴訟重複審判而造成訴訟之不經濟與發生前後判決之矛盾，又為保護被告，避免一再重複被迫為不必要之訴訟進行。前訴訟一旦訴訟繫屬，即生後訴訟之訴訟阻礙。同一訴訟事件禁止重複起訴，不限於向同一法院起訴之情形，向其他法院重複起訴亦受禁止。又重複起訴之形態，不限於後訴訟之獨立起訴情形，其以反訴方式、參加訴訟、變更訴訟等方法，達成當事人之後訴訟與前訴訟成為同一訴訟之情形，亦應受禁止。例如，原告甲以買賣價金為前訴訟標的，後訴訟初以不當得利為訴訟標的，未幾，甲將後訴變更為買賣價金，此際，前後兩訴訟有重複起訴禁止之適用。又例如，甲對乙訴請確認某物所有權之訴，未幾，丙對乙就同一物亦訴請確認所有權之訴，若甲於其訴訟繫屬中，另外參加丙之訴訟，並經兩造同意代丙承擔訴訟情形，即違反重複起訴禁止之規定。

2.有無重複起訴之判斷標準

前後起訴之訴訟事件是否同一，通說係以當事人之同一及訴訟標的之同一雙面之考慮為標準。惟近年來，學者之間，因對於本法第二五三條所規定重複起訴禁止之立法目的評價重點相異。從而另有所謂事件同一性之概念，不再限於當事人同一與訴訟標的同一之傳統標準。學者遂有主張應具體就對立當事人、審判之對象、手續態樣各點為考慮之標準者❹，有認為應以請求基礎之同一性為標準

---

❹ 新堂幸司，《民事訴訟法》第一五五頁以下。

者❺，另有認為應建立機能較廣之訴訟標的概念，包含前提問題及對待請求之既判力客觀範圍概念，從而以此概念為基準者❻。

(1)當事人之同一

訴訟上之請求係原告對於特定被告之關係所主張法律關係，此項法律關係之存否，祇要在該原告與被告之間獲得相對之解決即可，從而即使同一權利或法律關係成為前訴訟及後訴訟之訴訟標的，若前訴訟與後訴訟之當事人相異者，不生重複起訴問題。惟若於前訴訟與後訴訟之當事人均相同，且訴訟標的同一者，即使原告與被告之地位，前後倒置，亦生重複起訴情形。例如，甲對乙起訴請求確認某房屋所有權，與甲對丙請求確認同一房屋所有權，兩訴訟不生重複起訴問題。惟若甲對乙起訴請求給付借款五十萬元後，乙對甲起訴請求確認借款五十萬元不存在，兩訴訟即生重複起訴。

值得注意者，當事人於形式上不同，但於實質上相同者，有訴訟事件之同一性問題，從而發生重複起訴情形。例如，甲對乙、丙、丁、戊起訴請求交還某土地後，丙、丁、戊選定乙為其等實施訴訟後，丙、丁、戊脫離訴訟，嗣甲對選定人丙起訴請求交還同一土地，前後兩訴訟應視為同一事件。又前後兩訴之當事人雖有不同，惟因前訴之一方當事人，所受判決既判力得及於特定之人（本法第四〇一條），於後訴就相同之訴訟標的，對此特定之人起訴者，學者有認為重複起訴。例如，債權人對第三債務人提起代位權訴訟，訴請對債務人為給付後，未幾，債務人另行起訴請求第三債務人為相同給付情形。於此情形，日本判例及通說認為發生重複起訴❼，我國學者有採相同見解者❽。惟最高法院六十七年第十一次民事庭庭推總會決議認為，前後兩訴當事人不同，不生重複起訴問題。日本及我國學者有認為上述情形之訴訟，債權人與債務人不僅當事人不同且利害關係對立，於債權人之訴訟敗訴時，不生本法第四〇一條第二項既判力擴張於債務人問題，從而不生重複起訴❾。

❺ 住吉博，〈重複訴訟禁止原則の再構成〉，載《法學新報》七十七卷四、五、六號。

❻ 柏木邦良，〈訴訟物概念の機能〉，載《講座民事訴訟②》第一八一頁以下。

❼ 參照中野、松浦、鈴木編，《民事訴訟法講義》第一八三頁。

❽ 見王甲乙等三人，《民事訴訟法新論》第二五〇頁。楊建華，《民事訴訟法(三)》第二七八頁以下及第三六五頁以下。

❾ 三ケ月章，《民事訴訟法》（第三版）（弘文堂）第二二〇頁以下。陳榮宗，〈債權人代位訴訟與既判

(2)訴訟標的之同一

訴訟標的是否相同，由於採取舊訴訟標的理論與新訴訟標的理論之不同而標準不同，從而前訴與後訴有無重複起訴之情形，亦因而解釋有所不同。例如，原告基於所有權對被告訴求交還土地之後，於後訴就相同土地原告基於占有人之地位對被告訴求交還無權占有之土地，依舊訴訟標的理論之見解，前訴之訴訟標的係基於所有權之交還請求權，後訴之訴訟標的係基於占有之交還請求權，在實體法上兩者為相異之請求權，雖請求之標的物相同，但前後兩訴訟之訴訟標的不同，不生違反重複起訴禁止之規定問題。但主張新訴訟標的理論者認為，於此種情形，原告於前訴與後訴，其訴訟標的相同，均以對被告請求交還同一土地之給付地位為訴訟標的，原告所主張基於所有權與基於占有，此兩者之主張僅屬攻擊方法之性質，並非訴訟標的。故，前後兩訴有違反重複起訴之禁止規定，法院應將後訴以裁定為駁回。

又於訴訟標的為同一之情形，若原告於訴之聲明所表示之權利保護形式有所不同時，同一訴訟標的之前訴與後訴，有無成為違反重複起訴禁止之問題，頗值討論。例如，原告基於五十萬元之金錢借貸關係，於前訴聲明法院判命被告給付原告五十萬元，此訴為給付之訴。若於後訴聲明法院確認原告對被告有五十萬元之債權存在，此訴為確認之訴。惟前後兩訴之訴訟標的之法律關係相同，起訴之原因事實相同。兩者所不同者，僅係原告請求法院之權利保護形式不同，於前訴為給付之請求，於後訴為確認之請求。學者對此情形之前後兩訴，有無違反重複起訴禁止之問題頗有爭論，且應如何為處理後訴之問題，見解不一。日本學者有認為，前後兩訴之訴訟標的既然均係出於相同之法律關係而請求同一，雖原告請求之權利保護形式不同，亦為同一事件之訴訟。蓋於相同之訴訟標的之前後兩訴，法院有可能為矛盾之判決且為不必要之重複審判。於前述之例，日本多數學者認為有重複起訴之現象❿。有問題者，若於前述之例，原告先提起確認五十萬元之債權存在之訴，而於後訴提起給付五十萬元之給付訴訟時，有無重複起訴之情形？應如何為處理？學者有認為於此情形不生重複起訴者，蓋後訴之給付訴訟，其請

力範圍〉，《舉證責任分配與民事程序法》第一七七頁以下。

❿ 見齋藤秀夫，《民事訴訟法概論》第一五六頁以下。中野貞一郎等三人，《民事訴訟法講義》（補訂第二版）第一八四頁。新堂幸司，《民事訴訟法》（第二版補正版）第一五六頁。

求之範圍大於前訴之確認訴訟之請求範圍，且給付判決有執行力而確認判決無執行力故也。德國學者大都認為訴訟標的係由訴之聲明及訴之原因事實兩者所構成，若其中之一有變動時，訴訟標的即相異。於前述之例，由原告之確認訴訟變為給付訴訟，此係訴訟標的相異之情形，不生重複起訴之問題❶。於此情形，通常其前訴之確認訴訟並無權利保護利益可言，法院得就原告之確認訴訟以無權利保護利益為理由，裁定駁回其訴。惟日本學者對於此種情形之處理，有認為前訴與後訴之法律關係既然相同，於訴訟上而言係不經濟之事，原告得利用其前訴之訴訟程序，將確認之聲明變更為給付之聲明（第二五五條第一項第三款），以擴張訴之聲明為方法為解決，不得另行提起後訴之給付訴訟。又若債務人為原告提起消極確認之訴，聲明確認原告與被告間五十萬元之債權不存在之情形，債權人為原告提起給付訴訟之必要時，應於前訴之同一訴訟程序提起反訴請求反訴被告給付五十萬元，不得另行提起後訴之給付訴訟。又若債權人原告先提起五十萬元之給付訴訟後，債務人被告不得另外提起後訴請求確認債權五十萬元不存在之訴，應利用前訴訟程序提起中間確認之訴（第二五五條第一項第六款）❷。

　　德國學者通說認為，訴訟標的之概念包括其權利保護形式之要素，從而認為當事人間之同一法律關係或同一債權，以確認之訴為請求與以給付之訴為請求，其訴訟標的不同。拙以為，若將權利保護形式除去而為觀察，當事人間之同一法律關係或同一債權，應認為訴訟標的相同，不能因同一債權之積極確認之形式與消極確認之形式不同而認為兩者之訴訟標的相異。故，債權人原告於前訴提起確認債權存在之訴或給付之訴時，債務人被告不得於後訴為原告提起確認債權不存在之訴，此際有民事訴訟法第二五三條禁止重複起訴之適用。我國學者為說明此種法律現象，多以兩訴聲明正相反或可以代用之理由為解釋❸。其實此種現象係訴訟標的相同之結果。自給付訴訟與確認訴訟之關係言之，若雙方當事人間之權利相同者，給付判決當然包括確認判決。給付訴訟經法院為實體判決者，無論為原告勝訴或敗訴之判決，該判決同時均包括確認判決在內，所以在推理上，給付

---

❶ 參照 Arens, ZPR. 2. Aufl. S. 107.

❷ 參照齋藤秀夫，《注解民事訴訟法(4)》第一三六頁以下。中野貞一郎等三人，《民事訴訟法講義》第一八四頁。兼子一等四人，《條解民事訴訟法》第八四五頁以下。

❸ 見姚瑞光，《民事訴訟法論》第三二七頁。王甲乙等三人，《民事訴訟法新論》第二五一頁。

訴訟與確認訴訟具有全部與一部之範圍關係。因此，於兩者分別起訴之場合，確認訴訟不能對抗給付訴訟。換言之，給付訴訟得排斥確認訴訟，使兩者不能同時分別繫屬於法院。於上述各種情形之舉例，訴訟標的既然相同，給付訴訟又得包括確認訴訟，解釋上應認為前後兩訴有違反重複起訴之禁止問題，法院應依職權審查就其中一訴訟以裁定駁回，於債權人原告就同一債權先提起確認訴訟後，又另行提起給付訴訟，此係違反重複起訴禁止之情形，如原告不自動撤回其先行之確認訴訟時，法院得駁回確認訴訟。於債務人原告先提起確認債權不存在之訴訟，債權人被告另行提起同一債權之給付訴訟時，依禁止重複起訴之制度規定，與本法第二五九條之反訴制度用意，為避免不必要之訴訟拖累及防免前後兩訴之判決發生矛盾起見，在解釋上應認為債權人必須提起反訴始為合法。若債權人不利用債務人之本訴程序提起反訴，而另行提起給付訴訟者，應駁回後行之起訴。如此解釋始能同時兼顧已先起訴之債務人原告之利益。若不作此解釋而認為法院應將前行之消極確認訴訟為駁回，則先行起訴之債務人原告因敗訴結果而負擔訴訟費用，其結果對債務人原告顯然不公平，故於解釋上，僅得認為法院應就債權人原告之後訴為駁回。德國學者大都持權利保護形式為訴訟標的構成要素之解釋，因此無法以前後兩訴之訴訟標的相同之理論合理說明重複起訴禁止之問題。Lent-Jauernig 之教科書與 Blomeyer 之教科書，有見於其學理上之難點，遂改以權利保護利益為理由，俾以說明法院何以得依職權駁回其中之確認訴訟❹。拙以為，若能不將權利保護形式視為訴訟標的之構成要素，則此問題在學理上較易圓通解釋。

　　最高法院二十九年上字第一○三○號判例云：上訴人於被上訴人對之提起本件消極確認之訴後，亦以反訴主張該法律關係成立，求為積極確認之判決，不得謂非違背民事訴訟法第二百五十三條之規定。又同院四十六年臺抗字第一三六號判例云：已起訴之事件，在訴訟繫屬中，該訴訟之原告或被告不得更以他造為被告，就同一訴訟標的提起新訴或反訴，此觀民事訴訟法第二百五十三條之規定自明。所謂就同一訴訟標的提起新訴或反訴，不僅指後訴就同一訴訟標的之求為與前訴內容相同之判決而言，即後新訴係就同一訴訟標的，求為與前訴內容可以代用之判決，亦屬包含在內。故前訴以某請求為訴訟標的求為給付判決，而後訴以該請求為訴訟標的，求為積極或消極之確認判決，仍在上開法條禁止重訴之列。此

❹ 見 Lent-Jauernig, ZPR. 15. Aufl. §35 III 1; Blomeyer, ZPR. §37 III 3, §49 III 2.

二判例應予贊同，至於同院二十九年上字第九七五號判例，則有疑問。該判例云：被上訴人請求上訴人履行契約之本件訴訟，與上訴人請求確認該契約已因解除而消滅之訴訟，並非同一事件，被上訴人提起本件訴訟，固不在民事訴訟法第二百五十三條禁止重訴之列，惟上訴人所提起之訴訟，如已獲有勝訴之確定判決，則關於契約之已消滅，在當事人間自有既判力，被上訴人提起之本件訴訟，仍不能不予駁回。依此判例之前段說明，顯然認為訴訟標的不同，依後段之說明，則認為消極確認契約不存在之訴訟係另一請求履行契約之給付訴訟之前提問題，兩者之訴訟標的不同。此一判例見解顯然係採取前述德國學者見解，將權利保護形式列為構成訴訟標的之要素所為之解釋。惟若不考慮兩訴之權利保護形式而為觀察，其實兩訴之訴訟標的均係以同一契約之法律關係為訴訟標的，債權人被告（即被上訴人）之後訴有違反禁止重複起訴之情形，應以反訴為之始為合法。

　　前訴就同一債權之一部起訴為請求，後訴就其餘部分為訴求之情形，有無重複起訴之問題？依不承認有一部請求之學說，則前後兩訴之法律關係同一而訴訟標的相同，原告不得另行提起後訴，應利用前訴為訴之聲明之擴張始為合法。惟依承認有一部請求之學說，則兩訴之訴訟標的不同而不生重複起訴之違法問題。又基於相同之金錢借貸關係，債權人原告於前訴請求債務人被告給付本金，於後訴請求給付利息之情形，就實體法而言，本金之請求權與利息請求權兩者係各別獨立存在之請求權，其訴訟標的各別。雖發生兩者請求權之基礎法律關係相同，但不得據此而認為訴訟標的相同。故，於此情形，前後兩訴不生重複起訴之違法問題。

　　債權人原告對債務人被告起訴請求給付之債權，於債務人為原告之另一後訴中，被告債權人將其前訴債權提出而主張與後訴原告訴請之債權抵銷之情形，就前訴原告債權人之債權而言，有無於前後兩訴中發生重複審理而重複判決之問題？於此情形，後訴之判決有可能違反前訴判決既判力而發生判決矛盾現象，是否可比照重複起訴之違法問題為處理，而不許為後訴之抵銷主張？日本學者之學說見解頗有爭執。有認為應類推適用重複起訴之禁止規定，不許將前訴起訴之債權於後訴主張抵銷者❶，另有認為不得類推適用重複起訴之禁止規定者❶。拙認為原

則上以後說之見解為是。蓋被告於訴訟上主張抵銷之債權為抗辯，此僅係被告之防禦方法而已，被告之自動債權並非訴訟標的。何況法院於判決時未必就主張抵銷之債權為成立與否之裁判，若將其類推適用重複起訴之禁止規定，則實際上有害於被告之自由防禦。惟值注意者，若於前訴訟中已經以抵銷加以主張之自動債權，其債權人不得另外提起後訴對被告債務人（即前訴原告債權人）就相同之債權（自動債權）請求給付。此際，僅得利用前訴之訴訟程序提起反訴為給付請求❼。

　　我國學者有於本法經民國八十八年及民國八十九年兩次修正後認為，新法於民國八十八年及民國八十九年就訴之變更、追加及反訴擴大其範圍，並於闡明權規定法官應擴大闡明範圍，俾訴訟紛爭能一次統一解決之立法修正後，雖就重複起訴禁止及既判力客觀範圍之條文未有修訂，但在學理上應認為，禁止重複起訴範圍及既判力客觀範圍必須擴大其範圍❽。

　　拙以為，新法放寬訴之變更追加及反訴之規定，實際上若涉及放寬訴訟標的之變更追加及允許被告提起廣泛之訴訟標的為反訴，則在理論上，有擴大重複起訴禁止範圍之解釋必要。倘僅係允許當事人就其訴訟之基礎事實範圍為擴大主張，但未使其成為訴訟標的而追加或變更之情形，將來在法官之判決書內，僅能使其成為判決理由中所判斷之事項而已。能否將此種於判決理由中所認定之事項，利用解釋將其提升為訴訟標的之地位，或賦予爭點效力使受拘束，禁止重複於後訴提起？頗有疑問。蓋當事人之攻擊防禦方法所主張之事項，如可解釋為訴訟標的而受拘束，則訴訟程序中發生不斷擴張增加訴訟標的範圍之現象（此為學者所稱之訴訟標的動態說，或訴訟標的相對說），俟最後判決確定時，始確定訴訟標的之範圍。於此情況下，所謂之訴訟標的範圍，實際上包含判決理由中所判斷認定之全部一切事實與攻擊防禦方法。顯然未將法官於審判過程中之「審理客體」（全部之調查證據事實，當事人所主張而提出之一切攻擊防禦方法之法律關係及事實）與「判決客體」（即訴訟標的）兩者分清為觀察，而將兩者混為一談。

　　頁。三ケ月章，《民事訴訟法》第一二五頁。

❼ 參照中野貞一郎等三人，《民事訴訟法講義》（補訂第二版）第一八五頁。

❽ 見許士宦，〈重複起訴禁止原則與既判力客觀範圍〉，載《臺大法學論叢》二○○二年十一月第三十一卷第六期。

於採律師強制主義之訴訟程序，因法官與雙方當事人之律師均為法律專家，上述學者之見解尚有可採餘地。惟於我國民事訴訟法之第一、第二審不採律師強制主義，而採當事人訴訟之制度下，當事人對民事訴訟之專業知識不足，能否衹因法律及法院令當事人有廣泛為攻擊防禦之機會一端，已使當事人有程序保障之機會，則可使當事人原無意思使成為訴訟標的之事項，不知不覺之中變為訴訟標的之範圍而受拘束？若上述學者之看法可採，其思考係訴訟法理論走極端之現象，以促進民事訴訟經濟之公益為名，使民事法院之法官成為刑法上糾舉主義之法官地位。此種情形下之民事訴訟程序，已經遠離處分權主義及辯論主義之大原則太遠。法院以當事人程序保障為名所進行訴訟程序之結果，無形中實際剝奪當事人之權益，當事人無從預知其將失權，殊屬不妥。

拙以為應區分「審理客體」與「判決客體」兩者之概念及其範圍，不得將兩者視為同一，不宜走民事訴訟程序極端之方向而利用立法或學者之解釋，使民事訴訟程序變成刑事訴訟程序，破壞民事訴訟法而失其原有之基礎。進步之法律思想固然值得欣佩，但不能太極端，太極端之結果有害而無益也。

㈢實體法上之效果

原告對於被告起訴之目的，就訴訟法而言雖係為獲得法院對其為勝訴判決，但就實際而言係為獲得實體法上之權利滿足為目的。因此，起訴之行為，其作用與債權人對債務人為請求之情形相同，其對於請求權之消滅時效之中斷效果就兩者而言亦相同。民法第一二九條規定：消滅時效，因左列事由而中斷：一、請求。二、承認。三、起訴。左列事項，與起訴有同一效力：一、依督促程序，聲請發支付命令。二、聲請調解或提付仲裁。三、申報和解債權或破產債權。四、告知訴訟。五、開始執行行為或聲請強制執行。民法之此種規定，其意旨在此。同理，就民法不中斷消滅時效之規定而言，其情形亦相同。故民法第一三一條規定：時效因起訴而中斷者，若撤回其訴訟，或因不合法而受駁回之裁判，其裁判確定，視為不中斷。

又民法或其他實體法規定，某種形成權應於一定期間內以起訴方法為行使，若權利人不於此期間內起訴者，即將喪失其形成權。此種實體法上所規定之形成權喪失效果，與原告有無遵守起訴之期間有關。例如，民法第七十四條所規定暴利行為撤銷權之除斥期間、第二四五條債權人撤銷權除斥期間、第九九一條、第

九九五條起至第九九七條各條所規定撤銷婚姻之除斥期間、第一〇五三條與第一〇五四條所規定以一定法定離婚原因訴請離婚之期間限制、第一〇六三條所規定否認婚生子女之訴提起之期間限制、公司法第一八九條所規定訴請法院撤銷股東會決議之期間限制。此類實體法所規定之除斥期間，同時即係對於形成之訴之原告提起訴訟之期間限制。原告僅於遵守其除斥期間為起訴時，對於實體法上之形成權始有行使效果，此係起訴對於實體法之效果。

　　民法第九五九條第二項規定：善意占有人，於本權訴訟敗訴時，自訴狀送達之日起，視為惡意占有人。此項善意占有人視為惡意占有人之民法效果，其法律效果發生之時點自起訴狀送達占有人之日起。但若原告撤回訴訟或因訴訟不合法遭判決駁回之情形，被告並未敗訴，自不發生視為惡意占有人之法律效果。訴訟實務上，常見原告於其起訴狀上記載，於起訴狀送達被告時視為原告對被告為解除契約或撤銷意思表示，或視為通知被告履行契約。於此情形，原告與被告間之私法上效果雖經送達訴狀而發生，但此係當事人間之意思表示到達於對方所生私法上之效果，並非起訴所生訴訟法上之效果。

　　值討論者，因起訴而時效中斷之權利範圍如何之問題。原則上，因時效而中斷之權利，限於原告以訴訟標的所主張之權利關係為範圍。例如，原告提起確認特定土地所有權歸原告所有之訴，此際，被告對該土地所有權取得時效即生中斷。就債權而言，若債權人就其債權對債務人提起給付之訴或確認之訴時，固然發生中斷該債權請求之消滅時效，若債務人就該債權提起消極確認之訴，否認債權人之債權時，此訴訟之提起亦能中斷消滅時效之效果。於後者情形之時效中斷時間，非以債權人之應訴主張其權利之時，而在債務人提起訴訟之時[19]。

　　當事人間之權利關係若未成為訴訟標的，但於訴訟上成為攻擊防禦方法而加以主張之情形，對此項權利關係有無發生中斷消滅時效之效力？對此問題，日本學者見解不一。有不認為有中斷時效之效力者[20]，有主張於提起確認基本的法律關係存在不存在之訴時，關於該確認之訴所發生之各個請求權，有中斷時效之效力[21]。有主張為判斷訴訟標的之權利關係，而成為主要爭點之權利關係者，對此

---

[19] 參照兼子一，《民事訴訟法體系》第一七九頁。三ケ月章，《民事訴訟法》第三三二頁。

[20] 見兼子一，《民事訴訟法體系》第一七九頁。菊井維大、村松俊夫，《全訂民事訴訟法 II》第一二三頁。

項主要爭點之權利關係亦有中斷時效之效力❷。日本判例有若干情形採取有中斷時效之效力見解，例如，基於土地所有權請求遷出土地之訴，有中斷被告所有權取得時效之效力。原告提起塗銷所有權移轉登記之訴時，被告主張其有所有權之場合，此項所有權之主張有中斷原告取得時效之效力。債務人原告起訴請求塗銷抵押權登記，債權人被告應訴而主張其被擔保之債權存在時，有中斷被擔保債權請求權消滅時效之效力。原告提起確認保險契約存在之訴，有中斷其後因發生保險事故所生保險金請求權之時效之效力。原告於對造之取得時效完成以前提起確定境界之訴，在時效期間經過後將訴變更為確認土地所有權存在之訴，於此情形，確定境界之訴所中斷時效之效力繼續存在❸。面對上述日本判例及若干學者新近之見解，學者有認為，昔日多數學說以中斷時效範圍限於訴訟標的之權利關係之見解，難免範圍太狹窄。從而認為，縱然係以攻擊防禦方法所主張之權利關係，但此項權利關係之主張對於對造之關係而言，有催告之作用而有中斷時效之效力，若此項權利關係成為訴訟請求理由之前提而被主張，且法院認定此項權利關係而為原告勝訴判決之情形，原告之起訴就此項非屬訴訟標的之權利關係亦有中斷時效之效力。若此項權利關係係由被告所主張而為排斥原告請求之前提者，於法院認定此項權利關係而將原告訴訟為駁回之判決時，應準用於被告就此項權利關係提起訴訟之情形，承認對此項權利關係亦有中斷時效之效力❷。

▮ 第二節　送　達

一、送達之意義

　　送達係法院送達機關依法定方式，將訴訟上之文書，對於當事人或其他訴訟關係人為交付，使其能知悉文書內容為目的之訴訟行為。依法定方式為送達後，不論當事人或其訴訟關係人是否實際獲取該件文書，是否確實知悉文書內容，合

---

❷ 見齋藤秀夫，《民事訴訟法概論》第一五九頁。
❷ 見新堂幸司，《民事訴訟法》第一六〇頁。
❸ 參照中野貞一郎等三人，《民事訴訟法講義》（補訂第二版）第一八八頁以下。
❷ 見中野貞一郎等三人，前揭書第一八九頁。

法送達之訴訟行為發生訴訟法上之一定法律效果。故，送達是否合法，對於訴訟程序之進行有無違法影響頗大，法院有隨時注意之必要。

二、送達機關

實施送達之機關，依本法規定，法院、法院書記官、執達員、郵務機構、受囑託送達之機關或公務員均屬之（本法第一二三條至第一二五條、第一四四條至第一四六條）。視應受送達人之實際情況及送達方式之不同，實施送達之機關即有不同。今日郵電業務發達，法院實務大部分均由法院書記官交郵務機構為送達。

三、應受送達人

應受送達人原則上為本人，惟於實際情況，送達機關遇有無法親自對於本人為送達時，法院不得不例外規定其應受送達人，俾以解決問題。依本法規定，其應受送達人有下列各種：

㈠法定代理人

本法第一二七條規定，對於無訴訟能力人為送達者，應向其全體法定代理人為之。法定代理人有二人以上，如其中有應為送達處所不明者，送達得僅向其餘之法定代理人為之。有疑義者，法院對於未經合法代理之無訴訟能力人，就其不合法之起訴，以裁定命補正或裁定駁回起訴時，若法定代理人有無不明，該項裁定應向何人為送達？學者有謂得向本人為送達者❷⁵，拙以為法院應先查明其法定代理人再行送達，無法查明時，法院得依本法第五十一條之立法目的，依職權為當事人選任特別代理人，對特別代理人行送達。

㈡代表人或管理人

本法第一二八條規定，對於在中華民國有事務所或營業所之外國法人或團體為送達者，應向其在中華民國之代表人或管理人為之。前條第二項規定，於前項送達準用。即其代表人或管理人有二人以上，如其中有應為送達處所不明者，得僅向其餘之人為之。

❷⁵ 見王甲乙等三人合著，《民事訴訟法新論》第一二三頁。

㈢經理人

本法第一三一條規定，關於商業之訴訟事件，送達得向經理人為之。經理人依民法第五五五條規定，就其所任之事務，視為有代表商號為原告或被告或其他一切訴訟行為之權，故送達得向其為之。

㈣訴訟代理人

本法第一三二條規定，訴訟代理人受送達之權限未受限制者，送達應向該代理人為之。但審判長認為必要時，得命送達於當事人本人。依本法第七十條規定，訴訟代理人原則上，就其受委任之事件，有為一切訴訟行為之權。代本人受送達之權限，原則上無須受特別委任，惟當事人如於委任書內特別表明限制訴訟代理人受送達之權限時，不應向該訴訟代理人為送達（二六滬抗字第四二號判例，依一〇八年七月四日施行之法院組織法第五十七條之一第一項規定，本判例已停止適用）。又依本法第七十一條規定，訴訟代理人有二人以上者，均得單獨代理當事人。送達為訴訟行為，其送達僅向其中一人為之，即生效力。至於民法第一六八條所規定，代理人有數人者，其代理行為應共同為之，此係對於法律行為之代理而言，與訴訟行為之代理，兩者法律效果不同，得分別發生其效力。又訴訟代理人合法委任之複代理人，如對其代理權未加限制，亦有代該訴訟代理人受送達之權限（四八臺上字第三一四號判例）。

㈤送達代收人

本法第一三三條規定，當事人或代理人經指定送達代收人，向受訴法院陳明者，應向該代收人為送達。

當事人或代理人經指定送達代收人，向受訴法院陳明者，既應向該代收人為送達，即應於向該代收人送達完畢時，發生送達之效力，其代收人於受送達後，曾否將文書轉交當事人，於送達之效力無影響。送達文書為判決者，其上訴期間即應自送達於該代收人之翌日起算，至該代收人實際上何時轉送於當事人，在所不問（三一抗字第三二三號判例）。若法院不向該代收人為送達，而向該當事人為送達時，該送達既於當事人並無不利，即非法所不許（二六渝抗字第五〇二號判例，依一〇八年七月四日施行之法院組織法第五十七條之一第一項規定，本判例

已停止適用）。

　　本法第一三四條規定，送達代收人，經指定陳明後，其效力及於同地之各級法院。但該當事人或代理人別有陳明者，不在此限。若當事人於第二審委有訴訟代理人，在其委任書內，並指定其為送達代收人時，此項記載，與另行指定送達代收人之情形有別。上訴第三審後，如未委任其為訴訟代理人，則第三審送達文件，應向當事人本人或其另委任之第三審訴訟代理人為之，不得再向該第二審訴訟代理人送達（四三臺抗字第九二號判例，七十一年一月十三日最高法院七十一年度第一次民刑事庭庭長會議決議㈢）。

四、應送達之文書

　　本法第一三五條規定，送達，除別有規定外，付與該文書之繕本或影本。文書有原本、正本、繕本、影本、節本之別。原本須由法院機關或當事人保存，不得交付。正本有代原本之效力，除依法必須交付正本時，始得交付，此外不得隨意交付。節本僅繕寫原本或正本之一部分，得隨時交付。繕本、影本係繕寫影印原本或正本之全部內容，當事人與法院之間為進行訴訟程序必要，通常送達文書之繕本或影本，即可使當事人知悉其全部內容，故，本法規定，原則上，將文書之繕本或影本為送達即可。惟若重要之訴訟行為經法院作成書面，其送達將影響當事人雙方之利害關係者，本法例外明定應以正本送達於當事人。例如本法第二二九條及第二三九條分別規定，判決與裁定應以正本送達於當事人。法院書記官製作之通知書（本法第一五六條），因無保存原本之必要，實務上均將通知書原本為送達。送達之際，若法律明定應交付正本，而竟交付繕本或影本，則其送達無效，若可交付繕本或影本而誤交付正本，則其送達仍為有效。

五、應送達之處所與送達之時間

　　1.本法第一三六條規定，送達於應受送達人之住居所、事務所或營業所行之。但在他處會晤應受送達人時，得於會晤處行之。不知前項所定應為送達之處所或不能在該處所為送達時，得在應受送達人就業處所為送達。應受送達人陳明在其就業處所收受送達者，亦同。對於法定代理人之送達，亦得於當事人本人之事務所或營業所行之。又本法第一三七條規定，送達於住居所、事務所或營業所不獲會晤應受送達人者，得將文書付與有辨別事理能力之同居人或受僱人。如同居人

或受僱人為他造當事人者，不適用前項之規定。所謂同居人係指與應受送達人居住在一處共同為生活者而言（三二上字第三七二二號判例）。若送達於非應受送達人之處所時，縱經其同居人或受僱人受領送達，亦不生送達之效力（參照六九臺上字第三八二號、六九臺上字第二七〇號、六九臺上字第三七五二號判例）。

　　本法第一三八條規定，送達不能依前二條規定為之者，得將文書寄存送達地之自治或警察機關，並作送達通知書兩份，一份黏貼於應受送達人住居所、事務所、營業所或其就業處所門首，另一份置於該送達處所信箱或其他適當位置，以為送達。寄存送達，自寄存之日起，經十日發生效力。本條所稱自寄存之日起，究係自寄存之當日起算，或自寄存日之翌日起算，最高法院九十四年第一次庭長、法官會議認應自寄存日之翌日起算。寄存之文書自寄存之日起，寄存機關應保存二個月。學者稱此為寄存送達。為寄存送達者，除須具有不能依第一三六條、第一三七條為送達之情形外，並須作送達通知書黏貼於應受送達人住居所、事務所、營業所或其就業處所門首，始有送達之效力。惟若應受送達人之住居所、事務所、營業所或其就業處所實際上已變更者，原住居所、事務所、營業所或其就業處所，即非應為送達之處所，自不得於該原處所為寄存送達（六四臺抗字第四八一號判例）。又本法第一三八條所規定之作成通知書人，應指將文書寄存之人（司法院二六院字第一六七九號解釋）。

　　2.本法第一四〇條規定，送達，除依第一二四條第二項由郵務人員為之外，非經審判長或受命法官、受託法官或送達地地方法院法官之許可，不得於星期日或其他休息日或日出前、日沒後為之。但應受送達人不拒絕收領者，不在此限。前項許可，法院書記官應於送達之文書內記明。郵務機構於休息日或夜間投遞郵件，均有其固定之時間與作業方式。訴訟文書由郵務機構於休息日或夜間送達，尚不致影響受送達人之日常作息，應無禁止之必要。

六、送達之方法

　　送達之方法，原則上由送達機關直接將文書交付應受送達人（本法第一二六條），最為簡便而確實。惟於實際實施送達時，常有無法對應受送達人直接送達之情形。為使訴訟程序能順利進行無阻，並兼顧雙方當事人或訴訟關係人之程序利益有所保障起見，本法除直接送達外，另有其他送達方法之規定，俾供補充運用，以解決不能為直接送達之困難。茲分述如下：

㈠間接送達

又稱為補充送達，此為前述第一三七條所規定之送達方法。即送達於住居所、事務所或營業所不獲會晤應受送達人者，得將文書交付與有辨別事理能力之同居人或受僱人。如同居人或受僱人為他造當事人者，不適用前項之規定。

㈡寄存送達

此為前述第一三八條所規定之送達方法。即送達不能依第一三六條、第一三七條規定為之者，得將义書寄存送達地之自治或警察機關，並作送達通知書兩份，一份黏貼於應受送達人住居所、事務所、營業所或其就業處所門首，另一份置於該送達處所信箱或其他適當位置，以為送達。寄存送達，自寄存之日起，經十日發生效力。寄存之文書自寄存之日起，寄存機關應保存二個月。

㈢留置送達

本法第一三九條規定，應受送達人拒絕收領而無法律上理由者，應將文書置於送達處所，以為送達。前項情形，如有難達留置情事者，準用前條之規定。第一三九條所稱之應受送達人，非僅以當事人為限，凡依本法第一二七條至第一三四條規定應受送達之人，第一三七條所定應補充送達之同居人或受僱人，均應認為包括在內（二七渝抗字第七三一號判例、二八渝上字第一九八二號判例）。值注意者，應受送達人拒收傳票，若送達人未將傳票置於送達處所以為送達，而隨將傳票帶回，致當事人未於法院所指定之言詞辯論期日到場，不能謂已受合法之傳喚（一八上字第一七六一號判例，依一〇八年七月四日施行之法院組織法第五十七條之一第一項規定，本判例已停止適用）。若應受送達人拒不收受判決，而法院未為留置送達，而竟以公示送達為之，其所踐送達程序顯非合法，即其判決當然尚無確定力可言（一九抗字第八〇二號判例，依一〇八年七月四日施行之法院組織法第五十七條之一第一項規定，本判例已停止適用）。

㈣囑託送達

送達文書之地，若不屬審判法院之管轄地區，或應受送達人因身分特權或情況特殊，則送達事宜，不得使所屬法院送達機關實施。有此情形，宜囑託其他有

權機關代為送達，此類送達方法稱為囑託送達。依本法規定，得囑託或應囑託為送達之情形有下列各種情形：

1.法院相互間之囑託送達

本法第一二五條規定，法院得向送達地地方法院為送達之囑託。

2.對於軍人之囑託送達

本法第一二九條規定，對於在軍隊或軍艦服役之軍人為送達者，應囑託該管軍事機關或長官為之。本條係於九十二年修正本法時，將原規定應向該管長官為送達改為囑託送達。立法者之修正理由認為，若軍人之該管長官於收受送達文書後，遲未轉交應受送達之軍人時，影響當事人權益至鉅，為保障應受送達之軍人，宜改應囑託該管軍事機關或長官為送達。又本條之適用並不限於在國內服役之軍人，在國外或出戰之軍人亦有其適用，且該應受送達之當事人現駐防何處為機密，僅主管軍事機關知悉，故除該管長官外，增列該管軍事機關為受囑託送達機關。

由於本條之規定，不僅對在國內服役軍人有其適用，對出戰或駐在外國之軍隊或軍艦之軍人亦可適用，且本條已修正為囑託送達，本法第一四七條即無重複規定必要。九十二年修正本法時，同時將第一四七條予以刪除。

3.對在監所人之囑託送達

本法第一三〇條規定對於在監所人為送達者，應囑託該監所首長為之。本條規定為避免擾亂監所紀律。舊法規定應向該監所長官為之，惟如該長官於收受文書後遲未轉交應受送達人，影響當事人權益至鉅，故修正為應囑託該監所首長為之，以保障應受送達人之權益。

4.對有治外法權人之囑託送達

本法第一四四條規定，於有治外法權人之住居所或事務所為送達者，得囑託外交部為之。

5.於外國為送達之囑託送達

本法第一四五條規定，於外國為送達者，應囑託該國管轄機關或駐在該國之中華民國使領館或其他機關、團體為之。不能依前項規定為囑託送達者，得將應送達之文書交郵務機構以雙掛號發送，以為送達，並將掛號回執附卷。此乃基於本國司法權不及於外國領土之國際法原則。能否囑託外國管轄機關為送達，視該國與我國有無協助條約或有無國際習慣而定。

6.對我國駐外使節之囑託送達

本法第一四六條規定，對於駐在外國之中華民國大使、公使、領事或其他駐外人員為送達者，應囑託外交部為之。此類人員在駐在之外國享有治外法權，既不能囑託該外國機關為送達，亦無從依本法第一四五條後段為囑託送達，囑託由其上級監督機關之外交部為送達，最為適當。

㈤公示送達

所謂公示送達，係法院書記官將應送達於當事人之文書，依一定之法定程序為公告，於經過法定期間後，發生送達效力之送達方法。公示送達之送達效力，係法律之擬制，不論當事人是否實際知悉或何時知悉送達之事，亦不論其有無向法院書記官領取所保管之文書，若公示送達之要件及程序均合法者，均生送達效力。

1.公示送達之要件（本法第一四九條）

(1)須對於當事人之送達　當事人為訴訟之基本要素，訴訟程序之進行及終結，除法院外，不能無對當事人或由當事人為一定之訴訟行為。至於非當事人之人，其訴訟行為於訴訟程序，並非絕對必要。對於當事人之送達為法院之重要訴訟行為，既不能欠缺，亦不能違法。故，法律規定，以對於當事人之送達為限，得行公示送達以解決實際困難。惟此處所謂當事人應採廣義解釋，包括參加人在內。

(2)須有本法第一四九條第一項各款情形之一

①應為送達之處所不明者　此指依一般社會觀念，不知其應為送達之處所而言，非以聲請人主觀上之不明為標準，亦非以絕對客觀之不明為標準。又應為送達之處所不明者，係指已用相當之方法探查，仍不知其應為送達之處所者而言。其不明之事實，應由聲請公示送達之人負舉證之責任，而由法院依具體事實判斷之（八十二年臺上字第二七二號判例）。

②於有治外法權人之住居所或事務所為送達而無效者　在我國有治外法權者之住居所或事務所，非有其人之同意，則不得其門而入。故對於在其住居所或事務所內，應受我國法院管轄審判者之送達，非得同意，不能為之。若在我國有治外法權者拒絕送達人進入其住居所或事務所，則應依公示送達之方法以為送達。

③於外國送達，不能依第一四五條之規定辦理或預知雖依該條規定辦理而

無效者 若我國與該外國因無司法協助之條約，無法囑託外國機關為送達，或我國無外交人員在該國辦事，或該外國在戰亂中，均可預知囑託送達必無效果。

(3)**須有當事人之聲請** 原則上，送達係由法院依職權為之，但公示送達應依當事人之聲請始得為之，法院不得以當事人有公示送達之原因為理由逕行依職權為公示送達。

對於上述公示送達應由當事人聲請之原則，本法第一四九條第三項、第四項及第一五〇條特別明定有三例外情形，法院得依職權命為公示送達：即①本法第一四九條第一項所列各款情形，如無人為公示送達之聲請者，受訴法院為避免訴訟遲延，認為必要時，得依職權命為公示送達（本法第一四九條第三項）。例如，原告訴狀中漏未記載兩造住址或記載錯誤，法院命其補正而不補正，縱以裁定駁回原告之訴，但該裁定因無人聲請公示送達而無法送達。於此情形，受訴法院得依職權命為公示送達，惟以避免訴訟遲延而認為必要者為限。②原告或曾受送達之被告，變更其送達之處所，而不向受訴法院陳明，致有第一四九條第一項第一款情形者（應為送達之處所不明者）（本法第一四九條第四項）。③依第一四九條規定為公示送達後，對於同一當事人仍應為公示送達者（本法第一五〇條）。

第二審程序雖稱當事人為上訴人與被上訴人，但在第一審起訴者與被訴者，在第二審程序仍不失為原告與被告，民事訴訟法第一四九條第四項之規定適用於第二審程序，依當事人在第一審之地位定其是否同項所稱之原告或曾受送達之被告，至其在第二審程序為上訴人抑為被上訴人，在所不問（司法院三五解字第三一九號）。原告提起上訴後變更住址未陳報法院，致應為送達之處所不明，應依職權命為公示送達（司法院第一廳 72. 1. 26.(72)廳民一字第〇〇六九號）。原告與被告之訴訟，原告獲勝訴，應送達被告之判決正本經公示送達確定。原告依本法第九十一條規定聲請確定訴訟費用額，其聲請狀所載被告住所，仍為原判決正本所載被告不能送達之原住所，法院就此聲請事件所為之裁定，應依職權對被告為公示送達（司法院第一廳 74. 6. 4.(74)廳民一字第四三七號）。

(4)**須經受訴法院裁定准許公示送達** 當事人聲請公示送達，經證明其主張之事由後，法院認為符合公示送達之要件者，應為准許之裁定。法院依職權第一次命為公示送達之情形，亦應以裁定為之，法院書記官不得未經法院裁定逕行公示送達。惟於第一次公示送達後，對於同一當事人仍應為公示送達者，法院無須再為准許之裁定，法院書記官得依職權為之（本法第一五〇條）。

2.公示送達之方式

本法第一五一條規定，公示送達應由法院書記官保管應送達之文書，而於法院之公告處黏貼公告，曉示應受送達人得隨時向其領取。但應送達者，如係通知書，應將該通知書黏貼於公告處。除前項規定外，法院應命將文書之繕本、影本或節本，登載於公報或新聞紙，或用其他方法通知或公告之。本條第二項規定於一〇七年六月十三日修正為除前項規定外，法院應命將文書之繕本、影本或節本，公告於法院網站；法院認為必要時，得命登載於公報或新聞紙，將舊法規定用其他方法通知或公告，修正為公告於法院網站。上述兩者必須兼備，苟缺其一，即不生公示送達之效力（七五臺抗字第一八三號判例）。又依本法第一五三條規定，為公示送達者，法院書記官應作記載該事由及年、月、日、時之證書附卷。

3.公示送達發生效力之時間

本法第一五二條規定，公示送達，自將公告或通知書黏貼公告處之日起，其登載公報或新聞紙者，自最後登載之日起，經二十日發生效力；就應於外國為送達而為公示送達者，經六十日發生效力。但第一五〇條之公示送達，自黏貼公告處之翌日起，發生效力。一〇七年六月十三日第一五二條前段內容修正為：「公示送達，自將公告或通知書黏貼公告處之日起，公告於法院網站者，自公告之日起，其登載公報或新聞紙者，自最後登載之日起，經二十日發生效力」，新增「公告於法院網站者，自公告之日起」之內容。本條所稱經二十日、經六十日發生效力，其起算日應自將公告或通知書黏貼公告處之日、或最後登載公報或新聞紙之日之翌日起算（最高法院九十四年第一次庭長、法官會議決定）。按公示送達，無論應受送達人已否知悉，及何時知悉，均於民事訴訟法第一五二條所定發生效力之日，視為已有送達（二六滬抗字第五八號判例，依一〇八年七月四日施行之法院組織法第五十七條之一第一項規定，本判例已停止適用）。

㈥電信傳真或其他科技設備傳送之送達

本法於民國八十九年二月修正時新增第一五三條之一，其規定云：「訴訟文書，得以電信傳真或其他科技設備傳送之；其有下列情形之一者，傳送與送達有同一之效力：一、應受送達人陳明已收領該文書者。二、訴訟關係人就特定訴訟文書聲請傳送者。前項傳送辦法，由司法院定之。」

立法者認為，為配合現代科技發展，加速訴訟文書之傳送，以促進訴訟之進

行，於本條第一項規定訴訟文書得以電信傳真或其他科技設備為傳送。惟以電信傳真等方式傳送文書，受傳送人可能因不知法院已為電信傳真而疏於收領，或因設備故障而未收到內容明確之文書，自不宜一概使生送達效力。爰規定限於應受送達人陳明已收領該文書或訴訟關係人就特定文書聲請傳送之情形，其傳送始與送達有同一之效力。又有關實施傳送之細節，應隨設備狀況而定，宜由司法院另以辦法定之，故規定本法第二項。

七、送達證書

證明已經行送達之文書，稱為送達證書。依本法第一四一條之規定，送達人應作送達證書，記載下列各款事項並簽名：一、交送達之法院。二、應受送達人。三、應送達之文書。四、送達處所及年月日時。五、送達方法。送達證書，送達人應於文書送達後交收領人簽名、蓋章或按指印；如拒絕或不能簽名、蓋章或按指印者，送達人應記明其事由。收領人非應受送達人者，應由送達人記明其姓名。送達證書，應提出於法院附卷。

若應送達之文書，經送達人依法定方法為送達而不能達成結果者，依本法第一四二條規定，送達人應作記載該項不能送達事由之報告書，提出於法院附卷，並繳回應送達之文書。法院書記官應將不能送達之事由，通知使為送達之當事人。於此情形，法院通常諭當事人限期另行查報應受送達人之住居所、事務所、營業所或其就業處所，俾能重新送達或依法聲請公示送達。

除上述一般情形作成送達證書或報告書外，若法院書記官依本法第一二六條規定，於法院內將文書付與應受送達人，以為送達者，應命受送達人提出收據附卷（本法第一四三條）。又依本法第一五三條規定，為公示送達者，法院書記官應作記載該事由及年、月、日、時之證書附卷。

送達證書為公文書，送達之年、月、日、時除有反證外，應以送達證書所記載者為準（二一抗字第二六號判例，依一〇八年七月四日施行之法院組織法第五十七條之一第一項規定，本判例已停止適用）。送達人按照定式作成之送達證書，非有確切反證，應受送達人不得否認其曾受送達（二二上字第九一八號判例，依一〇八年七月四日施行之法院組織法第五十七條之一第一項規定，本判例已停止適用）。

八、送達之瑕疵與應受送達人之救濟方法

　　送達在外觀上雖有實施送達行為存在，但由於送達方法或有關送達機關、送達文書、應受送達人、送達證書等事項內容違反本法規定而發生瑕疵之情形，該項送達是否絕對不生效力？能否於事後因治療而除去瑕疵？此類問題，德日學說判例多有討論。送達之瑕疵，原則上不發生送達之效力，即視為無送達存在，惟於一定情形其瑕疵得除去而治癒。例如，郵差在應受送達人住宅誤來訪之客人為當事人本人而為送達，俟當事人本人回家，客人將送達文書交付，且於辯論期日到庭者，對終結之辯論，不得於事後主張送達不合法而無效，蓋當事人已喪失責問權而送達之瑕疵已獲治癒也。送達係法院之訴訟行為，其主要目的係將法院或當事人已有一定行為之事，使對造當事人或訴訟關係人確實獲知，從而保障其訴訟上之程序利益。若因送達而引發之訴訟效果不涉及公益之保護，得任由當事人任意處分者，原則上得認為當事人因放棄責問權而治癒有瑕疵之送達。

　　惟送達結果若涉及不變期間之起算時點之情形，基於保障人民對不當裁判有待救濟必要之公益，不能認為純屬保護當事人私益之事，故，不得解釋可因放棄責問權而治癒有瑕疵之送達，否則，不變期間制度將無發揮其確保公益之功能。從而判決未經合法之送達者，須於當事人本人確實接獲裁判正本之時點，始能認為治癒而起算不變期間。例如，法院之公示送達不合法者，須於重行合法之公示送達生效後或當事人本人確實收受判決正本之時點後，始得起算上訴之不變期間，否則，判決之送達視為不存在，不變期間無從起算❷❻。有關送達瑕疵之治療問題，在立法上，德國民事訴訟法第一八七條之規定條文頗值參考。

　　當事人主張法院送達不合法，惟因上訴期間已經過，在形式上，判決已確定時，其救濟程序如何？頗值討論。可否以本法第四九六條第一項第六款所規定，當事人知他造之居住所，指為所在不明而與涉訟為理由，提起再審之訴？抑或依本法第一六四條第一項規定，以當事人因其他不應歸責於己之事由遲誤不變期間情形為理由，聲請回復原狀？拙以為不合法之送達既然不生送達效力而視為送達不存在，則上訴之不變期間無從起算，原則上得以聲請回復原狀之程序為救濟，

---

❷❻ Vgl. Rosenberg-Schwab, ZPO. 14. Aufl. S. 447ff.; 兼子一、松浦、新堂、竹下著，《注解民事訴訟法》第四一四頁以下。

蓋送達不合法之法院判決始終不生確定也。司法院二十三年院字第一○四八號㈡云：當事人或代理人追復其遲誤之訴訟行為，在民事訴訟法並未定有何種程序，故當事人或代理人如以追復為理由，聲明上訴，受訴法院接受此項聲明，即應就其追復之事由先予審究，如以其事由不存在，自仍應誤為上訴逾期，逕以裁定駁回其上訴。反是，則其訴訟行為之遲誤經追復後，即屬合法上訴，自應就其本案為之審判，倘他造對於追復之事由尚有爭執時，得先為中間判決。至應否經言詞辯論，自可由法院斟酌情形定之，若被駁回上訴後，始行聲請追復，自應以裁定駁回，司法院之解釋頗值辦案參考。

■ 第三節　期日、期間與回復原狀

　　民事訴訟之進行，在辯論主義原則下，有由法院及雙方當事人於一定時日會合之必要。為此，本法規定法院與當事人、其他訴訟關係人會合為訴訟行為之時日，稱為期日。又法院與當事人之訴訟行為，於訴訟進行中若不限制其應行為之時間，訴訟程序必然拖延。為使訴訟程序迅速進行，並保障當事人有準備之時間，本法具體個別就法院或當事人應為一定訴訟行為之時間加以規定，俾供遵守，稱為期間。法院或當事人之訴訟行為，若不於所定之期日或期間為之，即成為懈怠(Versäumnis)。懈怠之訴訟行為，其情形嚴重者，發生失權後果。惟為顧及當事人不得已之懈怠情況，不能不另外規定，得除去其失權後果之程序，稱為回復原狀。本節專就期日、期間與回復原狀之規定為說明討論。

一、期　日

㈠期日之指定與變更

　　期日，除別有規定外，由審判長依職權定之（本法第一五四條）。惟受命法官或受託法官關於其所為之行為，得定期日（本法第一六七條第一項）。期日，除有不得已之情形外，不得於星期日或其他休息日定之（本法第一五五條）。審判長定期日後，法院書記官應作通知書，送達於訴訟關係人。但經審判長面告以所定之期日命其到場，或訴訟關係人曾以書狀陳明屆期到場者，與送達有同一之效力（本法第一五六條）。

於期日，必有應為之訴訟行為。因應為訴訟行為之不同，本法規定之期日名稱各不相同。例如，準備程序期日（本法第二七三條第一項）、調查證據期日（本法第二九〇條）、言詞辯論期日（本法第二五〇條）、宣示裁判期日（本法第二二三條第二項）、調解期日（本法第四〇七條）。

期日，以朗讀案由為始（本法第一五八條）。期日應為之行為，於法院內為之。但在法院內不能為或為之而不適當者，不在此限（本法第一五七條）。例如，元首為證人，應就其所在詢問之（本法第三〇四條）。期日，如有重大事由，得變更或延展之。變更或延展期日，除別有規定外，由審判長裁定之（本法第一五九條）。

㈡遲誤期日之後果

基於職權主義原則及促進訴訟迅速之必要，審判長所定之言詞辯論期日，當事人無變更之聲請權，其為此聲請者，審判長如認為無重大事由，不予容納，自無庸為駁回之裁定（二九渝上字第二〇〇三號判例，本則判例，依據民國一〇八年一月四日修正之法院組織法第五十七條之一第二項，其效力與未經選編為判例之最高法院裁判相同）。審判長所定言詞辯論期日，不因當事人聲請變更而失其效力，當事人一造雖聲請變更期日，但在未經審判長裁定變更前，仍須於原定期日到場，否則仍應認為遲誤期日，法院自得許由到庭之當事人一造辯論而為判決（二八渝上字第五〇一號判例、四一臺上字第九四號判例）。又司法院二十二年院字第八九九號解釋認為，律師不能於同一期日在二處以上法院出庭，不得認係本法第一五九條得變更期日或延展期日之重大理由。於訴訟實務上，審判長於當場定期日之際，大都均能依律師之請求，考慮律師不能於同一期日在二處法院開庭之困難。

當事人遲誤期日之後果，本法於各種情形，有明定其訴訟法上之法律效果。例如，兩造當事人無正當理由不於言詞辯論期日到場，即生合意停止訴訟程序之效果。法院認為必要時，得依職權續行訴訟，如無正當理由兩造仍遲誤不到者，視為撤回其訴或上訴（本法第一九一條）。一造當事人不於言詞辯論期日到場，即生應對到場之他造行準備程序，並得不另定新期口而終結準備程序之效果（本法第二七三條）。言詞辯論期日，當事人一造不到場者，得依到場當事人之聲請，由其一造辯論而為判決；不到場之當事人，經再次通知而仍不到場者，並得依職權

由一造辯論而為判決（本法第三八五條第一項）。證人、鑑定人不於期日到場，即生得對其科罰鍰之效果（本法第三〇三條第一項、第三二四條）。兩造或一造不於法院調解期日到場，即生視為調解不成立之效果（本法第四二〇條）。

二、期　間

㈠期間之意義與種類

1.當事人之行為期間與法院職員之行為期間

本法第一六〇條至第一六七條所規定之期間，主要目的係就當事人應為之訴訟行為或就當事人之訴訟準備規定其一定之行為期間，強制當事人嚴格遵守，俾利訴訟程序順利進行，此為狹義意義之期間，又稱為固有期間 (Eigentliche Fristen)。在此一意義之下，就當事人而言，得分為當事人之行為期間與考慮期間（Überlegungsfristen, 或稱等待期間 Wartefristen）❷。前者例如，上訴期間（本法第四四〇條）、補提第三審上訴理由書期間（本法第四七一條第一項）、抗告期間（本法第四八七條）、再審訴訟期間（本法第五〇〇條第一項）、債務人對支付命令提出異議期間（本法第五一四條）、撤銷除權判決之訴期間（本法第五五二條第一項）。後者例如，在途期間（本法第一六二條）、公示送達發生效力期間（本法第一五二條）、不得聲請回復原狀之期間（本法第一六四條第三項）。上述當事人應遵守之行為期間或考慮期間，一旦經過，當事人不得再為該項訴訟行為，在訴訟上遭受重大之不利益。

至於法院職員為訴訟行為時應遵守之期間，稱為非固有期間 (Uneigentliche Fristen)，又稱為職務期間。原則上職務期間僅有訓示之意義，不因法院職員不遵守而在訴訟法上發生訴訟行為之有效無效問題，故另稱為訓示期間。例如，宣示判決期間（本法第二二三條第三項），判決原本交付期間（本法第二二八條第一項），判決正本送達期間（本法第二二九條第二項）。

2.法定期間與裁定期間 (Gesetzliche und richtliche Fristen)

期間之長短，非由法律加以明定，則由法院或審判長以裁定為決定。前者稱為法定期間，後者稱為裁定期間。本法第一六〇條規定，期間，除法定外，由法

❷ Vgl. Rosenberg-Schwab, ZPR. 14. Aufl. S. 426ff.

院或審判長酌量情形定之。法院或審判長所定期間，自送達定期間之文書時起；無庸送達者，自宣示定期間之裁判時起算。但別定起算方法者，不在此限。最高法院判例認為，審判長命令當事人補繳裁判費所定之期間，並非法定期間，不適用民事訴訟法第一六二條應扣除在途期間之規定（二九渝抗字第一八四號判例）。民事訴訟法第一六二條第一項所謂應扣除在途期間計算之法定期間，係僅指同法所規定訴訟關係人應為一定訴訟行為之期間而言，惟不變期間與通常法定期間始足當之（四三臺上字第八五〇號判例）。又裁定期間並非不變期間，故當事人依裁定應補正之行為，雖已逾法院裁定期間，但於法院尚未認其所為之訴訟行為不合法予以駁回前，其補正仍屬有效，法院不得以其補正逾期為理由，予以駁回（五一臺抗字第一六九號判例）。

3. 不變期間與通常期間

當事人應為訴訟行為之法定期間，其中，法律有特別以明文規定為不變期間者，稱為不變期間 (Notfristen)。其不規定為不變期間者，稱為通常期間 (Gewöhnliche Fristen)。前者例如，上訴期間（本法第四四〇條）、抗告期間（本法第四八七條）、再審訴訟期間（本法第五〇〇條第一項）、撤銷除權判決之訴期間（本法第五五二條），此等期間，法文中均明示為不變期間。不變期間之特性有三，(1)不變期間不得伸長或縮短，既不得由法院將其伸縮，亦不得由雙方當事人合意伸縮（本法第一六三條第一項但書）。(2)不變期間不因當事人合意停止訴訟而受影響，僅於訴訟當然停止及法院依法裁定停止訴訟之情形，始能停止不變期間之進行❷❽。(3)遲誤不變期間僅得以回復原狀之程序方法為救濟。不變期間，法院不得依聲請或依職權伸縮，送達於當事人之判決或裁定正本內記載上訴或抗告期間，縱有誤記較法定不變期間為長，亦不生何等效力，當事人提起上訴或抗告，仍應於法律所定不變期間內為之（二三抗字第三四三號判例，依一〇八年七月四日施行之法院組織法第五十七條之一第一項規定，本判例已停止適用；三〇渝聲字第四二號判例，依一〇八年七月四日施行之法院組織法第五十七條之一第二項，本判例之效力與未經選編為判例之最高法院裁判相同）。

至於法定期間之通常期間，例如，聲請回復原狀之期間（本法第一六四條第一項）、證人鑑定人請求日費旅費之期間（本法第三二三條第二項）。此類通常期

---

❷❽ 參照 Rosenberg-Schwab, a. a. O. S. 427; Thomas-Putzo, ZPO. 15. Aufl. S. 462.

間，依本法第一六三條之規定，如有重大理由，得由法院以裁定伸長或縮短之。

㈡期間之計算與在途期間之扣除

本法規定，期間之計算，依民法之規定（本法第一六一條）。民事訴訟法之期間，大都以日定之，故應適用民法第一二○條至第一二二條之規定。以日定期間者，其始日不算入，且以期間末日之終止，為期間之終止，期間之末日為星期日、紀念日或其他休息日者，以其休息日之次日代之。當事人聲請撤銷假處分事件之裁定於民國五十八年十一月五日收受，算至同月十五日屆滿十日，惟該十一月十五日為星期六，下午各機關均休息不辦公，十六日為星期日，於扣除一日半後，算至同月十七日上午抗告期間始行屆滿，當事人係於民國五十八年十一月十七日上午提出抗告書於第一審法院，顯未逾十日之不變期間（五九臺抗字第二三○號判例）。

法定期間常因當事人之遲誤而發生失權結果，對於居住遠地之當事人，若不考慮增加其到達法院所需交通時間，勢難公平，對該當事人亦太苛刻，為此本法設有扣除在途期間之規定。本法第一六二條規定，當事人不在法院所在地住居者，計算法定期間，應扣除其在途之期間；但有訴訟代理人住居法院所在地，得為期間內應為之訴訟行為者，不在此限。前項應扣除之在途期間，由司法院定之。此處應扣除在途期間者，僅限於法定期間，至於法院或審判長之裁定期間，不生扣除在途期間問題，蓋於裁定期間，其於裁定時本應由法院或審判長將在途期間斟酌在內也。又本法第四七一條第一項規定之二十日補提上訴理由書期間，係屬通常法定期間，應有本法第一六二條扣除在途期間之適用（司法院 74. 7. 23.(74)廳民一字第五八二號函、七十六年六月十六日最高法院七十六年度第九次民事庭會議決議㈡）。

司法院所定法院訴訟當事人在途期間表有詳細之規定，當事人居住於我國法院管轄區域內者，其往各地方法院、高等法院、最高法院之在途期間，短者一日，長者三十日。例如金門縣居民上訴最高法院之在途期間為三十日，澎湖縣居民上訴臺灣高等法院高雄分院之在途期間為十九日。當事人居住於國外者，其在途期間，亞洲地區為三十七日，澳洲、歐洲、美洲均為四十四日，非洲為七十二日。

三、遲誤不變期間之回復原狀

本法所定之不變期間，法院不得以任何理由伸長，如有違誤，當事人勢必喪失訴訟上之重大權益，若不問遲誤原因如何，一律不考慮其救濟途徑，對於當事人而言，未免苛刻。故，本法設有聲請回復原狀之制度。本法第一六四條規定，當事人或代理人因天災或其他不應歸責於己之事由，遲誤不變期間者，於其原因消滅後十日內，得聲請回復原狀。前項期間，不得伸長或縮短之。但得準用前項之規定，聲請回復原狀。遲誤不變期間已逾一年者，不得聲請回復原狀。

㈠回復原狀之要件

依本法第一六四條之規定，回復原狀之要件有三，即

1.須當事人或代理人遲誤不變期間

遲誤不變期間之人須為當事人或代理人始可，此為本法之規定，惟德國民事訴訟法第二三三條、奧國民事訴訟法第一四九條及日本修正前民事訴訟法第一五九條均僅規定為當事人之遲誤不變期間。按當事人未必有訴訟能力，其訴訟行為應由法定代理人或訴訟代理人為之。此際，有無遲誤不變期間之訴訟行為，應指代理人之訴訟行為而言。故，當事人有訴訟能力者，固可能發生遲誤不變期間問題，當事人無訴訟能力者，即代理人可能發生遲誤不變期間。

2.當事人或代理人所遲誤者須係不變期間

民事訴訟法第一六五條所謂不變期間，係指法定期間之冠有不變字樣者而言（二二抗字第六〇七號判例，依一〇八年七月四日施行之法院組織法第五十七條之一第一項規定，本判例已停止適用）。本法第五〇〇條第一項規定，再審之訴，應於三十日之不變期間內提起。此一不變期間之規定，準用於當事人以和解有無效或有撤銷原因時得請求繼續審判之情形（本法第三八〇條第二、四項），故當事人得請求繼續審判，亦應於三十日之不變期間內提起。從而亦有遲誤請求繼續審判不變期間，而有回復原狀之適用。

3.須因天災或其他不應歸責於己之事由為原因

所謂不應歸責於己之事由，指事出意外，當事人或代理人並無任何故意過失責任之情形而言。必須訴訟行為遲誤不變期間與天災或其他事故有因果關係，始得成為回復原狀之原因（一八抗字第一六五號判例，依一〇八年七月四日施行之

法院組織法第五十七條之一第一項規定，本判例已停止適用）。有無不應歸責於己之事由，由法院依客觀標準具體判斷，若以一般人之注意而不能預見或不可避免之情況，即足當之。例如，當事人或代理人忽罹重病，實際陷於不能為訴訟行為；被盜匪劫持，喪失行動自由無法報信之情形均屬之。至於僅以患病為理由，而於疾病事實外，非更有不能委任代理或不能依其他方法以免遲誤之情事者，無回復原狀之原因（二〇抗字第八一四號判例，依一〇八年七月四日施行之法院組織法第五十七條之一第一項規定，本判例已停止適用）。送達代收人之過失，並非所謂不應歸責於己之事由，不得以此為回復原狀之原因（二九渝抗字第四一四號判例）。

㈡聲請回復原狀之程序及審理

依本法第一六四條及第一六五條之規定，因遲誤上訴或抗告期間而聲請回復原狀者，應以書狀向為裁判之原法院為之；遲誤其他期間者，向管轄該期間內應為之訴訟行為之法院為之。遲誤期間之原因及其消滅時期，應於書狀內表明並釋明之。聲請回復原狀，應同時補行期間內應為之訴訟行為。又聲請回復原狀之時間，必須於其遲誤不變期間之原因消滅後十日內為聲請回復原狀。此項聲請之期間，不得伸長或縮短之，但得準用前項之規定聲請回復原狀。若遲誤不變期間之原因事由已逾一年者，不得聲請回復原狀。聲請回復原狀，應同時補行期間內應為之訴訟行為。若當事人僅行不變期間內應為之訴訟行為而未同時聲請回復原狀者，俟該項上訴或抗告之訴訟行為經裁定駁回後，當事人於逾十日期間始行聲請時，縱有不應歸責於己之事由，亦不許聲請回復原狀（三五京聲字第一三二號判例，本判例依一〇八年七月四日施行之法院組織法第五十七條之一第二項，其效力與未經選編為判例之最高法院裁判相同）。

依本法第一六六條規定，回復原狀之聲請，由受聲請之法院與補行之訴訟行為合併裁判之。但原法院認其聲請應行許可，而將該上訴或抗告事件送交上級法院者，應送由上級法院合併裁判。

當事人或代理人聲請回復原狀，經法院審理認為合法且有理由者，即成回復原狀之效果。回復原狀之效力，僅使補行之上訴或抗告之訴訟行為視為適時所為而已。故，法院應另就當事人或代理人補行之訴訟行為，是否合法及有無理由為審判。

■ 第四節　訴訟程序之停止

一、總　說

㈠訴訟程序停止之概念與種類

　　本法第一六八條至第一九一條所規定訴訟程序之停止，係指訴訟繫屬中，因一定事由之發生，該訴訟程序在法律上成為不得進行之狀態而言。於此情形，法院不得進行訴訟程序，否則構成違法。訴訟一旦繫屬於法院，原則上應迅速不斷進行其程序。惟於某種情形，法院或當事人實際上無法為訴訟行為或不宜為訴訟行為，若不停止訴訟程序，對於公益及私益反而有害，因此本法特設訴訟程序停止之制度。訴訟程序之停止係有法定原因之停止，能發生一定訴訟法上之效果，應與法院或當事人事實上將訴訟擱置而停止進行之情形，兩者有所區別。例如本法第三十七條所規定，法官因被聲請迴避，於該聲請事件終結前，應停止訴訟之情形，係指事實上之停止訴訟，並非本節所謂之訴訟程序停止。

　　本法規定之訴訟程序停止制度有三種，即當然停止、裁定停止、合意停止。德國立法例與我國相同，惟修正前之日本法僅有當然停止與裁定停止兩種，已將舊民事訴訟法時代之合意停止制度廢止❷⁹。

㈡訴訟程序停止之開始與終結

　　訴訟程序停止之原因大都由於當事人本身之事由，例如死亡、破產、喪失訴訟能力等，或由於天災事故、訴訟事件之情況關係之發生，或以當事人之合意、法律之擬制等為原因。訴訟程序之停止，於當然停止係法定事由之存在而當然開始；於裁定停止及合意停止係於送達法院裁定或當事人向法院陳明其合意而開始。訴訟程序之停止，於當然停止係因法定事由已除去且有訴訟承受而終結；於裁定停止係由法院以裁定撤銷而終結；於合意停止係由當事人向法院陳明續行訴訟或停止期間屆滿而終結。

---

❷⁹ 參照齋藤秀夫編，《注解民事訴訟法⑶》第四三八頁。

二、訴訟程序之當然停止

所謂當然停止係指，訴訟程序於法定事由發生時，不問法院及當事人是否知悉，無待法院或當事人之行為，當然均應停止訴訟之進行。本法第一六八條至第一八〇條之規定係就當然停止為規定。

㈠當然停止之原因

1.當事人死亡

本法第一六八條規定，當事人死亡者，訴訟程序在有繼承人、遺產管理人，或其他依法令應續行訴訟之人承受其訴訟以前當然停止。當事人本人自為訴訟時，若於起訴後判決確定前死亡，或受死亡宣告，則訴訟缺少相對人，法律上當然停止。通常共同訴訟人中之一人死亡或受死亡宣告，其訴訟程序僅對該死亡當事人當然停止，若係必要共同訴訟，則其當然停止之效力依本法第五十六條第一項第三款規定及於全體。參加人死亡，訴訟程序是否當然停止？若訴訟標的對於死亡之參加人及其所輔助之當事人必須合一確定，則當然停止（本法第六十二條、第五十六條第一項第三款），非必須合一確定者，則不當然停止。

承受訴訟之繼承人，包括受遺贈人[30]。若訴訟標的之法律關係不得繼承者，則不生訴訟程序當然停止問題，其訴訟程序視為終結。例如離婚之訴，夫或妻於判決確定前死亡者，關於本案視為訴訟終結；夫或妻提起撤銷婚姻之訴者，亦同，家事事件法第五十九條定有明文。又同法第五十九條規定於撤銷收養、終止收養關係、撤銷終止收養之訴準用之（家事事件法第六十九條第三項規定）。上述收養子女與養父母間之訴訟，於判決確定前，如養子女死亡，或養父母均死亡者，本案訴訟視為終結。當事人死亡，除有承受訴訟或訴訟視為終結之特別規定，依其規定處理外，應依本法第二四九條第一項第三款規定，認為當事人能力欠缺，以裁定駁回其訴（司法院三四院解字第三〇四四號解釋、二九渝上字第一五七二號判例）。又專屬於一身之權利，不得讓與或繼承，例如親屬會員資格，於親屬會員死亡時，其繼承人不得聲明承受訴訟（四三臺聲字第六七號判例，本則判例，依據民國一〇八年七月四日施行之法院組織法第五十七條之一第二項，其效力與未

----

[30] 參照齋藤秀夫，《注解民事訴訟法(3)》第四五六頁以下。

經選編為判例之最高法院裁判相同）。當事人死亡而有以遺囑指定之遺囑執行人者，應由遺囑執行人承受訴訟（四六臺上字第二三六號判例）。訴訟繫屬不因當事人死亡而消滅，如他造當事人就同一訴訟標的對於已死亡當事人之繼承人另行起訴，即屬違背本法第二五三條所定禁止重訴之規定（六七臺上字第三六五〇號判例）。

2.法人因合併而消滅者

本法第一六九條規定，法人因合併而消滅者，訴訟程序在因合併而設立或合併後存續之法人，承受其訴訟以前當然停止。前項規定，於其合併不得對抗他造者，不適用之。

法人之合併，有時可能損害債權人之利益，法律為保護債權人設有若干關於合併前應踐行之一定程序。例如，公司為合併之決議後，應即向各債權人分別通知及公告，並指定三十日以上期限，使債權人得提出異議，公司不依此程序而合併者，不得以其合併對抗債權人（公司法第七十三條、第七十四條、第三一九條）。若於此情形，他造當事人即係公司債權人時，該公司合併不生訴訟程序當然停止。

公司僅概括承受他公司之資本及負債，而非合併他公司者，不得准許其向法院聲明承受訴訟（七十六年十一月二十四日最高法院七十六年度第十五次民事庭會議決議㈢）。

國家機關因裁撤或改組而不存在者，其性質與法人因合併而消滅者相類，故其訴訟程序應類推適用民事訴訟法第一六九條第一項規定，在承受其業務之機關承受其訴訟以前當然停止（八九臺上字第八六八號判例，本判例依民國一〇八年七月四日施行之法院組織法第五十七條之一第二項，其效力與未經選編為判例之最高法院裁判相同）。

3.當事人喪失訴訟能力或法定代理人死亡或其代理權消滅者

本法第一七〇條規定，當事人喪失訴訟能力或法定代理人死亡或其代理權消滅者，訴訟程序在有法定代理人或取得訴訟能力之本人，承受其訴訟以前當然停止。

有疑義者，未成年人之當事人因成年或結婚而取得訴訟能力，或受監護宣告之人因法院撤銷其監護宣告，使其法定代理人之代理權消滅者，未成年人或受監護宣告之人之訴訟能力已不成問題，有無使訴訟程序當然停止之必要？學者有謂

應由本人續行訴訟，無當然停止之必要者❸，有認為訴訟程序必須當然停止者❸。拙認為後說為是，蓋取得訴訟能力之本人，於未向法院聲明承受訴訟以前，法定代理人之代理權因消滅，無法有效為訴訟行為，訴訟如不當然停止，當事人本人將有受害之虞也。又公司之董事長死亡，公司之訴訟，得由公司之總經理承受訴訟，其未承受以前，訴訟當然停止（民法第五五五條）。法人之法定代理人退休後，其代理權消滅，訴訟程序應於新任法定代理人聲明承受訴訟以前當然停止（司法院 74. 2. 25.⑺⑷廳民一字第一一八號函）。法定代理人遲不聲明承受訴訟，他造當事人亦不向法院聲明承受訴訟時，法院為避免訴訟久處於停止狀態，得類推適用本法第一七八條規定，依職權裁定命其續行訴訟（司法院 78. 9. 5.⑺⑻廳民一字第九五八號函）。

　　4. 受託人之信託任務終了者

　　本法第一七一條規定，受託人之信託任務終了者，訴訟程序在新受託人或其他依法令應續行訴訟之人承受其訴訟以前當然停止。信託人將財產權移轉於受託人，委託其依所託目的及意旨，為信託人或其指定人之利益，就該財產為管理或處分之法律行為，稱為信託。受託人所管理之信託財產因有獨立性，受託人在訴訟上成為當事人係屬訴訟擔當人之性質。受託人之死亡、辭任、解任、監護宣告、破產、解散等情形，即為受託人之信託任務終了（信託法第四十五條第一項參照），此際，信託財產視為移轉於新受託人或其他依法令應續行訴訟之人，關於信託財產之當事人適格亦生移轉，從而於新受託人承受其訴訟以前有當然停止之必要。否則，信託財產及信託人，因無法為訴訟行為，將有受害之虞❸。

　　5. 本於一定資格，以自己名義為他人任訴訟當事人之人，喪失其資格或死亡者

　　本法第一七二條規定，本於一定資格，以自己名義為他人任訴訟當事人之人，喪失其資格或死亡者，訴訟程序在有同一資格之人，承受其訴訟以前當然停止。依法被選定為訴訟當事人之人，全體喪失其資格者，訴訟程序在該有共同利益人全體或新被選定為訴訟當事人之人，承受其訴訟以前當然停止。

---

❸ 見王甲乙等三人著，《民事訴訟法新論》第一五七頁。
❸ 見曹偉修，《民事訴訟法釋論（上）》第五一三頁。姚瑞光，《民事訴訟法論》第二一八頁。
❸ 參照齋藤秀夫編，上揭書第四七三頁以下。

　　本條所規定之人即學理所謂之訴訟擔當人。例如，遺產管理人或遺囑執行人為繼承人擔任當事人，就遺產為訴訟（民法第一一七九條第一項第二款、第一一八四條、第一二一五條）；破產管理人為破產財團擔任當事人進行破產財團之訴訟（破產法第七十八條、第九十條、第九十二條第十三款）；合夥事務之執行人（民法第六七九條）；商號經理人（民法第五五五條）；選定當事人（本法第四十一條、第四十四條之一）均是。於訴訟繫屬中，有上述資格之人喪失其資格或死亡者，訴訟當然停止。

　　6.當事人受破產宣告者

　　本法第一七四條第一項規定，當事人受破產之宣告者，關於破產財團之訴訟程序，在依破產法有承受訴訟人或破產程序終結以前當然停止。當事人於訴訟中受破產宣告者，對破產財團無管理處分之權，故不問其自為訴訟之進行，抑或由訴訟代理人為訴訟，有關破產財團之財產訴訟當然停止，在破產程序中，須由破產管理人承受訴訟而續行其訴訟程序，否則，全體破產債權人之利益將受害。

　　破產管理人承受當然停止之訴訟程序後，或破產管理人自始起訴或應訴之訴訟程序後，破產程序終結者，當然由破產人於當時訴訟之程度續行其訴訟，此際毋庸破產人別為承受訴訟之行為（五四臺上字第三二三一號判例）。消費者債務清理條例於九十六年七月十一日頒布，並自九十七年四月十一日起施行。本法九十八年一月六日修正第一七四條增訂第二項規定，當事人經法院依消費者債務清理條例裁定開始清算程序者，關於清算財團之訴訟程序，於管理人承受訴訟或清算程序終止、終結以前當然停止，其立法理由為依消費者債務清理條例第九十四條第一項規定，債務人因法院裁定開始清算程序，對於應屬清算財團之財產，喪失其管理及處分權。又依同條例第二十八條第一項、第二項之規定，對於債務人之債權，於法院裁定開始清算程序前成立者，為清算債權，非依清算程序，不得行使其權利。故當事人經法院依消費者債務清理條例裁定開始清算程序者，關於清算財團之訴訟程序，於管理人承受訴訟前或清算程序終止、終結前，自應當然停止，故增設本項規定。

　　7.法院因天災或其他事故不能執行職務者

　　本法第一八○條規定，法院因天災或其他不可避之事故不能執行職務者，訴訟程序在法院公告執行職務前當然停止；但因戰事不能執行職務者，訴訟程序在法院公告執行職務屆滿六個月以前當然停止。前項但書情形，當事人於停止期間

內均向法院為訴訟行為者，其停止終竣。天災、戰事均為事故之典型，法院若因此類事故不能執行職務，即無從為訴訟行為，自應當然停止訴訟程序。天災事故必有終竣之時，雖已終竣，法院如未恢復執行職務，仍無從實施訴訟行為，故規定在法院公告執行職務前當然停止。若因戰事不能執行職務者，為顧及當事人及法院戰後復員需要較長時間準備訴訟，規定訴訟程序在法院公告執行職務屆滿六個月以前當然停止。惟當事人雙方於停止期間內均向法院為訴訟行為者，其停止終竣。

㈡當然停止之例外規定

當事人委任有訴訟代理人者，依本法第七十三條規定，訴訟代理權，不因本人死亡、破產、或本人喪失訴訟能力而消滅，亦不因法定代理人變更而消滅。訴訟代理人於當事人本人有上開各種情況發生時，仍可有效為訴訟行為，俾以伸張或防禦當事人之權益，訴訟程序並無當然停止之必要。故本法第一七三條特別規定，第一六八條、第一六九條第一項及第一七〇條至第一七二條之規定，於有訴訟代理人時不適用之。即於上述情形，訴訟程序不當然停止，訴訟代理人所為之訴訟行為，對於前述情形應承受訴訟之人，當然發生效力。惟於此情形，訴訟代理人往往有應向承受訴訟之當事人或新代理人，將訴訟事件之經過為報告而商議辦法者，此際，應使法院得酌量情形，裁定停止其訴訟程序。

應注意者，此處所指訴訟代理人，係指受概括委任之代理人而言。如僅就特定之訴訟行為，例如僅委任代收送達文書或提出書狀者，於前述各種情形仍須當然停止其訴訟程序，不得認為訴訟程序不當然停止❸。又當然停止之例外規定，其適用係以事由發生時訴訟代理權仍然尚存為前提。故，當事人所授與之訴訟代理權，以一審級為限而無提起上訴之特別委任者，第一審之訴訟程序，雖不因事由之發生而當然停止，但至第一審之終局判決送達時，訴訟代理權即歸消滅，訴訟程序亦即由是當然停止（三一上字第一一四九號判例）。當事人在提起第三審上訴後死亡，惟當事人在一、二審係委任某甲為訴訟代理人，此項當事人提起第三審上訴，除由當事人於上訴狀後方列名捺蓋指印外，並由某甲以代理人名義一併列名簽押，是當事人在第三審程序中，仍係以某甲為訴訟代理人，依民事訴訟法

❸ 參照曹偉修，《最新民事訴訟法釋論（上）》第五一八頁。

第一七三條之規定，其訴訟程序並不當然停止（三二上字第四一四號判例）。

㈢承受訴訟之程序

訴訟程序當然停止後，上述第一六八條至第一七二條及第一七四條所定之承受訴訟人，於得為承受時，應即為承受之聲明。他造當事人，亦得聲明承受訴訟，俾能續行訴訟（本法第一七五條）。若依法應承受訴訟之人不聲明承受訴訟時，法院亦得依職權，以裁定命其續行訴訟（本法第一七八條）。

聲明承受訴訟，應提出書狀於受訴法院，由法院送達於他造（本法第一七六條）。承受訴訟之聲明有無理由，法院應依職權調查。法院認其聲明為無理由者，應以裁定駁回。訴訟程序於裁判送達後當然停止者，其承受訴訟之聲明，由為裁判之原法院裁定之（本法第一七七條）。法院就承受訴訟之聲明所為裁定，及法院依職權命續行訴訟之裁定，得為抗告（本法第一七九條）。

必要共同訴訟當事人，其中一人於第二審言詞辯論終結前死亡，第二審法院不察，對之逕為實體判決，判決送達後，他共同訴訟人對之提起上訴。第三審法院遇有此種情形，應將上訴案卷退回原法院，由原法院以裁定命承受訴訟後，送第三審法院處理（七十六年七月六日最高法院七十六年度第十次民事庭會議決議）。

三、訴訟程序之裁定停止

訴訟程序，因有法定原因之發生，由法院依聲請或依職權裁定停止進行，稱為裁定停止。本法第一八一條至第一八七條係就裁定停止為規定，其與前述當然停止之規定，兩者在程序上之區別有二：第一、發生停止之法定原因時，法院於裁定停止，得斟酌情形自由決定是否以裁定為停止訴訟程序，於當然停止，法院必須當然為停止訴訟程序；第二、停止原因消滅後，於裁定停止，法院必須以裁定撤銷停止後，始得續行訴訟，但於當然停止，法院不必以裁定撤銷停止，得依聲請或命為續行訴訟。

㈠裁定停止之原因

1.當事人於戰時服兵役或因天災、戰事或其他不可避之事故，有停止訴訟之必要

本法第一八一條規定，當事人於戰時服兵役，有停止訴訟程序之必要，或因

天災、戰事或其他不可避之事故與法院交通隔絕者，法院得在障礙消滅前，裁定停止訴訟程序。依司法院解釋，所謂戰時服兵役，不限於國際法上所謂戰時，所謂服兵役，不以被徵召入伍者為限，自願入伍者亦包括之（司法院三六院解字第三六○二號、同院三○院字第二一五七號）。有無停止訴訟程序必要，由法院依實際情況為決定，當事人雖有訴訟代理人，非不得裁定停止訴訟（二九抗字第二八九號判例）。其因天災或其他不可避之事故，必須與法院有交通隔絕之情形，始有裁定停止原因。

　　2.訴訟全部或一部之裁判，以他訴訟之法律關係是否成立為據者

　　本法第一八二條規定，訴訟全部或一部之裁判，以他訴訟之法律關係是否成立為據者，法院得在他訴訟終結前，以裁定停止訴訟程序。前項規定，於應依行政爭訟程序確定法律關係是否成立者準用之。但法律別有規定者，依其規定。他訴訟之法律關係，若為本訴訟法律關係之先決問題時，為避免審判矛盾，法院得視情形，自由決定是否裁定停止訴訟，並非一經當事人聲請即應裁定停止（二八抗字第一六四號判例，本判例依一○八年七月四日施行之法院組織法第五十七條之一第一項規定，已停止適用）。例如債權人對於保證人訴求其履行保證債務時，若他訴訟就主債務人與債權人間之主債務關係存在不存在已繫屬時，法院得於他訴訟終結前，以裁定停止訴訟。若無此種先決問題之關係者，無庸考慮裁定停止訴訟（一八抗字第五六號判例，本判例依一○八年七月四日施行之法院組織法第五十七條之一第一項規定，已停止適用；五○臺抗字第一六六號判例，本判例依一○八年七月四日施行之法院組織法第五十七條之一第二項，其效力與未經選編為判例之最高法院裁判相同）。他訴訟之法律關係若尚未繫屬於法院者，無從為裁定停止訴訟（二九抗字第二四八號判例，本判例依一○八年七月四日施行之法院組織法第五十七條之一第一項規定，已停止適用）。若他訴訟已判決確定，先決問題之法律關係已有結論，雖當事人對之提起再審之訴，不得為裁定停止訴訟之原因（三七抗字第一○七五號判例，本判例依一○八年七月四日施行之法院組織法第五十七條之一第二項，其效力與未經選編為判例之最高法院裁判相同）。又若其他法律就裁定停止訴訟程序有特別規定者，例如司法院大法官審理案件法第五條第二項規定，最高法院或行政法院就其受理之案件，對所適用之法律或命令，確信有牴觸憲法之疑義時，得以裁定停止訴訟程序，聲請大法官解釋，則從其規定。

　　行政機關或行政法院依行政法曾為判斷之法律關係，若成為先決問題之關係

者，法院雖不受其判斷意見之拘束，惟若法院為避免其與法院判決發生矛盾起見，認為有必要者，得自由決定其是否裁定停止訴訟。

3.普通法院與行政法院就受理訴訟之權限見解有異者

本法第一八二條之一第一項規定，普通法院就其受理訴訟之權限，如與行政法院確定裁判之見解有異時，應以裁定停止訴訟程序，聲請司法院大法官解釋。但當事人合意願由普通法院為裁判者，由普通法院裁判之。第二項規定，經司法院大法官解釋普通法院無受理訴訟權限者，普通法院應將該訴訟移送至有受理訴訟權限之法院。第三項規定，第一項之合意，應以文書證之。本條第一項、第三項係九十二年修正所增訂，其立法理由為行政法院所裁判確定不屬其權限之同一事件，當事人將其向普通法院起訴時，若該普通法院依其合理之確信亦認為無受理權限而予以駁回，當事人之權利即無法院救濟之途。於此情形，普通法院應以裁定停止訴訟程序，提出其確信普通法院無審判權限之具體理由，聲請司法院大法官解釋，不得逕行駁回當事人之起訴。惟停止訴訟程序，聲請大法官解釋，難免曠日費時，有損當事人之權益。於此情形應尊重雙方當事人之意願，若當事人以文書證明其合意願由普通法院為裁判者，則由普通法院為審判，不必為停止訴訟程序之裁定。本條第二項係九十八年修法所增訂，其立法理由為司法院大法官解釋如確定普通法院無審判權，應由普通法院將訴訟移送至有審判權之其他法院，參酌行政訴訟法第十二條之二第四項規定（本條現已刪除）增訂本項規定，明定普通法院之處理方式，並將原第二項移列為第三項。若當事人向普通法院提起訴訟時，行政法院已有確定裁判認無受理訴訟之權限，而普通法院之見解與上開行政法院之見解有異時，係依第一八二條之一規定辦理；若當事人向普通法院起訴時，行政法院就該訴訟有無受理權限尚未有確定裁判，而普通法院認無受理訴訟之權限時，則依第三十一條之二第二項之規定辦理（參見第三十一條之二立法理由，本條現已刪除）。

一一〇年十二月八日修正第一八二條之一第一項規定，普通法院就行政法院移送之訴訟認無審判權者，應以裁定停止訴訟程序，並請求最高法院指定有審判權之管轄法院。但有下列情形之一者，不在此限：一、移送經最高行政法院裁判確定。二、當事人合意願由普通法院裁判。前項第二款之合意，應記明筆錄或以文書證之。最高法院就第一項請求為裁定前，應使當事人有陳述意見之機會。普通法院就行政法院移送之訴訟為裁判者，上級審法院不得以其無審判權而廢棄之。

其立法理由如下：一、配合法院組織法增訂第七條之四第一項規定，行政法院移送訴訟之裁定確定後，普通法院認其無審判權者，不得移回行政法院，而應裁定停止訴訟程序，並向最高法院請求指定有審判權之管轄法院，以終局確定審判權之歸屬，爰修正第一項序文。二、行政法院移送訴訟之裁定，若經抗告程序，由最高行政法院裁判確定行政法院就該訴訟無審判權者，因該審判權爭議已經終審法院為判斷，為避免不同審判權之終審法院重複審查，造成司法資源之浪費，並基於法院間之相互尊重，受移送之普通法院即應受該移送裁定之羈束，不得再行請求最高法院指定，爰增訂第一項但書第一款規定。三、依現行條文第一項但書規定，如當事人就行政法院移送之訴訟，合意願由普通法院為裁判，普通法院就該事件即有審判權限，自不得再行請求最高法院指定，爰修正後移列第一項但書第二款。四、關於審判權歸屬之爭議，現行條文第一項規定得聲請司法院大法官解釋，修正條文第一項序文已改為請求最高法院指定，現行條文第二項自應配合刪除。五、第一項但書第二款之合意，涉及審判權之歸屬，為期慎重，應記明筆錄或以文書證之，爰修正現行條文第三項並移列第二項。六、最高法院受理指定審判權事件之請求，攸關當事人程序利益，為求更妥適、周延作成判斷，應於裁定前，使當事人有陳述意見之機會，爰增訂第三項規定。七、行政法院裁定移送普通法院，未經抗告至最高行政法院裁判確定者，普通法院並不當然受移送裁定關於審判權認定之拘束，普通法院如認無審判權，自得依本條第一項序文規定，請求最高法院指定。惟倘普通法院亦認其有審判權，依法院組織法第七條之五第三項規定意旨，為使審判權歸屬之爭議儘早確定，避免受移送之普通法院所屬上級審法院，重複審查審判權問題，該普通法院所為裁判，上級審法院不得以其無審判權廢棄之，爰增訂第四項規定。八、至普通法院受移送，如經最高行政法院裁判確定，或經最高行政法院依法院組織法第七條之五第一項後段規定指定，依法即為有審判權之法院，普通法院及其所屬上級審法院，均應受該移送或指定裁定關於審判權認定之羈束，自不待言。惟依法院組織法第七條之五立法意旨，受移送或經指定之法院，僅受最高行政法院移送或指定裁定關於審判權判斷部分之羈束；至其他依該訴訟應適用之程序法規及實體法規所需審查或判斷之事項，受移送或指定法院仍應自行認定，不受移送或指定裁定之羈束，併予敘明。

4. 發生國際民事訴訟競合之情形者

本法第一八二條之二規定：「當事人就已繫屬於外國法院之事件更行起訴，如

有相當理由足認該事件之外國法院判決在中華民國有承認其效力之可能，並於被告在外國應訴無重大不便者，法院得在外國法院判決確定前，以裁定停止訴訟程序。但兩造合意願由中華民國法院裁判者，不在此限。法院為前項裁定前，應使當事人有陳述意見之機會。」

按當事人就已在外國法院起訴之事件，於訴訟繫屬中更行起訴，如有相當理由足認該事件之外國法院判決不致有本法第四○二條第一項各款所列情形，在我國有承認其效力之可能，且被告於外國法院應訴亦無重大不便，則於該外國訴訟進行中，應無同時進行國內訴訟之必要。為求訴訟經濟，防止判決牴觸，並維護當事人之公平，避免同時奔波兩地應訴，於此情形，我國法院得在外國法院判決確定前，以裁定停止訴訟程序。惟若兩造當事人合意願由中華民國法院裁判者，自無停止訴訟程序之必要，故以但書加以明文規定除外。至於當事人先在我國法院起訴後，復於外國法院起訴之情形，我國法院之訴訟原則上不受影響，惟仍應由法院就個案具體情形，審酌我國之訴訟有無訴訟利益等事項為處理。停止國內之訴訟程序，以俟外國法院判決，影響當事人之權益，應使當事人於裁定前，有陳述意見之機會，俾保障當事人之程序利益。

5.訴訟中有犯罪嫌疑牽涉其裁判者

本法第一八三條規定，訴訟中有犯罪嫌疑牽涉其裁判者，法院得在刑事訴訟終結前，以裁定停止訴訟程序。所謂訴訟中有犯罪嫌疑，係指刑事法院以刑事被告有犯罪嫌疑者而言，且確有影響於民事訴訟之裁判，非俟刑事訴訟解決，其民事訴訟即無由或難以判斷而言（二○聲字第五八二號判例，本判例依一○八年七月四日施行之法院組織法第五十七條之一第一項規定，已停止適用；四三臺抗字第九五號判例，本判例依一○八年七月四日施行之法院組織法第五十七條之一第二項，其效力與未經選編為判例之最高法院裁判相同）。例如民事訴訟之重要證據有偽造嫌疑，已在偵查中，法院即得依職權斟酌是否裁定停止訴訟，不必俟提起公訴。惟此項有犯罪嫌疑之人，不必為民事訴訟之當事人，即第三人犯罪亦可。附帶民事訴訟經刑事法院以裁定移送民事庭後，即成為獨立之民事訴訟，無非俟刑事訴訟解決，民事訴訟即無從或甚難判斷之情形，即無在刑事訴訟程序終結前，停止訴訟程序之必要（七十八年五月九日最高法院七十八年度第十一次民事庭會議決議）。

6. 第三人依第五十四條規定提起訴訟者

本法第一八四條規定，依第五十四條之規定，提起訴訟者，法院得在該訴訟終結以前，以裁定停止本訴訟之程序。第五十四條之訴訟，學者稱為主參加訴訟，其訴訟標的與本訴訟之訴訟標的兩者關係密切，兩判決結果難保不彼此矛盾。若兩訴訟分別繫屬不同法院時，受理本訴訟之法院得自由決定其是否裁定停止訴訟。

7. 當事人依第六十五條規定為告知訴訟，法院如認受告知人能為參加者

本法第一八五條規定，依第六十五條之規定，告知訴訟，法院如認受告知人能為參加者，得在其參加前，以裁定停止訴訟程序。告知訴訟制度對於參加人及其所輔助之人均有利益，有助真實之發現，能促進訴訟經濟，法院得酌量是否在參加人參加之前，裁定停止訴訟程序。惟並非於當事人一方認他方有為訴訟告知之必要，即得據以聲請法院裁定停止訴訟程序（三七抗字第一七三八號判例）。

8. 有本法第一六八條、第一六九條及第一七○條至第一七二條規定當然停止原因且有訴訟代理人者

依本法第一七三條規定，此種情形雖不當然停止，惟本條但書規定法院得酌量情形，裁定停止其訴訟程序。

9.

家事事件法第四十九條規定，法院認當事人間之家事訴訟事件，有和諧解決之望或解決事件之意思已甚接近者，得定六個月以下之期間停止訴訟程序或為其他必要之處分。為維護家庭成員間之平和安寧，避免家事紛爭迭次興訟，對於當事人間有可能自主解決紛爭，或解決事件之意思已甚接近時，法院得斟酌具體情形，依職權定六個月以下之期間停止訴訟程序，或為其他必要之處分，例如依同法第二十九條移付調解或依鄉鎮市調解條例第十二條法院裁定移付調解委員會調解，俾使當事人能充分試以訴訟外方式徹底解決紛爭，兼收節省勞費之效。

㈡裁定停止訴訟及撤銷停止訴訟之程序

訴訟程序之裁定停止，得依聲請或依職權以裁定為之（修正前本法第一八一條第一項）。法院有權斟酌具體情況為裁定停止訴訟抑或不為停止訴訟。本法第一八六條及第一八七條規定，停止訴訟之裁定，法院得依聲請或依職權撤銷之。關於停止訴訟程序之裁定，及關於撤銷停止之裁定，得為抗告。撤銷停止之裁定，不惟於事由終竣時得為之，於事由終竣之前，法院認為有必要時，亦得為之（二六滬聲字第一四號判例，本判例依一○八年七月四日施行之法院組織法第五十七

條之一第一項規定，已停止適用）。

四、訴訟程序之合意停止

訴訟程序因當事人之合意而停止進行，稱為合意停止。基於處分權主義之原則，訴訟程序之進行，當事人認為有必要時，得以合意在一定期間內停止。惟為顧及訴訟拖延不決，影響法院審判工作，不能不設有一定之限制，本法規定之合意停止有下列二種：

㈠當事人明示之合意停止

本法第一八九條第一項及第二項規定，當事人得以合意停止訴訟程序。但不變期間之進行，不受影響。前項合意應由兩造向受訴法院或受命法官陳明。又本法第一九〇條規定，合意停止訴訟程序之當事人，自陳明合意停止時起，如於四個月內不續行訴訟者，視為撤回其訴或上訴；續行訴訟而再以合意停止訴訟程序者，以一次為限。如再次陳明合意停止訴訟程序，不生合意停止訴訟之效力，法院得依職權續行訴訟；如兩造無正當理由仍遲誤言詞辯論期日者，視為撤回其訴或上訴。基此規定，當事人合意停止訴訟未定有期間者，固應於四個月內續行訴訟，其定有期間者，所定期間，亦不得逾四個月。如當事人約定停止訴訟期間逾四個月，而不於四個月法定期間內續行訴訟者，仍應生視為撤回其訴或上訴之效果（七〇臺抗字第三三號判例）。當事人於合意停止訴訟之四個月期間屆滿後，續行訴訟而再次以合意停止訴訟程序之情形，本條明定限定一次之四個月。若於此次合意停止訴訟程序之期間屆滿後，再一次陳明合意停止訴訟程序之情形，不發生其合意停止訴訟之法律效力，此際法院得不考慮當事人合意停止訴訟之陳明，依職權續行訴訟。於續行訴訟之言詞辯論期日，若兩造當事人無正當理由仍然遲誤期日時，則視為撤回訴訟或上訴而終結訴訟程序。本訴與反訴係兩個獨立之訴，反訴原告提起反訴後，兩造合意停止訴訟程序，嗣本訴原告就本訴部分聲請續行訴訟，並經指定期日行言詞辯論。惟反訴原告就反訴部分並未聲請續行訴訟，且已逾四個月，依本法規定，關於反訴部分仍生視為撤回其訴之效果（七二臺抗字第五三七號判例）。

值注意者，當事人於合意停止訴訟將滿四個月時，如欲再合意停止訴訟程序一次者，必須先行續行訴訟始合法，不得直接再具狀聲明合意停止訴訟而延誤四

個月期間，否則視為撤回其訴或上訴，不影響撤回之效果（四四臺抗字第一九七號判例，七十八年一月三十一日最高法院七十八年度第三次民事庭會議決議）。又合意停止訴訟逾期視為撤回其訴或上訴，為訴訟法上當然之效果，毋庸另為裁定（司法院二二院字第八七三號㈢解釋）。

㈡法律擬制之合意停止

　　本法第一九一條規定，當事人兩造無正當理由遲誤言詞辯論期日者，除別有規定外，視為合意停止訴訟程序。如於四個月內不續行訴訟者，視為撤回其訴或上訴。前項訴訟程序停止間，法院於認為必要時，得依職權續行訴訟，如無正當理由兩造仍遲誤不到者，視為撤回其訴或上訴。所謂兩造遲誤言詞辯論期日，係指當事人經合法通知，均無正當理由，未於言詞辯論期日到場、或到場不為辯論之情形而言（七〇臺上字第三九〇四號判例）。若對於不到場當事人所為之通知，違背關於十日就審期間之規定者，該當事人即係未於相當時期受合法通知（二九渝上字第一五四五號判例）。其未於言詞辯論期日到場或到場不為辯論，均不得視為合意停止訴訟（二八渝抗字第四四七號判例）。從而於當事人再遲誤一次言詞辯論期日，亦不構成視為撤回其訴（司法院 76. 7. 9.㈦⒃廳民二字第二四九二號函）。

　　當事人兩造無正當理由遲誤準備程序期日兩次，能否依本法第一九一條規定，視為撤回其訴或上訴？有認為準備程序為言詞辯論之一部，採肯定說者❸❺。有採否定見解，認為言詞辯論程序與準備程序兩者目的不同，兩者期日各別，不得謂本法第一九一條規定之言詞辯論期日包括準備程序期日。五十九年二月二十三日最高法院五十九年度第一次民刑庭總會議決議㈡採否定說。採肯定說有促進訴訟迅速之作用，雙方當事人不敢隨便連續遲誤兩次準備程序期日。惟言詞辯論期日得作廣義解釋，於宣示判決期日或調查證據期日，當事人雖不在場，法院均得為之（本法第二二五條、第二九六條），當事人雙方遲誤此項期日，不得視為合意停止訴訟程序。

五、訴訟程序停止之效果

　　訴訟程序停止中，原則上，法院與雙方當事人均不得進行訴訟，從而不得為

---

❸❺ 見姚瑞光，《民事訴訟法論》第二四二頁。

各種訴訟行為，否則其訴訟行為違法。惟訴訟程序停止之制度目的，主要係為保障當事人有進行訴訟程序之機會，目的不在維護公益。故，法院與雙方當事人違法所為之訴訟行為，並不當然無效，僅生相對人得聲明異議之問題，若對其違法所進行之程序，不為聲明異議，基於當事人放棄或喪失責問權之規定（本法第一九七條第一項），此種違法程序將因治癒而不得於事後再行爭執，故法院對於此種違法事項並不以職權調查事項為處理❸❻。茲依訴訟程序中所為當事人之訴訟行為與法院之訴訟行為，並期間進行問題分別說明之。

㈠當事人之訴訟行為

訴訟程序停止中當事人不得為關於本案之訴訟行為。但於言詞辯論終結後當然停止者，本於其辯論之裁判得宣示之（本法第一八八條第一項）。例如，續行本案言詞辯論或其他終結本案訴訟之行為不得為之。惟直接與本案無關之訴訟行為，例如當事人聲明承受訴訟或聲請撤銷訴訟停止之裁定，聲請訴訟救助、聲請確定訴訟費用額、委任或解除訴訟代理人等訴訟行為，均得為之。此類訴訟行為與保護對造當事人之利益無關，故得為之。

訴訟程序停止中，當事人提起上訴之訴訟行為，法院可否以上訴不合法為理由駁回之？依德國判例及學者見解，認為法院不得於終結停止訴訟程序之後，以上訴不合法為駁回，應為本案之審理，蓋上訴行為係對法院所為且對於他造當事人不危害其利益也。惟法院受理上訴時不得立即為審理及裁判，應俟停止之訴訟程序終結以後始得為之，上訴行為僅於此一時點始對於他造當事人發生上訴行為之效力❸❼。日本判例認為，訴訟程序停止中之上訴為不合法，本應以不合法為駁回，惟若對造當事人不聲明異議，以之為適法而聲請續行訴訟時，因責問權之喪失而其瑕疵獲得治癒❸❽。但五十三年二月二十五日最高法院五十三年度第一次民刑庭總會議決議㈥認為，訴訟程序停止中所為之上訴，於承受訴訟後上訴審法院開庭審理時，當事人無責問上訴不合法之餘地，上訴人之上訴合法。拙以為德國判例及學者之解釋可供參考。

---

❸❻ 參照齋藤秀夫編，《注解民事訴訟法⑶》第五二六頁。兼子一，《條解民事訴訟法》第七五五頁。

❸❼ 參照 Rosenberg-Schwab, ZPR. 14. Aufl. S. 783.

❸❽ 參照齋藤秀夫編，《注解民事訴訟法⑶》第五三二頁。

㈡法院之訴訟行為

　　法院於訴訟程序停止中所為之訴訟行為，應區別其對外生效果之行為與純粹對內之行為。前者，例如法院指定言詞辯論期日、傳喚、送達、調查證據、行言詞辯論、裁判等之訴訟行為。後者例如，法院事務分配、判決之合議、法官迴避、裁判書之製作等行為。法院不得為之訴訟行為，限於前者之行為，蓋其與本案有關係，有危害當事人之利益。至於後者之行為，法院得為之，不構成不法問題。訴訟程序停止中，法院不得為之訴訟行為，若由於法院之違誤而為之，僅生訴訟程序之違法問題，該項訴訟行為並非當然無效。若雙方當事人均放棄其責問權時，即生治癒其瑕疵之結果，法院無須再行該項訴訟行為。

　　值得注意者，為法院之裁判行為之合法不法問題。本法第一八八條規定，訴訟程序當然或裁定停止間，法院及當事人不得為關於本案之訴訟行為。但於言詞辯論後當然停止者，本於其辯論之裁判得宣示之。訴訟程序當然停止或裁定停止者，期間停止進行；自停止終竣時起，其期間更始進行。言詞辯論既然終結，雙方當事人已盡其主張與舉證，宣示裁判對當事人不生不利益，何況法院亦應為促進訴訟迅速，有儘速宣判必要，故於言詞辯論後，即使有當然停止，法院亦得本於其辯論之裁判為宣示判決。惟此項判決應俟續行訴訟程序時始得送達，否則判決之送達不合法，當事人得為異議。又於書面審理程序，法院審理已在訴訟程序停止之前成熟者，亦得將裁判為宣示。第三審不經言詞辯論而為判決者，無所謂言詞辯論之終結，當事人對於判決前應為之訴訟行為若已完畢，即與言詞辯論之終結無異，故當然停止發生於當事人應為之訴訟行為完畢後者，自得本其行為而為判決（二二上字第八〇四號判例、一八上字第二六九〇號判例，此二判例依一〇八年七月四日施行之法院組織法第五十七條之一第一項規定，已停止適用）。不合法之上訴，於訴訟程序停止之前提起者，法院亦得於訴訟程序停止中，將上訴以不合法為駁回 ❸⑨。

　　上述本法第一八八條第一項但書有關本案裁判宣示之例外規定外，原則上法院所行言詞辯論及裁判行為，若於訴訟程序停止中所為，且有當事人之聲明異議者，法院應於訴訟程序停止終竣後重行言詞辯論及重行裁判。

---

❸⑨ 參照 Rosenberg-Schwab, ZPO. 14. Aufl. S. 783f.

㈢期間進行之停止問題

本法第一八八條第二項規定，訴訟程序當然停止或裁定停止者，期間停止進行；自停止終竣時起，其期間更始進行。本法第一八九條第一項規定，當事人得以合意停止訴訟；但不變期間之進行，不受影響。據此規定之區別，於訴訟程序當然停止及裁定停止之情形，其期間之停止進行，不論通常法定期間、不變期間、裁定期間，均有停止進行之適用。惟於訴訟程序合意停止之情形，不變期間不停止進行，當事人必須於不變期間內為應為之訴訟行為，否則喪失其為訴訟行為之權利。其餘之期間，於合意停止情形，與當然停止及裁定停止情形相同，期間停止進行，均自訴訟程序停止終竣時起更始進行。

關於不變期間進行與否之問題，於當然停止及裁定停止情形，既然與於合意停止情形，兩者規定有所區別，則關於訴訟程序停止中，法院或當事人所為訴訟行為之法律效果，是否於兩種情形亦有區別？本法於九十二年修正前對此無明文規定，但自訴訟程序停止之制度目的以觀，無區別之必要與實益可言，應作相同解釋。於言詞辯論終結後，因合意停止訴訟者，本於其辯論之裁判，亦得宣示之❹。九十二年本法修正時，於本法第一八九條增訂第三項規定：「前條規定，除第一項但書外，於合意停止訴訟程序準用之。」修正前之疑義不再存在。

■ 第五節　訴訟標的價額之核定及訴訟費用

民事訴訟程序之主要目的在保護當事人之私權，其與國家之公益無關。國家設法院，為當事人私人進行審判工作所發生之一切必要費用，自當由當事人負擔，一可防止當事人為濫訴及不當之抗辯，二可減少國庫開支。故，各國立法對民事訴訟大都採取有償主義，由當事人負擔訴訟費用，非如於刑事訴訟，一切費用悉由國家負擔。民國九十二年修正前本法第七十八條起至第一一五條設有訴訟費用一章，分別就訴訟費用之負擔、訴訟費用之擔保、訴訟救助為規定。惟立法者認為訴訟標的價額之核定，不僅與訴訟費用之計算有關，更涉及訴訟程序之適用及

❹ 相同見解，姚瑞光，《民事訴訟法論》第二四五頁。反對見解，王甲乙等三人合著，《民事訴訟法新論》第一七〇頁。

上訴利益之核算，體例上以於民事訴訟法總則編內專設章節規定為妥，遂於本次修正時，將民事訴訟費用法（已廢止）第三條至第十五條有關訴訟標的價額之核定移至本法為規定。並參考民國十九年公布之民事訴訟法體例，將訴訟費用之章名修正為「訴訟標的價額之核定及訴訟費用」，同時增訂第一節「訴訟標的價額之核定」。另為求適用上之便利，將民事訴訟費用法（已廢止）有關訴訟費用計算及徵收之條文移置於本法，增訂第二節「訴訟費用之計算及徵收」。至於本法原第一節以下節名不修正，依次修正為第三節「訴訟費用之負擔」、第四節「訴訟費用之擔保」、第五節「訴訟救助」。

一、訴訟標的價額之核定

訴訟費用之分類，依各種不同標準得分為若干類，其中最重要者，分為㈠裁判上之費用及㈡其他訴訟上費用。裁判上之費用指當事人應向國庫繳納之規費而言，即本法第七十七條之十三至第七十七條之二十二所規定之裁判費。此項裁判費之繳納為起訴或上訴之訴訟要件，當事人原告或上訴人於起訴或上訴時不繳納裁判費，法院應以起訴或上訴不合法為理由，駁回起訴或上訴。

當事人起訴或上訴時既然以繳納訴訟費用為訴訟合法之要件，則其應繳納之裁判費金額多少？如何計算？計算之標準如何？在訴訟實務上則成為重要問題，當事人及辦案法官不能不知。依本法第七十七條之一規定，訴訟標的之價額，由法院核定。核定訴訟標的之價額，以起訴時之交易價額為準；無交易價額者，以原告就訴訟標的所有之利益為準。法院因核定訴訟標的之價額，得依職權調查證據。第一項之核定，得為抗告。惟依本法第四九一條第一項規定，抗告除別有規定外，無停止執行之效力，故原告對法院所為訴訟標的價額之核定提起抗告，並不影響原命補繳裁判費期間之進行，如原告逾期未補繳裁判費，法院得以裁定駁回其訴（最高法院九十三年第一次民事庭會議決議）。按訴訟標的之價額，關係訴訟程序事項，法院如不能依當事人之主張而得有心證者，應得依職權調查證據，故增訂第三項俾資適用。又訴訟標的價格之核定，牽涉當事人之利益甚鉅，有使當事人對於訴訟標的價額之核定，得為抗告之必要。當事人起訴或上訴時，其對訴訟標的之利益若金額鉅大，應繳納之裁判費頗多可觀而成為重大之負擔，當事人之負擔能力有時成為問題，立法者不能專注於國庫之收益，而不顧訴訟當事人之負擔能力及訴訟之必要性。

　　由於財產權訴訟之訴訟標的,其種類內容之多樣性,本法不得不就各種情形,定其計算裁判費之標準及方法。依本法第七十七條之二規定,以一訴主張數項標的者,其價額合併計算之。但所主張之數項標的互相競合或應為選擇者,其訴訟標的之價額,應依其中價額最高者定之。以一訴附帶請求其孳息、損害賠償、違約金或費用者,不併算其價額。原告依民法第七六七條所有物返還請求權請求被告拆屋還地,並依民法第一七九條附帶請求相當於租金之不當得利,其訴訟標的價額應以土地起訴時之交易價額為準,請求不當得利部分,依本法第七十七條之二規定,不併算其價額(最高法院九十六年第四次民事庭會議決議)。本法第七十七條之三規定,原告應負擔之對待給付,不得從訴訟標的之價額中扣除。原告並求確定對待給付之額數者,其訴訟標的之價額,應依給付中價額最高者定之。又本法第七十七條之四規定,因地上權、永佃權❹涉訟,其價額以一年租金十五倍為準;無租金時,以一年所獲可視同租金利益之十五倍為準;如一年租金或利益之十五倍超過其地價者,以地價為準。

　　本法第七十七條之五規定,因地役權❷涉訟,如係地役權人為原告,以需役地所增價額為準;如係供役地人為原告,以供役地所減價額為準。本法就鄰地通行權之行使涉訟,並無明文規定核定訴訟標的價額方法與標準,最高法院七十八年臺抗字第三五五號判例可供參考,該判例云:鄰地通行權之行使,在土地所有人方面,為其所有權之擴張,在鄰地所有人方面,其所有權則因而受限制,參照民事訴訟費用法(已廢止)第九條規定之法意,鄰地通行權訴訟標的之價額,如主張通行權之人為原告,應以其土地因通行鄰地所增價額為準;如否認通行權之人為原告,則以其土地被通行所減價額為準。

　　本法第七十七條之六規定,因債權之擔保涉訟,以所擔保之債權額為準;如供擔保之物其價額少於債權額時,以該物之價額為準。本法第七十七條之七規定,因典產回贖權涉訟,以產價為準;如僅係典價之爭執,以原告主張之利益為準。本法第七十七條之八規定,因水利涉訟,以一年水利可望增加收益之額為準。又本法第七十七條之九規定,因租賃權涉訟,其租賃定有期間者,以權利存續期間之租金總額為準;其租金總額超過租賃物之價額者,以租賃物之價額為準;未定

---

❹ 民法物權編九十九年二月三日修正刪除第八四二條至第八五〇條永佃權規定。

❷ 民法物權編九十九年二月三日修正將第五章章名由地役權修正為不動產役權。

期間者，動產以二個月租金之總額為準，不動產以二期租金之總額為準。惟應注意者，因租賃權涉訟，係指以租賃權為訴訟標的之訴訟而言，其以租賃關係已經終止為原因，請求返還租賃物之訴，係以租賃物返還請求權為訴訟標的，非以租賃權為訴訟標的，其訴訟標的之價額，應以租賃物之價額為準（三二抗字第七六五號判例，本則判例，依據民國一〇八年一月四日修正之法院組織法第五十七條之一第二項，其效力與未經選編為判例之最高法院裁判相同）。除外，最高法院七十三年臺抗字第二九七號判例（本則判例，依據民國一〇八年一月四日修正之法院組織法第五十七條之一第二項，其效力與未經選編為判例之最高法院裁判相同）亦值注意。該判例云：出租人對於承租人之租賃物返還請求權，係以該物永久的占有之回復為標的，以此項請求權為訴訟標的時，其價額固應以該物之價額為準，若承租人對於出租人之租賃物交付請求權，則以該物一時的占有使用為標的，以此項請求權為訴訟標的時，其價額應以租賃權之價額為準，租賃權之價額，依民事訴訟費用法（已廢止）第十三條定之。

本法第七十七條之十規定，因定期給付或定期收益涉訟，以權利存續期間之收入總數為準；期間未確定時，應推定其存續期間。但其期間超過十年者，以十年計算。

本法第七十七條之十一規定，分割共有物涉訟，以原告因分割所受利益之價額為準。又本法第七十七條之十二規定，訴訟標的之價額不能核定者，以第四六六條所定不得上訴第三審之最高利益額數加十分之一定之。按訴訟標的價額不能核定之事件，其訴訟未必簡單輕微，為求訴訟之妥適進行，宜以通常訴訟程序行之。又為保障當事人有上訴第三審之機會，配合本法第四六六條之規定為增訂。

法院實務常見之若干訴訟，其訴訟標的價額之核定最高法院之判例如何，頗值注意。以有價證券之給付請求權為訴訟標的時，其價額應依有價證券之時價定之，不以其券面為準（二九上字第一七五二號判例）。共有物分割之訴，其訴訟標的價額以原告因分割所受利益之客觀價額為準，非以共有物全部之價額定之。依民事訴訟法第四六六條第三項規定，上訴利益亦應依此標準計算，不因上訴人（被告）之應有部分之價額較低而異（七〇臺上字第一七五七號判例）。確認祭祀公業派下權存在與否事件，係因財產權而起訴，其訴訟標的價額之核定，應依該祭祀公業之總財產價額中訟爭派下權所占之比例，計算其價額（七二臺抗字第三七一號判例，本則判例，依據民國一〇八年一月四日修正之法院組織法第五十七條之

一第二項，其效力與未經選編為判例之最高法院裁判相同）。分配表異議之訴之訴訟標的價額，以原告主張因變更分配表而得增加之分配額為標準定之（七六臺上字第二七八二號判例）。

二、訴訟費用之計算及徵收

訴訟標的價額經法院核定後，當事人應繳納多少訴訟費用，應有一定之計算標準，而且由於各種程序之不同，計算訴訟費用之標準亦宜有區別。本法自第七十七條之十三起至第七十七條之二十七止，專就訴訟費用之計算及徵收之情形為規定。

本法第七十七條之十三規定，因財產權而起訴，其訴訟標的之金額或價額在新臺幣十萬元以下部分，徵收一千元；逾十萬元至一百萬元部分，每萬元徵收一百元；逾一百萬元至一千萬元部分，每萬元徵收九十元；逾一千萬元至一億元部分，每萬元徵收八十元；逾一億元至十億元部分，每萬元徵收七十元；逾十億元部分，每萬元徵收六十元；其畸零之數不滿萬元者，以萬元計算。本法於九十二年修正前，因財產權而起訴，其訴訟標的金額或價額在銀元一百元以上者，原規定不分其金額高低一律按百分之一之比例徵收裁判費。結果，使訴訟標的金額較龐大之當事人負擔過高之裁判費，形成不公平現象，甚至有當事人因不堪負荷鉅額裁判費而放棄使用訴訟制度，對於當事人財產權及訴訟權之保障欠缺保障。此次本法修正時，立法者為貫徹憲法保障人民平等權、財產權及訴訟權之精神，改採分級累退計費之方式，將訴訟標的金額超過新臺幣十萬元部分，分五級遞減其裁判費徵收比例。又為配合郵電費及法院職員於法院外為訴訟行為之食、宿、舟、車費項目之取消，不再規定原有關起徵點之規定，明定訴訟標的金額在新臺幣十萬元以下部分，一律徵收新臺幣一千元。

本法第七十七條之十四規定，非因財產權而起訴者，徵收裁判費新臺幣三千元。於非財產權上之訴，並為財產上之請求者，其裁判費分別徵收之。又本法第七十七條之十五規定，本訴與反訴之訴訟標的相同者，反訴不另徵收裁判費。依第三九五條第二項、第五三一條第二項所為之聲明，不徵收裁判費。訴之變更或追加，其變更或追加後訴訟標的之價額超過原訴訟標的之價額者，就其超過部分補徵裁判費。按第三九五條第二項、第五三一條第二項之規定，係為保護受不當假執行、假扣押、假處分被告之利益，且兼顧訴訟經濟而設，是為附屬於本案訴訟程序之一種簡便程序。為鼓勵被告利用此種簡便程序，避免另行起訴，以減輕

訟累，明定依上述規定所為之聲明不徵收裁判費。又訴之變更或追加，有多種型態，是否應一律就變更或追加之新訴，全額徵收裁判費，適用上不無疑義。本條第三項僅就訴之變更或追加後，訴訟標的之價額超過原訴訟標的之價額情形，規定始就超過部分補徵裁判費。例如，於競合合併之訴，其訴訟標的之變更或追加，不生補徵裁判費之問題。惟若發生單純之訴之變更或追加情形，則有發生其變更或追加後，訴訟標的之價額超過原訴訟標的之價額問題，從而必須就其超過部分補徵裁判費。附帶民事訴訟，應於刑事起訴後第二審辯論終結前提起，刑事訴訟法有明文，附帶民事訴訟係由刑庭裁判者，應先準用刑事訴訟法無庸繳納裁判費，惟移送民庭或為獨立之民事訴訟始應徵收（一九上字第一五七〇號判例，本判例依一〇八年七月四日施行之法院組織法第五十七條之一第一項規定，已停止適用）。第二審上訴乃對於第一審終局判決聲明不服之方法，不問判決事項究為實體法上抑為程序法上之爭執，苟係因財產權而起訴，則應按修正訴訟費用規則第二條徵收審判費（二〇抗字第二九七號判例，本判例依一〇八年七月四日施行之法院組織法第五十七條之一第一項規定，已停止適用）。民事訴訟費用法（已廢止）第十八條後段所定，發回或發交更審再行上訴者，免徵裁判費，係專指發回或發交前上訴已繳上訴裁判費者而言。至當事人不服法院之裁定提起抗告，雖已繳抗告費，如抗告法院將該裁定廢棄發回，經原法院為本案有無理由之判決者，對之提起上訴，仍有繳納上訴裁判費之義務（六六臺抗字第四一八號判例，本判例依一〇八年七月四日施行之法院組織法第五十七條之一第二項，其效力與未經選編為判例之最高法院裁判相同）。耕地租佃爭議事件，非由該管耕地租佃委員會，依耕地三七五減租條例第二十六條之規定移送法院，而由當事人逕行起訴者，不問其原因如何，均不能免徵裁判費用（五七臺抗字第六一四號判例，本判例依一〇八年七月四日施行之法院組織法第五十七條之一第二項，其效力與未經選編為判例之最高法院裁判相同）。

　　本法第七十七條之十六規定，向第二審或第三審法院上訴，依第七十七條之十三及第七十七條之十四規定，加徵裁判費十分之五；發回或發交更審再行上訴者免徵，其依第四五二條第二項為移送，經判決後再行上訴者亦同。於第二審為訴之變更、追加或依第五十四條規定起訴者，其裁判費之徵收，依前條第三項之規定，並準用前項規定徵收之。提起反訴應徵收裁判費者亦同。按在第二審為訴之變更、追加或依第五十四條規定起訴或提起反訴，究竟應僅依第七十七條之十

三至第七十七條之十五之規定徵收裁判費，抑或應併依本條第一項之規定加徵裁判費十分之五，將生疑義，為此以第二項加以明定。

　　本法第七十七條之十七規定，再審之訴，按起訴法院之審級，依第七十七條之十三、第七十七條之十四及前條規定徵收裁判費。對於確定之裁定聲請再審者，徵收裁判費新臺幣一千元。本法第七十七條之十八規定，抗告，徵收裁判費新臺幣一千元，再抗告者亦同。

　　本法第七十七條之十九規定：「聲請或聲明不徵費用。但下列第一款之聲請，徵收裁判費新臺幣五百元；第二款至第七款之聲請，徵收裁判費新臺幣一千元：一、聲請發支付命令。二、聲請參加訴訟或駁回參加。三、聲請回復原狀。四、起訴前聲請證據保全。五、聲請假扣押、假處分或撤銷假扣押、假處分裁定。六、聲請監護宣告、輔助宣告；變更或撤銷監護宣告、輔助宣告。七、聲請公示催告、除權判決或宣告死亡。」公示送達係訴訟程序上之問題，有關訴訟程序上之聲請，本法均未規定須另徵裁判費，聲請公示送達亦不宜徵收費用。本條於九十二年二月七日修訂時，將裁判費訂為新臺幣一千元，聲請發支付命令提高後之裁判費與提起小額訴訟應徵收之裁判費相同，致債權人多以提起小額訴訟處理，不但造成當事人不便，亦增加法院之負擔。為提高債權人聲請發支付命令之意願，於九十八年一月六日修訂本條，將聲請發支付命令之裁判費調降為新臺幣五百元，且將原第四款移列為第一款，將原第一款至第三款移列為第二款至第四款。九十八年七月八日配合民法修正將「禁治產」改為「監護」，並增加輔助宣告之規定，再修正本條但書第六款規定。

　　至於依民法第九十七條規定聲請公示送達以代意思表示之通知，係屬非訟事件（非訟事件法第六十六條），應依非訟事件法有關規定收費。起訴後聲請證據保全，亦屬訴訟程序上之聲請，不另徵裁判費，惟若於起訴前聲請證據保全，則有徵收裁判費必要。

　　一〇一年一月十一日家事事件法制定，將監護或輔助宣告，撤銷監護或輔助宣告及宣告死亡事件列為家事非訟事件，依同法第四編家事非訟程序處理（家事事件法第三條丁類、第七十四條）。本法於一〇二年四月十六日配合修正，刪除第七十七條之十九第六款規定，並修正第七款為聲請公示催告或除權判決，刪除宣告死亡。關於上述監護宣告、輔助宣告及死亡宣告等家事非訟事件之裁判費，依家事事件法第九十七條規定應準用非訟事件法規定，應依非訟事件法第十四條規

定繳納裁判費（家事事件審理細則第四十一條第二項）。

　　本法第七十七條之二十規定，因財產權事件聲請調解，其標的之金額或價額未滿新臺幣十萬元者，免徵聲請費；十萬元以上，未滿一百萬元者，徵收一千元；一百萬元以上，未滿五百萬元者，徵收二千元；五百萬元以上，未滿一千萬元者，徵收三千元；一千萬元以上者，徵收五千元。非因財產權而聲請調解者，免徵聲請費。調解不成立後三十日內起訴者，當事人應繳之裁判費，得以其所繳調解之聲請費扣抵之。按法院調解有疏減訟源功能，值得鼓勵當事人利用，俾解決財產權之糾紛，其收費不宜高。惟為防止當事人濫用調解程序，徵收費用，於調解標的之金額或價額在十萬元以上者，分為四級遞減收費。其因未滿十萬元之財產權事件聲請調解，以及非因財產權而聲請調解者，則為鼓勵當事人利用調解制度，本法規定免徵聲請費。另外為配合擴大調解前置程序之規定，避免同一事件重複徵收費用，影響當事人行使權利，於本條第二項規定，調解不成立後起訴者，當事人應繳之裁判費得以其所繳調解聲請費為扣抵。惟為期當事人間之糾紛早日解決，規定得扣抵者，以調解不成立後三十日內起訴者為限。至於調解不成立後即為訴訟之辯論或於調解不成立證明書送達前起訴或送達後十日之不變期間內起訴，而依第四一九條規定視為自聲請調解時已經起訴之情形，自包括在內。家事事件聲請調解依家事事件法第五十一條規定，準用本條規定繳納聲請費。

　　本法第七十七條之二十一規定，依第五一九條第一項規定以支付命令之聲請視為起訴或聲請調解者，仍應依第七十七條之十三或第七十七條之二十規定全額徵收裁判費或聲請費。前項應徵收之裁判費或聲請費，當事人得以聲請支付命令時已繳之裁判費扣抵之。

　　本法第七十七條之二十二規定，依第四十四條之二請求賠償之人，其裁判費超過新臺幣六十萬元部分暫免徵收。依第四十四條之三規定請求者，免徵裁判費。依第一項或其他法律規定暫免徵收之裁判費，第一審法院應於該事件確定後，依職權裁定向負擔訴訟費用之一造徵收之。因公害、事故、商品瑕疵或其他本於同一原因事實而被害人眾多之事件，基於訴訟經濟原則及保護眾多被害人之必要，比照消費者保護法之規定減免徵收裁判費，於本條第一項規定，依第四十四條之二請求賠償之人，其訴訟費用超過六十萬元之部分暫免徵收；於第二項規定，依第四十四條之三規定請求者，免徵裁判費。另外，關於暫免徵收裁判費者，於事件確定後，應有徵收之規定，故在第三項規定，於該事件確定後，第一審法院應

依職權裁定向負擔訴訟費用之一造為徵收。

　　本法第七十七條之二十三第一項規定，訴訟文書之影印費、攝影費、抄錄費、翻譯費、證人、鑑定人之日費、旅費及其他進行訴訟之必要費用，其項目及標準由司法院定之。同條第二項運送費、登載公報新聞紙費及法院核定之鑑定人報酬，依實支數計算。第三項規定命當事人預納之前二項費用，應專就該事件所預納之項目支用，並得由法院代收代付之，有剩餘者，應於訴訟終結後返還繳款人。郵電送達費及法官、書記官、執達員、通譯於法院外為訴訟行為之食、宿、舟、車費，不另徵收。按法官、書記官、通譯、執達員等法院職員出外調查證據、送達文書或為其他訴訟行為之食、宿、舟、車費，如由當事人另行支付，常引起當事人對法院公正性之懷疑，為提升司法威信，上開費用宜包含於裁判費之中，不另外徵收，為免爭議，於本條第四項為明定。本條第三項後段並得由法院代收代付之有剩餘者，應於訴訟終結後返還繳款人，係為保障當事人訴訟上權益，避免當事人預納之訴訟必要費用，因預算制度統收統支之原則而移作他用，故於九十六年十二月修正時增列上述條文內容。至於本法修正後，法院應按民事事件之需要，編列預算，由國庫負擔，並核實報支上述費用。一〇七年六月十三日第二項內容修正為：「運送費、公告法院網站費、登載公報新聞紙費及法院核定之鑑定人報酬，依實支數計算。」新增公告法院網站費。

　　本法第七十七條之二十四規定，當事人、法定代理人或其他依法令代當事人為訴訟行為之人，經法院命其於期日到場或依當事人訊問程序陳述者，其到場之費用為訴訟費用之一部。前項費用額之計算，準用證人日費、旅費之規定。按當事人、法定代理人或其他依法令代當事人為訴訟行為之人，例如代表人、管理人、特別代理人等，經法院命其本人於期日到場，或法院依第三六七條之一第一項規定以當事人為證人身分對其訊問者，其到場之費用係為伸張或防衛權利之必要費用。為防止濫訴及避免另案請求損害賠償之煩，上開費用應列為訴訟費用，於本條第一項為規定。至於若法院因當事人等所委任之訴訟代理人陳述矛盾含混，或對於他造之陳述不能答辯，而命當事人等本人到場以闡明事實關係者，其到場之費用係可歸責於該當事人之事由所生之費用，法院得命其自己負擔全部或一部。又參酌有關證人到場費用之規定，於本條第二項規定，當事人到場之費用得列為訴訟費用之項目，限於日費、旅費，且其費用額之計算，準用證人日費、旅費之規定，由司法院定其標準。

本法第七十七條之二十五規定，法院或審判長依法律規定，為當事人選任律師為特別代理人或訴訟代理人者，其律師之酬金由法院或審判長酌定之。前項酬金及第四六六條之三第一項之酬金為訴訟費用之一部，其支給標準由司法院參酌法務部及中華民國律師公會全國聯合會意見定之。按依第四六六條之二第一項之規定，法院或審判長得為當事人選任律師為訴訟代理人，又法院或審判長依第五十一條、第三七四條之規定為當事人選任特別代理人時，亦得斟酌情形選任律師為之，其律師之酬金自應由法院或審判長酌定。前述訴訟代理人、特別代理人並非當事人所選任，又第三審上訴採律師強制代理制度，其律師之酬金均應作為訴訟費用之一部，依訴訟費用負擔之規定定其負擔之人。為使上述法院或審判長選任律師之酬金，及當事人於第三審選任律師之酬金公平合理，應由司法院根據社會經濟狀況，並參酌法務部及中華民國律師公會全國聯合會之意見，就上開選任律師酬金之支給、給付方法、及其最高限額，統一訂定標準。

一一〇年一月二十日修正第七十七條之二十五，法院或審判長依法律規定，為當事人選任律師為特別代理人或訴訟代理人者，其律師之酬金由法院酌定之。前項及第四六六條之三第一項之律師酬金為訴訟費用之一部，應限定其最高額，其支給標準，由司法院參酌法務部及全國律師聯合會等意見定之。前項律師酬金之數額，法院為終局裁判時，應併予酌定；訴訟不經裁判而終結者，法院應依聲請以裁定酌定之。對於酌定律師酬金數額之裁判，得為抗告，但不得再為抗告。其立法理由如下：一、法院或審判長為當事人選任律師為訴訟代理人或特別代理人，其律師酬金為訴訟費用之一部，宜由法院酌定之，爰修正第一項。二、前項及第四六六條之三第一項之律師酬金為訴訟費用之一部，自應限定其最高額，以維公允。又配合一〇九年一月十五日修正之律師法第一四四條規定，中華民國律師公會全國聯合會，自一一〇年一月一日起更名為全國律師聯合會，於此之前，律師法所稱全國律師聯合會，係指中華民國律師公會全國聯合會，爰修正第二項。三、為程序經濟及簡化流程，法院為終局裁判時，應於裁判中或併以裁定酌定該審級律師酬金之數額，如漏未酌定，為裁判之脫漏，法院應為補充裁判；不經裁判而終結訴訟之情形，法院應依聲請以裁定酌定之，爰增訂第三項。四、依本條酌定之律師酬金，為訴訟費用之一部，攸關負擔訴訟費用當事人及律師之權益，爰增訂第四項，明定無論以判決或裁定酌定，對於該部分裁判不服者，均得循抗告程序救濟，不適用第八十七條第二項、第八十八條規定，亦不得再為抗告，以

免程序延宕。

　　本法第七十七條之二十六規定，訴訟費用如有溢收情事者，法院應依聲請並得依職權以裁定返還之。前項聲請，至遲應於裁判確定或事件終結後三個月內為之。九十八年一月六日修法增訂第三項規定，裁判費如有因法院曉示文字記載錯誤或其他類此情形而繳納者，得於繳費之日起五年內聲請返還，法院並得依職權以裁定返還之。其立法理由為目前實務上偶有當事人因法院曉示文字記載錯誤或其他類此情形，而當事人信賴上開記載繳納裁判費，上開情形能否適用本條第一項之規定，尚非明確。因當事人係信賴法院文書之記載，方為相關之訴訟行為並繳納裁判費，法院收受上開裁判費後若不返還，顯非合理，為保障當事人之權益，爰參酌規費法第十八條第一項規定，增訂第三項規定。又本法第七十七條之二十七規定，本法應徵收之裁判費，各高等法院得因必要情形，擬定額數，報請司法院核准後加徵之。但其加徵之額數，不得超過原額數十分之五。

　　特別值得注意者，當事人之訴訟除必須繳納裁判費始能開始進行之外，於訴訟進行中，有時尚須支出必要之費用情形。惟若當事人不依法院命令預納時，法院應如何處理，實務上時生困擾。為解決此種問題，民國九十二年本法修正時，增訂本法第九十四條之一規定：「訴訟行為須支出費用者，審判長得定期命當事人預納之。當事人不預納者，法院得不為該行為。但其不預納費用致訴訟無從進行，經定期通知他造墊支亦不為墊支時，視為合意停止訴訟程序。前項但書情形，經當事人於四個月內預納或墊支費用者，續行其訴訟程序。其逾四個月未預納或墊支者，視為撤回其訴或上訴。」例如，調查證據之費用，若當事人不依審判長之命令預納時，法院得不為該行為。惟若分割共有物訴訟之測量費、鑑定費，於當事人不為繳納，則訴訟無法進行。遇此情形，審判長得定期通知他造墊支，如他造亦不為墊支時，則視為兩造合意停止訴訟程序。惟若當事人於視為合意停止訴訟程序之四個月內預納或墊支費用者，法院應續行訴訟程序，若逾四個月未預納或墊支費用者，則視為撤回訴訟或上訴，法院應終結該訴訟程序。

三、訴訟費用之負擔

　　訴訟費用應由當事人負擔，惟應由何造當事人於何種情形負擔？又當事人負擔訴訟費用時，應如何計算求償於他造？此類問題不能不有明文，茲分別敘述之。

㈠訴訟費用之負擔義務人及其情形

1.訴訟因裁判而終結之情形

　　原則上，訴訟費用，由敗訴之當事人負擔（本法第七十八條）。惟為公平及防止濫訴起見，於例外情形，亦得由勝訴之當事人負擔訴訟費用。其情形有四：(1)被告對於原告關於訴訟標的之主張逕行認諾，並能證明其無庸起訴者，訴訟費用，由原告負擔（本法第八十條）。(2)勝訴人之行為，非為伸張或防衛權利所必要，或敗訴人之行為，按當時之訴訟程度，為伸張或防衛權利所必要，對於此種行為所生費用，法院得酌量情形，命勝訴當事人負擔全部或一部（本法第八十一條）。(3)當事人不於適當時期提出攻擊防禦方法，或遲誤期日或期間，或因其他應歸責於己之事由而致訴訟延滯者。雖該當事人勝訴，其因延滯而生之費用，法院得命其負擔全部或一部（本法第八十二條）。(4)因共有物分割、經界或其他性質上類似之事件涉訟，由敗訴當事人負擔訴訟費用顯失公平者，法院得酌量情形，命勝訴之當事人負擔其一部（本法第八十條之一）。上述原則及例外為當事人全部勝訴時之負擔規定。若雙方當事人各有一部分勝訴及敗訴時，依民國九十二年修正前本法第七十九條之規定，各負擔其支出之訴訟費用。但法院得酌量情形，命兩造以比例分擔或命一造負擔。惟立法者於九十二年修正時認為，各當事人一部勝訴、一部敗訴者，原條文規定各負擔其支出之訴訟費用，形式上固似合理，惟事實上因起訴原告須先繳納裁判費，訴訟進行中訴訟行為須支出之必要費用，多數亦由原告預納，以致造成原告負擔全部訴訟費用之結果，殊有不公。因此修正本法第七十九條規定：「各當事人一部勝訴、一部敗訴者，其訴訟費用，由法院酌量情形，命兩造以比例分擔或命一造負擔，或命兩造各負擔其支出之訴訟費用。」將修正前之但書規定，改為原則規定，以期靈活運用而維公平。

2.訴訟非因裁判而終結之情形

　　本法第八十三條第一項規定，原告撤回其訴者，訴訟費用由原告負擔。其於第一審言詞辯論終結前撤回者，得於撤回後三個月內聲請退還該審級所繳裁判費三分之二。第二項規定，前項規定於當事人撤回上訴或抗告者，準用之。又本法第八十四條第一項規定，當事人為和解者，其和解費用及訴訟費用各自負擔之。但別有約定者，不在此限。第二項規定，和解成立者，當事人得於成立之日起三個月內聲請退還其於該審級所繳裁判費三分之二。此處所謂和解指訴訟和解而言。

本法於八十九年二月修正時增訂第八十三條第一項後段及第八十四條第二項規定關於撤回訴訟與訴訟和解情形得聲請退還裁判費二分之一，於九十六年三月再修正將得聲請退還裁判費比例提高為三分之二，立法目的在鼓勵當事人撤回無益或不必要之訴訟，以減省法院之勞費。為增進當事人間之和諧，並減輕訟累，鼓勵當事人成立訴訟和解。應注意者，第八十三條之退還裁判費規定，僅於當事人原告明示撤回其訴時，始有其適用。於當事人合意停止訴訟程序後四個月內不續行訴訟或連續遲誤言詞辯論期日，依本法第一九〇條或第一九一條規定視為撤回，或當事人為訴之變更而視為撤回原訴，或單純減縮應受判決事項聲明之情形，均不得聲請退還裁判費。又本法第八十三條規定立法意旨係為鼓勵當事人撤回無益或不必要之訴訟，以減省法院勞費，必該訴訟因原告撤回起訴或上訴人撤回上訴，致訴訟繫屬消滅而告終結時，始得聲請法院退裁判費三分之二。就普通共同訴訟撤回其中一訴，或其中一訴當事人撤回其訴者，均不得聲請退還裁判費（最高法院九十五年第七次民事庭會議決議）。所謂「該審級所繳裁判費」，於發回更審之情形，包括更審前原告在該審級所繳之裁判費在內，至於更審前上訴所繳之裁判費，則不得聲請退還。又原告如尚未依法繳足起訴應繳納之裁判費時，其得聲請退還者，應限於其所繳納超過應繳納裁判費三分之一之部分。

　　本法第八十四條所規定當事人得聲請退還之費用，以其於訴訟和解成立之審級所繳之裁判費為限，發回更審之事件，更審前在該審級所繳之裁判費，亦包括在內。又當事人如僅成立部分和解時，因其並未止息訟爭，不得聲請退還裁判費。

　　3. 共同訴訟當事人間就訴訟費用分擔之情形

　　本法第八十五條規定，共同訴訟人，按其人數，平均分擔訴訟費用。但共同訴訟人於訴訟之利害關係顯有差異者，法院得酌量其利害關係之比例，命分別負擔。共同訴訟人因連帶或不可分之債敗訴者，應連帶負擔訴訟費用。共同訴訟人中有專為自己之利益而為訴訟行為者，因此所生之費用，應由該當事人負擔。

　　4. 參加人負擔訴訟費用之情形

　　本法第八十六條規定，因參加訴訟所生之費用，由參加人負擔。但他造當事人依第七十八條至第八十四條規定應負擔之訴訟費用，仍由該當事人負擔。訴訟標的，對於參加人與其所輔助之當事人必須合一確定者，準用前條之規定。

　　5. 第三人負擔訴訟費用之情形

　　本法第八十九條規定，法院書記官、執達員、法定代理人或訴訟代理人，因

故意或重大過失，致生無益之訴訟費用者，法院得依聲請或依職權以裁定命該官員或代理人負擔。依第四十九條或第七十五條第一項規定，暫為訴訟行為之人不補正其欠缺者，因其訴訟行為所生之費用，法院得依職權以裁定命其負擔。前二項裁定，得為抗告。

又檢察官於民事訴訟事件，有時基於公益，依法亦得成為訴訟當事人，例如，依民法第三十六條、第六十四條、第八條、第十四條第一項、第十五條之一第一項規定及依家事事件法第五十條第三項、第六十三條第三項、第六十五條第三項、第六十六條第一項、第三項之規定，就有關法人監督事件，身分關係訴訟，否認子女之訴，確定生父之訴，認領子女之訴，因被告死亡續行訴訟，而得為適格之被告，成為訴訟當事人。檢察官為民事訴訟事件之當事人時，其訴訟費用之負擔，亦依本法之規定。惟檢察官係代表國家執行公務，非為其私人利益，故本法第九十五條之一規定，檢察官為當事人，依本節之規定應負擔訴訟費用時，由國庫支付。

㈡法院為訴訟費用負擔之裁判

法院於當事人起訴或上訴時，雖對於訴訟標的價額須為核定，並得命當事人預納裁判費，俾能符合起訴或上訴之程序要件。惟訴訟經法院審理後，最後終將判決或以其他方法終結。此際，法院除對原告或上訴人之訴為終局判決外，必須就訴訟費用之負擔問題同時依職權為裁判（本法第八十七條第一項），否則，無法決定訴訟費用應歸何人負擔。惟訴訟費用之負擔，有歸當事人者，有由參加人負擔者，更有由第三人負擔之情形，且訴訟有因終局判決而終結，有不經判決而終結者，因此關於決定訴訟費用負擔之裁判方式，即有不同，茲敘述法院對訴訟費用負擔之裁判程序如次：

1.對於當事人為訴訟費用負擔之裁判

本法第八十七條規定，法院為終局判決時，應依職權為訴訟費用之裁判。上級法院廢棄下級法院之判決，而就該事件為裁判或變更下級法院之判決者，應為訴訟總費用之裁判；受發回或發交之法院為終局之判決者亦同。訴訟費用負擔之裁判，係根據本案裁判之勝敗結果而定，若非對於本案裁判有上訴時，不得單獨對訴訟費用之裁判聲明不服（本法第八十八條）。又訴訟費用之裁判為法院之職權事項，無待當事人為特別聲明，當事人未為聲請時，法院亦應依職權就訴訟費用

為裁判。法院如就訴訟費用漏未裁判時，當事人得依本法第二三三條規定，於判決送達後二十日不變期間內，聲請補充判決。

2.對於第三人為訴訟費用負擔之裁判

本法第八十九條第一項規定，法院書記官、執達員、法定代理人或訴訟代理人，因故意或重大過失，致生無益之訴訟費用者，法院得依聲請或依職權以裁定命該官員或代理人負擔。當事人就此項費用之負擔，有聲請法院為裁定之權。惟受裁定負擔訴訟費用之第三人得對該裁定為抗告。又同條第二項之規定情形，法院得依職權以裁定命訴訟行為人負擔訴訟費用。依第四十九條或第七十五條第一項規定得暫為訴訟行為，係由於法院許可其所為，故，法院得依職權以裁定命其負擔其訴訟行為所生之費用。受此裁定之人，亦得單獨為抗告（本法第八十九條第三項）。

參加人負擔訴訟費用之裁判，於參加之聲請被裁定駁回時（本法第六十條第三項），由為駁回裁定之法院於裁定中，同時為裁判。如經參加訴訟之情形，則於本訴訟終局判決時一併為裁判。

3.訴訟不經裁判而終結時之訴訟費用裁判

依本法第九十條規定，訴訟不經裁判而終結者，法院應依聲請以裁定為訴訟費用之裁判。前項聲請，應於訴訟終結後二十日之不變期間內為之。

㈢訴訟費用額之確定

法院為終局判決時，於判決主文應分別就本案及訴訟費用之負擔為宣示，惟對訴訟費用之裁判，僅能諭知負擔費用之義務人及其應負擔之比例，無法具體明示義務人應負擔之詳細費用金額。蓋雙方當事人於訴訟進行中各先支出金額多少及雙方合計支出金額，於未經法院核算之前無法確定，從而無法諭知應負擔之詳細金額。為最後核算當事人應負擔之具體金額，故本法自第九十一條至第九十四條明定有關確定訴訟費用之作業程序，學者稱為訴訟費用額之確定。訴訟費用額之確定程序須於判決有執行力或俟判決確定後，始有進行之必要。此因判決有執行力或確定時，雙方當事人之訴訟已終結，不再發生訴訟費用，法院得最後核算，使訴訟費用之權利人能取得執行名義，準備於強制執行程序向義務人取償也。

1.確定訴訟費用額之聲請程序

本法第九十一條規定，法院未於訴訟費用之裁判確定其費用額者，第一審受

訴法院於該判決有執行力後，應依聲請以裁定確定之。聲請確定訴訟費用額者，應提出費用計算書、交付他造之計算書繕本或影本及釋明費用額之證書。同法第九十二條第一項規定，當事人分擔訴訟費用者，法院應於裁判前命他造於一定期間內，提出費用計算書、交付聲請人之計算書繕本或影本及釋明費用額之證書。同條第二項規定，他造遲誤前項期間者，法院得僅就聲請人一造之費用裁判之。但他造嗣後仍得聲請確定其訴訟費用額。

2.確定訴訟費用額之裁定

法院接獲雙方當事人所提出之費用計算書及釋明費用額之證書後，應核對取捨各人所提出之費用金額是否正當及正確。此際，法院得命書記官計算訴訟費用額（本法第九十四條）。依本法第九十三條規定，於當事人分擔訴訟費用之情形，法院為確定費用額之裁判時，除僅就一造之費用為裁判之情形外，應視為各當事人應負擔之費用，已就相等之額抵銷，而確定其一造應賠償他造之差額。例如，法院判決主文諭示，訴訟費用由原告負擔五分之二，其餘五分之三由被告負擔之情形。若原告全部支出三萬元，被告全部支出三千元時，合計支出金額為三萬三千元。就原告而言，被告應賠償一萬八千元，就被告言，原告應賠償一千二百元。兩者相抵，被告應賠償原告一萬六千八百元。從而法院應裁定，本件被告應負擔之訴訟費用額確定為一萬六千八百元。值注意者，立法者為促使當事人早日自動償還其應賠償對造之訴訟費用，特於本法第九十一條第三項規定，依第一項確定之訴訟費用額應於裁定送達之翌日起，加給按法定利率計算之利息。

關於確定訴訟費用額之裁定，因裁定而受不利益之當事人，得以法院核計訴訟費用不合法為理由，依一般抗告規定提起抗告（本法第四八二條）。

(四)訴訟費用負擔規定之準用

本法第九十五條規定，本節之規定，於法院以裁定終結本案或與本案無涉之爭點者準用之。此一條文規定，係就裁定程序所生之費用負擔規定其準用。蓋本法第三章訴訟費用第三節訴訟費用之負擔之規定，原係針對以終局判決終結之情形而為規定。若法院係以裁定終結本案，與以終局判決終結本案情形，就訴訟費用之負擔而言，並無不同，法院亦應為訴訟費用之裁判。至於以裁定終結與本案無涉之爭點情形，其所生之訴訟費用，不可能於本案終局判決時一併為裁判，故亦應於裁定中諭知費用之負擔。如無本條之準用規定，裁定情形之訴訟費用應如

何處理，將無法律依據，因設本條規定。以裁定終結本案之情形，例如，以裁定駁回原告之訴、駁回上訴、駁回抗告，依督促程序所為之裁定。以裁定終結與本案無涉之爭點情形，例如，裁定駁回聲請參加訴訟、裁定准許假扣押假處分、裁定准許證據保全、就訴訟擔保之聲請所為之裁定。

　　法院依供擔保人之聲請，以裁定准許其變換提存物時，聲請費用應由何人負擔？司法院 74. 2. 25.(74)廳民一字第一一八號函復臺灣高等法院認為，應由聲請人負擔。按供擔保人聲請變換提存物，係基於其本身之利益請求法院為准許之裁定，其聲請行為不能認係伸張權利所必要者，對於因此所生之聲請費用，依民事訴訟法第九十五條、第八十一條第一款之規定，自應由聲請人負擔。

　　某甲對某乙提起給付之訴，請求某乙給付新臺幣一百萬元，嗣某甲於言詞辯論時，自知無法取得全部勝訴判決，乃縮減其訴之聲明為新臺幣一萬元，某甲因而獲得全部勝訴判決，此時若認並無民事訴訟法第八十一條第一款之情形，勝訴人之行為非為伸張或防衛權利所必要，訴訟費用應由何人負擔？按訴訟費用由敗訴當事人負擔，係以法院為終局判決時之當事人敗訴事實為依據，減縮部分既未經法院裁判，自毋庸諭知訴訟費用由何人負擔。本件法院係就某甲訴請某乙給付新臺幣一萬元之事實為某乙敗訴之終局判決，依民事訴訟法第七十八條規定，應命敗訴之某乙負擔訴訟費用，惟顧慮當事人將來確定訴訟費用額發生爭執，可於主文諭知訴訟費用除減縮部分外，由某乙負擔，以示明確（司法院 72. 9. 9.(72)廳民一字第○六一四號函復臺灣高等法院）。

　　連帶債務之債權人於起訴時未表明請求命債務人連帶給付之意旨，法院於判決債權人勝訴命債務人共同給付時，關於訴訟費用，究應依民事訴訟法第八十五條第二項規定命債務人連帶負擔或依同條第一項規定命債務人共同負擔？本件既由法院依債權人原告之請求判決債務人被告等共同給付，即非連帶或不可分之債，其判決主文應與理由內引用之法條互相配合，方為適法。故不應引用民事訴訟法第八十五條第二項，命債務人連帶負擔訴訟費用，應依同法第七十八條、第八十五條第一項前段規定命債務人共同負擔訴訟費用（司法院 75. 3. 28.(75)廳民一字第一一三九號函復臺灣高等法院）。

　　法院裁定准許拍賣抵押物，於相對人有多數人時，應如何諭知程序費用之負擔？司法院 77. 5. 31.(77)廳民三字第○六六六號函復臺灣高等法院謂：由相對人共同負擔。因法院准為拍賣抵押物之裁定，乃就相對人所供擔保之不動產准予拍賣，

法院裁定之對象為相對人之物，非相對人，裁定書所以列相對人，不過表明物之所有人及應負擔程序費用之人，而不動產之拍賣，既無連帶拍賣之問題，殊無令由相對人連帶負擔可言（甲說）。非訟事件法第二十三條（舊法第十條）規定：「民事訴訟法第八十五條之規定，於應共同負擔費用之人準用之。」法院裁定准許拍賣抵押物，於抵押物所有人為多數人時，仍以抵押物為執行拍賣之對象，而非以該抵押物之所有人為執行之對象，故關於程序費用之負擔，依上開規定，諭知由相對人共同負擔即可，本題研究意見結論採甲說，核無不合。

民事訴訟法第九十五條所謂以裁定終結本案，係指訴訟事件而言，至法院以裁定准許本票執票人對發票人強制執行，係非訟事件，並無民事訴訟法第九十五條之適用，如相對人祇有一人時，僅引用非訟事件法第二十一條第二項（舊法第八條第二項），民事訴訟法第七十八條即可，如相對人有數人時，則需引用非訟事件法第二十一條第二項、第二十三條（舊法第八條第二項、第十條）、民事訴訟法第八十五條第二項（司法院 77. 4. 29.(77)廳民一字第〇五四〇號函復臺灣高等法院）。

四、訴訟費用之擔保

訴訟費用原則上由敗訴之當事人負擔，但在訴訟程序進行中，兩造當事人亦須依法院命令預納訴訟行為所必須之訴訟費用，被告無法避免預納訴訟費用。於被告勝訴之時，其支出之訴訟費用雖可向提起訴訟之原告請求賠償，惟若原告在中華民國無住所、事務所及營業所之情形，被告支出之訴訟費用，有難以求償之虞，原告應負擔之訴訟費用即成為有名無實，被告將受原告起訴之害。本法為保護被告起見，特設訴訟費用之擔保制度，於原告具備一定情形時，准許被告聲請法院，命原告就日後應賠償被告之訴訟費用，提供一定擔保，否則，被告得拒絕為本案之辯論。此制度之目的，首在保護被告，次在防止原告濫訴，故，被告縱有不能賠償訴訟費用之情形，原告不得要求被告預供擔保。

㈠被告聲請提供訴訟費用擔保之要件

本法第九十六條規定，原告於中華民國無住所、事務所及營業所者，法院應依被告聲請，以裁定命原告供訴訟費用之擔保；訴訟中發生擔保不足額或不確實之情事時亦同。前項規定，如原告請求中，被告無爭執之部分，或原告在中華民國有資產，足以賠償費用時，不適用之。又依本法第一一〇條第一項第二款規定，

原告當受訴訟救助之准許者，免供訴訟費用之擔保。故，原則上，若原告於中華民國無住所、事務所及營業所，即生供擔保之原因。但有三種例外情形，原告仍無供擔保之義務：即 1.原告請求中，被告無爭執之部分足以賠償費用者。 2.原告在中華民國有資產足以賠償訴訟費用時。 3.原告經法院准予訴訟救助者。

又依本法第九十七條規定，被告已為本案之言詞辯論者，不得聲請命原告供擔保。但應供擔保之事由知悉在後者，不在此限。法院命原告供訴訟費用之擔保，必須依被告之聲請始得為之，不得依職權為命令，且限於被告未就本案為言詞辯論之情形始可聲請。蓋被告既已為本案之言詞辯論，足見被告原無聲請供擔保之意，不許再行聲請供擔保，否則，必將延滯訴訟。

㈡法院為訴訟費用擔保之裁定

被告向法院聲請命原告供訴訟費用之擔保時，法院應審查被告要求原告應供擔保之事由是否存在。法院如認為聲請有理由者，應就其聲請為裁定。法院命原告供擔保者，應於裁定中定擔保額及供擔保之期間。定擔保額，以被告於各審應支出之費用總額為準（本法第九十九條）。關於聲請命供擔保之裁定得為抗告（本法第一○○條）。所謂關於聲請命供擔保之裁定，包含駁回被告聲請之裁定及命原告供擔保之裁定二者之情形，此項裁定為法院之訴訟進行中所為，若無特別規定得為抗告，即屬不得抗告（本法第四八三條）。

㈢訴訟費用擔保之裁定效力

本法第一○一條規定，原告於裁定所定供擔保之期間內不供擔保者，法院應以裁定駁回其訴。但在裁定前已供擔保者，不在此限。有疑義者，於上訴審始發生或知悉原告應供擔保之事由，或發生擔保不足額或不確實之情事，而由上訴審法院依被告之聲請命原告供擔保者，原告不供擔保時，法院應如何為處理？學者有謂，如係原告上訴，法院應以裁定駁回其上訴者[43]，有謂應以判決駁回原告上訴者[44]。若係被告上訴，有謂法院應以裁定廢棄原判決，駁回原告之訴者[45]，有

[43] 見姚瑞光，《民事訴訟法論》第一七一頁。王甲乙等三人，《民事訴訟法新論》第九十頁。石志泉，《民事訴訟法釋義》第一二四頁。

[44] 見陳計男，《民事訴訟法論（下）》第一三九頁。

[45] 見石志泉，《民事訴訟法釋義》第一二四頁。

調應以判決廢棄原判決，駁回原告之訴者 ❹ 。拙以為，若原告上訴，上訴審法院命原告供擔保而原告不供擔保者，其上訴程序之訴訟要件已缺乏，難謂上訴合法，且法院應依職權隨時調查訴訟要件是否具備，一發現訴訟要件不具備時，應先依程序規定為裁定駁回原告上訴，不必為上訴無理由之實體判決駁回上訴。應以第一說為是。若被告上訴者，法院僅能先以判決廢棄原判決，再駁回原告在第一審之訴，蓋為澈底保護被告之必要也。應以第四說見解為可採。

又依本法第九十八條規定，被告聲請命原告供擔保者，於其聲請被告駁回或原告供擔保前，得拒絕本案辯論。

㈣原告供擔保之方法

本法第一○二條規定，供擔保應提存現金，或法院認為相當之有價證券。但當事人別有約定者，不在此限。前項擔保，得由保險人或經營保證業務之銀行出具保證書代之。應供擔保之原告，不能依前二項規定供擔保者，法院得許由該管區域內有資產之人具保證書代之。依本法第一○三條之規定，被告就原告所提存之物，與質權人有同一之權利。具保證書人，於原告不履行其所負義務時，有就保證金額履行之責任。法院得因被告之聲請，逕向具保證書人為強制執行。此為法定質權之一種。若原告於日後不履行其負擔訴訟費用賠償義務時，被告即得依實行質權之民法規定，就提存物優先受償。提存物為現金者，被告得請求法院之提存所，就被告應受賠償之金額為給付，以為清償。提存物如為有價證券或物品，被告依法得自行拍賣或聲請法院拍賣，以充賠償。又具保證書人所具之保證書，非就原告之提存能力予以保證，而係於原告不履行其賠償義務時，具保證書人即有直接就保證金履行賠償之責任。具保證書人不得主張民法上之債務保證關係，抗辯被告應先對原告行使權利。法院得因被告之聲請，逕向具保證書人為強制執行。

㈤擔保物之變換與返還

本法第一○五條規定，供擔保之提存物或保證書，除得由當事人約定變換外，

---

❹ 見姚瑞光，前揭處。王甲乙等三人，前揭處。曹偉修，《最新民事訴訟法釋論（上）》第三三六頁。陳計男，前揭處。

法院得依供擔保人之聲請，以裁定許其變換。關於前項聲請之裁定，得為抗告，抗告中應停止執行。按供擔保人所提存之擔保物，由於某種情形，有時有取回利用之必要。例如，所提存之有價證券之清償期已屆至，有持該有價證券行使權利之必要，此際，自應兼顧供擔保人之利益，准許其變換擔保物。原則上，變換擔保物，得由當事人以契約為約定。若當事人間無約定時，亦得由供擔保人向法院聲請許為變換擔保物，此際，法院得以裁定許其變換。供擔保人聲請以現金變換有價證券為擔保，或以提供擔保物變換保證書，均無不可，蓋無損於擔保利益人也。惟若將提存物變換為保證書，則有害於擔保利益人之權益，最高法院四十三年臺抗字第一二二號判例認為法院不應准許。應注意者，法院以裁定准許供擔保人變換擔保，其情形與法院於應供擔保之原告不能提存現金、有價證券或當事人所約定之物時，始許以保證書代替之情形，兩者顯有不同。前者情形係為兼顧擔保人之變換必要而規定，後者情形係為考慮原告供擔保之實際困難而為權宜之變通規定，兩者規定之目的不同。故，不得以本法第一〇二條第二項之規定，用以類推解釋同法第一〇五條之規定而取代也。

依本法第一〇四條規定，有下列各款情形之一者，法院應依供擔保人之聲請，以裁定命返還其提存物或保證書：一、應供擔保之原因消滅者。二、供擔保人證明受擔保利益人同意返還者。三、訴訟終結後，供擔保人證明已定二十日以上之期間，催告受擔保利益人行使權利而未行使，或法院依供擔保人之聲請，通知受擔保利益人於一定期間內行使權利並向法院為行使權利之證明而未證明者。關於前項聲請之裁定得為抗告，抗告中應停止執行。按原告提供訴訟費用擔保之原因若不存在者，原告已無義務繼續提供擔保，受擔保利益人自應同意原告取回其擔保，無理由拒絕原告取回而為難原告。惟於實際上，受擔保利益人多有故意為難原告取回擔保之事。本法為公平對待原告，特於第一〇四條設有返還擔保物之程序，規定原告於一定條件之情形下，得請求法院裁定准許其取回擔保物。依第一〇四條第一項之規定，得聲請法院裁定返還擔保物之原因有三：一為應供擔保之原因消滅，二為供擔保人證明受擔保利益人同意返還，三為訴訟終結後，供擔保人證明已定二十日以上之期間催告受擔保利益人行使權利而未行使，或法院依供擔保人之聲請，通知受擔保利益人於一定期間內行使權利並向法院為行使權利之證明而未證明。於後者之情形，立法者為兼顧雙方當事人之利益，特別規定於訴訟終結後，受擔保利益人能行使權利請求賠償而不行使權利為條件，經供擔保人

定期二十日以上催告後，得要求法院裁定返還擔保物。若受擔保利益人變更住居所而行方不明，或其拒絕或迴避收受催告信函之情形，供擔保人欲催告其行使權利及證明，則發生困難。遇此情形，供擔保人得聲請法院通知受擔保利益人於一定期間內行使權利並向法院為行使權利之證明，受擔保利益人逾期未為證明者，供擔保人即得聲請法院裁定命返還提存物，俾供擔保人有解決前述無法催告及送達之困難。

又本法第一○六條規定，第一○二條第一項、第二項及第一○三條至前條之規定，於其他依法令供訴訟上之擔保者準用之；其應就起訴供擔保者，並準用第九十八條、第九十九條第一項、第一○○條及第一○一條之規定。其他依法令供訴訟上之擔保情形，實務上最常見者為本法第三九○條第二項、第三九二條之供擔保宣告假執行或供擔保宣告免為假執行，第五二六條、第五二七條、第五三三條、第五三六條有關供擔保命為假扣押假處分之規定。此種供擔保之目的亦為準備賠償對造將來之損害，其供擔保之方法、效力、返還或變換擔保物之問題，均與訴訟費用之擔保規定有相同之處，得為準用，故本法於第一○六條設準用規定。又所謂依法令應就起訴供擔保者，例如，依公司法第二一四條第二項規定，股份有限公司之股東對董事起訴時，法院依被告之聲請，命起訴之股東提供擔保之情形。於此情形，除準用本法第一○二條第一項、第二項至第一○五條外，並準用第九十八條、第九十九條第一項、第一○○條及第一○一條規定。

五、訴訟救助

㈠訴訟救助之意義與其要件

所謂訴訟救助係指，對於無資力支出訴訟費用之當事人，法院准其暫緩繳納訴訟費用而為訴訟行為之制度。民事訴訟法主要係為當事人自己私益對國家請求確定私權之程序，利用此種制度應由當事人負擔訴訟費用，其詳細規定已如前述。此項費用，有於起訴時即應支付者，例如裁判費，有於訴訟進行中不能不支付者，例如調查證據之費用。當事人若不繳納裁判費即屬起訴之法定要件不備，法院應裁定駁回起訴（本法第二四九條第一項第六款）。其不預納調查證據之費用者，法院即不為調查，影響當事人權利之攻擊防禦。國家設民事訴訟制度，應不分貧富而保護其利益，若當事人因貧困而其權利無法獲得保護，此乃違背現代國家之法

律正義思想。各國立法例，為解決此種現實社會所存在之困境，均設有訴訟救助制度，於當事人具備一定要件之情形，法院應准其暫緩繳納訴訟費用而先為一定訴訟行為，俾能伸張其權利或為防禦其權利。

　　本法第一〇七條規定，當事人無資力支出訴訟費用者，法院應依聲請，以裁定准予訴訟救助。但顯無勝訴之望者，不在此限。法院認定前項資力時，應斟酌當事人及其共同生活親屬基本生活之需要。又第一〇八條規定，對於外國人准予訴訟救助，以依條約、協定或其本國法令或慣例，中華民國人在其國得受訴訟救助者為限。據此規定，訴訟救助之要件有三：第一、訴訟救助之裁定，法院必須本於有訴訟救助必要之當事人聲請始得為之，不得依職權准許為訴訟救助之裁定。原則上，不分本國人抑或外國人均得聲請法院為訴訟救助，惟基於國際間互惠原則，外國人為當事人之情形，必須另外具備依條約、協定或依該外國人之本國法令或慣例，中華民國人在其國得受救助者為限。但無國籍人聲請訴訟救助，因無條約及其本國法可資依據，仍適用本法第一〇七條之規定（司法院二二院字第八七五號解釋）。第二、須當事人無資力支出訴訟費用者。所謂當事人無資力支出訴訟費用，並非當事人全無財產之謂，當事人雖有財產而不能自由處分者，如無籌措款項以支出訴訟費用之信用技能，即為無資力支出訴訟費用（二九渝抗字第一七九號判例）。當事人窘於生活，且缺乏經濟信用者，即為無資力（二九渝抗字第一七九號判例）。惟若法院已查明當事人非無資力支出訴訟費用者，雖其已取具受訴法院管轄區域內有資力人出具之保證書，亦無准許訴訟救助之餘地（六八臺聲字第一五八號判例，本則判例，依據民國一〇八年一月四日修正之法院組織法第五十七條之一第二項，其效力與未經選編為判例之最高法院裁判相同）。立法者為避免當事人因支出訴訟費用致生活陷於困窘，難以維持自己及其共同生活親屬之基本生活，甚而放棄使用訴訟制度，特於本法八十九年修正時，增訂第一〇七條第二項之規定法院於認定資力時，應斟酌當事人及其共同生活親屬基本生活之需要。第三、須非顯無勝訴之望。當事人提起之訴訟或上訴就其顯著之事實於法律上無勝訴之希望，稱為顯無勝訴之望。是否顯無勝訴之望，由法院就該訴訟為調查斟酌決定。此際，須斟酌聲請訴訟救助者在訴訟上之主張及其所用證據，對他造當事人之訴訟資料，亦應予以斟酌。聲請人所提起之第三審上訴已逾不變期間，即顯無勝訴之望（二七聲字第一八四號判例，本則判例無裁判全文可資參考，依一〇八年七月四日施行之法院組織法第五十七條之一第一項規定，應停止適用）。

對於財產權上訴訟之第二審判決提起上訴，其因上訴所得受之利益不達民事訴訟法第四六六條所定額數者，即為顯無勝訴之望（二八聲字第一二四號判例，本則判例無裁判全文可資參考，依一〇八年七月四日施行之法院組織法第五十七條之一第一項規定，應停止適用）。提起第三審上訴，未於上訴狀內表明上訴理由，亦未於提起上訴後十五日內提出理由書者，即為顯無勝訴之望（二八聲字第一七九號判例，本則判例無裁判全文可資參考，依一〇八年七月四日施行之法院組織法第五十七條之一第一項規定，應停止適用。現行法第四七一條第一項已改提出上訴理由書之期間為二十日內）。所謂顯然係指法院依卷內資料不待再經調查證據程序，即可認定之事實狀態。若須再經調查證據始可認定者，即非顯無勝訴之望。聲請人提起之訴或上訴，欠缺攻擊防禦方法，或其攻擊防禦方法不充分之情形，尚不得謂顯無勝訴之望，蓋依本法第一九六條第一項規定，攻擊防禦方法應依訴訟進行之程度，得於言詞辯論終結前適當時期提出也。

關於訴訟救助之規定，除本法規定之外，於其他法律有明文規定者，亦應予注意而適用。例如，犯罪被害人保護法第二十八條第一項規定：「被害人或本法第六條之人，非依刑事附帶民事訴訟程序向加害人起訴請求本法第九條第一項各款之損害賠償時，暫免繳納訴訟費用。」據此規定，犯罪被害人若依刑事附帶民事訴訟程序起訴，請求加害人損害賠償時，依法固然不必向刑事法院繳納訴訟費用。若犯罪被害人或犯罪被害人保護法第六條所規定之人，直接向民事法院對加害人提起民事訴訟，請求加害人為損害賠償時，亦得聲請訴訟救助而暫免繳納訴訟費用，俾對不幸之犯罪被害人為訴訟上之救助。

㈡聲請訴訟救助之程序

本法第一〇九條規定，聲請訴訟救助，應向受訴法院為之。於訴訟繫屬前聲請者，並應陳明關於本案訴訟之聲明及其原因事實。無資力支出訴訟費用之事由，應釋明之。前項釋明，得由受訴法院管轄區域內有資力之人，出具保證書代之。保證書內，應載明具保證書人於聲請訴訟救助人負擔訴訟費用時，代繳暫免之費用。當事人之訴訟已繫屬於法院時，應向現在繫屬之法院為訴訟救助之聲請，此際，當事人已有起訴狀記載其本案訴訟之聲明及原因事實，法院得據以認定其訴是否「顯無勝訴之望」，俾能裁定准予訴訟救助或裁定不准聲請。惟若當事人於訴訟提起前，先聲請訴訟救助者，因法院無起訴狀或其他訴訟資料得憑以認定原告

之訴是否顯無勝訴之望，當事人於此情形，必須於其聲請狀同時就其本訴訟之聲明及原因事實為陳明。否則，其聲請訴訟救助不合法。

　　又當事人為訴訟救助之聲請，必須將其無資力支出訴訟費用之事由為釋明。惟此釋明，得由受訴法院管轄區域內有資力之人，出具保證書為代替。出具之保證書內容，除表明其保證意旨外，必須載明具保證書人於聲請訴訟救助人負擔訴訟費用時，願意代繳暫免之費用，俾法院得據本法第一一四條第一項規定，得向具保證書人為強制執行。惟值注意者，聲請訴訟救助之人，雖應於其聲請狀內釋明，其請求救助事由之無資力支出訴訟費用之事實，但不必就其訴訟「非顯無勝訴之望」之事實為釋明。對此問題，最高法院六十二年臺抗字第五○○號判例已有解釋，九十二年本法修正時，立法者將第一○九條第二項原規定之「請求救助之事由」修正為「無資力支出訴訟費用之事由」，使用語明確，以杜解釋上之疑義。聲請訴訟救助之當事人所應釋明者，僅以請求救助之事由為限，如以受訴法院管轄區域內有資力之人出具保證書以代釋明，該具保證書人有無資力，應由受訴法院依職權調查之（六七臺抗字第五五二號判例）。

　　從而當事人聲請訴訟救助後，法院應調查聲請人是否無資力支出訴訟費用，或具保證書人是否為有資力支出訴訟費用之人，並審查有無顯無勝訴之望之情形，而為准駁之裁定。聲請人對於駁回訴訟救助聲請之裁定，得為抗告（本法第一一五條）。最高法院三十三年抗字第二十四號判例曾認對於准許訴訟救助之裁定，因於對造無損，故對造不得對之抗告，但此判例最高法院九十年六月二十六日於九十年第五次民事庭會議決議，因判例意旨依理論及實務甚不妥當而予以廢棄。本書以為本法第一一五條規定本節所定之各裁定得為抗告，為保障他造之訴訟程序權益，自無不許他造提起抗告之理[47]。又依本法第一○九條第三項規定，出具保證書之人，聲請解除保證責任而受駁回之裁定，亦應解為本法第一一五條之裁定，

---

[47] 最高法院三十三年抗字第二四號判例云：抗告，非因裁定而受不利益者，不得為之，是為訴訟法上之原則。民事訴訟法第一百十五條，不過為同法第四百八十條、第四百八十四條第一項之特別規定，並非對於此項原則所設之例外。准予訴訟救助僅有同法第一百十條所列各款之效力，除受救助人依同法第九十六條應供訴訟費用之擔保者外，他造對於受救助人請求賠償訴訟費用之權利，絕不因此而受影響，受救助人無須供訴訟費用之擔保時，他造既不因准予訴訟救助之裁定而不利益，即不得對此裁定提起抗告。惟姚瑞光著民事訴訟法論七十七年版第一八七頁、第一八八頁，吳明軒著民事訴訟法上冊九十八年版第三六一頁均採肯定說。

得提起抗告。

　　本法為落實訴訟救助制度之功能，避免第一審法院駁回訴訟救助之聲請後，未待裁定確定，即以原告未繳納裁判費為理由駁回其訴，增訂第一〇九條之一規定：「駁回訴訟救助聲請之裁定確定前，第一審法院不得以原告未繳納裁判費為由駁回其訴。」應注意者，於當事人提起第二審上訴時始聲請訴訟救助之情形，法院駁回其聲請後，是否不待駁回之裁定確定，逕以上訴人未繳納上訴裁判費為由駁回其上訴，則由法院斟酌其敗訴原因、上訴理由及資力決定之。又當事人聲請訴訟救助經駁回確定後，以同一原因再行聲請訴訟救助者，無本條規定之適用。

㈢訴訟救助之效力

　　依本法第一一〇條規定，准予訴訟救助，於訴訟終結前有下列各款之效力：一、暫免裁判費及其他應預納之訴訟費用。二、免供訴訟費用之擔保。三、審判長依法律規定為受救助人選任律師代理訴訟時，暫行免付酬金。前項第一款暫免之訴訟費用，由國庫墊付。此為有關訴訟費用方面之效力規定。所謂免供訴訟費用之擔保，專指原告依本法第九十六條規定，應供之訴訟費用之擔保而言。至於其他之擔保，例如關於假扣押、假處分、假執行所應供之擔保，則不在免供之列（二三抗字第一一九二號判例，本判例依一〇八年七月四日施行之法院組織法第五十七條之一第一項規定，已停止適用）。又法院為受救助人選任律師代理訴訟，暫免付酬金之情形，解釋上僅限於法律有明文規定之情形，始有適用。例如第三審上訴之上訴人受訴訟救助，法院得為其選任律師於第三審代理訴訟（本法第四六六條之二第一項）。非謂法院均得為一切訴訟救助聲請人，為其選任律師代理訴訟，並暫行免付酬金也。

　　又依本法第一一一條規定，准予訴訟救助，於假扣押、假處分、上訴及抗告，亦有效力。此係關於訴訟救助之程序範圍之效力規定。立法例上，訴訟救助之程序效力，有僅及於該審級者，有擴及於一切審級皆有效力者。前者之立法，可防止濫起上訴，後者之立法，可節省聲請救助之勞力費用時間。本法第一一一條採用後者之立法例，蓋本法另外於第一一三條規定，得由法院裁定撤銷訴訟救助，已足防止當事人恃有救助而濫行上訴之弊端❹❽。惟於解釋時應注意者，本法第一

---

❹❽ 參照本法第一一一條立法理由。

一一條所謂准予訴訟救助，於假扣押亦有效力，係指同法第一一○條所定，准予訴訟救助之效力及於假扣押程序而言，依第一一○條第二款之規定，准予訴訟救助雖有免供訴訟費用擔保之效力，但債權人於假扣押應供之擔保，係就債務人因假扣押所應受之損害供之，並非訴訟費用之擔保，自不在免供之列（二三抗字第一一九二號判例，本判例依一○八年七月四日施行之法院組織法第五十七條之一第一項規定，已停止適用）❹。又惟在起訴前之假處分程序准予訴訟救助者，除准予救助之裁定已就後應繫屬之本案訴訟一併准予救助外，其效力不及於本案訴訟之第一審及上訴審（二九抗字第一二七號判例，本判例依一○八年七月四日施行之法院組織法第五十七條之一第一項規定，已停止適用）。受訴訟救助後，在訴之變更、追加、提起反訴，或再審之訴之情形，本法第一一一條並未明定訴訟救助之效力所及，於此情形非有效力（三二抗字第一八八號判例）。

　　本法第一一二條規定，准予訴訟救助之效力，因受救助人死亡而消滅。訴訟救助之事，因個人之具體情況而異，且因時間之前後而情況發生變化，僅能專施於應受訴訟救助之人，不能施於其繼承人。其繼承人如須受救助者，應另行聲請訴訟救助。是項准予訴訟救助之效力，僅對於受救助人有效，不能移轉於他人。受救助人一旦死亡，准予訴訟救助之效力即行消滅。

㈣訴訟救助之撤銷

　　本法第一一三條規定，當事人力能支出訴訟費用而受訴訟救助或其後力能支出者，法院應以裁定撤銷救助，並命其補交暫免之費用。前項裁定，由訴訟卷宗所在之法院為之。按當事人有無能力支出訴訟費用，為決定是否准予訴訟救助之基礎。當事人雖已受訴訟救助，如原即有支出訴訟費用之資力而受訴訟救助，或其後已有支出訴訟費用之資力者，自不能享受救助之利益，法院應即以裁定撤銷其訴訟救助。法院撤銷訴訟救助，不問訴訟終結與否，均得為之，由訴訟卷宗所在之法院為裁定。

---

❹ 最高法院二十三年抗字第一一九二號判例云：民事訴訟法第一百十一條所謂准予訴訟救助，於假扣押亦有效力，係指同法第一百十條所定，准予訴訟救助之效力及於假扣押程序而言，依第一百十條第二款之規定，准予訴訟救助雖有免供訴訟費用擔保之效力，但債權人於假扣押應供之擔保，係就債務人因假扣押所應受之損害供之，並非訴訟費用之擔保，自不在免供之列（本判例依一○八年七月四日施行之法院組織法第五十七條之一第一項規定，已停止適用）。

㈤訴訟費用之徵收及請求歸還

本法第一一四條規定，經准予訴訟救助者，於終局判決確定或訴訟不經裁判而終結後，第一審受訴法院應依職權以裁定確定訴訟費用額，向應負擔訴訟費用之當事人徵收之；其因訴訟救助暫免而受救助人負擔之訴訟費用，並得向具保證書人為強制執行。為受救助人選任律師之酬金，徵收而無效果時，由國庫墊付。

訴訟結束無論為判決或訴訟和解，依本法規定必有應負擔訴訟費用之當事人。倘他造當事人應負擔訴訟費用者，為簡便起見，使國庫、執達員或律師得向他造當事人徵收或請求歸還。若受救助人應負擔訴訟費用時，法院或執達員、律師，亦得向受救助人徵收暫免之訴訟費用，或向其請求歸還應收費用、墊款、律師酬金。此際，第一審受訴法院應依職權以裁定確定訴訟費用額，向應負擔訴訟費用之當事人為徵收。於受訴訟救助人應負擔訴訟費用而有具保證書人之情形，並得對具保證書人為請求或強制執行。又為保障被法院選任律師之酬金，於法院向應負擔訴訟費用之人徵收而無效果時，應由國庫墊付此項律師酬金。

醫事護理法規概論

吳秀玲、蘇嘉宏／編著

　　本書為介紹醫事、護理、健保、長照法規等領域的專書，自 2001 年 2 月第 3 版起，由吳秀玲老師全權負責修正事宜，配合各種法規的制定、增修動態，快速修訂補充、更正最新資料，並以法學角度檢視衛生法令的實務及探討其缺失。迄本（第 15 版）次修正，本書 22 年來共修正 15 次，在介紹醫事法規領域的專書中，持續保持最佳的可閱讀性及正確性，以利讀者掌握最新資訊與立法趨勢，可謂最大特色。

　　本書提綱挈領，點明基本法律概念與權益受損的救濟方式，並以醫療法、醫師法、護理人員法、全民健康保險法、長期照顧服務法為主，介紹醫師、護理人員、長期照顧服務人員等之資格條件、業務事項與責任；說明醫療、護理、長照機構應遵循規範；強調人性尊嚴、醫療人權之重要性，釐清醫病關係的權利義務關係，並介紹病人自主權利法、人體器官移植條例、傳染病防治法、嚴重特殊傳染性肺炎防治及紓困振興特別條例、2022 年新制定醫療事故預防及爭議處理法等重點。

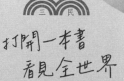

國家圖書館出版品預行編目資料

民事訴訟法（上）／陳榮宗,林慶苗著.——修訂十版
一刷.——臺北市: 三民，2023
　　冊；　公分

　　ISBN 978-957-14-7646-9 （上冊: 平裝）
　　1.民事訴訟法

586.1　　　　　　　　　　　　　　112007807

民事訴訟法（上）

作　　　者	陳榮宗　林慶苗
發 行 人	劉振強
出 版 者	三民書局股份有限公司
地　　　址	臺北市復興北路 386 號 (復北門市)
	臺北市重慶南路一段 61 號 (重南門市)
電　　　話	(02)25006600
網　　　址	三民網路書店 https://www.sanmin.com.tw
出版日期	初版一刷 1996 年 7 月
	修訂十版一刷 2023 年 8 月
書籍編號	S585250
I S B N	978-957-14-7646-9